Frederico, o Grande

Tim Blanning

Frederico, o Grande

O Rei da Prússia

Tradução de Laura Folgueira

Amarilys

Título do original em inglês: *Frederick the Great*
Copyright © 2015, Tim Blanning
Todos os direitos reservados.

Amarilys é um selo editorial Manole.

Este livro contempla as regras do Acordo Ortográfico da Língua Portuguesa de 1990, que entrou em vigor no Brasil em 2009.

Editora gestora: Sônia Midori Fujiyoshi
Editor: Enrico Giglio
Coordenação e produção editorial: Estúdio Asterisco
Capa: Axel Sande | Gabinete de Artes
Imagem da 1ª capa: *Frederick the Great as Crown Prince*, óleo sobre tela de Antoine Pesne, 1739
Imagem da 4ª capa: Antje Eipper

CIP-Brasil. Catalogação na Publicação
Sindicato Nacional dos Editores de Livros, RJ

B576f

Blanning, Tim
Frederico, o Grande: Rei da Prússia / Tim Blanning; tradução Laura Folgueira. – 1. ed. – Barueri [SP]: Amarilys, 2018.
600 p.; 23 cm.

Tradução de: *Frederick the Great: King of Prussia*
Inclui bibliografia e índice
ISBN 978-85-204-5410-7

1. Frederico II, Rei da Prússia, 1712-1786. 2. Prússia (Alemanha) – Reis e governantes – Biografia. 3. Prússia (Alemanha) – História – Frederico II, O Grande, 1740-1786. I. Folgueira, Laura. II. Título.

18-50214   CDD: 923.1
                                                 CDU: 929.731

Meri Gleice Rodrigues de Souza – Bibliotecária CRB-7/6439

Nenhuma parte deste livro poderá ser reproduzida, por qualquer processo, sem a permissão expressa dos editores. É proibida a reprodução reprográfica.

A Editora Manole é filiada à ABDR – Associação Brasileira de Direitos Reprográficos

Edição brasileira – 2018

Editora Manole Ltda.
Av. Ceci – Tamboré
06460-120 – Barueri – SP – Brasil
Tel. (11) 4196-6000
www.manole.com.br
info@amarilyseditora.com.br

Impresso no Brasil | *Printed in Brazil*

Para Nicky, Tom, Lucy e Harry

Sumário

Lista de mapas ix
Introdução xvii

PARTE I – Sofrimentos e grandeza de Frederico   1

1 A herança   3
2 A destruição de Frederico   24
3 A criação de Frederico   44
4 A criação de Frederico (parte II)   69
5 O magistral servo do Estado   113
6 Cultura   132

PARTE II – Guerra e paz   173

7   Guerra e paz 1745-1756   175
8   A Guerra dos Sete Anos: as três primeiras campanhas   199
9   A Guerra dos Sete Anos: desastre e sobrevivência   226
10 A Guerra dos Sete Anos: por que Frederico venceu   249
11 Paz longa, guerra curta e diplomacia dupla   270

PARTE III – Questões internas   303

12 Público e nação   305
13 Luz e escuridão nas questões internas   351
14 Interior e cidade   383
15 Na corte e em casa   411
    Conclusão: morte e transfiguração   437

Notas 444
Nota bibliográfica 546
Outras leituras 552
Agradecimentos 557
Índice remissivo 558

Lista de mapas

1. O Sacro Império Romano   *x*
2. As Campanhas de Frederico   *xii*
3. A Guerra da Sucessão Bávara   *xiv*
4. Mollwitz, 10 de abril de 1741   *90*
5. Chotusitz, 17 de maio de 1742   *100*
6. Hohenfriedberg, 4 de junho de 1745   *109*
7. Soor, 30 de setembro de 1745   *111*
8. Lobositz, 1 de outubro de 1756   *201*
9. Praga, 6 de maio de 1757   *203*
10. Kolin, 18 de junho de 1757   *205*
11. Rossbach, 5 de novembro de 1757   *209*
12. Leuthen, 5 de dezembro de 1757   *213*
13. Zorndorf, 25 de agosto de 1758   *219*
14. Hochkirch, 14 de outubro de 1758   *224*
15. Kunersdorf, 12 de agosto de 1759   *228*
16. Liegnitz, 15 de agosto de 1760   *235*
17. Torgau, 3 de novembro de 1760   *238*
18. Burkersdorf, 21 de julho de 1762   *245*
19. Polônia, 1772   *281*

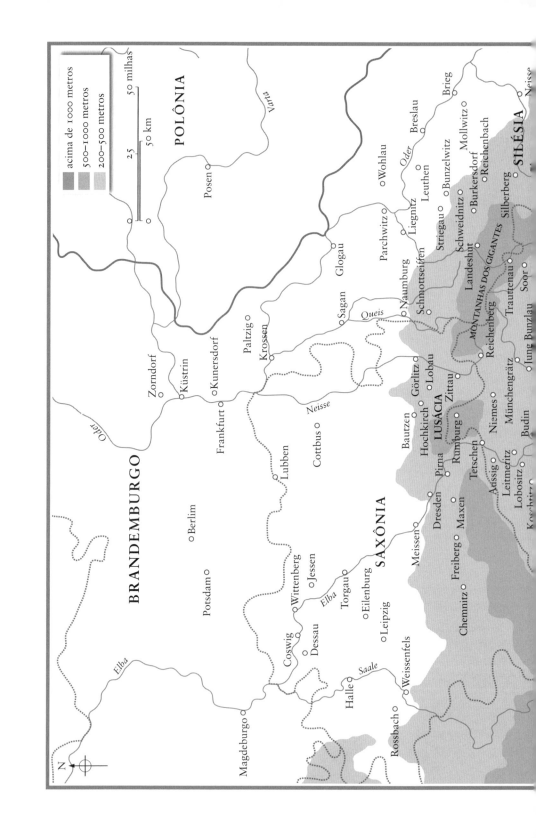

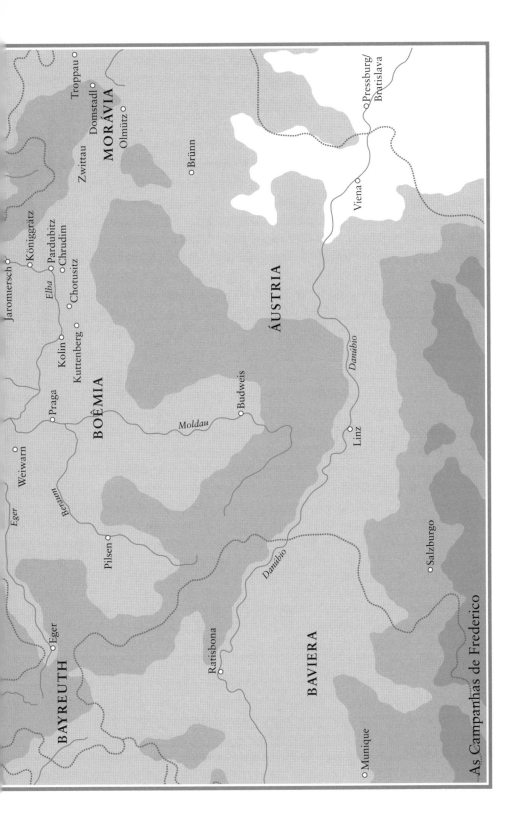
As Campanhas de Frederico

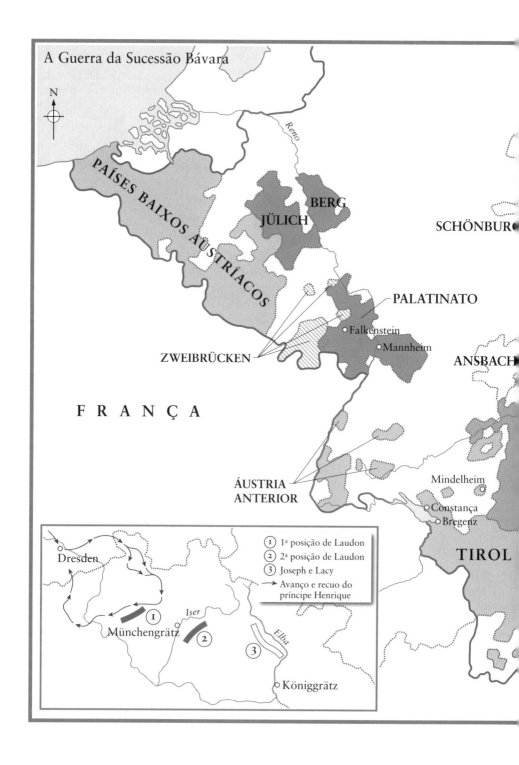

Introdução

Em sua morada de inverno em Freiberg, na Saxônia, em 28 de janeiro de 1760, Frederico II, rei da Prússia desde 1740 e já desfrutando do epíteto "o Grande", teve um pesadelo, que contou a seu secretário suíço, Henri de Catt, ao acordar. Ele sonhou que tinha sido preso por ordens de seu pai, o rei Frederico Guilherme I, e estava prestes a ser carregado para a macabra fortaleza de Magdeburgo, no rio Elba. Quando perguntou à sua irmã o que tinha feito para merecer aquilo, ela respondeu que era porque ele não amava seu pai o suficiente. Embora tenha tentado protestar que isso não era verdade, foi posto em uma carroça feita para levar condenados à guilhotina.[1] Como veremos, era um compreensível grito do inconsciente naquela que era, provavelmente, sua hora mais sombria.* Durante as campanhas anteriores, ele tinha ficado a um fio da derrota total nas mãos de seus inimigos na batalha de Kunersdorf à beira do rio Oder (12 de agosto de 1759), um desastre construído por sua própria obstinação tola de permitir que os austríacos forçassem a capitulação de um exército prussiano substancial em Maxen, na Saxônia, três meses depois. Doente, exausto, deprimido e desesperado, Frederico não conseguia encontrar conforto nem em uma noite de sono tranquila.

Não foi por acaso que o fantasma a assombrá-lo tenha sido o paterno. A cicatriz deixada em Frederico por seu aterrorizador pai era tão profunda que nunca poderia ser apagada. Um episódio do verão de 1730, quando Frederico tinha dezoito anos, ilustra a relação dos dois. Como sempre, ele havia passado a manhã nos campos de parada, com o corpo envolto em um uniforme justo e botas apertadas, o cabelo penteado rente ao couro cabeludo e preso num rabo de cavalo. Liberado depois do almoço, ele pôde se retirar para seu apartamento privativo no palácio real, onde o virtuoso flautista Johann Joachim Quantz o esperava. Frederico o conhecera em Dresden

---

* Ver adiante, pp. 39-42.

dois anos antes, numa visita à hedonista corte de Augusto, o Forte, rei da Polônia e eleitor da Saxônia. A dedicada mãe de Frederico, rainha Sofia Doroteia, havia providenciado os fundos necessários para levar Quantz à Prússia duas vezes ao ano para aulas. No entanto, tudo isso deveria ser mantido em estrito segredo do rei, que considerava qualquer coisa que cheirasse a alta cultura algo "afeminado". Fora dos olhares reais, Frederico pôde tirar o uniforme militar que achava tão repugnante e vestir algo mais confortável – um suntuoso roupão de seda vermelha coberto de brocados dourados –, soltar os cabelos e se dedicar a fazer música. Esse agradável *après-midi d'une flûte* foi rudemente interrompido quando um amigo íntimo de Frederico, o tenente Hans Hermann von Katte, irrompeu com o aviso de que o rei, suspeitando que algo afeminado estava acontecendo, aproximava-se com sede de guerra. Quantz foi enfiado em um armário com os instrumentos e a partitura; o roupão foi descartado; o uniforme, vestido novamente. Quando chegou bufando e ofegante, Frederico Guilherme, baixinho e robusto, não se deixou enganar, especialmente porque Frederico não tinha tido tempo de remover o chinó moderno em que seu cabelo havia sido arrumado. Embora o esconderijo de Quantz e Katte não tenha sido encontrado, as roupas ofensivas logo foram achadas e jogadas na fogueira. Um depósito de livros em francês foi confiscado e enviado para venda.[2]

Ainda que fosse apenas uma das muitas humilhações infligidas pelo pai ao príncipe herdeiro, pode ter sido a gota-d'água, pois logo depois este tentou fugir da Prússia para a Inglaterra, aproveitando uma viagem de seu pai à Renânia.* A fuga terminou em desastre. Embora Frederico Guilherme não tenha cumprido a ameaça de executar seu filho e herdeiro por deserção, o fez assistir à decapitação de seu cúmplice, amigo e possível amante, o tenente von Katte. Seguiu-se um processo de reabilitação longo e muito árduo, pontuado por mais atos de degradação brutal. O alívio só veio quando Frederico se engajou no que considerava o derradeiro ato de submissão – o casamento. Não amar uma esposa numa época de casamentos arranjados era normal; fazer um voto secreto de descartá-la assim que o casamenteiro parental morresse era mais incomum. Frederico rejeitava sua esposa por ser uma cristã devota, por não ser intelectual, e por ter sido escolhida por seu pai. Também é provável que uma objeção mais fundamental fosse o sexo dela.

---

* Ver adiante, pp. 37-8.

O alívio parcial evoluiu para libertação completa quando Frederico Guilherme I morreu, em 1740. Aos 28 anos, Frederico agora podia se dedicar à sua reabilitação psicológica. Ele o fez de três formas. Primeiro, empenhou os ativos financeiros bastante consideráveis herdados do pai para criar para si um ambiente materialmente confortável, para não dizer luxuoso. Construiu uma casa de óperas, ampliou dois palácios e encomendou mais um; expandiu suas instituições musicais; comprou roupas, quadros, livros, porcelanas, caixas de rapé e outros *objets d'art*, muitos dos quais ele usava para presentear em abundância seus amigos homens; e basicamente transformou a Esparta de seu pai em uma Atenas (ou mesmo uma Babilônia).* Segundo, reuniu em torno de si uma intelectualidade falante de francês, para fornecer-lhe estímulo intelectual e servir como audiência para suas dissertações filosóficas, criações literárias e apresentações musicais. O ambiente desse *cercle intime* era ao mesmo tempo homossocial e homoerótico, pois o próprio Frederico supostamente também era homossexual. Esse aspecto de sua vida não deve ser visto como algo periférico. Como ele mesmo deixou claro,** essa autodefinição foi central para sua identidade, suas aspirações e conquistas.

Isto também se ligava intimamente à terceira via de reparação dos danos causados pelo pai: fazer o que o patriarca mais desejava, mas *fazê-lo melhor*. Essa não deve ser vista como uma categoria à parte: a cultura e o poder político avançavam não tanto lado a lado, mas dialeticamente, um aspecto se alimentando do outro. Isso significava a afirmação dos direitos da família Hohenzollern contra os rivais Wettin da Saxônia, Wittelsbach da Baviera ou Habsburgo da Áustria, e a elevação da Prússia ao *status* de grande potência. Frederico Guilherme I tinha forjado as armas, mas era tímido demais para usá-las. O filho se provaria mais corajoso que o pai, trazendo o que faltava de audácia, resolução e resistência. O que Frederico Guilherme não diria se estivesse presente para ver o filho invadir a Silésia em 1740 ou derrotar os franceses em Rossbach e os austríacos em Leuthen, em 1757! Em certo sentido, o pai estava de fato presente, ainda que apenas no subconsciente do Frederico mais jovem. Seis meses depois do pesadelo contado a de Catt em janeiro de 1760, ele sonhou de novo com o pai. Desta vez, a perigosa situação militar tinha se estabilizado. No início do sonho, Frederico estava em

---

*   Se tivesse vivido para ver, Frederico Guilherme provavelmente teria chamado de Sodoma e Gomorra.
** Ver adiante, pp. 335-6.

Estrasburgo com o marechal austríaco Daun. De repente, foi transportado para o palácio de Charlottenburg, perto de Berlim, onde seu pai o esperava junto ao seu general de maior confiança, príncipe Leopoldo de Anhalt-Dessau. "Fui bem?", perguntou Frederico. "Sim", respondeu Frederico Guilherme. "Então, estou satisfeito", disse Frederico. "Sua aprovação vale mais para mim do que qualquer outra coisa no universo".[3]

Frederico ficou no trono por 46 anos e foi excepcionalmente ativo em todas as esferas, em seu país e no exterior. Definir seu reino como um prolongado exercício terapêutico seria, é claro, absurdamente reducionista. Havia muitas restrições e influências poderosas operando ali. Sua vida, na realidade, pode ser definida como uma perfeita ilustração da máxima de Marx de que "homens fazem sua própria história, mas não a fazem como querem". Obviamente, nunca saberemos como Frederico seria se seu pai tivesse sido compreensivo, amoroso e encorajador. Por outro lado, não houve, de 1740 a 1786, uma trajetória linear. Não se tratou de um universo em estado estacionário; houve, na verdade, um *big bang*, uma explosão que ocorreu menos de um ano após sua subida ao trono, quando ele decidiu tomar a província austríaca da Silésia. Para colocar de forma simples, ele começou roubando uma mulher aparentemente inofensiva e passou o resto de sua vida tentando não perder seu espólio, um esforço hercúleo que coloriu todas as suas ações e políticas domésticas e externas. Tanta coisa fluiu desse ato primal que seu estado mental depois do prolongado trauma durante a adolescência e início de vida adulta é um aspecto legítimo, para não dizer essencial, na compreensão de sua incrível vida.

PARTE I

Sofrimentos e grandeza de Frederico

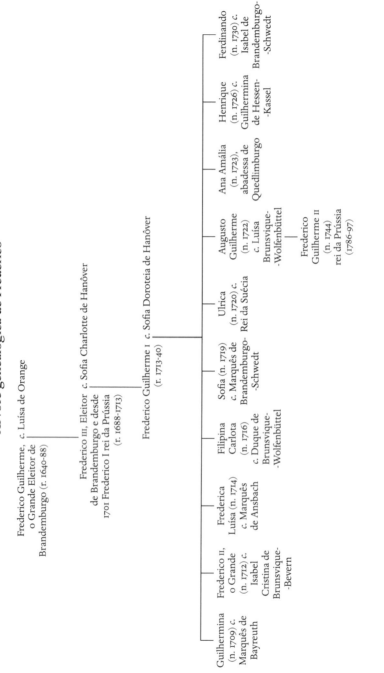

1
A herança

TERRAS DOS HOHENZOLLERN

"Com exceção da Líbia, há poucos Estados capazes de igualar-se ao nosso no que diz respeito a areia", escreveu Frederico a Voltaire no início de 1776, acrescentando depois naquele mesmo ano, em seu *Account of the Prussian Government* [Relato do governo prussiano], que era "pobre e quase sem quaisquer recursos".[1] Não à toa, o principal território de Frederico, Brandemburgo, era conhecido como "caixa de areia do Sacro Império Romano". Tratava-se de uma terra de solo frágil com pouca população, onde lagos se alternavam com charnecas, e pântanos, com brejos. Frederico disse a d'Alembert que o bom povo de Aachen tinha passado a acreditar que sua água mineral de gosto horrível representava o ápice da criação divina, da mesma forma que os judeus idolatravam a lama de Jerusalém, mas, quanto a si, nunca conseguira criar o mesmo entusiasmo pelo equivalente prussiano: a areia.[2]

Essa autodifamação contínua era, claro, uma tentativa de arrancar elogios. "Se pude fazer isto com tão pouco, o que poderia ter feito se tivesse a população da França ou as riquezas da Inglaterra?", era a pergunta implícita. Tudo era muito exagerado. Boa parte do solo de Brandemburgo era de fato infértil, mas pelo menos não era uma região montanhosa. Por toda a sua monótona paisagem corriam rios amplos e de fluxo lento, bem adequados para o transporte numa época em que as estradas viravam depósito de poeira quando o sol brilhava e fossos viscosos quando chovia. A esses atributos naturais, os antecessores de Frederico tinham dado uma ajudinha generosa. Durante os anos 1660, por exemplo, o avô dele, Frederico Guilherme, o Grande Eleitor, finalizou o "canal de Müllrose", iniciado em 1558, para permitir a navegação entre os rios Oder e Spree até Berlim e, dali, pelo Havel e o Elba até o mar do Norte.[3] Seus inimigos austríacos, que se arrastavam morro acima e vale abaixo, deviam invejar muito as vias navegáveis que permitiam aos prussianos transportar homens e equipamentos militares com tanta facilidade.

Em todo caso, as posses dos Hohenzollern iam muito além de Brandemburgo. Na fronteira holandesa, ao extremo oeste, ficava o ducado de Cleves, situado dos dois lados do Reno, junto com o condado adjacente de Moers. Este último incluía a cidade de Krefeld, que abrigava uma grande comunidade de menonitas e suas prósperas manufaturas têxteis. Na margem direita (oriental) do Reno ficava o condado de Mark, cortado pelo rio Ruhr, que acabou emprestando seu nome à região mais industrializada da Europa Continental. Também na fértil Westfália ficavam os condados de Ravensberg, Tecklenburg e Lingen, e o principado de Minden. Mais ao leste, imediatamente ao sul de Brandemburgo, estavam os principados de Halberstadt e o ducado de Magdeburgo. A cidade de Magdeburgo, no rio Elba, orgulhava-se de ter uma das maiores catedrais na Alemanha e algumas das fortalezas mais seguras.[4] Tratava-se de uma província rica e fértil e toda areia encontrada por lá era usada para construção. Em um casamento plebeu nos arredores da cidade pouco antes do fim da Guerra dos Sete Anos, o Conde Lehndorff e os outros cerca de 300 convidados sentaram-se para um banquete de 42 capões cozidos, dois bois, catorze bezerros e carpas que custaram 150 táleres,* com vinho e conhaque para ajudar a descer, no valor de mais 150 táleres.[5]

A nordeste de Brandemburgo estava o ducado da Pomerânia, com sua longa costa báltica e o excelente porto de Stettin, na foz do rio Oder. Na opinião de Frederico Guilherme I, exigente pai de Frederico, tratava-se de "uma província boa e fértil".[6] Ainda mais a leste, separada por uma ampla faixa de território dominado pela Polônia, ficava a Prússia Oriental, fora do Sacro Império Romano e na fronteira dos países europeus onde se falava alemão. Embora dizimada pela peste entre 1708 e 1710, que matou cerca de um terço da população, e disputada continuamente durante a Grande Guerra do Norte de 1700-1721, a província, na época, desfrutava de um renascimento prolongado. Ondas de refugiados imigrantes vindos de partes oprimidas ou superpopulosas do sul e do leste da Alemanha, incluindo os 17 mil protestantes expulsos pelo arcebispo de Salzburgo, na Áustria, em 1732, aumentaram a população em 160 mil, chegando a um total de 600 mil em 1740.[7] Graças em parte à necessidade de oferecer termos favoráveis aos recém-chegados,

---

* Moeda utilizada por diversos Estados germânicos entre os séculos XV e XIX. (N.T.)

havia uma proporção surpreendentemente alta de habitações simples completamente gratuitas, que compunha cerca de um quinto do total.[8]

OS DOMÍNIOS REAIS

Estes pedaços de território espalhados por mais de 1.000 quilômetros na Planície do Norte Europeu tinham sido adquiridos em épocas e circunstâncias diversas.[9] Eram unidos por quatro fios de espessura variada: dinastia, religião, idioma e participação no Sacro Império Romano-Germânico (com exceção da Prússia Oriental, que tinha sido um feudo da Coroa polonesa até 1660). Desses, o vínculo mais consistente era o espiritual, pois a secularização das propriedades da Igreja após a recepção da Reforma tinha dado aos eleitores de Brandemburgo um domínio colossal, muitíssimo maior do que aquele desfrutado por qualquer outro governante europeu. Ao contrário dos perdulários monarcas Tudor e Stuart, da Inglaterra, os Hohenzollern tinham mantido e até aumentado sua herança. Frederico Guilherme I emitiu uma ordem permanente para que seus oficiais comprassem, a intervalos regulares, qualquer grande propriedade no ducado de Magdeburgo que aparecesse no mercado valendo entre 100 e 150 mil táleres.[10] Durante seu reinado (1713-40), ele gastou 8 milhões de táleres com novas aquisições e dobrou a renda com propriedades para cerca de 3,5 milhões de táleres ao ano.[11]

Dizer que o rei era o maior proprietário de terras em seu Estado dá apenas uma vaga noção de sua supremacia. Essas propriedades cobriam nada menos que um quarto de seu território, incluindo cerca de um terço da área cultivável, fornecendo mais ou menos 50% da receita total em 1740.[12] Eram administradas diretamente apenas cerca de doze propriedades, em sua maioria fazendas de criação de gado e cavalo. A maior parte era alugada por leilão para cerca de 1.100 a 1.500 locatários por períodos de seis a dez anos, em unidades de aproximadamente 8 quilômetros quadrados. O locatário-chefe, que não só tinha que dar o lance maior, mas também fornecer provas de segurança financeira, ficava com no máximo duas ou três fazendas, sublocando as demais, junto com os moinhos, as cervejarias, destilarias, alvenarias e quaisquer outras propriedades reais que tivesse alugado.[13] Talvez o surpreendente seja que esses oficiais, conhecidos como *Beamte*, fossem todos plebeus, e que inclusive os nobres fossem expressamente excluídos do processo de leilão.[14]

OS *JUNKERS*

No mundo agrário, terra é *status*, terra é poder. Como veremos, foi esse grau de controle que permitiu a Frederico conduzir o desenvolvimento agrícola com uma precisão negada a soberanos menos favorecidos.* Isso também elevou os Hohenzollern a uma posição privilegiada, diante da qual até mesmo os maiores magnatas se viam em desvantagem. De toda forma, eram muito poucos os magnatas, e decerto nenhum deles era equivalente aos aristocratas franceses ou ingleses, que viviam em palácios como os príncipes que eram. Em Brandemburgo e na Pomerânia, não havia um magnata sequer.[15] Apenas na Prússia Oriental, os Dohna, Finckenstein e Schlieben viviam com alguma pompa em grandes propriedades, mas mesmo ali o tamanho médio das 420 propriedades de nobres era de apenas 2 quilômetros quadrados.[16] A origem da palavra usada para designar um nobre prussiano – *Junker* – é reveladora, já que deriva de *junk herr*, ou "jovem lorde", o filho mais novo que saía do interior alemão, na Idade Média, para procurar sua fortuna nas terras selvagens do Oriente.[17]

Fama e fortuna frequentemente se provavam fugidias para os migrantes. Durante séculos, porém, eles se tornaram beneficiários de uma instituição singular baseada em propriedade de terras, que se tornou conhecida nos territórios a leste do rio Elba. Tratava-se da propriedade senhorial, que combinava controle social e dominação econômica. Sobre os camponeses em sua terra, os *Junkers* exerciam não apenas autoridade judicial e poderes de política, mas também recrutavam a mão de obra para arar seu solo, ordenhar suas vacas, cuidar de seus rebanhos, trabalhar em suas cervejarias ou moinhos e até servir em suas casas. Os *Junkers* também controlavam as instituições religiosas, sociais e educacionais da comunidade (onde elas existiam). Sua permissão era pedida – e, em geral, tinha de ser comprada – quando o camponês desejava casar-se, mudar de profissão ou ir embora da propriedade. Em troca, o *Junker* fornecia ao camponês um lote de terra e era obrigado a oferecer assistência em caso de doença ou velhice.[18] Não é preciso dizer que nem todas essas condições existiram em igual medida em todos os lugares, todo o tempo. Em alguns locais, havia camponeses completamente livres e que eram proprietários independentes, ou que desfrutavam de estabilidade hereditária, ou que recebiam salários por serviços adicionais.[19]

---

* Ver adiante, pp. 394-7.

Ainda assim, esse sistema de senhorio deu aos *Junkers* prussianos uma identidade própria, bem como controle do governo local.

Em comum com muitas partes do Sacro Império Romano, e também com a própria Europa, eles ainda desfrutavam de representatividade em nível provincial por meio do controle das assembleias, confusamente conhecidas como "Propriedades" (*Landstände*). Contando com a capacidade financeira de seus representantes, essas assembleias conquistaram considerável influência tanto em assuntos financeiros quanto em assuntos judiciais. Porém, os *Junkers* tiveram seu papel reduzido durante o longo reinado de Frederico Guilherme, o Grande Eleitor (1640-88). A criação de um exército permanente, de uma autoridade central – o Conselho Privado – independente das assembleias, e de um sistema fiscal eficiente serviu para realocar a soberania nos territórios dos Hohenzollern.[20] Não é relevante discutir se isso representava o estabelecimento de um sistema "absolutista". O que importa mesmo é que a tomada de decisão, a nível nacional, agora estava firmemente nas mãos de um homem e que um grau de integração relativamente alto havia sido conquistado, tanto na administração civil quanto na militar.[21] Uma data crucial foi 1653, com o acordo entre o eleitor e as assembleias de Brandemburgo conhecidas como *"Rezess"*. Elas costumavam ser apresentadas como um negócio vergonhoso entre governante e nobres, com o primeiro recebendo o controle do centro em troca de ceder aos proprietários das terras comando sobre os camponeses. A visão atual é que os *Junkers* ganhavam pouco ou nada que já não tivessem, enquanto o eleitor conseguia tudo o que desejava.[22]

Ainda que "acordo" não seja o rótulo apropriado para as *Rezess* de 1653, as relações entre o eleitor e seus nobres sempre foram mais de cooperação que de confronto. De vez em quando, era preciso usar o chicote, como em 1672, quando o teimoso nobre da Prússia Oriental Christian Ludwig von Kalckstein foi levado de Varsóvia e executado.[23] Ainda mais brutal foi a forma como Frederico Guilherme I tratou outro *Junker* da região, o conselheiro von Schlubhut, acusado de se apropriar indevidamente de dinheiro destinado aos refugiados de Salzburgo. Interrogado pelo próprio rei em visita a Königsberg em 1731, von Schlubhut fez pouco da ofensa, prometendo de forma condescendente que devolveria o dinheiro. Sua última observação, quando ficou sabendo que seria enforcado – "Não é socialmente adequado enforcar um nobre prussiano" – mostrava como ele conhecia pouco seu soberano. Frederico Guilherme mandou construir na mesma noite uma forca em frente ao escritório de Schlubhut, e o enforcou ali no dia seguinte, mas não sem primeiro ir à igreja e ouvir atentamente a um sermão sobre perdão ("Bem-aventurados os misericordiosos, porque eles alcançarão misericórdia" – Mateus, 5:7).[24]

Frederico Guilherme, em geral, tinha uma opinião bastante negativa sobre seus nobres. No testamento político que escreveu para seu filho em 1722, ele denunciou os da Prússia Oriental como "falsos e dissimulados", os de Altmark, Magdeburgo e Halberstadt como "muito maus e desobedientes" (especialmente os Schulenburg, Alvensleben e Bismarck) e os de Cleves e Mark como "bois estúpidos, tão maliciosos quanto o Diabo e muito apegados aos seus privilégios". Por outro lado, ele aprovava completamente os *Junkers* da Pomerânia ("tão bons quanto ouro, um pouco briguentos, mas obedientes quando tratados de forma apropriada") e os de Neumark, Uckermark e Mittelmark, regiões de Brandemburgo.[25] A prova de fogo era a disposição deles em enviar seus filhos para treinamento no exército. No passado, os nobres tinham mostrado pouco entusiasmo por uma carreira militar e, quando o faziam, preferiam os serviços holandeses, dinamarqueses ou poloneses. Frederico Guilherme logo acabou com isso, compilando registros de todos os jovens nobres entre 12 e 18 anos. Se eles não se apresentassem por vontade própria, como frequentemente ocorria na Prússia Oriental, ele despachava companhias militares para reuni-los. Em 1772, sua nova academia em Berlim tinha mais de 300 cadetes.[26] Como ele admitia abertamente, sua intenção era tão voltada para a disciplina social quanto para a eficiência militar.[27]

A vida numa escola prussiana para cadetes era desfavorável até em relação à vida em internatos ingleses, mas tinha suas recompensas, incluindo – como também ocorria nesses internatos – uma boa educação. Frederico Guilherme prometia a pais relutantes que seus filhos logo aprenderiam leitura, escrita, matemática, francês, geografia, história, esgrima, dança e equitação, teriam boa casa e boa comida, e – mais importante de tudo, na visão dele – seriam criados como cristãos tementes.[28] Tinham ainda, claro, emprego garantido no exército prussiano. Era algo muito bem-vindo, dada a relativa pobreza da maioria das famílias *Junkers*. Apenas algumas poucas podiam permitir que mesmo o filho mais velho vivesse na propriedade da forma adequada a um nobre. Sem acesso aos benefícios eclesiásticos por conta do protestantismo, elas encontraram uma substituição austera, mas bem-vinda, nos corpos militares. Frederico Guilherme I mais que dobrou o tamanho do exército, aumentando as unidades em mais de 3 mil oficiais.[29]

Os primeiros anos eram indiscutivelmente difíceis para os jovens *Junkers*. Não importava o quanto sua linhagem fosse antiga, eles tinham de começar como guarda-marinhas mal pagos e quase não conseguiam sobreviver sem a ajuda das famílias. Mas a promoção para a hierarquia de capitão e o controle sobre as finanças de uma companhia trazia relativo conforto; outras promoções, a coronel e a um regimento, garantiam alguma riqueza.[30] Dos 1.600 garotos *Junkers* que frequentaram a escola de cadetes de Berlim entre 1717 e 1740, mais de 90% eram comissionados e 40% se tornaram generais durante o reinado de Frederico, o Grande.[31] Não é de se espantar que Frederico Guilherme I admirasse tanto os pomerânios: já em 1724, a nobreza lá consistia quase totalmente de oficiais em serviço ou aposentados, e não havia família alguma na província sem ao menos um membro no serviço.[32]

Um *Junker* que saísse do serviço militar poderia encontrar emprego alternativo na administração civil, mais notavelmente como *Landrat* (conselheiro distrital). Era o posto mais importante no sistema prussiano, porque o *Landräte*, com cerca de oitenta membros, era a interface vital entre o governo central e os proprietários de terra locais. Eram eles que dirigiam todos os negócios importantes, supervisando a coleta de impostos, fornecendo provisões para as tropas que se moviam por seus distritos, regulando relações entre camponeses e seus senhores, promovendo melhorias agrícolas e divulgando decretos governamentais.[33] Eles representavam tanto os outros *Junkers* quanto o governante, pois eram nomeados pelo último, mas propostos pelos primeiros. Ainda que Frederico Guilherme I frequentemente ignorasse tais recomendações, tratava-se de um sistema baseado na cooperação. Isso explica muito a eficácia da administração prussiana: o que o centro determinava muitas vezes era colocado em prática. Não por acaso, os governos locais mais eficientes da Europa eram os da Inglaterra e o da Prússia, pois ambos se baseavam na parceria entre o soberano, no centro, e os ilustres, nas localidades. Se os juízes de paz ingleses eram "parceiros na oligarquia",[34] os *Landräte* prussianos eram "parceiros na autocracia".

AUTOCRACIA

Nem a "oligarquia", nem a "aristocracia": a "autocracia" era, para Frederico Guilherme I, muito mais necessária que suas relações com Hanôver. Nenhum dos dois primeiros reis George da Inglaterra teria escrito: "Vou acabar com a autoridade dos *Junkers*. Conseguirei meu objetivo e ancorarei minha soberania como uma pedra de bronze".[35] Frederico Guilherme rabiscou tais palavras nas margens de um decreto que taxava os nobres na Prússia Oriental. Era sua forma favorita de fazer negócios. As discussões com o gabinete de ministros ou um painel de especialistas não eram para ele: do que gostava era de um relatório por escrito no qual o rei, e apenas o rei, adicionava a decisão.

Essa tomada de decisão altamente personalizada era combinada com uma implementação hierárquica e burocratizada. Acima do *Landrat* estavam os Conselhos de Guerra e Domínios provinciais, que, por sua vez, respondiam à Diretoria Geral em Berlim, todos com uma equipe de profissionais. Diferentemente de seus equivalentes na maioria dos outros países europeus, os oficiais prussianos não podiam comprar nem herdar suas posições. O mesmo valia para os equivalentes urbanos dos *Landrat*, os *Steuerrat* (conselheiro fiscal), que exerciam poderes similares em grupos de seis a doze cidades.[36] Para ambas as posições, Frederico Guilherme introduziu um sistema de treinamento em serviço para estagiários dos conselhos provinciais, incluindo exames para eliminar os incapazes. Também era surpreendentemente vanguardista o estabelecimento de cadeiras de "cameralismo" (ciência política aplicada) nas universidades de Halle e de Frankfurt an der Oder em 1727, com instruções específicas de que sua principal tarefa era o treinamento de oficiais.[37] Foi durante seu reinado que algo próximo do funcionalismo público moderno emergiu: misto em termos de origem social, meritocrático, não venal, assalariado, hierárquico, academicamente treinado e nomeado, dirigido e monitorado por autoridades centrais. Muitas considerações precisam ser feitas sobre como esse sistema funcionava na prática, pois certamente havia nepotismo, corrupção, obstrução, incompetência e todos os outros vícios inerentes ao serviço público naquela época.[38] Ainda assim, em 1740, Frederico herdou de seu pai um sistema administrativo mais eficiente que qualquer outro possuído por seus rivais. Em terra de cegos, quem tem um olho é rei, como disse Erasmo de Roterdã.

O EXÉRCITO

A avaliação que realmente importava era a habilidade de sustentar um exército permanente. A Prússia não só possuía um exército grande, como também se tornou sinônimo de militarismo. No século XVIII, porém, esse *status* ainda era novo. Em 1610, quando o eleitor João Sigismundo instruiu sua milícia a conduzir exercícios de treinamento, os soldados medrosos declinaram, sob o argumento de que disparar suas armas podia assustar as mulheres.[39] Infelizmente, esse agradável senso de prioridades não serviu bem a Brandemburgo quando a Guerra dos Trinta Anos irrompeu, oito anos depois. Para um Estado que se espalhava pela planície do norte da Alemanha sem fronteiras naturais, a segurança só podia vir de um exército forte. A tentativa do eleitor Jorge Guilherme (reinado de 1619-40) de ficar fora do conflito terminou em desastre. Em 1630, ele mandou um emissário a seu cunhado, o rei Gustavo Adolfo da Suécia, que acabara de chegar à Pomerânia, pedindo-lhe que respeitasse a neutralidade de Brandemburgo. Gustavo Adolfo respondeu de maneira sarcástica que, em uma luta existencial entre o bem e o mal (protestantes e católicos), não se comprometer não era uma opção.[40] O tataraneto de Jorge Guilherme, Frederico, fez um relato contundente do episódio em suas *Memórias da Casa de Brandemburgo*, em que descreveu como os ministros do eleitor baliram pateticamente: "O que podemos fazer? Eles têm todas as grandes armas", enquanto se reuniam para falar sobre a rendenção aos suíços.[41] Durante as duas últimas décadas da guerra, Brandemburgo foi repetidamente disputada pelos vários combatentes, perdendo entre 40 e 50% de toda a sua população.[42]

O filho de Jorge Guilherme, Frederico Guilherme, que o sucedera em 1640 aos vinte anos, aprendera a lição de que é melhor ser predador do que presa.* Mais tarde em seu reinado, ele relatou a seu ministro-chefe Otto von Schwerin: "Já experimentei a neutralidade; mesmo sob as condições mais favoráveis, tratam-lhe muito mal. Jurei nunca mais ser neutro enquanto viver".[43] Em 1646, ele havia conseguido reunir um exército de 8 mil homens, que o permitiria algum escopo de ação independente no árduo período da Guerra dos Trinta Anos.[44] Sua recompensa veio no acordo de paz final. Embora amargamente decepcionado por não conseguir fazer valer seu direito à Pomerânia ocidental e à importantíssima foz do rio Oder, ele garantiu a

---

* A gama limitada de nomes utilizados pelos Hohenzollern – ou Frederico, ou Frederico Guilherme – naturalmente levava a confusões. Frederico Guilherme, o Grande Eleitor (1620-88), não deve ser confundido com seu neto, o rei Frederico Guilherme I (1688-1740). Ainda mais econômicos na alocação de nomes eram os príncipes de Reuss, na Turíngia: todos os seus numerosos filhos eram batizados de Henrique.

empobrecida parte oriental, junto com três principados-bispados secularizados (Kammin, Halberstadt e Minden) e a reversão do rico e estrategicamente importante arcebispado de Magdeburgo, do qual ele acabou tomando posse em 1680.[45] Frederico Guilherme, agora, estava em um ciclo virtuoso: quanto mais tropas tinha à sua disposição, mais facilmente conseguia extrair dinheiro dos estados, e quanto mais dinheiro conseguia extrair, mais tropas era capaz de recrutar. Ele foi beneficiado pela decisão de 1654 do Sacro Império Romano de que os príncipes podiam aumentar os impostos para manter postos de fortalezas e fortificações essenciais.[46] Quando morreu, em 1688, ele tinha um exército permanente de 31 mil homens à sua disposição.[47]

Os soldados também estavam mais seguramente sob seu comando. Até o fim de seu reinado, ele tinha sido obrigado a confiar em comandantes militares particulares que lhe fornecessem tropas. Em 1672, o general Georg von Derfflinger, que tinha nascido na Áustria e servido diferentes exércitos, incluindo o sueco, recusou-se a cumprir uma ordem do eleitor porque seu contrato não especificava obediência incondicional.[48] Três anos depois, em 18 de junho de 1675, Derfflinger era o segundo em comando de Frederico Guilherme na Batalha de Fehrbellin, a primeira grande vitória conseguida por um exército de Brandemburgo somente por seus próprios méritos. Embora os números envolvidos em cada lado fossem modestos – de 12 a 15 mil –, sua importância foi reconhecida por contemporâneos que premiaram Frederico Guilherme com o epíteto de "o Grande Eleitor". Seu bisneto observou: "Ele era elogiado por seus inimigos, abençoado por seus súditos; e a posteridade datou, a partir daquele famoso dia, a subsequente elevação da casa de Brandemburgo".[49]

Embora durante os três anos seguintes o exército do Grande Eleitor tenha expulsado os suecos da Alemanha, isso lhe trouxe escassa recompensa quando veio a paz. O verdadeiro poder estava nas mãos dos grandes batalhões, e eles eram comandados pelo rei francês Luís XIV, que interveio nas negociações para resgatar seus aliados suecos. Tudo o que Frederico Guilherme tinha para mostrar depois de cinco anos de campanhas bem-sucedidas era um modesto ajuste nas fronteiras e a cessão, pelos suecos, do direito de dividir os lucros da parte da Pomerânia pertencente a Brandemburgo. Todo o território conquistado teve de ser devolvido. Em uma medalha cunhada para marcar a paz, o decepcionado Grande Eleitor inscrevera frases ditas por Dido na *Eneida* de Virgílio ao ainda não nascido Aníbal: *"exoriare aliquis nostris ex ossibus ultor"* (que algum vingador nasça de nossos ossos).[50] Muito estranhamente, Frederico, o Grande, que seria para Frederico Guilherme o que Aníbal era para Dido, não mencionou isso em seu relato do episódio.

Apesar de toda a importância dada ao Grande Eleitor por seus sucessores, Brandemburgo ainda era apenas uma potência de segunda ou terceira linha quando ele morreu, em 1688. Foi só perto do fim da vida que conseguiu garantir o controle de seu exército, e ainda era dependente de subsídios estrangeiros na guerra.[51] Sua observação de que "alianças são boas, mas as forças próprias são melhores" referia-se a uma aspiração, não a uma conquista.[52] O mesmo poderia ser dito de seu filho, Frederico III (que tirou dois dígitos para se tornar Frederico I quando ganhou o título de "rei da Prússia", em 1701). Costumava-se pensar que os governantes Hohenzollern de Brandemburgo-Prússia podiam ser divididos em dois tipos: os excepcionalmente talentosos e os estúpidos ou instáveis. Frederico III/I teve a infelicidade de ficar no meio de dois muito bem-sucedidos (Frederico Guilherme, o Grande Eleitor, e Frederico Guilherme I) e também de se tornar alvo de alguns dos comentários mais mordazes de seu neto Frederico, o Grande. Ainda assim, ele conduziu seu Estado com segurança pelas águas turbulentas da Guerra dos Nove Anos (1688-97), da Grande Guerra do Norte (1700-21) e da Guerra da Sucessão Espanhola (1701-14). Por vezes, seu exército interveio de forma eficaz, inclusive na batalha de Blenheim em 1704, onde teve um papel importante em ajudar o duque de Marlborough e o príncipe Eugênio de Saboia a obter uma vitória avassaladora sobre os franceses. Em 1709, Frederico I tinha feito seu exército chegar a 44 mil homens, o maior do Sacro Império Romano, com exceção da Áustria.[53]

Naquele ano, ele também esteve presente com força na batalha de Malplaquet, quando Marlborough e Eugênio novamente derrotaram os franceses na luta mais sangrenta da Guerra da Sucessão Espanhola. Liderando o contingente prussiano, estavam dois homens que dariam uma contribuição decisiva à elevação militar prussiana: o príncipe herdeiro Frederico Guilherme e o general príncipe Leopoldo de Anhalt-Dessau. A despeito – ou talvez por causa – da carnificina, que matou 25% do lado vitorioso, o príncipe herdeiro sempre alegou que o dia da batalha – 11 de setembro de 1709 – tinha sido o mais feliz de sua vida, e sempre celebrava esse aniversário.[54] Quando sucedeu ao trono, em 1713, ele e o príncipe Leopoldo imediatamente se dedicaram a aumentar a quantidade e melhorar a qualidade da tropa. Com uma combinação de disciplina feroz e treinamentos incessantes, o exército se tornou uma máquina de matar responsiva capaz de se mover com rapidez pela região e entrar em ação no campo de batalha com velocidade sem precedentes. Suas inovações incluíam: uma vareta de espingarda de metal, que permitia sequências de disparos mais rápidas; uma baioneta melhorada, que estava incessantemente armada; e a marcha em sincronia.[55] Em seu livro *História de meus próprios tempos*, o principal beneficiário dessas reformas comentou a conquista de seu pai: "Um batalhão prussiano se tornou uma bateria andante cuja velocidade em ser recarregada triplicou seu poder de fogo e, assim, deu aos prussianos uma vantagem de três para um".[56] Seu entendimento sobre cavalaria era muito menor. A notória obsessão de Frederico Guilherme com soldados muito grandes significava que era preciso achar para eles cavalos muito grandes – e lentos: "gigantes sobre elefantes" foi o comentário desdenhoso de seu filho.[57] O relato era baseado em experiência de primeira mão, pois, quando Frederico os levou à guerra pela primeira vez, em 1740, a cavalaria austríaca achou fácil demais imobilizar os cavalos gigantes, porém pesados, de seu oponente com um golpe de sabre na cabeça.[58] Também de valor militar questionável era a obsessão de Frederico Guilherme em recrutar soldados gigantes para sua Guarda, que lhe custava quatro vezes mais que qualquer outro regimento e nunca entrou em ação.[59]

A qualidade geral do exército impressionava, mas a sua extensão, nem tanto. Quando chegou ao trono em 1713, Frederico Guilherme podia recrutar de uma população total de apenas 1,6 milhão.[60] Ele de imediato aboliu o notoriamente ineficiente sistema de milícia e recorreu a uma mescla de recrutamento forçado em casa e alistamento voluntário no exterior. A impopularidade do primeiro e o custo do último levaram, em 1733, a uma grande reforma, por meio da qual as terras prussianas foram divididas em cantões de cerca de 5 mil famílias, cada um consignado a um regimento para ser recrutado. Todos os meninos eram inscritos em registros regimentais aos dez anos. Embora se afirmasse com firmeza que "todos os habitantes nascem a serviço do país", vários grupos eram dispensados: fazendeiros plebeus e seus filhos mais velhos, imigrantes, mercadores, produtores, artesãos e aqueles que tinham certas "ocupações reservadas", como navegação marítima.[61] Ainda assim, um bom quarto da população total estava inscrito nas listas cantonais, e dois terços do exército podiam ser recrutados com recursos nativos.[62]

Combinada com a relativa eficiência do sistema fiscal e administrativo, essa organização cantonal funcionava bem o suficiente para promover a Prússia a algo semelhante à primeira liga de potências militares europeias. Em 1713, a força de cerca de 30 mil homens em tempos de paz elevou o país ao nível do Piemonte ou da Saxônia; em 1740, o número equivalente era de 80 mil, superando a Espanha, a República Unida dos Países Baixos ou a Suécia, e colocando-o logo atrás da Áustria. Frederico, o Grande, comentou em seu *Testamento político* em 1768: "Esses cantões são a pura essência do Estado".[63] Uma vez que a imitação é a forma mais sincera de elogio, os austríacos seguiram o exemplo de seus inimigos, embora com muito atraso, e introduziram o recrutamento cantonal em 1777.[64]

PIETISMO

Os sucessivos eleitores e reis da Prússia não só aprenderam a tirar o melhor dos modestos recursos humanos obtidos pela natureza, como também faziam planos para aumentar sua qualidade. Por mais extravagante que possa parecer, eles igualmente encorajavam e beneficiavam-se de um senso de dever prussiano. No centro deste, estava o "pietismo", movimento de reforma dentro do luteranismo, que ganhou muito impulso durante a segunda metade do século XVII. Reagindo contra o que acreditavam ser a ossificação e o formalismo da Igreja Luterana oficial, os pietistas afirmavam o sacerdócio de todos os crentes, a necessidade de uma experiência de conversão e renovação de fé e a prioridade da "luz interior". O Doutor Serenus Zeitblom, no *Doutor Fausto* de Thomas Mann, resumiu muito bem a visão pietista ao descrever o movimento como "uma revolução dos sentimentos de devoção e alegria celestial contra uma ortodoxia petrificada da qual, agora, nem mesmo um mendigo aceitaria um pedaço de pão". De todos os Estados protestantes alemães, Brandemburgo era o mais receptivo ao pietismo. Desde a conversão ao calvinismo no início do século XVII, seus governantes demonstravam um interesse especial em promover a harmonia, pelo menos entre as várias correntes do protestantismo. Frederico Guilherme, o Grande Eleitor, tinha instruído seu filho em seu *Testamento político*: "Deves amar os súditos confiados por Deus ao teu cuidado, e buscar promover o bem-estar e os interesses deles, a despeito de suas crenças religiosas".[65] Essa atitude tolerante era fomentada não apenas por tradição e convicção, mas também por interesse político. A necessidade de repovoar territórios devastados pela Guerra dos Trinta Anos ditava uma atitude relaxada em relação à afiliação confessional dos imigrantes – bem como a ligação do principal adversário de Brandemburgo pela liderança da Alemanha protestante, a Saxônia, à ortodoxia luterana. Essa última consideração foi provavelmente a responsável pela criação de uma nova universidade em Halle, na recém-adquirida província de Magdeburgo, em 1694, para servir como rival às duas universidades saxãs adjacentes de Wittenberg e Leipzig, ambas reconhecidas por sua aderência à rígida ortodoxia.[66]

A figura dominante em Halle era August Hermann Francke (1663-1727), que tinha rompido com os luteranos ortodoxos na Saxônia. Uma impressionante combinação de profeta e burocrata, ele transformou o pietismo de âmbito devocional em movimento organizado. Por um lado, tinha a experiência pessoal de uma luta desesperada pela penitência, incluindo todos os medos da danação eterna, o que culminou em uma conversão intensa, e levava à missão todo o entusiasmo oriundo da convicção. Por outro, era um organizador genial. O rei Frederico Guilherme I fez a ele o maior dos elogios (a seu ver) quando observou que "ele carrega as bênçãos de Deus, pois pode fazer mais com dois táleres do que eu posso com dez".[67] Alguns anos depois de assumir seu cargo como pastor no subúrbio de Glaucha, em Halle, Francke tinha criado um complexo de instituições extraordinário. Apesar de sua introspecção e seu misticismo, os pietistas tinham uma forte inclinação prática. O trabalho era visto de forma positiva, não apenas como um meio de reparação, mas como um bem por si só. Era um dever sagrado para todos os fiéis, pois a atividade construtiva era o melhor meio de superar tentações pecadoras, enquanto a caridade prática era o maior sinal externo da virtude cristã. Na visão de Francke, os ociosos e preguiçosos estavam destinados ao fogo do inferno. No cânone pietista, os pobres não mereciam o reino dos céus.

Francke rapidamente colocou esses princípios em ação. Na escola ligada ao orfanato que ele estabelecera com uma doação anônima, seus pupilos aprendiam habilidades práticas para prepará-los para uma contribuição efetiva à sociedade. A mesma orientação era válida para outros estabelecimentos educacionais que logo foram criados, incluindo uma academia para jovens nobres, onde a promoção da manufatura e da mineração estava no topo da agenda, e uma escola para aspirantes a diplomatas, com ênfase em línguas modernas. Dos numerosos empreendimentos comerciais fundados, o mais bem-sucedido era uma livraria, que mandava publicações pietistas para todo o mundo, em várias línguas, e uma farmácia, "a primeira produtora de medicamentos padronizados de marca em escala comercial, habilitada e ansiosa para vender um kit completo de saúde pública para uma cidade ou província e divulgando seus produtos em panfletos em latim, francês, inglês, holandês e grego".[68] Quando morreu, Francke presidia um dos maiores complexos de prédios na Europa, abrigando 2.200 crianças e uma equipe de 167 professores. Sua fama e fé havia se espalhado pelos quatro cantos do continente, se não do mundo. Ele chegara a Halle sem nada.

E também teria ido embora sem nada, caso sucessivos reis da Prússia não tivessem vindo a seu socorro. Os ortodoxos luteranos de Brandemburgo se opunham aos pietistas tanto quanto a seus pares na Saxônia. Além disso, essa hostilidade vinha não só do clero, mas também dos Estados provinciais de Magdeburgo, cujos representantes desgostavam energicamente das implicações de igualdade do projeto pietista. Em todos os momentos importantes, Francke e seus sucessores conseguiram convencer seus soberanos de que, longe de ser uma ameaça, os pietistas tinham muito a oferecer. Era um argumento convincente porque era verdade. Eles de fato ajudaram o Estado prussiano a resolver um de seus mais urgentes problemas sociais, a pobreza das esposas e dos dependentes dos soldados. Forneceram uma excelente educação prática a milhares de prussianos. E inculcaram ideais de dever, obediência e indústria em nobres e plebeus, soldados e civis. Como disse Francke a Frederico Guilherme quando este ainda era príncipe herdeiro, uma educação pietista produzia para o Estado súditos honestos e obedientes em todas as classes e estilos de vida.[69]

Embora cético a princípio, Frederico Guilherme I logo se convenceu. Uma influência crucial foi o general pietista Dubislav Gneomar von Natzmer, nomeado comandante de um dos regimentos da cavalaria real em 1713 e que, portanto, via seu rei diariamente.[70] Quando Francke conseguiu converter o príncipe Leopoldo de Anhalt-Dessau, a infiltração pietista no centro do poder estava completa.[71] Durante seu reinado, Frederico Guilherme garantiu que os capelães de seu exército fossem pietistas, permitiu que os pietistas controlassem a Universidade de Königsberg e, em 1717, tornou obrigatório que candidatos ao sacerdócio (luterano) tivessem estudado dois anos de teologia em Halle. Ele, com efeito, tornou o pietismo a religião do Estado.[72] É claro que seria um absurdo sugerir que soldados prussianos fossem todos exemplos de moral, pureza e devoção mas, ainda assim, havia neles mais do que um toque dos *Ironsides** de Cromwell, por exemplo quando entoavam salmos e hinos antes e depois das batalhas.**

---

* *Ironsides* refere-se ao regimento de cavaleiros conduzido por Oliver Cromwell (1599-1658) durante a Guerra Civil Inglesa, célebre por sua implacável disciplina atrelada ao fanatismo religioso. [N.E.]

** Ver adiante, pp. 214-5.

SAXÔNIA

Ser protestante mas também tolerante era uma combinação sensata em uma época em que o catolicismo militante estava em ascensão. A reconquista austríaca da Hungria após o fracasso do cerco turco a Viena, em 1683, seguida rapidamente da conversão forçada de Luís XIV e da expulsão dos huguenotes, criou muita tensão entre os protestantes alemães. Eles já estavam amedrontados devido às numerosas apostasias de seus governantes: entre 1650 e 1750, pelo menos 31 príncipes se converteram ao catolicismo.[73] A conversão mais espetacular ocorreu em 1697 na Saxônia, o coração da reforma luterana, quando o eleitor Frederico Augusto (mais conhecido como Augusto, o Forte) buscou facilitar sua eleição como rei da Polônia por meio da apostasia. Seu sucesso na disputa subsequente pareceu uma séria ameaça a Brandemburgo e Prússia, pois unia qualidade e quantidade: na economia e na cultura, a Saxônia era o Estado mais desenvolvido da Europa Central, enquanto a Comunidade Polonesa-Lituana, agora unida a ela, cobria cerca de 1 milhão de quilômetros quadrados e se espalhava do mar Báltico quase até o mar Negro. Na realidade, Varsóvia provou não valer uma missa.* Embora o eleitorado tenha ficado com a presidência nominal dos membros protestantes da Dieta Imperial (o *corpus evangelicorum*), a liderança efetivamente mudou-se para Berlim, ao norte. Era uma transferência que se tornou permanente quando o filho e sucessor de Augusto também se converteu e casou com uma arquiduquesa de Habsburgo.

Havia, nisso, muito mais que uma mudança de fé. Apreensivamente cientes de que deviam sua Coroa polonesa a uma combinação de subornos e pressão diplomática por parte da Áustria e da Rússia, tanto Augusto II (1697-1733) quanto Augusto III (1733-63) sentiram-se obrigados a se apresentar como um rei da cabeça aos pés. O que lhes faltava em poder militar, eles compensavam em demonstrações extravagantes. O resultado foi a revelação da "corte mais deslumbrante da Europa", segundo o autoritário veredito do itinerante barão de Pillnitz em 1729.[74] Vangloriavam-se de ter os melhores bailes, concursos, ópera e caça promovidos em qualquer lugar do Império com exceção de Viena. A ambição de Augusto, tornar Dresden a Veneza do Norte, lugar de diversão das elites e entreposto econômico entre Ocidente e Orien-

---

* Referência à frase dita por Henrique IV em 1593, quando renunciou ao protestantismo para ganhar o trono de Paris. [N.T.]

te, progrediu rapidamente. Pode-se ter uma ideia da lendária beleza da cidade a partir da merecidamente celebrada pintura de Bernardo Bellotto, com o domo da Frauenkirche lembrando muito o da Santa Maria della Salute, em Veneza.

Essa ascensão cultural realmente pagou dividendos. O sinal mais claro de que Augusto, o Forte, tinha se infiltrado na primeira liga de soberanos europeus veio em 1719, quando seu filho e herdeiro casou-se com a arquiduquesa de Habsburgo Maria Josefa, filha do falecido Imperador José I. Para celebrar a ocasião, Augusto usou todo o arsenal de sua corte. Dois anos de preparações – envolvendo, entre outras coisas, a extensão do "Zwinger", como era conhecida a grande arena representativa ao lado do palácio eleitoral, e a construção da maior casa de ópera ao norte dos Alpes – culminaram em um mês inteiro de festividades para comemorar a volta dos noivos de Viena. As cerimônias podem ser descritas com alguma precisão, pois Augusto tomou o cuidado de registrar cada uma delas em texto e imagem e transmiti-las para o mundo em brochuras e gravuras. Além disso, o casamento deu lucros para as gerações sucessoras da dinastia. Seu filho o sucedeu como rei da Polônia e, dentre seus netos, Maria Amália casou-se com Carlos III, da Espanha; Maria Ana casou-se com Maximiliano III José, eleitor da Baviera; Maria Josefa casou-se com o príncipe herdeiro da França e foi, portanto, mãe de Luís XVI; Alberto casou-se com Maria Cristina, filha da imperatriz Maria Teresa, e depois virou governador dos Países Baixos Austríacos; Clemens Wenzeslaus tornou-se príncipe-bispo de Freising, Ratisbona e Augsburg, além de arcebispo-eleitor de Trier; e Cunegunda se tornou princesa-madre de Thorn e Essen (onde ela pôde buscar consolo espiritual depois de ter sido rejeitada repentinamente por José II). Apenas essa lista deveria ser suficiente para nos lembrar de que a política dinástica apoiada por uma cultura de corte representativa era capaz de trazer benefícios substanciais.[75]

A Saxônia-Polônia não era exceção. A elevação de Augusto II a um trono real fazia parte de uma "onda de reificações"[76] que varreu o Sacro Império Romano na segunda metade do século XVII. Isso se devia parcialmente à aquisição de território imperial por soberanos estrangeiros – de trecho da Pomerânia pela Suécia ou de Holstein pela Dinamarca, por exemplo –; em parte, devia-se a príncipes alemães herdando tronos estrangeiros – como o duque de Zweibrücken na Suécia. De longe o mais importante, do ponto de vista prussiano, era a ambição real da Casa de Brunsvique-Lüneburg. Explorando habilmente o fato de o imperador Leopoldo necessitar de assistência militar em sua guerra contra a França em 1692, o duque Ernesto Augusto tinha assegurado a honra e o título de "Eleitor de Hanôver".[77] Simultaneamente, um prêmio ainda maior despontou no horizonte, pois sua esposa Sofia era neta de Jaime I da Inglaterra e, portanto, a melhor candidata caso a linhagem protestante dos Stuart caísse. A morte do único filho sobrevivente da princesa Anne, o duque de Gloucester, em 1700, tornou isso quase uma certeza, embora apenas em 1714 o filho de Sofia tenha ascendido ao trono britânico como George I.

DE ELEITORADO A REINO

Quão importante é um título real? Naquela época, a resposta era: muitíssimo. Em um período em que a representação de poder não era aparência, e sim essência, realeza era poder. Um rei era soberano, *status* exemplificado por sua capacidade de fazer e desfazer nobres. Para um príncipe do Sacro Império Romano, era também um passo em direção à independência total. Como a estrutura do império muitas vezes parece misteriosa, em especial para leitores cujos respectivos países são Estados unificados desde tempos imemoriais, é essencial fazer agora um relato sobre essa estrutura. É melhor pensar nela como um "Estado múltiplo", composto por cerca de trezentos territórios cujos governantes desfrutavam da maioria dos poderes – mas não todos – associados a um soberano. Eles eram unidos pela lealdade que deviam ao imperador; pela lei imperial à qual eram submetidos pelas duas cortes imperiais; e pela representação no *Reichstag* (Dieta Imperial) em Ratisbona. Essa Dieta era dividida em três colégios, o primeiro com os nove eleitores (Mainz, Trier, Colônia, Boêmia, Saxônia, Palatinado, Brandemburgo, Baviera e, depois de 1692, Hanôver). O segundo e maior colégio era o de príncipes, com 34 príncipes eclesiásticos, além de dois votos coletivos compartilhados por cerca de quarenta mosteiros e abadias, e sessenta príncipes seculares, bem como quatro votos coletivos compartilhados por mais ou menos cem condes imperiais. O terceiro colégio consistia de 51 "cidades imperiais livres", as repúblicas autogovernadas sujeitas apenas à autoridade do imperador. As estruturas institucionais foram fixadas em torno do ano 1500, mas o mundo desde então havia mudado, separando poder de aparência.[78] Na segunda metade do século XVII, eram os príncipes seculares mais importantes aqueles que se provavam os mais dinâmicos, como demonstrado pela aquisição de títulos reais.

Ficar parado significava ficar para trás. Se o eleitor de Brandemburgo tivesse permanecido sentado calmamente enquanto seus vizinhos de Hanôver e da Saxônia saíam do fundo do salão para a cabeceira da mesa, ele logo se viria superado por peixes pequenos. Era fato bem sabido que os outros príncipes, notadamente os eleitores da Baviera e do Palatinado, também estavam em busca de títulos reais ou até imperiais. Foi para evitar ser ultrapassado que, nos anos de 1690, o eleitor de Brandemburgo Frederico III embarcou em sua própria campanha. Um lembrete dolorido de seu *status* de subordinado tinha sido entregue pelas negociações de paz em Rijswijk em 1697, quando o emissário de Brandemburgo foi excluído do círculo interno.[79]

Como sempre, foi a necessidade urgente de homens e dinheiro por parte do imperador que lhe deu sua chance. Em novembro de 1700, a promessa de um contingente de 8 mil soldados de Brandemburgo para a guerra iminente pela sucessão espanhola, além de garantias de apoio em políticas imperiais, permitiram a aprovação necessária. Em 18 de janeiro de 1701, o eleitor Frederico III anunciou que, dali em diante, seria "Frederico I, rei na Prússia": *na* Prússia em vez de *da* Prússia porque a Prússia Ocidental continuava sob suserania polonesa.[80] A Prússia, e não Brandemburgo, foi escolhida para o título por ficar fora do Sacro Império Romano e ser inquestionavelmente uma possessão soberana.

Para ganhar credibilidade, Frederico I se dedicou a garantir que as festividades de sua coroação em Königsberg, capital da Prússia Oriental, fossem dignas do maior dos soberanos. Trinta mil cavalos foram necessários para puxar a procissão de 1.800 carruagens que levou a corte de Berlim à coroação. Seus robes de coroação vermelhos eram ornados com botões de diamante que custavam 3 mil ducados cada, enquanto as coroas criadas para ele e sua rainha superavam sozinhas o orçamento total do evento. Mais de um século antes de Napoleão, Frederico fez sua própria coroação; aliás, foi só após a cerimônia de coroação realizada em um castelo de Königsberg que o casal real seguiu para a catedral para ser ungido por dois bispos (um calvinista, outro luterano), especialmente nomeados para a ocasião.[81] No dia de sua coroação, o novo rei criou a Ordem da Águia Negra, para simbolizar a unidade de todos os territórios Hohenzollern.[82]

A excentricidade da coroação foi ao mesmo tempo antecipada e seguida pela mostra de extravagância na representação, cujo próprio excesso revelava a qualidade de novos-ricos da Coroa prussiana. No espaço de pouco mais de vinte anos, Frederico I transformou Berlim de província esquecida em capital apropriada para um rei. As preferências culturais de seu pai tinham sido austeras, orientadas para a praticidade da República Holandesa, onde ele passara vários anos quando jovem. O novo estilo olhava mais para o sul, para a cultura da corte exemplificada por Versalhes. Dois grandes novos palácios foram construídos, uma colossal residência de inverno no centro de Berlim e um retiro de verão no noroeste, construído em um terreno verde e chamado de Charlottenburg. Também influenciada por Luís XIV foi a promoção de projetos culturais, mais notadamente a criação da nova universidade em Halle; uma Academia de Arte fundada em 1697, que devia ser "um colégio de arte ou universidade de arte como as academias em Roma e Paris"; e uma Academia de Ciências em 1700, cujo primeiro presidente era uma personalidade tão grande quanto Leibniz.[83]

Frederico III/I foi tratado de forma dura por historiadores, inclusive por ter sido criticado de modo tão implacável por seu neto em suas *Memoirs of the House of Brandenburg*. O julgamento exposto ali pode ser resumido da seguinte forma: o novo rei compensava sua incapacidade de se afirmar contra seus vizinhos com uma inflação de títulos. Pequeno e deformado, ele ambicionava a grandeza, confundindo as armadilhas da realeza com pujança. Sua extravagância caprichosa não servia a qualquer propósito útil, sendo mera dissipação nascida da vaidade e da estupidez. Ele sacrificava a vida de soldados a aliados sem recompensa por isso, e explorava seus pobres para beneficiar os ricos. Permitia que as províncias orientais de seu reino sucumbissem à fome e à praga. Sua corte drenava a riqueza de seu reino para formar uma grande fossa na qual mensageiros corruptos pudessem se esbaldar. Ingênuo e supersticioso, ele era tão apegado à sua fé calvinista que teria recorrido à perseguição se o clero tivesse criado uma cerimônia bela o bastante para este fim. Tudo o que podia ser dito a seu favor é que ele garantiu o título real, o que ao menos tirou Brandemburgo da opressão da soberania austríaca. Mas até isso era apenas uma ideia vazia jogada à posteridade com a mensagem: "Ganhei um título para vocês, agora mostrem que são dignos dando a ele alguma importância".[84]

O que Frederico II deveria ter admitido era que a criação de uma magnífica corte era considerada *de rigueur* para qualquer príncipe que se prezasse, mais ainda para um rei. Frederico I considerava essas construções de palácio "uma necessidade".[85] Ainda hoje, o restante da Alemanha é repleto de grandes palácios datados de cerca de 1700: Nymphenburg e Schleissheim, na Baviera, Dresden e Moritzburg, na Saxônia, Herrenhausen, em Hanôver, Mannheim, no Palatinato, Wilhelmshöhe, em Hessen-Kassel, Ludwigsburg, em Württemberg, Würzburg, Brühl (Colônia), Bruchsal (Speyer), Mainz, Bamberg e Würzburg, para mencionar só alguns.[86] Portanto, o rei diferente não era Frederico I, mas seu filho, Frederico Guilherme. O choque cultural trazido pela ascensão deste em 1713 não poderia ter sido mais devastador. Se antes se vangloriava de ter uma das cortes glamorosas do Sacro Império Romano, a Prússia mergulhou no extremo oposto, pois Frederico Guilherme estava convencido de que teatro, ópera, concertos, bailes e todas as outras atividades da corte eram "obra de Satã".[87] O orçamento real foi drasticamente reduzido; o pintor da corte, Antoine Pesne, passou a receber meio salário; a orquestra foi desmontada.[88] O fundo de compras da biblioteca real foi cortado para desprezíveis quatro táleres por ano e o posto de bibliotecário virou honorário.[89] Os jardins recreativos foram aplainados e transformados em campo de paradas.[90] Enormes quantidades de prataria foram retiradas de palácios e alojamentos de caça, derretidas (independentemente do mérito estético) em barras, receberam o selo do exército e foram armazenadas em barris nos porões do palácio de Potsdam.[91] E isso se provaria o legado mais concreto de Frederico Guilherme: em 1740, esse grande tesouro tinha se transformado em 8,7 milhões de táleres em dinheiro, como reconheceu, com gratidão, seu filho.[92] Podia ter sido ainda maior, se Frederico Guilherme não tivesse aumentado os gastos com a corte e os palácios conforme seu reinado progredia.[93]

Um exército grande, bem equipado e bem treinado; uma nobreza leal acostumada a servir; uma administração eficiente; um orçamento de guerra grande o bastante para permitir que uma guerra fosse travada sem impostos adicionais nem empréstimos – essa era a herança de Frederico quando seu pai morreu, em 31 de maio de 1740. Algum outro príncipe ou princesa herdeiro já tinha tido sucesso com condições tão favoráveis? Quando o imperador Carlos VI de Habsburgo morreu naquele mesmo ano (em 20 de outubro), ele legou à sua filha Maria Teresa um tesouro vazio, montanhas de dívidas, um ministério dominado por facções de velhos e um exército com menos da metade de sua força nominal e ainda lambendo as feridas de uma guerra desastrosa contra os turcos. A Monarquia de Habsburgo era bem-dotada apenas de tradição. Como comentou Frederico, sarcasticamente, "seu orgulho fornecia o que lhe faltava em força, e sua glória passada filtrava sua humilhação presente".[94] Infelizmente, o brilhante legado material de Frederico Guilherme a seu filho foi acompanhado de um peso psicológico de magnitude correspondente.

2
A destruição de Frederico

FREDERICO E SEU PAI

Sábio é o pai que não tenta transformar seu filho em uma versão miniatura de si mesmo. Se o molde for talhado com muita força, a cópia pode enveredar por direções bastante inesperadas. Assim foi com Frederico Guilherme e seu filho mais velho, Frederico, nascido a 24 de janeiro de 1712. Era a terceira vez, a da sorte, pois os dois filhos anteriores tinham morrido ainda bebês, em 1708 e 1711. Outro teria o mesmo destino em 1719. O muito necessário herdeiro reserva apareceu somente quando Frederico tinha dez anos, na forma do vigoroso Augusto Guilherme, a quem depois se juntaram Henrique, em 1726, e Augusto Ferdinando, em 1730. Além deles, seis de sete filhas sobreviveram além da infância, compondo um total impressionante de dez rebentos adultos.

Por sua própria designação, a relação entre soberanos e os herdeiros que aguardam seus tronos está fadada a ser problemática. O início do século XVIII foi marcado por alguns espetaculares conflitos geracionais, mais notoriamente aquele que acabou na morte, em 1718, de Alexei, filho mais velho de Pedro, o Grande, que só conseguiu evitar o carrasco por sucumbir antes à tortura e aos espancamentos ordenados por seu pai. Menos letais, porém mais frequentes, eram as brigas familiares da casa de Hanôver, parentes próximos dos Hohenzollern. Frederico Guilherme era filho da duquesa Sofia Charlotte de Hanôver e casado com sua prima de primeiro grau Sofia Doroteia, filha de George I, eleitor de Hanôver e, a partir de 1714, rei da Inglaterra.

Manter tudo em família era, claro, normal para as famílias governantes da Europa, mas um acervo genético pequeno podia ter consequências indesejadas. A instabilidade mental presente na linhagem reapareceria mais tarde em George III da Inglaterra, Frederico Guilherme IV da Prússia e Ludwig II da Baviera, bem como em seu irmão Otto (cuja mãe era uma Hohenzollern). No caso de Frederico Guilherme I – e possivelmente no de George III também – isso se devia à porfiria, uma doença hereditária transmitida à Casa de Hanôver pelos Tudors via Jaime I e sua filha Isabel do Palatinato.[1] Embora descrita por Hipócrates no século v a.C., ela só foi explicada bioquimicamente em 1871, tendo recebido o nome atual em 1889.[2]

Em muitos portadores, permanece dormente ou é tão leve que passa sem ser detectada, mas, em Frederico Guilherme I, a doença mostrou toda sua fúria. Ele sofreu quatro grandes ataques, quase tendo morrido em 1707, 1718 e 1734, antes do episódio terminal em 1740, quando faleceu aos 51 anos.[3] Nesse meio-tempo, tinha tendência a surtos menos debilitantes, mas ainda assustadores. Pode-se ter uma ideia dos sintomas por meio das expressões usadas por seus contemporâneos para descrevê-los: "ataques de desmaios", "inquietação", "delírios", "insanidade", "fantasias tolas" e, especialmente, "explosões de raiva". No auge, a porfiria o flagelou com insônia alternada com pesadelos, paranoia, inchaço nas genitálias (tornando a micção muito dolorosa), constipação alternada com diarreia, grandes bolhas cheias d'água, espumação pela boca e dor abdominal intensa. A gota, doença relacionada, também era visita frequente.[4] Em outubro de 1734, Frederico relatou de Potsdam a sua irmã Guilhermina que o pai achava-se numa condição terrível: suas pernas estavam inchadas até o topo das coxas, seus pés entre o tornozelo e os dedos eram vermelho-vivo e cheios de pus, seus braços e rosto estavam amarelos e cobertos de manchas azuis, e ele quase não conseguia comer nem beber, tão grande a dor.[5]

Em 1726, Frederico Guilherme escreve, resignado: "Nada posso fazer contra a vontade de Deus, e devo aguentar tudo pacientemente".[6] Essa submissão à piedade divina era declarada com frequência. Em 1734, seu filho relatou que ele disse, "com expressão comovente e trágica", que só tinha 46 anos, tinha tudo que um homem poderia desejar na Terra, e ainda assim sofria da mais terrível dor já conhecida pelo mundo. "Entretanto", continuou, "desejo sofrer tudo pacientemente. Meu Salvador sofreu tão mais por mim, e eu provavelmente mereço a punição divina por meus pecados. Seja feita Sua vontade e que Ele determine meu destino segundo Sua Vontade Divina. Sempre abençoarei e adorarei Seu nome".[7] Infelizmente, essa heroica resolução não podia ser posta em prática, pois paciência era uma virtude que Frederico Guilherme notoriamente não tinha. Voluntarioso desde o nascimento, tinha dado indicativos precoces de seu temperamento quando, aos quatro anos, respondera a uma tentativa de sua governanta de pegar uma fivela de sapato dourada que ele usava como brinquedo engolindo o objeto.

Depois da histeria inicial, com sua mãe gritando alto o suficiente para "pulverizar pedras", uma boa dose de laxante resolveu o problema, e a fivela foi levada para exibição na "câmara de curiosidades" do palácio.[8] Em outra ocasião, o garoto lidou com um potencial castigo escalando até o parapeito da janela de seu quarto e negociando a punição com a governanta sob a ameaça de pular.[9] Bom de briga, ele foi enviado de volta para casa de uma visita aos avós em Hanôver por bater em seu primo George.[10] Cresceu e se tornou rechonchudo e de rosto avermelhado, com o temperamento tão curto quanto sua altura (1,65 metro), e notório por suas violentas variações de humor.[11]

Quanto do comportamento rude de Frederico Guilherme se devia a sua personalidade e quanto era reação à dor física, obviamente, não se pode determinar. Parece provável, porém, que ele teria sido um pai rígido mesmo se desfrutasse da melhor saúde. Sua famosa parcimônia, por exemplo, foi identificada precocemente por sua mãe, que comentou "que pão-duro, em tão tenra idade!" quando descobriu que o menino mantinha uma contabilidade cuidadosa do que chamava de "meus ducados".[12] Seu autoritarismo também estava profundamente entranhado e era expresso com frequência, bem como seu apego ao Cristianismo calvinista, embora achasse a doutrina da predestinação tão terrível que a rejeitou com sua característica intemperança.[13]

Igualmente inato era o militarismo de Frederico Guilherme. Logo que chegou ao trono, emitiu uma nova tabela de hierarquias para elevar soldados às custas de civis. Um marechal de campo agora passava direto ao topo da pirâmide, pulando por cima de todos os grandes oficiais do Estado e da corte. Mais para baixo, até mesmo meros capitães subiam até 55 posições.[14] Depois de 1725, o próprio rei nunca foi visto vestindo nada a não ser um uniforme, e bem pedantemente o uniforme de coronel, porque foi a essa patente que seu pai o promoveu, e Frederico Guilherme acreditava que, depois da morte deste, não havia ninguém autorizado a promovê-lo mais.[15] Ele dizia a quem quisesse ouvir que nunca tinha gostado de nada tanto quanto da sangrenta batalha de Malplaquet; que não havia chamamento mais sublime que liderar um exército; que ele mesmo poderia ter sido um grande comandante se tivesse ficado mais no serviço militar; e assim por diante.[16] Em sua visão, as pessoas existiam para servir o Estado, o Estado existia para servir o exército e o exército existia para servir o líder da Casa de Brandemburgo.[17]

Também impossível de justificar usando a doença era a atitude de Frederico Guilherme em relação a recreação e cultura. Ele só gostava de caçar. A segunda melhor coisa depois de matar soldados inimigos era matar as várias formas de caça que abundavam nas florestas de Berlim e Potsdam. Seus registros meticulosos revelam que entre 1717 e 1738 ele alvejou 25.066 faisões, apenas em Wusterhausen. Notoriamente avesso a cerimônias, Frederico Guilherme abria uma exceção para a caça, tendo montado um elaborado funeral para um de seus falcões favoritos que tinha levado a pior em uma "batalha heroica" com uma garça.[18] A Festa de Santo Huberto, padroeiro dos caçadores, em 3 de novembro, era um dos dois feriados que ele celebrava (o outro era o aniversário da batalha de Malplaquet em 11 de setembro).[19] É revelador que o único prédio que tenha encomendado para si fosse um pequeno alojamento de caça a sudeste de Potsdam. Lembrando muito uma casa de aldeia holandesa, a "Estrela", como era conhecida por se localizar no centro de uma rede irradiadora de rotas de caça, era composta apenas de uma sala de jantar, cozinha, quarto e um cômodo para um ajudante.[20]

Ele tinha três outros alojamentos de caça à disposição, em Köpenik, a sudeste de Berlim e hoje parte da metrópole; na floresta de Grunewald a oeste; e em Wusterhausen, 20 quilômetros ao sul da capital. Este último era sua residência favorita.[21] Segundo sua filha mais velha, Guilhermina, ele considerou seriamente abdicar e viver o resto de sua vida como um simples proprietário de terras em Wusterhausen, ganhando 10 mil táleres ao ano. Enquanto ele dividiria seu tempo entre rezar e cuidar da terra, anunciou, o resto da família cuidaria da casa, com Guilhermina sendo responsável por costurar e reparar os artigos de cama e mesa.[22]

Em Wusterhausen, a recreação favorita de Frederico Guilherme após a caça era seu "parlamento do tabaco", uma assembleia exclusivamente masculina na qual a ordem do dia era fumar, beber cerveja e conversar. Não surpreende que a maior parte dos convidados fosse composta de oficiais do exército. Segundo o embaixador austríaco conde von Seckendorf, as sessões começavam às cinco da tarde e podiam durar até a meia-noite.[23] Uma famosa pintura de Georg Lisiewski, de 1737, mostra um cômodo de paredes brancas e com poucos móveis, com Frederico Guilherme à cabeceira de uma mesa simples de carvalho, e os convidados sentados em bancos sem estofamento nem costas. As únicas pessoas presentes que não estão fumando nem bebendo são seus filhos mais jovens, Augusto Guilherme (quinze anos), Henrique (onze) e Augusto Ferdinando (sete).*[24] Ao fim da mesa, sentam-se dois

---

*   Para seu grande alívio, o príncipe herdeiro Frederico escapou do parlamento do tabaco ao casar-se e ganhar sua propriedade em Rheinsberg. Ver adiante, pp. 47-8.

civis sem cachimbos nem canecas. São os "conselheiros cômicos", acadêmicos convidados para ser alvo do humor grosseiro da companhia. Sentada entre eles está uma grande lebre com as orelhas levantadas, um símbolo insolente da timidez e arrogância vulgar que Frederico Guilherme associava à profissão deles.[25] Sob suas ordens, os salários pagos a pesquisadores eram registrados sob a rubrica "gastos com diversos bobos da corte".[26]

Como isso sugere, Frederico Guilherme não tinha tempo para explorações intelectuais. Segundo disse um de seus biógrafos, "seu modo de vida era altamente idiossincrático e quase inteiramente vazio de cultura".[27] Até o conde Seckendorf tinha de contrabandear livros para Wusterhausen, para não ser suspeito de perder com leitura o tempo que poderia ser mais bem empregado caçando, bebendo ou rezando.[28] Aos dez anos, Frederico Guilherme ainda não sabia o alfabeto e não conseguia contar até dez.[29] O testamento político composto por ele para seu herdeiro em 1722 era tão analfabeto quanto disléxico, um fluxo caótico de consciência no qual nem os inumeráveis erros ortográficos eram consistentes. Letras maiúsculas e minúsculas eram usadas arbitrariamente, com caixas altas aparecendo no meio de palavras. Ele o datou "17 de fevereiro de 1722 em *Botsdam*" (Potsdam), que nas páginas anteriores está grafado corretamente.[30]

De maneira característica, ele começa com uma oração: sempre depositava sua fé em Deus, certo da salvação, e arrependido dos seus pecados. Seu sucessor não deve ter amantes ("ou prostitutas, como devem ser corretamente designadas"); deve viver uma vida devota a Deus e dar um exemplo ao país e ao exército; não deve ceder às tentações de comer ou beber em excesso; não deve tolerar nenhum entretenimento público, pois todos são satânicos; a Casa de Hohenzollern sempre os evitara – e por isso Deus lhes sorrira; deve temer a Deus e nunca começar uma guerra injusta, mas também defender os direitos da dinastia de Hohenzollern.[31]

Em grande parte, ele fazia o que falava, embora, segundo todos os relatos, nunca tenha conseguido alcançar a abstinência. O mais perto que chegou do adultério, de acordo com sua filha Guilhermina, foi desejar uma das damas de companhia de sua esposa, a bela, mas virtuosa, *Frau* von Pannewitz. Com sua usual falta de sutileza, ele deixou claros seus desejos de maneira direta e ofensiva, e foi rejeitado com igual veemência. Quando, porém, encontrou a dama em uma estreita escadaria do palácio ducal em Brunsvique, para o qual a corte tinha se mudado para o casamento de seu filho, ele continuou seu cortejo agarrando os seios dela. A dama reagiu com um soco tão forte que o nariz e a boca dele sangraram copiosamente. Essa experiência o colocou de novo na linha, mas depois disso ele passou a se referir à *Frau von Pannewitz* como "aquela bruxa má".[32]

Apesar de toda a sua ignorância, Frederico Guilherme não era tolo. Engenhoso, enérgico e determinado, era um homem que fazia as coisas acontecerem – em geral, da maneira que queria. Tinha até um lado sensível, mais bem expresso na pintura, à qual recorria para preencher suas noites insones e aliviar suas dores físicas, designando as obras finalizadas como *Fredericus Wilhelmus in tormentis pinxit* (pintado por Frederico Guilherme em seu tormento).[33] Um expressivo autorretrato revela tanto talento quanto sofrimento.[34] Ele também era surpreendentemente indulgente com sua esposa, Sofia Doroteia, permitindo que ela mantivesse sua própria corte no Palácio Monbijou, às margens do rio Spree, em Berlim, cuja construção – iniciada durante o reinado de seu predecessor, Frederico I – ele completou.[35]

Qualquer relação com o inconstante Frederico Guilherme estava fadada a ser difícil. No caso de sua rainha, ficou ainda mais complicada por ela saber que ele, na verdade, queria ter se casado com Carolina de Ansbach, que – para botar mais lenha na fogueira – tinha preferido o primo dele, George de Hanôver e da Inglaterra.[36] Culta, amante dos prazeres e ferozmente orgulhosa de sua linhagem Guelph, Sofia Doroteia precisou de todo o seu abundante bom senso e temperamento calmo para se adaptar à vida com Frederico Guilherme. Por 34 anos, ela lidou com os chiliques dele, cuidou de suas numerosas doenças e pariu seus catorze filhos. Quando morreu, em 1757, o conde von Lehndorff, que a conhecera muito bem, escreveu que essa "filha, esposa, mãe e irmã de reis" era "tão admirada, tão venerada, tão amada por tantos" por ser boa, caridosa, graciosa e digna. Ela também era, adicionou, imensamente corpulenta, tendo sido necessária a força de numerosos carregadores de caixão, entre os quais ele próprio, para transportá-la ao seu local de descanso final.[37]

PAI E FILHO

Para uma criança, escolher entre os dois que formavam este incompatível casal não era difícil. De um lado, havia amor, atenção, cultura e as coisas boas da vida; do outro, dever, devoção, austeridade e brutalidade. Durante os primeiros seis anos de sua vida, o príncipe herdeiro Frederico não teve de decidir. Ficou aos cuidados ternos de uma dama huguenote idosa, Madame de Rocoulle (que tinha sido uma das primeiras governantas de Frederico Guilherme), e de sua filha. Como as outras mulheres de sua vida – sua mãe e sua irmã mais velha – só falavam francês, os anos iniciais (e felizes) de Frederico foram passados inteiramente em um mundo francófono e feminino. Apenas visitas ocasionais a seu pai em Wusterhausen revelavam a alternativa alemã e masculina, bem diferente, que o aguardava.[38] Ela só invadiu seu mundinho aconchegante quando ele completou sete anos, com a nomeação de dois tutores masculinos, ambos oficiais seniores do exército – o general conde von Finkenstein e o coronel von Kalkstein. A princesa Guilhermina, que os conhecia bem, descreveu o primeiro como decente, mas parvo, e o último como um preconceituoso traidor.[39] Para a sorte de Frederico, eles tinham a companhia de Jacques Duhan de Jandun, um huguenote que tinha impressionado Frederico Guilherme menos por suas conquistas intelectuais e mais pela bravura que demonstrara no cerco de Stralsund.[40]

O time de tutores foi instruído a treinar seu protegido para ser um administrador econômico, um cristão devoto e um soldado entusiasmado. A maior ênfase estava neste último: "Em particular, ambos [Finkenstein e Kalkstein] devem tomar cuidado excessivo para imbuir em meu filho o amor pela instituição militar e transmitir a ele que não há nada no mundo que confira a um príncipe mais fama e honra do que a espada e que, igualmente, nada o torna mais desprezado do que ele não amar a espada e só buscar nela sua glória".[41] Era uma tarefa dura. No Natal de 1717, ou seja, logo antes de seu aniversário de seis anos, Frederico tinha ganhado de seu pai uma companhia inteira de soldadinhos de chumbo, incluindo armas, tambores, bandeiras e estandartes, e até minicanhões que podiam ser disparados. Mal lançando-lhes um olhar, o pequeno tinha preferido um exemplar de capa magnífica de melodias francesas, e logo estava encantando audiências femininas com seu alaúde.[42] Embora ainda não fosse evidente, o segundo objetivo também se mostraria problemático. Não foi por falta de tentativas, como mostra a rotina diária em Wusterhausen, ditada por Frederico Guilherme em 1721:

> 5:30 alvorada: o príncipe herdeiro deve se levantar e fazer suas orações em voz alta, depois deve rapidamente se lavar, se vestir e se pentear.
> 5:45 todos os empregados em Duhan devem entrar e a companhia reunida recitará suas orações de joelhos; depois, Duhan deverá ler um capítulo da Bíblia e um ou mais bons hinos devem ser cantados; depois que os em-

pregados forem embora, Duhan deverá ler o texto bíblico do dia, explicá-lo e discuti-lo, e também repetir passagens do catequismo.
7-9 aula de história com Duhan.
9-10:45 instrução religiosa com Noltenius.
11 depois de se lavar com sabão, ir até o rei.
14-15 geografia política com Duhan.
15-16 instrução moral.
16-17 escrever cartas em alemão com Duhan, com vistas à melhoria estilística.
17 depois de lavar as mãos, ele voltará ao rei para cavalgar com ele.
18 tempo livre para fazer o que quiser, desde que não seja contra as leis de Deus.

Aos domingos, Frederico tinha permissão de dormir até as sete, mas também precisava ir a uma (longa) missa com seu pai.[43]

Não é possível determinar com precisão quando Frederico Guilherme começou a perceber que os planos desenhados com cuidado para seu filho e herdeiro estavam indo mal. O pequeno Frederico se mostrou tão ardiloso quanto inteligente, exímio em fingir interesse em tudo o que seu pai amava mas que ele próprio secretamente odiava, notadamente caça, treinamento militar, tiros e comandar a companhia de 130 cadetes criada para ele quando o garoto tinha apenas seis anos de idade.[44] Sem dúvida, em 1724, o pai tinha começado a suspeitar, dizendo: "Eu gostaria muito de saber o que é que se passa naquela cabecinha. Estou bastante ciente de que Fritz não compartilha de meus gostos e também sei que há pessoas que o encheram com ideias contrárias e que desprezam tudo o que eu faço".[45] O pietista Francke ficou desconcertado à mesa de jantar ao ver Frederico e a irmã Guilhermina trocando olhares com seus grandes olhos azuis, mas não dizendo nada na presença do pai. Foi só quando o rei saiu para caçar que Frederico despertou, fazendo piadas com os acadêmicos e membros do clero presentes, incluindo o próprio Francke.[46] Foi em 1724 que diplomatas estrangeiros começaram a relatar incidentes de desaprovação paternal do que se julgava "afeminação" – o uso de luvas para caçar num dia frio, por exemplo, ou o emprego de um garfo de prata de três dentes em vez do utensílio de aço de dois dentes utilizado pelos soldados.[47] Medo do som de tiros era outro sinal decepcionante.[48] Em 1726, Frederico foi transferido para Potsdam para ser capitão do Regimento do Rei, uma medida que significava uma ênfase ainda maior em questões militares na sua educação, com um estilo de vida igualmente austero e o fim dos poucos "confortos ou prazeres" de que ele desfrutara até então. Quando ele caiu do cavalo no campo de paradas, em frente do seu pai, foi a prova do fracasso de Finkenstein e Kalkstein em transformá-lo num soldado modelo.[49]

A religião também era um assunto polêmico. O próprio Frederico provavelmente não saberia dizer quando começou a ter dúvidas sobre a fé cristã que lhe era enfiada goela abaixo dia a dia. Para uma mente com pouca inclinação natural para a "ficção metafísica", como Frederico mais tarde definiu o Cristianismo, essa dieta forçada provavelmente era contraproducente. E com certeza havia muito dela. Desde os sete anos, ele era obrigado a copiar as passagens mais importantes do Novo Testamento, e qualquer pequeno mau comportamento era punido com memorizações e repetições de catequese e hinos.[50] Os horários de refeição eram especialmente tediosos, acompanhados de leituras de textos devocionais, sermões e cantos de salmos. Só eram permitidos tópicos de conversa religiosos.[51] Em algum ponto no início da adolescência, a rejeição, por parte de Frederico, da religião implacável de seu pai se completou. Em 1720, os tutores de Frederico ainda relatavam satisfação com sua educação religiosa, mas, em 1726, com a crisma se aproximando, avaliou-se serem necessárias aulas extras.[52] A cerimônia, que acabou acontecendo em abril de 1727, não parece ter ajudado. Nessa época, com a ajuda de seu tutor Duhan, Frederico tinha compilado uma biblioteca clandestina, que incluía obras de John Locke, Pierre Bayle e Voltaire.[53] Escondida na livraria de Ambrosius Haude na "Liberty", uma fileira de casas diretamente oposta ao Palácio de Berlim, ela chegou a 3.775 volumes em quinze prateleiras.[54] Junto com outros pequenos luxos, essa bibliofilia colocou Frederico em dívidas, já que ele só passou a receber dinheiro próprio aos dezessete anos. Durante o inverno de 1727-8, teve de confessar ter tomado emprestados 7 mil táleres de um banqueiro berlinense. Dada sua parcimônia obsessiva, Frederico Guilherme não deve ter ficado feliz com essa notícia, mas pagou a dívida. Ele talvez não o tivesse feito se soubesse que os passivos de seu filho não acabavam aí.[55]

Ainda que seja possível que, em algum momento da história, um pai tenha desfrutado de uma relação consistentemente harmoniosa com seu filho adolescente, não se trata de um fenômeno muito frequente. No caso de Frederico Guilherme e Frederico, as tensões naturais do fim da adolescência ultrapassaram muito o normal, chegando à violência física e atingindo o ápice com um quase filicídio. A campanha para destruir os desejos de Frederico e transformá-lo em um instrumento subserviente era contínua, e a técnica, brutal: Frederico Guilherme nunca elogiava seu filho, nunca demonstrava nenhum afeto e o tratava pior do que a seus bobos da corte.[56] Um gastão que odiava o exército e tinha o pensamento livre era o filho dos pesadelos de Frederico Guilherme. Enquanto seus defeitos estivessem escondidos por trás de uma fachada de obediência, porém, era possível alcançar alguma espécie de *modus vivendi*, o que ficou mais difícil à medida que Frederico se tornava mais assertivo e inquieto. Um divisor de águas foi a visita real a Dresden, capital da Saxônia, em janeiro de 1728. Frederico Guilherme não pretendia levar o filho com ele, e foi apenas a pedido de seu anfitrião que o jovem recebeu a permissão de se juntar ao grupo.[57]

O contraste entre a corte hedonista, para não dizer decadente, de Augusto, o Forte, e a austeridade severa em casa não poderia ter sido maior. Lá, Frederico desfrutou de pelo menos três experiências novas. Ele foi pela primeira vez à ópera e viu *Cleofide*, de Johann Adolf Hasse, uma das melhores *opere serie* (grandes óperas) já escritas. Também pela primeira vez, ouviu o alaúde tocado por um virtuose, Johann Joachim Quantz.[58] Por fim, mas não menos importante, provavelmente teve sua primeira experiência heterossexual, o que pode tê-lo inspirado a começar a escrever poesia. Segundo sua irmã Guilhermina, Frederico estava presente quando o rei da Saxônia entreteve seus convidados prussianos depois de um bom jantar levando-os até uma câmara luxuosamente decorada, onde de repente abriu-se uma cortina para revelar, reclinada num sofá em uma alcova, uma jovem que, além de ser linda, estava nua em pelo. Um horrorizado Frederico Guilherme arrancou seu filho do cômodo, mas não antes de Frederico ter visto o suficiente para ficar com vontade de mais. Ele, afinal, era maior de idade – tinha celebrado seu 16º aniversário ainda em Dresden. A mostra cuidadosamente planejada era uma tentativa de Augusto de desviar as atenções de Frederico de sua filha ilegítima (e suposta amante), a condessa Anna Karolina Orzelska. Ele ofereceu a seu convidado a garota no sofá, uma cantora de ópera chamada La Formera, sob a condição de que ele desistisse da condessa. Guilhermina concluiu: "Meu irmão prometeu tudo para possuir aquela bela mulher, que se tornou sua primeira amante".[59] Ao voltar à tediosa Berlim depois da vida de prazeres em Dresden, Frederico caiu em uma depressão profunda, perdeu peso e sofreu crises de desmaio.[60] A reaparição da condessa Orzelska quando Augusto fez uma visita de retribuição à corte prussiana se provou uma decepção amarga, pois ela agora estava grávida. Um frustrado Frederico se voltou a outras formas de devassidão.[61]

Quase tudo o que se sabe sobre esse episódio vem das memórias da irmã mais velha de Frederico, Guilhermina, que não devem ser desprezadas como fonte, pois ela era muito próxima de Frederico e ouvinte compreensiva de suas confidências. Por outro lado, ela escreveu muito tempo depois dos acontecimentos, e suas memórias estão cheias de erros.[62] A única coisa que se pode dizer com certeza é que Frederico Guilherme I sentiu-se muito desconfortável em Dresden. Em sua volta, ele escreveu a Seckendorf que estava chocado com o comportamento profano na corte ali, adicionando, devotamente, "mas Deus é testemunha de que não senti prazer naquilo e que sou tão puro quanto quando saí de casa, e devo permanecer assim com a ajuda de Deus até o fim dos meus dias".[63] A tarefa do historiador fica mais difícil com a relutância dos participantes em dizer exatamente o que significava "devassidão" ou quem exatamente era "uma boa pessoa". A última é uma frase usada por Frederico em uma carta a Voltaire em 16 de agosto de 1737, na qual afirma que foi essa musa anônima que inspirou nele duas emoções poderosas: amor e desejo de escrever poesia, completando: "Esse pequeno milagre da natureza possuía todo o charme possível, além de bom gosto e delicadeza. Ele[a]* procurou transferir a mim essas qualidades. Desde aquela época, apaixonei-me frequentemente, e sempre fui poeta".[64] Frederico não fornece datas dessa epifania, apenas indica que ela aconteceu "no primeiro rubor da juventude". Numa nota de rodapé, o editor J. D. E. Preuss identificou a boa pessoa como "Madame de Wreech", e datou a experiência em 1731, com base no fato de que Frederico escreveu a Guilhermina em 1734 dizendo que se havia passado três anos desde que ele, "pupilo de Horácio", estivera aos pés do monte Parnaso.[65] Essa expressão bastante pomposa, porém, não significa que ele não tivesse começado a escrever versos antes. Inclusive, em uma obra anterior, Preuss tinha escrito que, em sua carta a Voltaire em 1737, Frederico se referia à condessa Orzelska.[66]

As quatro semanas que ele passou em Dresden revelaram a Frederico o quanto a "cultura" que ele achava em casa era estreita, paroquial e filisteia. Entre os cortesãos saxões que ele conhecera estava o príncipe herdeiro Augusto, um sofisticado homem do mundo que tinha estado no *Grand Tour* à França e à Itália, tendo sido recebido em Versalhes pelo Rei Sol em si e entrado por meio do casamento na dinastia Habsburgo.[67] Quando retornou à fatigante rodada de deveres regimentais em Potsdam sob o olhar sempre atento

---

* O original deixa em dúvida se a causa era um homem ou uma mulher: [s]he. [N.T.]

de seu brutal pai, Frederico deve ter desejado muito escapar de sua jaula de ferro. Um sinal pequeno, mas significativo, de que a maré estava começando a mudar era seu hábito de assinar cartas como "Frédéric le philosophe", que ele começou em Dresden.[68] Uma mudança mais assertiva também pode ser inferida a partir do comportamento cada vez mais destemperado de seu pai. Há uma concordância geral entre os biógrafos de Frederico de que à visita a Dresden seguiu-se uma aguda deterioração nas relações.[69] Isso pode muito bem ter sido causado, em parte, pela tardia descoberta, feita por Frederico Guilherme, de que a doença de Frederico pós-Dresden não era psicológica, mas derivada do desejo sexual frustrado. A compaixão deu lugar à ira e à oferta de cem ducados para o primeiro informante que relatasse qualquer má conduta.[70]

Dado a distrações, no outono de 1728, Frederico escreveu uma carta desesperada a seu pai, reclamando do "cruel ódio" ao qual era submetido o tempo todo. Em sua resposta inflexível, Frederico Guilherme acusou seu filho de ser um afeminado incapaz de cavalgar ou atirar, de aparência suja, com cabelo comprido demais, voluntarioso e que geralmente parecia e se portava como um tolo.[71] Tudo o que Frederico dizia ou fazia, fosse cavalgar, comer ou só caminhar, deixava o pai rangendo os dentes. E havia, claro, muitos informantes bastante dispostos a dizer ao rei o que quer que ele quisesse ouvir – que Frederico tinha se referido a seu uniforme de granadeiro como uma "mortalha", por exemplo.[72] A exasperação de Frederico Guilherme pode ter sido intensificada pelas constantes comparações com o irmão mais jovem de Frederico, Augusto Guilherme, que dava todos os sinais de ter saído igualzinho ao pai, a ponto de se parecer com ele.[73] Quanto a Frederico, Frederico Guilherme não suportava nem vê-lo. Em 17 de outubro de 1728, o emissário saxão von Suhm relatou que Frederico tinha dito a ele que a situação estava intolerável. Ele implorou que Suhm solicitasse ao rei Augusto para interferir e pedir que Frederico lhe desse mais liberdade e permissão para viajar.[74] Não havia chance disso. Pelo contrário, Frederico Guilherme apertou o cerco. No início do ano seguinte, designou mais dois ajudantes a Frederico, com a intenção expressa de ficar de olho em seu comportamento. Suas instruções destacavam a falta de "inclinações verdadeiramente masculinas" de Frederico, ou seja, o militarismo, a caça e a bebida. Sua missão era transmitir a Frederico que "todas as ocupações afeminadas, lascivas e femininas eram altamente indesejáveis em um homem".[75]

Agora, esse choque de culturas e estilos de vida recebia uma dimensão política extra devido a uma discordância séria entre rei e rainha sobre o casamento de seu filho. Como filha de George I e irmã de George II, Sofia Doroteia naturalmente desejava promover relações mais próximas entre Hanôver e Prússia. Um meio ideal, na visão dela, seria o casamento duplo entre dois pares de primos: Frederico, príncipe de Gales (nascido em 1707) e Guilhermina (nascida em 1709); e a princesa Amélia (nascida em 1711) e o príncipe herdeiro Frederico (nascido em 1712). Frederico Guilherme não rejeitou essa proposta quando apresentada pela primeira vez, em 1725, apreciando a óbvia vantagem de formar um bloco protestante mais forte que se espalhasse por todo o norte da Alemanha. Guilhermina relatou ter trocado cartas com seu noivo inglês e até recebido um anel de noivado.[76] Segundo o emissário britânico em Berlim, o brigadeiro Dubourgay, o irmão dela também estava entusiasmado com sua potencial parceira, enviando "mensagens amorosas à Inglaterra". Quando lhe foi dito que a irmã mais jovem de Amélia, Caroline, podia ser uma escolha melhor, "vossa Alteza Real explodiu em arrebatamentos de amor e paixão pela princesa Amélia, e mostrou muita impaciência pela conclusão daquela união, causando ao rei da Prússia muita surpresa, e à rainha, muita satisfação".[77] Isso foi escrito no fim de 1728, quando Frederico Guilherme já tinha começado a se voltar contra os planos da rainha. Ele agora estava tão alienado de seu filho que se opunha instintivamente a qualquer coisa que lhe pudesse dar prazer, uma consideração fortalecida pelo pensamento de que uma propriedade separada para o feliz casal seria cara.[78] A ascensão de seu detestado primo George ao trono inglês em 1727 foi outra objeção. Os preconceitos de Frederico Guilherme foram inflamados por uma conspiração na corte prussiana, conduzida pelo embaixador austríaco Seckendorf em cooperação com o corrupto ministro prussiano Grumbkow.[79] Para ajudar nas maquinações dos dois, Viena ofereceu a perspectiva de apoio imperial para as reivindicações de Frederico Guilherme aos ducados de Jülich e Berg quando o eleitor do Palatinato morreu sem herdeiros.[80] O *coup de grâce* ao casamento inglês foi dado por uma breve, mas violenta disputa com Hanôver no verão de 1729 por causa da prisão de oficiais de recrutamento prussianos e de uma disputa de fronteiras, à qual Frederico Guilherme respondeu mobilizando um exército de 44 mil soldados.

O casamento teria dado a Frederico, se não a libertação completa, ao menos alguma dose de alívio. Quanto mais improvável se tornava, mais impaciente ele se mostrava. Frederico Guilherme respondeu ao tormento do filho pelo colapso do projeto matrimonial perguntando, com desprezo, como era possível ele estar apaixonado por uma mulher que nunca tinha visto, exclamando: "Que farsa!".[81] Dubourgay relatou em 1729 que Frederico Guilherme agora se recusava a sentar ao lado do filho no jantar, obrigando-o a ocupar um assento no fim da mesa, onde frequentemente ele não recebia nada para comer e precisava contar com embrulhos de comida enviados depois a seu quarto por sua mãe.[82] Em 10 de dezembro de 1729, Dubourgay informou que, quando Frederico respondeu à provocação de seu pai sobre "a vil facção" que apoiava os ingleses dizendo "respeito os ingleses porque sei que o povo de lá me ama", Frederico Guilherme o agarrou pelo colarinho e o surrou com a bengala.[83] A violência física agora era comum. No mesmo mês, Frederico foi jogado ao chão e obrigado a beijar os pés de seu pai.[84]

A FUGA ABORTADA DE FREDERICO

No verão de 1730, logo depois do doloroso episódio relatado na introdução,* rei e príncipe herdeiro viajaram juntos a Augsburgo, onde a irmã de Frederico, Frederica, iria se casar com o marquês de Ansbach, e depois para Württemberg e os territórios Hohenzollern do baixo Reno. Aqui, a previsão feita por Dubourgay em dezembro anterior – "havia uma apreensão geral de que algo trágico fosse ocorrer em breve" – virou realidade.[85] O futuro de Frederico era o mais lúgubre possível. Frederico Guilherme I tinha apenas 42 anos em 1730, seu pai tinha vivido até os 55 e o avô, até os 68, então, havia pouca esperança, a médio prazo, de que sua morte natural viesse trazer libertação a seu filho. A última gota provavelmente foi Frederico Guilherme se vangloriar de que, embora algumas pessoas consolassem Frederico com a previsão de que seu pai suavizaria com a idade, na realidade ele estava determinado a tratar seu filho de forma cada vez mais dura, acrescentando em tom sombrio: "E você sabe que sou um homem de palavra". Em outra ocasião, Frederico Guilherme jogou mais lenha na fogueira zombando que, se ele tivesse sido tratado da mesma maneira por seu pai, teria se matado. O abuso físico também se intensificou. Em uma visita a Radewitz, na Saxônia, em maio de 1730, Frederico Guilherme socou o rosto de Frederico, arrancou o cabelo dele e o fez cruzar o campo de paradas para que todos testemunhassem os efeitos visíveis da humilhação.[86] Frederico parece nunca ter conside-

---

* Ver anteriormente, pp. xvii-xix.

rado a solução mais óbvia – regicídio –, mas planejou fugir, primeiro para a França e de lá para a Inglaterra, onde esperava que o plano matrimonial pudesse se realizar.

A tentativa de fuga em 5 de agosto de 1730, perto de Mannheim, no Reno, foi um fiasco, frustrada antes mesmo de começar. A empreitada foi tão desastrada que um dos mais perceptivos biógrafos recentes de Frederico sugeriu que o propósito principal do príncipe herdeiro era chamar a atenção para si.[87] Na verdade, foi uma tentativa tão vã que foi questão de dias para Frederico Guilherme descobrir completamente o que tinha sido planejado. Então, ele compensou o tempo perdido com violência. Frederico foi colocado numa prisão fechada e levado de volta às pressas para Berlim, numa rota pela Alemanha escolhida com cuidado para evitar territórios hanoverianos, pois suspeitava-se da cumplicidade britânica. Segundo todos os relatos, Frederico não expressou nenhum arrependimento, a ponto de dizer que não voltaria atrás no que tinha feito e não se importava se isso custasse sua vida. Adicionou, porém, que sentia muito se aqueles que sabiam do seu plano com antecedência sofressem como resultado de suas ações.[88] Isso se provou o calcanhar de Aquiles de Frederico. Mesmo Frederico Guilherme teria achado difícil executar seu filho e herdeiro, embora certamente falasse sobre isso. A Prússia não era a Rússia. Mas ele com certeza podia fazê-lo sofrer pelos outros. Dos dois principais conspiradores, o tenente von Keith conseguiu escapar para a República Holandesa e de lá para a Inglaterra, mas o tenente Hans Hermann von Katte foi preso em Berlim.[89]

Quem também sabia era a irmã de Frederico, Guilhermina, em quem ele há muito confiava. Foi ela a primeira a experimentar a ira de seu pai. Quando Frederico Guilherme chegou de volta a Berlim, ela relatou:

> Todos corremos para beijar sua mão, mas, logo que ele me viu, foi tomado por raiva e fúria. Seu rosto ficou negro, seus olhos brilhavam, e ele espumava pela boca: "Sua vilã desprezível!", ele gritou. "Como ousa chegar perto de mim? Saia daqui! Ela pode ir se unir com seu irmão vagabundo!" Com essas palavras, ele agarrou minha mão e socou diversas vezes meu rosto, e um dos golpes atingiu tão forte minha têmpora que caí e teria batido a cabeça na beira dos painéis se Fräulein von Sonsfeld não tivesse amortecido minha queda segurando meu cabelo. Fiquei desacordada no chão. Completamente fora de si, o rei queria voar em mim novamente e me pisotear, mas a rainha e meus irmãos e irmãs o seguraram.

Ela acrescenta que, quando recobrou a consciência, repreendeu seus protetores por tê-la salvado da morte que seria mil vezes preferível à vida que ela era obrigada a levar.[90] Esse tipo de atrocidade não podia ser mantida em segredo. Tanto os embaixadores franceses quanto os britânicos relataram que os acessos do rei e os gritos de suas vítimas ecoaram pelo palácio.[91]

O próprio Frederico foi levado primeiro para Mittenwalde, perto de Berlim, onde foi interrogado em 16 de setembro por uma equipe liderada pelo conselheiro mais próximo de Frederico Guilherme, o marechal de campo Friedrich Wilhelm von Grumbkow. Fizeram 185 perguntas a Frederico, todas escritas pessoalmente pelo rei e muitas insinuando que a execução era o resultado mais provável do processo.[92] Ele foi enviado à prisão em Küstrin, no rio Oder, onde foi mantido em confinamento solitário numa cela iluminada apenas por uma abertura estreita no alto da parede. Lá, foi largado para contemplar seu destino.[93] Escreveu a Guilhermina para dizer que agora sabia que a pior coisa que a vida podia oferecer era ser odiado pelo próprio pai.[94] Enquanto isso, Frederico Guilherme estava ocupado se vingando dos participantes menores. Após passar por uma corte marcial, o tenente von Keith, fugitivo, foi enforcado simbolicamente. A filha de um sacerdote de Potsdam, cuja única ofensa era ter tocado música com Frederico, recebeu o castigo de ser chicoteada em frente à casa de seu pai, em praça pública e "em todos os quatro cantos da cidade", e depois foi despachada para a prisão de Spandau "perpetuamente". Nem objetos foram poupados. A enorme biblioteca clandestina que Frederico tinha reunido com ajuda de seu tutor Duhan foi embalada e enviada para venda. Duhan foi banido para Memel, na fronteira polonesa, o equivalente prussiano da Sibéria.[95]

Foi o tenente von Katte, porém, o alvo principal da vingança real. Depois de uma corte marcial tê-lo condenado à prisão perpétua, Frederico Guilherme interveio para impor a pena de morte. Nem suas conexões aristocráticas podiam salvá-lo. Ao recusar um pedido de clemência do avô de Katte, o marechal de campo von Wartensleben, Frederico Guilherme disse a ele que seria melhor um indivíduo morrer do que "o mundo todo ou o Império ser destruído", e que Katte merecia ser destroçado com pinças quentes, mas, sendo misericordioso, ele tinha trocado isso pela decapitação.[96] Essa loucura vingativa provavelmente se devia à sua crença de que a relação entre Katte e seu filho era sexual.[97] Quando encontrou Frederico pela primeira vez depois da fuga, ele perguntou repetidamente: "Você seduziu Katte? Ou Katte o seduziu?", embora os registros não deixem claro se ele estava se referindo a sexo ou à fuga.⁹⁸ Pode ser sugestivo que, em 17 de outubro de 1730, um homem chamado Andreas Lepsch tenha sido queimado na fogueira em Potsdam "por sodomia", mas parece que ele tinha feito sexo com uma vaca, e não com outro homem.⁹⁹

Depois do interrogatório, Katte foi enviado para Küstrin, onde, em 6 de novembro, foi decapitado. Quando o capelão do exército entrou na cela de Frederico para informá-lo de que a execução estava prestes a ocorrer, Frederico pensou que ele próprio seria a vítima.¹⁰⁰ Quando Katte foi levado, ele "viu de relance seu amado Jonathan pela última vez", como registrou o capelão da guarnição, Besserrer, pois Frederico foi forçado a assistir de uma janela imediatamente acima do local da execução.¹⁰¹ Quando o machado caiu, um Frederico histérico caiu inconsciente nos braços de seus carcereiros. Também próximo estava o capelão do exército, com ordens de Frederico Guilherme para se aproveitar desse colapso mental já previsto para levar seu filho de volta ao abraço reconfortante do Cristianismo.¹⁰²

É impossível dizer se Frederico Guilherme realmente pretendia matá-lo também. O embaixador austríaco Seckendorf relatou que a rainha disse que apenas a intervenção imperial poderia salvar Frederico. O próprio Frederico Guilherme depois anunciou em público que mudou de ideia devido ao apelo de clemência vindo de Carlos VI.¹⁰³ Ele certamente estava num estado terrível durante o outono de 1730, bebendo ainda mais que o normal, andando pelo palácio gritando que era assombrado, e ordenando que seu cocheiro o levasse a Wusterhausen no meio da noite. O emissário britânico Guy Dickens relatou: "O rei da Prússia não consegue dormir, os oficiais sentam-se com ele todas as noites e, em seu sono, ele se debate e fala sobre espíritos e aparições".¹⁰⁴ Em 9 de novembro, Frederico ficou sabendo que seria perdoado sob a condição de jurar obediência incondicional ao rei "como servo, súdito e filho". Além disso, esse juramento não deveria ser murmurado, mas proclamado em alto e bom som, sem ressalvas mentais.¹⁰⁵

A SUBJUGAÇÃO DE FREDERICO

Durante boa parte de um ano, Frederico ficou sendo observado de perto em Küstrin. Embora suas condições de encarceramento tivessem sido suavizadas, ele estava sujeito a um regime de punição de treinamento nos negócios práticos do governo, interrompido apenas por longas sessões de observação religiosa, incluindo quatro horas de sermões e missas aos domingos. Sabendo que tinha passado de raspão pela morte, Frederico se submeteu e dissimulou. Não havia mais o desacato indiferente que ele mostrara imediatamente após sua prisão. Todo esse tempo, Frederico Guilherme demonstrava um interesse especial em sua reabilitação. Em maio de 1731, por exemplo, o supervisor-chefe, coronel von Wolden, foi informado que Frederico devia tirar da cabeça todas as bobagens francesas e inglesas que tinha absorvido e substituí-las por questões exclusivamente prussianas, que deveria ser leal ao seu pai, ter um coração germânico, constantemente orar pela graça de Deus e nunca tirar Deus de vista, na esperança de que Ele fosse misericordioso agora e sempre.[106] Em 15 de agosto de 1731, Frederico Guilherme chegou a Küstrin pessoalmente com uma comitiva numerosa para concluir o processo de reabilitação. Ao se ver na presença real, Frederico se jogou aos pés de seu pai. Seus vários pecados de omissão e comissão foram, então, recitados de maneira apropriadamente áspera. O relato testemunhal de Grumbkow revela Frederico Guilherme em toda a sua glória aterradora. Entre outras coisas, ele disse ao filho que, se a fuga para a Inglaterra tivesse dado certo, sua mãe e suas irmãs teriam sido confinadas em um local "onde nunca mais voltariam a ver o sol ou a lua", enquanto ele próprio teria liderado um exército para invadir Hanôver, queimando e pilhando tudo no caminho. Junto com essa brutalidade familiar, Frederico Guilherme também revelou um senso patético de inferioridade quando afirmou, meio orgulhoso e meio se lamentando, que não tinha "maneiras francesas" e não conseguia usar *bons mots*, mas viveria e morreria como um simples príncipe germânico. Completou dizendo que Frederico sempre tinha insistido em odiar o que seu pai amava. Inevitavelmente, essa arenga terminou com um aviso horrível sobre as consequências da descrença. Frederico foi impecavelmente submisso, recebendo o pronunciamento de perdão final de seu pai jogando-se ao chão em lágrimas e beijando os pés dele.[107] Como amostra de sua obediência incondicional, ele relatou duas semanas depois que tinha saído para caçar, atirado em um veado e um cervo, infelizmente, errado os dois, mas que tentaria melhorar na semana seguinte.[108]

Havia mais uma fase nesse ritual de humilhação antes de Frederico Guilherme considerar completa sua vitória sobre o filho: ele tinha de se casar. Não havia possibilidade, agora, de uma união com a filha de George II, Amélia, especialmente porque estava claro que os britânicos não tinham divulgado um alerta sobre a tentativa de fuga de Frederico. Em setembro de 1730,

Frederico Guilherme tinha esfregado na cara da rainha a decepção desta com o colapso final de seus planos de duplo casamento, fazendo-a brindar a "queda da Inglaterra", o que a fez irromper em lágrimas.[109] Ele também a chateou forçando Guilhermina a se casar, em novembro de 1731, com um parente Hohenzollern, o marquês de Bayreuth, uma escolha de parceiro que representava uma descida brutal em relação à perspectiva anterior de se tornar rainha da Inglaterra. Para piorar a situação, a noiva que o rei escolheu para Frederico foi Isabel Cristina de Bevern, um braço recente da Casa de Brunsvique, em outras palavras, relacionada à rainha Sofia Doroteia, mas, ao menos aos olhos desta, de *status* consideravelmente mais baixo que o eleitorado e a Casa de Hanôver.[110] A mãe decepcionada retaliou ao pintar Isabel Cristina a seu filho, que nunca tinha visto a noiva, nas piores cores possíveis. Ela era só uma "bobinha", e uma fanática irritadiça que além de tudo tinha um quadril deformado.[111] Para Guilhermina, ela adicionou que sua potencial cunhada era "burra como uma porta e completamente não instruída. Só Deus sabe como meu filho vai aguentar uma coitada dessas".[112] Frederico Guilherme não ajudou ao descrevê-la como "nem feia, nem bonita" ao anunciar sua escolha a Frederico, que também provavelmente não ficou impressionado com o aviso de que ela era "temente a Deus".[113] Os irmãos de Frederico foram, se possível, ainda mais perversos. Uma de suas irmãs anunciou à mesa de jantar, para ele ouvir, que tinha visitado sua potencial cunhada certa manhã quando ela estava se lavando, e descobrira que ela cheirava tão mal que lhe deixara sem fôlego. "Ela deve ter mais de uma dezena de fístulas anais, é a única explicação possível", completou a irmã.[114]

Não era um bom começo. Em janeiro de 1732, Frederico escreveu para Grumbkow que só pensar em sua futura esposa o enchia de repulsa.[115] As lágrimas nos olhos de Frederico vistas na cerimônia de noivado em 10 de março não eram de alegria ou expectativa. Depois da troca de anéis, ele se afastou rapidamente de sua noiva e começou abertamente uma conversa com outra dama da corte. Até Seckendorf, que tinha trabalhado duro para garantir a união, viu que tudo tinha sido apressado demais, completando que Frederico Guilherme deveria pelo menos ter esperado até que as manchas vermelhas no rosto de Isabel Cristina, causadas por um surto de varíola, tivessem desaparecido.[116] O casamento em si só ocorreu em 10 de junho do ano seguinte. As difíceis questões sobre as relações sexuais de Frederico com sua esposa serão vistas no próximo capítulo.[117] Quaisquer que tenham sido os sentimentos de Frederico em sua noite de núpcias, sua esposa lhe prestou um serviço muito importante. A cerimônia marcou a última fase na reabilitação paternal. Ele agora tinha sua própria renda, seu próprio governo, sua própria casa e, mais importante de tudo, sua liberdade. A criação de Frederico podia começar.

3
A criação de Frederico

REABILITAÇÃO

A alforria da prisão representada por Frederico Guilherme foi um processo, não um acontecimento. Depois do ritual de reconciliação em agosto de 1731,* Frederico teve permissão de sair de Küstrin para passeios diários e, depois de um tempo, de viajar para mais longe, ainda que só dentro de Brandemburgo. Em novembro, ele foi ao casamento de Guilhermina em Berlim e formalmente readmitido no exército.[1] Em Küstrin, ele começou a trabalhar, aprendendo sobre as engrenagens da administração provincial, com especial ênfase na necessidade de economizar e fazer uma auditoria cuidadosa. Isso tudo devia ser feito em campo, determinou Frederico Guilherme, "porque não se pode aprender nada nos livros, e foi graças a ler livros inúteis demais que o príncipe herdeiro se meteu em todas essas situações perigosas e prejudiciais para começo de conversa". Assim, o material de leitura de Frederico foi limitado a um livro de hinos, a Bíblia e a antologia de meditações devotas de Johann Arndt, intitulada *Verdadeiro Cristianismo*.[2]

O noivado com Isabel Cristina foi recompensado com uma liberdade maior. Um mês depois, em abril de 1732, Frederico virou coronel de um regimento de infantaria e se mudou para Ruppin, uma pequena cidade a noroeste de Berlim, onde ficava localizada a sede do primeiro batalhão (o segundo batalhão estava em Nauen, 35 quilômetros ao sul). Ali ele mostrou que estava levando a sério o juramento de obediência a seu pai, dedicando-se com diligência às questões militares. De fato, tamanha era a diligência que, em 1734, o notoriamente exigente Frederico Guilherme escolheu o regimento do filho para uma comenda especial depois da revisão anual de 1734 (e até o abraçou depois do mesmo evento no ano seguinte). Pouco depois

---

* Ver anteriormente, p. 41.

deste último reconhecimento, Frederico foi promovido a major-general.[3] Além disso, em 1734, a libertação total pareceu iminente quando Frederico Guilherme foi afligido por um ataque de porfiria especialmente sério. Frederico se preparou para governar, e ficou profundamente decepcionado quando seu pai se recuperou de modo inesperado.[4]

Bastante ciente de que sua liberdade era condicional, Frederico fazia tudo o que se esperava dele. Mas também começou a recuperar seu amor próprio depois das humilhações do passado, e a afirmar sua própria identidade contra a personalidade dominadora de seu pai. Isso, ele conseguiu adotando a estratégia tripla identificada na introdução: criando um ambiente amigável, reunindo companheiros sociáveis e superando seu pai. Em primeiro lugar, vinha a cultura em todas as suas formas. Liberto de uma dieta de devoção cristã, Frederico voltou a ler os tipos de livros que Frederico Guilherme tinha confiscado e vendido em 1730. Como não falava nada de latim, graças à diretiva de seu pai de que ele não deveria aprender uma coisa tão "inútil",[5] sabia pouco de inglês e usava o alemão apenas com quem era socialmente inferior a ele, isso queria dizer que tudo tinha de estar em francês. Foi na tradução francesa que Frederico leu os clássicos gregos e romanos, bem como a filosofia inglesa e alemã. Também pode-se pressupor que o vinho francês, banido sob as ordens expressas de Frederico Guilherme em 1730, tenha voltado à sua mesa.[6]

Um autor favorito de longa data era Pierre Bayle (1647-1706), cujas obras tinham estado na biblioteca clandestina. Apesar das tentativas periódicas de recuperar Bayle para a cristandade, ele era considerado pelos céticos do Iluminismo um de seus mais importantes fundadores, se não *o* mais importante.[7] Seu *Dicionário histórico e crítico* de 1697 passou por edição após edição durante o século seguinte. "O primeiro dicionário que ensinou o homem a pensar", foi o elogio de Voltaire. Frederico fez sua própria homenagem financiando e editando duas antologias de artigos do compêndio de obras completas. Em sua opinião, ele tinha dado o *coup de grâce* à religião "retirando a venda de erros dos olhos da humanidade".[8] Comentários laudatórios sobre Bayle e sua influência são abundantes nas obras e na correspondência de Frederico. Entre outros elogios, ele celebra o autor como "o verdadeiro precursor de Voltaire", "o principal estudioso da dialética na Europa", "de todos os homens que já viveram, o único que sabia tirar o melhor da dialética e da razão".[9] Em sua batalha contra a intolerância religiosa, Frederico escreveu, Voltaire se apoiava nos ombros de outro gigante – Bayle.[10] Em campanha durante a Guerra dos Sete Anos, Frederico reclamou ao marquês d'Argens que tinha sem querer deixado seus livros de Bayle para trás, em Breslau. Pediu que o *Pensamentos diversos sobre o cometa* fosse enviado com pressa, pois ele precisava desesperadamente "desse alimento intelectual que cura nossos preconceitos e fornece nutrição essencial para sustentar nossa razão e nosso bom senso".[11] Esse foi o livro que ele aclamou, mais tarde, como o melhor guia de todos para o pensamento lógico.[12] Mais evidências de que Bayle foi uma importante influência no pensamento de Frederico podem ser encontradas no exemplar de *Dicionário histórico e crítico* em sua biblioteca, amplamente coberto de sublinhados e anotações nas margens.[13] Durante seu último inverno, 1785-6, ele ainda pedia que lessem para ele passagens de uma das quatro edições que possuía do *Dicionário* de Bayle.[14]

Também foi em Ruppin que Frederico pôde dedicar à música a atenção que ele acreditava ser devida. A música, para ele, era muito mais que um divertimento agradável e algo para entreter o indivíduo em momentos de prazer. Durante toda a sua vida, ele a viu como parte integral de quem ele era e do que fazia. Identificava-se com Apolo, o carismático protetor da academia e da arte em geral, bem como da música em particular. Foi uma ligação que perpassou sua obra e seu *leitmotiv*.[15] Em 1738, escreveu uma carta eloquente ao conde de Schaumburg-Lippe, destacando a centralidade da música à existência de um verdadeiro nobre e sua vida ativa. Ele comparava isso àqueles desprezíveis nobres espanhóis que acreditavam que a ociosidade era a verdadeira marca da nobreza. A música, defendia Frederico, era única em sua habilidade de comunicar emoções e falar com a alma.[16] Assim que chegou a Ruppin, ele se dedicou a formar uma banda de instrumentistas e compositores. Nela, desde o começo, estava Johann Gottlieb Graun, compositor e violinista que tinha sido diretor de música do príncipe de Waldeck. Em 1735, a ele se uniu seu irmão Carl Heinrich, que ensinou teoria musical a Frederico e se tornaria o compositor mais importante da corte.[17] Era um mérito de Frederico ter conseguido detectar o talento dos irmãos Graun e garantir seu emprego a longo prazo. Os dois continuaram a serviço de Frederico até morrerem, em 1771 e 1759, respectivamente. O mesmo aconteceu com dois outros importantes violinistas-compositores, os irmãos Franz e Johann Benda, recrutados em 1733 e 1734 e falecidos em 1786 e 1752, respectivamente.[18] Em sua autobiografia, Franz Benda alegava ter acompanhado Frederico em 10 mil apresentações de concertos de flauta.[19] Outros respeitáveis músicos de Ruppin eram o harpista Christoph Schaffrath e o violista

Johann Gottlieb Janitsch.[20] Um visitante ocasional era o flautista Johann Joachim Quantz,* que Frederico gostaria de ter empregado, caso este não tivesse sido contratado pelo rei da Polônia-Saxônia.

A instituição musical de Ruppin chegou a ter dezessete músicos (um a mais que a do príncipe Leopoldo de Anhalt-Köthen quando Johann Sebastian Bach foi empregado ali).[21] Em 1736, todos se mudaram com Frederico para sua nova residência em Rheinsberg, cerca de 20 quilômetros ao norte. Comprado em 1734 por Frederico Guilherme a pedido de Frederico, o castelo representava o fim do processo de reconciliação. Situada pitorescamente no lago Grienerick, alimentado pelo rio Reno, e cercado por florestas de faias e carvalho, a propriedade original precisava urgentemente de reformas. Como havia limites severos para a generosidade do rei, derrubar o prédio existente e começar de novo não era uma opção. Embora as primeiras modificações tenham sido supervisionadas pelo diretor real de construções, Johann Gottfried Kemmeter, desde o começo Frederico consultava secretamente seu amigo e arquiteto escolhido Georg Wenzeslaus Baron von Knobelsdorff, um talentoso amador com histórico militar. Sua primeira encomenda tinha sido criar um jardim formal para Frederico em Ruppin, incluindo um Templo de Apolo.[22] Frederico então o enviara a uma longa turnê pela Itália em 1736-7 para estudar prédios antigos e modernos, especialmente teatros.

Ao retornar, Knobelsdorff se dedicou a transformar o Rheinsberg em uma residência apropriada para um príncipe herdeiro. O resultado foi uma casa de campo de tamanho modesto, mas proporções agradáveis, cujo exterior sobreviveu mais ou menos inalterado até o presente.[23] As duas alas que saem do único pátio são ligadas por uma colunata e terminam em duas torres redondas, uma característica incomum ditada pela necessidade de incorporar a torre já existente. Embora Knobelsdorff tenha desenhado plantas e servido como gerente do projeto, as ideias vieram de Frederico, especialmente as relacionadas a espaços internos. O fato de o prédio não ser destinado a propósitos de representação se demonstrava por ele estar virado de costas para a esfera pública da cidade e de frente para os territórios particulares de jardins e lagos. De sua pequena biblioteca na torre redonda sul, Frederico podia olhar o lago e os jardins de três lados sem ver outro prédio. Imediatamente adjacente, ficava a biblioteca principal, seguida por um escritório e um conjunto de outros oito cômodos que ocupavam a maior par-

---

* Ver anteriormente, p. xviii.

te da ala sul. No teto da sala da torre, uma tela intitulada *Tranquilidade no escritório*, do pintor da corte Antoine Pesne, mostrava Minerva cercada por personificações das ciências, da arte e da literatura, uma das quais apontava para um livro aberto no qual estava escrito o nome dos dois autores favoritos de Frederico: Horácio e Voltaire.[24] Descrições contemporâneas revelam o quanto a mobília e a decoração interior eram luxuosas, com prata, dourado e cores pastel em destaque.[25] Do lado de fora, o fosso medieval e o rio Reno foram retificados para combinar com o jardim retilíneo criado por Knobelsdorff em estilo francês.[26]

A RELAÇÃO DE FREDERICO COM SUA ESPOSA

Imediatamente ao lado dos quartos de Frederico ficava o apartamento de sua esposa, que se uniu a ele em Rheinsberg em 20 de agosto de 1736. O quarto dela era dominado por uma enorme cama ornamentada, presente de seu sogro.[27] Frederico Guilherme estava ansioso para que ela fosse colocada em uso imediatamente, tanto que prometeu que permitiria que Frederico viajasse para o exterior assim que este tivesse um filho.[28] Um ano antes, ele tinha enviado um presente de aniversário a Isabel Cristina, com um bilhete: "Madame, hoje é seu aniversário, eu a parabenizo de todo coração e desejo uma vida longa e, em alguns meses, um menino rechonchudo e forte".[29] A frustração de suas esperanças levanta uma questão importante, mas obscura, sobre a sexualidade de Frederico.

Até muito recentemente, esse era um assunto que os historiadores não mencionavam ou pelo qual passavam rapidamente e com desdém. Representativo é o único parágrafo escrito por Otto Hintze a respeito em sua magistral história dos Hohenzollern, publicada pela primeira vez em 1915, afirmando que as "fofocas" eram contraditórias e não precisavam ser refutadas; que as histórias maliciosas sobre "inclinações pervertidas" não deviam ser repetidas; que, quando jovem, Frederico tinha bebido até a última gota do cálice do amor (heterossexual), mas depois se tornado abstêmio por questões de saúde; e que sua indiferença em relação às mulheres era típica dos intelectuais do século XVIII (uma observação que seria uma surpresa para, por exemplo, Voltaire, Rousseau ou Diderot).[30] O mais eminente biógrafo da geração seguinte, Gerhard Ritter, foi ainda mais peremptório, registrando apenas que havia "pouco conteúdo para relatar" e que "a vida sexual de

Frederico não era, de forma alguma, anormal", embora admitindo que "psicologicamente, bem como fisicamente, suas necessidades sexuais eram incomumente limitadas".[31] Theodore Schieder também não foi mais expansivo, registrando solenemente que não se podia achar nada "em qualquer registro oficial" que pudesse explicar por que, ainda jovem, Frederico decidira que não teria filhos (como se isso elucidasse alguma coisa). Embora houvesse boatos maliciosos sobre sua sexualidade espalhados por Voltaire, Schieder completou, a explicação mais convincente fora fornecida pelo médico que cuidou dele durante sua última doença, o suíço Johann Georg von Zimmermann, que escreveu que Frederico tinha se convencido de ser impotente depois de contrair uma doença venérea de uma prostituta pouco antes de seu casamento.[32] O autor da biografia mais recente, Johannes Kunisch, também defende que o jovem Frederico era completamente heterossexual, mas que sua "preferência homoerótica" se tornou aparente após sua ascensão ao trono, e persistiu dali até o fim de sua vida.[33] Ele repete, ainda, a história de Zimmermann.[34] Dois estudos menores, porém, publicados como parte das comemorações do tricentenário de Frederico, são bastante inequívocos: "Decisiva na explicação da personalidade de Frederico era sua sexualidade. Frederico era homossexual", é o veredito de Wolfgang Burgdorf, enquanto a resposta de Reinhard Aling à questão levantada por ele próprio – "Frederico era gay?" – é: "Não pode haver qualquer dúvida".[35] A visão deles foi confirmada mais recentemente pela excelente biografia de Peter-Michael Hahn.[36] Defenderei, a seguir, que essas opiniões estão mais de acordo com o que se sabe, embora a certeza nunca possa ser atingida.

O mais completo relato da época sobre a sexualidade de Frederico, e também o de mais influência, foi fornecido por Zimmermann. Segundo essa versão, Frederico era entusiasticamente heterossexual durante a juventude. Como a brutalidade de seu pai lhe negava a companhia de mulheres respeitáveis, ele procurou prostitutas por necessidade. Infelizmente, bem na época em que Frederico Guilherme deveria levá-lo a Brunsvique para conhecer sua futura noiva, ele contraiu uma forma aguda de gonorreia. Seguindo os conselhos de seu primo, o marquês de Brandemburgo-Schwedt, Frederico foi tratado pelo "médico de Malchow", acreditou ter sido curado e seguiu viagem. Todas as suas reservas sobre a noiva imposta a ele por seu pai foram dissipadas pelo "incomparável charme e beleza" de Isabel Cristina, então, o casamento a princípio se provou inteiramente satisfatório. O casal feliz compartilhava a cama todas as noites e a noite toda. Infelizmente, depois de seis meses de felicidade nupcial, a gonorreia irrompeu novamente, tão violenta que a própria vida de Frederico ficou em perigo. Considerou-se que o único remédio era uma operação cirúrgica, que levou a uma pequena deformação em sua genitália. Zimmermann insiste que não foi o mesmo que castração, uma operação que se sabia deixar a vítima "tímida, sagaz e desonesta". Embora "um pouquinho mutilado", ele não tinha sido castrado, ainda era capaz de produzir esperma e, portanto, continuava como sempre fora, "um homem de suprema potência intelectual, o mais destemido e o maior herói de sua era". Ele "deve ter" mantido seus impulsos sexuais, mas tinha se convencido de que seu pequeno defeito o reduzia a ser um eunuco. Assim, foi "completamente contra sua inclinação e completamente contra seu desejo" que ele se sentiu obrigado a se distanciar da esposa que amava tão apaixonadamente e a fingir que tinha se alienado dela em decorrência do casamento forçado. Mas Frederico foi além: ele *fingiu* gostar daquilo a que Zimmermann timidamente se referiu como "amor socrático" para continuar parecendo viril e capaz de relações sexuais, ainda que com homens. Em vez de revelar a pequena deformidade que tornava o sexo impossível, ele tolerava a crença de que praticava "a depravada fraqueza comum a tantos gregos e romanos".[37]

Além de inerentemente implausível, essa história não tem nenhuma corroboração. Mais fundamental é que Zimmermann nunca revelou suas fontes, se é que havia alguma. O relato só poderia se confirmar ou não pela deformação genital causada pela suposta operação em 1733. Como médico de Frederico durante sua última doença, Zimmermann quase certamente teve a oportunidade de fazer a inspeção necessária. O cirurgião Gottlieb Engel, porém, que ajudou a preparar o corpo de Frederico para o enterro, afirmou indignado que a genitália real estava "tão completa e perfeita quanto a de qualquer homem saudável".[38] Essa opinião foi confirmada por uma declaração conjunta emitida em 1790 pelos três oficiais médicos que ajudaram a lavar o corpo.[39] Embora isso não invalide necessariamente o testemunho de Zimmermann, é preciso registrar que ele era um admirador apaixonado de longa data de Frederico, apesar de ser suíço por nascimento e hanoveriano por escolha. Depois de seu primeiro encontro com seu ídolo em 1771, ele saiu do cômodo aos prantos, exclamando: "Oh, meu amor pelo rei da Prússia está além das palavras!"[40] E há tantos erros em seu relato – por exemplo, ele diz que os recém-casados se mudaram para Rheinsberg imediatamente após o casamento, e não três anos depois – que é preciso duvidar de sua confiabilidade.[41] Além disso, sua própria apologia de Frederico frequentemente aponta para direções não pretendidas por ele. Ele registra, porém, que "quase todo mundo" que conhecia Frederico – amigos e inimigos, príncipes e serviçais, até seus confidentes e companheiros próximos – acreditava que ele "se envolvia em relações do mesmo tipo que aquela entre Sócrates e Alcibíades". Até o próprio Zimmermann chegou a acreditar nisso, inclusive porque um dos homens favoritos de Frederico disse a ele que Frederico ainda era ativo [homos]sexualmente em 1756.[42]

Por outro lado, há certamente algumas provas de atração heterossexual, se não de atividades. O inconclusivo episódio de Dresden já foi discutido.* Há um flerte melhor documentado com uma mulher casada, Eléonore-Louise von Wreech, datado da época que Frederico passou em Küstrin. As sete cartas que sobreviveram de 1731-2 são ardentes, mas leves, irônicas, quase irreverentes, e altamente estilizadas.[43] Quatro são em forma de verso ou contêm versos, por exemplo:

> Aceite, um coração muito terno
> Que impaciente espera tua permissão
> Para deitar sobre ti sua doce submissão.
> E que até agora hesita em fazê-lo.
> Conto os momentos, conto os minutos,
> Para poder receber de ti a decisão
> Que determinará minha próxima ação.[44]

A evidência desse relacionamento é conflitante. Em 30 de agosto de 1732, o ministro von Grumbkow escreveu para o embaixador austríaco von Seckendorf (muitas vezes grafado "Seckendorff") informando que Frederico Guilherme tinha lhe dito que Frederico havia engravidado Frau von Wreech e o marido traído se recusaria a reconhecer o filho como sendo dele. Frederico Guilherme estava contente com esse sinal da virilidade de seu filho, e esperava que a noiva de Frederico ficasse igualmente impressionada.[45] Isso não deve ter sido surpresa para Seckendorf, que, seis meses antes, tinha relatado ao príncipe Eugênio em Viena que Frederico estava loucamente apaixonado pela dama e se envolvendo em tais depravações com ela que não tinha tempo de pensar em mais nada.[46] Novamente, a fonte final dessa história era Grumbkow, que estava na folha de pagamento austríaca, tinha espiões en-

---

* Ver anteriormente, pp. 33-4.

tre a equipe de Frederico e enviava para seus mestres, via Seckendorf, qualquer informação de valor. Embora seja difícil imaginar por que ele inventaria a história, ele não revela como ficou sabendo dela. Pode ser que tinha um informante na equipe de Frederico, mas essa pessoa dificilmente estaria presente durante esses encontros amorosos. Com certeza não há nada nas correspondências que sobreviveram que indique uma relação física, e Frau von Wreech não estava grávida. O próprio Seckendorf não estava convencido. Um mês depois, ele contou ao príncipe Eugênio que, embora Frederico tivesse sentimentos eróticos, "acreditava-se" que sua capacidade física não era igual à sua ambição e, consequentemente, suas explorações amorosas eram mais para se mostrar do que desejos genuínos.[47]

Nessa época, é claro, Frederico estava noivo. Como lamentou Seckendorf, a atitude do príncipe balançava entre a resignação mal-humorada e a veemente rejeição de sua noiva. Ele escreveu em março de 1732 à sua irmã que Isabel Cristina tinha lá seus pontos positivos, pois tinha um rosto bonito, cabelos loiros, uma pele boa, seios belos e um corpo esguio, mas, pelo lado negativo, ela tinha olhos profundos, uma boca feia, dentes ruins, uma risada desagradável e andava como um pato. Além disso, era muito mal-educada, nervosa durante as conversas e, por isso, quase sempre permanecia em silêncio. Ela tinha boas intenções, boa personalidade, era educada e modesta, em resumo, "não tão ruim quanto eu esperava e tinha sido levado a crer". Ainda assim, concluiu ele, ela não o agradava nem um pouco, pela ótima razão de ter sido escolhida por seu pai.[48] Ele próprio teria preferido uma das outras candidatas, uma princesa da Saxônia-Eisenach ou uma princesa de Mecklemburgo. Pouco após ter sinalizado seu consentimento, disse a Grumbkow: "Fui infeliz a vida inteira e acredito ser meu destino permanecer assim [...] mas ainda tenho um último recurso, e um tiro de pistola simultaneamente acabaria com meu sofrimento e com minha vida". Ele implorou que Grumbkow impedisse o casamento. O ministro respondeu com um lembrete severo sobre o fim do filho de Felipe II, Don Carlos.[49] O longo noivado de dezoito meses não o ajudou em nada a se reconciliar com seu destino. Em setembro de 1732, ele disse a Guilhermina que, longe de amar sua futura noiva, tinha desenvolvido uma intensa aversão em relação a ela. O casamento nunca daria em nada, completou, não podia haver nenhuma afinidade, nenhuma amizade.[50]

Seckendorf continuou confiante de que tudo terminaria bem porque, apesar de toda a sua repugnância, Frederico também conseguia entender que o casamento era a única rota de fuga de sua atual repressão.[51] Ele estava certo. Também em setembro de 1732, Frederico fez a declaração final de sua posição em uma carta a Grumbkow:

> Eles querem me forçar a entrar em um estado mental amoroso; mas, como infelizmente não tenho a natureza de um asno, duvido muito que conseguirão [...] O casamento significa atingir a maturidade e, logo que alcance esse estado, serei mestre de minha própria casa e minha esposa não terá qualquer poder de decisão, pois as mulheres não devem ter papel no governo nem em coisa alguma! Acredito que um homem que se permite ser governado por mulheres é o maior medroso do mundo e indigno de portar o honrável nome de homem. E é por isso que, se eu me casar ao estilo de um cavalheiro, permitirei que a Madame faça o que bem entender e, de minha parte, farei o que eu próprio desejar, e vida longa à liberdade! [...] Manterei minha palavra, me casarei, mas, depois, será um caso de o que passou, passou e adeus, Madame, passar bem.[52]

Também indicativa dos sentimentos de Frederico com a proximidade do casamento é uma carta irônica enviada por ele a Grumbkow no início de 1733: "Minha princesa me enviou uma caixa de rapé que chegou quebrada, e não tenho certeza se isso simboliza a fragilidade de seu hímen, sua virtude ou sua pessoa como um todo".[53] Pouco antes da cerimônia, ele disse a Guilhermina que só estava suportando aquilo por "extrema necessidade" e que, por dentro, o rejeitava.[54] Tendo em vista seu próprio casamento forçado e infeliz, Guilhermina provavelmente concordava com a comparação do casamento à peste bubônica feita por Frederico, e com sua observação de que a própria palavra "casamento" lhe causava intensa dor.[55]

Há muito pouca evidência do que aconteceu depois do casamento. O impulso imediato de Frederico em sua noite de núpcias foi escrever a Guilhermina e exclamar: "Graças a Deus que acabou!", completando que seus primeiros pensamentos foram em sua irmã e que ele pertencia completamente a ela.[56] Os comentários mais interessantes sobre as primeiras fases do casamento vêm de um diário mantido por Cristoph Ludwig von Seckendorf, sobrinho do embaixador austríaco, que estava em Berlim em 1734-7. Embora não fizesse parte do círculo de Frederico, ele via frequentemente tanto o príncipe quanto Frederico Guilherme, e fazia parte da alta sociedade prussiana. Em outubro de 1734, Seckendorf registrou que Frederico "gosta da princesa herdeira" e tinha mostrado cartas dela ao conde von der Schulenburg, adicionando o comentário dúbio: "Ainda assim, ela tem bom senso". Presumivelmente, também foi de Schulenburg que Seckendorf ficou sabendo que ele "a fode e refode", pois ele prosseguiu acrescentando que Schulenburg apenas ria ao ouvir alguém dizer que Frederico renunciaria a sua esposa quando subisse ao trono.[57] Seckendorf era amigo, ainda, do conde Friedrich von Wartensleben, membro do círculo de Rheinsberg, e destacou Frederico em 1741 como uma das seis pessoas que ele mais amara em sua vida.[58] Ele registrou em junho de 1735: "Friedrich Wartensleben me confidenciou que Júnior [Frederico] fode sua esposa de tarde e diz que ela tem um lindo corpo e um belo traseiro". No mês seguinte, Wartensleben confirmou que Frederico estava dormindo com ela.[59]

Wartenlesben, claro, não tinha como saber o que estava acontecendo no quarto, mas ele com certeza sabia o que Frederico estava dizendo sobre isso. Por sua vez, Seckendorf não tinha motivo para falsificar ou exagerar o que escreveu em um diário particular que não era para publicação. A história de Zimmermann de um Frederico envergonhado pelo corte de um cirurgião é, no mínimo, refutável. A confiabilidade de Seckendorf é fortalecida por uma entrada no diário do ano seguinte, que pode ser parcialmente corroborada. No verão de 1736, ele registrou que, depois de Frederico reclamar de pobreza, ele ficou sabendo por outro de seus amigos, o conde Manteuffel, que, se ele quisesse melhorar sua situação, deveria produzir um herdeiro. Frederico concordou que era um bom conselho, mas continuou: "Não tenho desejo de me deitar com minha esposa e, quando deito, o faço por dever, não por inclinação". Manteuffel respondeu que nem sempre a paixão era necessária, muitas crianças tinham sido concebidas sem que os pais gostassem um do outro, a princesa herdeira era muito bonita e parecia expressamente feita para "aquilo". Frederico concordou que ela era bonita, mas protestou que nunca tinha estado apaixonado por ela. Ele seguiu homenageando suas muitas qualidades, incluindo uma disposição ansiosa de fazer tudo o que o marido quisesse, e concluiu: "Em todo caso, ela não pode reclamar que não deito com ela: não tenho ideia de por que não resulta em uma criança".[60]

Seckendorf registrou esse diálogo como se tivesse sido uma conversa que Manteuffel lhe contou. Na realidade, foi uma troca de cartas. Em 26 de agosto de 1736, Manteuffel tinha escrito a Frederico incentivando-o a produzir um herdeiro, completando que era o que todos os seus amigos queriam.

Ele também expressou a esperança de que a vida sossegada em Rheinsberg – para onde Frederico e Isabel Cristina tinham acabado de se mudar – seria mais propícia à concepção do que os encontros curtos e apressados que se faziam necessários devido aos deveres militares de Frederico em Ruppin e à residência de sua esposa em Berlim.[61] Em sua resposta, datada de 23 de setembro em Rheinsberg, Frederico não menciona seus sentimentos pela esposa, escrevendo apenas: "Devo-te muito por sua preocupação com minha propagação, e tenho o mesmo destino que os cervos que atualmente estão no cio; em nove meses, pode acontecer o que pedes".[62] Mesmo se não acontecesse, não havia com o que se preocupar: "Reinos sempre encontram sucessores e nunca houve um caso de um trono que permanecesse vazio".[63] Será que aconteceu uma conversa como a registrada por Seckendorf, além dessa troca de cartas? Só o que se pode afirmar com certeza é que Frederico desejava que Manteuffel – e, portanto, seu pai – soubesse que ele estava fazendo seu melhor para produzir um herdeiro.

Em outras palavras, durante os quatro anos em que viveram juntos em Rheinsberg, Frederico se esforçou para apresentar seu casamento a seus pais como algo inteiramente normal. Em suas cartas à irmã Guilhermina, por outro lado, ele nunca mencionou a esposa, era como se o casamento não tivesse acontecido. Em 1738, ele enviou o príncipe Leopoldo de Anhalt-Dessau em uma missão secreta para o vice-chanceler do Sacro Império Romano, Friedrich Karl von Schönborn, para garantir a assistência imperial na dissolução do casamento.[64] Além disso, cartas não publicadas até então, de Manteuffel e outros correspondentes e de Frederico ao tenente von der Groeben, indicam que ele continuou mantendo relações íntimas com jovens oficiais de seu regimento.[65] Duas cartas escritas à sua mãe durante uma viagem com seu pai para a Prússia Oriental no verão de 1739 também dão pistas de uma atuação. Em uma carta a Isabel Cristina de 27 de julho, que foi passada à mãe de Frederico, ele faz de tudo para enfatizar seu afeto, como em: "Anseio muito por voltar a Rheinsberg e ainda mais pelo prazer de beijar-te [...] Que Deus te proteja, minha dama! Por favor, não me esqueças, e permita-me abraçar-te com todo o meu coração, tenha a certeza de que sou totalmente devotado a ti". Mas uma carta escrita duas semanas depois, que ele afirmava expressamente que *não* deveria ser mostrada à sua mãe, era bem menos excessiva, terminando apenas com "seu mais obediente servo".[66] Assim que Frederico Guilherme morreu, o tom ficou muito mais severo. A primeira carta escrita para sua esposa como rei, em 31 de maio de 1740, continha instruções rudes sobre quando e onde ela deveria ir e o que deveria fazer, terminando com: "Não tenho tempo de te dizer mais nada. Adeus".[67] Quaisquer esperanças de Isabel Cristina se tornar rainha da Prússia não apenas nominalmente foram destroçadas por outra carta no dia seguinte:

> Madame, quando chegares [a Berlim], irás primeiro à Rainha [Mãe] para prestar sua solidariedade, e tentarás fazer isso melhor do que no passado; depois, deves permanecer aqui, sua presença sendo necessária, até que eu escreva para dizer o que fazer. Verás pouca gente ou ninguém. Amanhã, decidirei sobre o luto a ser observado pelas mulheres e enviarei detalhes. Adeus, confio que terei o prazer de encontrar-te em boa saúde.[68]

Como implica essa carta, a partir de então haveria apenas uma mulher na vida de Frederico: sua mãe. Voltando a 1731, quando foi ao casamento de sua irmã Guilhermina, ele disse a ela que seu coração pertenceria apenas a ela e a sua mãe.[69] Como observado por Carlyle, Frederico "sempre foi o filhinho da mamãe". Quando ela tentou chamá-lo de "Vossa Majestade", ele respondeu com "por favor, chame-me de filho, pois esse é o título, dentre todos, que mais me agrada!" e devolveu a gentileza insistindo que ela fosse intitulada "Vossa Majestade, a Rainha-Mãe", não "Rainha-Viúva".[70] O diplomata que reportou uma semana depois de sua ascensão que "a devoção do novo rei à sua mãe é muito aparente" se mostraria errado, porém, quando também previu que ela teria muita influência e levaria a Prússia na direção de Hanôver.[71] Frederico não aceitava ordens de ninguém, nem de sua mãe. Ele, porém, deixou claro que ela deveria ser considerada a primeira-dama da Prússia, e que sua corte no Palácio de Monbijou deveria ser o primeiro ponto de parada para dignitários em visita. Era ali que Frederico ia jantar quando estava em Berlim.[72] O "grande afeto" que ele sempre mostrara a ela impressionava demais aqueles que o testemunhavam.[73]

A rainha Isabel Cristina foi deixada de lado, publicamente humilhada por sua brutal subordinação à sua sogra. "Você não tem ideia do que eu tenho que suportar", escreveu ela a seu irmão duque Carlos I de Brunsvique em 28 de junho de 1740. "Só Deus sabe e só Deus pode ajudar-me".[74] Frederico a despachou a Schönhausen, uma residência modesta no que hoje é o bairro de Pankow, no norte de Berlim. A comparação com o palácio da rainha-mãe em Monbijou era muito desfavorável. Em Schönhausen, ela formou sua própria pequena corte e vivia com dificuldade uma existência claramente solitária e frustrada. Em março de 1744, ela escreveu a seu primo, Ferdinando de Brunsvique:

> Continuo presa neste velho *château* como uma prisioneira, enquanto os outros se divertem. Entretenho-me com leituras, trabalho e música, e sempre é um bom dia quando recebo uma carta sua – isso me deixa feliz o dia inteiro, e o tempo que passo escrevendo-lhe é um tempo de relaxamento.[75]

A negligência de Frederico só pode ser descrita como calculada, desdenhosa e vingativa. Isso se revelou mais claramente em um episódio no verão de 1748. Para celebrar a construção de uma nova ala no Palácio de Charlottenburg, Frederico planejou um festival para toda a família – com exceção de uma pessoa. Pois, embora a rainha-mãe tenha expressamente afirmado que não teria objeção à presença de sua nora, a rainha não foi convidada. Frederico explicou o motivo numa carta a seu irmão Augusto Guilherme: "Se minha esposa resmungona e hipersensível se juntar à expedição a Charlottenburg, receio que ela estragará toda a ocasião". Seu outro comentário, de que não haveria acomodações adequadas, era especialmente engenhoso, pois o protocolo exigia que uma suíte inteira de quartos na nova ala fosse designada à rainha. Em uma passagem que cheira a misoginia, Frederico concluiu:

> De toda forma, o que faríamos com o enxame de arrumadeiras e damas da corte etc. se minha delicada cara-metade fosse residir em Charlottenburg? Como poderíamos alimentar essa incorrigivelmente amarga subespécie do sexo feminino e acomodar toda a plebe que corre de um lado para o outro em instituições da corte? O que queremos fazer é entreter nossa mãe com um passeio e diversões rurais. Vamos manter essa resolução e não misturar urtigas e ervas-daninhas com jasmins e rosas.[76]

Frederico nunca visitou sua esposa em Schönhausen e nunca permitiu que ela o visitasse. A única vez que ela viu Sanssouci foi quando passou por Potsdam no outono de 1757 ao ser evacuada para Magdeburgo para escapar da invasão austríaca. Como confiou acidamente seu camareiro, o conde Lehndorff, em seu diário, era estranho que tivesse sido preciso a imperatriz Maria Teresa enviar um exército a Berlim para a rainha da Prússia ter a oportunidade de ver a residência favorita de seu marido.[77]

O casal real só se encontrava em raras ocasiões, em geral no palácio real de Berlim, onde a rainha passava os meses de inverno, quando havia baile durante a temporada de Carnaval. Embora Frederico garantisse que ela vivesse com conforto, pagasse as dívidas dela e ocasionalmente mostrasse estar ciente de sua existência enviando um presente em seu aniversário ou perguntando sobre sua saúde, a conduta dele só pode ser descrita como cruel. Não só ele não foi à festa de aniversário de cinquenta anos da esposa em 8 de novembro de 1765, como no dia seguinte deu uma luxuosa comemoração em homenagem à princesa herdeira Isabel Cristina em Potsdam, para a qual sua xará, a rainha, nem foi convidada.[78] As infelizes bodas de ouro do casal, em 1783, passaram em branco, e um gravurista que produziu um cenário imaginário de como poderiam ter sido as comemorações teve suas gravuras confiscadas pela polícia.[79] A natureza pública de sua humilhação deve ter sido o que mais causou dor a Isabel Cristina. Quando Frederico voltou a Berlim em 1763, depois de sete anos de ausência na guerra homônima, seu único cumprimento à sua esposa (a quem, por acaso, ele nunca se referia como "minha esposa", mas sempre como "a rainha"[80]) perante toda a sua corte foi: "Madame engordou". No banquete que se seguiu, ele evitou a companhia dela, preferindo se sentar entre sua cunhada Guilhermina e sua irmã Amália.[81] Seu comportamento era ainda mais agudamente destacado pela silenciosa dignidade com que Isabel Cristina aceitava seu destino. Para ela, ele sempre foi "o maior herói de sua era", e ela dizia a quem quisesse ouvir que a Providência Divina lhe tinha negado filhos.[82]

FREDERSDORF

A época da passagem de coexistência para rejeição depois da morte de Frederico Guilherme I deve ter causado dúvidas sobre a sinceridade com que Frederico posara como marido ideal durante os quatro anos anteriores. Também foi imediatamente depois de conquistar sua independência que Frederico comprou um terreno em Zernickow, perto de Rheinsberg, para seu valete Michael Gabriel Fredersdorf. O sortudo beneficiário dessa benesse tinha nascido em 1708 em Garz, às margens do rio Oder, filho de um músico da cidade. Em 1730, quando servia em Frankfurt an der Oder como músico em um regimento de mosqueteiros, foi apresentado a Frederico pelo oficial comandante deste, conde Schwerin, para suavizar seu cativeiro em Küstrin fazendo músicas juntos.[83] Depois de sua liberação, Frederico garantiu que Fredersdorf fosse dispensado do serviço militar e o empregou, primeiro como lacaio e depois como valete. Em Rheinsberg, Fredersdorf era reconhecido como "favorito" de Frederico, e só tocava para seu mestre.[84] O barão Bielfeld, que ficou em Rheinsberg no outono de 1739, escreveu: "O primeiro valete do príncipe herdeiro, Fredersdorf, é um homem alto e belo que é esperto e astuto, cortês, dedicado, capaz e adaptável, de olho na grande chance, mas também generoso. Acredito que ele terá um papel importante algum dia".[85]

Ele estava certo, embora Fredesdorf tenha permanecido um personagem obscuro. Em 1740, Frederico o nomeou tesoureiro privado, e esse foi o cargo que ele ocupou até sua morte em 1758.[86] Apesar de nessa função ele ter cuidado dos gastos pessoais de Frederico, era na verdade mais um assistente pessoal – "*le grand factotum du roi Frédéric*" foi a descrição de Voltaire.[87] Cuidava das compras de caixas de rapé, *objets d'art* e instrumentos musicais; reunia as provisões pessoais de Frederico para as campanhas; dirigia a decoração de palácios e jardins; organizava festividades, a importante tarefa de enviar convites; e assim por diante.[88] Um visitante francês à corte de Frederico observou que havia um chanceler que nunca falava, um caçador que não ousava matar uma codorna, um mordomo que não sabia onde ficava o vinho na adega, um mestre de estábulos que não sabia como colocar a sela em um cavalo, um camareiro que nunca passava uma camisa e um grande mestre de guarda-roupas que não sabia o nome do alfaiate da corte – porque todas essas funções eram feitas por Fredersdorf.[89] O conde Lehndorff registrou em seu diário que encontrou "o famoso Fredersdorf" em Potsdam agindo como uma espécie de "primeiro-ministro", cercado pelos ricos e poderosos que o cortejavam em uma antecâmara cheia de requerentes.[90] Como isso sugere, se alguém quisesse algo da corte do rei Frederico, Fredersdorf era o homem a quem procurar. Foi a ele que a rainha buscou em 1748, quando tentou, em vão, conseguir um convite para as festividades iminentes em Charlottenburg, pedindo-lhe para transmitir a Frederico seu "mais humilde" pedido de estar presente. Sua comitiva teria apenas cinco pessoas, adicionou ela, pateticamente (sua sogra e sua cunhada, que receberam convites, levaram um total de 45).[91]

O que Isabel Cristina achava da relação de seu marido com seu *grand factotum*? Naturalmente, as más-línguas da corte falavam. O conde Lehndorff perguntou, retoricamente, como um homem totalmente comum sem instrução, "dos confins da Pomerânia" tinha conseguido alcançar o posto de segundo homem do reino, único além do rei que podia dar ordens e que frequentemente abusava de seu poder de modo despótico. A resposta, confidenciou a seu diário, era simples: "o rostinho lindo" de Fredersdorf.[92] Embora não haja evidência incontestável de um relacionamento sexual (como poderia haver?), não há dúvidas de que Frederico sentia muito afeto. Fredersdorf era um dos seis homens que Frederico identificou em 1741 como "aqueles que mais amei durante minha vida".[93] Apenas uma vez Fredersdorf pareceu ter perdido seu posto, quando foi enxotado da tenda de Frederico durante uma campanha, em favor de um belo hussardo. O misterioso suicídio de seu rival logo depois colocou Fredersdorf de volta às graças de Frederico.[94] Como vimos, ele expressou de forma concreta seu carinho comprando um terreno substancial para Fredersdorf assim que subiu ao trono. Foi um gesto ainda mais impressionante porque se tratava de um *Rittergut*, isto é, uma propriedade reservada para a nobreza possuidora de terras. Além disso, Frederico sempre defendeu a visão de que a terra de nobres não deveria passar para as mãos de plebeus.* Fredersdorf se mostrou um senhor de terras enérgico e empreendedor, comprando mais terrenos para completar sua propriedade original e começando ali uma criação de bichos-da-seda. Depois, ele entrou no comércio, comprando um navio mercante que trilhava os portos bálticos e um engenho na Guiana Holandesa. A "cerveja Fredersdorfer", das cervejarias inauguradas por ele em Spandau e Köpenick, ganhou boa reputação em Berlim.[95] Ele também se interessava muito por alquimia, construindo um laboratório e até persuadindo um cético Frederico a entrar num acordo com uma mulher chamada Notnagel, que alegava ser capaz de transformar metal comum em ouro.[96]

As numerosas cartas de Frederico a Fredersdorf são íntimas em forma e conteúdo – o que se esperaria de um marido dedicado. É significativo que ele use o pronome de segunda pessoa *Du*, e não a impessoal terceira pessoa em geral empregada quando se fala com um serviçal. Boa parte da correspondência é dedicada a relatos de Frederico sobre a própria saúde, que muitas vezes estava ruim, e a expressar uma preocupação terna com os sofrimentos do próprio Fredersdorf, que eram ainda piores. Ambos tinham regularmente problemas anais. "Estou sofrendo de hemorroidas", relatou Frederico em março de 1747, por exemplo, completando que, como tinha ocorrido após um enema, o problema devia ter sido causado por um tubo

---

* Ver adiante, pp. 384-5.

defeituoso.⁹⁷ Em abril de 1754, ele informou a Fredersdof que tinha celebrado a recuperação deste de uma doença com duas garrafas de vinho húngaro. Continuou dizendo que, naquela ocasião, "Carel" tinha guinchado ao ser afagado, numa referência a Carl Friedrich von Pirch, um dos pajens reais que levava e trazia mensagens para Frederico. Na época com quinze anos, Carel fora apelidado por Frederico de "Mene Branco", porque era loiro, em contraposição a seu cachorro favorito, "Mene Preto". Frederico adiciona, porém, que Carel tinha sido "muito levado" e seus trocados seriam descontados.⁹⁸ Há muito mais gracejos do tipo nessa correspondência, com tons inconfundivelmente homoeróticos.

Frederico não comentou o casamento de Fredersdorf, em 1753, com uma herdeira rica com quem ele então foi viver, com algum luxo, em uma mansão em Berlim perto do Portão de Brandemburgo.⁹⁹ Em 1757, Fredersdorf convenceu Frederico a deixar que ele se aposentasse. Segundo Lehndorff, isso se devia à sua saúde continuamente debilitada, sua riqueza acumulada, seu desejo de uma vida tranquila, mas também seu ciúme "do famoso Glasow", adicionando, com desdém, que ele admirava Fredersdorf por saber quando se retirar "como uma linda mulher que consegue ver quando sua beleza está acabando".¹⁰⁰ Christian Friedrich Glasow era famoso por todos os motivos errados. Ele tinha chamado a atenção de Frederico em 1755, servindo como soldado privado em um regimento de infantaria em Brieg, na Silésia, e virado seu auxiliar pessoal.¹⁰¹ Era uma das duas únicas pessoas que acompanharam Frederico em sua viagem particular à República Holandesa no mesmo ano.¹⁰² Por razões ainda não inteiramente claras, a relação deles acabou abruptamente em 1757. Segundo Johann Wilhelm von Archenholz, que se juntou ao exército prussiano como cadete naquele ano e depois escreveu uma celebrada história da Guerra dos Sete Anos, Glasow era "um grande favorito do rei, tanto que era frequentemente solicitado a dormir no quarto dele". Subornado para envenenar seu mestre, ele foi apreendido por acaso no último momento, preso e enviado a Spandau, onde logo morreu.¹⁰³ Uma versão alternativa oferecida por Anton Friedrich Büsching relata que o crime de Glasow foi usar o selo real para emitir ordens não autorizadas.¹⁰⁴ Uma petição do pai de Glasow, um *Zeugleutnant* na artilharia, com 46 anos de serviço, datada de 22 de junho de 1757, revelava que o criminoso tinha vinte anos, e sua juventude foi a única circunstância atenuante mencionada. Frederico escreveu no pé da petição: "O crime do filho dele é muito grave, mas há algum atenuante".¹⁰⁵

ALGAROTTI

Seguir o caminho de Fredersdorf e de seu sucessor de curta duração nos levou bem longe na libertação sexual de Frederico após a morte de seu pai. Outro ator nesse processo foi o literato italiano Francesco Algarotti, que Frederico conheceu em 1739 em Rheinsberg, durante uma visita na companhia do colega inglês Lord Baltimore. Nascido no mesmo ano que Frederico, Algarotti era filho de um mercador veneziano e tinha estudado em Bolonha e Florença antes de embarcar numa turnê europeia. Em 1736, ele ficou conhecido pela publicação de *Newtonianismo para senhoras*, um exercício bem-sucedido de popularização que chamou a atenção de Voltaire, a quem ele visitou em Cirey.[106] Munido das cartas de apresentação de Voltaire, Algarotti então mudou-se para Londres, onde rápida e misteriosamente conquistou dois aristocratas: Lady Mary Wortley Montagu (filha do duque de Kingston) e Lord Hervey (filho do conde de Bristol). Não apenas os dois estavam envolvidos em uma relação de adultério intermitente, como ambos eram bissexuais. Conforme o biógrafo de Hervey: "Eles se aceitavam como seres humanos falhos mas interessantes que eram, respectivamente, Lady Mary como uma mulher que às vezes queria ser como um homem, e Lord Hervey, o oposto". William Pulteney descreveu Hervey como *"Mr. Fainlove*, uma Composição tão bela dos dois Sexos que é difícil distinguir qual é o mais predominante".[107]

Mesmo para os padrões londrinos de meados do século XVIII, era um *ménage à trois* exótico. Cartas de amor circulavam em trocas mútuas. "Amo-te com todo o meu Coração & imploro que nunca esqueças o afeto que tenho por ti, nem deixe o afeto que expressastes por mim enfraquecer", escreveu Hervey a Algarotti. "*Adieu*, meu lorde, continue a me amar, e pense às vezes em mim", respondeu o último. Essas palavras foram escritas de São Petersburgo, para onde Algarotti e seu amigo (platônico) Lord Baltimore tinham viajado em 1739 para o casamento da sobrinha da czarina.[108] Tanto Lord Hervey quanto Lady Mary, porém, foram superados quando Algarotti conheceu Frederico. Segundo Marc Fumaroli, foi amor à primeira vista, um *coup de foudre* para as duas partes. Algarotti escreveu a Voltarie: "Vi, oh, *me beato*, esse adorável príncipe... Não posso colocar em palavras o número de prazeres que experimentei".[109] Por sua vez, Frederico foi, se é possível, ainda mais enfático. Assim que Algarotti foi embora após uma estada de apenas oito dias, Frederico enviou carta após carta para seu "cisne de Pádua". Na terceira, datada de 1º de setembro de 1739, ele exclamava: "Felizes os homens que podem desfrutar da companhia de pessoas inteligentes! Mais felizes ainda os príncipes que podem possuí-las!". Ele nunca esqueceria a semana que passaram juntos, adicionou no fim de outubro, e então irrompeu em versos:

> Nunca teria procurado
> a frívola vantagem da honra vã
> pois meço esforços e coragem
> contra minha força.
> Dizem que em seu harém, o turco
> ....
> .... [sic]
> Dispõe de centenas de beldades para si;
> Que pode possuir quando quiser,
> Que Atlas carrega o mundo só,
> Que Hércules domou gigantes,
> Que os Deuses derrotaram os Titãs,
> Menos ilustre vitória
> Será suficiente glória
> Para honrar meus talentos.

Frederico assinou declarando que estava muito satisfeito por Algarotti ter lembranças felizes de Rheinsberg, "onde a memória de sua presença será eterna, e onde ele era imortal".[110]

Frederico escreveu também para Voltaire, contando entusiasmado sobre o "fogo, vivacidade e doçura" de Algarotti. Eles tinham conversado sobre tudo, reportou, completando alegremente que Algarotti prometera voltar o mais breve possível.[111] Voltaire respondeu a Frederico em verso, como se estivesse se dirigindo a Algarotti e incluindo as seguintes linhas sugestivas:

> Deixes, Algarotti, de buscar outras pessoas,
> As garotas de programa de Veneza e os michês de Roma,
> Nos teatros da França e nas mesas dos alemães,
> Os ministros, reis, heróis e santos;
> Não te exauras, não procures mais um homem:
> Ele foi encontrado. Os Céus, que lhe deram suas virtudes,
> Os Céus colocaram meu herói em Rheinsberg...

Termines tuas errâncias aos pés de Rheinsberg,
O universo não mais oferece nada;
Tu não tens nada mais a ver.[112]

Frederico Guilherme I morreu sete meses depois, em 31 de maio de 1740. Em 2 de junho, Frederico escreveu a Algarotti: "Meu caro Algarotti, minha sorte mudou. Aguardo-te com impaciência; por favor, não me faças esperar. Frederico". Ele adicionou um pós-escrito em verso:

Venhas, Algarotti, das margens do Tâmisa
Compartilhar de nosso feliz destino.
Apressa-te a este agradável lugar,
Onde verás que liberdade é nosso lema.
Isto é para informar-te que há quatro dias Frederico II sucedeu Frederico Guilherme.
Todo o povo, com ele, não se alegra,
Apenas ele, como um filho afetuoso, é vítima do luto,
Sem se preocupar com as atrações de um destino tão atraente,
Merece ser amado e reinar em teu coração.[113]

Frederico, então, adicionou uma frase em latim – *Ne gaudia igitur nostra moreris. Algarotti venturo, Phosphore, redde diem*, que é uma adaptação do epigrama VIII/21 de Marcial e pode ser traduzida como "Não atrases nosso regojizo. Algarotti, volte, Estrela da Manhã, traga de novo o dia". A Estrela da Manhã, é claro, é Vênus.

A resposta foi tudo o que Frederico poderia esperar. Algarotti escreveu a seu irmão Bonomo alguns dias depois que tinha acabado de receber "a mais linda carta já escrita".[114] Com a viagem apressada por cinquenta guinéus fornecidos por instruções de Frederico pelo "judeu Mendez" e uma carta de crédito em Amsterdã, ele chegou a Berlim em 28 de junho. Em 7 de julho, os dois homens partiram para Königsberg para a coroação de Frederico como "rei na Prússia". Em 1701, seu avô Frederico I tinha precisado de 30 mil cavalos e 1.800 carruagens para transportar a família eleitoral, a corte e empregados, e toda a expedição custara 6 milhões de táleres, ou cerca de duas vezes a receita anual do Estado.[115] Frederico só precisou de três carruagens e não gastou quase nada.[116] Sentado na carruagem real ao lado do rei estava Algarotti, "como uma amante real".[117] Desnecessário dizer, a rainha não participou da festa. Ao voltarem no fim daquele mês, Algarotti escreveu a seu irmão que o rei "deu-me carinhos incontáveis e honrou-me de mil formas diferentes".[118] Entre essas formas, estava a nomeação a cavaleiro da recém-criada Ordem *Pour le Mérite*, o título de *Kammerherr* (chefe de gabinete) e a elevação à nobreza como conde, uma honra também concedida a seu irmão. Isso foi acompanhado de presentes caros como porcelana, relógios e caixas de rapé decoradas com diamantes.[119] Como comentou Lord Baltimore em uma carta a ele em 7 de junho de 1740: "Como agora está na terra de Canaã, nada pode estar faltando para fazê-lo o mais feliz dos homens".[120] Algarotti, por sua vez, entreteve Frederico com sonetos libidinosos e canções do patrício veneziano Giorgio Baffo, sendo uma das favoritas intitulada "Um elogio à bunda".[121] De volta a Londres, Lady Mary e Lord Hervey perceberam que tinham sido superados. O último escreveu melancolicamente a Algarotti em 28 de junho de 1740: "Há tão pouca gente no mundo que Deus Todo-Poderoso fez para ser adorada ou que se fez para ser amada, que não vai se surpreender quando eu disser que me arrependo a cada hora de um dos poucos que pensei ser merecedor de ambos. *Adieu*".[122]

De Charlottenburg em 29 de julho de 1740, Frederico escreveu a Voltaire anunciando sua volta da coroação e incluindo um poema intitulado "O orgasmo".[123] Ele tinha sido inspirado pela observação de Algarotti de que os europeus do norte eram menos capazes de emoções fortes que os italianos. Frederico buscou provar poeticamente que não era o caso, embora admitindo que algumas experiências eram tão difíceis de colocar em palavras quanto o esplendor do sol ao meio-dia. Uma cópia, que há muito se pensava perdida (ou suprimida), foi recentemente descoberta nos arquivos de Berlim.[124] Endereçada a "M. Algarotti, o Cisne de Pádua", ela começa:

Durante esta noite, satisfazendo seus ferozes desejos,
Algarotti mergulhou num mar de prazer.

A linguagem certamente é entusiástica o suficiente para restaurar a reputação do norte:

Divina luxúria! Soberana do mundo!
Mãe de nossos prazeres, fonte sempre fértil,
Cante com sua própria voz por meus versos
A paixão, as ações, o êxtase dos sentidos!

Nossos felizes amantes, em seu extremo delírio
Na fúria de nosso amor, conhecem só um ao outro:
Beijando-se,* chegando ao clímax, sentindo, suspirando, expirando,
Voltando, abraçando, correndo para mais prazer.

Nada no poema sugere que o próprio Frederico seja o parceiro de Algarotti. Pelo contrário, a passagem citada acima é precedida por frases que identificam a amante como a ninfa "Clóris", com um corpo mais perfeito do que o criado pelo escultor grego Praxíteles para Afrodite no templo de Knidos. Deve-se registrar que, em pelo menos uma carta, Frederico parece afirmar explicitamente que a relação deles não era física. Em 29 de novembro de 1740, ele escreveu que sentia tanto prazer em ver novamente Algarotti após uma longa ausência quanto Medoro ao ser reunido com sua amada Angélica, "sendo a única diferença que apenas meu intelecto participa desse prazer, e ele busca apenas seduzir o teu para se aquecer com o fogo de tua brilhante genialidade".[125] Uma possível explicação para essa reticência que aponta para o sentido contrário foi aventada em uma carta de 24 de setembro em que Frederico se refere a Algarotti como "um ilustre inválido do Império do amor", deseja-lhe uma rápida recuperação das "feridas de Citera" e expressa esperança de que poderia pelo menos se beneficiar do intelecto dele quando se encontrassem em Berlim.[126] Também há evidência de atividades homossexuais assumidas no círculo de Frederico. Em 15 de dezembro de 1740, Voltaire escreveu a Frederico em verso depois de visitar a Prússia no outono:

Grande rei, prevejo a ti
Que Berlim será a nova Atena
Pelos prazeres tanto da carne quanto do intelecto;
A profecia estava bastante correta.
Quando, na casa do gordo Valori,**
Vi o amado Algarotti
Envolver num abraço apaixonado

---

*   A palavra usada por Frederico é *"baiser"*, que pode significar "beijar", "abraçar" ou, mais vulgarmente, "foder". Embora algumas vezes Frederico usasse linguagem grosseira, no contexto do poema, palavras mais decorosas parecem apropriadas, ainda que com tom carnal.
** Louis Guy Henri Marquis de Valori, o embaixador francês, também grafado Valory.

O belo Lujac,* seu jovem amigo,
Achei estar vendo Sócrates atado
Às ancas de Alcibíades.[127]

Nessa época, Frederico estava ocupado conquistando a Silésia e tinha outras coisas em mente. Algarotti foi enviado em missão diplomática a Turim, na esperança (frustrada) de induzir o Piemonte a atacar a Áustria. Mas, ainda que a relação só pudesse ser intermitente, ela continuou passional. Em abril de 1742, Frederico escreveu de seu acampamento na Boêmia, dizendo que era obrigado a seguir a guerra (Belona), mas que temia a ira do hedonismo (Epicuro) e do sexo (Citera). Ele convocou Algarotti, como supremo representante dos últimos dois, a intervir por ele e evitar os raios daquele que "nasceu para eles". Algarotti respondeu com um tributo especialmente efusivo à chuva de favores de Frederico. Eles garantiriam sua própria imortalidade, adicionou, pois, quando se falava dos feitos de Aquiles, a posteridade também lembrava de Pátroclo.[128] Não poderia haver uma indicação mais clara da relação entre os dois. Contudo ela estava prestes a esfriar, pois, no outono de 1742, Frederico ficou exasperado com a relutância de Algarotti em se comprometer com uma posição permanente na Prússia.[129] Provavelmente foi sensato da parte de Algarotti mudar-se para os arredores menos exigentes e mais luxuosos da corte saxã em Dresden, onde passou os cinco anos seguintes. A ligação de Frederico permaneceu forte: em 1746, o diplomata britânico Thomas Villiers (depois conde de Clarendon) escreveu a Algarotti de Berlim: "O rei me pediu para informar-lhe que ele ficaria extremamente feliz em vê-lo, comparando sua separação, pois não posso chamá-la de rixa, àquela de amantes cuja carinhosa paixão continua. *Amoris Redintegratio* é a completude da felicidade".[130] Voltando a Berlim em 1747, Algarotti mais uma vez tornou-se uma figura influente na cena cultural, mas a velha intimidade com o rei não foi restaurada. Afligido por doenças crônicas, ele voltou à Itália em 1753, morrendo em Pisa em 1764. Frederico fez uma contribuição substancial para erigir um elaborado monumento no cemitério de lá.[131]

Retornarei ao assunto da sexualidade de Frederico ao discutir sua corte. Como este capítulo procurou demonstrar, isso não era algo periférico, a ser perpassado em silêncio furtivo ou explicado rapidamente. Era central para

---

* Charles Antoine de Guérin Marquis de Lujac (também grafado Lugeac), secretário de Valori.

a afirmação de sua própria personalidade depois de 28 anos de opressão e repressão. Quando o peso aterrador da tirania de seu pai saiu de seus ombros, ele afinal pôde ser quem era. Deixar de lado sua esposa, dar a Fredersdorf uma propriedade e tornar Algarotti um conde – tudo isso fazia parte de uma declaração de independência. Em 31 de maio de 1740, o anjo da morte tinha posto um fim ao que Frederico chamava de sua "servidão egípcia". Ele agora era rei e podia fazer o que desejasse. A próxima fase em sua criação não era negar seu pai, mas superá-lo nos *métiers* reais que mais importavam: a guerra e a conquista.

4
A criação de Frederico (parte II)

CRUZANDO O RUBICÃO

"Cruzei o Rubicão com bandeiras hasteadas e tambores rufando", escreveu Frederico a seu ministro conde Podewils em 16 de dezembro de 1740. Foi naquele dia que ele liderou seu exército pela fronteira que separava Brandemburgo da província Habsburgo da Silésia, no que se provaria talvez o mais famoso ataque de destruição e saques da história europeia (até aquele ponto). A moral dele estava alta: "Meus soldados estão cheios de boa vontade, os oficiais estão munidos de ambição, e os generais têm fome de glória; tudo está a nosso favor e tenho motivos para prever o melhor resultado possível nesta empreitada".[1]

Esse golpe não deveria ser uma surpresa. Menos de seis meses haviam se passado desde que ele subira ao trono, mas seis meses em que ele causara mais tumulto que seu pai em 27 anos. Os observadores mais informados ou perceptivos de Frederico como príncipe herdeiro tinham previsto há muito tempo que ele seria bem mais proativo que seu antecessor. Em 2 de outubro de 1736, o jovem Seckendorf confiou a seu diário que "Júnior [Frederico] não pensará de forma pacífica no que diz respeito ao trono, mas começará com um ataque sensacional [*coup d'éclat*], até sob o risco de estar ele próprio na mira".[2] Outro observador bem posicionado, o conde Manteuffel, concordava, acrescentando que Frederico era tão mais arrogante, animado, ousado, sorrateiro e imprevisível que seu pai que o novo reino certamente seria muito mais volátil. Essa previsão veio depois de ele receber uma carta de Frederico, à época no campo de treinamento em Wehlau, que começava: "Ai de mim! Será que sempre devo escrever a ti de um campo de paz, e nunca conseguirei endereçar minha carta do campo de batalha ou das trincheiras? Deverei passar minha vida como uma dessas espadas que nunca saem da loja de armamentos e enferrujam no prego no qual estão penduradas?"³ No mesmo ano, o *charge d'affaires* britânico em Berlim, Guy Dickens, relatou a Londres que estavam sendo feitas comparações entre os exércitos prussiano e macedônio e colocou a seguinte questão retórica: se Alexandre, o Grande, conseguiu conquistar tanto com tão pouco, o que Frederico conquistaria com muito mais?⁴ Todos estavam corretos. Frederico instruiu seu emissário a Versalhes em junho de 1740 a destacar seu "pensamento dinâmico e obstinado" e avisar aos franceses que era da natureza dos jovens ser empreendedores, e que a ambição de serem heroicos frequentemente se provara destruidora. Ainda mais provocativamente, Frederico adicionou que a expansão militar que ele ordenara podia muito bem ser o início de uma conflagração geral na Europa.⁵ Embora tenha desmontado a "Guarda de Gigantes" de seu pai, ele ao mesmo tempo aumentou o tamanho do exército em sete regimentos de infantaria.⁶ Para essa expansão, ele se beneficiara do recente fim da desastrosa guerra da Áustria contra os turcos, que deixara uma série de príncipes germânicos procurando um novo mestre que pagasse seus contingentes.⁷

Apenas uma semana depois de Frederico enviar seu aviso aos franceses, ele divulgou suas intenções ao intervir numa disputa entre o arcebispo-eleitor de Mainz e o *landgrave* de Hessen-Kassel pelo castelo e a vila de Rumpenheim, perto de Offenbach, no rio Meno. Ele protestou vigorosamente contra a ocupação militar preventiva do eleitor – "um estupro", a chamou – e ameaçou ele mesmo retaliar se as tropas de Mainz não fossem retiradas imediatamente.⁸ Não é preciso dizer que conseguiu o que queria. Derrotar o desafortunado arcebispo permitiu que Frederico desse vazão a seus dois preconceitos mais fortes: contra o clero e contra o Sacro Império Romano.

Também deu a ele vontade de conseguir mais. Ele, então, virou sua atenção a outro prelado imperial, o Principado-Bispado de Liège, que estava contestando o direito da Prússia ao baronato de Herstal no rio Mosa. Nesse caso, porém, Davi era apoiado por dois Golias, a França e a Áustria, então, os conselheiros de Frederico recomendaram cautela. A reação dele, anotada na margem do memorando, foi de desprezo: "Quando os ministros falam sobre negociação, se mostram pessoas inteligentes, mas, quando falam sobre a guerra, é como se um iroquês falasse sobre astronomia". Ele acrescentou que não tinha medo do imperador, que podia ter sido poderoso antigamente, mas agora não era nada mais do que um *"vieux fantôme d'um idole"* ("um velho fantasma de um ídolo").⁹ Na verdade, negou que a disputa tivesse qualquer coisa a ver com o império, afirmando que deveria ser resolvida *"prince à prince"*.¹⁰ Mais uma vez, o modo como Frederico se expressava mostrou que ele estava perfeitamente ciente de seu *status* superior como monarca soberano governando os minúsculos. O bispo tinha sido impertinente, insultante e ofensivo, alegou ele.[11] Seguiu-se a devida punição, com doze companhias de granadeiros e um esquadrão de soldados de cavalaria despachados para ensinar o ofensor a se comportar adequadamente no futuro. Os corpos diplomáticos em Berlim podiam muito bem comentar que o abrasivo estilo diplomático do novo rei da Prússia era reminiscente de Luís XIV em seus momentos mais imperiosos.[12] Intimidado, o príncipe-bispo capitulou no momento certo.[13]

A MORTE DE CARLOS VI

Esses dois prelados católicos tinham sido presa fácil, mal valendo o fraco esforço envolvido. Quase de imediato, porém, um alvo muito mais formidável surgiu, que realmente era convidativo ao "grande golpe" previsto por Seckendorf. Em 20 de outubro de 1740, o imperador Carlos VI do Sacro Império Romano morreu repentina e inesperadamente de envenenamento, aos 55 anos. Era o tipo de acontecimento fortuito que zombava das explicações estruturais para a mudança histórica. Pois essa não era apenas a morte de um imperador, mas também a morte de uma dinastia. Nesse mundo machista, apenas um homem podia ser eleito Sacro Imperador Romano. Por quase 300 anos, desde 1452, um Habsburgo havia sido o eleito. Agora, a linhagem tinha sido quebrada. A sucessão às terras *hereditárias* dos Habsburgo, coletivamente conhecidas como "Monarquia Habsburgo", porém, não era exclusiva a um gênero. Em 1713, Carlos assinou um documento conhecido como "a Sanção Pragmática", proclamando a indivisibilidade dos territórios da família e dando a ordem de que, se não houvesse herdeiro homem, eles poderiam passar à sua filha mais velha. Essa filha era Maria Teresa da Áustria, nascida em 1717 e casada desde 1736 com Francisco I, duque de Lorena.

Esse "documento verdadeiramente revolucionário"[14] se provaria problemático, inclusive porque envolvia (deliberadamente) passar para trás as duas filhas do predecessor de Carlos, seu irmão mais velho, José (Sacro Imperador Romano de 1705 a 1711). Maria Josefa tinha se casado com o príncipe herdeiro da Saxônia em 1719, e Maria Amália, com o eleitor da Baviera em 1722, embora não antes de aceitarem a Sanção Pragmática e, assim, abandonarem seus próprios direitos à herança dos Habsburgo. Se esses compromissos valiam mais do que o papel em que tinham sido assinados, ainda era algo a se ver. O mesmo se aplicava ao reconhecimento internacional da Sanção Pragmática negociada com tanto esforço ao custo de tantas concessões durante o fim do reinado de Carlos.

Entre os governantes que tinham assinado o documento estava Frederico Guilherme I, em 1728, em pagamento a uma promessa de apoio imperial aos direitos prussianos aos ducados da Renânia de Jülich e Berg, quando o governante atual morresse.[15] Era uma promessa que não podia ser mantida, especialmente porque outra similar tinha sido feita à Saxônia e também ao ramo de Sulzbach da dinastia Wittelsbach. Em 1732, estava claro que Carlos quebraria a promessa e, em 1738, o fato se tornou certo.[16] Até um homem menos volátil que Frederico Guilherme I provavelmente teria ficado enraivecido. Ele sempre tinha tido uma atitude ambivalente em relação ao imperador Habsburgo, e esse último ato de má-fé o levou aos braços da França. Em sua ascensão ao trono, seu filho tinha imediatamente se dedicado a reafirmar seus direitos, sondando a Áustria, a França e a Grã-Bretanha, mas sem chegar a lugar algum. Houve vagas conversas sobre a Prússia ficar com "algo" da herança Jülich-Berg, mas, como colocou Frederico, escrevendo sobre si mesmo na terceira pessoa: "Isso era pouco satisfatório para os desejos de um rei jovem e ambicioso, que queria ter tudo ou nada".[17]

Ele ainda estava ressentido por essa rejeição quando chegou a notícia do falecimento do imperador. Sua atenção imediatamente se voltou do oeste ao sul, do Reno ao Oder, onde uma presa muito mais desejável agora estava exposta. A situação não podia ser mais favorável: os 29 anos de reinado de Carlos VI tinham deixado a Monarquia Habsburgo em uma condição verdadeiramente arriscada, em seu ponto mais vulnerável desde os obscuros dias de 1618. Em dois aspectos cruciais, encontrava-se de joelhos: financeira e militarmente. Uma combinação de persistentes gastos excessivos e contabilidade inadequada tinha multiplicado o total de dívidas em cerca de cinco vezes desde o início do século. O cofre estava tão vazio que, pouco antes da morte de Carlos, um agente judeu chegou a ser enviado a Berlim para conseguir um empréstimo.[18] Com o pagamento de dívidas agora consumindo metade das receitas anuais, o exército teve de ser reduzido mesmo em tempos de guerra, e o resultado foi que, em 1740, menos de metade de sua força – em tese, de 160 mil homens – estava realmente equipada.[19] No veredito contundente de um dos confidentes de Carlos, seu reinado tinha sido de "torpor, indecisão e recriminação mútua".[20]

Esses dois fracassos fundamentais tinham levado o desastre à Monarquia Habsburgo, primeiro na Guerra da Sucessão Polonesa (1733-8) e depois em uma guerra contra os turcos (1737-9). A primeira terminou com a perda de Nápoles e da Sicília, e a última, com perda de grande quantidade do território dos Balcãs, incluindo Belgrado. Segundo todos os relatos, tanto a liderança quanto a moral estavam muito em baixa: três generais servindo na campanha turca terminaram na prisão.[21] Comentando sobre a letargia da administração austríaca no centro, um diplomata britânico relatou em 1735: "O pouco negócio produz um *referat* (memorando), um *referat* produz uma conferência e, se a cidade estivesse pegando fogo, deveria haver uma conferência para deliberar se o fogo devia ser apagado e de que modo".[22] Como se não fosse suficiente, a nova governante da monarquia herdara de seu pai uma equipe de ministros descritos por seu melhor biógrafo, Alfred von Arneth, como "senis [...] de habilidade limitada [...], mercenários predadores [...], autoindulgentes e ociosos [...], de mentalidade e físico falhos [...], velhos e tímidos".[23] O comentário da própria Maria Teresa sobre sua herança foi o de que ela tinha sido deixada "sem dinheiro, sem crédito, sem um exército, sem qualquer experiência ou qualquer conhecimento próprio e, finalmente, sem qualquer tipo de conselho".[24]

Tudo isso era conhecido, inclusive por Frederico. Em 5 de novembro de 1740, ou, em outras palavras, dez dias após saber sobre a ascensão de Maria Teresa, ele escreveu a seu emissário em Viena, Caspar Wilhelm von Borcke: "O Imperador está morto, o [Sacro] Império [Romano] e a Casa da Áustria estão sem líder, as finanças da Monarquia estão exauridas, o exército está arruinado e as províncias estão drenadas pela guerra, peste, fome e pelo terrível peso dos impostos que elas tiveram de suportar até o presente". Essa denúncia implacável tinha sido gerada pelo relato de Borcke de que os austríacos acreditavam que seriam capazes de manter sua integridade territorial. É possível, Frederico seguiu perguntando, retoricamente, que eles tenham se esquecido das intenções exploradoras da Baviera, da Saxônia, da França, da Espanha e da Sardenha? Não estão cientes de que, de seus possíveis aliados, a Grã-Bretanha está em guerra com a Espanha, a Rússia está restringida pelas ameaças da Suécia e dos turcos, e os príncipes do Sacro Império Romano são sempre imobilizados se não houver prospecto de assistência financeira? Em conclusão, ele reclamou que estava cada vez mais exasperado pelo fracasso dos austríacos em seguir os acenos de amizade que tinham feito no ano em que ele ascendeu ao trono, e que agora teria de pensar de forma mais agressiva sobre como tirar vantagem da situação presente.[25]

O comentário agourento veio apenas algumas semanas após a publicação, em Haia, de seu maior exercício literário: *Contra Maquiavel ou uma análise sobre* O príncipe *de Maquiavel*, junto com notas históricas e políticas, mais conhecido pela posteridade por seu título original abreviado em francês [e em português]: *Anti-Maquiavel*.[26] Ao completar o primeiro esboço no outono anterior, ele tinha dito a Algarotti que sua intenção era mostrar que a ambição sem limites, a traição, a falta de fé e o assassinato eram contrários aos verdadeiros interesses de um monarca e que apenas a política sólida, tanto do ponto de vista moral quanto do da prudência, era boa e justa.[27] No capítulo final, Frederico voltou sua atenção especificamente à guerra. Sua premissa era o horror: "A guerra é tão cheia de infelicidade, seu resultado é tão incerto, e suas consequências, tão arrebatadoras para um país, que os soberanos devem pensar duas vezes antes de empreendê-la. Não falo sobre a injustiça e a violência que cometem contra seus vizinhos, mas meramente sobre as infelicidades que caem diretamente sobre seus súditos".[28] As únicas guerras justas, afirmou, eram as defensivas, embora um ataque preventivo também pudesse ser aceitável. Também permitidas eram as guerras para garantir "direitos ou reivindicações contestados" e cumprir obrigações contratuais com aliados.[29] Como os príncipes deviam considerar seus súditos não como escravos, mas como iguais, e até como mestres, "príncipes que declaram guerras injustas são mais cruéis e frios do que qualquer tirano já foi. Eles sacrificam, por suas paixões impetuosas, o bem-estar de uma infinidade de homens que têm o dever de proteger".[30]

Menos de três meses depois da publicação dessas palavras sensatas, Frederico invadiu a Silésia. Claramente, a guerra que ele estava começando não podia ser descrita como defensiva nem preventiva, tampouco como apoio a aliados. Quanto aos "direitos ou reivindicações contestados", nem Frederico chegou a argumentar seriamente ter algum direito legal à Silésia. Quando seu Escritório do Exterior produziu uma justificativa elaborada para a invasão, ele comentou: "Bravo! Este é o trabalho de um bom charlatão".[31] Essa hipocrisia era, em parte, um simples caso de "faça o que eu digo, não o que eu faço". Certamente, era o que Voltaire pensava ao escrever a seu amigo Sir Everard Falkener: "Deves conhecer a vitória de meu bom amigo, o rei da Prússia, que escreveu tão bem contra Maquiavel, e imediatamente agiu como os heróis de Maquiavel. [...] Deves saber que meu rei prussiano, quando era apenas um homem, amava apaixonadamente o governo inglês, mas o rei alterou o homem, e agora ele desfruta do poder déspota, tanto quanto um Mustafá, um Selim ou um Solimão".[32] Voltaire também observou: "Se Maquiavel tivesse tido um príncipe como pupilo, a primeira coisa que teria recomendado seria que escrevesse contra ele próprio".[33] É uma visão cínica demais. Mais persuasivo era o argumento apresentado por Friedrich Meinecke de que os impulsos humanitários e de poder político de Frederico coexistiam em uma tensão frutífera.[34] Ainda mais persuasiva foi a qualificação feita por Theodor Schieder sobre essas ideias, de que o antimaquiavelismo só penetrava o lado intelectual da natureza de Frederico, enquanto seu maquiavelismo era uma força natural.[35]

Essa visão mais ponderada é apoiada pelas reflexões do próprio Frederico antes de pensar em escrever *Anti-Maquiavel*. Confinado em Küstrin em 1731, depois de sua fuga abortada, o Frederico de dezenove anos colocou em papel o que pensava sobre "A presente situação política da Prússia".[36] Fundamental, argumentou, era a situação política do Estado: com tantos pedaços de território espalhados por todo o norte da Europa, era especialmente vulnerável. Portanto, boas relações tinham de ser mantidas com todos os vizinhos e o conflito precisava ser evitado. A inação, por sua vez, não era alternativa, pois "quem não avança se retrai". Assim, o governante sempre tem de buscar oportunidades de adquirir território para preencher os vãos entre suas posses fragmentadas. No topo da lista de compras vinha a Prússia (Oriental) polonesa, cuja aquisição ligaria Brandemburgo à Prússia Ocidental e daria controle do comércio polonês pelo rio Vístula. Também altamente desejável era a Pomerânia sueca, valiosa por si só, mas também facilitadora de uma futura aquisição de Mecklemburgo. "E portanto", concluiu Frederico, "estou constantemente avançando de país em país, de conquista em conquista, como Alexandre, o Grande, sempre procurando novos mundos para conquistar".[37] O tom podia ser irônico, mas completamente séria era a afirmativa de que só por aquisições o rei da Prússia poderia renascer das cinzas em que atualmente se escondia e assumir seu lugar na mesa das potências europeias.

Quando escreveu isso, Frederico não estava pensando na Silésia, mas os austríacos mais perceptivos podiam sentir o perigo. Depois de ler uma cópia das reflexões de Frederico, o general e estadista príncipe Eugênio observou que, embora os planos não estivessem exatamente desenhados, ele demonstrava "vigor e bom senso" e, com o tempo, se tornaria um vizinho perigoso, a não ser que pudesse ser dissuadido da forma atual de pensar.[38] Três anos depois, ele teve a oportunidade de confirmar essa impressão quando Frederico chegou a seu campo em Philippsburg, no sudoeste da Alemanha, para experimentar a guerra pessoalmente. O príncipe Eugênio ficou consternado ao ver que o príncipe herdeiro tinha "uma mente inteiramente francesa" e escreveu ao imperador que "há muito em jogo em conquistar esse jovem príncipe, que um dia será capaz de fazer mais amigos no mundo do que seu pai, e será capaz de fazer tanto mal quanto bem".[39] Depois de Frederico ter voltado à Prússia, o príncipe envelhecido escreveu a ele, exaltando as grandes qualidades que ele mostrara em seu período no *front* e regozijando-se nas coisas incríveis que podiam se esperar dele no futuro.[40] O objeto da bajulação não devolveu os elogios, comentando amargamente que o corpo do príncipe Eugênio "ainda estava lá, mas sua alma já tinha ido".[41]

Príncipe Eugênio estava errado. Frederico não tinha "uma mente inteiramente francesa". Ele tinha só as piores opiniões sobre Luís XV e seus ministros. Quando o secretário do Exterior Chauvelin foi dispensado em 1737, Frederico escreveu que também era honesto demais para sobreviver "em um ministério que consistia apenas de infelizes como o cardeal [Fleury], que merecem ser instrumentos de um rei tão torpe, estúpido e desprezível quanto Luís XV".[42] Mas, se ele desprezava os franceses, por sua vez odiava os austríacos, castigando seu "orgulho excessivo" a despeito da situação desastrosa.[43] Ele também estava impaciente para substituir a "perniciosa letargia" que tinha se abatido sobre a condução dos assuntos prussianos: "Infelizmente para nós, no século no qual vivemos, é melhor conduzir negociações do que declarar guerra. Do ponto de vista militar, estamos bem posicionados, mas nossa diplomacia não tem vigor".[44] Força era o necessário para cortar o nó górdio, especialmente na ferida aberta que era a disputa entre Jülich e Berg.

Era razoável que os austríacos esperassem alguma medida de gratidão de Frederico. Afinal, em 1730, Carlos VI tinha intervindo para pedir clemência quando parecia que Frederico Guilherme talvez impusesse a Frederico o mesmo destino de seu amigo Katte. Fora o embaixador Seckendorf que mantivera Frederico viável financeiramente durante os anos de 1730, pagando suas dívidas e dando repetidos presentes.[45] Ainda assim, todas essas benesses eram pouco diante do conhecimento de Frederico de que fora Seckendorf o principal manipulador por trás de seu casamento forçado com Isabel Cristina de

Brunsvique, que era não apenas a única candidata, mas também sobrinha da esposa de Carlos VI (também chamada Isabel Cristina e também originariamente de Brunsvique). Foi com muita satisfação que o embaixador francês La Chétardie reportou de Berlim, em 4 de novembro de 1732, que qualquer gratidão tinha sido sufocada pela história do casamento.[46]

Além disso, Seckendorf tinha sido amigo próximo de Frederico Guilherme desde que tinham feito campanha em Flanders durante a Guerra da Sucessão Espanhola e, portanto, estava indelevelmente associado à tirania deste. Ele tinha sido enviado a Berlim com o propósito expresso de manter a Prússia no campo imperial, o que se provou uma tarefa nada fácil. Frederico Guilherme oscilava imprevisivelmente entre a veneração aduladora do escritório imperial e os abusos caracteristicamente violentos do imperador como governante. Um comunicado de Carlos VI foi respondido de forma tão abrasiva que o príncipe Eugênio exclamou: "Se eu fosse o imperador e o rei da Prússia tivesse escrito uma carta dessas, certamente declararia guerra contra ele a não ser que recebesse satisfações".[47] Nos anos finais de seu reinado, Frederico Guilherme tinha se afastado definitivamente da Áustria, como resultado da duplicidade mostrada na questão de Jülich e Berg. Em 1733, ele ainda podia dizer a Seckendorf que sua devoção a Carlos VI era tal que o último teria de "chutá-lo com os próprios pés". Quatro anos depois, aconselhou o filho e herdeiro a nunca confiar nos austríacos – eles o elogiariam enquanto ele fosse útil e depois o largariam de imediato quando não fosse.[48] A esse respeito, Frederico se mostrou exatamente igual ao pai, indo na direção exata que este teria desejado.

O SISTEMA DE ESTADOS EUROPEU EM 1740

Decidir humilhar os austríacos por insultos e prejuízos passados era uma coisa, colocar isso em prática era outra bem diferente. Frederico estava ciente de que a Prússia ainda era "uma espécie de hermafrodita, muito mais um eleitorado que um reino".[49] Se fosse para estabelecer credenciais masculinas de forma inequívoca, precisaria mostrar ser capaz de ter um papel independente no sistema de Estados europeu. Até Frederico Guilherme, o Grande Eleitor, o mais vigoroso e bem-sucedido dos antecessores de Frederico, tinha se visto à mercê dos grandes poderes. Na Paz de Saint-Germain, em 1679, ele tinha sido forçado a devolver aos suecos todas as conquistas que fizera às custas deles durante os cinco anos anteriores de campanhas vitoriosas, simplesmente porque o aliado deles, Luís XIV, da França, tinha assim ordenado.*

Ele tinha tido a infelicidade de encontrar Luís XIV no auge de seu poder e prestígio, uma época em que um diplomata francês podia se vangloriar de que "não há cachorro que lata na Europa a não ser que nosso rei dê permissão".[50] Sessenta anos depois, os cães estavam uivando sem fazer referência alguma a Versalhes. Essa mudança sísmica se devia a um declínio da França que era ao mesmo tempo absoluto e relativo, e precisa ser explicado para podermos compreender a posição de Frederico em 1740. O longo reinado de Luís XIV, o mais duradouro da história europeia (1643-1715), tinha trazido substanciais aquisições de território, mas ao custo de graves danos estruturais. Era tão urgente a necessidade de financiar as guerras que dominavam cada década, que o ganho de curto prazo tinha sido comprado pelo preço de dores de longo prazo. Quando o velho rei morreu, o tesouro estava vazio, nem as obrigações mais prementes podiam ser cumpridas, impostos regulares tinham sido erodidos ou doados, e havia uma dívida acumulada de mais de um bilhão de *livres*.[51] O mestre de pedidos, Richer d'Aubé, lamentou "uma situação terrível [caracterizada por] imensas dívidas [...], uma população aleijada por impostos [...], números caindo [...] e o comércio menos abundante".[52]

Daquele ponto baixo, houve uma recuperação sustentada. Nenhum outro país na Europa dispunha de recursos naturais tão amplos e profundos, nenhum outro país era tão populoso. Mas todos os outros estavam se expandindo e, além disso, o faziam rapidamente. E o que era mais sério: o faziam no campo importantíssimo da população. Começando com a base relativamente alta de cerca de 20 milhões, a população francesa cresceu cerca de 30% durante o século XVIII – mas a maioria de seus rivais conseguiu dobrar essa taxa, ou mais que isso. Conforme o século passava, o que antes era uma supremacia demográfica francesa gradualmente desaparecia.[53] E o país também não estava aproveitando ao máximo o que tinha. O fracasso em desenvolver instituições financeiras eficazes, como um banco nacional; a contínua privatização da coleta de renda do Estado; e a venalidade onipresente garantiram a intensificação da afluência privada e da miséria pública. A corte em Versalhes, que tinha sido um instrumento tão eficaz de controle político e social durante seu breve apogeu sob seu criador, Luís XIV, agora era uma barreira disfuncional para a reforma.[54]

---

* Ver anteriormente, p. 12.

Como tantos outros impérios cuja luz estava (e está) se apagando, a França não conseguiu se adaptar. Durante os dois séculos anteriores ou mais, sua política externa fora baseada na hostilidade à Casa dos Habsburgo, primeiro o ramo espanhol e depois, o austríaco. Para se defender do cerco às posses dos Habsburgo na Espanha, no Sacro Império Romano e nos Países Baixos, os franceses buscaram formar uma "barreira oriental" (*barrière de l'est*) em alianças com Estados na periferia, que podiam desviar a ameaça: a Suécia, ao norte, a Polônia, ao leste, e o Império Otomano, ao sul e sudeste. Essa diplomacia de barreiras muitas vezes tinha funcionado bem, mais espetacularmente em 1630, quando Gustavo Adolfo da Suécia invadiu o norte da Alemanha para dar fim ao que parecia uma irresistível expansão Habsburgo. No início do século XVIII, porém, tanto a eficácia quanto a confiabilidade dos três aliados estavam começando a diminuir. Não apenas o cerco turco a Viena falhou em 1683, mas também o exército de liberação era comandado pelo rei polonês John Sobieski. A Grande Guerra do Norte de 1700-1721 terminou com a derrota decisiva da Suécia e a divisão de seu império báltico.

Os grandes beneficiários no curto prazo foram os Habsburgo austríacos. Durante os anos de 1690, o exército deles expulsou os turcos da Hungria. Na Guerra da Sucessão Espanhola (1701-14), eles podem não ter ganhado toda a herança de seus extintos primos espanhóis, mas conseguiram o controle de territórios ricos e estrategicamente vitais na Itália e no sul da Holanda (a maior parte do que hoje é a Bélgica). Outra guerra curta, mas bem-sucedida contra os turcos em 1716-19 empurrou a fronteira deles mais para dentro dos Balcãs, capturando Belgrado no processo. Como mostrariam os miseráveis anos de 1730, os austríacos acabaram dormindo sobre os louros do príncipe Eugênio, permitindo que tanto os franceses quanto os turcos se recuperassem e abrissem uma oportunidade para um inimigo ainda mais perigoso ao norte. Foi a Rússia que tirou a vantagem mais espetacular e, ao mesmo tempo, mais permanente da decadência do sistema de alianças francês. Ao destruir o exército sueco de Carlos XII em Poltava em 1709, Pedro, o Grande, garantiu que o mar Báltico oriental se tornasse um lago russo e a Polônia, um satélite russo. Quando a Grande Guerra do Norte finalmente acabou, com o Tratado de Nystad em agosto de 1721, a Rússia ganhou as províncias de Livônia, Estônia, Íngria e boa parte de Carélia. Não era exatamente a "janela para o Ocidente" que Pedro há muito buscava como panorama geral, mas confirmou que a Suécia tinha sido substituída pela Rússia como poder dominante no noroeste e leste da Europa.

Se soubessem que a Rússia tinha vindo para ficar, talvez os franceses tivessem reagido de outra forma. Mas ainda se tratava de *terra incognita*. Não fazia muito tempo que Luís XIV tinha endereçado uma carta ao czar Miguel I, sem saber que ele estava morto há doze anos.[55] A estrela do Oriente já havia brilhado em ocasiões do passado, mas só para mergulhar de volta na obscuridade moscovita. Quando Pedro, o Grande, visitou Paris em 1717, se ofereceu ao regente, o duque de Orleans, para ocupar o lugar dos tradicionais aliados da França. Disse ao conde de Tessé, ministro do governo destacado para cuidar dele durante sua estada:

> A França perdeu seus aliados na Alemanha; a Suécia, quase destruída, não pode ajudar; o poder do imperador cresceu infinitamente; e eu, o czar, venho oferecer-me à França para substituir a Suécia. [...] Desejo garantir seus tratados; ofereço minha aliança, junto à da Polônia. [...] Vejo que no futuro o enorme poder da Áustria deve alarmá-los; coloquem-me no lugar da Suécia.[56]

Nem o regente, nem qualquer outro ministro francês subsequente quiseram ouvir. Preferiram reforçar o velho sistema; de fato, a hostilidade à Rússia se tornou um axioma da política externa francesa quase tanto quanto a austrofobia. Uma afirmação simbólica de intenções veio em 1725, quando Luís XV, de quinze anos, casou-se com Marie Leszczyńska, filha do rei polonês exilado Stanislas Leszczyński, expulso de seu reino por Pedro, o Grande, depois de Poltava. A conexão polonesa continuou na geração seguinte, quando o filho deles, príncipe herdeiro da França, se casou em 1747 com Maria Josefa, filha de Augusto III, rei da Polônia e eleitor da Saxônia. Na Suécia, diplomatas franceses trabalhavam incansavelmente para tirar do poder os "Caps" em favor dos "Hats" pró-franceses e antirrussos, uma mudança que finalmente conseguiram em 1738.* Em Constantinopla, seus colegas cuidavam da integridade do Império Otomano, encorajando os turcos a resistir a invasões russas ao norte do mar Negro, supervisionando a modernização do exército e invervindo para negociar a paz de 1739.[57]

Como mostraram esses acontecimentos, a influência francesa no norte e leste da Europa ainda era forte. O país, porém, estava tendo de competir por recursos com uma dimensão colonial que só podia crescer em importância. Quando Luís XIV disse para Frederico Guilherme, o Grande Eleitor,

---

*   Caps e Hats (literalmente, Gorros e Chapéus) eram os antigos partidos suecos. [N.T.]

devolver suas conquistas à Suécia, ele também controlava Carlos II da Inglaterra. A Revolução Gloriosa de 1688 trouxe um fim abrupto a essa relação de mestre e escravo e também iniciou a "Segunda Guerra dos Cem Anos" entre França e Inglaterra, que só terminaria 127 anos depois, em Waterloo. Pelo Tratado de Utrecht, que acabou com o lado anglo-francês da Guerra da Sucessão Espanhola em 1713, os britânicos tinham ficado com território colonial suficiente para abrir seu apetite por mais. Eles agora controlavam toda a margem atlântica da América do Norte, com exceção da Flórida espanhola, e também possuíam um vasto trecho de território ao sul da baía de Hudson. No meio, estavam os franceses, cuja primeira expedição ao rio St. Lawrence tinha sido feita ainda em 1534 e que agora controlavam o vale do rio até os Grandes Lagos e além. Mais recentemente, os franceses também tinham fincado pé em territórios mais ao sul, na foz do Mississippi, chamando sua posse de "Louisiana", em homenagem a seu rei, e fundando Nova Orleans em 1718. Sua estratégia óbvia era ligar essas novas aquisições a suas antigas colônias no norte por meio dos vales dos rios Mississippi e Ohio. Foi no último que colidiram com colonos das colônias britânicas do litoral, atravessando o norte pelos Apalaches em busca de novas terras. Nos anos de 1730, ficou claro que a luta armada seria inevitável.[58] Ela também já estava acontecendo – desde 1739 – entre Inglaterra e Espanha, novamente por disputas coloniais.

Em resumo, quando Frederico chegou ao trono, foi confrontado com uma situação internacional muito fluida, na qual não havia um Estado dominante. Pelo menos, sua posição geopolítica significava que ele não tinha nem meios, nem oportunidade de se envolver em disputas fora da Europa. Também a seu favor havia o eclipse dos dois principais rivais da Prússia pelo domínio do norte da Alemanha: a Suécia e a Saxônia-Polônia. O primeiro ainda tinha a Pomerânia ocidental, incluindo a grande ilha em Rügen, mas, tendo perdido a maior parte de seu império báltico, já não tinha recursos demográficos, militares ou financeiros para permitir uma política independente. A Saxônia era bem diferente. Desde a eleição de Frederico Augusto como rei da Polônia em 1697, como Augusto II, havia um esforço contínuo de apresentar esse Estado composto como grande potência. Dresden tinha sido renovada, com a intenção de se transformar na Veneza do Norte, um entreposto político, econômico e cultural entre Oriente e Ocidente. O casamento do príncipe herdeiro saxão com uma arquiduquesa Habsburgo em 1719, e sua eleição como rei da Polônia como Augusto III em 1733, em sucessão a seu pai, abriram a possibilidade de elevar uma união pessoal e eletiva a algo permanente. Como vimos, a política de casamentos brilhantemente bem-sucedida de Augusto III é indicativa do prestígio e da ambição da dinastia Wettin.*

Como apontaram avidamente diversos historiadores polonófilos, não havia nada de inevitável na sequência de acontecimentos que dividiria o país e o tiraria do mapa da Europa antes do fim do século. Ele possuía muitos ativos impressionantes, incluindo seu tamanho. A "Comunidade Polonesa-Lituana" ou, mais apropriadamente, o "Reino da Polônia e Grande Ducado da Lituânia", era o maior país da Europa depois da Rússia, indo do mar Báltico quase até o mar Negro e incluindo todos ou parcela dos atuais países da Polônia, Lituânia, Letônia, Bielorrússia e Ucrânia. Menos de 80 quilômetros ao oeste ficava o eleitorado da Saxônia, muito menor em tamanho, porém muito mais rico em recursos, tanto humanos quanto materiais. Com setores prósperos de manufatura, comércio, agricultura e mineração e uma das mais altas taxas de alfabetização da Europa, a Saxônia era o principado mais avançado e próspero do Sacro Império Romano. Quando combinada com a quantidade polonesa, a qualidade saxã dava a seus reis-eleitores toda a esperança de dominar a região, incluindo a Prússia.

A história também fez isso parecer possível, ainda que improvável. Quando Alberto de Hohenzollern, que era metade polonês por parte de mãe, secularizou as terras dos Cavaleiros Teutônicos em 1525, foi à Cracóvia que ele se dirigiu para prestar homenagem ao rei da Polônia, recebendo em troca o ducado da Prússia como feudo polonês.[59] Era uma cerimônia realizada por cada duque sucessor, incluindo os eleitores de Brandemburgo depois de terem herdado o ducado em 1618. Foi só com a Paz de Oliva em 1660 que eles conquistaram a soberania e, assim, a independência da Polônia.[60] No Sacro Império Romano, o eleitor da Saxônia sempre tinha sido considerado mais importante que o eleitor de Brandemburgo. Sua dinastia era mais antiga (fim do século IX contra meados do século XI), seu território era mais extenso – pelo menos até 1648 – e muito mais rico, e sua posição como líder da união de príncipes protestantes, o *corpus evangelicorum*, era mais prestigiosa. Ainda que o seu título real fosse apenas eletivo, ele tinha sido obtido logo antes do de seu vizinho prussiano (1697 contra 1701).

---

* Ver anteriormente, p. 19.

Como vimos,* Augusto, o Forte, também tinha uma corte muito mais glamorosa do que o permitido por Frederico Guilherme I. Mas esse era o problema. Enquanto o primeiro estava gastando vastas somas em palácios, amantes, filhos ilegítimos, óperas e todo o resto da cultura da corte, para não mencionar os colossais subornos necessários para garantir as eleições polonesas, o último estava construindo seu exército e guardando dinheiro.[61] Como escreveu Frederico sobre seu pai, dessa forma, "ele caminhava silenciosamente na direção da grandeza".[62] Diz-se que Augusto teria falado a Frederico Guilherme: "Quando Vossa Majestade coleta um ducado, apenas o adiciona ao vosso tesouro, enquanto eu prefiro gastá-lo, para que me volte três vezes mais".[63] Essa abordagem de taxar-e-gastar ao crescimento econômico também pode ter sido apoiada pela parábola do talento, mas criou problemas para seu sucessor quando este foi confrontado com a crise que se seguiu à morte de Carlos VI. No início do século XVIII, o exército saxão se equiparava ao prussiano em termos de tamanho, mas, em 1740, ele tinha encolhido relativamente, para menos de um terço.[64] Qualquer sentimento de gratidão pela ajuda austríaca na eleição polonesa de 1733 foi destruído pela recusa de Carlos VI em apoiar as reivindicações saxãs à herança de Jülich e Berg.[65] Como uma olhada no mapa mostrará, de todos os possíveis predadores circulando a herança de Maria Teresa em 1740, a Saxônia tinha mais a ganhar, pois era a Silésia, província dos Habsburgo, que separava o eleitorado do Reino da Polônia. Sua aquisição teria formado um bloco inquebrável de território espalhado do rio Weser, no oeste, ao Dnieper, no leste. Mais especificamente, a Silésia era uma importante fonte de matéria-prima para as indústrias manufatureiras da Saxônia, e o principal mercado para o sal saxão.[66]

Em resumo, a Saxônia certamente tinha potencial para ser aliada e rival de Frederico. O mesmo podia-se dizer sobre o outro grande príncipe germânico envolvido, Carlos Alberto, eleitor da Baviera. Mais uma vez, o conhecimento de que foi a Prússia a sair triunfante não deve obscurecer a possibilidade, na época, de que o resultado fosse muito diferente. A dinastia Wittelsbach governava não apenas a Baviera, mas também o eleitorado do Palatinado, o eleitorado de Colônia e o ducado de Zweibrücken, junto a uma série de outros principados-bispados cujos recursos coletivos eram consideráveis: Münster, Hildesheim, Paderborn e Osnabrück. Esse complexo eclesiástico tinha sido reunido pelo irmão mais novo de Carlos Alberto, Cle-

---

* Ver anteriormente, pp. 18-20.

mente Augusto da Baviera. Os Wittelsbach deixaram um legado arquitetônico que fazia sombra até ao dos Wettin na Saxônia: Nymphenburg, Schleissheim, Mannheim, Brühl e Poppelsdorf, só para mencionar alguns dos castelos mais grandiosos. Dentro dessas molduras douradas, uma cultura de corte se desenvolveu, sem poupar gastos, mas incorrendo em muitas dívidas. As celebrações do casamento de Carlos Alberto com a arquiduquesa Habsburgo Maria Amália, em 1722, duraram três semanas e custaram 4 milhões de florins, o equivalente à renda de um ano.[67] No fim dos anos de 1730, as finanças bávaras estavam num estado tão periclitante que o exército foi posto à disposição de Carlos VI para a guerra turca, só para colocá-lo na folha de pagamentos imperial. Em troca, dizimado pelas campanhas fracassadas, ele só tinha 10 mil homens em 1740.[68]

Mas nem a insolvência, tampouco a impotência militar podia restringir a ambição dos Wittelsbach, alimentada por um sentimento frustrado de não cumprir com as expectativas. Apesar de todos os enormes gastos para desfilar seu esplendor durante as duas ou três gerações anteriores, a dinastia ainda estava ancorada no segundo escalão de governantes europeus. Enquanto os Gelph de Hanôver, os Wettin da Saxônia e os Hohenzollern da Prússia tinham garantido títulos reais, o eleitor da Baviera ainda era apenas isso. Mas, com a morte de Carlos VI em 1740, surgiu uma maravilhosa oportunidade de passar por cima de seus rivais e assegurar a eleição ao que ainda era considerado o título mais prestigioso da Europa: Sacro Imperador Romano. Não era tão fantasioso quanto soava. Afinal, houvera dois imperadores Wittelsbach no passado, Ludwig da Baviera (1314-47) e Ruprecht do Palatinato (1400-1410). Havia também uma reivindicação legal a ser feita: os bávaros afirmavam que um tratado de 1546 tinha estipulado que se a linhagem masculina da dinastia Habsburgo falhasse, a herança passaria aos Wittelsbach. Infelizmente, quando o documento em si foi retirado dos arquivos de Viena, viu-se que ele restringia a sucessão não a herdeiros "masculinos", mas a herdeiros "legítimos" (embora, é claro, os bávaros tenham alegado que se tratava de uma falsificação).[69] Mais crucial era o fato de que Carlos Alberto conseguiu o apoio da França. Havia uma longa tradição de cooperação franco-bávara, baseada na fundação segura da hostilidade mútua em relação à Áustria. Na Guerra da Sucessão Espanhola, essa aliança tinha levado ao desastre em Blenheim em 1704, depois do qual o pai de Carlos Alberto, o eleitor Max Emmanuel, passou dez anos exilado. No fim, um destino similar aguardava esta última iniciativa conjunta.

O processo se mostrou lento. A reação inicial de Luís XV ao ficar sabendo da morte de Carlos VI tinha sido inteiramente passiva: "Não desejo envolver-me em nada disso", disse ele. "Manterei minhas mãos nos bolsos, a não ser que haja uma tentativa de eleger um protestante como imperador."[70] Quando recebeu a notícia de que Frederico tinha invadido a Silésia, ele exclamou: "Ele é um lunático, o homem é louco".[71] Tal inércia era muito apreciada por seu idoso ministro-chefe, o cardeal Fleury, mas não pelos jovens em Versalhes que ansiavam por uma guerra continental na qual pudessem deixar sua marca. Seu líder era o conde de Belle-Isle, autonomeado executor da Providência para completar o trabalho de Richelieu e destruir a Casa dos Habsburgo de uma vez por todas.[72] Tipicamente, o rei escolheu dar algo a cada parte. Os austríacos ouviram que a Sanção Pragmática seria respeitada, para que a Monarquia Habsburgo pudesse passar a Maria Teresa, mas também foi decidido apoiar a candidatura do eleitor da Baviera a imperador, em vez da do marido de Maria Teresa, Francisco Estêvão. Promovido a marechal da França, Belle-Isle foi enviado a Frankfurt am Main para supervisionar a eleição imperial.[73]

Fleury provou ser mais sensato em relação aos dois polos oponentes entre os quais o indeciso Luís XV deslizava, pois seu campo de visão era amplo o suficiente para acomodar as implicações globais de uma política prospectiva para o continente. Com a Espanha em guerra contra a Inglaterra desde o verão de 1739, e os conflitos informais entre colonizadores britânicos e franceses na América do Norte aumentando, a guerra aberta em alto-mar e do outro lado do oceano podia ser só uma questão de tempo. Em agosto de 1739, o duque de Newcastle escreveu: "Damos por certo que a França se juntará à Espanha, e que seremos atacados em casa".[74] Em setembro de 1740, um esquadrão francês velejou às Índias Ocidentais para avisar a Marinha Real para não atacar colônias espanholas na região.[75] Na ocasião, a prudência de Fleury foi desconsiderada. Muito antes de ele morrer em janeiro de 1743, os abutres o tinham colocado de lado em Versalhes.

Na outra ponta da Europa, um tipo diferente de manobra estava sendo realizada, por conta de outra morte, naquele ano de fatalidades reais. Dessa vez, era a czarina Anna, da Rússia, falecida em 17 de outubro, ou, em outras palavras, três dias antes de Carlos VI, embora a notícia tenha levado mais tempo para chegar à Europa ocidental. Como a Rússia ainda não tinha conseguido sucesso em estabelecer um processo ordenado quando havia uma morte imperial, era provável haver um período extenso de instabilidade em casa e de impotência exterior. Isso foi garantido pela escolha do sucessor da czarina morta – o filho de dois meses de sua sobrinha Anna Leopoldovna. Seguiu-se, previsivelmente, uma luta pelo poder. A escolha da falecida czarina para regente, seu amante Biron, duque da Curlândia, entrou em conflito com oficiais seniores e o importante regimento da Guarda em São Petersburgo e, em 21 de novembro, foi removido por um golpe engendrado por dois militares experientes: o marechal de campo Burkhard Christoph von Münnich e o almirante Johann Heinrich Ostermann. Eram eles que detinham o verdadeiro poder, com Anna Leopoldovna e seu marido, o príncipe Anton Ulrich de Brunsvique, como regentes nominais.[76] Tudo isso eram boas notícias para Frederico, já que Anton Ulrich era seu cunhado e Münnich guardava um sentimento de traição pelos austríacos, que tinham negociado os frutos das vitórias que ele conseguira contra os turcos.[77] Sem deixar nada ao acaso, Frederico mandou cartas elogiosas a Münnich, assinadas "seu muito leal amigo", e autorizou que seu representante na corte de São Petersburgo, Mardefeld, oferecesse a Münnich um suborno substancial em troca de auxílio.[78] No fim, não demoraria muito para que a volátil luta entre facções russas desse outra guinada, esta muito menos favorável, mas, por enquanto, não havia ameaça vinda dali. Foi a morte da czarina, escreveu Frederico em *The History of My Own Times*, que acabou determinando sua decisão de invadir a Silésia, pois, durante a minoridade do infante Ivan, os legisladores russos estariam preocupados demais em manter a estabilidade em casa para pensar em apoiar a Sanção Pragmática no exterior.[79]

A PRIMEIRA GUERRA SILESIANA 1740-42

Em resumo, com o outono de 1740 dando lugar ao inverno, Frederico estava em uma posição excepcionalmente favorável. Ainda que não tivesse aliados para apoiá-lo, pelo menos tinha liberdade para agir. As três potências ocidentais estavam distraídas por conflitos atuais ou iminentes, a única grande potência no Oeste estava imobilizada por rebeliões domésticas. Seu alvo, a Monarquia Habsburgo, nunca tinha estado mais fraca. Mas quanto tempo essa feliz constelação duraria? Se a lua entrasse numa fase diferente, a oportunidade de aproveitar a maré alta nos assuntos dos homens poderia passar, e todas as cargas seriam perdidas. Frederico notoriamente desprezava Shakespeare, de quem essa paráfrase é retirada, mas sabia tudo sobre Júlio

César, como demonstrado na referência a "cruzar o Rubicão" citada na primeira frase deste capítulo.* Em uma carta a seu ministro Podewils em 1º de novembro, ele revelou ter a forte sensação de estar diante de uma oportunidade: "Estou dando-lhe um problema para resolver. Quando se está em uma situação favorável, deve-se tirar proveito disso ou não? Estou pronto com minhas tropas e todo o resto; se não aproveitar, terei em mãos um ativo que não entendo como usar; se aproveitar, dirão que sei como fazer a superioridade de que disfruto em relação a meus vizinhos trabalhar a meu favor".[80]

Em uma reunião com Frederico e o marechal de campo Schwerin, em Rheinsberg três dias antes, Podewils pedira calma. Ele propôs negociação. Em troca da Silésia, Maria Teresa deveria oferecer apoio militar para reter suas outras posses, o voto de Frederico para seu marido como imperador, a renúncia das reivindicações prussianas por Jülich e Berg, além do pagamento de 2 milhões de táleres em dinheiro.[81] Frederico não queria ouvir falar de nada disso. Justificando sua insistência na ação direta imediata, ele também revelou um motivo que nem sempre recebia o devido peso: "Se esperarmos a Saxônia e a Baviera começarem as hostilidades [contra a Áustria], não seremos capazes de evitar o engrandecimento saxão, e isso é absolutamente contra nossos interesses. [...] Mas, se agirmos agora, manteremos os saxões por baixo e, evitando que eles adquiram um suprimento de cavalos, tornaremos impossível que empreendam qualquer coisa".[82] Em meio a todas as viradas que se deram nos anos seguintes, Frederico sempre manteve um olho – e muitas vezes, os dois – na competição de outros príncipes germânicos, especialmente da Saxônia. No início de novembro, ele ficou sabendo que a Baviera tinha feito reivindicações, em Viena, sobre a herança de Habsburgo, e logo depois o representante saxão disse a Podewils que seu mestre seria obrigado a seguir o exemplo bávaro.[83] Era cautela temperada com desprezo, pois ele estava convencido de que a Saxônia era tão mal preparada para a guerra que podia ser eliminada ao primeiro sinal de resistência.[84]

As décadas de trabalho preparatório de Frederico Guilherme I e sua equipe, mais notoriamente o príncipe Leopoldo de Anhalt-Dessau, conhecido

---

* Ver anteriormente, p. 69. A passagem é do Ato IV, cena 3 de *Júlio César*: "Existe uma maré nos assuntos dos homens, que, tomada na cheia, traz fortuna; / Se perdida, a viagem dessa vida / Será só de baixos e misérias. / Nós flutuamos num tal mar em cheia, / E vamos co'a corrente cheia, / Ou perderemos a carga" [tradução original de Bárbara Heliodora em *Teatro completo vol. 1 – Tragédias e comédias sombrias*. Rio de Janeiro: Nova Aguilar, 2006]. Sobre as visões de Frederico sobre Shakespeare, ver adiante, p. 328.

como "o Velho Dessauer", agora estavam dando frutos. Outros exércitos europeus levaram meses para se mobilizar – os russos podiam levar um ano ou mais –, mas Frederico conseguiu colocar um exército em campo em apenas algumas semanas. Em 26 de outubro, ele ficou sabendo da morte do imperador; em 7 de novembro, ordenou que os regimentos ficassem prontos; em 2 de dezembro, voltou de Berlim a Rheinsberg; em 8 de dezembro, os hussardos e os regimentos de Kleist e Sydow marcharam; ele próprio deixou sua capital em 13 de dezembro; e, quase três dias depois, liderou seu exército na travessia da fronteira silesiana perto de Krossen, no rio Oder.[85] Como os austríacos só tinham 3 mil infantarias e 600 cavalarias em toda a província, o que se seguiu foi menos uma conquista e mais uma ocupação.[86] O exército prussiano foi dividido em duas colunas, uma sob comando de Frederico tomando uma rota ao leste pelo vale do Oder, e a outra mais para o oeste sob as rédeas do conde Schwerin. No início de janeiro de 1741, Frederico alcançou a capital silesiana, Breslau; em 17 de janeiro, ele pôde dizer, numa carta a Algarotti, que a província toda era dele. Apenas as fortalezas de Glogau, Glatz, Neisse e Brieg permaneciam em mãos austríacas. A coisa toda, ele se vangloriou, só tinha custado as vidas de vinte soldados e dois oficiais.[87]

Frederico estava num humor radiante. No último dia do ano, ele escreveu a Podewils: "És o charlatão mais esperto do mundo, e sou o mais feliz filho do destino, nossos nomes nunca serão esquecidos pela posteridade".[88] Uma semana depois, ele anunciou que estava saindo para demonstrar às outras cortes europeias que, longe de ser utópico, seu projeto teria uma conclusão triunfante, da maneira mais gloriosa já vista pelo mundo.[89] Seu excesso de confiança era compreensível. Ele agora tinha 28 anos de idade. Fora a campanha desordenada no Reno em 1734, ele nunca tivera a oportunidade de se provar na mais real das ocupações reais: a guerra. Agora, via-se encabeçando um exército grande, maravilhosamente equipado e bem-disciplinado, varrendo o território inimigo em direção ao "encontro com a glória" que ele tinha dito a esse exército ser o seu destino.[90] Estava fazendo algo que seu pai, que ele meio detestava, meio admirava, e totalmente temia, nunca fizera. E o comando era todo seu. Em 2 de dezembro, ele tinha dito ao Velho Dessauer que, para essa primeira campanha, seus serviços não seriam necessários: "O mundo não deve pensar que o Rei está marchando para a guerra acompanhado de seu tutor".[91] Como isso implica, apesar de toda a sua análise racional sobre as vantagens de conquistar a Silésia, o motivo primordial de Frederico era pessoal. Ao chegar à Silésia, ele escreveu a Voltaire para narrar as privações da campanha, adicionando que alegremente as passaria a outro "se esse fantasma chamado glória não me aparecesse com tanta frequência. Na verdade, é uma insensatez, mas uma insensatez da qual é muito difícil de se livrar uma vez que nos encantamos por ela".[92] Dois meses depois, ele confessou a seu amigo Charles-Étienne Jordan: "Amo a guerra pela glória".[93] Mesmo quando escreveu sua história de guerra para consumo público, ele admitiu mais de uma vez que a busca pela glória tinha sido um dos objetivos principais.[94] Às vezes, ele associava seu Estado ou até sua dinastia a esse exercício, mas, na essência, era um desejo apenas pessoal.[95] Tratava-se de uma característica indiscreta demais para não ser notada – pelo embaixador francês Tyrconnell, por exemplo, que disse à sua corte que Frederico era motivado por seu "amor pela grandeza, pela glória e especialmente por qualquer coisa capaz de melhorar sua reputação entre nações estrangeiras".[96]

Ao excluí-lo, Frederico tinha feito ao Velho Dessauer o elogio de acrescentar que seus serviços seriam muito necessários em 1741, quando a verdadeira guerra começasse. Sua esperança de que os austríacos pudessem concordar em ceder a Silésia sem lutar era fundada numa subestimação tanto dos recursos deles quanto da resolução de Maria Teresa. A reação em Viena sobre a invasão de Frederico foi uma mistura de horror, luto, raiva e determinação em resistir. Quando a campanha começou, em 1741, os prussianos conseguiram um sucesso precoce e importante quando a fortaleza de Glogau foi tomada de assalto em 9 de março, mas, nesse ponto, as tropas de infantaria leve já estavam começando a atacar postos avançados prussianos. No fim do mês, o exército principal de cerca de 16 mil soldados, comandado pelo general conde Wilhelm von Neipperg, cruzou da Silésia para a Morávia, retomou a fortaleza cercada de Neisse em 5 de abril e avançou para o norte em direção a Breslau. Pego no meio de um cochilo, Frederico teve de correr numa busca incessantemente atrapalhada pelos onipresentes hussardos austríacos.[97] Nenhum dos combatentes tinha a mais vaga ideia de onde estava o outro, e os dias seguintes deram um bom retrato da observação de Clausewitz de que a falibilidade de todas as informações significava que "a ação acontece em uma espécie de crepúsculo que, como a neblina ou a luz do luar, frequentemente tende a fazer as coisas parecerem mais grotescas e maiores do que realmente são".[98]

Quando as névoas se abriram, tanto metafórica quanto literalmente, perto da aldeia de Mollwitz próximo de Brieg, na manhã de 10 de abril, foi Fre-

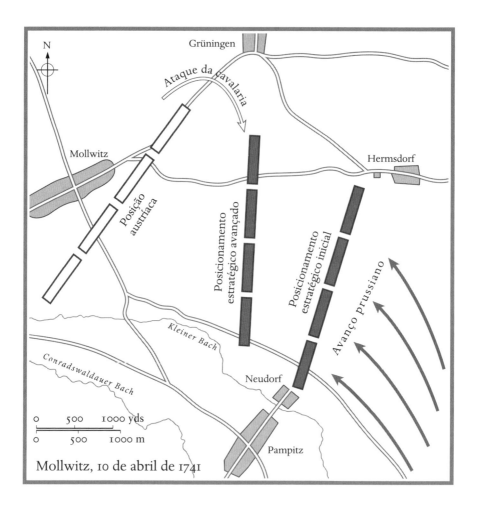

derico quem conseguiu a surpresa tática, com a ajuda de relatos de inteligência de prisioneiros austríacos de guerra e de camponeses protestantes solidários à causa. Ele, então, jogou fora sua vantagem e mostrou sua inexperiência ao levar mais de uma hora e meia para fazer seu posicionamento estratégico, seguindo todas as regras. Só à uma e meia da tarde o bombardeio da artilharia prussiana começou. O que se seguiu foi uma competição para estabelecer se, no fim, venceria a superior cavalaria austríaca ou a superior infantaria prussiana. No início, os primeiros tinham a vantagem, espalhando-se pela direita prussiana. Todos os relatos concordam que o próprio Frederico mostrou grande coragem pessoal tentando resgatar a situação, tanto que seu segundo em comando, Schwerin, chegou a temer pela vida do rei e implorou que ele saísse do campo de batalha para buscar um local seguro. Se o consentimento dele foi o mesmo que uma fuga, como alegaram os austríacos – e seus historiadores *a posteriori* –, não está claro. O que não se contesta é que o veterano Schwerin então pôde se concentrar em vencer a batalha, enviando sua infantaria para o centro. Esse avanço decisivo foi descrito por um oficial austríaco em um relato escrito quatro dias depois da batalha:

> O exército inimigo agora avançava por todos os lados. Como tivessem uma superioridade numérica de até 3 mil homens e houvesse um forte corpo de reserva situado atrás das duas linhas, eles nos sobrepujaram nos dois flancos. Posso dizer seguramente que nunca na vida vi algo mais perfeito. Eles marcharam em frente com grande firmeza, retos como uma flecha, como se estivessem no campo de paradas. Suas armas polidas brilhando à luz do sol causaram uma impressão incrível, e suas saraivadas eram como um constante rufar de trovões. Nosso exército ficou completamente desmoralizado; nossa infantaria não conseguia mais se segurar em suas fileiras e nossa cavalaria já não tinha desejo de ficar em formação contra o inimigo.[99]

Como observou Clausewitz, nesse avanço, a infantaria prussiana conseguiu "um nível de perfeição no uso do poder de fogo que ainda não foi superado".[100] Com seu exército se despedaçando, Neipperg ordenou a retirada. Às cinco da tarde, Schwerin conseguiu mandar um mensageiro para encontrar o rei e anunciar a vitória. Desimpedidos pela fraca e desordenada operação prussiana, os austríacos voltaram para Neisse.[101]

Foi só na manhã seguinte que Frederico conseguiu ser localizado e ficou sabendo de seu bom resultado. Ele tinha passado uma noite aventurosa cavalgando pelo interior silesiano em busca de um esconderijo seguro, uma odisseia de 50 quilômetros que incluiu quase ser capturado pelos hussardos austríacos. O humor dele não devia estar exultante. Com sua inexperiência, ele tinha jogado fora a inestimável vantagem da surpresa e, com ela, a chance de uma vitória rápida, total e barata, infligindo a seu exército, em vez disso, uma batalha assassina que matou cerca de 1.500 homens em campo e feriu provavelmente o dobro desse número, muitos dos quais sucumbiram depois ao sempre presente risco da gangrena. As fatalidades austríacas eram da mesma ordem.[102] O relato da batalha enviado por Frederico a seus ministros em Berlim dois dias depois era bastante diferente: "Após uma violenta batalha de quatro horas, o exército do marechal de campo von Neipperg, apesar de ter 6 mil homens a mais e três vezes a minha cavalaria, foi totalmente colocado para correr e forçado a bater em retirada para Neisse".[103] Não houve menção a Schwerin ou à sua própria saída prematura do campo de batalha. Ele também não mencionou esse fato em cartas para pessoas íntimas como Jordan, Algarotti ou Guilhermina.[104] Agora, seria a vitória de Frederico a ser anunciada a outras cortes europeias.

Ele foi menos triunfalista em uma carta escrita uma semana depois a seu irmão Augusto Guilherme: "Derrotamos o inimigo, mas todos estão chorando, um pelo irmão perdido, outro por um amigo perdido. Em resumo, somos os vitoriosos mais deprimentes que se pode imaginar. Que Deus nos proteja de uma segunda batalha tão sangrenta quanto Mollwitz! Meu coração sangra quando penso nisso".[105] Mas mesmo assim, ele não conseguiu se forçar a dar os créditos a quem os merecia. Em 1754, durante manobras militares, admitiu ao conde de Gisors que era um absoluto novato em Mollwitz e podia ter perdido se não fosse Schwerin, que o tinha salvado de seus erros.[106] No relato da batalha que escreveu para a posteridade, esboçado pela primeira vez em 1742, revisado em 1745 e depois em 1775, mas só publicado após sua morte, Frederico é mais autocrítico. Ele confessa que devia ter concentrado suas forças mais cedo, que em Mollwitz tinha perdido duas horas para posicionar seu exército que, ao não atacar de uma vez, tinha desperdiçado a oportunidade de conseguir uma segunda Blenheim e que só tinha sido salvo pelo valor e pela disciplina da infantaria prussiana. Por outro lado, ele admite apenas que Schwerin era "um homem capaz e um general experiente" e mais uma vez não menciona que ele é quem estava no comando durante a fase crucial da batalha.[107]

"Mollwitz educou o rei e seu exército: este príncipe refletiu profundamente sobre todos os erros que cometeu e subsequentemente tentou corrigi-los", escreveu Frederico na mesma passagem, referindo-se a si mesmo na terceira pessoa (como fizera Júlio César em suas histórias). Uma lição aprendida era que os austríacos eram uma força a ser levada a sério. Na visão de Clausewitz, Frederico tinha perdido uma chance ao não seguir sua vitória com um outro ataque.[108] Esse respiro permitiu que os austríacos batessem em retirada para o sul para lamber suas feridas. Eles claramente estavam descansando, não morrendo, e logo receberiam reforços quando a máquina de guerra enferrujada da Monarquia Habsburgo fosse colocada em primeira marcha. No curto prazo, a vitória em Mollwitz permitiu que a fortaleza próxima de Brieg, no rio Oder, fosse atacada, cercada e capturada em 4 de maio, enquanto o principal exército prussiano se recuperava em campos fortificados na própria Mollwitz e em Grottkay, na estrada para Neisse.[109] Uma noção do estado de preparação dos austríacos pode ser tirada do fato de que, em Brieg, a única artilharia era feita de couro e tinha sido "abandonada ali pelos suecos 99 anos antes. Dizia-se que tinha ficado carregada esse tempo todo. O capitão de guarnição de artilharia não queria disparar, mas um artilheiro tocou na arma e ela disparou sem querer, explodiu e feriu doze pessoas".[110]

Quase não é necessário adicionar que a notícia de Mollwitz causou uma sensação na Europa. Luís XV não foi o único a pensar que a audácia de Frederico em invadir a Silésia era uma insanidade. Se os prussianos invariavelmente subestimavam os austríacos, os europeus invariavelmente subestimavam os prussianos. Como nas últimas guerras entre os dois, observadores tanto bem quanto mal informados esperavam que o peso superior da Monarquia Habsburgo fosse decisivo. Portanto, o impacto da batalha foi desproporcional ao número de envolvidos. Como escreveu o próprio Frederico: "[10 de abril] foi um dos dias mais grandiosos do século, pois dois pequenos exércitos decidiram o destino da Silésia, e os soldados do rei adquiriram uma reputação que nem o tempo, nem a inveja poderiam tirar deles".[111]

No curto prazo, Mollwitz precipitou uma cadeia de acontecimentos que deflagraria a Guerra da Sucessão Austríaca no mundo. Se os austríacos tivessem ganhado e expulsado Frederico da Silésia, podiam muito bem ter impedido outros predadores em potencial. Na ocasião, a divulgação de sua fragilidade trouxe um bando de abutres para cima deles. Carlyle usou uma metáfora mineral, identificando Mollwitz como uma pedrinha solta que precipitou a avalanche, "batendo em outras pedras grandes e pequenas, que por sua vez também bateram em outras saltando e rolando – até que toda a encosta da montanha estivesse em movimento sob a lei da gravidade".[112] O maior pedregulho era a França. Graças a vitórias militares e diplomáticas nos anos de 1730 – e à inação ou aos fracassos de seus rivais –, a França agora era novamente o poder dominante do sistema de Estados europeu, embora isso fosse se mostrar ser a última fagulha de uma brasa.[113] Com a vantagem da visão retrospectiva, podemos notar que 1740-41 representou um auge do poder francês que nunca mais seria alcançado sob o novo regime.

O que se seguiu foi um prolongado período de atividade diplomática, tão intenso quanto qualquer episódio anterior da história europeia. Para aqueles que gostam dos socos no ar, das traições e das barganhas envolvidas, os acontecimentos podem ser seguidos diariamente em uma série de documentos disponíveis. Felizmente para este biógrafo de Frederico, é possível explicar o essencial de forma rápida. Segurar-se firme no redemoinho de acontecimentos a seu redor era o objetivo de guerra dos três combatentes principais. A Áustria queria recuperar a Silésia e defender a integridade do resto da Monarquia Habsburgo. A Prússia queria que sua conquista silesiana fosse reconhecida internacionalmente. Os objetivos da França eram bem mais complexos. No topo da lista, estava evitar a eleição do marido de Maria Teresa, Francisco Estevão, a Sacro Imperador Romano, pois isso teria ameaçado a aquisição francesa do ducado de Lorena, que pertencia a ele.* Os falcões franceses, porém, cada vez mais dominantes e liderados por Belle-Isle, queriam ir além e reduzir o antigo inimigo a um *status* permanente no segundo escalão. Isso seria acompanhado de uma divisão da Monarquia de Habsburgo entre os três principais reivindicantes. Embora houvesse diversas variações sobre o tema principal, acabou-se finalmente por concordar com um tratado assinado em Frankfurt am Main em 19 de setembro de 1741, que dizia que a Boêmia e parte da Alta Áustria deveriam ir para a Baviera, juntamente com o título imperial; a Morávia e partes da Alta Áustria e da Baixa Áustria deveriam ir para a Saxônia, juntamente com um título real, e o resto da Silésia, para a Prússia.[114] Maria Teresa ficaria como rainha da Hungria, um reino cuja corpulência não compensava a falta de musculatura. Em outras palavras, a Europa Central seria dividida em quatro Estados de tamanho mais ou menos igual, permitindo, assim, que a França mantivesse a aliança. Era o plano de Napoleão para a Europa Central sessenta anos antes.

Infelizmente para os visionários de Versalhes, eles não tinham Bonaparte para comandar seus exércitos. Nem foram confrontados pelos fantoches dóceis que o imperador Napoleão intimidava tão cruelmente. O eleitor Carlos Alberto da Baviera e o rei Augusto III da Saxônia-Polônia eram os mais frágeis de suas respectivas casas,[115] mas Frederico e Maria Teresa eram mais duros que seus desafortunados sucessores. Frederico estava ansioso para receber a assistência dos franceses, mas só segundo seus próprios termos. A Baviera e a Saxônia eram consideradas rivais, mais do que aliadas. Como es-

---

* Segundo o Tratado de Viena em 1738, que acabou com a Guerra da Sucessão Polonesa, a Lorena havia sido cedida a Francisco Estevão pelo sogro de Luís XV, o ex-rei Stanislau da Polônia. Com sua morte, ela passaria à França.

creveu em *The History of My Own Times*, o plano de divisão francês era exatamente contrário a seus interesses: "Se o rei tivesse se permitido tornar instrumento servil da política francesa, teria criado para si uma opressão e teria feito tudo pela França e nada para si". O sucesso dessa empreitada conjunta teria dado a Luís XV hegemonia sobre a Europa e transformado a Prússia de aliada em vassala.[116] Frederico claramente tinha interesse em salvar Maria Teresa da derrota total nas mãos da coalizão criada por Belle-Isle. Uma cessão voluntária da Silésia teria sido melhor para Frederico. Então, quando Belle-Isle veio ao campo dele em Mollwitz no fim de abril de 1741 buscando uma aliança, Frederico o mandou de volta de mãos vazias, o que irritou muito o francês. Foi só quando uma enfática rejeição das negociações chegou de Viena um mês depois que Frederico sucumbiu à abordagem francesa. Um tratado foi assinado em Breslau em 4 de junho.[117] Ainda assim, Frederico teve o cuidado de explicitar quase com grosseria que a aliança dependia de os franceses manterem sua parte do acordo. De seu campo em Grottkau em 6 de junho, ele escreveu a Belle-Isle que aguardava "com toda a paixão e impaciência imagináveis" o despacho de duas tropas de soldados, uma para ajudá-lo e o outra para invadir a Boêmia, sem esquecer da aliança com a Suécia para manter os russos longe do flanco leste exposto de Frederico.[118]

Para além de controlar Breslau em 4 de agosto, ele permaneceu passivo durante o verão de 1741, usando seu tempo para compreender as falhas expostas em Mollwitz. Levantando às quatro da manhã, ele começava o dia com uma inspeção de busca, impondo a seus oficiais um regime tão rigoroso que muitos pediram para ser dispensados. Uma testemunha adequadamente impressionada foi Belle-Isle, que descreveu Frederico treinando pessoalmente um batalhão de guardas: "O clima estava horrível e a neve caía em grandes flocos, o que não evitou que o batalhão se exercitasse como se fosse um lindo dia. Antes de vir, eu tinha alguma ideia da disciplina, obediência e exatidão do exército, mas devo dizer que eles foram levados a tal ponto que eu não estava preparado para a realidade".[119] Foi dada especial atenção ao braço com o pior desempenho na batalha: a cavalaria. Em maio, o emissário francês, o marquês de Valori, tinha descoberto que os cavalos estavam desnutridos, e os cavaleiros, mal treinados. No fim de julho, ele ficou muito impressionado pelos 62 esquadrões bem treinados, bem equipados e bem montados que Frederico desfilou pelo campo em Strehlen.[120] Não pela última vez, os benefícios da "unidade de comando", ou seja, a combinação de autoridade civil e militar suprema em um indivíduo, ficavam aparentes. Reforços continuaram chegando, de modo que, no fim do ano, o número total de combatentes prussianos na Silésia tinha subido para 117.600.[121]

Uma nova fase da guerra começou quando os exércitos franceses cruzaram o Reno em agosto de 1741. Tecnicamente, eram apenas uma força auxiliar enviada para apoiar as reivindicações do eleitor da Baviera. Na realidade, todos sabiam que tinha começado o que se pretendia ser a última batalha na luta secular entre as casas Valois-Bourbon e Habsburgo. Como na maioria das coalizões, as divisões logo se tornaram aparentes. Frederico queria que a força franco-bávara marchasse direto pelo vale do Danúbio até Viena. Isso teria forçado os austríacos a retirar suas últimas tropas da Silésia, deixando Frederico com o controle completo da província. Belle-Isle, porém, queria se concentrar na conquista da Boêmia, que teria permitido que Carlos Alberto fosse coroado ali como rei. Isso, por sua vez, daria a ele o voto adicional boêmio e tornaria certa sua eleição como Sacro Imperador Romano.[122]

No começo, o exército franco-bávaro tomou a rota do Danúbio, avançando para Linz em meados de setembro. Com Viena agora ameaçada, Maria Teresa teve de engolir o orgulho e fazer um acordo com Frederico. Ele estava receptivo porque sua tentativa de tomar Neisse com uma ousada manobra de flanqueamento tinha acabado de fracassar.[123] Em 9 de outubro, encontrou-se com Neipperg em Klein-Schnellendorf, um castelo perto do rio Neisse que pertencia ao príncipe austríaco Starhemberg, após elaboradas precauções para garantir que ninguém – especialmente o emissário francês Valori – soubesse para onde ele estava indo ou o que estava fazendo. A convenção assinada naquele dia foi, na realidade, uma trégua. Frederico pararia as operações militares, os austríacos abandonariam a fortaleza de Neisse depois de um cerco fingido e bateriam em retirada para a Morávia. No acordo de paz a ser negociado, Maria Teresa cederia a Baixa Silésia (no norte) até, e incluindo, Neisse.[124] Esta foi devidamente entregue em 2 de novembro, embora não antes de o cerco de mentira ter causado uma série de vítimas e infligido um prejuízo material considerável.

As tropas liberadas para os austríacos eram muito necessárias. Em 21 de outubro, o exército franco-bávaro tinha chegado a St. Pölten, a apenas 60 quilômetros de Viena. Mas, então, virou mais noventa graus à esquerda e marchou ao norte para a Boêmia, em busca da Coroa real e do voto eleitoral. Reforçado em 20 de novembro pela chegada de 20 mil tropas saxãs, tomou Praga seis dias depois em um ataque surpresa liderado pelo marechal de Saxe, filho ilegítimo de Augusto, o Forte.[125] Carlos Alberto foi proclamado rei da Boêmia em 7 de dezembro e, doze dias depois, recebeu a homenagem de quatrocentos nobres boêmios.[126] Perder a segunda cidade da monarquia depois de uma campanha que durara menos de um mês foi um golpe terrível a Maria Teresa, que caiu em lágrimas ao receber a notícia. Nem três dias de súplicas rituais ao Todo-Poderoso tinham ajudado.[127] A notícia da colaboração de muitos dos mais notáveis magnatas boêmios, incluindo o arcebispo de Praga, só piorou suas mágoas. No fim, porém, esse acabaria sendo o ponto mais baixo de seus infortúnios. Nessa época, ela tinha sido coroada rainha da Hungria, e os principais nobres do país haviam prometido levantar mais 40 mil novas tropas. Na ocasião, apenas metade desse número foi realmente mobilizado, mas isso se provou suficiente para mudar as marés.[128]

Depois de Klein-Schnellendorf, Frederico não ficou neutro por muito tempo. Ele não tinha intenção de permitir que os franceses e seus sátrapas bávaros e saxões tomassem controle da situação. Ter assinado um pedaço de papel jurando isso ou aquilo não lhe preocupava. Em *Anti-Maquiavel*, tinha escrito que não era apenas errado, mas politicamente estúpido ser um traidor (*fourbe*) e trapacear (*duper*) todo mundo, porque, uma vez destruída, a confiança não pode ser recuperada.[129] No outono de 1741, porém, escreveu a Podewils: "Se há vantagem a se tirar de ser honesto, então é o que seremos; mas se tivermos de trapacear (*duper*), então que sejamos traidores (*fourbes*)". Infelizmente, essa carta fazia parte de um pacote interceptado pelos austríacos e enviado a Viena por Neipperg, onde foi recebido com gratidão pelos propagandistas austríacos.[130] Em dezembro, Frederico estava se movendo de novo, tomando primeiro Troppau e, antes do fim do ano, Olmütz, na Morávia. Ele podia justificar essa quebra lateral da convenção com o fato de que os austríacos tinham quebrado o artigo final que exigia *"un secret inviolable"*. Ele não deveria ter ficado surpreso: Viena era um lugar notório pelos vazamentos. Com algumas semanas da assinatura, todas as cortes da Europa já sabiam.[131]

Seus aliados precisavam urgentemente que ele voltasse à guerra, pois seus planos estavam dando amargamente errado. Frederico estava certo ao prever que a ida para a Boêmia, no norte, seria um grave erro, pois expunha o flanco leste na Áustria. Ao mesmo tempo que Frederico estava invadindo a Morávia, os austríacos estavam indo para o oeste. Com um exército de 16 mil homens, formado por regimentos recém-chegados da Itália, o marechal de campo conde Ludwig Andreas Khevenhüller avançou rapidamente pela Áustria, prendendo o general francês Ségur e um exército de 10 mil homens em Linz, capital da Alta Áustria (ocidental). Depois de um breve cerco, a cidade sucumbiu em 24 de janeiro. Nesse meio-tempo, um exército bávaro tinha sido derrotado em Schärding, ao sul de Passau. Marchando rapidamente mais para o oeste, os austríacos tomaram Munique em 12 de fevereiro.[132] Ironicamente, naquele mesmo dia, o governador ausente da cidade, o eleitor Carlos Alberto, foi coroado Sacro Imperador Romano em Frankfurt am Main. Em termos de precedência, ele agora era o primeiro entre os soberanos europeus, mas na realidade não tinha Estado, exército nem recursos, e dependia inteiramente de seus financiadores franceses.

Com a sorte na guerra cambaleando, Frederico segurou firme um objetivo principal – a retenção da Silésia – e um objetivo secundário – garantir que nem a Baviera, nem a Saxônia tivessem ganhos às suas custas. A primeira chegou um pouco mais perto em 17 de janeiro de 1742, quando a cidade de Glatz sucumbiu, embora uma guarnição austríaca tenha teimosamente permanecido na cidadela até abril, quando seus números tinham diminuído de 2 mil para duzentos.[133] Para forçar os austríacos a reconhecer sua derrota, em fevereiro, Frederico lançou uma invasão com força total da Morávia, em conjunto com um exército saxão. Era a primeira vez que Frederico tentava uma operação com um aliado, e ele não gostou da experiência. Alegou que os saxões só forneceram 14 mil homens, em vez dos 22 mil prometidos, estavam mal equipados e não cooperaram.[134] Quando chegaram a Iglau (atual Jihlava), a noroeste de Brünn (Brno), os saxões consideraram sua missão cumprida e se recusaram a ir mais além. Embora hussardos prussianos estivessem a alguns quilômetros de Viena em 1º de março,[135] desta vez a campanha estava começando a dar errado. Sabendo que a Morávia seria destinada à Saxônia em um eventual acordo de paz, Frederico fora particularmente cruel em sangrá-la com tributos e requisitos, uma tática autodestrutiva que só podia trazer resultados diminutos. Isso também provocou uma forte oposição da população local, encorajada pelo fornecimento de armas e uma promessa de Maria Teresa de que a resistência seria recompensada com uma redução nas taxações. Em 8 de março, os prussianos começaram a se retirar da fronteira austríaca de volta a Brünn, ameaçados o tempo todo pelos soldados irregulares húngaros e guerrilheiros camponeses. Menos de um mês depois, a aproximação de um exército austríaco os mandou de volta para o norte, os saxões para casa e os prussianos para a Boêmia.[136] Não seria o último fracasso de Frederico na Morávia.

Sem uma solução militar, Frederico voltou à diplomacia. Mas com tanto território agora reconquistado, o clima em Viena não era receptivo. Frederico reclamou em *The History of My Own Times*: "Em todas as eras, o espírito da corte da Áustria foi seguir as brutas impressões da natureza. Inflado em fortunas, curvado por adversidades, nunca conseguiu chegar à sabia moderação que torna o homem invulnerável ao bem ou mal distribuído pelo acaso".[137] A essa falha austríaca básica, Maria Teresa adicionou uma virulência que era ao mesmo tempo pessoal e determinada por seu gênero: "Uma inimiga ambiciosa e vingativa, mais perigosa por ser mulher, teimosa em suas opiniões, e implacável [...] devorada pela ambição".[138] De fato, ela era tão determinada (para empregar um adjetivo menos carregado que aqueles escolhidos pelo misógino Frederico) que, em maio, levou a guerra até ele. Reduzindo seu exército na Boêmia, os austríacos enviaram um grande reforço ao príncipe Carlos de Lorena, na Morávia, com ordens de avançar contra Frederico em seu campo em Chrudim. Sem informações confiáveis, foi só em 10 de maio que ele percebeu ser alvo de uma grande operação. E por pouco não conseguiu concentrar suas forças e confrontar os austríacos que se aproximavam na aldeia de Chotusitz uma semana depois. Quando a batalha começou, cerca de oito da manhã, a cavalaria prussiana na direita, sob comando do general Buddenbrock, primeiro mandou os austríacos de volta, antes de ser forçada a se retirar em alguma desordem, sem que nenhum dos lados conseguisse a vantagem. Enquanto isso, a ação principal tinha mudado para o outro lado do campo de batalha, onde os austríacos avançaram para tomar a aldeia de Chotusitz e penetrar o campo prussiano, antes de se distrair com a atração da pilhagem. Eles então foram expulsos por contra-ataques determinados. O momento decisivo chegou por volta de onze e meia da manhã, quando Frederico enviou a maior massa de seus batalhões de infantaria pelo centro. Guinando à esquerda, eles tomaram os austríacos bem no flanco. Com essa linha de defesa agora ameaçada, o príncipe Carlos deu a ordem de retirada.[139] Era meio-dia.

Ao contrário do que ocorrera em Mollwitz, Chotusitz foi sem dúvida uma vitória pessoal para Frederico, e ele a aproveitou ao máximo. Em vez do luto que tinha se seguido à primeira, ele agora permitiu-se bater no peito e se vangloriar. No dia da batalha, escreveu ao seu "tutor", o Velho Dessauer, que ele e seu exército tinham conseguido "uma vitória completa" sobre os austríacos, matando 3 mil no campo de batalha e depois entrando em uma perseguição frenética. Seu próprio lado só tinha perdido 2 mil entre mortos e feridos. Vários equipamentos de artilharia tinham sido capturados. Toda a infantaria e "vários regimentos de cavalaria" tinham se distinguido.[140]

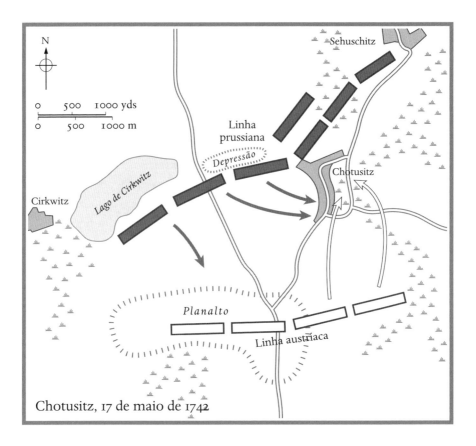

Chotusitz, 17 de maio de 1742

Em uma carta a seu amigo próximo Charles-Étienne Jordan, escrita três dias depois, ele foi mais expansivo: a vitória era ainda mais agradável por "não ter sido muito sangrenta" para o lado dele. A rota dos austríacos tinha sido terrível; seu medo, luto e desmoralização, sem precedentes. As fatalidades totais prussianas só chegavam de mil a mil e duzentos, enquanto o inimigo tinha perdido seis ou sete vezes esse número.[141] Embora Frederico alegue que seu relato da batalha "baseou-se inteiramente na verdade", ele devia saber que não era nada disso. Na realidade, ele perdeu 4.800. Das 6.330 fatalidades austríacas, a maioria era prisioneiros, então, na realidade, os prussianos tinham sofrido de fato mil mortes a mais na batalha.[142]

Os austríacos tinham batido em retirada no momento certo, prontos para lutar novamente. De volta a Viena, porém, estavam percebendo que Frederico não podia ser eliminado por meios militares. Se os franceses e seus aliados fossem expulsos da Boêmia, seria preciso fazer com ele outro acordo.¹⁴³ Ansioso para propô-lo estava o novo secretário de Estado, lorde Carteret, cuja missão autoproclamada era resgatar Maria Teresa e, com ela, o equilíbrio de poder no continente.¹⁴⁴ Isso significava dar um fim à guerra entre ela e Frederico, para que os recursos austríacos pudessem se concentrar na França, o que, por sua vez, envolvia sacrificar a Silésia. Para tirá-la do buraco em que atualmente se encontrava, os britânicos ofereceram o lubrificante necessário – dinheiro. Segundo tratados concluídos em 1741, eles prometiam subsídios anuais de 300 mil libras por três anos. Na primavera de 1742, isso era desesperadamente necessário, pois o tesouro austríaco estava vazio. O emissário britânico James Porter relatou que, no exato dia da luta em Chotusitz, o primeiro pagamento chegara "tão oportunamente que salvou o exército inteiro de ser debandado; de modo que não apenas o conde Starhemberg, o conde Kinsky e o barão Hildebrand, mas todo o ministério podia honestamente confessar que aquelas únicas 300 mil libras salvaram a Casa da Áustria da ruína total".¹⁴⁵ A mediação foi conduzida pelo conde de Hyndford, que já tinha feito papel similar em Klein-Schnellendorf no outono anterior. As preliminares de paz foram assinadas em Breslau em 11 de junho.

Frederico ficou tão satisfeito que foi a um *Te Deum* na catedral, conduzido pelo cardeal-arcebispo conde Sinzendorff. Como nunca perdia a oportunidade de um gesto que caísse bem com o público, Frederico recusou sentar-se no trono instalado em frente ao altar, dizendo: "Sou um homem como qualquer outro, e sentarei em um banco comum".¹⁴⁶ Um tratado definitivo em Berlim seguiu-se em 28 de julho, depois de algumas pontas soltas serem atadas. Entre elas, o título que deveria ser dado a Frederico na Baixa Silésia, apesar de os austríacos estarem dispostos a conceder apenas "duque soberano". A reação de Frederico foi incisiva como sempre: "Estou pouco me fodendo para títulos", disse ele a Podewils, "desde que eu fique com o território".¹⁴⁷

Frederico tinha conseguido. Tanto a Baixa quanto a Alta Silésia, além de três fortalezas e do condado de Glatz, tecnicamente parte da Boêmia, eram seus. Ele não tinha conseguido tudo o que queria. As duras negociações dos austríacos tinham sido recompensadas pela retenção da parte sul do ducado de Jägerndorf, do ducado de Teschen, dos distritos de Troppau e Knov, ao sul do rio Opava, e da parte sul do ducado de Nysa, todos amalgamados para formar a nova província Habsburgo da Silésia Austríaca. Mas a maior parte era agora prussiana.¹⁴⁸ A segurança das posses de Frederico ainda teria de ser provada. Embora tivesse aceitado sua perda, Maria Teresa não estava conformada. Por enquanto, todas as suas energias teriam de se concentrar nos franceses, na Boêmia, mas poderia muito bem chegar o dia em que ela voltasse a atenção novamente à Silésia, ao norte. Frederico sabia disso, é claro, e dedicou-se a aumentar seu exército, reabastecer seu tesouro e tornar as fortalezas silesianas impenetráveis.[149]

A SEGUNDA GUERRA SILESIANA

Essas precauções logo se mostraram necessárias. No fim de 1742, os austríacos tinham expulsado os franceses da Boêmia e preocupado a Baviera, que decidiram incorporar à Monarquia Habsburgo. Em 1743, além disso, os britânicos adicionaram intervenção militar ao apoio financeiro já existente. Em 27 de junho, o "Exército Pragmático", comandado pessoalmente por George II, teve uma vitória decisiva contra os franceses em Dettingen, perto de Frankfurt am Main. Embora nada tenha se seguido a esse sucesso, Frederico ficou cada vez mais alarmado. Ele também sabia que a Saxônia estava em vias de mudar de lado. Essa deserção era, em boa parte, culpa sua. Não apenas ele tinha tratado brutalmente os saxões durante sua expedição à Morávia na primavera de 1742, mas também tinha garantido que ficassem de mãos vazias quando negociou separadamente seu acordo de paz em junho. O conhecimento de que ele tinha desprezado tanto suas habilidades militares quanto as diplomáticas, dizendo a quem quisesse ouvir que eram covardes, cretinos e canalhas, ajudou a levar Augusto III e seu poderoso ministro-chefe, conde Brühl, a se reconciliar com Maria Teresa. Em 20 de dezembro de 1743, eles assinaram uma aliança que, embora tecnicamente defensiva, mirava Frederico diretamente.[150] Era uma perda séria. A posição estratégica da Saxônia era incrivelmente importante, pois a Rússia só podia intervir no Ocidente por meio da Polônia; o próprio eleitorado formava a ponte entre Hanôver e Boêmia; e os franceses, prussianos e bávaros só podiam se juntar caso a Saxônia estivesse com eles.[151] Navegando as águas notoriamente traiçoeiras do Sacro Império Romano, a mão de Frederico no leme tinha sido mais firme do que hábil.

Durante os dois anos de trégua que se seguiram à Paz de Breslau, Frederico dedicou muito tempo e esforço a construir um bloco de príncipes germânicos que se opusesse à coalizão austro-britânica. Falhou, em parte porque Dettingen tornava a coisa perigosa demais; em parte porque ninguém acreditava no que ele dizia sobre a necessidade de defender a nação alemã e as liberdades alemãs; em parte porque Maria Teresa podia contar com uma ainda ampla parcela de lealdade aos Habsburgo, especialmente entre os católicos; e em parte por causa de seus próprios erros. Em particular, seu apoio, amplamente divulgado, ao imperador Carlos VII para secularizar uma série de Estados eclesiásticos para aumentar sua base territorial causou grande alarme entre os peixes imperiais pequenos.[152] Em fevereiro de 1744, ele ficou sabendo de um tratado secreto assinado em Worms no outono anterior pela Áustria, Grã-Bretanha e Sardenha, que julgava, com alguma razão, ser direcionado a ele.[153] Não pela última vez, decidiu retaliar primeiro. Em 5 de junho, assinou uma aliança ofensiva com a França. Seu objetivo principal de guerra era enfraquecer a Áustria e fortalecer o imperador bávaro conquistando a Boêmia e transferindo-a para este. Como disse em seu manifesto, estava agindo para assegurar "a liberdade do Sacro Império Romano, a dignidade do imperador e a paz na Europa".[154] Mas, é claro, haveria algo a ganhar também, no caso, um bom pedaço do território boêmio adjacente a Glatz, incluindo Könnigrätz e Pardubitz.[155] Ele não tinha nada em comum com a Baviera exceto o princípio comprovado de que "o inimigo do meu inimigo é meu amigo".

As perspectivas eram boas. Durante os dois anos anteriores, enquanto seus inimigos austríacos perdiam homens e gastavam dinheiro, Frederico acumulava ambos. Quando ele e dois de seus irmãos mais novos saíram de Potsdam em 15 de agosto para o início da campanha, ele tinha à sua disposição um exército de 80 mil homens, apoiado por 468 carroças de suprimentos para alimentá-los e 6 milhões de táleres em dinheiro para pagá-los.[156] O plano era tomar Praga e depois continuar para o sul até o coração da Monarquia Habsburgo. Com a maioria do exército austríaco no Reno lutando contra os franceses e os bávaros, a corrida até Viena prometia ser tranquila. A primeira parte foi fácil. Mal guarnecida, fortificada e liderada, Praga caiu em 16 de setembro. A guarda de avanço prussiana, então, foi rapidamente para o sul, tomando Tabor em 23 de setembro e Budweis uma semana depois. Nesse ponto, as coisas começaram a dar muito errado. Como o próprio Frederico escreveria em *The History of My Own Times*, "nenhum general cometeu mais falhas do que o rei, durante essa campanha".[157] O primeiro e mais grave foi pressupor que os franceses cooperariam mantendo os austríacos ocupados no oeste. Na ocasião, eles não fizeram nada, permitindo, assim, que o príncipe Carlos de Lorena marchasse seu exército de volta do Reno para a Boêmia com uma velocidade que se pensava incomum nos austríacos. A eles, se juntou a força de 18 mil homens do conde Batthyány. Para piorar a situação, esse enorme exército de cerca de 50 mil homens foi então reforçado, em 21 de outubro, por 20 mil saxões sedentos por vingança contra seu outrora aliado.[158]

Com o inverno se aproximando e os suprimentos acabando, Frederico precisava de uma batalha. Os austríacos não cederam a seu desejo. Embora uma beligerante Maria Teresa exortasse o príncipe Carlos a derrotar os prussianos, em menor número, em luta aberta, seu segundo em comando, o sagaz veterano conde Traun, o persuadiu a deixar que o tempo, a distância e a fome fizessem o trabalho por eles. A melhor chance de Frederico, agora superado, veio em 25 de outubro em Marschowitz, a cerca de 40 quilômetros ao sul de Praga, mas ali seus inimigos tinham tomado uma posição que ele considerava impenetrável.[159] Para evitar mais perdas, ele soou a retirada. Com o exército dizimado por doenças e deserções, um número cada vez menor de prussianos arrastou-se de volta pela Boêmia, chegando à Silésia no início de dezembro. Os austríacos ficaram impressionados com a escala da deserção: entre 26 de novembro e 6 de dezembro, escreveu um oficial húngaro, ao menos 9 mil tinham mudado de lado.[160] No fim do ano, talvez até 30 mil tenham desertado, incluindo muitos oficiais. Dos 17 mil prussianos que deixaram Praga em 26 de novembro, apenas 2 mil chegaram de volta à Silésia como força organizada.[161] Sem um grande confronto, a campanha tinha custado ao exército prussiano mais de 15% de sua força total.[162] O conde Ludwig Wilhelm von Münchow lamentou-se: "Já não temos um exército, o que temos não passa de um bando de homens unidos por hábito e pela autoridade de seus oficiais, e até esses oficiais estão descontentes, muitos deles de fato numa condição desesperada. Só precisamos do menor obstáculo, ou de uma decisão de continuar a guerra durante o inverno, para haver uma rebelião".[163] Que a possibilidade de uma rebelião no exército prussiano chegasse a ser levantada era sinal do quanto a campanha tinha se tornado desastrosa. Deixando que o Velho Dessauer lidasse com os austríacos que tinham penetrado a Silésia, com suas tropas leves chegando quase a Breslau, Frederico voltou a Berlim com o rabo entre as pernas.

Em suas memórias, o embaixador francês Valori escreveu um mordaz relato da liderança de Frederico como general em 1744, embora a acusação tenha sido aliviada pelo comentário de que ele pelo menos sabia aprender com seus erros.[164] Embora Valori talvez não tivesse concordado, a primeira lição aprendida por Frederico foi: nunca mais empreenda uma operação que dependa dos franceses. A segunda foi: nunca mais subestime as proezas militares dos austríacos ou o potencial de traição dos saxões. Uma terceira deveria ter sido: nunca mais tente conquistar a Boêmia. O próprio Frederico escreveu em *The History of My Own Times*: "Deve-se entender que é mais difícil fazer guerra na Boêmia do que em qualquer outro país". Ele prosseguiu explicando que isso se devia em parte à geografia – "esse reino é cercado por uma cadeia de montanhas, o que torna tanto a invasão quanto a retirada igualmente perigosas" –; em parte à devoção dos nobres, padres e oficiais aos Habsburgo; e em parte à *"aversion invincible"* dos habitantes católicos, "tão estúpidos quanto supersticiosos", aos prussianos protestantes. Tinha sido uma combinação fatal quando Viena conclamou os camponeses boêmios "a sair de seus vilarejos quando os prussianos se aproximarem, esconder seu milho no subsolo e correr para as florestas vizinhas. [...] Assim, o exército encontrou apenas descampados por onde passou, e vilas desertas".[165]

Valori também observou que todo mundo agora achava que Frederico estava acabado. Sua principal inimiga já estava decididamente mirando a campanha seguinte ("É a forma austríaca de pensar sobre as coisas", adicionou Valori, laconicamente).[166] As más notícias não paravam de chegar. Em 8 de janeiro de 1745, uma Aliança Quádrupla entre Grã-Bretanha, Áustria, República Holandesa e Saxônia foi assinada, e, entre outras coisas, fornecia as finanças necessárias para aumentar o contigente saxão para 30 mil.[167] Em 20 de janeiro, o imperador Carlos VII morreu, e seu filho e herdeiro, Maximiliano III José, de dezoito anos, ordenou negociações com Maria Teresa, que levaram à Paz de Füssen em 22 de abril. O aliado nominal francês de Frederico estava se concentrando em campos de batalha familiares nos Países Baixos e, embora mantivesse um exército entre os rios Meno e Lahn, na prática tinha se retirado da guerra na Alemanha. Tentativas de mediação britânica ou russa por parte de um Frederico cada vez mais desesperado falharam.[168] Ele teria ficado ainda mais ansioso se soubesse que seus inimigos agora consideravam a divisão da Prússia.[169] Já não seria suficiente tirar dele a Silésia, ele tinha de ser reduzido a "uma nulidade", de tão destrutivo que tinha sido seu impacto no sistema de Estados europeu. O diplomata britânico Thomas Villiers explicou que "isso significava nada menos que sua destruição, e eles sacrificariam as liberdades da humanidade para consegui-la".[170] Pela primeira vez, ele estava seriamente sem dinheiro e tendo de derreter qualquer coisa de prata que pudesse encontrar no palácio real e impor um empréstimo forçado. Também tentou – e não conseguiu – um empréstimo em Amsterdã e tentou – e não conseguiu – vender o porto de Emden, na Frísia Oriental, aos britânicos.[171]

Até aqui, a carreira militar de Frederico tinha sido uma triste história de inexperiência, arrogância e inaptidão. Seus erros evitáveis tinham custado a vida de milhares de seus súditos, jogado fora a herança deixada por seu pai e levado seu Estado à beira do desastre. O que ele tinha conseguido mostrar, pelo lado bom, era uma capacidade de tomar decisões e uma resolução pétrea para levá-las a cabo. Isso foi bem resumido por Carlyle de sua maneira caracteristicamente pomposa, mas perceptiva: "Intelecto claro como o sol, inteiramente prático (não precisa ser especialmente profundo) e completamente leal ao fato antes de ele acontecer; isso – se adicionarmos rapidez e energia, velocidade no ataque pesado, de uma forma que raramente se encontra – tornará um homem muito perigoso a seu adversário no jogo da guerra".[172] Durante o início da primavera de 1745, foram esses ativos pessoais que o salvaram. Em 15 de março, ele saiu de Berlim para a Silésia, chegando a Breslau no dia 17 e em Neisse uma semana depois. Ali, começou a reestruturar suas forças surradas, organizar novas campanhas de recrutamento, atrair de volta os desertores com uma anistia e ordenar reforços de homens e material. Acima de tudo, com sua constante presença nos principais campos silesianos em Kamenz e Frankenstein, ele reconstruiu o exército e recompôs sua moral.[173] Todas as vantagens da unidade de comando estavam aparentes. A elas, ele trouxe seu carisma especial, acrescido de uma poderosa dose de niilismo "agora ou nunca". Em 27 de abril, ele escreveu uma longa e reveladora carta a Podewils, de sua sede em Pomsdorf:

> Tornei uma questão de honra pessoal contribuir mais para o engrandecimento de minha casa do que qualquer de meus predecessores; até agora, tive um papel distinto entre as coroas da Europa. Tudo isso se tornou uma obrigação pessoal para mim e estou determinado a segui-la, mesmo ao custo de minha felicidade e minha vida. [...] Cruzei o Rubicão e agora quero ou manter minha posição de poder, ou ver tudo perecer e ser enterrado comigo, inclusive o próprio nome da Prússia. [...] Se o inimigo se mover contra nós, então é certo que devemos derrotá-lo inteiramente ou devemos ser eliminados, pela salvação da terra mãe e a glória de minha casa.[174]

Durante as seis semanas seguintes, ele transformou essas palavras ousadas em ação, embora tenha de se dizer que os austríacos o ajudaram muito. Cheios de confiança e motivados por ordens de Viena, planejaram fazer com Frederico na Silésia o que tinham feito com ele na Boêmia no ano anterior. Queriam simular um ataque na Alta Silésia para levar Frederico a dividir suas forças, enquanto seu exército principal cruzava os desfiladeiros das Montanhas dos Gigantes mais para norte e se dirigia a Breslau. Em 29 de maio, alcançaram Landeshut, onde a eles se juntou uma substancial força de saxões.[175] Isso era bem o que Frederico queria. Depois da catástrofe boêmia de 1744, o que ele mais desejava era atrair seus inimigos para as planícies da Silésia e os levar à batalha. Com esse propósito, deliberadamente deixou os desfiladeiros sem guarda e divulgou por um agente duplo no campo austríaco que tinha a intenção de bater em retirada para Breslau para uma última resistência desesperada. Como colocou Carlyle, ele tinha "deixado a ratoeira aberta – e a estava enchendo de iscas agradáveis de queijo tostado".[176] Desfrutando, para variar, de informações excelentes de seus hussardos, ele não se deixou ser desviado pelo ataque fingido ao sul e concentrou suas forças em Schweidnitz. Eram os austríacos que agora tateavam no escuro, acreditando que só enfrentariam 40 mil prussianos desmoralizados que deviam bater em retirada para o norte ao primeiro sinal de ação. Na realidade, havia 58 mil, liderados por um comandante sedento por ação.[177]

Na noite de 3 de junho de 1745, Frederico disse a seu amigo Chasot: "Agora, enfim, tenho o que queria. Acabei de ver o exército inimigo sair dos morros e se espalhar pela planície. Amanhã será um dia importante para mim".[178] Deixando as barracas montadas e as fogueiras acesas, ele mandou seu exército em uma perigosa marcha noturna para pegar os saxões e os austríacos de surpresa. Muita coisa que podia dar errado deu, mas, logo depois das quatro da manhã, as primeiras unidades de cavalaria prussiana estavam atacando os saxões pela esquerda. Uma série de batalhas ferozes e sangrentas se seguiu, terminando em torno de sete da manhã com a derrota e fuga dos saxões sobreviventes. Enquanto isso, a batalha principal no centro acabava de começar. Pela primeira vez, a cavalaria prussiana agora se mostrava superior, esmagando os austríacos pela direita entre Thomaswaldau e Halbendorf, com um papel vital dos hussardos liderados pelo pequeno, mas assustador, Hans Joachim von Zieten. Foi também a potência da cavalaria que desferiu o *coup de grâce*, quando, em torno de 8:15 da manhã, os esquadrões gêmeos de elite de Bayreuth se lançaram no centro, o que levou a infantaria austríaca a fugir. Em apenas vinte minutos, eles capturaram cinco canhões, 67 bandeiras e 2.500 prisioneiros.[179] Às nove da manhã, a batalha tinha acabado. Então, Frederico teve bastante tempo para sentar e espalhar as boas notícias pelo resto da Europa. No topo da lista de correspondência estava Luís XV, que recentemente lhe tinha enviado notícias da vitória francesa em Fontenoy, perto de Tournay, nos Países Baixos Austríacos, em 11 de maio. Deve ter sido um prazer especial escrever uma carta a seu antigo tutor em questões militares, o Velho Dessauer. Ao custo de 1.200 vítimas, Frederico orgulhosamente informou, os austríacos tinham perdido 3 mil mortos e 5 mil prisioneiros, incluindo quatro generais. Dois dias mais tarde, ele acrescentou que a vitória tinha sido "uma das mais completas de todos os tempos, como não se via desde Blenheim". Ele pôde, ainda, atualizá-lo sobre a dizimação dos generais austríacos – quatro mortos, quatro capturados e seis mortalmente feridos.

Em sua carta a Podewils, também escrita no campo de batalha, Frederico completa: "Sabes o uso que podes e deves fazer desta notícia".[180]

Infelizmente, a principal inimiga da Prússia não ficou tão impressionada com essa derrota como deveria. Maria Teresa estava certamente desolada, mas, na realidade, ainda mais determinada a prosseguir com guerra a qualquer preço. Ela ordenou que reforços fossem desviados da Itália à Boêmia imediatamente, escreveu pessoalmente a seus aliados para reassegurá-los de que a situação não era tão ruim quanto parecia, e implorou que não desertassem a causa comum.[181] Um ansioso George II, porém, correu para fazer negócio com Frederico. Em 26 de agosto, a Convenção de Hanôver foi concluída com base numa garantia mútua do território de cada um. George prometeu tentar persuadir a Áustria e a Saxônia a também chegarem a um acordo, enquanto Frederico garantiu não votar contra o marido de Maria Teresa, Francisco Estevão, na iminente eleição imperial.[182] Nenhuma das partes se deu ao trabalho de contar a seu principal aliado sobre essa paz separada, uma omissão que causaria muita irritação em Viena e Versalhes, respectivamente.

Os três meses seguintes Frederico passou no norte da Boêmia, vivendo às custas de seus inimigos e ao mesmo tempo garantindo que não houvesse nada mais para eles quando ele decidisse ir embora. Sua estadia chegou a um abrupto fim quando ele foi pego mais uma vez cochilando, no fim de setembro. Mostrando uma proatividade incomum, o comandante austríaco príncipe Carlos da Lorena surpreendeu Frederico em seu campo de Staudenz e, além disso, com números superiores (39 mil contra 22 mil). A batalha resultante em Soor, em 30 de setembro, podia facilmente ter sido um desastre. Os prussianos foram salvos em parte pela velocidade de decisão e agressão de Frederico quando acordou para o perigo, mas principalmente pela disciplina férrea e a coragem de seus soldados, não menos impressionante por ser habitual.[183] Ele descreveu a batalha de várias formas, como "terrível, mas mui-

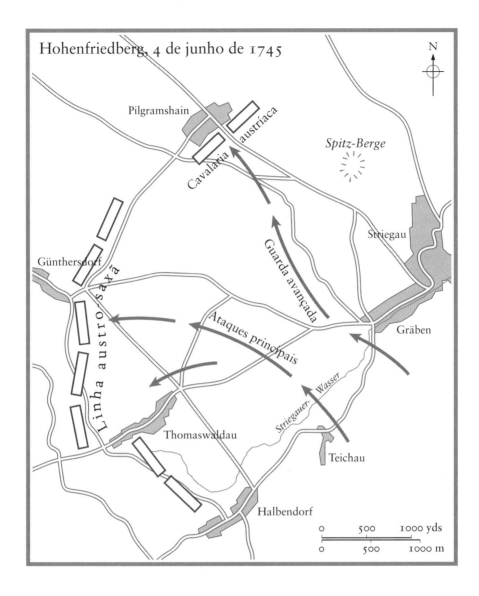

to gloriosa", "muito acalorada", "a mais feroz das quatro que lutei" e "mais sangrenta que Hohenfriedberg".[184] Mesmo imediatamente após a batalha, um período em que costumava ser triunfalista, ele homenageou seus oponentes: "O plano deles foi concebido de modo muito astuto. Também foi executado muito bem, e foi apenas a ousadia dos prussianos e seu costume de sempre vencer que os permitiu superar essas incríveis dificuldades".[185] Entre os 856 prussianos mortos estava o irmão de sua esposa, duque Alberto de

Brunsvique, mas ele não enviou a Isabel Cristina nem uma carta de condolências, uma omissão tão fria que fez com que até mesmo ela se enraivecesse.[186]

Apesar desse sucesso, Frederico ainda estava correndo perigo. Com os suprimentos exauridos, ele foi obrigado a levar seu exército de volta à Silésia no início de outubro, e a se preparar para mais uma rodada, pois sabia que, mesmo agora, os austríacos não estavam prontos para negociar, especialmente porque o marido de Maria Teresa tinha sido eleito Sacro Imperador Romano em 13 de setembro. Embora escrita muito depois do acontecido, uma passagem em *The History of My Own Times* mostra claramente a exasperação dele: "A bravura da imperatriz se degenera, por vezes, em obstinação. Ela era uma mulher obcecada por recuperar a dignidade imperial para seus descendentes. Ocupada por completo com a sorridente perspectiva de posteridade, achou que sua grandeza seria degradada se ela negociasse com um príncipe, que acusava de insurgente, como um igual".[187] Graças à indiscrição do ministro saxão conde Brühl, Frederico sabia que o próximo ataque viria da Saxônia, dirigido a Berlim. Na opinião de Valori, o que se seguiu representava a maior conquista de Frederico até então.[188] Assim que ficou sabendo que as tropas austríacas tinham cruzado a fronteira saxã para a Boêmia, ele enviou Zieten com uma força de hussardos e cavalaria pesada para evitar que eles se juntassem aos aliados saxões que esperavam sua chegada. Uma vitória contra os saxões em Katholisch-Hennersford em 23 de novembro mandou o príncipe Carlos e seu exército de volta para o lugar de onde tinham vindo. Sobrava o exército saxão no norte, reforçado pelos austríacos destacados do exército no Reno, para enfrentar. Em Kesselsdorf, em 15 de dezembro, um exército comandado pelo Velho Dessauer conseguiu uma vitória dura, mas decisiva. Três dias depois, ele e Frederico entraram em Dresden cavalgando lado a lado.[189] Seria a última batalha da guerra, e a última batalha do Velho Dessauer (ele morreu em 1747). Enfim, Maria Teresa aceitou que não era possível encontrar uma solução militar. No Natal de 1745, a Paz de Dresden trouxe ao fim a Segunda Guerra Silesiana. Silésia e Glatz continuaram com a Prússia. Tudo o que os austríacos conseguiram foi o reconhecimento, por parte de Frederico, da eleição de Francisco I como imperador. Seu aliado saxão recuperou todo o seu território, mas teve de pagar a Frederico uma indenização de 1 milhão de táleres.[190] A paz não podia ter vindo em melhor hora para Frederico, pois, segundo seu relato em *The History of My Own Times*, esses últimos dezesseis meses de campanha lhe tinham custado 8 milhões de táleres e ele só tinha mais 15 mil em seu tesouro.[191]

A CRIAÇÃO DE FREDERICO (PARTE II)

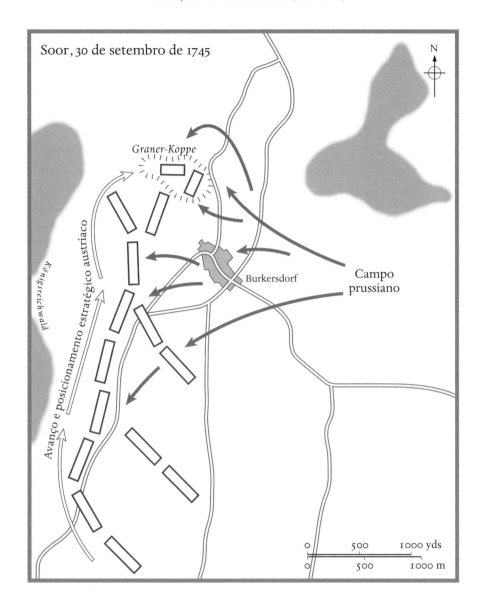

Embora a Guerra da Sucessão Austríaca fosse continuar por mais três anos até chegar ao fim pela Paz de Aachen em outubro de 1748, a participação de Frederico nela tinha acabado.* Ele podia voltar à sua capital triunfan-

---

*   Significativamente, a parte prussiana do que tinha se tornado uma guerra mundial sempre foi conhecida, na Alemanha, como Primeira e Segunda Guerras Silesianas.

te, o que prontamente fez, chegando em 28 de dezembro. Foi recebido como um herói – com bandeiras, multidões, delegações, procissões, iluminações, toda a panóplia do triunfalismo barroco. Pela primeira vez em público, foi conclamado "Frederico, o Grande", alcunha que se tornou permanente. Inclusive, o *slogan* mais popular a ser visto nas ruas de Berlim, em vários meios, era *"Vivat Fridericus Magnus!"* (Vida longa a Frederico, o Grande!).[192] Um coro de crianças cantou: *"Vivat, vivat, Friedericus Rex, Victor, Augustus, Magnus, Felix, pater Patriae!"*. Os burgueses do distrito de Dorotheenstadt erigiram um arco triunfal dedicado a "Frederico, o Invencível, o Maior entre os Grandes".[193] Para garantir que a palavra fosse espalhada pelo resto da Europa, foram publicados um relato oficial e dois volumes comemorativos.[194] Em sua famosa e influente biografia de 1983, Theodor Schieder concluiu que era "altamente improvável, ainda que não se dê para descartar por completo", que Frederico tenha tido uma mãozinha em ser proclamado "o Grande".[195] Mais recentemente, Jürgen Luh argumentou de forma convincente que Frederico sabia muito bem o que estava fazendo e que sua aquisição do cobiçado epíteto foi resultado de uma longa e cuidadosa manipulação. Nesse processo, Voltaire teve um papel crucial, proclamando à Europa que seu amigo real e correspondente deveria ser conclamado como *"le Grand"*, uma apelação que usou pela primeira vez em uma carta a Frederico em julho de 1742, depois do Tratado de Berlim.[196] Além disso, há abundantes evidências sugerindo que as celebrações de Berlim em 28 de dezembro foram cuidadosamente coreografadas pelas autoridades, embora o envolvimento pessoal de Frederico não esteja tão claro.[197] Como veremos num capítulo posterior, ele certamente estava bastante ciente da importância do reconhecimento público, e se certificou de estimulá-lo. Por enquanto, podia saborear seu triunfo, proclamado por seu povo como "o Grande", um título que compartilhava apenas com seu bisavô Frederico Guilherme, o Grande Eleitor.

5

O magistral servo do Estado

Frederico Guilherme I tinha destinado sua agressão a seus próprios súditos, com a principal vítima sendo seu filho mais velho. Nesse sentido, se não em outro, 1740 marcou uma divisão de águas. Antes do fim do ano, Frederico tinha mostrado que seu próprio desejo de poder seria voltado para fora. De barquinho inerte, balançando atrás das grandes potências, a Prússia tinha se tornado a mais ousada destruidora do sistema de Estados europeu. Haveria uma mudança igualmente radical na política doméstica? No campo da teoria, certamente parecia que sim. Como revelam seus testamentos políticos, pai e filho tinham muito pouco em comum no modo como viam as fundações do Estado. As seguintes observações sobre a natureza da obrigação política dão uma boa indicação da natureza rudimentar do que se passava pelo pensamento político de Frederico Guilherme: "Enquanto Deus me der vida, afirmarei meu poder como um déspota"; "Meus súditos devem dançar conforme a minha música, ou o Diabo que me carregue: tratá-los-ei como rebeldes e os enforcarei e queimarei como faz o czar" e – a mais eloquente de todas – "Afinal, somos lorde e rei e podemos fazer o que quisermos".[1] Mas ele também admitiu três importantes restrições. Primeiro, tinha uma forte ligação com a Casa dos Hohenzollern. Quando subiu ao trono em 1713, uma de suas primeiras ações foi promulgar uma lei dinástica que determinava que cada uma das posses da família, incluindo as joias, deveria ser transmitida por herança inalienável. Em outras palavras, bem como um proprietário de terras inglês, ele buscou se proteger contra o acidente de um sucessor libertino tornando tudo o que os Hohenzollern possuíam inalienável.[2] O atual líder da família desfrutaria de uma vida de juros. Nada podia ter representado melhor a atitude patrimonial de Frederico Guilherme. Quando ele falava "do Estado", queria dizer seus próprios domínios e, quando se referia a "questões de Estado", queria dizer política externa.[3] Em segundo lugar, apesar de todas as suas discordâncias com Carlos VI, ele cultivava um respeito que beirava a veneração em relação ao escritório imperial em si e ao Sacro Império Romano, ordenando que seu sucessor nunca entrasse numa aliança contra nenhum dos dois. O terrível destino da Baviera e da Colônia depois de suas traiçoeiras negociações com os franceses na Guerra da Sucessão Espanhola eram aviso suficiente, completou.[4] Terceiro, e mais crucial, ele estava preso a uma crença de estar sob vigilância constante de um Deus onipotente, onipresente e punitivo:

> nunca começar uma guerra injusta e não ser um agressor, porque Deus falou contra guerras injustas e terás de reportar-te a Ele, cuja justiça é severa, só penses no que aconteceu com aqueles que começaram guerras injustas como Luís XV, rei Augusto II da Polônia, o eleitor da Baviera etc. Esses dois últimos foram expulsos de seus territórios e Augusto II foi punido pela mão de Deus.[5]

Dessas amarras, a segunda e a terceira certamente não significavam nada para seu sucessor, embora seja menos claro se Frederico tinha ou não um senso de orgulho dinástico. Em uma importante carta escrita a seu irmão e herdeiro aparente Augusto Guilherme, em fevereiro de 1744, ele destacou que seu único interesse era a promoção do "futuro bem-estar do Estado e da glória da Casa de Brandemburgo".[6] Apesar dessa união, ele sempre insistira que o contexto mais amplo deveria ter prioridade. Três relatos de testemunhas independentes concordam que, quando encontrou seus ministros pela primeira vez como rei, em 2 de junho de 1740, disse a eles que, embora seu pai tivesse feito uma distinção entre seus próprios interesses e os de seu país, "eu olho para os interesses do Estado como se fossem os meus próprios: não posso ter interesses que não os de meu povo. Se os dois forem incompatíveis, a preferência sempre será dada ao bem-estar e à vantagem de meu país".[7] Essa insistência na subordinação do eu ao país se tornou o lema mais celebrado do discurso prático de Frederico. Muitas fontes literárias foram identificadas, incluindo as *Meditações* do estoico imperador romano Marco Aurélio (cujo busto ele colocou em seu quarto em Sanssouci e em sua biblioteca em Charlottenburg);[8] *Telêmaco*, de François Fénelon (1699), que ele conheceu pela primeira vez quando só tinha nove anos de idade;[9] e a *Henríade*, de Voltaire, que ele elogiou para o autor desde o momento em que começaram a se corresponder.[10]

Um primeiro fruto teórico foi colhido em *Anti-Maquiavel*, com a afirmação de Frederico de que um príncipe deveria subordinar todas as suas emoções pessoais ao amor pela terra-mãe e à promoção do Estado.[11] Variações sobre esse tema seriam ditas várias e várias vezes pelo resto do reinado. Como os meios escolhidos para suas opiniões incluíam documentos que não deveriam ser publicados (correspondências particulares e testamentos políticos), é possível aceitar sua sinceridade. Eles também marcaram uma quebra dura com o passado. Onde o pensamento de seu pai tinha sido prescritivo (olhando para as práticas do passado), particularista (ancorado no aqui e agora) e devoto, o de Frederico era racional, universal e secular. Para legitimar sua autoridade, ele postulou um contrato social, segundo o qual os azarados habitantes de um Estado por natureza delegavam a um soberano a autoridade suficiente para manter a segurança externa e a ordem interna. No meio do século XVIII, esse conceito não era nada original, mas o fato de ser defendido por um governante de um principado retrógrado e até então pequeno do Sacro Império Romano certamente era. A exposição mais clara de Frederico foi dada durante uma discussão sobre a tolerância religiosa em seu *Essay on The Forms of Government and The Duties of Sovereigns* [Ensaio sobre as Formas de Governo e os Deveres dos Soberanos], de 1777, no qual ele identificou a origem do Estado como um acordo entre todos os membros da sociedade para nomear um dos seus como soberano. Obviamente, argumentou ele, eles não renunciavam à sua liberdade natural, porque desejavam abraçar a servidão. Tudo o que buscavam era a manutenção da lei e da ordem, uma legislação sábia e defesa contra inimigos estrangeiros. Esse deveria ser o limite da autoridade do soberano. Todas as outras liberdades de que desfrutavam em seu Estado de natureza pré-político não eram afetadas. A principal delas era a liberdade de consciência, o direito de adorar qualquer deus da forma que lhes parecesse adequada, ou, em verdade, não adorar deus nenhum. A coerção, de todo modo, era inútil: qualquer um podia ser forçado a declarar uma doutrina, mas, se isso fosse feito sem "consentimento interior", o ato não teria valor. Ele adicionou, porém, que "uma vez que esse acordo é feito, ele não pode ser alterado".[12]

Trata-se, é claro, de uma intepretação autoritária do contrato social. A concessão da soberania é irrevogável e incondicional, os súditos não têm direito de resistir. Por outro lado, o governante é obrigado a servir aos interesses do todo. Frederico explicitou isso em uma passagem que seguia a citada anteriormente:

Aqui temos, em geral, os deveres que um príncipe deve executar. Para que nunca os negligencie, ele deve frequentemente lembrar-se de que é um homem igual ao menor de seus súditos; se é o primeiro juiz, o primeiro general, o primeiro ministro da sociedade, não é para que possa se favorecer, mas para que possa cumprir com os deveres envolvidos. Ele é apenas o primeiro servo do Estado, obrigado a agir com honestidade, sabedoria e completa falta de interesse próprio, como se a cada momento pudesse ser chamado a dar um relato de seu comando a seus concidadãos.[13]

Em uma carta escrita para Voltaire no ano antes de subir ao trono, ele usou uma metáfora impressionante para identificar o papel de governante: o comparava com o coração no corpo humano, recebendo sangue de todos os outros membros e o bombeando de volta para as extremidades mais longínquas do corpo político; ele recebia lealdade e obediência, mandava segurança, prosperidade e tudo mais que pudesse beneficiar o bem-estar da comunidade. Defensores do regime de Frederico apontaram essa identificação de governante e Estado para resgatá-lo das acusações de despotismo. A essência do poder despótico, destacaram, é seu caráter arbitrário, caprichoso, sua dependência completa dos impulsos daquele que o exerce. Foi isso que levou contemporâneos a castigar os impérios russo e otomano como "despotismos orientais". Na Prússia, por outro lado, o poder absoluto do rei era limitado pelas obrigações impostas pelo contrato social, especialmente pela letra da lei. Nada podia ser mais equivocado, defendiam, do que confundir governo autoritário com despotismo. Em um discurso na Academia Prussiana logo depois da eclosão da Revolução Francesa, o ministro do Exterior, conde Hertzberg, registrou, indignado, que especialmente os britânicos e os franceses pintavam a Prússia como "puramente despótica, arbitrária, militarista e oriental", com sua própria versão da Bastilha na forma da prisão de Spandau. A realidade era bem diferente: "Desde sua criação, o governo prussiano foi formado pelos princípios de uma *monarquia livre e moderada* [ênfase dele], composta por um soberano; corpos intermediários na forma de estados provincianos; um Conselho de Estado e todos os corpos subordinados necessários para a administração pública". Em outras palavras, a Prússia de Frederico, o Grande, tinha todos os requisitos de *O espírito das leis*, de Montesquieu. Sem irracionalidade, Hertzberg fez um elogio complacente a seu Estado destacando que, numa época em que todos os Estados da Europa estavam sendo chacoalhados, a Prússia desfrutava de "profunda paz em casa e fora".[14]

Muitos soberanos europeus tinham escrito, ou pedido para escreverem por eles, proclamações da pureza de seus princípios. Se praticavam o que pregavam era outra questão. O Frederico apresentado ao mundo em *Anti-Maquiavel* logo se mostrou ter pouco em comum com o Frederico que invadiu a Silésia. Seu governo doméstico também nem sempre se adequava ao modelo teórico. Desde o começo, ficou claro que o tom seria imperioso, para não dizer dominador. Embora Frederico mal estivesse no trono há seis meses quando foi para a guerra, teve bastante tempo para divulgar que tipo de governante seria. Qualquer esperança, por parte de seus súditos, de que a mão de ferro do pai dele fosse abrandar logo foi destruída. O reino começou com um turbilhão de iniciativas apelativas – o repatriamento do filósofo exilado Christian Wolff, a abolição da tortura, o relaxamento da censura e a abertura de celeiros reais para diminuir o preço do pão* –, mas o estilo de governo permaneceu o mesmo. Não houve diluição da autocracia anterior; na verdade, até pelo contrário. Em 2 de outubro de 1740, o general dinamarquês Prätorius relatou que Frederico estava fazendo tudo por si mesmo, excedendo até mesmo seu predecessor em sua desconfiada acumulação de decisões.[15]

Frederico escondia tanto o jogo que diplomatas estrangeiros não conseguiam mandar nada a não ser fofocas e especulações vazias para suas cortes. O embaixador austríaco lamentou em 1749 que nem Podewils, em teoria ministro do Exterior, tinha ideia das intenções de seu mestre. Relatou-se que Frederico disse que, se descobrisse que sua própria pele sabia o que ele iria fazer, teria de arrancá-la e jogá-la fora.[16] Um encontro com o rei era não apenas inútil, mas também expunha o indesejável convidado aos comentários notoriamente ácidos de Frederico. Segundo o duque de Guînes, emissário francês, pouquíssimos de seus intimidados colegas tinham coragem suficiente para pedir uma audiência em Potsdam.[17] Não eram só os assuntos de exterior que se mantinham em segredo. Logo depois do início do reinado, outro diplomata francês, o marquês de Beauvau, previu que "os generais de seu exército nunca seriam nada mais que ajudantes; os ministros, nada mais que secretários; seus chanceleres do tesouro, nada mais que coletores de impostos; e os príncipes germânicos, nada mais que seus escravos".[18] Além disso, era Frederico quem fazia a seleção. Por volta do fim de seu reinado, ele lembrou a um ministro sênior que era o encarregado das nomeações: "É meu costume selecionar para meu serviço pessoas que pos-

---

* Para saber mais sobre todas essas iniciativas, ver adiante, pp. 305-7, 352-3, 370-2.

so usar, e as nomeio como desejar, e ninguém pode ter nenhum tipo de reivindicação a um posto, pois tudo depende de mim, e só de mim".[19]

Como no reinado anterior, não havia discussão, nem consulta. Nenhum ministro ousava duas vezes servir seu mestre real sem uma convocação expressa.[20] "Frederico definitivamente era o autocrata, e seus ministros, apenas os instrumentos de sua vontade", escreveu o ministro sênior Graf von der Schulenburg.[21] O ministro, ou melhor, secretário, sempre tinha de submeter seu relatório por escrito. Frederico o lia, rabiscava uma decisão nas margens e devolvia a um secretário particular para ser executado. Mais do que qualquer uma de suas refinadas reflexões sobre política, essas anotações marginais revelam a rapidez de suas decisões, a sagacidade de seu intelecto, a igual agudez de seu humor e o ocasional desprezo. Também podiam ser muito divertidas. Por exemplo: os membros de um conselho municipal perguntaram qual seria a punição apropriada para um homem que tinha blasfemado contra Deus, o rei e eles próprios. A resposta de Frederico foi que os comentários blasfemos contra o Todo-Poderoso meramente demonstravam que ele não O conhecia e, portanto, devia ser perdoado, e que seu *lèse-majesté* também podia ser esquecido, mas que seu ataque aos patronos da cidade merecia uma punição exemplar, o que, neste caso, significava ficar meia hora preso em Spandau.[22] Como veremos mais de uma vez, o que Frederico mais amava era dar vazão a seu ceticismo e anticlericalismo.

O desejo compulsivo de manter tudo o que era importante em segredo e de monopolizar a tomada de decisão provavelmente estava enraizado em suas experiências de infância e adolescência. Forçado a manter seu verdadeiro eu e suas opiniões escondidas de seu assustador pai, ele criou para si uma máscara de ferro que tirava apenas perto de seu *cercle intime*, e até ali as questões políticas permaneciam sendo tabu. Era uma atitude que ele proclamara desde o começo. Em sua já citada carta ao seu irmão, ele declarou firmemente: "O que nosso Estado precisa é de um governante que veja com seus próprios olhos e governe sozinho".[23] Em ambos os testamentos políticos que escreveu para seu sucessor, ele elevou esse conselho a *status* de axioma: "Um governo bem-conduzido deve ter um sistema firmemente estabelecido construído como um sistema filosófico no qual finanças, política e militarismo se combinem para promover o mesmo fim, o fortalecimento do Estado e a expansão de seu poder. Tal sistema só pode derivar de um único cérebro" (1752).[24] Ele voltou ao tema mais longamente em 1768. Nunca tinha reunido seus conselhos, afirmou, porque nada poderia ser mais prejudicial do que expor questões de Estado para debate geral. Apenas um único governante conseguira ter uma visão geral e manter a confidencialidade necessária. Na França do século XVII, tanto Richelieu quanto Mazarin tinham falhado a longo prazo; somente Luís XIV tinha mostrado essa unidade de propósito essencial. Quanto a seu próprio contemporâneo, Luís XV, sua lerdeza e incompetência haviam permitido que a política francesa deslizasse entre os ministros, que viviam sendo trocados, antes de chegar ao ponto mais baixo em que "uma prostituta desprezível" (Madame de Pompadour) colocou as mãos nela. A situação era ainda pior nos países débeis onde a monarquia tinha virado republicana e "o amor pela fama tinha se tornado o espírito da discórdia".[25] A outra grande monarquia parlamentar, a Grã-Bretanha, podia parecer mais viril, mas uma inspeção mais próxima revelava uma miscelânea de depravações. Em seu poema satírico *Palladium*, ele enviava o herói para visitar o Parlamento, retratando-o como um lugar de falatório onde as lindas palavras não eram seguidas por ações, e onde a liberdade de expressão escondia o fato de que todos os membros eram corruptos. Assim, a carroça hanoveriana podia ser colocada na frente dos bois britânicos, completou – "O eleitorado governa o reino".[26] Em outra ocasião, ele fez pouco da constituição britânica, declarando-a "turbulenta e selvagem".[27] O teste ácido do governo solitário também foi aplicado a seus próprios predecessores, com Frederico Guilherme, o Grande Eleitor, e Frederico Guilherme I ganhando altas notas, mas Frederico I fracassando miseravelmente.[28] Perto do fim de seu reinado, ele ocasionalmente convocava de Berlim para Potsdam seus dois ministros a cargo de assuntos exteriores, Hertzberg e Finckenstein, para discutir negócios, mas mesmo assim racionava de forma mesquinha as informações que lhes repassava.[29]

Mesmo em uma empresa de tamanho modesto, é necessário que o CEO delegue. Frederico estava tentando cuidar de um Estado que se espalhava por milhares de quilômetros na Europa e incluía mais de 2 milhões de súditos mesmo no início de seu reinado. Ele ser capaz de exercer algum controle se devia à sua excepcional capacidade para o trabalho duro. Precisando de apenas cinco a seis horas de sono, ele acordava entre três e quatro da manhã (no inverno, uma hora mais tarde), e ia direto à sua mesa para lidar primeiro com os despachos decifrados de seus emissários. Depois de ditar as respostas ao secretário responsável, ele se voltava a questões domésticas, rabiscando notas em margens e preparando uma seleção de materiais menos importante e petições de indivíduos particulares. Os secretários, então, se retiravam para preparar as cartas ou decretos necessários, que eram trazidos no fim do dia para exame e assinatura.[30] Era um *Kabinettsregierung*, o exato oposto do "governo de gabinete" que estava se desenvolvendo na Grã-Bretanha mais ou menos na mesma época, apesar da similaridade verbal. "Governo do armário" seria uma tradução melhor. Na visão respeitada dos biógrafos mais recentes de Frederico, a única pessoa cujo conselho o rei estava disposto a aceitar era Voltaire – e, mesmo assim, apenas em questões culturais.[31] Era um sistema que ele herdara de seu pai e levara ainda mais longe, com frequência se correspondendo diretamente com diplomatas e oficiais seniores das províncias. O objetivo de Frederico era conseguir um "monopólio da informação".[32]

É uma espécie de obviedade que a influência no governo é determinada mais pela proximidade ao poder do que por cargos formais. No caso da Prússia, eram os secretários particulares de Frederico que desfrutavam de acesso diário a seu mestre. Nunca poderemos saber com exatidão quanta influência eles exerciam. Com certeza, é duvidoso que fossem instrumentos passivos da realeza. O principal deles era August Friedrich Eichel, um dos três secretários herdados do reinado anterior. Nunca longe de Frederico, mesmo durante as campanhas de guerra, ele era cercado por uma mística ainda mais imponente por ser nebulosa. "Nenhum mortal o conhecia" foi o veredito do emissário francês, o jacobita duque de Tyrconnell.[33] Ninguém sabia exatamente o que ele fazia, mas todos achavam que sua influência era colossal. Os ministros oficiais em Berlim certamente acreditavam nisso, e buscavam agradá-lo, esperando que Eichel preparasse o caminho para a aceitação das propostas que estavam submetendo à aprovação real.[34] O cortesão conde Lehndorff o apelidou de "o Mazarin de nosso país", uma homenagem à sua dominância, mas um epíteto não muito apropriado, pois, diferentemente do cardeal que dominara a política francesa durante a minoria de Luís XIV, Eichel raramente era visto, sendo discreto ao ponto da invisibilidade. O abade Carlo Denina o descreveu como "uma espécie de primeiro-ministro".[35] Ele conquistou esse *status* se fazendo indispensável, inclusive por sua diligência. Levantando ainda mais cedo que Frederico, ele trabalhava das quatro da manhã até as duas da tarde e, depois de uma longa pausa para o almoço, das oito da noite até a meia-noite.[36] Como num dia normal eram emitidas no mínimo uma dúzia de ordens reais com força de lei, Eichel e outros secretários tinham ampla oportunidade de escrevê-las da maneira que melhor lhes aprouvesse, "interpretando" o desejo real. Era, sem dúvida, um exercício arriscado, dada a tendência autocrática e o temperamento curto de seu mestre, mas Frederico não podia ler cada documento que lhe levavam para assinar.[37] Especialmente quando ele estava longe, na guerra, sua liberdade de ação se inchava e preenchia o vácuo. A existência deles não devia ser agradável, já que os secretários eram chamados a qualquer hora do dia ou da noite e faziam a maior parte de seu trabalho de pé. Quando um deles tentava escapar da nomeação alegando ser casado (Eichel e os outros eram solteiros), Frederico respondia: "Sua esposa não precisa saber de tudo".[38] Embora os salários fossem magros, devia haver outras oportunidades de ganhar dinheiro: apesar de sua reputação de incorruptível, Eichel deixou uma grande fortuna para a família de seu amigo, o chanceler Jariges, quando morreu em 1768.[39]

Em sua incansável insistência em reter controle pessoal, Frederico mostrou ser um anacrônico político. Numa época em que o mundo estava se tornando muito mais complexo graças à expansão demográfica e econômica, e em que a Prússia, em especial, estava se expandindo muito rapidamente, a necessidade de delegar a tomada de decisão crescia de modo correspondente. Dobrar o número de secretários particulares depois de voltar da Guerra dos Sete Anos, e alocar a cada um deles responsabilidades específicas não resolveu o problema de Frederico.[40] A idade avançada significava que seu domínio sobre os negócios necessariamente diminuía, enquanto o volume aumentava inexoravelmente. Quando o sistema que ele legou em testamento naufragou com os desastres de 1806, as principais reclamações dos reformistas como Stein sobre a antiga ordem eram a influência dos secretários de gabinete (que desfrutavam de "poder sem responsabilidade") e a distância entre o soberano e os ministros.[41] Era um vício que Frederico transmitiu pela cadeia de comando. Quando encontrava oficiais em quem podia confiar, ele os sobrecarregava de responsabilidade. Friedrich Wilhelm von der Schulenburg-Kehnert, por exemplo, ou Friedrich Anton von Heinitz, tinham sua independência na maior parte do tempo. O primeiro acumulou tanta coisa que precisava da ajuda de 25 secretários empregados em sua residência particular. Incapaz de ler, quanto mais de dominar, todos os relatórios que caíam em seu escritório diariamente, ele, por sua vez, foi obrigado a dar aos subordinados uma grande liberdade de movimento.[42] De vez em quando, Frederico conseguia se mostrar consciente da necessidade de delegar. Quando David Lenz foi enviado ao recém-adquirido território da Frísia Oriental em 1744, ouviu que o rei só lhe daria conselhos gerais de conduta e política, porque ele próprio não conhecia as condições locais. Lenz deveria decidir o que era apropriado depois de se fixar.⁴³ Parece ter sido uma exceção que comprova a regra. Com Frederico ficando mais velho, seu gosto pelo microgerenciamento se manteve. Uma ordem de gabinete de agosto de 1783 estabelecia aos oficiais que eles não deviam "fazer nada por ideia própria, mas sim me perguntar primeiro, sobre absolutamente tudo, mesmo que sejam apenas coisas triviais".⁴⁴

Frederico tentou colocar algum movimento nesse pesado sistema com constantes rodadas de inspeção. Nisso, como em tantos outros aspectos, ele estava seguindo – mas intensificando – a prática de seu pai. A caminho de Königsberg no verão de 1740, sempre que parava em um distrito administrativo, esperava encontrar o *Landrat* (oficial local) lhe aguardando, equipado com um relatório sobre as condições e necessidades locais. O povo comum também estava autorizado a contribuir com opiniões e informações.⁴⁵ Isso deu o padrão do reinado. Durante as quatro décadas e meia seguintes, ele repetidamente cruzou suas propriedades, bajulando, ameaçando, muitas vezes criticando, às vezes elogiando e sempre fazendo perguntas. Alguma ideia do que estava envolvido nisso vem do registro de um oficial local chamado Fromme de Fehrbellin sobre uma visita de Frederico no verão de 1779. Entre outras coisas, o rei questionou por que nada parecia estar sendo cultivado num pedaço de terra em particular; a quantidade de gado e a incidência de epidemias bovinas (Frederico aconselhou o uso de sal-gema para a última); a drenagem, o aterro de terras e o transporte por água; a propriedade de terras; por que um oficial tinha se aposentado do serviço real (ele voltou várias vezes a esse tópico); a safra e o adubamento do trigo; por que não se cultivavam cânhamo e ísatis; a prosperidade, proteção e insolência dos camponeses; os imigrantes; um garanhão de mula; e a administração de madeira. Se pudermos confiar no relato, Fromme falava francamente quando o rei estava errado, e mantinha suas opiniões quando contrariado. Porém, não chegou a lugar nenhum ao lamentar que não tinha recebido remissão de impostos quando seu próprio rebanho foi dizimado por febre aftosa. Frederico disse: "Meu filho, hoje, algo está errado com meu ouvido esquerdo; não consigo escutar direito".⁴⁶ A preocupação predominante com questões militares, junto com a onipresença do clã Kleist, pode ser vista claramente no diálogo a seguir:

REI: Qual o nome da vila à frente?
FROMME: Protzen.

REI: Quem é o dono?
FROMME: Herr von Kleist.
REI: Qual Kleist?
FROMME: Um filho do general von Kleist.
REI: Qual general von Kleist?[47]

A notícia de que o rei estava a caminho deve ter causado medo no coração de todos os oficiais, mas, ao mesmo tempo, animou os súditos, especialmente os selecionados para fornecer hospitalidade, pois Frederico pagava 50 táleres por uma refeição e outros 100 táleres pela acomodação com café da manhã.[48] Eles também tinham a oportunidade de expressar suas queixas, até quando os cavalos estavam sendo selados em um posto de parada. Essa reputação real de ser acessível pode muito bem ter ajudado a conter os senhores de terra mais brutais. Em 1779, por exemplo, os plebeus de Marzahn, uma vila a leste de Berlim, ameaçaram enviar uma comitiva para encontrar Frederico em sua visita à Boêmia e apresentar uma reclamação.[49] O que aconteceu depois de o grupo real – em geral, bem pequeno – passar foi, é claro, outra história. Quanto às visitas reais, passadas e presentes, as melhorias feitas às pressas por oficiais nervosos muitas vezes se provavam cosméticas e temporárias. Um dos oficiais favoritos de Frederico, Carl Georg Heirich, conde von Hoym, ministro a cargo da Silésia, fazia todos os esforços para descobrir com antecedência a rota provável de Frederico pela província. Seus subordinados eram avisados sobre as questões prováveis; cachorros abandonados e mendigos eram reunidos e removidos; casas na rota eram pintadas; camponeses recebiam roupas bonitas emprestadas por um dia; e assim por diante. Especialmente onde haviam sido notadas falhas em uma visita anterior, tomavam-se medidas para indicar que elas estavam sendo corrigidas – andaimes eram erigidos em torno de um prédio decrépito, por exemplo (só para serem removidos de novo quando Frederico fosse embora).[50] Sabendo que a coisa que seu mestre mais gostava de ouvir era que a população de seu Estado estava aumentando, Hoym adicionava 20 mil imigrantes fictícios com uma canetada.[51]

Frederico deve ter suspeitado de que estava sendo enganado. Apesar de sua energia e sua aplicação, ele não conseguia estar em todos os lugares. Às províncias renanas ou à Frísia Oriental, ele só ia raramente. Na maioria das comunidades de seu grande terreno, a vida podia continuar tranquilamente, sem ser atrapalhada por odens emitidas no centro. De vez em quando, a frustração dele com a natureza esclerosada de seu governo levava a explosões contra seus oficiais, a quem ele se referia nas margens de documentos como ladrões, macacos, crápulas, lacaios, patifes, palhaços, idiotas, traidores e vagabundos.[52] Os oficiais da Câmara de Guerra e Domínios (principais corpos administrativos nas províncias), ele considerava "idiotas" caracterizados pela "indolência" e pelo "desleixo", bons apenas em criar "conspirações institucionalizadas" contra ele. Recebendo de bom grado denúncias anônimas que pareciam confirmar sua opinião, ele rapidamente os punia. Dos 41 presidentes provincianos que serviram durante seu reinado, ele demitiu onze.[53] As qualificações essenciais para uma vida tranquila no serviço público na Prússia eram, portanto, costas largas e cabeça dura. Os oficiais precisavam estar prontos para explosões periódicas de denúncias, como, por exemplo, quando Frederico disse à administração da Prússia Ocidental, após a descoberta de uma transgressão trivial: "Sem peso na consciência, é sempre possível enforcar 99 dentre cem comissários de guerra; já é muito se houver um único homem honesto entre eles".[54]

É um truísmo, embora confirmado pela experiência, que quem agride já foi vítima de agressão. No caso de Frederico, os excessos verbais de seu pai, dirigidos a pessoas mais fracas do que ele, certamente se repetiram. Um bom exemplo ocorreu no início do reinado, quando Frederico concluiu precipitadamente que seu ministro do Exterior, o conde Podewils, tinha deixado escapar ao emissário prussiano em Estocolmo informações sobre negociações conduzidas entre os dois países. Furioso, ele disparou uma carta de seu campo na Saxônia dizendo a Podewils que, se ele não conseguisse consertar a situação, seria "um homem perdido para sempre". A isso, seguiu-se, no dia seguinte, uma invectiva ainda mais destemperada, na qual Frederico dava voz à sua suspeita de que Podewils tinha se vendido ao ingleses, adicionando haver prisões suficientes na Prússia para acomodar ministros que o desobedeciam e que até sua própria cabeça estava em risco.[55] Em uma resposta cheia de nobreza, Podewils afirmou que sua pobreza e sua reputação eram defesas suficientes contra a acusação de corrupção; que as ameaças de Frederico não impressionavam alguém que valorizava sua honra mais que sua vida; e que tinha informado von der Linde sobre as negociações com a Suécia sob ordens diretas do próprio Frederico. E, só para se vangloriar ainda mais, Podewils completou que não era a primeira vez que o rei reclamava sobre ordens dadas oralmente e depois esquecidas. Deve ter sido grande a vergonha sentida ao receber essa devastadora resposta. Ele disse para

Eichel escrever de volta que tudo tinha sido resultado de "um pouco de pressa demais" e que a coisa toda estava esquecida e perdoada.[56]

Podewils era, no papel, o ministro mais sênior de Frederico (embora o rei tenha sempre sido seu próprio ministro do Exterior).[57] Devidamente intimidados pelo estilo abrasivo de Frederico lidar com pessoas, oficiais prussianos menos importantes na hierarquia costumavam manter a cabeça baixa. O que podia acontecer se tivessem coragem suficiente para questionar uma decisão real foi dramatizado em 1766, quando um oficial sênior de finanças, Erhard Ursinus, foi instruído a conduzir um inquérito sobre a crise econômica que afligia a Prússia desde o fim da Guerra dos Sete Anos, três anos antes. Em seu relatório, Ursinus identificou três culpados principais: as inevitáveis consequências da guerra; a crescente competição de outros países; e a política econômica equivocada do rei. Embora redigida de forma diplomática, a crítica sobre o último era radical. Especialmente prejudiciais à economia prussiana, destacava, eram o monopólio concedido à Levant Company; a guerra de comércio com a Saxônia; as restrições sobre o trânsito de mercadorias; o aumento na taxação ocasionado pelas novas leis de impostos sobre consumo; e, de forma mais geral, as medidas protecionistas que tinham tornado as manufaturas prussianas caras, de qualidade pobre e impossíveis de vender em outros países.[58]

Essas revelações eram nada menos que uma acusação a toda a política econômica de Frederico, e ele reagiu com a veemência esperada. Escreveu ao Diretório Geral: "Estou chocado com o relatório impertinente que me enviaram. Posso perdoar os ministros pela ignorância, mas a malícia e a corrupção do autor [do relatório] deve ser punida de modo exemplar, ou nunca conseguirei subjugar os vilões".[59] A punição exemplar que ele tinha em mente acabou sendo a demissão instantânea e a prisão em Spandau por um ano.[60] Isso parece ter encorajado os outros a, no futuro, manter para si suas críticas sobre a política real.

Era um azar que a maior influência positiva na juventude de Frederico tenha sido Voltaire, com quem ele aprendeu muito, inclusive muito desprezo. De Ruppin, em 1732, o conde Schulenburg relatou que a preocupação de Frederico em achar algo ridículo em todo mundo que conhecia, e sua tendência a fazer piadas dolorosas lhe causariam problemas mais tarde.[61] Como era rei, tinha oportunidades infinitas de demonstrar seu poder sobre indivíduos de forma má e mesquinha. O diário do extravagante cortesão bissexual conde Lehndorff é especialmente revelador. Ele venerava Frederico, que considerava o soberano do século, tão carismático que se destacaria numa multidão de milhares de pessoas em uma cidade estrangeira.[62] Mas também registrou alguns episódios de malícia de Frederico que dão dó de ler. Em 29 de janeiro de 1756, aniversário da princesa da Prússia (filha de seu herdeiro aparente), Frederico organizou um jantar de gala na corte, que terminou "de forma verdadeiramente terrível". Uma senhora solteira, Fräulein von Brand, sentada à mesa principal, conseguiu irritar Frederico de tal forma que ele ameaçou expulsá-la. Ele, então, piorou a situação anunciando a todos ali reunidos que apenas as mulheres bonitas conseguiam fisgar um marido, as feias só ficavam pela corte "e dá para sentir o cheiro dessas vacas horríveis a quilômetros de distância". Quando esse jantar horrível acabou, adicionou Lehndorff, houve uma corrida em massa para a saída, com a princesa de Hessen-Darmstadt anunciando que até aceitaria uma liteira (em vez de uma carruagem) se conseguisse simplesmente ir embora.[63] O próprio Lehndorff foi alvo da acidez de Frederico no mesmo ano. Ele tinha se apaixonado por um aristocrata inglês, Sir Charles Hotham, que não só era lindo, como também muito inteligente ("até para os padrões ingleses", completou ele, misteriosamente). Convidado a voltar à Inglaterra com ele, Lehndorff primeiro teve de pedir permissão real. Após uma semana de ansiedade palpitante, ele recebeu de Eichel a terrível notícia de que seu pedido tinha sido negado, sem razão, deixando o pobre Lehndorff em profundo desespero: "Eu choro, choro e choro".[64] Mas ele também estava com muita raiva, reclamando em seu diário que não havia nada que não faria por seu rei, mas que nunca recebia nada em troca. Deve ter-lhe ocorrido que sua posição importante na casa da rainha não era bem calculada para afeiçoá-lo a Frederico.

Há simplesmente evidências demais, tanto na vida pública quanto na privada, para evitar a conclusão de que as relações de Frederico com outras pessoas eram autoritárias a ponto de serem ditatoriais. Isso pode ser visto com especial clareza na esfera cultural, à qual ele dedicava tanto tempo e dinheiro. Em sua ópera, Frederico escolhia não se sentar no camarote real, preferindo um assento imediatamente em frente ao fosso da orquestra para ficar de olho tanto no palco quanto na partitura do diretor musical.[65] Ao visitar o local para assistir a uma apresentação de *Alessandro e Poro*, de Graun, em 1744, Johann Friedrich Borchmann descreveu que Frederico assumiu uma posição na primeira fileira imediatamente atrás dos irmãos Graun – Carl Heinrich, que conduzia as operações no teclado, e o líder da orquestra, o violinista Johann Gottlieb, ambos vestindo casacos vermelhos para distingui-los do resto da orquestra.[66] Um relato de uma testemunha sobre o que isso podia significar para os músicos veio do músico inglês Charles Burney, que visitou Berlim em 1772:

> O rei sempre fica atrás do *maestro di capella*, de frente para a partitura, que frequentemente olha, e de fato executa aqui o papel de diretor geral, tanto quanto de generalíssimo no campo [...] Na ópera, como no campo, sua majestade é um disciplinador tão rígido que se um erro é cometido em um único movimento ou evolução, ele imediatamente o marca e repreende o ofensor; e, se qualquer um dentre suas tropas italianas ousar se desviar da disciplina estrita, adicionando, alterando ou diminuindo uma única passagem nas partes que têm de executar, uma ordem é enviada, *de par le Roi*, para que eles se mantenham estritamente às notas escritas pelo compositor, a seu próprio risco. Quando as composições são boas e um cantor é licencioso, pode ser um método excelente; mas certamente impede qualquer gosto e refinamento. Assim, a música é verdadeiramente estacionária neste país, com sua majestade não permitindo mais liberdades nela do que em questões do governo civil; não contente por ser o único monarca das vidas, fortunas e negócios de seus súditos, ele chega a prescrever regras para seus prazeres mais inocentes.[67]

O mesmo gosto pelo microgerenciamento já notado em questões administrativas era praticado com ainda mais detalhes em questões culturais. "Ditatorial" ou "despótico" são adjetivos muitas vezes aplicados tanto por contemporâneos da época quanto por historiadores. O regime musical era "um exemplo chocante de despotismo artístico, de controle quase obsessivo por um monarca dos menores detalhes da criação de músicas para a gratificação de seu próprio gosto musical firmemente delineado e nada variado".[68] Não é incomum que quem pague a banda escolha a música, mas Frederico ia além. Segundo seu último *Kappelmeister*, Johann Friedrich Reichardt, o rei interferia em todos os aspectos da criação da música, fosse ritmo, escalas (sem escalas menores!) ou orquestração. "Não havia nada que ele não decidisse", concluiu Reichardt, "e a punição para transgressores era severa".[69] Como escreveu Frederico a seu *directeur des spectacles*, Graf von Zierotin-Lilgenau: "Os cantores e os músicos estão inteiramente sujeitos à minha escolha, bem como muitos outros objetos conectados ao teatro, que eu encomendo e pelos quais pago" e, em outra ocasião, "Você agiria de forma muito mais sensata se fizesse o que eu mando e não discutisse, porque isso é algo que não tolerarei".[70] Essa atitude imperiosa era revestida de um elemento de desprezo ainda menos agradável. Assim, quando ele demitiu seu mestre de balé, Potier, também publicou uma carta na imprensa francesa denunciando-o como tolo e patife.[71] A notícia se espalhou: em 1777, o famoso cantor italiano Ferrandini declinou um compromisso em Berlim com o argumento de que era sabido que Frederico tratava seus cantores como se fossem soldados.[72]

Uma cantora que sentiu todo o peso dessa atitude foi Gertrude Elizabeth Mara (antes Schmeling), uma das maiores sopranos de sua época. Como registrou em sua autobiografia em 1774, ela recebeu de Londres o tipo de oferta com que cantores prussianos só podiam sonhar: 1.200 guinéus por doze noites, mais 200 guinéus para despesas de viagem e um concerto beneficente. No início, Frederico deu permissão, embora insistisse que o marido dela deveria ficar em Berlim como garantia de que ela ia voltar, mas depois mudou de ideia no último minuto. Quando o casal tentou escapar para cumprir o compromisso, foi capturado nos portões de Berlim, e o marido foi preso por dez semanas. Não era sua primeira prisão, pois Frederico o tinha condenado antes por escrever para reclamar que sua esposa era obrigada a cantar uma ária de que não gostava. A resposta real foi que Madame Mara era paga para cantar, não para escrever. A ária – do compositor da corte, Reichardt – foi devidamente cantada.[73] Em 1780, ela ficou doente, mas Frederico se recusou a permitir que ela fosse a uma estância termal boêmia para se curar. "Mas, agora, começo a sentir o peso da escravidão", escreveu ela em sua autobiografia. "Não só eu estava tendo de enterrar minha fama e minha fortuna com ele [Frederico], como agora também minha saúde", então, dessa vez, ela e seu marido planejaram a fuga com cuidado. Descrevendo suas emoções ao acordar pela primeira vez na segurança da Boêmia, ela escreveu: "Uma manhã magnífica me esperava ao despertar, havia um gramado em frente à casa, então pedi que meu chá fosse servido ali e me senti completamente feliz – *O Liberté!*".[74]

"La Mara" também era tema de uma famosa anedota corrente na Prússia, que exemplificava o desprezo de Frederico pela cultura alemã. Quando ficou sabendo sobre uma garota local com uma voz maravilhosa, diz-se que ele bufou: "Uma cantora alemã? Seria melhor esperar sentir prazer com o relincho de meu cavalo".[75] Outra versão da mesma história coloca em sua boca: "Prefiro que as árias de minhas óperas sejam relinchadas por um cavalo a ter uma *prima donna* alemã", tendo se recusado até a ouvi-la, argumentando que ela teria um *"accent tudesque"*.[76] Na verdade, uivadas por um cão teria sido uma metáfora mais apropriada, pois La Mara relatou que quando, por fim, conseguiu uma audição, encontrou Frederico sentado em um sofá com o general Tauentzien e três galgos italianos que imediatamente começaram a latir – como sempre faziam quando viam uma mulher.[77] É preciso adicionar, porém, que ela estava escrevendo sua autobiografia mais de quarenta anos depois, e não mencionou os problemas causados para seu empregador por seu marido desonesto, nem sua própria relação tumultuada com seu pai.[78]

Num mundo que lembrava *Alice no País das Maravilhas*, onde a Rainha de Copas estava constantemente gritando "Cortem-lhe a cabeça!", a desgraça era um perigo sempre presente. Entre os numerosos leitores/bibliotecários de Frederico, apenas dois – o primeiro (Jordan) e o último (Dantal) – *não* foram demitidos.[79] Quando o diretor de construções há mais tempo no cargo, Heinrich Ludwig Manger, enviou um orçamento considerado excessivo, viu-se denunciado como ladrão e vigarista e despachado para a prisão. Logo foi solto, mas apenas porque Frederico morreu no mês seguinte.[80] Nem todas as vítimas dos caprichos reais tinham tanta sorte; por exemplo, um camponês chamado Havenbroek, que surrou tanto um vizinho por não obedecer a uma decisão da corte que sua vítima morreu. Ele foi condenado a três anos de prisão por homicídio culposo. A enraivecida diretiva marginal de Frederico dizia: "Devem sentir vergonha de se chamar de juízes, homens do saber e oficiais da corte e dar um veredito e uma sentença dessas. De acordo com os ditados da razão e da lei natural, quero que Havenbroek seja decapitado".[81] Mais ofensivo foi o enforcamento sumário de um capelão católico do exército na Silésia, que supostamente tinha dado um mau conselho a dois soldados prussianos que haviam revelado, em confissão, sua intenção de desertar. O corpo ficou pendurado na forca ao lado da estrada pelos quatro anos seguintes, até ser retirado pelos austríacos em 1760.[82]

Esses episódios da vida de um autocrata não devem ter tornado Frederico amado por aqueles afetados por suas decisões, mas certamente o tornavam temido e respeitado. Entre os estrangeiros, era popular a opinião negativa do emissário britânico Hugh Elliot: "A monarquia prussiana me lembra uma vasta prisão, no centro da qual aparece o grande guarda, ocupado por cuidar de seus presos".[83] Como próspero filho de um baronete escocês posicionado num regimento de Guarda aos dez anos de idade e tendo recebido seu primeiro posto diplomático aos 22, Elliot podia ser desdenhoso.[84] O historiador de arte nascido na Prússia Johann Joachim Winckelmann condenou a terra de seu nascimento como a essência do despotismo e emigrou, primeiro para a Saxônia e depois para Roma.* Mas esse não é o quadro completo. Não é tanto a justiça, mas a necessidade de compreender por que a Prússia de Frederico funcionava tão bem que exige que igualmente se olhe o outro lado. Durante todo o reinado de Frederico, houve um fluxo de imigrantes. Como veremos, de um lado da escala social, isso incluía príncipes em busca de comissões em um dos exércitos mais prestigiosos da Europa e, de outro, migrantes empobrecidos economicamente atraídos por ofertas de terras de graça. Entre eles, havia um surpreendente número que acreditava que a Prússia era um Estado ao qual valia a pena servir.

O mais famoso era o cavaleiro imperial Karl vom Steim, futuro reformador prussiano. Era um entre muitos. De fato, o biógrafo mais recente de Stein escreveu sobre uma "virada abrupta de toda uma geração de jovens na direção de Berlim".[85] A decisão de Steim de, em 1780, buscar emprego como burocrata prussiano era um elogio e tanto ao ambiente criado por Frederico. No passado, a maioria dos cavaleiros imperiais, inclusive os protestantes, tinha buscado Viena, pelo bom motivo de que o imperador Habsburgo era o principal protetor da ordem no Reich. Esses "prussianos por escolha" dariam uma contribuição poderosa à recuperação de seu país adotado depois das desastrosas derrotas de 1806, e entre eles estavam Hardenberg, Fichte, Hegel, Scharnhorst, Gneisenau e Blücher.[86]

Representando a classe média profissional, havia Christian Wilheim Dohm, nascido em Lemgo como súdito do conde de Lippe. Depois de se formar, ele recusou um posto em Hanôver porque esperava uma oferta da Prússia. Apenas os termos mais sedutores, completou, o desviariam de "um Estado que considero o melhor para a humanidade oprimida, e que oferece o melhor escopo para a atividade construtiva livre de intrigas e outros obstáculos". No fim, ele aceitou um cargo de professor em outro lugar, Kassel, mas apenas na expectativa de que isso acelerasse sua mudança a Berlim. Escreveu a seu amigo, o escritor prussiano Gleim: "É minha intenção firme, ou melhor, meu desejo, servir a teu grande Frederico. Isso é o que vejo como meu principal objetivo de vida".[87] Ele o conquistou três anos depois, em 1779,

---

* Ver também adiante, p. 136.

e permaneceu um "prussiano por escolha" leal até morrer, em 1820. A experiência direta com seu país adotado não diminuiu seu entusiasmo; pelo contrário, Dohm tornou-se um de seus mais eficazes propagandistas. Para outro amigo intelectual, Friedrich Heinrich Jacobi, ele escreveu em 1781:

> Meus princípios são verdadeiramente republicanos; mas, de todas as monarquias, considero a nossa a melhor, porque há um grande homem na liderança e porque em nenhum outro país há menos opressão ou injustiça e, quando se encontra opressão, ela ao menos é ordeira e regular, e depende o menos possível de circunstâncias pessoais. Não é um grande bem cada súdito ter o direito de peticionar ao Rei se o desejar?[88]

Se tivesse nascido bretão, suíço ou até cidadão de uma Cidade Imperial Livre, completou, não teria se mudado para a Prússia, mas, de todas as monarquias, aquela era a melhor. Dohm conseguiu até publicar seu tratado inovador sobre a emancipação dos judeus, embora Frederico desaprovasse o conteúdo.[89]

Dohm era culto, inteligente e articulado. Ele podia ter achado uma boa posição em qualquer um dentre as dezenas de Estados germânicos. Sua escolha pela Prússia de Frederico tem de ser respeitada. Ele foi atraído pelo espírito de dever, serviço, abnegação, justiça e eficiência propagado pelo rei. Como admitiu em suas memórias, tinha se impressionado ainda com o sucesso militar de seu ídolo.[90] Como veremos, Dohm e seus colegas também estavam convencidos de que viviam num Estado que, apesar de todas as suas limitações, promovia o progresso iluminado e a letra da lei.* Essa combinação sedutora de cultura e poder se destacava como um contraste agudo à autoindulgência e fraqueza de tantos príncipes do Sacro Império Romano.

---

*   Ver adiante, pp. 380-1.

6

Cultura

ÓPERA

A ascensão de Frederico ao trono o tornou um jovem muito rico. A fortuna herdada de seu pai não apenas era colossal, mas estava imediatamente disponível.* Diferentemente de contemporâneos como Maria Teresa da Áustria ou Frederico, príncipe de Gales, ele agora podia se permitir desfrutar do que quisesse. Em sua visão sobre a invasão da Silésia no fim daquele ano, grande atenção é dada à atividade militar que essa grande reserva tornou possível, mas ele também encontrou tempo para continuar em escala muito maior o processo de autodefinição que começara depois de seu casamento. Como vimos, sua primeira indulgência foi enviar dinheiro a Londres para trazer de volta seu amante, Algarotti, e depois enchê-lo de presentes.** Essa liberação sexual foi acompanhada da criação de um ambiente estético, tanto cultural quanto material, no qual ele pudesse sentir-se confortável.

Uma parte crucial dessa construção ficou por conta da música. Em Ruppin e depois em Rheinsberg, Frederico tinha de cuidar para não dar um passo maior que a perna, segundo os limites estabelecidos por seu parcimonioso pai. Agora, podia se dar a luxos. A pobreza do estabelecimento musical que ele herdara foi dolorosamente divulgada quando solistas tiveram de ser emprestados da corte saxã para apresentar o oratório escrito para o funeral de Frederico Guilherme I.[1] Seu compositor, Carl Heinrich Graun, foi imediatamente despachado à Itália para recrutar os melhores cantores que o dinheiro podia comprar.[2] Ele voltou em março de 1741 com cinco homens e

---

*   Ver anteriormente, p. 23.
** Ver anteriormente, p. 65.

quatro mulheres.³ Outro enviado foi o arquiteto e amigo de Frederico Georg Wenzeslaus von Knobelsdorff, nesse caso, para examinar os teatros em Dresden e Paris como estudo para a construção de uma nova grande ópera em Berlim.⁴ Era um plano de longa data, já discutido intensamente em Rheinsberg. Frederico tinha se preparado cuidadosamente enviando Knobelsdorff a Dresden em 1732, onde quatro anos antes ele mesmo tinha ficado muito impressionado com o teatro de Augusto, o Forte, e depois à Itália em 1736-7 para estudar os grandes teatros de Nápoles, Roma, Florença e Veneza.⁵ Uma influência de maior alcance era o palladianismo inglês, mediado pelo *Vitruvius Britannicus* de Colen Campbell, um compêndio ricamente ilustrado de *designs* publicado em três volumes entre 1715 e 1725 e que estava em posse de Frederico. Também em sua biblioteca estava o *Fabbriche Antiche disegnate da Andrea Palladio*, reunido e editado pelo mecenas de Campbell, o também arquiteto Lord Burlington. Era uma influência encorajada pelo onipresente Algarotti, cujo próprio entusiasmo por Palladio o tinha levado ao círculo de Burlington durante sua estadia em Londres. Ele obtivera o *Quattro libri dell'architettura*, de Palladio, reimpresso em Veneza com magníficas gravuras novas estampadas em vez de xilogravuras.⁶

A ópera que Knobelsdorff e Frederico, então, criaram, foi considerada "o primeiro monumento importante do neopalladianismo na Alemanha".⁷ Arquiteto e mecenas precisavam se unir, pois o primeiro escreveu nos planos que Frederico tinha fornecido o desenho e que ele, Knobelsdorff, apenas o tinha transformado em plantas arquitetônicas.⁸ Na realidade, o prédio era altamente derivativo, pois a fachada norte é uma cópia direta do desenho de Colen Campbell para a Stourhead em Wiltshire e a fachada oeste foi tirada do projeto de Campbell para a Wanstead House, em Essex.⁹ Sua construção, porém, se provou problemática. O motivo, em parte, era a relutância do parente de Frederico, o marquês de Brandemburgo-Schwedt, em vender sua propriedade que integrava o terreno. Houve mais atrasos causados pela importação de toras de madeira muito grandes da Polônia, para a fundação profunda exigida em decorrência do solo pantanoso.¹⁰ A ausência de Frederico, em campanha na Silésia desde dezembro de 1740, não ajudava. Foi seu irmão, o príncipe Henrique, de quinze anos, que colocou a pedra fundamental em 5 de setembro de 1741. O trabalho, importunado por uma série de ordens de Frederico, foi então apressado, de forma que a primeira apresentação pudesse ocorrer em 5 de dezembro de 1742.¹¹ Nesse ponto, o que se provou ser a primeira de três guerras silesianas tinha sido concluída com sucesso, com a Silésia cedida pelos austríacos derrotados.* Num gesto triunfal digno de Luís XIV, Frederico escolheu para inaugurar seu novo teatro a ópera *Cesare e Cleopatra*, de Graun, embora seja duvidoso que ele tivesse a intenção de seguir o exemplo de seu modelo romano a ponto de fazer amor com sua própria imperatriz derrotada, Maria Teresa.

Era preciso muito mais trabalho para equipar a nova ópera, ainda coberta por andaimes na primeira noite, embora os cenários de Giacomo Fabris fossem magníficos e houvesse uma orquestra de quarenta músicos.[12] Quando a construção foi finalizada, um ano depois, Voltaire, em carta a Maupertuis, a elogiou como "a melhor da Europa".[13] Era também uma das maiores, capaz de receber um público de 2 mil pessoas, admitidas por cinco grande entradas, por cada uma das quais cinco pessoas podiam passar simultaneamente.[14] As passagens interiores tinham a mesma grande escala, permitindo que liteiras fossem carregadas direto para dentro e chegassem até o pavimento mais alto. Os visitantes também elogiaram os camarotes espaçosos ("que mais pareciam *boudoirs*"), as boas linhas de visão, a ventilação eficaz e a acústica excelente. A tecnologia de ponta permitia a transformação rápida do auditório inclinado em uma superfície plana para bailes. Grandes tanques de água no telhado eram usados ao mesmo tempo como reservas para efeitos especiais no palco, para esfriar os cômodos com fontes e para extinguir incêndios.[15]

Como pretendido, a fama da nova ópera de Frederico se espalhou por toda a Europa pelo crescente número de estrangeiros convencidos de que Berlim *"vaut le voyage"*, para empregar a expressão de um guia Michelin. O mercador e filantropo inglês Jonas Hanway, que parou em Berlim em sua jornada de volta da Pérsia, relatou em 1750: "O extremo deleite do rei com a música e o grande conhecimento pessoal dele sobre essa ciência levaram essa forma de entretenimento [ópera] à perfeição. Os vestidos, as cenas e o maquinário na ópera de *Phaeton* são de fato os mais elegantes e magníficos".[16] Os que não podiam ter uma experiência em primeira mão podiam tirar a prova por meio dos inúmeros retratos pictóricos produzidos. Estes enfatizavam – muito mais claramente que ilustrações atuais – que se tratava de um prédio *independente*, tão independente, na verdade, que se dizia haver ao seu redor espaço para mil carruagens.[17] Foi, inclusive, a primeira ópera independente da Europa.[18] Todos os teatros reais anteriores tinham sido lo-

---

*   Ver anteriormente, pp. 101-2.

calizados ou dentro do terreno do palácio – Versalhes, Munique, Mannheim, por exemplo – ou imediatamente ao lado dele, permitindo que a realeza acessasse seu camarote por uma passagem particular – Viena, Turim, Nápoles, por exemplo. Além disso, esses interiores eram dominados por um gigantesco camarote real, diretamente em frente ao palco e em geral ocupando dois ou mais andares. Também havia um camarote real no teatro de Berlim, mas Frederico não o utilizava.[19]

SACRALIZAÇÃO

Há mais envolvido no tema do que se vê à primeira vista. O principal propósito do Real Teatro di San Carlo, por exemplo, construído por Carlos IV de Nápoles em 1737, era figurativo, proclamando a majestade do mecenas. A ópera de Frederico também tinha a intenção de impressionar seus contemporâneos, entre eles, em especial, os soberanos, além de ser espaço para seu divertimento pessoal. Mas igualmente representava sua homenagem às artes em geral e à música em particular. A inscrição colocada por ele acima do pórtico não era Théâtre Royale de Saint Frédéric, mas Fridericus Rex Apollini et Musis. Era um templo estético "dedicado a Apolo e às Musas pelo rei Frederico", seu autonomeado grande sacerdote. O frontão na rua lateral mostrava Apolo com Tália (musa da comédia) e Melpômene (musa da tragédia), enquanto o lado sul apresentava Orfeu, filho musical de Apolo e Calíope.[20] Como veremos depois, Apolo faria outra aparição quando Frederico construísse o Novo Palácio em Potsdam depois da Guerra dos Sete Anos.*

A construção desse templo autônomo das artes era um prenúncio inicial do que se tornaria um movimento poderoso, especialmente na Europa falante de alemão: a sacralização da cultura. Isso significava a emancipação da alta cultura de qualquer função figurativa e recreativa e sua elevação à atividade sacralizada, a ser idolatrada por si só. Em sua essência, paradoxalmente, estava seu aparente oposto: a secularização. Com as formas tradicionais de religião organizada se retraindo, um número crescente de intelectuais começou a buscar em outros lugares seu sustento metafísico e espiritual. A arte foi promovida e, de instrumento para glorificar a Deus, passou a ser

---

* Ver adiante, p. 168.

o próprio Deus. O expoente único mais influente dessa nova arte-religião era Johann Joachim Winckelmann (1717-68), prussiano de nascimento que passou a maior parte de sua vida adulta em Roma. Ele odiava Frederico e tudo o que este representava – "Tremo dos pés à cabeça quando penso sobre o despotismo prussiano e aquele opressor de nações, que tornará seu país [...] um objeto de maldição e horror eternos entre os homens"[21] –, mas, na verdade, os dois tinham muito em comum, incluindo sua orientação sexual e seu entusiasmo por escultura clássica. Mesclando a introspecção pietista com o paganismo sensual, Winckelmann criou uma religião estética. Seu relato sobre o *Apolo Belvedere*, por exemplo, é mais do que a apreciação de uma estátua: é um exercício religioso, pois, para ele, a estátua não representa um deus, ela é um deus.[22]

Frederico compartilhava da mesma mescla de deleite sensual e esteticismo idealista. De seu campo na Boêmia em abril de 1742, ele escreveu a Algarotti, que estava em missão diplomática no Piemonte, para pedir que ele tentasse contratar o cantor Pinti, autorizando a oferta muito generosa de 4 mil táleres anuais. Ele, então, irrompeu em versos para exaltar sua devoção às artes:

> Ó, companhias de doces prazeres, amados filhos dos deuses
> Correi para satisfazer meus sentidos voluptuosos:
> Abri-vos, a mim, os portões da vida.
> Aplacai as famas incitadas por minhas paixões.
> E vós, os perfumes da Arábia,
> E vós, os néctares da Hungria,
> Dai-me em abundância vossos deliciosos gostos.
> E vós, melodia arrebatadora,
> Cujos efeitos milagrosos
> Espalham vossa mágica pelos órgãos até o coração,
> Seja a lisonjeira doçura da melancolia
> Ou o poderoso afluxo de emoções joviais.
> Quando a alma, só, está tranquila,
> Licenciada dos cuidados fúteis
> Ela sabe saborear esse êxtase e esses momentos felizes
> Desfrutados pelo povo celestial,
> Vinde, ó, companhias das artes, companhias sempre bem-vindas
> E criai comigo vosso lar imortal, para sempre.[23]

A ópera de Berlim era a catedral metropolitana da arte-religião de Frederico. Era ali que as grandes produções imponentes eram apresentadas, na forma de grandes óperas montadas durante a temporada de carnaval. Eram produções luxuosas, multimídia, apresentando uma combinação de teatro, música e balé que apelavam tanto aos olhos, por meio dos lindos figurinos e cenários elaborados, quanto aos ouvidos. Eram também multinacionais: a maioria dos cantores era italiana, os dançarinos eram franceses, e os músicos, alemães. Embora muito frequentemente descrito como francófilo, Frederico, na realidade, tinha uma opinião em geral pobre sobre a cultura francesa. Durante a era dourada de meados do século XVII, acreditava ele, escritores franceses, liderados por Corneille e Racine, tinham produzido obras dramáticas de qualidade insuperável, mas, desde então, sua estrela tinha perdido o brilho. Desprezando a música francesa como "pueril", ele disse para Graun parar de compor prelúdios no estilo francês; já a música italiana moderna era melíflua quando cantada adequadamente, mas, essencialmente, "estúpida".[24] O que Frederico exigia era música no estilo italiano, mas escrita por alemães. Atribui-se a ele a declaração: "Os franceses só sabem escrever teatro e os italianos só sabem cantar; apenas os alemães compreendem como compor música".[25] Na prática, isso significava que o repertório de óperas durante seu reinado foi dominado por Graun, seu primeiro *Kapellmeister*; por Johann Friedrich Agricola, que sucedeu Graun após a morte deste em 1759; e por Johann Adolf Hasse, que Frederico nunca empregou, mas que admirava muito desde que ouviu sua ópera *Cleofide*, em Dresden, em 1728.[26] Como destacou o notável crítico e historiador musical Charles Burney: "A música deste país é mais verdadeiramente alemã do que aquela de qualquer outra parte do império; pois, embora haja constantemente óperas italianas aqui, na época do carnaval, sua majestade prussiana não permite que nenhuma seja apresentada que não as de Graun, Agricola ou Hasse".[27]

OS DELEITES DA MÚSICA

O contraste com outras cortes da Europa era impressionante. Muitos dos colegas soberanos de Frederico eram igualmente cultos, entusiasmados e ditatoriais, mas nenhum tinha tal acesso desimpedido a um dinheiro imediatamente disponível. Quando Frederico decidiu que queria uma cantora particular, teve os meios para fazê-lo acontecer. Como vimos,* Frederico sempre teve um substancial pote de dinheiro à sua disposição, administrado por seu factótum Fredersdorf, completamente independente das finanças regulares do Estado. Foi essa fonte de dinheiro que trouxe, entre muitos outros, Carl Philipp Emmanuel Bach a Berlim em 1740.[28] Ironicamente, o fluxo de cantores de primeira linha da Itália – Giovanni Carestini, Antonio Uberi ("Porporino"), Felice Salimbeni, Paolo Bedeschi ("Paulino"), Benedetta Molteni, Giovanna Astrua – foi possível devido à parcimônia de seu predecessor. Ah, como Frederico Guilherme I teria se enfurecido se soubesse que suas economias estavam sendo desperdiçadas em *castrati*** italianos e bailarinos franceses. Como sempre no mundo musical, havia um abismo entre o salário das estrelas no palco e dos músicos de orquestra na fossa. Porporino recebia mais de 2 mil táleres anuais, Slimbeni e Carestini mais que o dobro disso e Giovanna Astrua ainda mais, chegando talvez até 6 mil.[29]

Até o mais superficial passar de olhos na correspondência de Frederico revela quanto tempo e esforço ele dedicava ao mundo das grandes óperas. Era mais que uma questão de exibição, de competir com seus concorrentes monárquicos. Era uma necessidade psicológica de criar para si um mundo visual, dramático e sônico no teatro. Frederico desprezava a exibição excessiva das óperas produzidas em Dresden, que considerava apenas espetáculo sem conteúdo, efeitos sem causas. Em janeiro de 1755, ele escreveu para sua irmã Guilhermina sobre uma apresentação de *Ezio*, de Porpora, naquela cidade, que tinha colocado no palco duas companhias de granadeiros e dois esquadrões de cavalaria leve com vestimentas romanas, vinte camelos, quatro mulas e uma carruagem guiada por quatro cavalos brancos. Essas extravagâncias saxãs, observou ele, buscavam apenas os olhos e fracassavam em tocar o coração. Para ele, uma cena comovente valia mais do que toda essa jactância triunfalista: "Ai daqueles que nunca conheceram o arrebatamento das lágrimas!".[30] Ainda assim, sua paixão era fundamentada por seu autoconhecimento e temperada por uma consciência das alternativas. Isso pode ser visto com especial clareza em seu poema revelador, mas negligenciado, intitulado simplesmente "Sobre os prazeres", endereçado em 1749 a

---

*   Ver anteriormente, p. 59.
**   Cantores castrados ainda na infância para manter um timbre peculiar de soprano ou contralto. [N.T.]

seu *directeur des spectacles*, Ernst Maximilian Sweerts, barão von Reist.* Com duzentas linhas, ele começa com uma rejeição dos intensos, mas fugidios e perigosos, prazeres da carne oferecidos por prostitutas, antes de colocar na boca de Sweerts a ordem:

> Vá ao palácio de encantamento e magia,
> Onde espetáculo, dança e a arte de música
> Combinam centenas de prazeres diferentes para criar um só.[31]

Frederico responde a Sweerts que está contente de obedecer, pois ama todos os prazeres condenados por *"un faux mystique"* (o Cristianismo) e sempre seguiria o evangelho epicurista. Ele continua dizendo que só desejaria que sua alma tivesse cem portas, como a cidade antiga de Tebas, por meio das quais todos os prazeres possíveis pudessem entrar. Mas, depois, dedica tempo considerável a exortar as atrações superiores dos fenômenos naturais – o amanhecer, a névoa, as montanhas, as flores, os pássaros – e conclui que superam as belezas artificiais oferecidas por Sweerts ("a natureza tem o direito de triunfar sobre a arte"). Frederico também aproveita a oportunidade de defender o pluralismo:

> Ficamos imunes aos prazeres dos outros,
> E, se nossos instintos nos compelem a preferirmos os nossos,
> Que toleremos os de todos:
> Como tudo nos seres humanos, cada um é diferente.
> Em vez disso, que abençoemos a sábia Providência,
> Que deu tal abundância e tal variedade de gostos
> que há suficientes para todo mundo.

O poema terminava com um ataque à noção do teatro como uma escola de morais. Vamos lá para nos divertir, escreveu Frederico, não para ouvir um sermão. Em todo caso, ninguém jamais tinha sido convertido à virtude ali. O autoaperfeiçoamento só podia ser conquistado pela luta e introspecção pessoais. Assim, Frederico terminava com a alegre observação de que o

---

* Descobri muito pouco sobre ele, exceto o fato de que seu nome foi grafado dezenas de formas diferentes. Nem ele, nem este poema parecem ter sido discutidos antes.

que Sweerts tinha a oferecer eram apenas *"vains plaisirs"*, a serem desfrutados quando acabasse a labuta diária.

Não é a primeira nem a última vez em que fica difícil saber se a ironia habitual de Frederico está se transformando em insinceridade. O poema apareceu em *Œuvres du philosophe de Sanssouci* em 1750, em uma pequena edição impressa exclusivamente para amigos íntimos, embora uma edição pirateada tenha aparecido na França dez anos depois.[32] O amigo íntimo número um era, claro, Voltaire, cujo tom irônico Frederico procurou imitar, e que ele vivia tentando impressionar. Uma expressão mais solene e provavelmente mais sincera de sua devoção às artes se encontrava na epístola em verso a Algarotti citada anteriormente. Ambas as obras tinham em comum um vocabulário sensual, para não dizer erótico. No caso da nominalmente dirigida a Sweerts, havia o "adorável Deus da ilha do amor [...] embebedando-se com centenas de prazeres flamejantes [...], atmosfera lasciva [...], sensações voluptuosas [...]" – e isso só na primeira página.

MÚSICA E ILUMINISMO

Certamente, Frederico não seguiu sua própria observação a Sweerts de que o teatro devesse evitar a pregação. Todos os libretos das grandes óperas apresentadas durante seu reinado promoviam virtudes, especialmente aquelas associadas com os governantes idealizados da Antiguidade Clássica: coragem na adversidade, moderação, altruísmo e, acima de tudo, clemência. Como eram em geral adaptações de textos compostos inicialmente pelo poeta da corte austríaca, Pietro Metastasio, isso não era surpreendente. Frederico deu, porém, um toque inteiramente pessoal a pelo menos um de seus libretos: *Montezuma*, que ele escreveu em francês e mandou para o poeta da corte Giampietro Tagliazucchi traduzir para o italiano, e para o prolífico Carl Heinrich Graun transformar em música (era a 24ª ópera deste em Berlim).[33] Fortemente influenciada por *Alzire, ou les Américains*, de Voltaire (1736), a estreia da obra aconteceu na ópera de Berlim em 1755, com cenários luxuosos desenhados por Carl Friedrich Fechhelm.[34] Uma das melhores óperas de Graun, ela se provou um sucesso considerável. Foi apresentada oito vezes em 1755 e reavivada em várias ocasiões após a Guerra dos Sete Anos.[35] Também pode-se alegar que era uma "ópera de reforma". Sob ordens de Frederico, as árias *da capo* foram substituídas por cavatinas de duas seções, e conjuntos de músicos eram usados para impulsionar a ação de uma maneira que antecipa Mozart.[36] Observando as unidades exigidas pela estética clássica, ela reconta o último dia da vida do rei mexicano homônimo e seu assassinato pelo conquistador espanhol Hernán Cortés. A trama não é sutil, é uma afirmação, não uma nuance. Os católicos hispânicos são uniformemente intolerantes, arrogantes, cruéis, libidinosos; e os pagãos mexicanos são uniformemente gentis, corteses, hospitaleiros, iluminados e tolerantes. Uma amostra representativa é o diálogo a seguir, que acontece após Cortés ter sucesso em seu truque para entrar no palácio real:

> Cortés: Tudo e todos devem se ajoelhar ao Deus Todo-Poderoso que adoro.
> Montezuma: É assim que mostras tua gratidão?
> Cortés: Nossas leis nos ordenam a exterminar bárbaros que ainda fazem sacrifícios humanos. Vamos a campo não para fazer conquistas, mas em nome de nosso Deus, e buscamos vos converter a essa fé sublime, que tanto satisfaz o Todo-Poderoso.
> Montezuma: O quê! Devo acreditar em um Deus que aceita a traição? O que devo pensar de uma fé que te ordena a condenar todos que não compartilham de tua opinião? O que devo pensar de um Deus que aprova tuas atrocidades?
> Cortés: Não és digno da religião que insultas.
> Montezuma: Mas nossa religião é muito superior. Pois ela nos ordena a amar todos os seres vivos e nos proíbe de desprezar os que não compartilham de nossa fé. Ela exige que provemos nossa virtude por nossos feitos e impõe as mais severas penalidades para o tipo de crime que cometes. Ah, quanta diferença! Ah, inimigo bárbaro![37]

Um deísta impecavelmente iluminado, Montezuma canta ao ser arrastado para a execução: "Sem medo, volto como alma pura ao seio da natureza; e sem medo, devolvo meu corpo aos elementos que o deram à luz", palavras repetidas quase literalmente no último testamento do próprio Frederico.[38] Eupaforice, uma princesa mexicana prometida a Montezuma, frustra o desejo de Cortés cometendo suicídio, mas não antes de organizar a incineração da cidade. Um furioso Cortés declara que a única forma de lidar com os nativos é exterminá-los, ordenando que seus soldados usem a espada sobre a cidade, matando cada ser vivo nela, adicionando, como palavras finais da ópera: "E, assim, o México será conquistado para o rei da Espanha e a Verdadeira Fé".[39] No teatro, essa cena final de saques, assassinatos, estupros e caos generalizado foi elevada por um balé e efeitos especiais de palco.[40]

Como se fosse necessário, Frederico explicou o ponto polêmico de seu libreto numa carta a Algarotti datada de outubro de 1753:

> Se tuas óperas [na Itália] são ruins, verás uma aqui que talvez não as superará. É *Montezuma*. Escolhi o assunto e estou trabalhando nele no momento. Percebes, tenho certeza, que minhas simpatias estão com Montezuma; Cortés será o tirano e, consequentemente, é possível, também na música, zombar um pouco da religião cristã. Mas esqueço que agora estás numa terra da Inquisição, e peço desculpas, esperando ver-te novamente em uma terra herege, onde até a ópera pode servir para mudar a moral e destruir superstições.[41]

Ele também poderia ter adicionado que Montezuma deveria ter mantido um exército forte para defender seu país contra predadores estrangeiros. Pelo menos, pode-se afirmar que Frederico foi inteiramente sincero em sua aversão ao catolicismo e em seu apoio à tolerância. O mesmo não se pode dizer sobre a mensagem de outra de suas óperas, *Silla*, também traduzida para o italiano por Tagliazucchi e composta por Graun, pois, nesta, o herói renuncia à sua ditadura quando a emergência acaba, devolve o governo constitucional a Roma e se aposenta em sua vida particular – não é o tipo de cenário que se esperaria de Frederico na vida real.[42]

A ópera-séria representava apenas uma parte da vida musical de Frederico, ainda que fosse a mais formal. Ele também dedicava um bom tempo e esforço ao outro lado da moeda, a ópera-bufa ou ópera cômica. O reinado de Frederico coincidiu com a era dourada do gênero. Criada em Nápoles durante a primeira década do século XVIII, ela se espalhou rapidamente para o norte, levando consigo tudo o que encontrou pela frente. Entre outras coisas, desencadeou uma furiosa polêmica na França – a *"Querelle des Bouffons"* – entre os apoiadores da música francesa e os da italiana. Frederico estava firmemente do lado dos últimos, estabelecendo uma trupe de artistas italianos sem igual ao norte dos Alpes. Entre outras coisas, isso envolveu construir para eles um magnífico novo teatro na ala nordeste do Palácio Municipal de Potsdam. Concebido por Frederico e executado por Knobelsdorff, ele diferia do *design* tradicional em formato de ferradura e da estrutura hierárquica em favor de um anfiteatro que dava a todos os presentes uma boa visão do palco, sem um camarote real obstruindo.[43] Combinando com esse plano de assentos igualitário, as tramas das óperas, a maioria de Goldoni, muitas vezes apresentavam aristocratas sendo enganados por servos espertos. Em *Bertoldo*, por exemplo, o plebeu homônimo diz ao rei Alboino: "Todos nascemos nus, e nus morreremos; tirai vossos robes dourados e vede que nossa condição é a mesma".[44] Potsdam continuou sendo a sede dos *bouffonistes*, embora eles também se apresentassem na ópera de Berlim durante o carnaval. Como demonstrou Sabine Henze-Döhring, a ópera-bufa não era um exercício particular para Frederico, mas uma parte integral de seu programa estético. Quando o filho e herdeiro de Catarina, a Grande, da Rússia fez uma visita a Berlim em 1776 e não se pouparam despesas para as atividades representativas, o centro das festividades musicais foi a ópera cômica, não as grandes óperas.[45]

MÚSICA EM PARTICULAR

Na outra ponta da escala após a ópera estava Frederico tocando solitariamente a flauta solo em seu quarto-escritório. Desde o momento em que ouviu pela primeira vez o virtuose Johann Joachim Quantz tocar em Dresden em 1728* até perder os dentes na velhice, Frederico nunca ficou longe de uma flauta. O embaixador austríaco relatou que imediatamente ao se levantar com o nascer do sol – ou antes –, Frederico andava para cima e para baixo tocando sua flauta enquanto esperava seu café chegar. Uma vez finalizados os assuntos militares e políticos da manhã, ele voltava a seu santuário particular e a seu instrumento, até ser a hora da refeição principal do dia.[46] Ele disse a d'Alembert que nunca sabia o que estava tocando, mas que suas improvisações o ajudavam a pensar.[47] A cada noite, começando entre seis e sete horas, havia uma apresentação privada que durava cerca de duas horas e em geral só era presenciada pelos sete a dez músicos envolvidos, embora ocasionalmente fossem admitidos visitantes. Nela, Frederico apresentava de três a cinco concertos e uma série de sonatas, compostas ou por ele próprio ou por Quantz. Então, ouvia a mais uma apresentação de Quantz, às vezes uma peça para violoncelo solo e, em geral, uma ária, que encerrava o concerto.[48] Como demonstrado, Quantz tinha papel central na vida de Frederico, de tal forma que se costumava dizer que na verdade a Prússia era coman-

---

*   Ver anteriormente, p. 33.

dada pelo cachorrinho da senhora Quantz, pois, se Frederico fazia o que Quantz mandava, Quantz fazia o que sua mulher mandava, e ela estava sob domínio de seu animal de estimação.[49] Uma indicação melhor da importância dele são os 299 concertos para flauta compostos para Frederico, que só não chegaram a trezentos porque o músico morreu em 1773. Enlutado, Frederico abandonou os concertos orquestrais, limitando-se, a partir de então, a apresentações solo com acompanhamento de teclado.[50]

Segundo todos os relatos, Frederico era um flautista exímio. Isso pode ser inferido das obras escritas por ele e é confirmado pelos poucos que o ouviram tocar. Entre eles, estava Charles Burney, cuja opinião de especialista deve ser tratada com respeito. Ele escreveu sobre o concerto ao qual compareceu em Potsdam:

> A apresentação começou com um concerto de flauta germânica, no qual sua majestade executou as partes solo com grande precisão; sua *embouchure* era clara e uniforme, e seu gosto, puro e simples. Fiquei muito satisfeito, e até surpreso com a limpeza de sua execução nos alegros, bem como sua expressão e seu sentimento nos adágios. Em resumo, seu desempenho superou, em muitos aspectos, tudo que já ouvi entre *dilettanti* ou até entre professores. Sua majestade tocou três concertos longos e difíceis sucessivamente, e todos com igual perfeição.[51]

Também abalizado é o veredito de Johann Friedrich Reichardt, entre outras razões porque ele, em geral, não gostava nem de Frederico, nem de seu regime. Ele criticou a forma como o rei tocava passagens rápidas, porque tendia a ficar atrás da orquestra, apesar dos melhores esforços dos músicos para ajustar o tempo, mas reconhecia que, num adágio, "ele realmente era um grande virtuoso [...] É inegável que ele sentia o que tocava; mescla de transições, acentos excessivamente nuançados e poucos enfeites musicais expressam de forma muito clara um sentimento sofisticado e terno [...] Todo o adágio dele era uma gentil efusão e tinha um tom puro, gracioso, muitas vezes comovente e melódico – a mais garantida prova de que a apresentação vinha da alma".[52] O distinto professor de música Karl Friedrich Zelter, que contava com Mendelssohn entre seus pupilos, lembrou que o tecladista de Frederico, Karl Friedrich Christian Fasch, "que serviu ao Rei por trinta anos e viveu catorze anos mais que ele, me disse repetidamente que só tinha ouvido um adágio tocado de maneira realmente comovente e elevada por três virtuosos. O primeiro era seu amigo Emanuel Bach no teclado, o segundo era Franz Benda no violino e o terceiro era o rei na flauta".[53]

Como seu tutor Quantz, Frederico era compositor e músico. Apesar da oposição de seu pai a algo tão "afeminado", ele tinha recebido instrução sólida em baixo cifrado e composição em quatro partes desde os sete anos.[54] Suas obras orquestrais mais ambiciosas – quatro concertos de flauta e uma sinfonia em Ré Maior – foram compostas quando ele ainda era príncipe herdeiro. Em 1738, ele chegou à dolorosa conclusão de que nunca teria a técnica necessária para deixar uma marca nesse gênero e desistiu, uma decisão provavelmente precipitada pela presença, em sua casa, de um compositor verdadeiramente de primeira linha, Carl Heinrich Graun, para não mencionar as ocasionais visitas de Quantz, superior tanto como músico quanto como compositor.[55] Desde então, ele se restringiu a árias operáticas, danças palacianas e especialmente sonatas de flauta.[56] Quando abandonou totalmente a composição, na eclosão da Guerra dos Sete Anos em 1756, ele tinha composto 121 dessas últimas. Nenhuma foi publicada durante sua vida, sendo todas escritas apenas para que ele e Quantz tocassem.[57] Essas peças agradáveis, embora não originais, estão disponíveis em diversas gravações e apresentações filmadas.[58]

Frederico e os músicos de sua corte estavam fazendo música no estilo "galante" que tinha passado a dominar a Europa. Isso significava "música com acompanhamento leve, melodias periódicas e a maneira apropriada de apresentação", como definiu o principal historiador moderno do estilo, Daniel Heartz.[59] Em vez do complexo contraponto e das fugas de seu oposto, "o estilo culto", a música galante "significava a busca pelo prazer" (Voltaire).[60] Isso certamente é o que ela faz, como testemunham as numerosas gravações das composições de Frederico. Sua equipe musical também era o centro da teoria galante, com C. P. E. Bach, Quantz, Agricola, Friedrich Wilhelm Marpurg, Johann Philipp Kirnberger e Johann Georg Sulzer articulando os objetivos do estilo. Nas palavras de C. P. E. Bach, a música deveria expressar a natureza humana, pois é a linguagem das emoções (*Affekten*). Ela espelha o mundo emocional da humanidade com a tarefa de "transformar o coração em uma sensibilidade terna" (*sanfte Empfindsamkeit*). As "suaves lágrimas" que ela evocava não eram emocionalismo autoindulgente, mas promoviam a virtude.[61] Em outras palavras, a música galante buscava o mesmo tipo de efeito conseguido pelos romances contemporâneos muito bem-sucedidos de Samuel Richardson. Frederico estava bastante inserido nesse mundo da sensibilidade, como demonstram suas cartas à irmã Guilhermina, dizendo a ela, por exemplo, que uma música que ele compusera era inspirada pela dor em separar-se dela, responsável por sua personalidade melancólica.[62]

Assim, Frederico tinha música na ópera, na sala de concertos e até no quarto. Ele até a levava à guerra com ele, não apenas pelas suas fiéis flautas (de que Fredersdorf cuidava), mas também por músicos selecionados, que sem dúvida maldiziam seu destino enquanto ansiavam pelas privações inerentes à campanha. Entre eles, estava Fasch, que acompanhava Frederico no teclado portátil que sempre fazia parte do vagão de bagagem real. De manufatura parisiense, ele podia ser desmontado em três partes para ser transportado.[63] Após sua entrada triunfal em Dresden pela derrota do exército saxão na batalha de Kesseldorf em 15 de dezembro de 1745, um direito da conquista que ele rapidamente exerceu foi ordenar que o estabelecimento musical saxão montasse a ópera *Arminio*, de Hasse, na noite seguinte. Isso foi devidamente feito, com o compositor dirigindo, e sua esposa, a famosa soprano Faustina, cantando. Tanto marido quanto mulher, então, foram obrigados a apresentar concertos para Frederico a cada noite durante a estadia dele de nove dias.[64] De volta à cidade durante o inverno de 1760-61, ele descobriu que cinco anos de uma guerra devastadora, durante a qual os prussianos tinham vivido às custas dos saxões, destruíra o estabelecimento musical local e, portanto, foi obrigado a mandar trazer sua própria orquestra de Berlim.[65] Esse estabelecimento musical também foi usado como arma de política externa. Quando Frederico encontrou o Sacro Imperador Romano José II na Silésia em agosto de 1769, erigiu um teatro temporário para a apresentação de óperas cômicas, tanto para se entreter quanto para impressionar seu visitante.[66] Uma trupe operática também o acompanhou na volta à Morávia no ano seguinte.[67]

MÚSICA EM PÚBLICO

Em casa ou fora, o mundo de Frederico era coberto de música, para recreação, representação, expressão, terapia e até diplomacia. Mas tratava-se de um mundo confinado. Era geograficamente limitado a Berlim, Potsdam e onde quer que Frederico estivesse, e restrito socialmente por só ser acessível a convidados. A nova ópera de Berlim era tão grande que nem toda a corte conseguia enchê-la, e cidadãos decentemente vestidos podiam ser admitidos à plateia dando gorjetas ao porteiro. Também podiam comprar ingressos para os camarotes dos andares mais altos, já que os mais baixos eram reservados à nobreza. O *Berlin Journal* recebeu a temporada de carnaval de 1743 com a notícia de que "estrangeiros bem como [prussianos] nativos, independentemente de seu *status*, terão permissão de ir de graça a óperas, peças e bailes de máscara".[68] Como em outros locais da Prússia, aqui, também, o elemento militar era invasivo. Na noite de abertura em dezembro de 1743, todos os generais e oficiais da equipe obedeceram a ordens expressas de Frederico, e se enfileiraram na plateia atrás de duas fileiras de poltronas reservadas para o rei e suas altas patentes.[69] Desde então, cada regimento alocado na cidade tinha direito a certo número de ingressos, o que necessariamente restringia o número disponível a civis.[70] Eram limitados ainda mais pela preferência dada a estrangeiros visitando a cidade.[71] Segundo a soprano Elizabeth Mara, quando o tempo estava frio, os soldados eram convocados ao teatro para esquentar o auditório com o calor do corpo.[72]

Havia concertos montados em outros locais de Berlim pela rainha, pela rainha-mãe e por outros membros da família real, que tomavam emprestados músicos da orquestra do rei, mas eram socialmente excludentes – bem como as apresentações de pequenas bandas separadas mantidas pelos irmãos de Frederico, o príncipe Henrique e o príncipe Augusto Ferdinando.[73] Nenhuma das famílias nobres prussianas tinha os recursos equivalentes aos do príncipe Esterházy ou do príncipe Lobkowitz para financiar orquestras dignas de Haydn ou Beethoven. Também não havia uma esfera pública grande o suficiente para permitir que um músico autônomo sobrevivesse, como fez Mozart em Viena nos anos de 1780. Ainda assim, o exemplo dado no topo encorajou o desenvolvimento de uma cultura musical quase independente.[74] Ela tem de ser considerada *quase* independente porque muitos dos envolvidos, especialmente dirigentes, eram empregados reais. Era em seu tempo livre, muitas vezes longo, que conseguiam organizar associações e eventos musicais. Já em 1755, Friedrich Wilhelm Marpurg, que vivia mal em Berlim como jornalista musical, relatou que, desde a ascensão de Frederico, a cidade tinha se transformado em um importante centro musical, cena de frequentes concertos e sociedades musicais. A Sociedade de Apresentação de Músicas, por exemplo, formada pelo organista real Johann Philipp Sack, apresentava concertos todo sábado, "frequentados por senhoras e senhores de status".[75] Eram eventos modestos, com a presença de apenas algumas dezenas, no máximo; entretanto, nos anos de 1780, uma série de concertos comparáveis aos *Concerts Spirituels* de Paris ou aos concertos por assinatura de Salomon em Londres estava sendo organizada.[76] É preciso admitir, porém, que Berlim nunca se transformou em um centro sinfônico igual a nenhuma das duas cidades, nem a Mannheim ou Viena.[77]

Houve um desenvolvimento similar no mundo teatral, embora ele fosse necessariamente mais formal, graças à necessidade de obter "privilégio" oficial para operar. Dois empreendedores, Heinrich Gottfried Koch, de 1733 a 1735, e depois Carl Theophil Döbbelin, administraram uma companhia comercial num teatro na rua Behrens, com um apelo amplo às pessoas simples de Berlim. Em 1776, ela contava com 58 atores, cantores e músicos, apresentando uma mistura de óperas cômicas francesas, italianas e alemãs.[78] A dissolução, por parte de Frederico, de sua companhia francesa de teatro quando eclodiu a Guerra da Sucessão Bávara deixou disponíveis mais artistas. Em 1781, era a maior companhia da Alemanha. Inicialmente "um grupo em sua maioria surrado e lamentável" (Thomas Bauman),[79] a companhia de Döbbelin se transformou na melhor do norte da Alemanha, incluindo uma famosa soprano, Marie Sophie Niklas; um talentoso compositor, Johann André; e um prolífico libretista, Christoph Friedrich Bretzner.[80] Juntos, eles davam ao público o que este queria, algo forte, nas palavras de Christian Friedrich von Bonin, "alta tragédia e comédia que se aproximam da farsa agora são muito eficazes aqui. Nosso público já não deseja opções leves; é preciso ou ser chacoalhado ou gargalhar desde o âmago – tudo o que é simplesmente *sentimental* não serve".[81]

Em resumo, a influência de Frederico na vida musical de sua capital diminuiu conforme seu reinado progredia e a esfera pública se expandia. Isso ficou especialmente aparente no único gênero que Frederico não apenas negligenciava, como desprezava – música sacra. Quando Charles Burney visitou Berlim em 1772, ficou sabendo que esse tipo de música era negligenciado em Berlim porque Frederico se recusava a ouvi-la, e que o rei "leva tão longe seu preconceito contra esse tipo de música que, quando fica sabendo que qualquer compositor escreveu um hino ou um oratório, considera que o gosto deste está contaminado e diz, sobre as outras produções: 'Ah! Isso cheira à igreja'".[82] Não é um comentário tão preciso, pois o compositor favorito de Frederico também era responsável pela mais popular *Paixão* do século XVIII na Europa germânica, superando de longe qualquer uma das grandes *Paixões* de Johann Sebastian Bach. Era *A morte de Jesus (Der Tod Jesu)*, de Carl Heinrich Graun, apresentada pela primeira vez na Catedral de Berlim na Quarta-Feira Santa de 1755, pouco depois da estreia, em Hamburgo, da montagem de Telemann do mesmo texto, escrito pelo poeta Karl Wilhelm Ramler. O oratório foi tão bem recebido que sua apresentação na Páscoa se tornou um evento anual em Berlim pelo resto do século e quase até o fim do XIX. Provou-se ser a composição mais duradoura de Graun, muitas vezes apresentada, disponível em várias gravações de áudio e com diversos trechos acessíveis no YouTube.

Houve um declínio relativo, não absoluto, na importância da música real. Não é verdadeira a visão popular de que Frederico tenha perdido o interesse na velhice e diminuído sua instituição. Os relatos de Reichardt são bastante responsáveis por essa ideia. Parece que Frederico tinha uma opinião não muito boa das habilidades de Reichardt, e o tratava segundo essa crença, mas as memórias deste continham muitas informações falsas. Por exemplo, a afirmação de que Frederico detestava a ópera-bufa e raramente a assistia é "pura ficção".[83] O estabelecimento musical listado por Friedrich Nicolai em 1779 certamente era substancial: uma orquestra de cerca de quarenta músicos, uma companhia de ópera-séria de oito solistas e um coro de 24, uma companhia de ópera-bufa de cinco solistas, uma companhia de teatro francesa de dez e um *corps de ballet* consistindo de um mestre de balé, três bailarinos principais e doze dançarinos, sem mencionar a numerosa equipe de bastidores, incluindo carpinteiros, cabeleireiros, figurinistas etc.[84] Perto do fim de sua vida, porém, Frederico ia ainda mais raramente à ópera em Berlim, tendo aparecido pela última vez em 1781.[85]

CONSERVADORISMO MUSICAL

Frederico manteve-se o mesmo até o fim, independentemente das mudanças na moda. Cheio de opiniões, ele não hesitava em criticar os colegas músicos. Sempre tinha sido assim. "Os grandes dias de Handel ficaram para trás, sua inspiração se exauriu e seu gosto está atrasado", opinara ele em 1737, ou seja, antes de Handel compor *Serse*, *Messiah*, *Semele* etc.[86] Conforme ficou mais velho, a amplitude de seus entusiasmos, nunca generosa no melhor dos tempos, estreitou-se. Cada vez mais, ele lamentava a decadência da cultura europeia. Em 1771, disse a Voltaire que o tipo de ópera atualmente na moda nunca teria sido aprovado nos florescentes dias de Luís XIV. Mas, agora, era tido como de alta qualidade "nesta era de trivialidades, em que a genialidade é tão rara quanto o senso comum e em que a mediocridade geral revela o mau gosto que jogará a Europa de volta ao barbarismo do qual ela foi resgatada por um exército de grandes homens". Ele adicionou, humildemente, que, no momento, não havia nada a temer, pois tinham Voltaire, "o Atlas cujos esforços por si sós mantêm de pé o prédio em ruínas".[87] Seis anos depois, ele escreveu uma carta reveladora à sua confidente musicalmente talentosa, Maria Antônia, eleitora-viúva da Saxônia:

> Aqui, o público está sendo entretido pela ópera *Cleofide*, de Hasse, ressuscitada na casa de ópera. Boas coisas duram e, embora as tenhamos ouvido no passado, gostamos de ouvi-las novamente. Em todo caso, a música hoje se degenerou até virar barulho, assaltando nossos ouvidos em vez de acariciá-los, e a nobre arte do canto está perdida na presente geração. Para redescobri-la, temos de voltar a Vince, Hasse e Graun.[88]

Mantendo sua abordagem direta a tudo na vida, Frederico sabia do que gostava e do que não gostava. Não podia suportar a música francesa; as sinfonias de Haydn eram "uma comoção que fere os ouvidos"; Gluck atacava-o "com expressões violentas e insultos"; Reichardt não tinha permissão de escrever uma ópera para a temporada de carnaval em Berlim "porque não sabe como fazê-lo ou faz tudo errado"; Mozart, ele nunca mencionou.[89] Em maio de 1780, o marquês Lucchesini registrou em seu diário que Frederico tinha feito um discurso contra toda a "música moderna".[90] Mesmo seus compositores favoritos não estavam imunes a esses tormentos. Ordenado repetidamente a reescrever árias, Carl Heinrich Graun acabou se rebelando, dizendo que sua montagem de *"Misero pargoletto"* na ópera *Demofoonte* era excelente e ele não podia melhorá-la. Frederico imediatamente mandou que ela fosse substituída pela versão de Johann Adolf Hasse da mesma ária.[91] Segundo Fasch, o público demonstrou sua preferência pelo original de Graun, embora ele não explique como essa crítica implícita à interferência real se expressou.[92]

As limitações de Frederico como conhecedor e mecenas se revelavam mais obviamente de forma negativa, por sua incapacidade de perceber que era empregador de "um dos mais influentes compositores, autores, professores e artistas do mundo musical do fim do século XVIII".[93] Tratava-se de Carl Philipp Emanuel Bach, o mais talentoso dos numerosos filhos de Johann Sebastian.[94] Empregado no início de forma temporária por Frederico enquanto príncipe herdeiro, foi membro permanente do estabelecimento musical de 1740 até 1768. Durante esse período, compôs mais de trezentas obras, principalmente para instrumentos de teclado e música de câmara, mas também nove sinfonias, 38 concertos para teclado, um *Magnificat*, uma *Cantata de Páscoa* e numerosas canções.[95] Como sugere essa produtividade, ele tinha bastante tempo para trabalhar sozinho, especialmente quando Frederico estava fora, fazendo manobras ou em guerra. Mesmo quando seu empregador voltava a Potsdam, Bach podia se revezar com o segundo harpista no acompanhamento para os concertos de Frederico.[96]

Menos agradável era a sensação permanente de não ser valorizado. Enquanto acompanhava tediosamente mais uma das sonatas para flauta de Quantz, como ele deve ter desejado a oportunidade de demonstrar seu próprio talento superior... As coisas esquentaram em 1755, quando ele submeteu uma objeção contendo "reclamações demais para mencionar", segundo Fredersdorf, que a apresentou a Frederico. A queixa crucial era financeira. Seu lamentável salário de 300 táleres por ano era não apenas inadequado para um padrão de vida decente, mas também um insulto, pois ele sabia que seus antigos pupilos Christoph Nichelmann e Johann Friedrich Agricola estavam recebendo o dobro. O comentário de Frederico na margem da petição foi conciso: "Bach está mentindo; Agricola só recebe 500 táleres". Adicionando que Bach também estava "ficando arrogante", Frederico concorda, a contragosto, com um aumento, completando que seria preciso esperar a próxima rodada de gastos.[97] Isso o manteve na Prússia por mais uma década, mas, em 1768, ele finalmente foi para Hamburgo para substituir seu padrinho Georg Philipp Telemann como diretor de música sacra da cidade. Capaz ao menos de apreciar as habilidades de Bach no piano, Frederico só deu a ele permissão de ir embora "após repetidas [e] respeitosas censuras".[98]

Para seus contemporâneos, Carl Philipp Emanuel era "o melhor Bach"; para a posteridade, seria seu pai, Johann Sebastian.[99] Em 1747, o último foi ver seu filho em Potsdam. De todas as visitas à corte de Frederico, esta foi a que deixou o memorial mais duradouro: *A oferenda musical* (BWV 1079). Em 7 de maio, Bach *père* se apresentou no Palácio Municipal de Potsdam, pedindo permissão para ir ao concerto noturno de Frederico. A história, depois, contada por Johann Nikolaus Forkel, primeiro biógrafo de Bach, dizendo que foi Frederico que mandou chamar Bach ao saber que este estava na cidade, parece ser apócrifa.[100] De toda forma, ele foi devidamente admitido e teve acesso à ótima coleção de pianofortes de Frederico, construídos por

Gottfried Silbermann (cuja própria existência demonstra que, ao menos nisso, Frederico estava na vanguarda da tecnologia musical, pois o instrumento tinha sido inventado por Bartolomeo Cristofori de Pádua apenas em torno de 1700). Segundo o comunicado para a imprensa publicado em um jornal berlinense, Frederico então se sentou a um deles, tocou um tema e convidou Bach a improvisar uma fuga:

> Isso foi feito tão alegremente pelo supracitado *Kapellmeister* que não apenas Sua Majestade ficou contente em demonstrar sua satisfação ali mesmo, mas também todos os presentes foram contaminados pelo assombro. O senhor Bach achou o tema proposto a ele tão incrivelmente belo que pretende colocá-lo em papel como uma fuga regular e gravá-la em cobre.[101]

Na noite seguinte, Bach estava novamente na plateia, e dessa vez lhe pediram para improvisar uma fuga em seis partes. Em 1774, o emissário austríaco Gottfried van Swieten registrou que Frederico tinha expressado entusiasmo com as habilidades de Bach "e, para provar isso a mim, cantou em voz alta o tema de uma fuga cromática que ele tinha dado a esse velho Bach que, imediatamente, a transformou numa fuga em quatro partes, depois em cinco partes e, por fim, em oito partes".[102] Essa história tinha provavelmente crescido ao ser contada, mas não há dúvidas de que dentro de algumas semanas de sua volta a Leipzig, Bach tinha transformado o tema de Frederico em uma obra altamente complexa. Sua dedicatória, datada de 7 de julho de 1747, afirmava que "a parte mais nobre" de sua oferta musical vinha das mãos do próprio rei.[103]

SALAS DE MÚSICA

Um dos numerosos pianofortes de Silbermann, de propriedade de Frederico e tocado por Bach, podia ser encontrado na magnífica nova sala de música do Palácio Municipal de Potsdam. Executada pelo escultor e estucador do palácio, Johann August Nahl, "segundo os princípios definidos pelo rei", a sala era localizada no canto sudeste, imediatamente adjacente ao escritório e quarto de Frederico.[104] Seu esquema decorativo era típico do "rococó Fredericano" – pilastras de parede estreitas e superficiais emoldurando uma mescla de motivos delicados, elaborados e assimétricos, alguns abstratos e alguns derivados de plantas, animais (especialmente pássaros) e música, todos chapeados em prata, com motivos similares espalhados pelo teto. Duas pinturas de Lancret, *O balanço* e *Dançando ao lado de uma fonte*, são incorporadas ao esquema decorativo, junto com uma pequena cópia de uma pintura de Rubens, que pode parecer deslocada, mas, na realidade, é singularmente apropriada para uma sala criada para Frederico, pois mostra Vênus imobilizando Marte, em vão.[105] O esquema decorativo é complementado por móveis combinando sobre um chão de parquete com losangos simétricos contrastantes. O efeito geral é leve, elegante, sofisticado e refinado. Um olhar menos simpático, em especial do presente, também pode achá-lo excessivamente ornado. O mesmo pode ser dito de uma segunda sala de música similar, criada no canto sudoeste do palácio. Sala após sala de decoração rococó serpenteante do tipo que se podia encontrar no Palácio Municipal pode ser algo certamente enervante. Mas era disso que Frederico gostava, e o gosto dele nunca mudou. A decoração pode ser vista em seu primeiro grande projeto arquitetônico, em Rheinsberg, e no último, o Novo Palácio de Potsdam.*

Foi em Rheinsberg que Frederico demonstrou arquitetonicamente pela primeira vez seu entusiasmo pela música, atribuindo o maior espaço do prédio, o Salão dos Espelhos, à sala devotada a essa ocupação. Motivos musicais ali são abundantes, incluindo cenas das *Metamorfoses* de Ovídio que revelam o poder transformador da música.[106] Nada mais consistente em seu gosto, Frederico repetiria essas referências musicais ovidianas em muitos de seus outros projetos construtivos.[107] Além de seu grande salão de concertos, ele também tinha em Rheinsberg uma sala de música menor exclusiva dentro de seu conjunto de apartamentos privado. E assim seguia. Uma sala de música foi incluída no conjunto de cômodos criados para ele entre 1745 e 1747 no primeiro andar do palácio real em Berlim, com vista para o rio Spree.[108] Ela só era usada alguns dias por ano, pois Frederico só ia para lá durante parte da temporada de carnaval, do fim de dezembro até seu aniversário em 24 de janeiro, e passou ainda menos tempo em sua capital depois de 1763.[109]

---

*   Ver anteriormente, pp. 47-8 e adiante, pp. 164-5.

CHARLOTTENBURG E POTSDAM

Claramente, Frederico se sentia mais em casa em Potsdam. Nas épocas de paz, quando ele não estava em alguma de suas numerosas turnês de inspeção ou dirigindo manobras militares, passava o inverno ali, no Palácio Municipal, e o verão em Sanssouci. À primeira vista, parecia mais provável que ele preferisse Charlottenburg, no interior mas ainda perto da capital, facilmente acessível por água e com muito espaço para expansão. Foi para lá que ele se dirigiu no dia seguinte à morte de seu pai.[110] Também foi lá que ele encomendou seu primeiro grande projeto construtivo no mês seguinte, o qual deve ter sido planejado com antecedência por Frederico e Knobelsdorff, pois a construção começou imediatamente. A ausência na campanha depois de dezembro não evitou que Frederico demonstrasse um interesse íntimo no progresso da obra. "Diga para Knobelsdorff me entreter escrevendo sobre meus próprios prédios, jardins, móveis e ópera", escreveu ele para seu amigo Charles-Étienne Jordan da Silésia em abril de 1742.[111] Knobelsdorff obedeceu diligentemente, mas Frederico achou a carta dele inadequada: "É seca demais, não há muitos detalhes. Quero uma descrição de cada um dos astrágalos cobrindo quatro páginas em tamanho de quarto, isso me daria muito prazer".[112] As exigências continuaram. No fim de maio, Frederico disse para Jordan fazer Knobelsdorff informá-lo de como andavam as coisas em Charlottenburg, nos jardins e na ópera, adicionando: "Sou como uma criança para essas coisas; são meus brinquedos e me divirto com eles".[113]

Tanta intimidação teve o efeito desejado. Em 25 de agosto de 1742, Frederico voltou da guerra, após a conclusão do Tratado de Breslau, e foi direto a Charlottenburg inspecionar a nova ala que Knobelsdorff estava construindo ali. Tinha sido feito progresso suficiente para permitir a abertura formal de seus aposentos particulares, junto com a grande sala de jantar conhecida como "Salão branco", quatro dias depois.[114] Por trás do contido classicismo da fachada, finalizada no fim de 1743, os interiores eram no estilo rococó preferido por Frederico. Particularmente impressionante era a enorme sala de recepção mais tarde conhecida como "Galeria Dourada", com 42 metros de comprimento e atravessando todo o prédio. Nem é preciso completar que também havia uma sala de música, uma combinação elegante de paredes com painéis brancos e cinza e um teto folheado de ouro, elaborada e executada por Johann August Nahl e Johann Michael Hoppenhaupt.[115] Surpreendentemente, um grande conjunto de cômodos estava reservado no térreo para a rainha, embora ela nunca o tenha usado e, como vimos, nem tenha sido convidada às celebrações que marcaram a abertura da nova ala em 1748.*

Apesar desse enorme gasto, Charlottenburg nunca se tornou nada além de um destino ocasional para Frederico. Outra possibilidade debatida em 1740 foi a expansão da residência existente em Rheinsberg, provavelmente rejeitada por ficar a 100 quilômetros de Berlim. Foi Potsdam que gradualmente emergiu como o favorito. Embora um conjunto de cômodos no Palácio Municipal de lá tenha sido renovado para ele no primeiro ano de seu reinado, esse projeto só incluía acomodações básicas, a serem usadas quando ele estivesse na cidade cuidando de questões militares. Só no fim de 1743 chegaram as ordens para começarem as obras de apartamentos mais permanentes – e esplêndidos.[116] No ano seguinte, a escala das operações de construção indicava que a escolha dele tinha finalmente sido feita e Potsdam seria a residência principal. Durante uma década, o Palácio Municipal foi reconstruído por dentro e por fora. A comemoração da conquista da Silésia foi anunciada pelo brasão expandido na fachada e o uso opulento de mármore silesiano.[117] Embora a planta baixa básica do velho prédio tenha sido mantida, a única parte sobrevivente no exterior era o Portão da Fortuna, erigido em 1701 pelo avô de Frederico para marcar a elevação do Eleitorado de Brandemburgo a *status* real como Reino da Prússia.[118] Em outros locais, o arquiteto de Frederico, Knobelsdorff, aumentou um andar nas alas, criando um exterior inteiramente novo e, no lado do jardim, adicionou uma grande fachada com uma escadaria exterior e as colunatas livres de que Frederico tanto gostava.[119] Dentro, pela primeira vez na história de uma residência Hohenzollern, nenhuma provisão foi feita para os alojamentos da rainha, embora tenham sido criados apartamentos para os irmãos de Frederico; para o diretor da Academia de Berlim, Maupertuis; e até para o príncipe-bispo de Breslau (que recebeu do conde Lehndorff o sugestivo apelido de "Bispo de Sodoma").[120] Também se achou espaço para um pequeno, mas ricamente decorado, teatro. Não surpreende que o espaço antigamente ocupado pela capela tenha sido secularizado e transformado em quartos de hóspedes.[121]

---

* Ver anteriormente, p. 58.

SANSSOUCI

O rompimento definitivo veio no verão de 1744. Em junho, Frederico deu Rheinsberg a seu irmão mais novo, príncipe Henrique, e, em 10 de agosto, emitiu a ordem que levou à construção de Sanssouci. Este é o palácio mais intimamente associado a ele, e com razão. Todos os outros numerosos prédios eram derivativos: elegantes e sofisticados, certamente, mas ofuscados por melhores exemplos de fins do barroco/rococó no Sacro Império Romano. Nem o Palácio Municipal, tampouco o Novo Palácio, em Potsdam, podia competir com, por exemplo, a Residência Würzburg, finalizada em 1744. Antoine Pesne, que pintou a maior parte dos tetos nos palácios de Frederico, era talentoso, mas não estava na mesma classe de, digamos, Giovanni Battista Tiepolo, que pintou os grandes afrescos do teto de Würzburg em 1751-3. A ópera em Berlim era muito grande e também tinha a distinção de ser independente de outros prédios, mas, em termos de apelo estético, ficava muito aquém dos teatros de Bayreuth (1744-8) ou Munique (1751-3). Em termos de tamanho, simplesmente nada que Frederico construísse poderia competir com o colossal palácio em Mannheim, com sua fachada de 450 metros de largura, construído pelos eleitores palatinos entre 1720 e 1760. Para uma combinação de tamanho e interiores suntuosos, o prêmio tem de ficar com o palácio de verão dos Habsburgo, Schönbrunn, reconstruído pela imperadora Maria Teresa nos anos de 1740 e 1750.

Mas o pequeno palácio de Sanssouci, de Frederico, pode se orgulhar de seu charme e sua originalidade. Além disso, era em grande parte uma criação pessoal dele. O local escolhido por ele era um terreno virgem, um morro nos arredores de Potsdam com vista para a cidade e o rio Havel, onde seu pai mantinha uma horta e uma pequena casa de verão que ele chamava sarcasticamente de "Marly", como o palácio construído por Luís XIV no parque de Versalhes. A ordem de 10 de agosto de Frederico era para a escavação de seis terraços nas laterais do morro, de modo a acomodar a grande quantidade de árvores frutíferas e videiras importadas da França no ano anterior.[122] Embora os materiais de construção só tenham sido encomendados em janeiro de 1745, é muito provável que ele sempre tenha pretendido ter sua própria versão do Marly. Como era usual com os projetos queridinhos de Frederico, a obra foi feita às pressas. A pedra fundamental foi colocada em 14 de abril de 1745 e, no outono, o telhado estava sendo colocado. Os aposentos de Frederico na ala leste já estavam prontos para ser ocupados em abril de 1747 e o último grande cômodo, o Salão de Mármore, foi finalizado no ano seguinte. Atribuir responsabilidade pelo desenho não é tão fácil quanto parece. Embora dois desenhos feitos a mão por Frederico tenham sobrevivido, não é claro se foram produzidos antes ou depois de o prédio ser finalizado. O melhor palpite é que ele tenha fornecido todas as ideias, incluindo até os detalhes decorativos, e Knobelsdorff e seus assistentes tenham produzido os desenhos necessários.[123] Houve uma discordância séria entre mecenas e arquiteto. Knobelsdorff insistiu na instalação de um porão, para proteger da umidade, e também queria levar o prédio mais para a frente, para o canto do terraço, e colocá-lo numa base elevada, para melhorar a forma como ele seria visto de baixo. Foi voto vencido.[124] A única vista de Sanssouci com que Frederico se importava era a que ele mesmo teria, de dentro.[125] Que o palácio não deveria ter uma função representativa ficava claro pela posição, com a estrada de chegada íngreme demais para carruagens.[126]

Pelos padrões reais, era um prédio pequeno, bastante pequeno. Na realidade, trata-se do conjunto de aposentos particulares de Frederico em Rheinsberg ou Potsdam transformado em uma habitação separada, com um segundo conjunto para um punhado de hóspedes. O fato de ele estar pensando em Rheinsberg foi evidenciado por sua instrução a Knobelsdorff, escrita em sua própria letra – "a colunata deve ser coríntia, mas o resto deve ser como em Rheinsberg [onde a colunata era iônica]". Até os cantos arredondados do prédio são reminiscentes das torres em Rheinsberg, uma das quais Frederico usava como biblioteca. Para essa sala, ele também tinha escrito na planta: "como em Rheinsberg".* Estilisticamente, há um contraste grande entre a relativamente austera fachada norte, que tem aparência francesa, e o mais exuberante jardim da frente, onde o pavilhão central côncavo e dezoito pares de cariátides sustentando a cornija dão uma sensação italianizada ao todo.[127]

Como sempre, os interiores são decorados de forma muito mais extravagante. Seja por causa da escala menor do prédio ou do maior cuidado tomado, o resultado é o mais bem-sucedido de todos os projetos de Frederico, listado como uma das maiores conquistas arquitetônicas do século. Até os mais austeros gostos puritanos certamente sucumbem aos charmes desses encantadores cômodos. Eles variam do esplendor representativo do salão de entrada e do Salão de Mármore à intimidade da biblioteca de Frederico, que, como em Rheinsberg, é a última sala da sequência e também a

---

*   Ver anteriormente, p. 47.

mais reservada, à qual o acesso só era concedido muito raramente e apenas a figuras como Voltaire e d'Alembert.[128] Em cada cômodo, a qualidade superlativa da habilidade artística é evidente nos pisos de mosaico e parquete tanto quanto nos tetos ricamente decorados. O notório gosto de Frederico por mármore, especialmente as variedades raras antes reservadas para uso por parte dos imperadores romanos, é muito proeminente.[129]

A mesma atenção aos detalhes fica evidente no jardim e no parque que foram cultivados ao redor do pequeno palácio. Como ele nunca tinha tido permissão de fazer um *Grand Tour** quando jovem, Frederico teve de depender de gravuras dos maiores jardins europeus para inspiração.[130] No fim dos degraus que desciam de seis terraços de videiras, havia um jardim formal *parterre* de estilo francês, com os canteiros de plantas arranjados em arabescos rodopiantes e o conjunto todo emoldurado por múltiplas fileiras de cerejeiras. No centro, o ponto no qual o caminho do palácio se junta a uma avenida que vai de leste a oeste em ângulos retos, havia um lago ornamental enfeitado por um grupo de estátuas representando a deusa do mar, Tétis, e sua comitiva. Por todos os lugares, viam-se evidências do amor de Frederico por estátuas: no Portal do Obelisco que marcava a entrada leste do parque, na colunata que marcava o canto oeste e nas rotatórias que pontuavam a avenida unindo os dois.[131] Durante os anos, Frederico adicionou vários pequenos prédios a seu parque, sendo o mais espetacular o refinado – e muitíssimo extravagante – Pavilhão Chinês construído por Johann Gottfried Büring entre 1755 e 1764, um dos melhores exemplos arquitetônicos, na Europa, da moda contemporânea da *chinoiserie*.[132] Mais autenticamente chinesa era a Casa do Dragão construída na extremidade do parque em 1769-70, de *design* inspirado pelo livro *Designs of Chinese Buildings* [Desenhos de prédios chineses] de Sir William Chambers.[133] Frederico também mostrou ter consciência da mudança de gostos quando ampliou o *parquet* a leste após a Guerra dos Sete Anos, para abrir espaço para o Novo Palácio. Isso envolveu a extensão para o oeste da avenida axial, que media 2,5 quilômetros até chegar à extremidade leste.

É respeitável a coordenação de um exército de artistas e trabalhadores feita por Frederico, Knobelsdorff e o gerente do projeto, Johann Boumann, para criar uma obra-prima como Sanssouci e seu parque num espaço de

---

* Costume, entre jovens da nobreza e da classe alta, de fazer grandes viagens educativas pela Europa, surgido ainda no início do século XVII, e que se acredita ter dado origem ao turismo como o conhecemos hoje. [N.T.]

tempo tão curto. Além disso, os prédios originais ainda podem ser apreciados quase integralmente. Dos cômodos pessoais de Frederico no palácio, apenas o escritório-quarto foi alterado de forma significativa após sua morte; o palácio como um todo escapou das bombas da Segunda Guerra Mundial; e muitos dos móveis e das pinturas voltaram aos seus lugares de direito.[134] Os jardins e o parque, infelizmente, saíram-se pior, embora mais devido a mudanças de gosto no século XIX do que às ações inimigas.

PALÁCIOS

Frederico provavelmente teria ficado mais feliz, e seu Estado por certo teria sido mais rico, se ele tivesse se limitado a projetos arquitetônicos de pequena escala como Rheinsberg ou Sanssouci. Suas empreitadas em palácios representativos de grande escala devem ser consideradas fracassos. A primeira foi inteiramente abortada. Bem no início de seu reinado, ele planejou um enorme complexo de prédios na Unter den Linden, batizado *foro di federigo* (Fórum de Frederico) por Algarotti, a oeste do palácio real existente.[135] Embora o último fosse um dos maiores da Europa e tivesse menos de cinquenta anos, Frederico não tinha desejo de viver ali, possivelmente porque era o local onde sofrera tanto nas mãos de seu pai.[136] Enquanto ainda era príncipe herdeiro, ele tinha planejado um palácio *adicional* apenas algumas centenas de metros a oeste. Esse *"Pallais* [sic] *du Roy",* como ele o chamou, seria gigantesco, com 300 metros de largura e 150 metros de profundidade, diante de uma praça de 500 metros de largura, e teria envolvido a demolição de todos os prédios da Unter den Linden até a Friedrichstrasse. Ele provavelmente se inspirava na recém-finalizada Residência Würzburg, embora fosse até duas vezes maior que aquele colosso.[137] A recusa do cunhado de Frederico, o marquês de Brandemburgo-Schwedt, em vender seu palácio, forçou uma adaptação. O novo palácio foi empurrado mais para o norte, a ópera foi reorientada em 90 graus e a quadra de tênis foi excluída em favor de um grande prédio para a Academia de Ciências. Era o planejamento barroco de cidades em sua maior escala. A autêntica floresta de 112 colunas de 20 metros de altura em frente ao palácio era claramente inspirada pela colunata de Bernini para a Praça de São Pedro, em Roma.[138] No fim, nada foi feito, pois o interesse de Frederico se voltou a Potsdam. Em 1744, dando Rheinsberg de presente a seu irmão, o príncipe Henrique, ele sinalizou que não voltaria à sua antiga casa; em 1747, encomendou um palácio em frente à nova ópera para o mesmo irmão favorito (ainda que ingrato), confirmando que não faria de Berlim sua residência principal.

Frederico construiu, sim, um grande novo palácio, mas em Potsdam. Era o Novo Palácio, planejado no início dos anos de 1750, adiado pela Guerra dos Sete Anos e prontamente iniciado quando a paz voltou em 1763, como símbolo tridimensional da vitória e propagando que a Prússia era tão bem governada que ainda tinha os recursos para uma exibição de grandiosidade. E o palácio era *de fato* grandioso – a fachada tem 220 metros de largura, 55 metros de altura e é adornada com 220 pilastras, 312 janelas e 468 esculturas. Dentro, há cerca de 200 cômodos decorados, e 638 no total.[139] É também tediosamente uniforme, com uma janela se seguindo a uma pilastra gigante e assim por diante. O comentário contundente de James Lees-Milne sobre o ainda maior palácio de Caserta, perto de Nápoles, é apropriado: "As janelas seriadas e o ornamento detalhado se perdem no enorme bloco como um pequeno colar no seio de uma mulher imoderadamente gorda".[140] A disposição espacial do interior é incomum, porque o propósito do palácio também o era. Sua destinação nunca foi ser uma residência real, mas uma casa de hóspedes para acomodar os familiares de Frederico e outros dignitários que o visitavam durante o verão.[141] Por isso, não havia uma grande escadaria, apenas quatro degraus relativamente utilitários para dar acesso aos aposentos particulares. Um conjunto de cômodos foi criado para o rei, escondido na ala sul do térreo. Havia, porém, quatro grandes salas representativas: no térreo, uma gruta, também conhecida como "Sala das Conchas", e a "Galeria de Mármore" e, no primeiro andar, um salão de baile, conhecido como "Galeria Superior", e o "Salão de Mármore". O último é um cômodo muito grande, que se estende por toda a largura do prédio e ocupa dois andares. Havia também, claro, duas salas de música, uma em cada andar.[142] O melhor cômodo do prédio era o teatro, que recriava a elegância íntima de Sanssouci. Com capacidade para apenas uma centena de pessoas, mais ou menos, sua natureza particular era destacada pela falta de um camarote real, com Frederico escolhendo sentar-se na terceira fileira da plateia.[143] Cada cômodo era decorado e mobiliado de forma extravagante, como relatou um nobre húngaro anônimo em 1784: "O interior do palácio supera todas as expectativas em sua magnificência e seu gosto. Em nenhuma outra corte testemunhei mesas, vasos, estátuas e pisos tão valiosos". As paredes "são de mármore roxo e branco", os pisos "são de ametista e de jaspe preto, branco, amarelo e violeta", as mesas "são incrustradas com calcedônia, ágata e lápis-lazúli" e assim por diante.[144]

Nem o exterior, nem o interior do Novo Palácio têm o charme ou a originalidade de Sanssouci, no outro extremo do parque. De fato, são absolutamente derivativos, para não dizer antiquados. A fachada era claramente copiada do Castelo Howard de Vanbrugh e Hawksmoor, em Yorkshire, construído entre 1699 e 1712 para o conde de Carlisle, mas menos interessante.[145] Também cerca de uma geração atrasada era a Sala das Conchas, antecipada por uma dezena de outras similares em toda a Alemanha. No geral, o caráter triunfalista combinava mais com a Versalhes de Luís XIV do que com a residência de um governante iluminado. Exibidos com destaque, estavam artefatos valiosos recentemente removidos da Saxônia como espólios de guerra, incluindo 24 "vasos bola de neve" de porcelana Meissen e espelhos saqueados do palácio do ministro-chefe saxão, figura odiada por Frederico, conde Brühl.[146] No Salão de Mármore, as estátuas de oito eleitores de Brandemburgo olhavam de forma imperiosa para quatro imperadores: Júlio César, Constantino, Carlos Magno e (num certo anticlímax) Rodolfo II. O Novo Palácio foi o último grande palácio barroco a ser construído no Sacro Império Romano, e demonstra isso.[147] As obras na ala sul, que continha os apartamentos do próprio Frederico, foram apressadas para que ele pudesse se mudar e dirigir as operações no resto do terreno.[148] Quem geralmente recebe os créditos é o arquiteto Carl von Gontard, mas, como sempre, a mão condutora de verdade era a de Frederico. Suas intervenções arrogantes, mas ignorantes, muitas vezes geravam problemas. Quando seu desenho de duas escadarias no vestíbulo principal se mostrou impraticável, provou-se necessária uma grande e cara demolição e reconstrução corretivas. Um problema mais permanente resultou da recusa dele em ouvir os especialistas que lhe diziam que a altura do lençol freático exigia um porão profundo. A inevitável enchente só foi corrigida no fim do século XX.[149]

Muito mais inovador, em termos arquitetônicos, era o chamado Communs, um complexo gigante de dois grandes prédios de serviço, ligados por uma colunata e desenhados pelo arquiteto francês Jean-Laurent Legeay. Contendo cozinhas e acomodações para empregados e cortesãos não suficientemente importantes para serem aceitos no palácio principal, ele também servia para encobrir a feia paisagem pantanosa que ficava para além dele.[150]

Na arquitetura, bem como na música, os gostos de Frederico foram criados cedo e não se desenvolveram. Sanssouci é uma versão tardia de Rheinsberg, e o Novo Palácio é uma versão tardia do Palácio Municipal de Potsdam. Olhando para as decorações dos tetos ou das paredes produzidas para ele, é impossível dizer se são dos anos de 1740 ou 1770.[151] Pode-se ir além e completar que o Novo Palácio mostrava que o gosto de Frederico não era tanto conservador quanto retrógrado. Da grande coleção de compêndios e gravuras arquitetônicas que ele reuniu, uma substituta do *Grand Tour* que seu pai lhe recusara, ele selecionou desenhos de períodos anteriores para seus arquitetos implementarem.[152] Assim, o Velho Mercado em frente ao Palácio Municipal de Potsdam ganhou aparência romana, e a Igreja de São Nicolau (*Nikolaikirche*) recebeu uma fachada tirada de Santa Maria Maggiore, enquanto sua casa do vigário e escola foram baseadas no Palazzo della Sagra Consulta sul Quirinale, de Ferdinando Fuga, em Roma. Também havia ali um argumento ideológico: a cultura religiosa incorporada por esses prédios do barroco romano estava em contraste com o secularismo racional do palladiano Palácio Municipal diante do qual estavam.[153] A Prefeitura foi modelada no desenho não executado de Palladio para o Palazzo Angarano, em Vicenza. Outros prédios palladianos que encontravam um eco na praça eram o Palazzi Valmarano e Giulio Capra, ambos em Vicenza, e a Villa Barbaro, no Vêneto. Para fornecer um ponto focal de unidade, Knobelsdorff foi esperto ao instalar no centro da praça um obelisco, cujos quatro medalhões de bronze de Frederico e de seus três predecessores imediatos vestidos em armaduras romanas também serviam como proclamação do poder dos Hohenzollern e do orgulho dinástico de Frederico.[154] Em todos os outros lugares de Potsdam era possível encontrar imitações de dois grandes palácios romanos: Palazzo Caprini, de Bramante, e Palazzo Vidoni, de Rafael.[155] Como observou Algarotti, parecia que Frederico estava buscando fazer de Potsdam uma escola de arquitetura tanto quanto já era da arte militar.[156] Durante seu reinado, mais de vinte fachadas foram copiadas diretamente de originais clássicos italianos, chineses ou ingleses.[157]

Dos prédios de Frederico, o mais retrógrado foi também seu último grande projeto: a Biblioteca Real, em Berlim. Apenas após estar no trono por três décadas que Frederico deu os passos para fornecer um prédio dedicado à grande coleção real de cerca de 150 mil volumes, anteriormente guardados em uma ala do palácio principal. Como o conjunto consistia principalmente de obras em latim, que ele não sabia ler, ou em alemão, que ele não queria ler, não é surpreendente que tenha tido de esperar tanto tempo para receber atenção. O rei parece ter sido convencido a agir por um membro de seu círculo interno, Charles Théophile Guichard, que Frederico renomeou "Quintus Icilius" em 1759 como piada, depois de perder para ele uma aposta sobre o nome correto de um dos generais de César.[158] Embora nominalmente os arquitetos contratados para erigir um prédio num terreno próximo à ópera fossem Michael Philipp Boumann e Georg Christian Unger, sua tarefa foi simplesmente traduzir em desenhos de trabalho um conceito produzido pela primeira vez em 1726 pelo celebrado arquiteto barroco austríaco Johann Bernhard Fischer von Erlach. Como apenas uma parte dos desenhos de Erlach tinham realmente sido construídos em Viena, porque envolveriam a demolição do Teatro da Corte e/ou por falta de fundos, Frederico provavelmente queria demonstrar que era capaz de colocar na prática o que seus rivais Habsburgo só conseguiam deixar no papel. O que funciona bem como parte integrada do palácio Hofburg em Viena é menos bem-sucedido como prédio independente em Berlim. Em particular, a forma côncava da nova biblioteca fez com que berlinenses irreverentes a apelidassem de "cômoda de roupas".

Esse caráter derivativo das operações construtivas de Frederico é recorrente. A Igreja Francesa em Potsdam, por exemplo, foi copiada diretamente da ilustração de Robert Morris em *The Architectural Remembrancer* [O cronista arquitetônico], de 1751. No parque de Sanssouci, o Templo das Antiguidades foi copiado do Templo da Antiga Virtude de William Kent, em Stowe, construído em 1734; o Pavilhão Chinês teve como modelo a Maison du Trèfle, construída em 1738 pelo arquiteto francês Emmanuel Héré de Corny para o duque de Lorena, Estanislau Leszczyński; e a Casa do Dragão foi tirada de dois livros de desenhos arquitetônicos presenteados a Frederico por Sir William Chambers – *Designs of Chinese Buildings* (1757) e *Plans, Elevations, Sections and Perspective Views of the Gardens and Buildings at Kew* [Plantas, elevações, seções e vistas em perspectiva dos jardins e prédios em Kew] (1763).[159] A influência inglesa também podia ser vista em dois outros prédios de Potsdam: a Casa Hiller-Brandtsche, baseada em um desenho (não executado) de Inigo Jones para um novo palácio de Whitehall, e o Portão Nauener, neogótico.[160]

PINTURAS E ESCULTURAS

Para encher esses palácios grandes e pequenos, Frederico tornou-se "um dos mais importantes colecionadores de arte de meados do século XVIII na

Europa".[161] Ele foi, inclusive, o primeiro governante Hohenzollern a formar uma coleção de pinturas.[162] Embora nunca tenha tido a permissão de viajar ao exterior, seu apetite deve ter sido estimulado pelas importantes coleções que ele vira em Salzdahlum, casa de seus parentes de Brunsvique; em Pommersfelden, o palácio franconio dos Schönborn; e, claro, Dresden.[163] Embora seus parcos recursos como príncipe herdeiro significassem que era preciso começar pequeno, ele já estava comprando quadros ainda em Rheinsberg.[164] Como vimos, foi ali que ele começou a criar um mundo arcadiano no qual pudesse recuperar-se da brutalidade de seu pai.* Não podia haver maior contraste do que aquele entre o regime militarista, duro e hipermasculino de Frederico Guilherme e o mundo suave, gentil, lânguido e hedonista das pinturas *fête galante* que Frederico adorava. Quando subiu ao trono, ele pôde se permitir ao máximo aproveitar essa predileção, embora sempre insistisse que seus agentes não deviam pagar acima do valor adequado, uma preocupação que, claro, não evitou que ele frequentemente fosse cobrado excessivamente ou enganado com falsificações.[165] Entre suas primeiras compras estava uma grande obra-prima, *L'Enseigne de Gersaint*, de Antoine Watteau, adquirida em 1744. Ele acabou possuindo 24 obras de Watteau (ou, na verdade, atribuídas a ele), reconhecido como mestre do gênero, 32 de Nicolas Lancret e 31 de Jean-Baptiste Pater.[166] A última grande aquisição no gênero foi outra pintura de suprema qualidade, *Peregrinação à ilha de Citera*, comprada num leilão em Haia, em 1763.

Frederico pendurou o quadro em seus aposentos particulares no Palácio Municipal de Potsdam, onde talvez ele servisse como lembrete visual nostálgico de seus dias mais jovens e menos atormentados e formasse um contraponto agradável aos soldados treinando no campo de paradas abaixo de sua janela.[167] Naquela época, o gosto dele tinha mudado e ele estava se concentrando em estilos mais antigos e majestosos. Sua abordagem à qualidade estética nas artes visuais era robusta: ele sabia do que gostava. Como disse à sua irmã Guilhermina, considerava belo o que lhe dava prazer e tudo o que não dava não tinha valor, não importa quão antigo fosse.[168] Apesar de toda a sua arrogância, parece que ele era mais aberto a influências em relação à pintura do que à música ou literatura, onde seu conhecimento, talento e autoconfiança eram maiores. O gênero *fête galante* certamente era calculado para apelar a seu lado feminino, mas também fora encorajado por

---

* Ver anteriormente, p. 47.

Antoine Pesne, amigo de Lancret, e pelo pupilo de Pesne, Knobelsdorff.[169] Frederico se desentendeu tanto com Pesne quanto com Knobelsdorff no fim dos anos de 1740. Em 1748, ele contratou dois pintores de uma geração mais nova de Paris, Charles-Amédée-Philippe van Loo e Blaise Nicolas Le Sueur, embora nenhum deles tenha se provado tão bom quanto a velha guarda.[170] Nessa época, Frederico estava sob influência de Algarotti, Voltaire e o marquês d'Argens, e todos desprezavam a frivolidade rococó de Watteau e de seus imitadores, encorajando Frederico a mudar sua preferência de compras para os velhos mestres.[171] Quando lhe ofereceram uma série de pinturas de Lancret, em 1754, ele respondeu que não gostava mais desse tipo de arte e agora estava mais interessado nos grandes mestres italianos e flamengos dos séculos XVI e XVII.[172]

Ele rapidamente ganhou confiança, dizendo a Guilhermina em novembro de 1755 que sua coleção de velhos mestres tinha chegado a três dígitos, incluindo dois Correggios, dois Guido Renis, dois Veroneses, um Tintoretto, um Solimena e nada menos que doze Rubens e onze Van Dycks. Eram necessários mais cinquenta, completou, a serem obtidos da Itália e dos Países Baixos: "Então, como vês, minha cara irmã, a filosofia não bane a loucura da cabeça dos homens". Porém, ele não esperava que a febre durasse muito em seu caso, pois, quando as paredes estivessem cheias, ele pararia de comprar.[173] Suas aquisições incluíam algumas excelentes obras, notavelmente *Leda e o cisne*, de Correggio (1531), *Santa Cecília*, de Rubens (1640) e *Moisés quebrando as tábuas da lei* (1659), de Rembrandt.[174] Para guardá-las, Frederico construiu uma galeria dedicada logo abaixo de Sanssouci, em um terreno antigamente ocupado por estufas. A mais antiga galeria independente a sobreviver na Europa foi desenhada pelo pupilo de Knobelsdorff, Johann Gottfried Büring, embora, como sempre, ele estivesse trabalhando dentro dos estritos parâmetros estilísticos delimitados por Frederico.[175] Começando no início da primavera de 1755, a obra seguiu com a costumeira impaciência do rei, a tal ponto que no outono do mesmo ano a carcaça já estava pronta, exceto pelo domo central. Uma grande influência tanto na decisão de construir a galeria quanto na maneira como ela foi feita foi Algarotti, autor de um manifesto a favor de um templo de arte autônomo.[176]

Todo o projeto poderia ter sido finalizado dentro de dois anos, se a Guerra dos Sete Anos não tivesse intervindo. Afinal, a obra foi inaugurada em 1764, uma celebração arquitetônica e pictórica da sobrevivência de seu construtor contra todas as expectativas. Não se pouparam gastos, com mármore raro e muito caro trazido do norte da África e de Siena para as paredes e os pisos.[177] A galeria tinha uma dupla função: fornecer a Frederico um espaço de recreação e exercício quando o clima rigoroso impossibilitava o uso do jardim, e também mostrar ao mundo que tudo o que outros governantes europeus podiam fazer, ele fazia tão bem quanto, se não melhor. Cada uma das pinturas na nova galeria tinha sido adquirida pessoalmente pelo rei. Ele desprezou a oportunidade de reunir uma boa coleção com as pinturas que tinha herdado e que estavam no Palácio de Berlim. Também não havia retratos de quaisquer de seus antecessores Hohenzollern.[178] Tinha de ser uma conquista inteiramente dele.[179]

Era especialmente importante competir com Dresden, onde Augusto II da Saxônia-Polônia tinha reconstruído sua galeria em 1745-7 para exibir sua fabulosa coleção do melhor modo possível. Ela rapidamente adquiriu a reputação de ser um dos melhores museus acessíveis ao público da Europa, ajudando a tornar a cidade um ponto de visita essencial para os viajantes de *Grand Tours*.[180]

Ansioso para não ficar atrás de seus concorrentes, Frederico se esforçou muito para divulgar sua própria coleção, embora fosse muitíssimo inferior à de seu rival saxão. Mathias Oesterreich foi trazido de Dresden para servir como curador, e sua primeira tarefa foi preparar e publicar uma *Description of the Royal Picture Gallery and Private Collection [Kabinett] at Sanssouci* [Descrição da Galeria de Pinturas e Coleção Particular Real em Sanssouci], que teve inúmeras edições atualizadas.[181] Oesterreich também servia de guia à coleção, admitindo qualquer um que estivesse bem-vestido, em troca, claro, de uma gorjeta.[182] Um plano ambicioso de publicar dois grandes volumes contendo reproduções em gravura da coleção foi iniciado por uma equipe de sete artistas, mas depois abandonado, provavelmente devido ao custo.[183] Esse templo autônomo, adjacente, mas separado espacialmente do palácio, era mais uma ilustração da sacralização da arte discutida no início deste capítulo. Embora de forma irônica, d'Argens disse a Frederico em 1760 que todas as pessoas de bom gosto estavam peregrinando de Berlim a Potsdam para ver a galeria com tanto zelo quanto os peregrinos cristãos iam a Loreto e Santiago de Compostela.[184] Frederico não encomendou pinturas de suas vitórias no estilo triunfalista de Luís XIV, mas apresentou a arte como um tópico adequado de veneração. Um aspecto mais frívolo era que a galeria lhe deu a oportunidade de praticar seu desprezo pelo Cristianismo, ao justapor a *Madonna* de Carlo Maratta com o *Banheiro de Vênus* de Guido Reni.[185]

(Ele fez o mesmo truque no Palácio Municipal de Potsdam, onde a *Madalena arrependida* de Correggio foi colocada em meio a um grupo de imagens eróticas no estilo *fête galante*, incluindo a *Peregrinação a Citera* de Watteau.)[186]

Havia poucas pinturas contemporâneas na galeria, com a notável exceção de *O casamento de Cupido e Psiquê*, de Pompeo Batoni, que Frederico encomendou em 1756 e que o acompanhou em todas as campanhas dos sete anos seguintes.[187] Havia mais no Palácio Municipal e no Novo Palácio de Potsdam, onde artistas franceses vinham à tona. Ironicamente, Frederico tinha mais pinturas francesas do início do século XVIII do que o rei da França.[188] Ele também encomendou quatro grandes pinturas históricas de artistas franceses para exibir no Novo Palácio. Uma delas, a monumental *Sacrifício de Efigênia* de Charles-André Vanloo, também conhecido como Carle Vanloo, foi considerada "a pintura francesa mais importante de meados do século XVIII".[189] Encomendada em 1755 e exibida no Salão de Paris de 1757 antes de ser despachada à Prússia, a pintura causou uma espécie de sensação no mundo artístico europeu.[190] O conde de Caylus, um dos fundadores do neoclassicismo, publicou um panfleto elogiando-a de forma afetuosa: "M. Vanloo alcançou o que Eurípedes teria feito se tivesse em mãos um pincel em vez de uma caneta".[191] Um visitante do Salão naquele ano escreveu em outro panfleto que, assim que entrou no salão de exibições, se impressionou imediatamente com a obra de Vanloo, graças a seu tamanho e sua localização. Ele seguiu descrevendo-a e analisando-a em detalhes com um olhar crítico e falando com desaprovação do entusiasmo excessivo que ela tinha gerado no público.[192] A polêmica ao redor da pintura foi, então, resumida e transmitida por toda a Europa na *Correspondance littéraire* [Correspondência literária] de Frédéric-Melchior Grimm, que também aproveitou para sugerir que era o rei da França que deveria estar financiando as pinturas históricas francesas, e não o rei da Prússia.[193]

Quantitativamente, Frederico era um colecionador ainda mais entusiástico de esculturas. Uma estimativa improvável sustenta que seus palácios abrigavam 5 mil objetos tridimensionais,[194] que teriam sido adquiridos em quatro grandes fases. Em 1742, ele comprou por 80 mil libras francesas a coleção do recém-falecido cardeal Melchior de Polignac, que tinha aproveitado seu tempo em Roma como embaixador francês acumulando uma coleção de primeira linha de cerca de 300 peças, a maior parte delas antiguidades clássicas.[195] Em 1758, Frederico herdou 130 objetos de sua irmã Guilhermina. Um número muito grande de itens, consistindo principalmente de pedras preciosas gravadas, foi comprado em 1764 do herdeiro do notório barão Philipp von Stosch por 30 mil táleres mais uma pensão perpétua de 400 táleres por ano.[196] Stosch era prussiano de nascimento, mas tinha passado a maior parte de sua vida adulta na Itália, trabalhando com a enchente de artefatos clássicos, tanto legítimos quanto falsos, que chegavam ao mercado vindos das numerosas escavações que estavam sendo feitas. Entre outras coisas, ele tinha sido pago pelo governo britânico para espionar o pretendente da casa Stuart, apesar da opinião de Walpole de que ele era "um homem do caráter mais infame em todos os respeitos", o que parece ser uma referência oblíqua à homossexualidade flagrante de Stosch.[197] Um último lote de compras ocorreu no fim dos anos de 1760 para preencher os novos prédios de Frederico, especialmente o Novo Palácio. Essas últimas esculturas foram obtidas principalmente de agentes em Roma.[198]

Tudo isso sugere que Frederico gostava muito que seus prédios, jardins e interiores fossem enfeitados por estátuas. O Palácio Municipal de Potsdam reconstruído, por exemplo, incluía 76 figuras, 92 vasos, dezesseis troféus e três grandes cártulas.[199] Ele tomava muito cuidado para arranjá-los de maneira coerente. Em Sanssouci, as pinturas de sua "pequena galeria" pessoal eram complementadas por estátuas de Apolo, Dionísio, Atena e Marsias, a última sendo o fauno tocador de flauta que ingenuamente desafiou Apolo a um duelo. Na parede oposta, estavam doze bustos, incluindo três romanos especialmente admirados por Frederico: os imperadores Marco Aurélio e Adriano e o catamito do último, Antínoo, no estilo da estátua descoberta na Villa Mondragone no início do século.[200]

A SOCIEDADE HOMOERÓTICA DE FREDERICO

Como vimos, logo que Frederico se libertou da tirania paternal com a morte de Frederico Guilherme em 1740, deixou de lado sua esposa e encheu de presentes e favores seus dois homens favoritos, Fredersdorf e Algarotti.* Ele também começou a criar um ambiente físico, social e cultural no qual pudesse sentir-se confortável e se recuperar dos horrores vividos nos 28 anos anteriores. Era um mundo suave e luxuoso, no qual sua nova riqueza permitia que ele desfrutasse dos gostos que seu pai achava afeminados. Era ho-

---

* Ver anteriormente, pp. 58-68.

mossocial, homoerótico e provavelmente também homossexual. É claro, deve-se tomar cuidado para não aplicar perspectivas anacrônicas. O que parece "delicado" aos olhos do século XXI podia parecer impecavelmente viril a mecenas do século XVIII. Nenhum governante europeu foi mais entusiasticamente heterossexual do que o fálico Luís XV, mas ele também era um extravagante mecenas da arte rococó tão refinada quanto qualquer coisa encomendada por Frederico. Ainda assim, o ambiente em Potsdam era muito diferente do da corte de Versalhes ou de qualquer outra corte europeia, na realidade.

Um visitante a Sanssouci se aproximava do palácio pelo lado norte, atravessando um pátio – o *cour d'honneur* – circundado por uma colunata, uma das formas arquitetônicas favoritas de Frederico, também usada antes em Rheinsberg, no novo palácio planejado para Berlim e no Palácio Municipal de Potsdam. É claramente reminiscente do Grande Trianon em Versalhes. As portas principais levavam a um salão de entrada no qual duas estátuas se confrontavam: a oeste, Marte, e a leste, Mercúrio. A primeira era uma cópia francesa moderna da estátua da coleção Ludovisi em Roma, ela mesma já uma cópia do século II do original grego do século IV a.C. Marte é representado como um jovem nu e atlético, com a espada de guerra guardada, enquanto um cupido brinca a seus pés, indicando que a atividade militar deve dar espaço ao amor. Do lado leste está Mercúrio, uma estátua clássica herdada da irmã de Frederico, Guilhermina. Foi escolhido, talvez, por ser o deus do comércio (entre outras coisas) e, assim, implicar que a economia prussiana estava em boa forma,[201] ou mais provavelmente por ser um jovem belo e nu esperando a atenção de Marte, à sua frente. Quando Frederico morreu, seu herdeiro removeu a estátua, que nunca retornou ao seu lugar.[202] O clima erótico, de bacanal, da sala é destacado por relevos folheados a ouro nos espaços acima da porta, cujas cenas de devassidão ébria mostram faunos fazendo música em honra a Baco e ninfas dançando em torno do deus Pan.[203] Do vestíbulo, o visitante entrava no maior cômodo do palácio, o Salão de Mármore. Exibido ali em destaque, havia um busto feito por Jacques-Philippe Bouchardon de Carlos XII da Suécia, herói militar e homossexual, sobre quem tanto Voltaire quanto o próprio Frederico escreveram com entusiasmo.[204]

Carlos "personificava a conjunção de militar e realeza, vitória e calamidade, junto com um mundo sem mulheres e de orientação homossexual".[205] O erotismo lânguido era o tema da antecâmara, que também servia como sala de jantar informal, e da sala de música, decorada por Antoine Pesne com cenas das *Metamorfoses* de Ovídio – Pigmaleão e Galateia; Vertumnus e Pomona; Pã e Siringe; Baco e Ariadne – e uma grande pintura de Diana banhando-se. Uma interpretação talvez especulativa é:

> A sala de concertos em Sanssouci é a fronteira entre os aposentos oficiais e os mais "particulares" dos apartamentos de Frederico. Ele pretendia deixar claro, embora não de forma muito precisa, a afirmação sobre a natureza do amor nesse ponto específico da sequência de salas onde começa seu próprio reino privado. Como mostrado pelas pinturas, o amor ou é aterrorizante e irreal, ou totalmente malsucedido. As mulheres não podem e não devem ser abordadas. A cena mais esperançosa, incluindo um *deus ex-machina* resgatando a desolada amante Ariadne, fica imediatamente ao lado da porta que leva ao escritório e ao quarto do rei. O próprio rei, rejeitando o amor das mulheres, desertado por seu amor, espera que o deus o resgate.[206]

De sua biblioteca, também imediatamente ao lado do quarto de Fredersdorf, Frederico via uma estátua de Antínoo que ele tinha colocado dentro de um elaborado pavilhão de ferro forjado. Era sem dúvida a mais bela escultura na coleção de Frederico, e inclusive uma das mais belas de qualquer galeria europeia. Datando de cerca de 300 a.C., foi descoberta na ilha de Rodes em 1503. Embora a identidade do garoto seja incerta, na época de Frederico sempre se referiam a ele como Antínoo e, portanto, ela ganhava uma conotação homossexual: "Frederico, portanto, comprou um ícone da pederastia, do desejo masculino por homens, que há muito já se definira assim".[207] Foi só depois da morte dele que a estátua foi renomeada *Garoto rezando* e apressadamente removida para um museu.[208] Adriano sofreu tanto com o luto quando Antínoo morreu que o transformou em deus e instituiu um culto a sua memória. A estátua passou por várias mãos antes de chegar ao marechal de campo austríaco, o príncipe Eugênio, que notoriamente era homossexual. Em campanha na Renânia em 1734, ele recebeu o príncipe Frederico em seu campo. Frederico estava bem ciente das tendências de Eugênio, e escreveu depois em *The History of My Own Times* que Luís XIV tinha recusado ao príncipe uma comenda militar porque os cortesãos lhe tinham dado o pejorativo apelido de "Lady Claude".[209] Christoph Ludwig von Seckendorf escreveu em seu diário secreto de 1734 que Frederico estava imitando a personalidade lacônica de Eugênio. Ele também registrou a seguinte conversa: "O príncipe de Anhalt-Dessau: 'Vossa Alteza ainda tem ereções?'. O príncipe Eugênio, pegando um punhado de rapé: 'Não, não tenho ereções'".[210] Também presente no Reno em 1734 estava o príncipe José Venceslau de Liechtenstein, que começou uma amizade com Frederico, correspondeu-se com ele quando voltou à Prússia e até emprestou-lhe dinheiro.[211] Foi Liechtenstein quem comprou a estátua de Antínoo do herdeiro do príncipe Eugênio e depois a vendeu a Frederico, que já conhecia a obra de uma gravura de Giuseppe Camerata, pela soma considerável de 5 mil táleres.[212] Deleitado com sua aquisição, Frederico tomou muito cuidado com seu transporte desde Viena, instruindo sua embaixada ali a dar toda a assistência ao membro de sua equipe que ele mandou apanhá-la.[213]

Colocar essa estátua diretamente na linha de visão de seu escritório era uma afirmação inegável. Isso não era segredo, mas algo plenamente visível a qualquer um que tirasse vantagem da fácil acessibilidade oferecida a visitantes de Sanssouci. Como ficava localizada imediatamente ao lado do jazigo que Frederico pretendia que fosse usado para seus restos mortais, podia ser interpretada como sua homenagem ao tenente Hans Hermann von Katte, que se sacrificara por seu amante como Antínoo por Adriano.[214] Também acessível era o Templo da Amizade erigido na extremidade oeste do parque como memorial à irmã de Frederico, Guilhermina, falecida em 1758. Quatro medalhões nas colunas representavam quatro pares de amantes masculinos da antiguidade clássica: Orestes e Pilates; Niso e Euríalo; Héracles e Filoctetes; e Teseu e Pirítoo.[215]

O mesmo tema homoerótico podia ser encontrado nas duas pinturas mais importantes encomendadas para o Novo Palácio, ali perto. A primeira era *A família de Dário*, de Pompeo Batoni, que mostra outro celebrado par de amantes masculinos, Alexandre, o Grande, e Hefestião, consolando a esposa e os filhos do derrotado rei da Pérsia, um tema eternamente popular entre pintores históricos. Na versão de Batoni, a intimidade da relação entre os dois homens é enfatizada por Hefestião colocando a mão no pulso de Alexandre.[216] Encomendada em 1763, ela só foi entregue em 1775, mas Frederico lhe dava tanta importância que manteve vazio o espaço alocado a ela.[217] Era na Antecâmara Azul, que levava aos aposentos de Frederico.

Ainda mais proeminente era o afresco *Ganímedes é apresentado a Olimpo*, de Charles Vanloo, no Salão de Mármore. Frederico ter escolhido um tema homoerótico tão conhecido para o maior afresco no maior cômodo de seu maior palácio não podia ser mais revelador sobre como ele decidia representar a si mesmo.* Também era algo consagrado, pois o mesmo tema tinha sido pintado por Antoine Pesne para o cômodo de Frederico na torre que ficava ao lado da sala de música em Rheinsberg.[218]

A homossexualidade de Frederico é um assunto que já foi tabu, permanece carregado, mas é importante demais para ser ignorado. A relutância em aceitá-lo foi justificada pelo suposto caráter anacrônico do conceito, pois a palavra "homossexual" e seus cognatos eram invenções do fim do século XIX. Isso não convence. Muitos fenômenos existiram antes de uma palavra em particular ser usada para descrevê-los – "nacionalismo" e "liberalismo" vêm à mente como exemplos. Pode-se certamente admitir que, nos primórdios da Europa moderna, os limites entre o inequivocamente heterossexual e o inequivocamente homossexual eram mais fluidos. Mas existiam. Quando Frederico Guilherme I chamou seu filho de "afeminado" e "sodomita", ele sabia muito bem o que estava dizendo. Também destacou-se que o período experimentava um "culto da amizade" entre homens que podia ser intensamente emocional sem ser sexual, embora isso em geral seja visto como uma forma de reação "burguesa" às formalidades da cultura aristocrática.[219] Simplesmente não é possível dizer quando uma relação platônica se tornava socrática. Quando o oficial prussiano Ewald von Kleist escreveu a Johann Wilhelm Ludwig Gleim que suas asserções de desejo não eram exageradas, "pois verdadeiramente o amo mais do que todas as garotas do mundo", não havia algum componente sexual?[220] No caso de Frederico, ele certamente desfrutava de amizades intensas. Quase todas elas eram com homens, embora haja algumas exceções notáveis – sua irmã Guilhermina, a condessa Camas e a viúva-eleitora da Saxônia, Maria Antônia. A não ser que seja encontrado um documento em que Frederico relata o que fazia, quando e com quem, uma dúvida residual deve perdurar. É difícil, porém, resistir ao peso cumulativo das evidências.

---

* A tentativa de Franziska Windt, em "Künstlerische Inszenierung von Grösse", de apresentar Ganímedes como "um belo filho" não convence. Ela ignora a referência homoerótica.

PARTE II

Guerra e paz

7
Guerra e paz, 1745-1756

O dia 25 de dezembro de 1745 foi um dia feliz para Frederico. Ele estava celebrando, não o nascimento de Cristo, em quem não cria, mas a paz com a Áustria e a Saxônia, na qual certamente acreditava. Seu cofre estava vazio. Era mais do que hora de sair de uma guerra em que não se podia ganhar mais nada. Ele sabia que tinha tido sorte, que Maria Teresa teria preferido fazer um acordo de paz separado com Luís XV. Ela só tinha favorecido Frederico por achar os franceses intransigentes, com a determinação fortalecida por vitórias recentes nos Países Baixos e a rebelião jacobita que distraía os britânicos.[1] Os franceses esperavam ansiosamente agarrar a vitória em 1746. Apesar de sua confiança, ficaram chocados ao saber, em meados de dezembro, que seu aliado prussiano estava prestes a desertá-los mais uma vez. O embaixador francês em Berlim, Valori, montou uma tentativa desesperada de frustrar as negociações em andamento em Dresden enviando seu secretário, Claude Etienne Darget.

Por que um mero secretário seria confiado com uma missão tão importante? A provável explicação é que Darget já tinha chamado a atenção de Frederico, causando, de fato, tal impressão que sua transferência ao serviço prussiano tinha sido solicitada.[2] Como veremos, Darget apareceria como anti-herói do poema homoerótico de Frederico, *Palladium*.* Infelizmente, Frederico sabia manter separados sexo e política. No relatório detalhado de seu encontro enviado de volta a Valori, Darget teve de registrar o fracasso total, ao menos em sua missão diplomática.[3] As relações franco-prussianas estavam instáveis desde a deserção unilateral de Frederico para com seu aliado em novembro de 1741.** O tratado de paz de Breslau em 1742 e a Convenção

---

* Ver adiante, pp. 427-9. Darget se mudou e virou o bibliotecário de Frederico no mês seguinte, janeiro de 1746.
** Ver anteriormente, p. 101.

de Hanôver de agosto de 1745, ambos concluídos secreta e unilateralmente, tinham reforçado a convicção francesa de que seu aliado ocasional prussiano não era confiável. Por sua vez, Frederico rejeitou com feroz desprezo uma oferta francesa de subsídio em vez de assistência militar, comentando que uma soma tão lamentavelmente pequena, mal suficiente para financiar três batalhões, podia ser apropriada para um pequeno príncipe como o *landgrave* de Hessen-Darmstadt, mas era simplesmente um insulto ao rei da Prússia.[4] A réplica enviada em nome de Luís XV era igualmente fria, efetivamente dizendo a Frederico que ele agora estava por si: "Quem é melhor qualificado para dar conselho a Vossa Majestade que vós mesmo? Apenas Vossa Majestade tem de seguir o que vos dizem sua inteligência, sua experiência e – acima de tudo – sua honra".[5]

Essa contenda exemplifica a situação problemática de Frederico ao fim da Segunda Guerra Silesiana. Ele tinha vencido por enquanto, mas o futuro era incerto. Sua captura da Silésia em 1740, e a defesa bem-sucedida de seus espólios nos cinco anos que se seguiram, tinham alarmado todas as grandes potências europeias. O que era mais perturbador, a brutal agressão da invasão original? As impressionantes conquistas do exército prussiano? A rapidez de decisão e execução? A diplomacia traiçoeira? O repetido abandono de aliados? A reputação de cinismo e ateísmo? O mundo estável e lento da diplomacia de grandes potências, que gostava de demorar para resolver disputas, tinha sido invadido por um intruso destruidor, um arrivista emergente com uma presunção sem limites. Luís XV pode até ter pensado que a invasão da Silésia era ato de um lunático,* mas Frederico mostrara que, quando a loucura é bem-sucedida, tem de ser renomeada como audácia.

De todos os que queriam ver Frederico de volta ao seu lugar, no hospício, Maria Teresa era a mais implacável. Ele, claro, não tinha ilusões. Em seu relato da guerra seguinte, que acabou eclodindo pouco mais de dez anos depois, ele descreveu como começou a se preparar antes de a tinta secar no papel, comentando que "a formiga acumula no verão o que consome no inverno". Se os recursos de seu Estado tivessem permitido, acrescentou, teria feito ainda mais, pois Maria Teresa era implacavelmente hostil.** Um dos objetivos dela tinha sido atingido, pois, com a eleição de seu adorado marido Francisco como imperador em setembro de 1745, o brevemente interrompi-

---

*   Ver anteriormente, p. 85.
** Ver anteriormente, p. 108.

do nexo entre a Casa de Habsburgo (agora, mais propriamente, Habsburgo-Lorena) e o Sacro Império Romano tinha se restabelecido. Isso era muito importante para ela, por motivos tanto dinásticos quanto pessoais. O maior prêmio, a reconquista da Silésia, porém, ainda a eludia. Notícias do tratado de paz tinham sido recebidas em Viena com horror, "entre todos os setores da população", segundo o embaixador veneziano Erizzo.[6]

A depressão é facilmente compreensível. A perda da Silésia foi grave, por muitos motivos. O mais óbvio era que a adição de seus cerca de 1,1 milhão de habitantes aumentava a população da Prússia em mais ou menos 50%.[7] Ela cobria mais de meio milhão de metros quadrados, ou seja, uma área tão grande quanto um terço da Inglaterra.[8] Junto com a largura, vinha a qualidade. Era a mais próspera de todas as províncias Habsburgo, graças a uma agricultura produtiva, recursos minerais abundantes e uma indústria têxtil bem-sucedida.[9] Frederico escreveu em seu testamento político de 1752 que o linho silesiano era para a Prússia o que o ouro peruano era para a Espanha. Tendo fornecido cerca de um quarto da receita de imposto da Monarquia Habsburgo, a Silésia deveria fazer o mesmo serviço para seu novo governante – ainda mais, na verdade, pois forneceria cerca de 40% das receitas prussianas.[10]

A natureza ajudava, disponibilizando o rio Oder, que dividia ao meio a província correndo de norte a oeste até Brandemburgo antes de chegar ao Báltico em Stettin. Navegável na maioria de seu curso, ele dava a Frederico um ativo militar inestimável, permitindo o transporte relativamente rápido de homens e matéria-prima e possibilitando que ele lutasse em linhas do interior.* De forma mais genérica, a importância estratégica da Silésia é revelada por um olhar em qualquer mapa contemporâneo da região. Nas mãos dos Habsburgo, ela era uma ponta do território se estendendo até o norte da Alemanha, colocando os exércitos austríacos a 150 quilômetros de Berlim; sua perda não só reduzia a influência Habsburgo no norte alemão, mas também deixava os exércitos prussianos a 150 quilômetros de Praga e a 200 de Viena. Era guardado por quatro grandes fortalezas: Glogau, Breslau, Brieg e Cosel no Oder, Schweidnitz a sudoeste no Weistritz e Glatz e Neisse no rio Neisse (era confuso haver quatro rios chamados "Neisse", todos tributários do Oder).[11] Além disso, o fato de que esse grande ativo tinha passado para a Prússia dobrava a profundidade da ferida infligida aos austríacos, pois,

---

* Ver adiante, p. 252-3.

se todos os variados recursos da Silésia fossem somados e expressados pelo símbolo algébrico "x", a relação de poder entre os dois Estados mudava como resultado da transferência não em "x", mas em "2x", pois o que tinha sido tomado de um era adicionado ao outro. Em linguagem de futebol, era como ganhar um jogo de seis pontos. Como reclamou Maria Teresa em um memorando para o marechal de campo Daun no meio da Guerra dos Sete Anos, a perda da Silésia tinha ao mesmo tempo aumentado o exército de Frederico em 40 mil e diminuído o dela numa quantidade similar.[12]

O governo prussiano se mostrou uma faca de dois gumes para os silesianos. A economia tinha sido intimamente integrada com as duas outras partes da "Coroa de São Venceslau": Boêmia e Morávia. Embora o tratado de paz tivesse prometido um acordo comercial para permitir a continuidade da rede, este nunca foi honrado. Pelo contrário, o agressivo protecionismo de Frederico forçou os mercadores silesianos a reorientar seu comércio ao norte, para o Oder e o Elba, o que se provou um processo doloroso. A integração total à economia prussiana só foi atingida nos anos de 1780.[13] Culturalmente, os principais beneficiários foram os protestantes, que compunham cerca de metade da população.[14] De fato, Ranke comemorou a vitória de Frederico sobre os austríacos em Leuthen em dezembro de 1757 como a atrasada reação protestante à Batalha Montanha Branca, uma referência à vitória católica de 1620 que tinha trazido mais de um século de vigorosa perseguição aos hereges.[15] Frederico não apenas parou com isso, mas também evitou quaisquer reprises. Manter sua promessa de congelar o *status quo* religioso, porém, podia significar decepcionar os protestantes, que reclamavam que ainda muitas vezes tinham de viajar para longe de suas comunidades para encontrar uma igreja, enquanto em sua própria vila um punhado de católicos continuava monopolizando um prédio grande demais para suas necessidades.[16]

A lealdade aos Habsburgo permanecia em algumas regiões, especialmente na Alta Silésia (do sul), onde densas florestas e terra de má qualidade agrícola tinham encorajado o desenvolvimento de latifúndios independentes, na qual o catolicismo era a norma e onde a maioria da população falante de polonês (28% do total) morava.[17] Um problema especial eram os cerca de 300 proprietários de terra nobres que viviam fora da província e estavam em sua maioria a serviço dos Habsburgo.[18] Frederico certamente fez seu melhor para ganhar a afeição de sua nova aquisição. A Silésia podia ter sido conquistada, mas nunca foi tratada dessa forma nem explorada como territórios ocupados temporariamente como Mecklemburgo ou a Saxônia.[19] Na verdade, recebeu tratamento especial, sendo colocada diretamente sob supervisão de Frederico, em vez de designada ao Diretório Geral.[20] Uma mostra simbólica de sua intenção foi a aquisição de uma residência nobre no centro da capital silesiana, Breslau, convertendo-a em palácio real.[21] Ele visitava o local duas vezes ao ano, fazendo turnês incansáveis em busca de informação, embora, como vimos, muitas vezes lhe dissessem o que ele queria ouvir.* É claro que ele se apressou para tirar o máximo de seu novo ativo, introduzindo a administração prussiana e o sistema de cantões para recrutamento. Duzentos jovens nobres silesianos foram despachados para a escola de cadetes em Berlim para treinar como oficiais.[22]

Em resumo, a Silésia era um prêmio e tanto, que valia cada esforço para manter – e reconquistar. No momento, os austríacos estavam com as mãos ocupadas, lutando contra os franceses na Itália e nos Países Baixos. As negociações de paz geral começaram em Breda no outono de 1746, mas se enfraqueceram no ano seguinte. Nenhum dos dois grupos de aliados – Áustria, Sardenha, Grã-Bretanha e República Holandesa de um lado, França e Espanha do outro – conseguia atingir a superioridade decisiva. Os franceses ganharam na Índia e nos Países Baixos Austríacos, mas perderam no Canadá, na Itália e em alto-mar. Por fim, a exaustão financeira impôs a paz. Segundo o Tratado de Aachen em 18 de outubro de 1748, fez-se uma série complexa de acordos, mas apenas com pequenos ajustes ao mapa. Quase dez anos de lutas destrutivamente caras por todo o globo tinham criado muito pouca mudança. Os franceses e britânicos trocaram conquistas no Canadá e na Índia, e os franceses devolveram as suas nos Países Baixos à Áustria e à República Holandesa, respectivamente. Seus únicos ganhos eram indiretos, com os ducados austríacos de Parma, Piacenza e Guastalla passando para o genro espanhol de Luís XV, Don Philip. O único vitorioso inequívoco da Guerra da Sucessão Austríaca era o rei da Prússia, que tinha saído dela três anos antes. Sua posse da Silésia, porém, estava expressamente garantida pelo Tratado de Aachen.[23]

Frederico sabia que nada tinha sido resolvido, nem o conflito entre França e Grã-Bretanha pela supremacia do mundo além-mar, nem sua própria batalha existencial com os Habsburgo pelo domínio da Europa Central. A paz, escreveu ele, "era obra de homens apressados e foi concluída de forma

---

*   Ver anteriormente, p. 123.

acelerada, enquanto as potências resolviam sua vergonha atual ao custo de sacrificar seus interesses de longo prazo: extinguiram parte do incêndio que consumia a Europa, mas apenas empilhando material combustível que pegaria fogo na primeira oportunidade".[24] Se soubesse o que os políticos austríacos estavam pensando, ele poderia ter usado uma metáfora ainda mais inflamatória. Um memorando do ministro sênior, Johann Christof von Bartenstein, afirmava que, no passado, a Monarquia Habsburgo tinha sido confrontada por dois inimigos mortais – a França, no Oeste, e os turcos otomanos, no Leste. Mas agora, tinha se juntado a eles um predador ainda mais perigoso e malévolo. Isso exigia uma reavaliação do sistema de alianças da monarquia. As Potências Marítimas (Grã-Bretanha e República Holandesa) sempre tinham tido capacidade e disposição de ajudar contra a França, mas eram de pouca utilidade contra os inimigos do leste. A única potência, concluiu Bartenstein, com tanto interesse quanto habilidade de ajudar era a Rússia.[25]

Ele tinha razão, como sabia muito bem Frederico. O rei não gostava do povo russo ("estúpido, bêbado, supersticioso e miserável"), mas tinha um respeito saudável pelo Império Russo, ele próprio inatacável por causa da distância física, mas uma ameaça terrível aos outros, graças aos enxames de soldados irregulares saqueadores que podiam entrar em ação em tempos de guerra.[26] Ele disse a seu homem em São Petersburgo, barão Mardefeld, em junho de 1743, que "não há nada no mundo que eu não faria para manter relações harmoniosas perpétuas com o Império Russo".[27] Também sabia que a política externa russa era dirigida pelo implacavelmente "Prussófobo" vice-chanceler conde Alexey Petrovich Bestuzhev, acusado por Frederico de ser "um homem sem talento, pouco capaz na administração, soberbo por ignorância, traiçoeiro por caráter e duas-caras nas negociações até com aqueles por quem tinha sido subornado".[28] Em agosto de 1743, Mardefeld recebeu a ordem de fazer seu melhor para garantir a dispensa de Bestuzhev.[29] Essa iniciativa falhou, como todas as outras tentadas por Frederico nos anos seguintes. Não teve sucesso também recorrer ao suborno em junho de 1744, quando Mardefeld foi autorizado a oferecer "100 mil, 120 mil ou até 150 mil coroas [écus]".[30] Em agosto, um Bestuzhev não seduzido foi promovido a grande chanceler e permaneceu no cargo até 1758, uma constante pedra no sapato de Frederico.

A política em relação à Rússia era difícil para todas as outras potências europeias, porque a situação em São Petersburgo era fluida, para não dizer caótica. O velho ditado de que o sistema russo de governo era "despotismo temperado por assassinato" nunca foi mais válido do que na questão fundamental da sucessão. A decisão de Pedro, o Grande, em 1722, de deixar a escolha de sucessor ao incumbente atual abriu caminho para uma luta desestabilizadora sempre que havia uma vacância. Ele próprio foi sucedido por sua viúva como Catarina I (1725-7), seu neto Pedro II (1727-30) e sua sobrinha Ana (1730-40). Como vimos, foi a morte da última, em 17 de outubro de 1740, que levou Frederico a invadir a Silésia.* A escolha dela própria, do filho de dois meses de sua sobrinha Ana Leopoldovna (bisneta do czar Ivan V e sobrinha-bisneta de Pedro, o Grande) para governar como Ivan VI levou a um longo período de instabilidade. Em novembro de 1741, o infante czar e seus pais foram removidos do poder em um *coup d'état* que colocou Isabel, filha de Pedro, o Grande, no trono, onde permaneceu até 1761.[31] Ela própria sendo solteira, rapidamente nomeou como sucessor seu sobrinho de doze anos Carlos Pedro Ulrico, filho de sua falecida irmã Ana e Carlos Frederico, duque de Holstein-Gottrop. Ele foi levado a São Petersburgo, convertido à ortodoxia e renomeado "Pedro Fedorovich". Em troca da sucessão russa, ele foi obrigado a renunciar seus direitos ao trono sueco, que passou a seu tio, Adolfo Frederico.

O destino de Frederico estava profundamente envolvido nessas idas e vindas das famílias Romanov e Holstein. Ele parecia ter conseguido um grande feito em agosto de 1744, quando o grã-duque Pedro foi prometido à princesa Sofia de Anhalt-Zerbst, renomeada Catarina ao se converter à ortodoxia. Como disse Frederico, de modo complacente: "Ninguém mais adequada às intenções da Rússia e aos interesses da Prússia".[32] O pai dela era um general no exército prussiano e a mãe, uma Holstein, irmã de Adolfo Frederico, agora herdeiro aparente da coroa da Suécia. Só para completar sua conquista do norte da Europa por meio dos matrimônios, no mesmo mês a irmã de Frederico, Luísa Ulrica, se casou com Adolfo Frederico e tornou-se rainha da Suécia quando seu marido subiu ao trono em 1751. Após um noivado turbulento, o grã-duque Pedro e Catarina por fim se casaram em agosto de 1745.

Infelizmente, esse triangular vínculo familiar entre Prússia, Suécia e Rússia não se traduzia em harmonia política entre as três potências. Enquanto Ulrica estava se casando com o príncipe herdeiro Adolfo Frederico em agosto de 1744, Frederico estava lançando a invasão da Boêmia que desencadeou a Segunda Guerra Silesiana.** Sentindo que *raison d'état* podia contar mais

---

*   Ver anteriormente, p. 86.
** Ver anteriormente, pp. 102-3.

do que laços familiares em São Petersburgo, Frederico tentou alistar seus novos aliados na corte russa. Em cartas parabenizando a princesa de Anhalt-Zerbst e sua filha Catarina pelo "triunfo", que ele saudava como "um dos dias mais felizes de minha vida", expressou a esperança humilde de que a czarina Isabel acordasse para seus próprios interesses verdadeiros, tomasse as medidas necessárias para proteger seu regime e sua família e não permitisse que os inimigos da Prússia em sua corte deturpassem o fato de ele retomar as hostilidades contra a Áustria.[33]

Suas esperanças não deram em nada. Foi a retomada das hostilidades por parte de Frederico, em apoio à coalizão francesa, que confirmou o "furioso ódio" de Bestuzhev contra ele.[34] Nisso, Bestuzhev tinha o auxílio e apoio de suas próprias conexões familiares. Ardilosamente, ele casara seu filho Andrey com a condessa Avdotya Razumovsky, oficialmente sobrinha do conde Aleksey Razumovsky, mas, na realidade, sua filha. Sua mãe era ninguém menos que a czarina Isabel, que, de forma secreta e morganática, se casara com Razumovsky (fraco intelectualmente, mas um "Hércules de Citera", como colocou delicadamente Mardefeld).[35] Em parte, era devido ao intenso desgosto pessoal que Isabel sentia por Frederico.[36] Como os dois nunca se conheceram, essa antipatia deve ter sido causada pelos relatos cuidadosamente fornecidos por Bestuzhev de que Frederico estava zombando do conhecido gosto dela por bebidas e homens fortes. Certamente, Bestuzhev tinha instruído representantes diplomáticos russos a incluir em seus despachos qualquer coisa que pintasse Frederico numa luz desfavorável.[37] Ela também se opôs veementemente a Frederico compará-la em público com o outro grande déspota oriental, o sultão turco.[38] Portanto, as tentativas de Frederico de adulação com presentes – um retrato de si mesmo por Antoine Pesne e uma magnífica carruagem de gala – não foram reconhecidas nem com um agradecimento.[39]

Embora essas aparentes superficialidades fossem sem dúvida importantes num ambiente bizantino como o da corte russa, por trás da fenda havia considerações mais fundamentais. Por um lado, a ascensão da Prússia e da Rússia a *status* de grandes potências tinha sido apoiada mutuamente. Foi Pedro, o Grande, que lidou com os dois maiores rivais da Casa dos Hohenzollern, ao derrotar Carlos XII da Suécia e Augusto, o Forte, da Saxônia-Polônia, na Grande Guerra do Norte. A vitória tornou a Rússia a potência dominante no leste do Báltico, mas também criou um vácuo no nordeste alemão, que a Prússia, com gratidão, preencheu. Já se argumentou até que a verdadeira vitoriosa da guerra foi a Prússia, apesar de sua contribuição militar modesta e intermitente.[40] Vale a pena repetir que o "inimigo hereditário" da Prússia era não tanto a Áustria, mas a Saxônia-Polônia.*

Em resumo, a Polônia não só era o recheio do sanduíche, mas o cimento entre dois tijolos. Só podia ser aderente, porém, enquanto fosse vista como sócia minoritária. Em 1716, Pedro, o Grande, tinha intervindo nos tumultuosos assuntos poloneses, para bater cabeças e forçar tanto o rei quanto representantes do *Sejm* (Parlamento) a assinar um acordo com a Rússia, que foi, então, garantido (obtendo, assim, o direito de intervir a qualquer ponto no futuro, caso o acordo fosse quebrado). Em 30 de janeiro de 1717, o "*Sejm* Silencioso", acuado pelos soldados russos que cercavam seu prédio, deu sua concordância. Desde aquela data, a supremacia russa continuou, de uma forma ou outra, até o fim do século XX.[41] Na maior parte do tempo, era apoiada pela Prússia. Frederico Guilherme I deu o exemplo concluindo um acordo com Pedro, o Grande, em 1720 para manter as "liberdades polonesas". A primeira delas era o *liberum veto*, exigência de que todas as legislações do *Sejm* fossem votadas de forma unânime, o que, previsivelmente, levou à paralisação.[42] Juntas, Rússia e Prússia conseguiram frustrar as tentativas francesas de criar uma "barreira oriental" incluindo Suécia, Polônia e Turquia, e eleger o cunhado de Luís XV, Estanislau Leszczyński, rei da Polônia quando Augusto II (o Forte) morreu em 1733.[43] Essa "eleição" também mostrou quem era o parceiro sênior na relação prussiana-russa. Apenas alguns meses antes, um enviado russo, o conde Löwenwolde, tinha sido mandado a Berlim para assinar um acordo em que as duas partes se comprometiam a não votar nem em Estanislau Leszczyński, nem no filho de Augusto, mas promover, em vez disso, a candidatura de um príncipe português.[44] Na ocasião, os russos não aceitaram essa situação e engendraram a eleição do novo eleitor da Saxônia como Augusto III, embora não antes de garantir uma promessa de que ele não tentaria reformar a Constituição polonesa.[45] Essa escolha era fundamentalmente oposta aos interesses prussianos (para não mencionar os poloneses), e um indignado Frederico Guilherme I ofereceu aos austríacos uma força de 50 mil soldados para revertê-la. Curiosamente, eles declinaram: não dispostos a aceitar a Prússia como verdadeira aliada, levaram apenas 10 mil.[46]

Em outras palavras, os interesses prussianos e russos se sobrepunham, mas não eram idênticos. Apenas quando a conexão saxã-polonesa fosse que-

---

*   Ver anteriormente, pp. 82-3.

brada, uma aliança pareceria mais natural. Enquanto isso, os russos assistiram com preocupação e, depois, com raiva a Frederico num primeiro momento tratar mal sua aliada Saxônia durante a Primeira Guerra Silesiana e depois atacá-la, na Segunda.* Estavam profundamente perturbados pela aliança de Frederico com a França, que parecia tornar a Prússia parte da *barrière de l'est*.[47] Outro ponto de discordância era a Suécia. Esperando explorar o caos doméstico na Rússia, os suecos declararam guerra em agosto de 1741 e invadiram a Finlândia. Tinham calculado mal. A guerra foi desastrosa, levando, em janeiro de 1743, à Paz de Åbo, que cedia à Rússia o sul da Finlândia, ao sul do rio Kymi, incluindo as fortalezas de Vilmanstrand e Frederikshamn.[48] Essa última tentativa de reverter as conquistas de Pedro, o Grande, tornaram os russos hipersensíveis à volátil situação política sueca. Como Frederico era aliado (de forma intermitente) da França, e sua irmã era a rainha aparente da Suécia desde agosto de 1744, ele era visto em São Petersburgo com profundas suspeitas. A conclusão de uma aliança formal entre Suécia e Prússia em 1747 foi a confirmação.

Agora em total controle da czarina, Bestuzhev começou a planejar um *coup d'état* na Suécia para trocar a sucessão de Adolfo Frederico para o sobrinho do atual rei, o príncipe herdeiro de Hessen-Kassel. Durante o ano de 1748, isso se transformou num plano mirabolante para uma grande guerra: uma coalizão de Dinamarca, Rússia, Saxônia e Hessen-Kassel invadiria a Suécia, apoiada por uma frota britânica, enquanto a Áustria aproveitaria a oportunidade para reconquistar a Silésia, com assistência russa.[49] Em 1749, o projeto ruiu. Nem os britânicos, nem os austríacos concordavam com uma política tão beligerante. Sua relutância foi endurecida por vigorosas preparações militares – e bastante divulgadas – por parte de Frederico, e pela intervenção diplomática da França em apoio a ele. Mesmo que não tivessem esquecido nem perdoado sua traição, os franceses não desejavam ver a Suécia cair sob controle russo.

Na primavera de 1750, a crise terminou. O suspiro de alívio solto por Frederico teria sido menos confiante se seus relatórios de inteligência de Viena fossem melhores. Sem que ele soubesse, em março de 1749, a imperadora Maria Teresa tinha pedido que todos os seus ministros seniores submetessem relatórios sobre o que deveria ser a política externa, agora que a Guerra da Sucessão Austríaca tinha chegado ao fim. O membro mais jovem do

---

* Ver anteriormente, pp. 102-3, 111.

gabinete, conde Wenzel Anton von Kaunitz, se provou ao mesmo tempo o mais prolixo e o mais radical. Do serviço na Itália (1741-4), nos Países Baixos Austríacos (1744-8) e como representante austríaco nas negociações de paz em 1748, ele tirou duas conclusões principais: primeiro, que no futuro a Áustria deveria se concentrar no centro falante de alemão em seus domínios e, segundo, que a Grã-Bretanha deveria deixar de ser a fundação do sistema de aliança. Já em março de 1743, ele escreveu:

> A Áustria deveria estar olhando mais para a segurança de suas terras alemãs e a remoção de um inimigo e rival perpétuo e perigoso à coroa imperial [a Prússia] do que para a expansão na Itália e a aquisição daquelas terras, que traziam com elas muitas dificuldades, ficavam distantes e cuja manutenção dependia essencialmente da Inglaterra.[50]

A Paz de Dresden em 1745 era considerada um "mal necessário" por ele, que acrescentava que, quando fosse o momento certo, a Prússia devia ser "extinta".[51]

Seu relatório de 24 de março de 1749 a Maria Teresa era duas vezes mais longo que aqueles dos outros cinco ministros consultados juntos.[52] A premissa fundamental era a absoluta necessidade de reconquistar a Silésia, uma parte tão orgânica do corpo político Habsburgo que sua amputação tinha infligido uma ferida que não se curaria. Como o sistema de alianças existente falhara, concluía ele, era necessário e fundamental repensar. O inimigo número um agora era a Prússia, seu "inimigo mais terrível, perigoso e implacável" agora e no futuro.[53] Longe de descansar sobre seus louros, Frederico continuaria tentando enfraquecer a Áustria ainda mais, para garantir a retenção de seu espólio. Não adiantava confiar nas Potências Marítimas no futuro. A República Holandesa era uma canoa furada, enquanto a pérfida Albion tinha deixado a Áustria na mão várias vezes. Além disso, esse "Antigo Sistema" era fundamentalmente falho, pois não era dirigido contra a Prússia, mas contra a França e a Espanha. George II e seus ministros hanoverianos podiam odiar a revolução prussiana, mas a opinião pública britânica estava bastante a favor dele.

Kaunitz seguiu argumentando que apenas um aliado continental podia ajudar agora, e isso só podia significar a França. Superar a hostilidade Habsburgo-Bourbon, placa central do sistema de Estados europeu há mais de dois séculos, admitia ele, seria difícil, especialmente porque os franceses sempre só obedeciam a seu próprio interesse. Por outro lado, eles não eram a ameaça que já tinham sido. Luís XV era ignorante e preguiçoso, enquanto seu ministro do exterior, o marquês de Puysieux, era inexperiente, passivo e menos austrofóbico que seus predecessores. E ainda estavam sofrendo com a tripla deserção de Frederico durante a última guerra. Para superar as objeções francesas, Kaunitz recomendava uma troca múltipla de territórios: o genro de Luís XV, Don Philip, receberia a Saboia do rei da Sardenha, que seria compensado pela Áustria com o ducado de Milão. Don Philip, então, devolveria à Áustria seus ducados de Parma, Piacenza e Guastalla, cedidos em 1748. Se isso não fosse o suficiente, o ducado Habsburgo de Luxemburgo era uma possível isca para a França. Outros aliados – Rússia, Saxônia, Palatinado e Hanôver – podiam, então, ser adicionados à coalizão com promessas de território prussiano.[54]

Com a Monarquia Habsburgo desesperadamente precisando de dinheiro e embarcando num programa de reformas domésticas para reparar os muitos defeitos revelados pela guerra contra a Prússia, não era um momento propício para tal revolução, como apontaram os ministros mais conservadores. Maria Teresa, porém, se impressionou, principalmente porque guardava um intenso ódio por Frederico. Em 1750, Kaunitz foi enviado a Versalhes como embaixador austríaco.[55] Lá, ele encontrou uma potência outrora dominante cujos pés de barro estavam começando a ruir. A Paz de Aachen, que devolvera todas as conquistas na Índia e nos Países Baixos, tinha sido recebida pela opinião pública francesa com consternação e raiva: *"bête comme la paix"* (estúpida como a paz) se tornou uma comparação popular.[56] Como se acreditava que a ministra-chefe, Madame de Pompadour, de fato era a amante real, adicionava-se a corruptibilidade à incompetência.[57] Quanta influência ela realmente exercia sobre a política (em oposição à patronagem) foi algo muito debatido.[58] De qualquer forma, ela era um bode expiatório útil para todos os que se opunham à aparente incoerência e indecisão da política real.[59] Frederico não gostava muito de Luís XV,* e menos ainda de sua *maîtresse-en-titre*, um desprezo alimentado por uma potente combinação de misoginia e condescendência (Madame de Pompadour, nome de solteira Poisson, vinha do mundo das finanças). Quando Voltaire transmitiu saudações dela em 1750, Frederico respondeu com um desdenhoso: "Não a conheço". Era uma picuinha. Maria Teresa, apesar de todo o seu puritanismo, se

---

*   Ver anteriormente, p. 76.

obrigava a dirigir-se a La Pompadour, em correspondências, como *"Ma Cousine"* ou até *"Madame, ma très chère soeur"*.⁶⁰ Como veremos, a educação dela daria muitos lucros políticos em 1756.⁶¹

No geral, as negociações de Frederico com a França mostravam suas limitações como chefe de estado. Até ser tarde demais, ele permaneceu convencido de que havia uma comunhão de interesses natural entre Prússia e França que nunca poderia ser quebrada. Em uma de suas primeiras cartas ao ministro do exterior francês, cardeal Fleury, em 1740, ele afirmou de forma inequívoca: "Os interesses da França e meus próprios são idênticos; tudo se combina para unir-nos".⁶² Isso não o impediu de abandonar a França unilateralmente três vezes entre 1741 e 1745. Como vimos, ele tinha bons motivos para fazê-lo,* mas não parece ter compreendido quanta ofensa sua conduta causava em Versalhes, nem mesmo quando lhe disseram que Fleury tinha chorado lágrimas de ódio ao ouvir sobre o Tratado de Breslau em junho de 1742.⁶³ Ele acreditava que os dois países eram unidos pelo mais forte dos laços: "O inimigo de meu inimigo é meu amigo". Como disse em seu testamento político de 1752, ambos tinham se apropriado de grandes porções de território da Casa de Habsburgo-Lorena: ele tinha se casado com a filha mais velha (Silésia), enquanto a França tinha tomado a mais jovem (Lorena).⁶⁴

Que a Áustria tinha substituído a Saxônia como principal inimigo da Prússia era, sem dúvida, verdade. Menos óbvio era que a Áustria ainda tivesse o mesmo papel de contraponto para a França. Como o próprio Frederico reconheceu em seu testamento político, um melhor candidato estava emergindo no Oeste desde que a Revolução Gloriosa de 1688 tinha transformado a Inglaterra de parceiro menor da França em amargo rival. Carlos II tinha sido braço-direito de Luís XIV; Guilherme III, seu martelo. Na Índia, na África, no Caribe e, acima de tudo, na América do Norte, os interesses franceses e britânicos se chocavam com cada vez mais frequência e violência. Entre 1744 e 1748 eles tiveram um conflito localizado mas intenso em torno do golfo de St. Lawrence. O acontecimento mais espetacular foi a captura britânica de Louisburg em 1745, embora o território tivesse de ser devolvido quando a guerra acabou. Com tanto em jogo, a paz só podia ser uma trégua: a América do Norte não era grande o suficiente para as duas potências mundiais aspirantes. Como os colonizadores britânicos continuaram a chegar ao oeste vindos das colônias costeiras em busca de novas terras, seu pro-

---

*   Ver anteriormente, pp. 96, 101-2, 110.

gresso foi desafiado por seus rivais franceses igualmente exploradores indo para o sul vindos do vale de St. Lawrence. Se os últimos tivessem tido sucesso em sua missão de encontrar seus compatriotas indo para o norte a partir da Louisiana, a expansão do mundo britânico para além do Mississippi e os prados teria sido bloqueada. Na primavera de 1749, a expedição francesa foi enviada pelo rio Ohio com ordens de remover os comerciantes britânicos.[65] Em 1752, um novo governador, o marquês de Duquesne, foi despachado ao Canadá francês com instruções de tomar posse do vale de Ohio e, assim, da ligação geográfica com a Louisiana. Em 1754, ele construiu um forte na confluência dos rios Allegheny e Monongahela, que, juntos, formavam o rio Ohio, e o nomeou em sua própria homenagem.

Com a inevitável guerra, ambas as partes agora buscavam neutralizar o continente para permitir uma mão livre no além-mar. A mais nervosa das duas era a Grã-Bretanha, pois o eleitorado de Hanôver, adorado por George II, era um alvo tentador para os franceses. Localizado na planície do norte alemão sem fronteiras naturais, ele podia ser facilmente ocupado e usado como moeda de troca em qualquer negociação de paz.[66] Para assegurar sua posição em geral, e Hanôver em particular, a partir de 1749, os britânicos estavam procurando fortalecer seu aliado austríaco no Sacro Império Romano. Isso ocorreu principalmente ao promover a eleição do filho mais velho de Maria Teresa, José, a rei dos romanos. Isso teria garantido sua sucessão ao título imperial quando seu pai morreu e, assim, evitado qualquer repetição dos eventos de 1740-45. Infelizmente, as negociações com os eleitores não foram bem e todo o projeto ruiu de forma vergonhosa em 1752.[67] Talvez de maneira surpreendente, os austríacos não tinham ajudado muito a iniciativa, já que consideravam o projeto equivocado e se ressentiam do fato de o mais novo dos eleitores – o eleitor de Hanôver – se apropriar de um papel de liderança em questões imperiais.[68] Nem é preciso dizer, nesse respeito, pelo menos, que Frederico concordava inteiramente com eles e ajudara a afundar o grande esquema do duque de Newcastle.[69]

Com a vantagem da visão histórica, podemos pontuar que tanto os britânicos quanto os austríacos estavam tateando para reconhecer que seus interesses agora eram essencialmente diferentes – não necessariamente opostos, mas definitivamente diferentes. Os britânicos não tinham interesse na Silésia; os austríacos não tinham interesse no mundo fora da Europa. Os austríacos não podiam enviar um exército à América; os britânicos não podiam mandar uma frota pelo rio Oder. Kaunitz, é claro, tinha chegado a essa conclusão há muito tempo. Em Versalhes, ele estivera bajulando Madame de Pompadour, visitando-a frequentemente em seu Château Bellevue, enchendo-a de elogios e dizendo a ela o que ele sabia que seria transmitido imediatamente de volta a Luís XV[70] (ou à "França", como relata-se que ela o chamava durante o êxtase de seus momentos mais íntimos). Voltando a Viena no início de 1753, Kaunitz descobriu que todos os seus colegas mais experientes ainda aderiam à aliança com a Grã-Bretanha. Promovido pouco depois a chanceler de Estado e, assim, encarregado de assuntos exteriores, ele também teve a satisfação de ver dois da velha guarda, seu predecessor Ulfeld e o conselheiro veterano Bartenstein, empurrados para a aposentadoria.[71] Como sempre, os moinhos vienenses trabalhavam lentamente. Foi só no meio de agosto de 1755 que as negociações entre a Áustria e a Grã-Bretanha para uma aliança ruíram.[72] Foi ali que se tomou a decisão de implementar um plano agressivo com o objetivo de reconquistar a Silésia. Em um memorando datado de 28 de agosto, Kaunitz afirmou que a Prússia teria de ser destruída se a Monarquia Habsburgo quisesse sobreviver. A última já tinha perdido influência e prestígio tanto na Europa quanto no Sacro Império Romano. Era um caso de manter ou morrer, pois Frederico estava planejando a destruição total da dinastia.[73]

A ação militar seria tomada pela Áustria e pela Rússia. A França deveria se manter neutra pela promessa de uma parte dos Países Baixos Austríacos para Don Philip; de apoio para o príncipe de Conti, francês, quando o trono polonês ficasse vago; do uso dos portos de Channel de Ostende e Nieuport durante a guerra contra a Grã-Bretanha; e de pedaços da Prússia para aliados franceses (Suécia, Saxônia, Palatinado) com o objetivo de reduzir aquela turbulenta potência ao *status* de terceira linha que ela ocupava antes de Frederico Guilherme, o Grande Eleitor (reinado de 1640-88).[74] O embaixador austríaco em Versalhes, conde Starhemberg, foi instruído a fazer a abordagem necessária.[75]

A reação foi confusa, principalmente porque havia duas organizações rivais envolvidas na condução da política francesa: o escritório do exterior oficial, liderado desde 1754 por Antoine-Louis Rouillé, conde de Jouy, e um grupo informal em torno de Madame de Pompadour, sendo o membro mais importante seu *protégé*, o cardeal Bernis. O rei era chefe nominal de ambos os grupos. Era sintomático de sua irresolução e dissimulação que ele fosse responsável por duas organizações que iam tão frequentemente uma contra a outra. E assim foi no outono de 1755. Rouillé não estava impressionado com a abordagem austríaca, preferiu ressuscitar a aliança prussiana e decidiu mandar um embaixador de alta patente, o duque de Nivernais (muitas vezes grafado Nivernois), para Potsdam.[76] Segundo Bernis, porém, tanto o rei quanto sua amante tinham uma inclinação muito mais favorável. Luís afirmou que sempre quis uma aliança austríaca, pois ela asseguraria a paz; porque uniria as duas grandes potências católicas em apoio à Verdadeira Fé; por causa de seu respeito por Maria Teresa; e por causa de sua igualmente sincera desconfiança e aversão ao rei da Prússia. Em particular, ele tinha se irritado com a forma como o "marquês de Brandemburgo", como o chamava, se dirigia ao rei da França como se fossem iguais.[77] Bernis adicionou que uma aliança austríaca protegeria a França de qualquer ação hostil dos Países Baixos ou do Sacro Império Romano, aumentaria sua influência na Itália e removeria o principal aliado da Grã-Bretanha.[78]

Ele muito provavelmente foi encorajado por Madame de Pompadour, que tinha sido elogiada por Kaunitz mas insultada por Frederico. Segundo Starhemberg, ela alimentava "um indescritível ódio pelo rei da Prússia".[79] Foi em seu Château Bellevue que aconteceu a primeira reunião de negociação, em 3 de setembro de 1755, entre Starhemberg e Bernis.[80] Ninguém parecia ter muita pressa. Apesar da beligerância dos britânicos, mais recentemente demonstrada pela captura de dois navios franceses na costa do Canadá, Rouillé ainda esperava que a crise nas colônias pudesse ser resolvida sem uma guerra total.[81] A oposição à aliança austríaca por parte de um grupo pró-Prússia em Versalhes, liderado pelo duque de Belle-Isle e o marquês d'Argenson, também pode ter diminuído ainda mais o passo já letárgico.[82] Logo, os franceses foram superados por acontecimentos em outras partes da Europa. O duque de Nivernais só partiu para a Prússia em 22 de dezembro de 1755. Quando chegou lá, em 12 de janeiro, seu voto já tinha sido traído.

Foi uma das muitas ironias do capítulo seguinte dos acidentes que a pedra que causou a avalanche tenha sido deslocada pelo medroso e lento duque de Newcastle, secretário exterior britânico. Embora fosse importante apoiador do Velho Sistema, ele teve de concluir, no outono de 1755, que a Áustria não ajudaria na guerra com os franceses, nem se os últimos invadissem os Países Baixos. Como sempre, sua principal preocupação na Europa continental era a segurança de Hanôver. Com medo de que a França induzisse Frederico ao ataque, Newcastle buscou a ajuda da Rússia: "Todo mundo sabe que o rei da Prússia só age por interesse ou medo; por interesse, não podemos conquistá-lo, por medo, talvez a única forma seja através da Rússia".[83] Por vários anos, Bestuzhev tinha defendido tal aliança com o objetivo de "cortar ainda mais as asas do rei da Prússia", mas a czarina Isabel não tinha tanto entusiasmo. Em 19 de setembro de 1755, porém, ela concordou com uma convenção, assinada em São Petersburgo, que fornecia um subsídio anual da Grã-Bretanha de 100 mil libras para manter um exército de 50 mil soldados e uma força naval de cinquenta galés permanentemente posicionada na fronteira oeste da Rússia, além da promessa de 400 mil libras adicionais se elas realmente fossem usadas em um momento de ira.[84]

Embora a czarina tenha demorado para ratificar, era suficiente para instilar em Frederico o medo do Ser Supremo. Em 20 de dezembro, ele repreendeu seu ministro Podewils por sugerir que o acordo de São Petersburgo era essencialmente defensivo. Pelo contrário, afirmou, ele tinha informações confiáveis de que, num conselho ocorrido em outubro na presença da czarina, tinha sido decidido preparar-se imediatamente para ação militar, caso a Prússia atacasse um aliado da Rússia ou – "*nota bene*", adicionou Frederico, para dar ênfase –, se um aliado da Rússia atacasse a Prússia. Desde então, as preparações para a guerra em cooperação com a Áustria tinham sido apressadas.[85] Com a França inativa, ameaçada de isolamento, Frederico buscou, a contragosto, a Inglaterra. Felizmente, as relações com o Tio George (II) tinham derretido levemente seu estado normal de profundo congelamento. Ainda em 1751, Frederico tinha feito de tudo para chateá-lo enviando o jacobita conde marechal George Keith a Versalhes como embaixador prussiano. Quando seu ministro do exterior, Podewils, perguntou como George reagiria, Frederico respondeu de forma rude: "Estou pouco me lixando!".[86] No fim de 1754, porém, os dois reis tinham cooperado para conter o dano ao partido protestante no Sacro Império Romano, ameaçado pela conversão do príncipe herdeiro de Hessen-Kassel ao catolicismo.[87] O gelo foi dissolvido ainda mais quando Frederico cruzou a Alemanha até seus territórios no oeste, em maio de 1755, passando perto de George, que estava na residência de Herrenhausen. Embora os dois reis não tenham se encontrado, mensagens amigáveis foram trocadas. Frederico também usou uma visita da duquesa de Brunsvique para a corte de Hanôver, numa missão matrimonial própria, para transmitir informalmente a garantia de que nunca atacaria os territórios de seu tio.[88]

Com a czarina Isabel ainda atrasando a ratificação do acordo de São Petersburgo, no fim de 1755, os britânicos ainda estavam num clima receptivo para a abordagem prussiana. Unindo-se para se manter aquecidos, as duas potências isoladas se juntaram na Convenção de Westminster, assinada em Londres em 16 de janeiro de 1756. Sua intenção era neutralizar a Alemanha durante toda a guerra colonial, já ocorrendo há muitos meses, embora ainda não formalmente declarada. Enfaticamente, não se tratava de uma aliança. Era um acordo específico da Grã-Bretanha e da Prússia de não se atacarem e manterem longe os exércitos estrangeiros ou, em outras palavras, impedir os franceses de atacar Hanôver e os russos de atacar a Prússia. Havia dois artigos secretos, o primeiro excluindo os Países Baixos Austríacos (motivo pelo qual o texto mencionava a "Alemanha", em vez do Sacro Império Romano) e o segundo obrigando a Grã-Bretanha a pagar uma compensação de 20 mil libras por navios prussianos que tinham sido capturados durante a Guerra da Sucessão Austríaca.[89]

A convenção era defensiva, para não dizer pacífica, mas acabou sendo um grande passo em direção à guerra. Em todas as capitais europeias, houve consternação; em São Petersburgo e Versalhes, houve fúria. Para os russos, o ponto todo do tratado de subsídio negociado com os britânicos em setembro do ano anterior era sua direção antiprussiana. Mas agora descobriam que os britânicos estavam na verdade garantindo a segurança de Frederico! Para os franceses, foi a gota d'água, a prova final – se é que era necessária – de que seu "aliado" prussiano era um vilão traiçoeiro. Eles também concluíram, de modo bastante equivocado, que, se os britânicos não estivessem certos da segurança de Hanôver, teriam concordado e feito a paz na América.[90] Na verdade, os franceses só podiam culpar a si mesmos. Cinco meses se passaram entre a nomeação do duque de Nivernais como embaixador e sua chegada de fato a Berlim. Knyphausen reportou de Versalhes em 8 de dezembro de 1755 que ele ainda estava em Paris e não dava sinais de partir.[91] Na verdade, só tinha chegado à Prússia alguns dias antes da assinatura da Convenção de Westminster. Se tivesse aparecido no outono anterior e oferecido a Frederico a neutralização da Alemanha, tudo o que se seguiu poderia muito bem ter sido evitado.

A satisfação em Viena foi grande. Por meses, eles estavam dizendo para os franceses que Frederico ia fazer um acordo com os britânicos, sem que ninguém acreditasse. Sensatamente, resistiram à tentação de se vangloriar. Em particular, claro, se abraçaram – "o acontecimento decisivo na salvação da Áustria", vociferou Kaunitz. Na verdade, Luís XV tinha se mostrado tão indignado com a traição de Frederico que, depois de ser procurado para uma aliança, foi ele a propô-la. Em 19 de fevereiro de 1756, Bernis apresentou a

Starhemberg uma declaração de que a França buscaria um acordo com a Áustria para promover a paz na Europa, a salvação da religião católica e o benefício mútuo das duas cortes.[92] Mas o caminho a um tratado de aliança se provou tortuoso. Vários ministros em Versalhes tinham suas dúvidas. Como notou Frederico, não havia nada na Convenção de Westminster para impedir os franceses de ocupar os Países Baixos Austríacos, pois a província tinha sido deliberadamente excluída para permitir exatamente essa possibilidade.[93] Luís XV não estava ouvindo. Ao tomar a decisão de abandonar a Prússia, ele mostrou uma resolução incomum ao insistir numa aliança completa com a Áustria. Nenhum de seus ministros ousou se opor a ele.[94] Em 1º de maio de 1756, o Tratado de Versalhes foi assinado por Rouillé, Bernis e Starhemberg.

Essa era a grande "revolução diplomática", conhecida mais timidamente na França como *"le renversement des alliances"*. Em seu centro estava uma garantia mútua de territórios e um compromisso de contribuir com um exército de 24 mil soldados se qualquer um dos países fosse atacado por uma terceira parte. O conflito existente entre França e Grã-Bretanha foi excluído. Em outras palavras, era inteiramente defensivo. Os franceses, porém, deixaram claro que estavam preparados para seguir uma empreitada mais agressiva dirigida contra a Prússia. Essas próximas negociações levariam tempo, provavelmente vários meses, então, em 22 de maio de 1756, Kaunitz disse para seu embaixador em São Petersburgo pedir aos russos para adiar seu ataque planejado à Prússia até a primavera seguinte.[95]

A reação inicial de Frederico foi de perplexidade: "Não compreendo o que a França e a corte de Viena esperam ganhar com tudo isso", escreveu ele a Knyphausen em 11 de maio, dizendo-lhe para fingir um ar de total indiferença na presença de ministros franceses.[96] Naquele dia, ele também concedeu uma primeira audiência ao novo embaixador britânico, Andrew Mitchell, e estava otimista, ao menos em curto prazo. Garantiu a Mitchell que "nada acontecerá neste ano, posso responder por isso com minha própria cabeça, mas não finjo saber o que pode acontecer no próximo". Mas também expressou sua principal ansiedade: "Está seguro com os russos?", ao que Mitchell respondeu: "O rei, meu mestre, acha que sim". Frederico não podia deixar por isso mesmo e em outro ponto da entrevista perguntou de novo: "Estamos absolutamente seguros sobre os russos?", e novamente foi reassegurado por Mitchell, desta vez mais enfaticamente. Frederico por certo queria acreditar nisso, e provavelmente acreditou, pois também falou sobre o exército russo de 30 mil fornecido pelo acordo anglo-russo do outono anterior ser levado pelo mar até a Pomerânia.[97] Uma semana depois, ele estava menos seguro, dizendo a seu homem em Londres, Abraham Ludwig Michell, que tinha recebido informações confiáveis de que a czarina estava "mais insatisfeita do que nunca" com a Convenção de Westminster.[98]

Durante junho e julho, a venda lentamente foi tirada dos olhos de Frederico.[99] Os eventos podem ser acompanhados diariamente por meio de documentos republicados nos volumes doze e treze de *Politische Correspondenz* [Correspondência política]. Frederico estava recebendo boas informações de dois espiões, um secretário na embaixada austríaca em Berlim e um oficial no gabinete saxão em Dresden. Além disso, a correspondência do emissário holandês em São Petersburgo estava sendo interceptada e decifrada em Berlim a caminho para Haia.[100] A informação essencial que chegava a Frederico pode ser resumida da seguinte forma:

17 de junho: os russos estão reunindo 170 mil tropas regulares e 70 mil irregulares em sua fronteira ocidental.

"fim de junho": os austríacos estão concentrando tropas na Boêmia e na Morávia.

27 de junho: os russos pararam as preparações militares.

16 de julho: as tropas austríacas na Hungria receberam ordens de se mover para a Boêmia e a Morávia.

21 de julho: os russos pararam de se mobilizar, mas só porque o ataque foi adiado para 1757.

Não é totalmente claro quais dessas duas últimas informações fizeram Frederico decidir lançar um ataque preventivo em 1756.[101] É sabido que, em 23 de julho, ele tinha concluído que, como a guerra era certa, *"melius est praevenire quam praeveniri"* (melhor antecipar do que ser antecipado).[102] A ação foi adiada até o fim de agosto apenas para garantir que os russos e franceses não pudessem entrar em campanha naquele ano. Em 13 de agosto, ele ordenou que o general príncipe Ferdinando de Brunsvique, em Magdeburgo, cancelasse todas as licenças e se preparasse para marchar no dia 19. Em

26 de agosto, ele o ordenou a cruzar a fronteira saxã dentro de três dias.[103] Mitchell reportou a Londres em 28 de agosto: "Nesta manhã, entre quatro e cinco horas, me despedi do rei da Prússia [em Potsdam]. Ele foi imediatamente à parada, montou em um cavalo e, após um curto exercício com suas tropas, pôs-se à frente e marchou direto a Belitz, onde, amanhã, entrará em território saxão".[104] Desta vez, seu "encontro com a glória"* o levaria muito perto do desastre total e da consideração de suicídio, e terminaria em um triunfo surdo apenas depois de longos seis anos e meio de perigo e ansiedade constantes.

O efeito imediato da invasão da Saxônia foi a ativação da aliança entre França e Áustria. Longe de desejar confinar sua contribuição aos 24 mil soldados especificados no tratado assinado em Versalhes em 1º de maio de 1756, os franceses se mostraram absolutamente ansiosos para enviar um enorme exército contra Frederico. Isso se devia, em parte, a uma preocupação em não ser visto como o parceiro menor na guerra continental e, em parte, a um desejo de reservar um lugar na mesa de negociações principal quando chegasse a hora de ditar os termos para um inimigo cuja rápida derrota se dava como certa. A estupidez pura também pode ter tido algo a ver: um confronto entre aqueles que exigiam recursos para uma guerra marítima e aqueles que os queriam para uma guerra em terra foi resolvido pelo simples expediente de dar a ambas as partes o que elas queriam. Alguma medida da irresponsabilidade dos ministros franceses é dada pelo controlador-geral de finanças, Moras, ter recebido ordem de não dizer ao rei que simplesmente não havia fundos para tanta generosidade. Embora as negociações tenham levado algum tempo, em um segundo Tratado de Versalhes, em 1º de maio de 1757, uma força de 105 mil soldados foi prometida, além de 4 mil tropas bávaras e 6 mil de Württemberg, financiadas por subsídios franceses. Em troca, Maria Teresa concordou em ceder suas posses nos Países Baixos, em parte diretamente à França, mas com a maior porção indo para o genro de Luís XV, Don Philip. A Silésia voltaria à Monarquia Habsburgo, é claro, Magdeburgo iria para a Saxônia, e a Pomerânia Prussiana, para a Suécia, se esta se juntasse à guerra. Também foi mencionada a possibilidade de o território prussiano ser cedido à República Francesa, ao Palatinado e à Baviera. Como se tudo isso não fosse suficiente, a França também se dispôs a pagar à Áustria um subsídio anual de 12 milhões de florins.[105]

---

* Ver anteriormente, p. 88.

Em outras palavras, a pedra deslocada pelo duque de Newcastle no outono de 1755* tinha feito cair com força sobre Frederico a mais formidável coalizão já vista na Europa, os três grandes poderes continentais – França, Áustria e Rússia –, auxiliada e apoiada pela Suécia e pela maior parte dos príncipes do Sacro Império Romano. Tudo o que a Prússia conseguiu reunir em troca foi um limitado acordo com a Grã-Bretanha, que estava preocupada com a luta colonial. Frederico só tinha a si para culpar. Em 1742, após a Paz de Breslau, ele tinha dito a seu ministro do exterior, Podewils, que "no que diz respeito à futura segurança de nossas novas posses, devo confiar em um exército bom e grande, um tesouro cheio e fortalezas impenetráveis, junto com algumas alianças apenas para impressionar os outros". Ele adicionou que o pior que podia acontecer era uma aliança entre França e Áustria, mas, mesmo se fosse o caso, a Prússia seria apoiada pelas Potências Marítimas e pela Rússia.[106] Em 1756, o pior de fato aconteceu, exceto que uma das Potências Marítimas – a República Holandesa – tinha declarado sua neutralidade, e a Rússia tinha se tornado um inimigo particularmente implacável. Até ser tarde demais, Frederico acreditara que a França e a Áustria eram inimigas tão naturais que nunca se uniriam. Mas, como apontou Friedrich Meinecke, até óleo e água podem se misturar brevemente quando sacudidos com força suficiente.[107]

E era Frederico quem tinha sacudido. Ao passo que seja fácil para um homem de Estado mover, do seu trono, as peças como se fizessem parte de um jogo de tabuleiro, não se pode negar que Frederico cometeu vários erros sérios. Ele era tão ignorante do que estava em jogo além-mar que consistentemente falhava em entender a política britânica e, a certo ponto, a francesa. Seu comentário ao embaixador britânico, Andrew Mitchell, era típico: "Com relação à guerra na América, ele disse que não podia deixar de pensar sobre o absurdo de ambas as nações exaurirem suas forças e riquezas por um objetivo que não lhe parecia valer a pena, tanto que estava convencido de que no ano seguinte as duas estariam cansadas disso".[108] Incapaz de apreciar o quanto os tentáculos da conexão americana eram longos, ele observou, de modo complacente, em setembro de 1755: "É um caminho longo de Ohio ao Spree".[109] Confundindo completamente o provável impacto da Convenção de Westminster em Luís XV, ele caiu direto na mão de Kaunitz. Ainda que não pudesse ser responsabilizado pela subsequente loucura

---

* Ver anteriormente, p. 190.

dos políticos franceses, ele certamente deveria ter considerado essa possibilidade. Seu terceiro erro foi a convicção equivocada de que os britânicos podiam controlar a Rússia com subornos e subsídios.[110] Ele não levou em conta a hostilidade criada em São Petersburgo por sua ascensão meteórica nas duas primeiras Guerras Silesianas e o ódio pessoal compartilhado pela czarina Isabel e por seu primeiro-ministro Bestuzhev. Um quarto erro – a superestimação de sua superioridade militar – deve aguardar para ser examinado no capítulo seguinte.*

Concluindo, três questões se colocam. Primeiro: Frederico teria conseguido se manter fora de uma guerra continental? Ele negava, enfática e repetidamente. Em 1753, seu irmão e herdeiro aparente, Augusto Guilherme, o parabenizou pela segurança que ele conquistara, porque "seus inimigos o temem tanto quanto seus amigos o respeitam". Frederico respondeu que essa avaliação era otimista demais, pois a guerra estava a caminho. Podia não vir logo, mas viria. Ele completou que, como os prussianos eram tão mais disciplinados e mais rápidos que seus inimigos, sobreviveriam – mas só se tivessem tantos aliados quanto inimigos.[111] Embora estivesse certo de que a guerra era inevitável, seu tratamento dos franceses em geral, e da Convenção de Westminster em particular, garantiu que ele começasse sua terceira guerra silesiana em uma situação muito menos favorável que em 1740 ou 1744.

Segundo: o ataque preventivo era uma aposta tola que não deu resultados ("lunática", no julgamento de um historiador inglês)?[112] Aqui, a resposta é menos direta do que pode parecer. Certamente, ativou a aliança franco-austríaca e também falhou em tirar os austríacos da guerra antes de os franceses poderem se unir a eles. Por outro lado, os franceses estavam buscando uma aliança ofensiva antes mesmo da invasão da Saxônia, e a atração dos Países Baixos Austríacos podia muito bem tê-los trazido de qualquer forma. Em outra carta importante a William Pitt, escrita em julho de 1761, quando o resultado da guerra ainda era bastante incerto, Frederico afirmou enfaticamente que só tinha atacado por ter provas conclusivas de que uma grande conspiração tinha se formado contra ele. Nem o governante mais estúpido, completou, ficaria sentado esperando até seus inimigos completarem seus planos de destruí-lo. Nem tudo tinha dado certo para ele na guerra, admitiu, mas pelo menos ele estava em posse de boa parte da Saxônia, e

---

* Ver adiante, pp. 199-204.

só abriria mão dela quando os franceses, russos e austríacos tivessem devolvido tudo o que tinham tomado dele.[113]

Finalmente, a guerra que Frederico essencialmente começou era defensiva ou ele tinha um plano de anexar mais territórios? É uma questão que foi muito debatida por historiadores alemães do século XIX, mas impossível de ser solucionada.[114] Ele ter mencionado o desejo de obter a Saxônia em seu testamento político de 1752 não é algo conclusivo. A resposta mais persuasiva é que Frederico não foi à guerra para anexar a Saxônia, a Prússia Ocidental ou Mecklemburgo, mas para quebrar a coalizão que se formava antes que esta conseguisse quebrá-lo. Se obtivesse a vitória total, porém, ele sem dúvidas poderia ter tomado tudo o que quisesse para si.[115]

É preciso uma mirada mais longa para identificar a fonte dos problemas de Frederico. Temos de voltar a novembro de 1740 e à decisão de invadir a Silésia. Foi seu pecado original, pelo qual sofrimento nenhum seria capaz de pagar.[116] Como vimos, ele o faz primariamente por sua glória, para criar um nome para si, para mostrar que era um homem e, acima de tudo, um homem superior a seu pai. Desde aquele momento, ele não conheceria paz. Sempre estaria olhando por cima do ombro, à espera da vingança que sabia que chegaria. Ele tinha invadido a mesa principal da Europa, mas nunca conseguiria relaxar ali, já que os ocupantes atuais sempre estavam buscando formas de empurrá-lo de novo para fora. Era uma ansiedade pesada que ele próprio se condenou a carregar pelo resto da vida. Como observou Talleyrand sobre o assassinato do duque d'Enghien por Napoleão: "Foi pior que um crime, foi um erro".

8
A Guerra dos Sete Anos: as três primeiras campanhas

1756

Durante a explicação sobre o importantíssimo papel da "fricção" na condução da Guerra, Carl von Clausewitz escreveu: "Tudo na guerra é muito simples, mas a coisa mais simples é difícil".[1] A guerra em que ele próprio sangrou, em 1793, como guarda-marinha de treze anos no exército prussiano, só devia durar alguns meses. Na ocasião, foi só em 1815 que os prussianos e seus aliados puderam fazer um desfile de vitória final em Paris. *Mutatis mutandis*, seu ídolo Frederico fez a mesma descoberta em 1756. Foi o último de seus quatro erros identificados no fim do capítulo anterior:* superestimar sua capacidade militar. Em 27 de agosto de 1756, ele disse ao emissário britânico que seu plano era passar rapidamente pela Saxônia, onde esperava pouca ou nenhuma oposição, cruzar as montanhas para a Boêmia e ocupar Praga, para que, "com o inverno se aproximando, ele pudesse ter bons quartéis na Boêmia, o que bagunçaria as finanças em Viena e talvez fizesse a corte ser mais razoável".[2]

Dois dias depois, esse plano foi colocado em ação. Infelizmente, os saxões estavam seguindo um roteiro diferente. Recusando-se tanto a ficar e lutar quanto a capitular, eles bateram em retirada para o sul para um campo fortificado no rio Elba, em Pirna. Se tivessem se dado ao trabalho de estocar provisões lá, podiam ter mantido Frederico esperando por vários meses, tal era a natureza impregnável de "uma das posições táticas mais fortes da Europa Central".[3] Em seu poema satírico *Palladium*, de 1750, Frederico tinha desprezado os saxões como força de luta: quando eles encontram os prussianos em batalha, viram-se e expõem os traseiros, e então seus oponentes misericordiosos diziam a "esse bando tímido, sentimental e açucarado" para cor-

---

*   Ver anteriormente, pp. 196-7.

rer para casa e voltar a fabricar porcelana.⁴ Então, foi uma surpresa desagradável eles se provarem capazes de atrasá-lo por tempo suficiente para acabar com o cronograma descrito a Mitchell. As memórias da catástrofe de 1744 convenceram Frederico de que ele não podia ir em frente de qualquer jeito, deixando em sua retaguarda um exército saxão.* Ele chegou a Dresden em 9 de setembro, mas, ali, teve de esperar. Enquanto isso, seu principal inimigo tinha sido mais rápido em chegar do que ele esperava. Maria Teresa estava tão alheia à invasão iminente de Frederico que estava em um retiro no interior, em Holitsch, na fronteira da Morávia com a Hungria, quando recebeu a notícia. Correndo de volta à Viena, ela começou a organizar a mobilização necessária com um senso de urgência nem sempre associado com os governos Habsburgo.⁵ Em 20 de setembro, o marechal de campo Maximilian Ulysses von Browne e o principal exército tinham alcançado Budin (Budyně nad Ohří) no norte da Boêmia, a meio caminho entre Praga e Teplitz.⁶

A missão de Browne era resgatar os saxões sitiados em Pirna. O plano era que estes fugissem pelo Elba para a margem direita (leste) e depois marchassem ao sul para Schandau para encontrar as forças de resgate austríacas. Mas, quando estas foram para o norte em 30 de setembro, a partir de Budin, deram de cara com Frederico em Lobositz no Elba. Não pela primeira, e nem pela última vez, as informações dele eram deficientes. Acreditando que só enfrentava uma retaguarda austríaca se movendo para longe dele, levou algum tempo para perceber o perigo que estava enfrentando com um inimigo numericamente superior (cerca de 28,5 mil prussianos contra cerca de 34 mil austríacos).⁷ Seguiu-se uma batalha muito dura, com cada lado sofrendo baixas de cerca de 10%. Depois de trocas de artilharia e encontros de cavalaria inconclusivos, mais uma vez foi a constância do exército prussiano que pesou a favor. Após os austríacos serem forçados a voltar para a pequena cidade de Lobositz, que também foi tomada por fogo de artilharia prussiano, Browne ordenou a retirada de volta a Budin.

Como foi o exército prussiano que acampou no campo de batalha, entre os mortos e moribundos, foi tecnicamente uma vitória prussiana. Frederico não perdeu tempo em contar vantagem, dizendo à irmã Guilhermina que tinha colocado os austríacos para correr, e se vangloriando para o marechal de campo Schwerin (que comandava um segundo exército prussiano na Silésia) que "a verdade sem retoques" era que ele tinha derrotado um

---

*   Ver anteriormente, p 104.

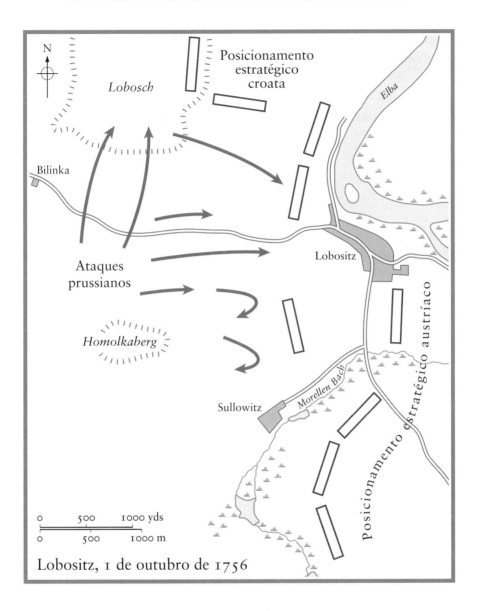

Lobositz, 1 de outubro de 1756

exército mais de duas vezes o tamanho do seu (24 mil contra 60 mil, alegava ele).[8] Frederico disse a outro de seus oficiais seniores, o príncipe Moritz de Anhalt-Dessau, que os feitos de batalha de seus soldados tinham sido tais que agora ele acreditava serem capazes de qualquer coisa.[9] Mas a batalha também tinha mostrado que o abismo entre os dois exércitos diminuíra. Um oficial prussiano chamado Retzow comentou, melancolicamente:

Nessa ocasião, Frederico não enfrentou o mesmo tipo de austríacos que tinha derrotado em quatro batalhas seguidas. Ele não estava lidando com gente como Neipperg ou o falastrão príncipe Carlos de Lorena. Enfrentou o marechal de campo Browne, que tinha envelhecido no serviço, e cujos talento e experiência o tinham feito um dos heróis de seu tempo. Enfrentou uma artilharia que o príncipe Liechtenstein tinha levado à perfeição às suas próprias custas. Enfrentou um exército que, durante dez anos de paz, atingira uma grande maestria nas artes da guerra, esforçando-se para adotar os métodos de seus antigos conquistadores e moldar-se de acordo com a disciplina destes.[10]

Lobositz não ter sido a vitória decisiva de que Frederico tanto precisava foi demonstrado pela tentativa renovada de Browne de aliviar os saxões sitiados. Quatro dias após a batalha, ele comandou pessoalmente um destacamento de 8 mil homens, liderando-o pelo rio Elba e pela margem direita até Schandau, onde chegou em 11 de outubro, dia combinado com os saxões. Infelizmente, os saxões tinham se provado incapazes – ou talvez indispostos – de sair de Pirna. No dia 14, seus comandantes desmoralizados se renderam.[11] Não foi o melhor momento do exército saxão, mas o atraso de seis semanas imposto a Frederico significou que o marechal de campo von Browne é que passaria o inverno em Praga. Frederico teve de se virar com Dresden.

1757

Frederico sabia que, em 1757, enfrentaria invasões dos russos pelo leste, dos suecos pelo norte, dos franceses pelo oeste e do exército do Sacro Império Romano pelo sudoeste. Para suavizar a beligerância dessa poderosa coalizão, o fracasso em tirar os austríacos da guerra teria de ser compensado muito rapidamente. Com isso em mente, em meados de abril de 1757, Frederico enviou seu principal exército, de cerca de 120 mil homens, para a Boêmia. Antecipando a guerra napoleônica, ele marchou em quatro unidades separadas numa frente de 160 quilômetros antes de se concentrar logo ao norte de Praga no início de maio.[12] Mostrando mais uma vez seu gosto pelos paralelos clássicos, Frederico disse a seu irmão, príncipe Henrique, que uma vitória nas Montanhas Brancas se provaria tão decisiva para o destino dos impérios atuais quanto a derrota de Pompeia por César em Farsalo em 48 a.C. tinha sido para Roma.[13]

A GUERRA DOS SETE ANOS: AS TRÊS PRIMEIRAS CAMPANHAS

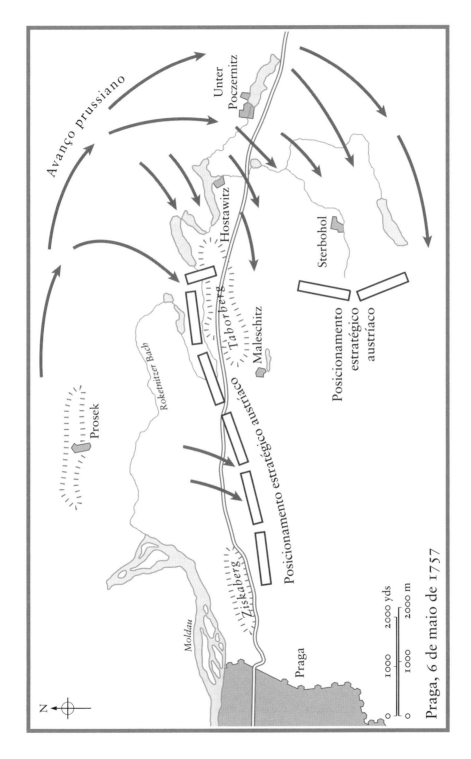

O destino logo fez seu refém. Frederico conseguiu sua vitória em 6 de maio, mas ela deixou muito a desejar. A Batalha de Praga foi uma coisa tão confusa que desafiou até o mais lúcido dos historiadores militares.[14] A direção coerente de ambos os lados foi obstruída pela morte ou ferimento de vários oficiais seniores. O próprio Frederico foi repetidas vezes incapacitado pelos efeitos da intoxicação alimentar; o marechal de campo Schwerin foi explodido enquanto liderava seu regimento num contra-ataque, e outro comandante sênior, o general Winterfeldt, ficou gravemente ferido. No lado austríaco, o marechal de campo Browne teve a perna estraçalhada, e o príncipe Carlos de Lorena sofreu algum tipo de convulsão que o deixou inconsciente. Ironicamente, foi o sucesso do que se provou o último ataque de Browne que abriu caminho para outras unidades prussianas tomarem o flanco austríaco.[15] As iniciativas tomadas em nível de batalhão por coronéis e majores mostravam que o exército prussiano era tudo, menos aquela lendária máquina.[16] A contagem de vítimas em ambos os lados era horrenda, tanto que a batalha se tornou um sinônimo para massacre, usada em baladas e peças. Dois dias depois, os prussianos contaram 3.099 mortos, 8.208 feridos (muitos dos quais morreram depois) e 1.657 desaparecidos.[17] Até essa conta terrível estava incompleta, e continuou crescendo conforme a poeira da batalha assentou. Seu inimigo tinha perdido quase a mesma quantidade, embora uma proporção significativa fosse de prisioneiros de guerra.[18]

Embora abatidos, os austríacos mais uma vez mostraram impressionante resiliência.[19] Ainda tinham recursos humanos em número superior. A guarnição dentro de Praga agora somava cerca de 46 mil, inflada pelos sobreviventes da batalha, enquanto, a sudeste, outro exército estava sendo montado pelo marechal Daun. Em 12 de junho, ele tinha cerca de 55 mil homens e estava se movendo. Frederico, por sua vez, descobria que não tinha nem os homens, nem o poder de fogo necessários para capturar Praga, que também se mostrou muito melhor provisionada do que ele esperava. Em 13 de junho, ele saiu para contra-atacar o avanço de Daun. Os dois exércitos se chocaram em Kolin, próximo ao rio Elba, cinco dias depois. Essa batalha, se é que era possível, foi ainda mais desconcertante. Mas o resultado foi claro o suficiente. A derrota do exército prussiano foi completa, sangrenta e grave. Da infantaria, 8.755 foram mortos ou desapareceram, e 3.568 ficaram feridos; da cavalaria, 1.450 homens e 1.667 cavalos foram mortos: um total estarrecedor, representando cerca de 40% da força pré-batalha de 34 mil. As vítimas austríacas eram consideravelmente menores, em 8.114 (1.002 mortos, 5.472 feri-

A GUERRA DOS SETE ANOS: AS TRÊS PRIMEIRAS CAMPANHAS

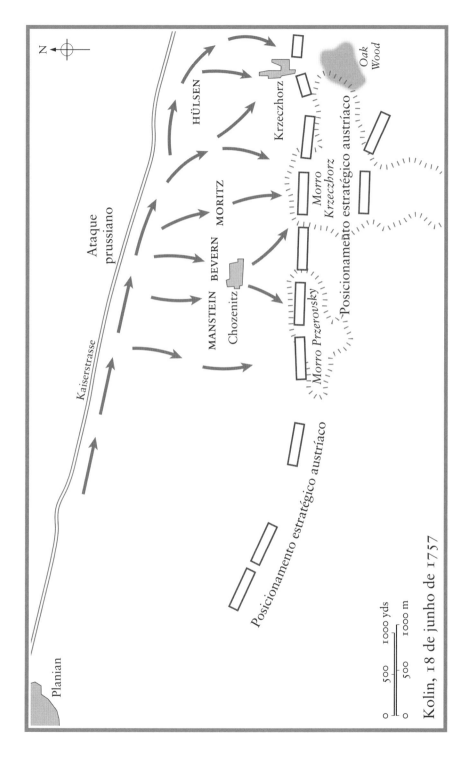

Kolin, 18 de junho de 1757

dos e 1.640 desaparecidos), ou 15% de sua força pré-batalha de 54 mil. Os austríacos enterraram 6.500 prussianos e levaram 5.380 prisioneiros.[20]

Não era de se espantar que as boas notícias tivessem sido recebidas em Viena com comemorações extasiadas em todos os níveis da sociedade. Um *Te Deum* foi oferecido ao Deus das Batalhas, enquanto presentes e títulos foram concedidos a seus guerreiros. A imperatriz criou a homônima Ordem de Maria Teresa para celebrar a vitória, e conferiu sua primeira Grande Cruz em Daun.[21] O poeta da corte, Metastasio, escreveu uma obra alegórica na qual Kyllene (Saxônia) sonha em como Atalanta (Maria Teresa) mata o Javali Calydonian (Frederico) e, junto com Euadne (Rússia) e Tegea (França) sai em uma alegre caçada.[22] Em Roma, o Papa Bento XIV expressou seu "indescritível júbilo".[23] Em Berlim, por outro lado, o conde Lehndorff encontrou todo mundo às lágrimas, pois dezessete anos de sucessos ininterruptos os tinham deixado mal acostumados.[24] Na verdade, Frederico tinha perdido bem mais que uma batalha. Em poucas horas, sua reputação super-humana tinha ruído. O soldado de cavalaria austríaco Jacob de Cognazo escreveu que todo mundo agora podia ver que era possível fazer os prussianos fugirem e que Frederico poderia ser derrotado. Até aquele momento, a própria aparição da infantaria prussiana era suficiente para espalhar pânico nas fileiras austríacas.[25]

O que tinha dado errado? Em seus próprios relatos, Frederico culpava os comandantes subordinados, especialmente Manstein, o duque de Bevern e o príncipe Moritz de Anhalt-Dessau, por não executarem suas ordens.[26] Essa era a visão repetida fielmente por historiadores prussófilos do século XIX,[27] mas um retrabalho cuidadoso dos numerosos relatos, oficiais e privados, revela que a responsabilidade era só dele. Ao tentar flanquear a posição austríaca, Frederico tinha repentina e fatalmente ordenado que a divisão comandada pelo príncipe Moritz de Anhalt-Dessau formasse uma linha e atacasse a posição inimiga frontalmente. Vencido por seu rei, o príncipe comentou: "Agora, a batalha está perdida". Na verdade, a batalha só foi efetivamente perdida algumas horas depois, mas a mudança de opinião provavelmente tornou a vitória impossível. A cada passo, subsequentemente, os prussianos viam seu inimigo tirar vantagem dos números e de uma posição defensiva superiores.[28] Frederico foi mais cândido em uma carta escrita ao marechal Keith no dia seguinte à batalha, na qual admitia ter tentado fazer muito com pouco, que os austríacos tinham defendido suas posições bem-escolhidas de modo tenaz e que a artilharia deles, recentemente reformada pelo príncipe de Liechtenstein, tinha se provado eficaz demais. Ele terminou em uma nota caracteristicamente misógina: "A sorte virou as costas para mim. Ela implica comigo; é uma mulher, e não tenho essa inclinação".[29] Ele também comentou que seu irmão Henrique tinha "feito milagres", adicionando que tremia por ele, que era "corajoso demais". Foi um elogio não devolvido pelo príncipe Henrique, que vociferou numa carta à irmã deles, Amália: "Pelo menos Faetonte caiu".[30]

Frederico tinha caído com tanto estrondo que, por um tempo, não soube o que fazer. Abatido e desorientado, disse para o príncipe Henrique fazer arranjos para levantar o cerco a Praga e para a retirada do que sobrava de seu exército ao norte. Ele tentou se fazer de forte, dizendo a Keith na carta citada anteriormente que o sucesso criava o excesso de confiança e que se sairiam melhor da próxima vez. "Afinal, todo homem deve ter seus obstáculos, e parece que eu terei os meus" foi outro comentário melancólico, feito a um oficial imediatamente após a batalha.[31] Mas era um obstáculo de dimensões potencialmente catastróficas, pois interrompeu completamente sua estratégia. Revigorados por sua vitória, os austríacos agora se preparavam para acabar com ele. Encorajados pela revelação de que Frederico não era invencível, todos os seus outros inimigos correram para estar lá no fim e ficar com sua parte dos espólios.[32] Olhando para os acontecimentos da época ao escrever seu testamento político de 1768, Frederico afirmou que, se tivesse vencido a batalha de Kolin, o exército austríaco em Praga teria de capitular, um exército francês não teria cruzado o Reno, os russos teriam ficado em casa e a Áustria teria de fazer as pazes segundo os termos prussianos.[33]

Na época, o oposto de todas essas coisas ocorreu e, com elas, a própria natureza da guerra foi transformada. Para colocar de modo mais simples, uma guerra de movimento se tornou uma guerra de atrito. Como observou Theodor Schieder, Kolin era para Frederico o que Marne era para o Kaiser em 1914 ou Moscou para Hitler em 1941.[34] Na esteira da batalha, uma má notícia rapidamente se seguiu à outra. Em 23 de julho, os austríacos avançaram para Zittau, na Saxônia, e destruíram um grande armazém prussiano. Três dias depois, um exército francês comandado pelo marechal d'Estrées derrotou um exército de Hanôver e Hesse liderado pelo filho de George II, o duque de Cumberland, em Hastenbeck perto de Hamelin no rio Weser. Depois de muito debate diplomático, isso levou à conclusão da Convenção de Kloster Zeven em 10 de setembro. Se tivesse sido implementada, ela teria desmontado o exército aliado, retirado os britânicos da guerra continental e aberto o flanco oeste de Frederico. Nesse ponto, um grande exército russo comandado pelo marechal Apraksin tinha entrado na Prússia Oriental e tirado da frente um exército prussiano bem menor em Gross-Jägerndorf em 30 de agosto. Vieram mais más notícias. Em 7 de setembro, em Moys, a leste de Görlitz, um corpo prussiano de 10 mil homens foi arrasado por uma força austríaca maior comandada pelo general Nádasti, sendo a perda mais séria a do general Hans Karl von Winterfeldt, cuja morte deixou Frederico atormentado.[35] Uma semana depois, os suecos cruzaram a fronteira prussiana em direção ao sul. Para enfatizar a fragilidade da Prússia, em 16 de outubro, uma tropa austríaca de 3.400 homens comandada pelo general Hadick entrou em uma Berlim praticamente indefesa. Saíram no dia seguinte, mas não antes de conseguir um resgate e tanto.[36]

A única chance de Frederico era evitar que os franceses e austríacos unissem seus exércitos, então, ele correu para oeste a fim de encontrar os primeiros, comandados pelo príncipe de Soubise. Em 4 de novembro, os encontrou em Mücheln, cerca de 25 quilômetros a oeste de Leipzig. Eram 30.200 homens, um imponente total inchado ainda mais por 10.900 tropas imperiais sob o comando do príncipe José Frederico da Saxônia-Hildburghausen. Embora com quase a metade dos homens, Frederico estava ansioso por uma batalha e assumiu posição de frente para o oeste entre as vilas de Bedra e Rossbach, a cerca de 4 quilômetros do campo francês. As forças relativas dos dois exércitos eram as seguintes:

	Infantaria	*Cavalaria*	*Total*	*Artilharia*
Prussianos	16.600	5.400	22.000	79
Franceses	33.770	7.340	41.110	114[37]

Nesse ponto, ambos os lados calcularam mal. O príncipe José Frederico concluiu que Frederico estava tentando evitar um envolvimento e convenceu seu relutante superior, Soubise, a lançar um ataque no dia seguinte. Em 5 de novembro, cedo, os franceses marcharam devidamente ao sul, com a intenção de virar a leste e atacar o flanco dos prussianos. Por sua vez, Frederico acreditava que os franceses tentariam escapar, uma conclusão fortalecida pela notícia de que tinham levantado acampamento e estavam marchando para o sul. Foi só depois de eles terem virado para o leste e marchado vários quilômetros nessa nova direção que o ceticismo dele foi superado por

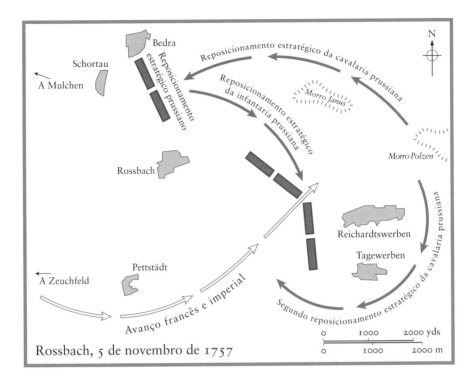

Rossbach, 5 de novembro de 1757

oficiais cada vez mais ansiosos. Agora, os prussianos se moveram rapidamente, tendo sorte de o avanço dolorosamente lento dos franceses lhes dar a oportunidade de se recuperar. Já eram três da tarde. Tirando vantagem da cobertura fornecida pela longa cadeia montanhosa, a cavalaria prussiana comandada pelo general von Seydlitz conseguiu ir primeiro para leste e depois para sul para confrontar os números inimigos de frente. Sua primeira carga recebeu uma sólida resistência de uma força de austríacos encouraçados, permitindo que a cavalaria francesa corresse para o apoio, mas um ataque renovado pelas reservas de Seydlitz se mostrou irresistível.

Ainda em ordem de marcha, a infantaria francesa e imperial já tinha sido perturbada por um bombardeio da artilharia prussiana posicionada acima dela a nordeste no Morro Janus pelo comandante da ala esquerda, o irmão de Frederico, príncipe Henrique.[38] A visão de sua cavalaria sendo derrotada completou a desmoralização. Assim, quando a temida infantaria prussiana avançou e se fez ver em ordem de batalha, houve pouca resistência. As tropas imperiais simplesmente baixaram suas armas e correram. Alguns de seus camaradas franceses ficaram o suficiente para disparar as armas, mas muito em breve foram varridos numa fuga precipitada. Foi nesse ponto que a cavalaria de Seydlitz atacou novamente do sul, para completar a rota. Apenas o misericordioso e rápido cair da noite colocou fim à matança. A vitória prussiana foi tão rápida, fácil e completa que a maior parte da artilharia nem teve de disparar. "Que batalha tímida", exclamou Frederico em uma carta à sua irmã Guilhermina, escrita imediatamente após o fim do combate.[39] A d'Argens ele escreveu que tinham feito prisioneiros oito generais franceses, 260 oficiais e 6 mil soldados ao custo de um coronel, dois outros oficiais e 66 soldados mortos e 223 feridos.[40]

Foi uma vitória famosa.[41] Tudo tinha dado errado em Kolin; tudo tinha dado certo em Rossbach. Uma grande diferença, é claro, estava no relativo calibre dos oponentes de Frederico. Em Kolin, ele enfrentara austríacos experientes na batalha, apoiados por saxões em busca de revanche por humilhações infligidas a eles pelos prussianos durante a Segunda Guerra Silesiana. Em uma fase crucial da batalha, a cavalaria saxã tinha atacado gritando: "Isto é por Striegau!", em referência à sua derrota em Hohenfriedberg em 1745.[42] Em Rossbach, os franceses estavam exaustos depois de uma longa marcha pela Alemanha e desorganizados em decorrência dos persistentes saques pelos quais se tornaram notórios. O conde de Saint-Germain, que tinha a ingrata tarefa de comandar a retaguarda, escreveu a um amigo em Paris:

> Sem dúvida tu, como eu, fostes capaz de prever o desastre de Rossbach há cinco meses. Nunca houve um exército tão defeituoso, e o primeiro tiro de canhão determinou nossa rota e nossa humilhação. Estou liderando uma gangue de ladrões, de assassinos só apropriados para a forca, que correm ao som do primeiro tiro e estão sempre prontos a se amotinar. O rei tem a pior infantaria no planeta, e a menos disciplinada – não há simplesmente nada a fazer com tropas assim.[43]

Quanto às tropas imperiais, eram uma coleção desordenada de muitos diferentes principados do Sacro Império Romano. O comandante reportou ao marido de Maria Teresa, o imperador Francisco, que tudo nelas era defeituoso: treinamento, administração, armamentos, equipamento, pagamento, logística, disciplina e liderança – tudo![44]

Além disso, muitos, se não a maioria, acreditavam estar lutando do lado errado. Os franceses eram tão detestados, especialmente após seu comportamento na marcha ao leste, que a cooperação entre os dois aliados sempre era difícil.[45] Essa hostilidade era especialmente marcada entre os protestantes: tanto em Stuttgart quanto em Nuremberg houve resistência violenta às tentativas de enviar contingentes para lutar contra a Prússia.[46] Georg Jakob Gegel lembrou que o manifesto de Frederico pintando a guerra como uma luta confessional tinha impactado o sudoeste alemão: "Em Stuttgart, ele impressionou tanto as pessoas comuns que em todo lugar era lido com o mesmo tipo de veneração que a Bíblia". Ele completou que os jovens Württembergers destacados para marchar em apoio à França ouviram, de modo que não deixava dúvidas, que não podiam marchar com a consciência limpa contra Frederico, protetor da fé protestante.[47] A resistência em lutar contra a Prússia não era peculiar aos protestantes, porém. O secretário do marechal de campo imperial Georg Wilhelm von Hessen-Darmstadt relatou de Fürth (perto de Nuremberg), em 11 de julho de 1757, que quase todos os soldados imperiais, independentemente de sua confissão ou de onde vinham, eram pró-Prússia e diziam a quem quisesse ouvir que não lutariam contra Frederico.[48] A maré de escárnio e francofobia que alagou a esfera pública alemã após Rossbach mostrava que era uma tendência ampla e profunda.[49]

Quando Frederico escreveu à sua irmã Guilhermina sobre sua vitória, ele completou que agora podia descansar em paz porque a reputação e a honra de seu povo tinham sido salvas.[50] Era um pensamento fantasioso. É verdade que ele nunca mais teve de enfrentar uma ameaça direta dos franceses. Lidar com eles podia ficar a cargo de seu cunhado Ferdinando, duque de Brunsvique, que tinha comandado a ala direita em Rossbach e sido enviado para substituir o inútil duque de Cumberland como comandante do exército financiado pelos britânicos no *front* ocidental. Os russos também tinham recuado, batendo em retirada no fim de outubro para os quartéis de inverno na Livônia e na Curlândia. No norte, uma modesta força prussiana de dez batalhões de milícia, um esquadrão de hussardos e uma unidade de cavalaria recrutada de forasteiros e guardas florestais tinha se mostrado suficiente para manter os desanimados suecos sob controle. "Já foram corajosos, mas agora, seu auge passou", foi o comentário de desprezo do general russo Saltykov sobre seus aliados suecos.[51] No fim de 1757, eles tinham sido forçados de volta à Pomerânia Sueca.[52] Mas os austríacos ainda eram um grande perigo, e provaram isso apenas uma semana depois de Rossbach, ao capturar a importante fortaleza silesiana em Schweidnitz, junto com 180 peças de artilharia e mais de 6 mil prisioneiros de guerra – homens que Frederico não podia perder. Isso, por sua vez, abriu o caminho deles até Breslau, que se rendeu em 24 de novembro, após um envolvimento duro que custou aos prussianos mais 9 mil entre mortos, feridos e prisioneiros.[53] O objetivo final austríaco, a reconquista da Silésia, parecia ter sido atingido, por fim.

O inverno tinha chegado. Os dias eram curtos, a água estava congelando. Pela lógica, todos os combatentes deviam ter ido para os quartéis de inverno. Mas Frederico sabia que isso seria o mesmo que admitir a derrota. Em seu *The History of the Seven Years War* [História da Guerra dos Sete Anos], ele escreveu: "Sob essas circunstâncias, o tempo era, dentre tudo, a coisa mais precisa: nem um momento deve ser perdido, os austríacos devem ser incessantemente atacados, não importando quão grande o perigo, e expulsos da Silésia, ou a província será perdida eternamente".[54] Ele agora liderou os vitoriosos de Rossbach de Leipzig para a Silésia, uma distância de cerca de 300 quilômetros em linha reta, em doze dias. Chegando a Parchwitz, na margem oeste do Oder no fim de novembro, juntaram-se a ele, nos dias seguintes, os desmoralizados remanescentes do exército que tinha sido repetidamente surrado pelos austríacos durante a campanha de outono na Silésia. Em 4 de dezembro, ele tinha reunido um exército de cerca de 35 mil e ido para o sul em direção a Breslau. No mesmo dia, o exército austríaco, comandado pelo irmão do imperador, príncipe Carlos de Lorena, avançou da cidade para o norte.[55]

Eles se encontraram em Leuthen no dia seguinte. A batalha que se seguiu foi, sem dúvida, o melhor momento de Frederico.[56] Foi um veredito antecipado por uma autoridade do porte de Napoleão: "Esta batalha é uma obra-prima de movimentos, de manobras e de resolução; suficiente para imortalizar Frederico e colocá-lo entre os maiores generais. Manifesta, no mais alto nível, suas qualidades tanto morais quanto militares".[57] Tudo deu certo para ele. O inimigo cooperou estendendo sua linha em 2 quilômetros. O terreno permitiu que ele movesse seus batalhões e esquadrões sem ser notado. Como o campo de batalha tinha sido território de manobras prussianas no passado, Frederico e seus generais subordinados conheciam cada centímetro, então, as chances de ordens serem mal interpretadas (uma fonte notória de problemas em outras ocasiões) eram reduzidas, se não nulas. Em pelo menos três momentos cruciais durante a batalha, subordinados tomaram iniciativas que viraram a maré a favor dos prussianos. Todos os três braços – infantaria, cavalaria, artilharia – cooperaram de modo eficaz.[58]

Foi propício que Frederico tenha desfrutado de todas essas vantagens, pois tinha seriamente subestimado o tamanho do exército austríaco. Sua

A GUERRA DOS SETE ANOS: AS TRÊS PRIMEIRAS CAMPANHAS

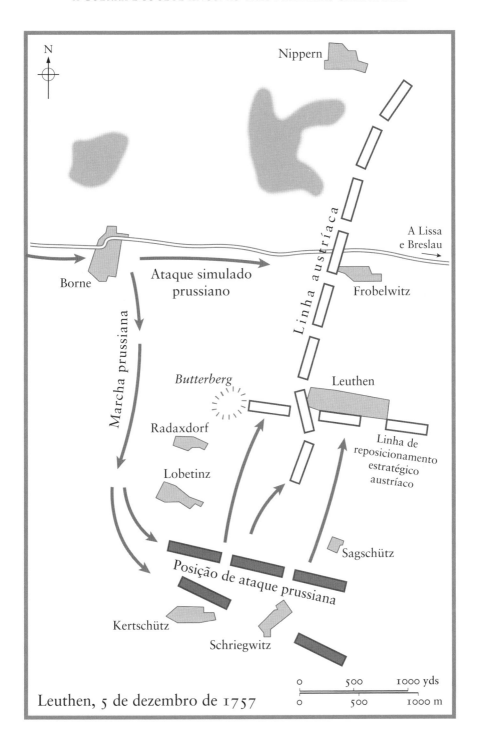

Leuthen, 5 de dezembro de 1757

crença de que os números eram mais ou menos iguais outra vez expôs suas informações deficientes. Na realidade, os 35 mil prussianos estavam enfrentando cerca de 65 mil austríacos.[59] A disparidade foi superada pela surpresa tática. Como o mapa demonstra, em vez de atacar a direita austríaca, como era esperado, ele virou uma parte considerável de seu exército para sua própria direita, fez a tropa marchar sem ser notada 1,5 quilômetro ao sul e depois virou-a de novo para tomar o flanco austríaco. O ataque que venceu a batalha ganhou impulso decisivo com o uso da "ordem oblíqua de batalha", com uma linha escalonada de batalhões de infantaria se estendendo a partir da direita a intervalos de cinquenta passos. Uma ajuda poderosa foi providenciada pela artilharia de campo móvel posicionada primeiro no Glanz-Berg, depois no Judenberg e, finalmente, no Butterberg. O *coup de grâce* foi dado pela cavalaria do general von Driesen. Como em Rossbach, a vitória foi completa, tanto melhor saboreada por ser conquistada sobre um exército motivado e cheio de sucessos recentes. A contagem de vítimas prussianas totalizou 6.382, a maioria de feridos. Os austríacos perderam 22 mil (a maioria – 12 mil – de prisioneiros), incluindo dezessete generais mortos ou feridos, 116 peças de artilharia e 51 estandartes.[60]

Ainda que Rossbach tenha tido sérias consequências de longo prazo para os franceses, fez pouco por Frederico. Leuthen era diferente, embora ele próprio tenha descrito como apenas um paliativo.[61] Se tivesse perdido, tudo teria acabado. Na ocasião, o príncipe Carlos tirou seu exército da Silésia e voltou à Boêmia, Breslau se rendeu em 21 de dezembro, e Liegnitz, uma semana depois. Em Viena, houve consternação com a repentina mudança nos destinos da guerra. O embaixador veneziano Ruzzini relatou: "Cada rosto está marcado por angústia e pânico, e a decepção geral é muito mais intensa do que em maio, após a derrota em Praga".[62] Para os prussianos, essa incrível vitória, apesar das probabilidades numéricas, fez nascer uma duradoura lenda. Em uma de suas mais sonoras passagens, Thomas Carlyle relatou a marcha dos prussianos na estrada para Lissa após a batalha:

> Grossa escuridão; silêncio; pisadas, pisadas; um granadeiro prussiano irrompeu, novamente numa solene voz de tenor, numa música sacra; um conhecido hino de igreja, do despretensioso tipo *Te Deum*; ao qual 520 mil outras vozes, e todas as bandas regimentais, logo se uniram:
>
> Agora, agradecemos todos nosso Deus,

Com coração e mãos e vozes,
Que fez coisas maravilhosas,
As quais este mundo exulta.

E, assim, eles avançam; melodiosos, soando longe, pela vazia Noite, uma vez mais de maneira muitíssimo notável. Um povo devoto, de boas raízes teutônicas, e exceto talvez pelos poucos *Ironsides* de Oliver Cromwell, provavelmente os mais perfeitos soldados já vistos até então.[63]

Originalmente pretendido como uma simples ação de graças doméstica ao fim de uma refeição – "Agora, agradecemos todos nosso Deus" –, o canto foi, a partir de então, elevado a um hino triunfalista e se tornou conhecido como "O coro de Leuthen".[64] Sempre que os exércitos prussianos ou (depois) alemães triunfaram, ele era rugido no campo de batalha pelos sobreviventes vitoriosos.[65]

1758

No fim de 1757, porém, Frederico não estava num clima triunfalista (não que em qualquer outra ocasião ele fosse gostar de cantar um hino cristão). Em 19 de dezembro, ele disse a d'Argens que Leuthen foi "um emplastro em minhas feridas; mas não curou tudo".[66] Na frente interna, também, o clima era sombrio. Leuthen e a recaptura de Breslau, relatou o conde Lehndorff, significavam que tudo na Silésia estava novamente em segurança, mas isso não evitou que os berlinenses mais perspicazes desejassem um ritmo rápido antes que o peso da coalizão inimiga pudesse esmagá-los.[67] Dos três principais componentes daquela coalizão, os franceses se provariam os menos ameaçadores. O empreendedor Ferdinando de Brunsvique logo levou a luta a eles, deslanchando uma campanha em meados de fevereiro de 1758, que, no espaço de apenas seis semanas, os enviou vacilando de volta pelos 300 quilômetros pela Alemanha oriental até o Reno e além. No processo, eles perderam cerca de um terço de seu exército, ou seja, mais ou menos 26 mil, para as deserções, doenças ou capturas. Outro avanço francês foi abruptamente interrompido pelo exército de Ferdinando em Krefeld em 23 de junho, e depois disso, eles foram enviados de volta pelo Reno e por Lahn.[68] Da Pomerânia, os suecos foram de novo para o sul e até chegaram a Fehrbellin, porém, mais uma vez, viraram as costas quando confrontados por uma força prussiana até modesta – apenas 5 mil nessa ocasião.[69] Foi do leste que se aproximou um exército ainda mais perigoso. Em 1757, os russos tinham sobrepujado um pequeno exército prussiano em Gross-Jägerndorf na Prússia Oriental no fim de agosto, mas muito pouco depois se retirado para os quartéis de inverno. Como registrou Frederico com zombaria em seu *The History of the Seven Years War* [História da Guerra dos Sete Anos], eles tinham vencido uma batalha, "mas batido em retirada como se tivessem sido derrotados".[70]

Embora os russos não tenham ido para longe, em seus quartéis de inverno na Curlândia e na Livônia, Frederico podia supor que levariam muitos meses para alcançar o centro prussiano. Então, sua estratégia para o novo ano era essencialmente a mesma que nos anos anteriores: atacar dura e rapidamente a Áustria. Naquela ocasião, porém, a investida principal mudou para o leste. Em vez de invadir a Boêmia pela Saxônia, desta vez ele invadiu a Morávia pela Silésia. O primeiro alvo era Olmütz (Olomouc), onde ele esperava levar os austríacos à batalha, infligir uma derrota decisiva no estilo de Leuthen e depois avançar para o sul em direção a Viena. No início, foi tudo bem. Depois de algumas rusgas não terminadas dos anos anteriores serem resolvidas quando Schweidnitz foi tomada em 18 de abril após um longo cerco, a fronteira austríaca foi cruzada em 29 de abril e Olmütz foi alcançada em 3 de maio.[71] Era a última fortaleza na estrada para a capital austríaca. Mas, aí, todas as formas de fricção que tornavam a guerra uma ciência tão inexata começaram a intervir. A mais problemática era literal: a fricção entre roda e estrada sulcada que impedia a entrega de tudo de que o exército precisava. A artilharia de cerco necessária só chegou em 20 de maio e o bombardeio só começou no último dia do mês.[72]

A fricção também se aplicava aos austríacos, mais uma vez fatalmente subestimados por Frederico. Rapidamente recuperados do desânimo causado pelo desastre de Leuthen, Maria Teresa e seus ministros tinham tomado medidas vigorosas para reparar o dano. Recrutas foram providenciados, especialmente da Hungria e da Boêmia; uma equipe geral foi criada com o conde Leopold Joseph von Daun.[73] Um sinal dos tempos foi o argumento usado pelo imperador Francisco ao contar a seu irmão que este teria de renunciar: a força da opinião pública estava contra ele. É uma indicação das diferentes culturas militares prevalentes na Prússia e na Áustria que o príncipe Carlos tivesse perdido cinco grandes batalhas (Chotusitz, Hohenfriedberg, Soor, Praga e Leuthen) antes de poder ser demitido, enquanto Frederico tinha se livrado de seu irmão Augusto Guilherme depois de apenas uma retirada malfeita.

De volta a Olmütz, Frederico estava descobrindo, infelizmente, que os austríacos podiam ser tão resolutos quanto suas próprias tropas no que dizia respeito a defender lar e nação. Ainda mais, na verdade. Diferentemente dos fracos prussianos que tinham entregue Breslau no novembro anterior, o comandante austríaco local, general Marschall, tinha dado uma lição objetiva sobre como resistir a um cerco: reforçando sua guarnição, estocando suprimentos vitais, reduzindo a população civil, demolindo os subúrbios e assim por diante. Ele teve o auxílio de Daun, que tirou vantagem de uma lacuna na força de cerco prussiana para enviar suprimentos novos e 1.200 reforços para a guarnição. O aliado austríaco mais potente, porém, provou ser a logística. Tudo de que o esforço de cerco prussiano precisava tinha de ser transportado pelos morros e florestas que separavam Olmütz de sua base em Troppau (Opava). Era um território ideal para as excelentes tropas leves que formavam o braço mais efetivo do exército austríaco, e elas tiraram a devida vantagem. O golpe decisivo foi dado em 30 de junho, quando um enorme comboio prussiano estendido por muitos quilômetros foi emboscado em Domstadl por unidades lideradas pelos comandantes mais empreendedores de Daun – Janus, Laudon e Ziskowitz. No caos que se seguiu, a maioria dos plebeus moravianos recrutados fugiram para as florestas, levando com eles seus cavalos e bois e – quando possível – carroças. Os prussianos se saíram bem, mas não conseguiram evitar que o comboio se dispersasse em desordem. Dos mais de 4 mil vagões que saíram de Troppau, só cerca de 250 acabaram chegando a Olmütz.[74]

No dia anterior ao desastre em Domstadl, Frederico tinha escrito ao general Keith que esperava que o comboio chegasse para que depois ele tivesse sua tão desejada batalha com Daun.[75] Dois dias depois, ele teve de dizer que *"ce terrible contretemps"* significava que o cerco teria de ser levantado, e a retirada para a Silésia começou.[76] Ao contrário da retirada da Boêmia em 1744,* esta se provou uma retirada ordenada e, além disso, uma que permitiu ocasionais contra-ataques aos austríacos que os perseguiam. Nathaniel Wraxall encontrou a metáfora apropriada: "Ele se retirou, mas foi a retirada do leão que se vira contra seus perseguidores. Frustrado, não conquistado; assustador mesmo na derrota; carregando consigo toda a sua artilharia

---

*   Ver anteriormente, pp. 103-4.

e bagagem, ele deixou para Daun pouco mais do que um triunfo negativo".[77] Ainda assim, não podia haver dúvida de que a campanha tinha falhado. Também se provou a última tentativa de Frederico de invadir a Monarquia Habsburgo.[78] Presente em Olmütz no dia em que o cerco foi abandonado estava o príncipe Carlos José de Ligne, um oficial júnior no regimento austríaco de seu pai, que já tinha visto ação em Kolin e Leuthen.[79] Ele expressou surpresa de que um cerco chegasse a ser tentado, visto que os sitiados sempre podiam ser reforçados e reabastecidos. Ele também era muito crítico acerca da maneira que Frederico tinha conduzido o cerco.[80]

Agora, era hora de Frederico voltar sua atenção ao nordeste. Ali, a situação estava caminhando no passo lento usual, embora depois de um começo incomumente rápido. O novo comandante russo, conde Villim Villimovich Fermor, que tinha substituído Apraksin no outubro anterior, tinha ordens de começar cedo. No meio de janeiro de 1758, um corpo militar liderado pelo conde Nicolai Petrovich Rumyantsev cruzou a fronteira prussiana, tomou Tilsit e avançou em direção a Königsberg. As fracas forças prussianas na província caíram no rio Vístula sem oferecer resistência. Como resultado, Fermor conseguiu mover suas tropas em cerca de 200 quilômetros em pouco mais de uma semana.[81] Subestimando a força provável do esforço russo em 1758, Frederico tinha transferido seu comandante sênior na Prússia Oriental, Lehwaldt, junto com a maioria de seu corpo militar, à Pomerânia para lidar com os suecos.[82] Foi bom para ele que, após seu primeiro ataque direto, os russos tenham voltado a seu velho ritmo. Em 1º de julho, eles só tinham chegado até Posen, e foi só no meio de agosto que atravessaram a Polônia e chegaram ao rio Oder em Küstrin.

Foi ali, logo ao norte da cidade, na vila de Zorndorf, que Frederico os confrontou em 25 de agosto. Seu exército tinha coberto 250 quilômetros em doze dias, dez de marcha e dois de descanso, ou uma média de 20 quilômetros por dia, um feito verdadeiramente impressionante. A batalha que se seguiu teve várias características marcantes: foi muito prolongada, durando o dia todo por um total de dez horas; foi excepcionalmente homicida, com os russos sofrendo perdas de 42%, e os prussianos, de 35% (31 mil dos 80 mil soldados engajados em ambos os lados foram vitimados); foi mais confusa do que o normal, com os dois exércitos virando 180 graus, de modo que o dia acabou com cada um ocupando a posição original do outro; e também foi mais descentralizada que o normal, com ambos os comandantes perdendo o controle dos acontecimentos.[83] A modesta inferioridade numérica prussiana

A GUERRA DOS SETE ANOS: AS TRÊS PRIMEIRAS CAMPANHAS

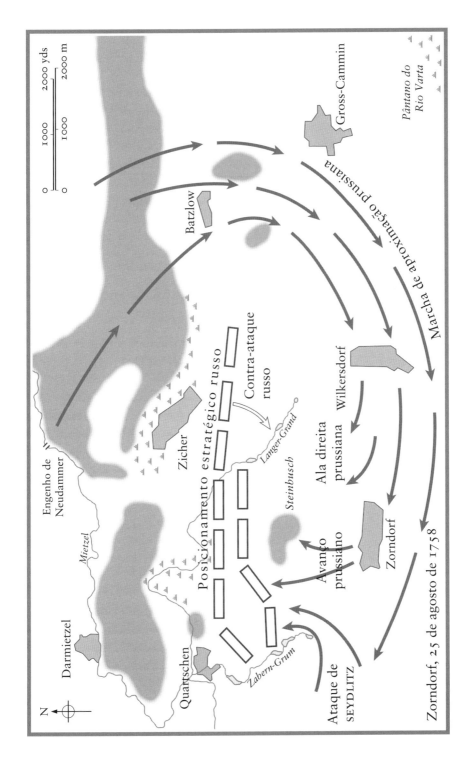

(37 mil *versus* 44,5 mil) foi modificada pela artilharia superior, o desempenho firme de sempre da artilharia e os oportunos ataques da cavalaria direcionados em momentos cruciais pelo general von Seydlitz. Modificada, mas não superada, pois o resultado da batalha foi realmente sangrento. Um *Te Deum* foi cantado tanto em Berlim quanto em São Petersburgo.[84] A infantaria russa em especial se provou ser cada milímetro tão resoluta quanto seus oponentes. O capitão da artilharia saxã Johann Gottlieb Tielke, que tinha sido demovido ao exército russo, registrou com admiração que:

> A extraordinária constância e ousadia dos russos nessa ocasião não pode ser descrita; ela superava tudo o que se ouviu sobre as tropas mais corajosas. Embora as balas prussianas tenham massacrado flancos inteiros, nem um único homem descobriu quaisquer sintomas de inconstância ou inclinação a desistir, e as aberturas na primeira linha eram instantaneamente preenchidas com a segunda ou a reserva.[85]

Duas outras características da batalha merecem comentário. A primeira era a excepcional tenacidade, para não dizer crueldade, mostrada pelos soldados rasos de ambos os lados. Todos os observadores contemporâneos concordam que os prussianos estavam enfurecidos com a devastação infligida na região pelos russos.[86] Como lembrou um combatente:

> Estávamos todos queimando de raiva com a destruição de Küstrin e os sofrimentos dos pobres do interior. O inimigo tinha desperdiçado e destruído tudo, e até invadido e roubado igrejas. Os fazendeiros pobres estavam espalhados pelos bosques e campos como ovelhas com suas esposas e seus filhos. As crianças imploravam por pão, então demos-lhes a maior parte das rações, e eles nos trouxeram água em retorno. Muitas das pessoas tinham ficado horrivelmente feridas ou até sido mortas pelos açoites dos cossacos.[87]

A segunda é que os milhares de russos e prussianos morreram sem necessidade. Há uma concordância geral entre historiadores militares de que Frederico podia ter atingido seu objetivo – enviar os russos para casa – capturando o estacionamento de carroças que tinha sido deixada descuidadamente exposta em Gross-Kammin (ver mapa).[88] Ele teve não uma, mas três oportunidades de ouro para fazer isso, a última durante a batalha, mas preferiu buscar uma vitória militar.[89] Escrevendo sobre o episódio em *The His-*

tory of the Seven Years War, ele admitiu: "O inimigo tinha deixado suas bagagens pesadas com uma pequena escolta entre esta vila [Batzlow] e Cammin. Se o rei tivesse tido menos pressa, podia facilmente tê-las tomado e obrigado os russos, em algumas marchas, a ir embora do país; mas era preciso tomar uma decisão, e havia esperança de tudo".[90]

Os russos tinham se cansado. Fora a sangria em Zorndorf, eles tinham devastado tanto os campos ao redor que não havia mais comida nem ração. Então, Fermor levou seu exército de volta a leste, para Landsberg. Sua relutância em terminar a ofensiva piorou com uma briga com o representante austríaco em seu campo, St. André. Enquanto o último duvidava da competência e da boa-vontade do comandante russo, Fermor estava compreensivelmente enraivecido de que os austríacos não tivessem enviado nem uma força auxiliar em sua assistência.[91] Em vez disso, estavam se preparando para uma investida decisiva contra o fraco exército prussiano que Frederico tinha deixado para trás na Saxônia sob comando de seu irmão príncipe Henrique. Mas, como sempre, eles estavam andando lentamente demais. Tudo o que conseguiram conquistar durante a ausência de Frederico no norte foi a captura da pequena fortaleza de Sonnenstein e sua guarnição prussiana de 1.400, e até esse modesto feito tinha sido obtido por forças imperiais, não austríacas. Bem quando o marechal Daun estava se preparando para atacar o príncipe Henrique, chegou a ele a notícia de que Frederico tinha voltado à Saxônia e, em 11 de setembro, concentrado suas forças mais uma vez ao redor de Dresden. Foi suficiente para convencer Daun a ficar na defensiva num campo fortificado em Stolpen, a leste de Dresden. Sua timidez (ele chamou de cautela) lhe garantiu uma dura repreensão de uma impaciente Maria Teresa em Viena.[92]

Mas foi Daun quem riu por último. Durante setembro, um Frederico cada vez mais frustrado tentou contorná-lo para ameaçar suas linhas de suprimento do leste. Daun, no fim, saiu de Stolpen, mas só para tomar outra posição defensiva em Kittlitz, perto de Bautzen, onde chegou em 7 de outubro. Frederico agora cometeu o catastrófico erro de subestimar a capacidade austríaca de ação rápida. Ele formou seu próprio campo em torno da vila de Hochkirch, mas de maneira tão extensa a convidar um ataque. Ali, em 14 de outubro, ele foi pego verdadeiramente cochilando. Mais uma vez, suas informações se provaram lamentavelmente inadequadas. Aconselhado habilmente por seu empreendedor chefe de equipe, conde Lacy, quando o sol nasceu, Daun lançou um ataque que tirou vantagem total de sua enorme superioridade numérica (cerca de 80 mil contra 36 mil). Oficiais prussianos ansiosos tiveram dificuldade de tirar Frederico da cama, e mesmo assim ele menosprezou os sinais de combate como sendo os sons de combate da manhã com que os croatas gostavam de começar o dia. Foram seus generais que tentaram organizar a resistência. Dizia muito sobre a famosa disciplina dos soldados prussianos que eles não tivessem colapsado totalmente. Ainda assim, o massacre foi terrível. Uma das ruas em Hochkirch ficou conhecida, desde então, como "Beco Sangrento", devido ao rio de sangue que jorrou pelas sarjetas de corpos tão juntos um ao outro que os mortos não conseguiam cair.[93] Às dez da manhã, tudo tinha acabado. Os sobreviventes prussianos tinham batido em retirada para o noroeste, deixando para trás mais de 9 mil camaradas. A retirada foi organizada por Zieten e Seydlitz, que ignoraram as instruções de Frederico e prudentemente mantiveram seus cavalos selados a noite toda.[94]

As baixas incluíam o cunhado de Frederico, duque Friedrich Franz de Brunsvique (decapitado por uma bala de canhão), o general Geist, o príncipe Moritz de Anhalt-Dessau (que nunca se recuperou o suficiente de suas feridas para voltar ao serviço) e – o mais cruel de todos – seu amigo íntimo, o marechal de campo James Keith. Essa hemorragia de comandantes seniores não era incomum, mas com certeza era séria. Frederico tinha perdido quatro mortos em Lobositz, quatro em Praga, um em Kolin e Moys, três em Breslau, dois em Leuthen, três em Zorndorf e agora mais três em Hochkirch.[95] Exigir que seus generais dessem exemplos pessoais de coragem certamente inspirava os subordinados, mas também garantia que fossem um recurso que necessariamente dava retornos diminutos. A mesma perda se aplicou a hierarquias mais baixas nos corpos de oficiais, que tinham perdido quase metade de sua força nas primeiras três campanhas.[96] Frederico ficou muito abalado por Hochkirch, não tanto pelas consequências militares, pois Daun não tinha seguido seu sucesso brilhante, mas pela consciência de que ele era o único responsável pela derrota. O emissário britânico Andrew Mitchell, que em geral o admirava, explicou isso com uma referência "ao enorme desprezo que ele tinha pelo inimigo, e à indisposição que há muito observo nele de dar qualquer crédito às informações que não estão de acordo com sua própria imaginação".[97] Frederico se refugiou na literatura. Às três da tarde do mesmo dia da batalha, ele convocou seu bibliotecário-barra-assistente-pessoal Henri de Catt. Não é surpreendente que Catt, tremendo, tenha entrado no quarto com profunda apreensão. Frederico abordou-o declamando um discurso do homônimo herói de *Mithridate*, de Racine, um que ele talvez conhecesse de cor. As palavras eram estranhamente apropriadas:

> Então, depois de um
> Ano inteiro, embora me vejas novamente aqui, Arbates –
> Não mais o Mithridates favorecido pela sorte,
> Que, nas balanças do destino
> Foi colocado com Roma pelo domínio do mundo,
> Que há muito era questionável. Encontrei a derrota!
> Alerta estava Pompeia, seu sucesso completo,
> Em uma escuridão que para a coragem deixava pouco espaço.
> Nossos soldados estavam meio cobertos na penumbra da noite,
> Suas fileiras malformadas, mal mantidas em todo lado,
> Sua confusão tornava o medo pior,
> Virando suas armas contra o outro, gritam
> Reecoando das pedras e dos céus –
> Com tantos horrores de um motim da meia-noite,
> De que valia a honra? O pânico dominava.
> Alguns morreram, a fuga salvou o resto, e não duvido
> Que devo minha vida apenas, na confusão geral,
> Ao relato de minha própria morte, que eu
> Havia espalhado.[98]

Nas palavras "encontrei a derrota!", ele parou, visivelmente agitado. Então, lamentou a morte de Keith especialmente, elogiando suas explorações e seu caráter, com lágrimas rolando pelo rosto.[99]

Seu luto se intensificou quando ele ficou sabendo, dois dias depois, que sua amada irmã Guilhermina tinha morrido no dia da batalha. Com as cortinas fechadas, Frederico buscou conforto em livros como *Funeral Orations* [Orações Fúnebres] de Bossuet e *"un volume de Young"* (provavelmente os *Night Toughts* [Pensamentos noturnos] de Edward Young).[100] Foi também nessa ocasião que ele mostrou a Catt a pequena lata oval que ele usava em uma corrente em torno do pescoço, contendo dezoito pílulas de ópio, que ele contou cuidadosamente, dizendo que seriam suficientes para enviá-lo àquele local escuro de onde não havia como retornar.[101] Em Viena, as notícias de Hochkirch chegaram no dia do aniversário de Maria Teresa, quando

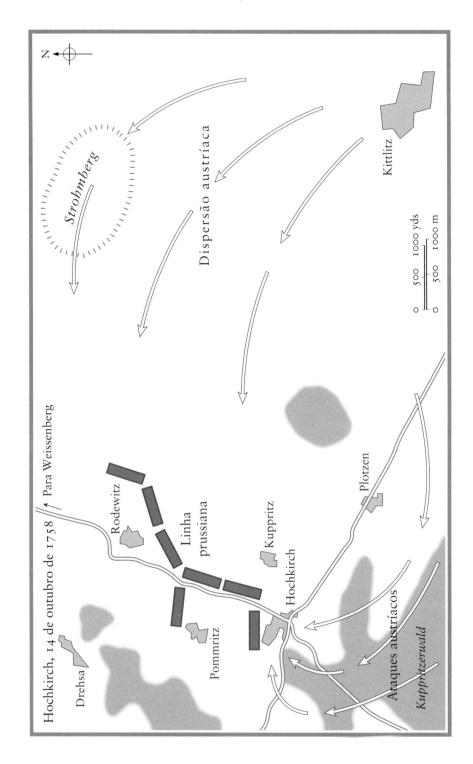

toda a corte e a alta nobreza estavam reunidas no Palácio de Schönbrunn para comemorar a ocasião; então, ela ficou felicíssima.[102]

Contudo, embora a campanha de 1758 tenha terminado em derrota, morte e depressão, a situação estratégica em geral tinha mudado incrivelmente pouco. Como escreveu o capelão do exército prussiano, Küster, em seu relato da luta, nunca uma batalha perdida tinha tido um resultado tão positivo para o derrotado.[103] Depois de considerar os pedidos austríacos para mais uma iniciativa, os russos tinham voltado a seus quartéis de inverno para lá do rio Vístula. Livrando-se logo da tristeza pós-Hochkirch, Frederico decidiu reverter a situação. Como escreveu ao príncipe Henrique no dia seguinte à batalha: "Na verdade, sofri uma grande fatalidade, mas ela deve ser resolvida com determinação e coragem".[104] Em 5 de novembro, aniversário de Rossbach, os austríacos abandonaram o cerco de Neisse na aproximação de Frederico. No fim do mês, uma outra marcha a oeste, para a Saxônia, obrigou Daun a levar seu exército de volta para os quartéis de inverno na Boêmia. Frederico, assim, permaneceu em posse tanto da Saxônia quanto da Silésia. Hochkirch ter gerado tão pouca recompensa naturalmente levou Daun a ser agudamente criticado, mas não pelas duas pessoas que mais importavam: Kaunitz e Maria Teresa. A última, inclusive, deu apoio material a seus afetuosos elogios criando um fundo de doações a 250 mil florins para Daun e seus herdeiros.[105] Ela continuou otimista sobre o resultado final da guerra, principalmente porque a Rússia e a França tinham recentemente repetido sua determinação de levá-la até o fim.

9

A Guerra dos Sete Anos: desastre e sobrevivência

1759

O recrutamento vigoroso durante o inverno de 1758-9 significava que Frederico enfrentou a nova temporada de campanhas com um exército mais ou menos do mesmo tamanho do que tinha no ano anterior: cerca de 163 mil.[1] Os soldados serem da mesma qualidade era outra questão. Até os veteranos entre eles só conseguiam aguentar a exaustão e o massacre até certo ponto. O principal problema, porém, era a crescente disparidade numérica, já que os russos, em particular, começaram a fazer sentir sua superioridade em recursos humanos. Havia também o medo de que, enfim, todos os vários aliados conseguissem começar a coordenar seus esforços de guerra. Como escreveu Frederico a d'Argens de Zuckmantel, na fronteira boêmia: "Minha grande dificuldade é esta: nos anos anteriores, nossos inimigos não conseguiram agir juntos, de modo que podiam ser vencidos um após o outro. Este ano, pretendem agir simultaneamente".[2]

Um sucesso inicial foi conseguido no extremo oeste. Apesar dos crescentes problemas financeiros, os franceses tinham decidido fazer um grande esforço para conquistar Hanôver e terminar rapidamente a guerra com a Grã-Bretanha. No início, tudo foi bem. Em 13 de abril, um exército francês secundário, comandado pelo duque de Broglie, derrotou o príncipe Ferdinando de Brunsvique em Bergen, perto de Frankfurt am Main. Isso permitiu que a principal força sob o marquês de Contades recruzasse o Reno e avançasse até Hessen. No início de junho, eles tomaram Kassel e avançaram em direção ao rio Weser, ocupando a crucial fortaleza de Mindem um mês depois.[3] Foi ali, em 1º de agosto, que o exército de Ferdinando, com cerca de 42 mil britânicos, hanoverianos e hessianos infligiu uma derrota decisiva nos 54 mil franceses de Contades. O último sofreu 7 mil baixas; os aliados, apenas cerca de 2.800.[4] Em uma ação secundária no mesmo dia, o sobrinho de

Ferdinando, príncipe herdeiro de Brunsvique, derrotou outra força francesa comandada pelo duque de Brissac e, assim, ameaçou a comunicação francesa com suas bases de suprimentos. Os franceses desmoralizados começaram uma retirada que os levou de volta ao oeste, ao rio Lahn, a norte de Frankfurt am Main. O duque de Choiseul, que tinha substituído o derrotista abade de Bernis como ministro do exterior francês em outubro de 1758, escreveu em tom de desculpas a Kaunitz: "Fico envergonhado ao falar de meu exército. Simplesmente não consigo enfiar na cabeça, quanto mais no coração, que um bando de hanoverianos etc. pudesse derrotar o exército do rei".[5] Quando os dois exércitos entraram nos quartéis de inverno, muito atrasados, em janeiro de 1760, estavam praticamente de volta a onde tinham começado um ano antes, menos, é claro, os milhares de homens perdidos à morte, doença e deserção.

Para os lutadores no centro e no leste, o oeste era um espetáculo secundário, embora a vitória francesa em Minden pudesse muito bem ter sido uma catástrofe completa para Frederico. Seu principal problema continuava sendo a convergência de inimigos vindos de quatro direções diferentes. A sudoeste, um exército combinado de imperialistas e austríacos avançaria para a Saxônia; ao sul e sudeste, havia Daun e o principal exército austríaco, com ordens de retomar a Silésia; no norte, o plano era que os suecos, reforçados por um corpo militar russo, avançassem a Berlim; no leste, havia a presença ameaçadora de hordas russas. Quando todos se encontrassem no meio, Frederico seria arrasado. Sua única chance era atacar rápida e repetidamente seus inimigos individuais. Como disse ele ao príncipe Ferdinando no fim de março, sua situação estratégica era *"extrêmement embarrassante"*, e a única esperança era conseguir um sucesso decisivo contra um de seus algozes para permiti-lo estar com uma mão livre para lidar com o próximo.[6]

O empreendedor príncipe Henrique começou bem, primeiro destruindo armazéns de suprimento austríacos no norte da Boêmia, e depois virando para o oeste para saquear a Francônia, raptando recrutas e suprimentos e interrompendo os planos de que o exército imperial avançasse para a Saxônia.[7] Um segundo destacamento prussiano, comandado pelo general Heinrich August de la Motte-Fouqué, infligiu o mesmo tipo de dano aos depósitos austríacos na Alta Silésia em torno de Troppau e Jägerndorf. Os austríacos, de todo modo, não estavam com pressa, esperando no norte da Boêmia até o momento adequado. Eles certamente não tinham intenção de descer às planícies da Baixa Silésia e dar a Frederico a chance de mais um Hohenfried-

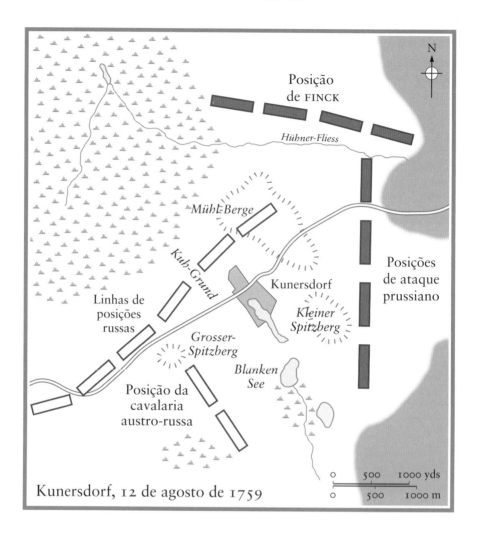

Kunersdorf, 12 de agosto de 1759

berg ou Leuthen. Foram seus aliados russos que colocaram as coisas em movimento. Em 25 de junho, eles começaram sua marcha de Posen ao rio Oder, onde um exército de 60 mil sob um novo comandante, o príncipe Nikolai Ivanovich Saltykov, tinha se concentrado durante o início do verão. Da Silésia, Frederico enviou o general Carl Heinrich von Wedel e um modesto exército de 28 mil para conter o avanço russo. Não eram suficientes, embora a agressividade teimosa de Wedel não tenha ajudado. Na batalha de Kay (às vezes, chamada Paltzig) perto de Züllichau, a leste do Oder, eles foram esmagados, perdendo 8 mil homens.[8] Em 1º de agosto, Saltykov ocupou Frankfurt an der Oder.

Com a estrada para Berlim (a apenas 80 quilômetros) agora aberta, Frederico teve de se envolver. Ele teve sorte de o sempre cauteloso Daun só ter destacado 24 mil homens comandados por Laudon para se unir a Saltykov. Juntos, tinham cerca de 64 mil. Como antes de Zorndorf no ano anterior, Frederico marchou seu exército pela margem oeste do Oder, cruzando perto de Küstrin e depois marchando para o sul. Os dois exércitos se encontraram em Kunersdorf, a nordeste de Frankfurt an der Oder, em 12 de agosto. O que se seguiu foi o maior desastre militar de Frederico e "a maior façanha armada russa do século XVIII".[9] Imediatamente após a batalha, Frederico escreveu a seu ministro Finckenstein:

> Meu casaco está coberto de balas de mosquete, e dois cavalos foram mortos sob mim. Tenho o infortúnio de ainda estar vivo. Nossas perdas são grandes demais, e só me sobraram 3 mil homens de um exército de 48 mil. No momento em que escrevo, todos estão em fuga, e não posso exercer qualquer controle sobre meus homens. Em Berlim, é preciso pensar em sua segurança. Não devo sobreviver a esta cruel virada do destino. As consequências serão piores do que a derrota em si. Não tenho mais recursos e, falando bastante francamente, acredito que tudo esteja perdido. Não devo sobreviver à derrocada de minha terra-mãe. Adeus para sempre![10]

O que tinha dado errado? Em seu relato da batalha, Frederico escreveu que tudo tinha sido uma questão de acaso – "quem pode senão comentar sobre o esguio fio que suspende a vitória!". Se o general austríaco Laudon tivesse chegado apenas alguns minutos mais tarde à bateria russa, a maré da batalha não teria ficado a favor dele.[11] Frederico disse ao marquês d'Argens: "Tivemos azar, mas não foi culpa minha",[12] mas, na realidade, ele era o autor de sua derrocada. Suas informações eram falhas; seu reconhecimento, inadequado. Ele não conseguiu ler corretamente a disposição oposta e, portanto, foi obrigado a alterar a linha de seu ataque no último momento. O tempo que essa manobra levou permitiu que Saltykov tomasse contramedidas apropriadas. A recusa do rei em ordenar uma interrupção antes de ser tarde demais foi fatal. Uma combinação de fogo de artilharia seguida de ataques de infantaria tinha capturado as posições russas no alto do Mühl-Berge (ver mapa). Para atacar as principais posições russas, os prussianos precisariam ter descido para o vale conhecido como "Kuh-Grund" e subido pelo outro lado, tudo isso enquanto expostos ao fogo inimigo. Frederico se recusou a escutar seus oficiais seniores que lhe imploravam para parar, argumentando que logo o inimigo seria obrigado a bater em retirada e que seus próprios soldados estavam exaustos.[13] Em Zorndorf, Frederico estava determinado a conseguir sua própria vitória absoluta. Mas isso era diferente: sua situação era menos favorável, a liderança do inimigo era melhor e suas próprias tropas eram menos numerosas e menos eficazes. A famosa firmeza da infantaria prussiana, ao fim, ruiu. Quatro dias após a batalha, Frederico escreveu a Finckenstein: "A vitória era nossa quando, de repente, minha maldita infantaria desmoronou. O medo ridículo de serem enviados à Sibéria [se fossem feitos prisioneiros] os enlouqueceu e não houve maneira de pará-los".[14] Ele próprio estava mais exposto a uma acusação de coragem imprudente do que de covardia. Dois cavalos tinham sido alvejados por balas com ele em cima durante uma batalha e um terceiro no momento em que ele estava prestes a montar.[15]

Quando tudo começou a dar errado, o exército prussiano simplesmente se desmantelou. Imediatamente após a batalha, Frederico só tinha 3 mil homens em algum tipo de formação militar organizada. O resto estava espalhado pelos quatro ventos – ou morto no chão, ou morrendo no campo de batalha. Mais de 6 mil tinham sido mortos imediatamente, e as perdas totais chegavam a 19 mil, ou 40%.[16] Entre os mortalmente feridos, estava Ewald von Kleist, um dos mais antológicos poetas alemães do século.* Também foram perdidas 172 armas e 28 bandeiras e estandartes, simbolizando a escala do desastre.[17] Não havia o que impedisse os russos de se unir ao resto do exército austríaco e avançar sobre Berlim. Mas nada aconteceu. Numa carta muito citada a seu irmão, príncipe Henrique, Frederico escreveu de Waldow, mais ou menos na metade do caminho entre Berlim e Bautzen, em 1º de setembro:

> Posso anunciar a ti o milagre da Casa de Brandemburgo: bem quando o inimigo tinha cruzado o Oder e eu podia ter terminado a guerra arriscando uma [segunda] batalha, ele marchou de Müllrose a Lieberose. Marchei primeiro a Trebatsch e dali, ontem, a Waldow, onde minha posição o separa de Lübben, que ocupei. Assim, estou tirando o inimigo daquela parte da Lusácia que estava sendo obrigada a mantê-lo abastecido.[18]

Como sugere esse relato, muito tinha acontecido na quinzena anterior. Depois de ir ao fundo do poço do desespero após a batalha, a ponto de con-

---

* Sobre Kleist, ver adiante, p. 262.

templar o suicídio, Frederico rapidamente se recuperara e começara a reunir os sobreviventes. É um grande testamento à disciplina dos soldados prussianos que os sobreviventes fossem uma força combativa novamente dentro de alguns dias.[19] Uma semana após a batalha, Frederico conseguiu reunir um exército de cerca de 28 mil em Madlitz, alguns quilômetros a leste de Frankfurt an der Oder, cobrindo a estrada para Berlim. Se os aliados quisessem alcançar sua capital, teriam de lutar contra ele. Não quiseram. Os russos tinham perdido cerca de um terço de seu exército – 4.700 em Kay e outros 19 mil em Kunersdorf.[20] Com alguma razão, pensaram que estava mais do que na hora de seus aliados austríacos assumirem o risco. A rendição de Dresden em 4 de setembro, que significava efetivamente que toda a Saxônia agora estava em mãos austríacas, devia ter disparado um plano de longo prazo para a invasão austro-russa da Silésia. Nesse ponto, porém, as relações entre Saltykov e Daun tinham deteriorado a ponto de não ser possível uma ação conjunta. Os dois aliados também foram mantidos separados por algumas manobras inspiradas do príncipe Henrique no norte da Silésia. Em 7 de setembro, Saltykov anunciou que a falta de suprimentos o obrigava a se retirar para o Oder, a leste, aonde ele chegou no dia 25. Em 15 de outubro, os russos começaram sua longa retirada para os quartéis de inverno de Vístula.[21] A campanha, caríssima em termos de homem, dinheiro e material, tinha ficado por um fio da vitória total, mas, no fim, não dera em nada.

Enquanto isso, o foco da campanha tinha mudado para a Saxônia. Com os russos longe, Frederico conseguiu se concentrar em recuperar o controle do eleitorado e empurrar os austríacos de volta para a Boêmia. No início, tudo correu bem. No fim de setembro, todo o território saxão perdido no mês anterior estava de volta a mãos prussianas, com a notável exceção da capital, Dresden. Os prussianos tiveram a ajuda da inércia austríaca. Apesar da intensa pressão de seus superiores cada vez mais exasperados em Viena, Daun se recusou a arriscar uma batalha, preferindo uma sequência vagarosa de manobras para desalojar o príncipe Henrique de sua posição fortificada em Torgau, no Elba. Elas falharam, e começou a parecer que a campanha terminaria como começara, com Frederico novamente no controle da Saxônia e Daun de volta à Boêmia. Então, Frederico veio ao auxílio de seu inimigo, com uma iniciativa ousada, mas desastrosa. O general Friedrich August von Finck e um corpo de 15 mil homens foram enviados para Maxen, ao sul de Dresden, para pressionar as linhas de suprimento austríacas e, assim, acelerar sua partida. Apesar de repetidas advertências de seus generais seniores, Frederico insistiu. O resultado foi que a força de Finck foi isolada, cercada, atacada e obrigada a capitular. A obstinação teimosa de Frederico tinha infligido uma perda de 2 mil vítimas e 13 mil prisioneiros de guerra, incluindo nove generais e 71 peças de artilharia, ou, em outras palavras, a maior perda numérica já sofrida por ele, com exceção de Kunersdorf.[22] Nem o mais entusiasmado dos admiradores de Frederico pode ter algo a oferecer como atenuante. A capacidade de autoconhecimento de Frederico se mostrou muito fraca quando ele colocou toda a culpa no pobre Finck, que estava meramente obedecendo a ordens que ele sabia serem equivocadas. Quando voltou da prisão austríaca, ele foi submetido à corte marcial, preso por um ano e depois dispensado do serviço.[23] Até o secretário particular de Frederico, o ultraleal Eichel, tinha a opinião de que Finck não era culpado. Só para fechar com chave de ouro esse ano desastroso, duas semanas após Maxen, outro corpo prussiano, ainda que menor, de 3.500 homens, foi isolado perto de Meissen e forçado a se render. Como os austríacos agora estavam se recusando a trocar prisioneiros, cientes de terem uma vantagem numérica e de que um veterano prussiano valia bem mais que seu equivalente austríaco, a perda líquida dessas duas capitulações foi ainda maior. O próprio Frederico escreveu:

> Os regimentos perdidos na batalha de Maxen e na luta comandada por Direcke tinham sido de fato substituídos, durante o inverno; mas estes não eram nem veteranos, nem tropas apropriadas para o serviço: estavam lá para serem exibidas. O que se poderia conquistar com um grupo de homens, metade plebeus saxões e a outra metade desertores, liderados por oficiais empregados por necessidade, e porque não se pôde obter outros melhores?[24]

1760

Depois de quatro campanhas de atividade incessante e estresse intenso, durante as quais ele tinha tido de testemunhar dezenas de milhares de mortos e moribundos, todos vítimas de sua ambição, Frederico estava começando a sentir o peso. Raramente saudável mesmo nas melhores épocas,* ele agora estava propenso a surtos de doenças incapacitantes, entre elas, gota e he-

---

* Ver adiante, pp 133-4

morroidas. O ataque de gota e febre no outono anterior tinha sido tão grave que sua jornada à Silésia num momento crucial teve de ser adiada. Ele disse ao príncipe Henrique: "Voarei a ti nas asas do patriotismo e do dever, mas, quando eu chegar, encontrarás apenas um esqueleto", embora tenha acrescentado que seu corpo frágil ainda seria ativado por seu espírito indomável.[25] Em janeiro de 1760, o espírito também tinha definhado. Ele escreveu a d'Argens para agradecer pelo esforço que este estava fazendo de publicar suas "tolices", mas perguntou como seria possível esperar que ele escrevesse bons versos quando sua mente estava "perturbada demais, agitada demais, deprimida demais". Não havia perspectiva de garantir a paz, vociferou, e mais uma derrota seria o *coup de grâce*. Cansado da responsabilidade, cercado por inimigos implacáveis, a vida tinha se tornado um peso insuportável... E assim ele seguiu na mesma toada, lamentando seu destino.[26]

Frederico tinha um momento ainda mais tenebroso para superar. Sua estratégia geral permanecia a mesma – manter o controle da Saxônia e da Silésia –, bem como seu principal objetivo: recapturar Dresden. Quantas tropas havia à sua disposição é um tópico controverso. O melhor palpite é que ele nunca teve mais de 110 mil em atividade, então, sua inferioridade numérica era da ordem de pelo menos dois para um.[27] Essa disparidade aumentou em 23 de junho, quando o general de la Motte-Fouqué foi subjugado em Landeshut por uma força austríaca muito superior comandada por Laudon, perdendo 2 mil no campo de batalha e outros 8 mil como prisioneiros de guerra. Menos de 1.500 conseguiram escapar. Mais uma vez, um general prussiano tinha obedecido seu mestre real de modo fiel, mas não sábio. Frederico tivera dúvidas sobre sua ordem original de segurar Landeshut independentemente de qualquer coisa, mas essa mudança de opinião veio tarde demais para salvar as forças de Fouqué.[28]

Ainda na Saxônia, Frederico tinha estado muito ativo, mas sem conquistar nada. Todas as suas tentativas de atrair Lacy ou Daun para a batalha fracassaram. O mesmo aconteceu com o cerco a Dresden, que começou em 19 de julho só para ser abandonado após quatro dias. Três dias depois disso, os austríacos mostraram a ele como conduzir um cerco quando o exército de Laudon tomou a grande fortaleza silesiana de Glatz de surpresa. É bem verdade que Dresden estava guarnecida por 14 mil veteranos comandados pelo determinado major-general Macguire (*sic*), enquanto o infeliz comandante de Glatz, o tenente-coronel Bartolomei d'O (também *sic*), só tinha 3 mil saxões e desertores austríacos pouco motivados à sua disposição. Isso não o salvou da corte marcial e da execução quando por fim voltou da prisão austríaca.[29] A diferença entre as duas defesas demonstrava que os recursos demográficos maiores dos austríacos estavam começando a se fazer sentir.

A situação de Frederico agora era extremamente perigosa. Ele estava perdendo controle tanto da Saxônia quanto da Silésia, e ficando sem homens, graças a seus próprios numerosos erros. Para piorar tudo, um corpo russo comandado pelo general Chernyshev tinha cruzado o Oder e estava avançando pela Silésia para se reunir com Daun. Nada, aparentemente, estava entre os aliados e a vitória total, exceto algumas fortalezas silesianas fracamente defendidas. Logo que tomou Glatz, Laudon seguiu para Breslau, o maior prêmio de todos, confiante de que poderia repetir seu triunfo. Agora, enfim, começava a se acender uma luz no fim do túnel para Frederico: seu comandante em Breslau, o general Bogislav Friedrich von Tauentzien, se provou mais duro que seu colega d'O em Glatz; numa marcha-relâmpago que levou seu corpo de cerca de 35 mil homens por mais de 100 quilômetros em três dias, o príncipe Henrique marchou para o socorro de Breslau; e os russos não conseguiram se unir a Laudon.[30] Enquanto isso, Frederico tinha embarcado numa marcha épica da Saxônia à Silésia, que levou a primeira semana de agosto, não tanto perseguido como acompanhado pelo principal exército austríaco comandado por Daun, e um corpo subsidiário de Lacy. Os três exércitos estavam tão próximos que pareciam ser uma força única. Incentivado por Maria Teresa e Kaunitz, que exigiam uma batalha para acabar com Frederico, Daun tinha a intenção de forçar uma luta no Katzbach, um tributário do Oder, ao norte de Breslau.[31]

Foi isso que Daun conseguiu, em 15 de agosto, mas não da maneira que esperava. Com suas forças combinadas de 90 mil desfrutando de uma superioridade de três para um, ele estava confiante de poder cercar e eliminar o exército de Frederico, acampado alguns quilômetros a nordeste de Liegnitz. Nessa ocasião, Frederico não foi pego cochilando. Pelo contrário, durante a noite de 14 para 15 de agosto, ele moveu seu exército para o norte, deixando as fogueiras de seu acampamento acesas para confundir o inimigo. Assim, quando começou a clarear, pouco depois das três da manhã, foi o general Laudon que foi pego de surpresa. Esperando ser apoiado por Lacy e Daun, que deviam estar avançando do oeste e do sul, respectivamente, e sem saber que estava enfrentando o principal exército prussiano, Laudon atacou. Dizimados pela artilharia, depois tomados pelo flanco, os austríacos foram forçados a voltar a Katzbach. Às seis da manhã, a batalha tinha acabado.[32]

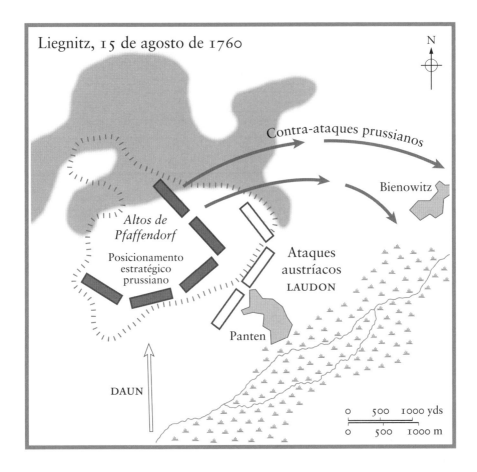

Tinha sido curta, mas dura. Custou a Laudon cerca de 10 mil, incluindo 4 mil prisioneiros de guerra, entre eles dois generais e oitenta oficiais, além de 83 peças de artilharia. Os prussianos perderam 775 mortos e 2.500 feridos, a maioria deles devido a dois ataques de cavalaria atrasados que cobriram a retirada austríaca.[33]

No que diz respeito a batalhas da Guerra dos Sete Anos, a de Liegnitz não foi grande coisa, em especial. A maioria dos austríacos nunca chegou a disparar um tiro, nem por raiva. Mas sua importância foi colossal. Era uma batalha que Frederico tinha de ganhar, ou, na verdade, uma batalha que ele não podia perder. Se o martelo de Daun e Lacy tivesse batido na bigorna de Laudon, como era a intenção, os prussianos no meio teriam sido pulverizados, ainda mais que em Kunersdorf. Quaisquer remanescentes teriam sido varridos por uma força russa comandada por Chernyshev, que Saltykov tinha prometido fazer atravessar o Oder no dia 15. Na ocasião, os russos prudentemente foram para o leste, não para o oeste, enquanto Daun e os austríacos foram sitiar a fortaleza de Schweidnitz, a oeste de Breslau. Com a vantagem da visão histórica, podemos observar que Liegnitz foi um momento de virada na Guerra dos Sete Anos. Levou ao fim uma sequência de derrotas militares que datava desde Hochkirch, quase dois anos antes (embora alguns dos generais subordinados de Frederico, notadamente o príncipe Henrique, tivessem ganhado batalhas menores nesse meio tempo). Napoleão não foi o primeiro a perceber a importância, para a moral de um exército, de acreditar que a sorte (também conhecida de variadas formas como Providência, Fortuna e Deus) estava ao lado de seu comandante. Como observou Jomini, Liegnitz restaurou *"toute sa force morale"*.[34] Também recuperou a reputação dele entre as potências. O secretário de Estado britânico, Lord Holdernesse, escreveu: "O talento superior daquele grande príncipe nunca apareceu em melhor luz do que durante essa última expedição à Silésia. Toda a manobra é vista aqui como uma obra-prima da habilidade militar".[35] Era a melhor chance que os austro-russos tinham tido desde Kunersdorf para colocar um fim abrupto à guerra e eles sabiam disso. A partir de então, sua ofensiva nunca ganhou impulso.[36]

No curto prazo, esse turbilhão de atividade breve, mas violento, foi seguido por várias semanas de impasse, enquanto Daun e Frederico faziam manobras ao redor um do outro nos morros da Silésia ocidental. No fim de setembro, Frederico reclamou ao príncipe Henrique de não estar chegando a lugar algum. Daun estava em um campo, Frederico em outro, e ambos eram invulneráveis.[37] O impasse foi quebrado mais ao norte, por uma iniciativa vigorosa, ainda que breve, por parte dos russos, estimulados pelo adido militar francês em seu campo. Na primeira semana de outubro, uma força liderada por Chernyshev ocupou Berlim, onde se juntou a 18 mil austríacos e saxões destacados do exército de Daun. Embora tenha sido uma experiência cara e desagradável para os habitantes, com muito vandalismo perpetrado nos palácios de Charlottenburg e Schönhausen, a ocupação de três dias não teve consequências militares. As principais baixas foram os quinze soldados russos mortos durante uma tentativa incompetente de explodir a fábrica de pólvora.[38] Como comentou Showalter, "foi um saque, não uma manobra operacional".[39]

Liegnitz não ajudou a reparar a moral pessoal de Frederico. Ele lamentou ao príncipe Henrique que seus recursos eram escassos e superficiais demais para resistir à assoladora superioridade numérica de seus vários inimigos, completando: "E, se perecermos, podes datar nosso eclipse por aquele acontecimento fatal em Maxen".[40] Ele agora tinha de admitir que o sempre cauteloso Daun tinha levado a melhor sobre ele na Silésia, e que devia marchar de volta à Saxônia para a campanha não acabar em fracasso total. Foi num humor sombrio que ele partiu, dizendo ao príncipe Henrique em 7 de outubro que "dada minha presente situação, meu único lema tem de ser: conquistar ou morrer".[41] Daun também estava sendo pressionado por Viena, onde uma Maria Teresa cada vez mais impaciente mandou uma ordem expressa de manter controle da Saxônia contra Frederico e buscar a batalha necessária independentemente das circunstâncias.[42] No fim, Frederico levou a batalha a ele, em 3 de novembro, em Torgau, a nordeste de Leipzig, onde os austríacos tinham assumido uma forte posição defensiva. Se não pudessem ser deslocados, a Saxônia e seus recursos seriam perdidos. Atacar de frente era um convite ao desastre nas linhas de Kunersdorf, então, Frederico embarcou em um movimento criativo de tomada pelos flancos, que levaria a maior parte de seu exército – 24 mil da infantaria, 6,5 mil da cavalaria e cinquenta canhões de doze libras – para atacar os austríacos na retaguarda. A atenção deles estaria distraída na frente por uma força menor de 11 mil homens de infantaria e 7 mil de cavalaria comandados pelo general von Zieten. A desvantagem acabou sendo a longa marcha necessária para colocar o exército principal em posição. Muita coisa podia dar errado e deu, de modo que tudo levou tempo demais e permitiu que Daun tomasse contramedidas eficazes.

A batalha que se seguiu foi ainda mais feroz que os encontros anteriores entre os dois lados. O próprio Frederico ficou chocado quando foi atingido por uma bala já gasta e teve de ser retirado do campo por um tempo. O que acabou sendo a vitória mais sangrenta de sua carreira foi conseguida por uma combinação de iniciativas individuais de oficiais juniores em momentos cruciais e o avanço oportuno do corpo militar de Zieten. Até quase literalmente um minuto antes da meia-noite, o resultado era incerto. Daun, inclusive, já tinha enviado um mensageiro anunciando uma vitória quando a maré virou, um erro que causou intenso desânimo em Viena quando o regozijo inicial virou cinzas.[43] As perdas de ambos os lados foram terríveis. Numa carta ao príncipe Henrique escrita no dia seguinte, Frederico alegava que nessa batalha "dura e teimosa" ele tinha infligido de 20 a 25 mil baixas.[44] Nem mencionou as suas próprias. Quando seu assistente, Georg

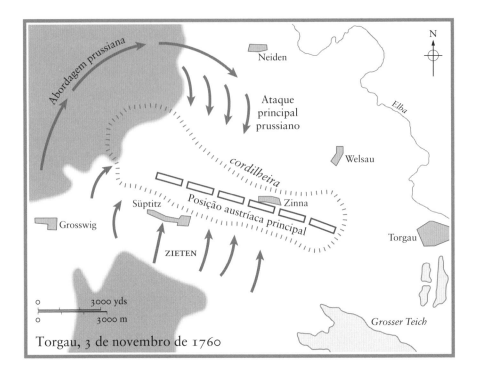

Torgau, 3 de novembro de 1760

Heinrich von Berenhorst, produziu o placar final alguns dias depois da batalha, Frederico disse a ele: "Se este número algum dia vazar, custará sua cabeça!". Não é possível saber quão elevada de fato a cifra era, com estimativas variando de 16.670 a 24.700, mas até o mais baixo excede o total austríaco (que Frederico exagerou muito).[45]

Embora tenha se vangloriado de sua vitória, Frederico não estava num clima vitorioso. As perdas tinham sido tão grandes que, no futuro, tais táticas ofensivas simplesmente não seriam possíveis.[46] Como ele escreveu a d'Argens em 5 de novembro, tinha assegurado um período de paz para o inverno, mas só isso. Cinco dias depois, ele adicionou que os austríacos tinham sido mandados de volta a Dresden, mas dali não podiam ser deslocados, por enquanto. Ele continuou:

> Na verdade, é uma perspectiva terrível e uma recompensa pobre por toda a exaustão e o esforço colossal que esta campanha nos custou. Meu único apoio em meio a todos esses sofrimentos é minha filosofia; é essa a equipe em que confio e minha única fonte de consolo neste momento difícil em que tudo está ruindo. Como verás, meu caro marquês, não estou inflando meu

sucesso. Só estou contando como é; talvez o resto do mundo fique impressionado com o glamor de uma vitória, mas "De longe somos invejados; em situação difícil, trememos".⁴⁷

Era bem o tipo de humor sombrio no qual Frederico tinha começado o ano.* Ele talvez estivesse sendo autocrítico demais; 1760 tinha sido um ano decididamente melhor que 1759. Os austríacos e os russos não tinham conseguido se unir efetivamente, ele tinha vencido duas grandes lutas e a única perda líquida era a fortaleza de Glatz. Uma avaliação mais criteriosa seria feita por Clausewitz: embora discordasse de quem via a campanha como uma obra de arte e uma obra-prima, ele achava admirável

> a sabedoria do rei: buscando um objetivo grande com recursos limitados, ele não tentou empreender nada que estivesse além de suas forças, mas sempre só o suficiente para conseguir o que queria. [...] Toda a sua conduta [...] mostra um elemento de força contida, que está sempre em equilíbrio; nunca falta vigor, crescendo a alturas impressionantes em momentos de crise, mas imediatamente depois voltando a um estado de calma oscilação, sempre pronto a se ajustar à menor mudança na situação política. Nem a vaidade, nem a ambição, nem a vingança podiam demovê-lo desse caminho, e foi apenas esse percurso que lhe trouxe sucesso.⁴⁸

Muito menos satisfatória era a situação na frente ocidental. As perdas francesas além-mar em 1759 forçaram o país a buscar a vitória na Alemanha como moeda de troca para eventuais negociações de paz. Um grande exército de cerca de 150 mil homens foi posto em ação em junho de 1760. O príncipe Ferdinando foi forçado a voltar de Hessen e de boa parte da Vestfália, apesar de ter vencido uma série de batalhas. A vitória em Warburg em 31 de julho não pôde impedir os franceses de tomar Göttingen uma semana depois, embora esse tenha se provado o limite de seu avanço em território hanoveriano.⁴⁹ Mais agourento no longo prazo para Frederico era o entusiasmo cada vez menor de seus aliados britânicos pela guerra continental. Tinham conquistado quase todos os seus objetivos de guerra na América do Norte, no Caribe e nas Índias, e agora estavam buscando um fim precoce ao que tinha se tornado uma guerra devastadoramente cara. Além disso, a morte de

---

* Ver anteriormente, p. 233.

George II em 25 de outubro levou ao trono um rei que, no ano anterior, tinha se referido a Hanôver como "aquele eleitorado horrível que sempre dependeu dos órgãos vitais deste pobre país".[50] Podia ser só questão de tempo para os valiosos subsídios a Frederico serem paralisados. Em dezembro, o representante prussiano em Londres, Knyphausen, avisou Frederico sobre a crescente oposição à guerra continental no Parlamento e sobre um entusiasmo correspondente por uma paz separada com a França.[51]

1761

O ano de 1761 acabou não tendo nenhuma grande batalha na principal frente oriental. Há uma sensação enfadonha de *déjà vu* na estratégia aliada. O marechal Daun, ainda se recuperando da ferida sofrida em Torgau, ansioso para renunciar e mais estático do que nunca, estava no comando da Saxônia. Seu subordinado mais empreendedor, Laudon, deveria juntar forças com um exército russo, agora comandado pelo queridinho da czarina, conde Alexander Borisovich Buturlin, e buscar conseguir um segundo Kuncrsdorf. Frederico deixou o príncipe Henrique e mais 28 mil na Saxônia, de olho em Daun, enquanto ia para a Silésia com o exército principal de cerca de 55 mil soldados. Sua tentativa de manter seus dois inimigos separados tinha falhado, principalmente por ele ter evitado uma oportunidade de atacar os russos em Liegnitz em 15 de agosto.[52] No fim das contas, provavelmente foi sábio. Buturlin se uniu a Laudon quatro dias depois, mas depois se mostrou muito relutante em atacar. No dia anterior à junção deles, Frederico disse ao príncipe Henrique que "os russos ainda não têm desejo de atacar, mas acho que Laudon os forçará a isso".[53]

O comandante austríaco certamente tentou, mas Frederico montou um contra-argumento persuasivo, levando seu exército para um campo fortificado em Bunzelwitz, a noroeste de Schweidnitz. A natureza estava dando uma mãozinha com o trabalho de preparação. Trabalhando em turnos de doze horas sem folga, os soldados prussianos criaram uma formidável rede de trincheiras e fortificações. O capitão saxão Tielke relatou, com admiração:

> Neste local, o exército prussiano se viu numa série de baixas e, em sua maioria, suaves elevações, usadas de modo magistral. Os acessos não eram, de forma alguma, fisicamente insuperáveis, mas o que os tornava difíceis eram

os pequenos riachos, prados pantanosos e fogo rasante vindo das baterias de cada lado.[54]

Invadir essa fortaleza teria se provado extremamente custoso, dadas as 460 peças de artilharia que a protegiam. Os russos piscaram primeiro. Inicialmente, Buturlin disse a Laudon que cooperaria com um ataque conjunto, depois pensou melhor. Em 9 de setembro, ele finalmente desistiu e levou seu exército de volta para o leste, além do rio Oder.

Nesse ponto, essa campanha sem acontecimentos deveria ter acabado, com os dois lados indo para seus quartéis de inverno. Frederico certamente achou que tinha terminado. De Pilzen, em 27 de setembro, ele escreveu ao príncipe Henrique que era praticamente impossível os austríacos na Saxônia tentarem outro ataque a Berlim, agora que os russos tinham ido embora e, quanto àqueles na Silésia, "acredito que não precises te preocupar conosco, porque, essencialmente, a campanha acabou, dado que nem nós, nem os austríacos pretendemos começar nada".[55] Ele estava errado. Houve mais três incidentes, um bem-vindo e os outros dois, decididamente não. O primeiro foi um belo trabalho do general Dubislav Friedrich von Platen e um corpo de cerca de 8 mil homens enviados por Frederico para perseguir os russos em retirada e já em curso. Em 15 de setembro, eles atacaram a principal base de suprimentos russa em Gostyn, na Polônia, destruindo 5 mil carroças e levando 1.845 prisioneiros e sete peças de artilharia. Dali, foram em direção à fortaleza prussiana de Colberg (frequentemente grafada Kolberg) na costa da Pomerânia, acabando com os suprimentos russos pelo caminho.[56] Mas, logo que Frederico mandou parabéns por esse golpe, a notícia verdadeiramente terrível chegou: em 1º de outubro, Laudon tinha tomado a grande fortaleza de Schweidnitz com um ataque noturno repentino. Frederico ficou completamente desconcertado com essa "virada tão extraordinária e quase inacreditável nos acontecimentos".[57] Era de fato um golpe devastador, pois Schweidnitz cobria os desfiladeiros da Boêmia via Friedland e, portanto, era "a chave para a Baixa Silésia", especialmente agora que Glatz, que cobria as rotas de Königgrätz a Neisse, já estava em mãos austríacas.[58] Dado tudo o que sofrera por causa de Laudon no passado, especialmente em Glatz e Hochkirch,* a complacência de Frederico era tão surpreendente quanto prejudicial. A terceira má notícia que chegou logo

---

*   Ver anteriormente, p. 222.

antes do fim do ano era que Colberg tinha caído nas mãos dos russos em 16 de dezembro, o que lhes dava um inédito porto por meio do qual poderiam trazer seus suprimentos. Pela primeira vez, os russos podiam passar o inverno na Pomerânia, e os austríacos, na Silésia. Enquanto isso, na Saxônia, o príncipe Henrique tinha sido forçado por Daun a sair de seu campo em Meissen.[59]

O único facho de luz visível no fim do túnel ficava no oeste, onde os franceses tinham ido para seus quartéis de inverno no meio de novembro, não tendo conquistado nada de duradouro durante uma longa campanha. Era ainda mais decepcionante porque eles tinham feito um grande esforço naquele ano. Dois grandes exércitos foram mandados para o leste, um totalizando cerca de 95 mil do Baixo Reno comandados pelo príncipe de Soubise e o outro com uns 65 mil mais do sul, comandados pelo duque de Broglie. Eles, portanto, tinham pelo menos o dobro da força do príncipe Ferdinando.[60] O que se seguiu foi uma sucessão desconcertante de marchas e contramarchas, manobras e contramanobras, sendo o único ponto de contato de fato a batalha de Vellinghausen perto de Hamm, no rio Lippe, em 15 e 16 de julho, uma clara vitória para o príncipe Ferdinando. Embora isso não tenha finalizado a campanha, ajudou a garantir que não haveria conquista de Hanôver em 1761.[61]

1762

Em 6 de janeiro de 1762, um Frederico deprimido escreveu de Breslau a seu ministro-chefe, Finckenstein, que, se os turcos não pudessem ser convencidos a abrir uma segunda frente contra os austríacos nos Balcãs, ele estava acabado. Assim, seria preciso iniciar negociações na esperança de salvar algo dos escombros para seu sucessor, uma pista de que Frederico estava contemplando o suicídio – outra vez.[62] Apenas duas semanas depois, no dia 19, ele recebeu a notícia de seu homem em Varsóvia de que, enfim, a czarina Isabel tinha morrido, no dia 5. Sua reação imediata foi de cautela. Ele escreveu para Finckenstein que não podiam ter certeza de como o sucessor dela, Pedro III, agiria, nem se sucumbiria às bajulações dos atuais aliados da Rússia. O indolente embaixador britânico em São Petersburgo, Sir Robert Keith, deveria ser provocado, para compensar a influência francesa e austríaca. Ele terminou acrescentando, de modo melancólico, que não supunha que essa mudança de governante lhe fosse fazer mais bem do que a ascensão de Carlos III na Espanha três anos antes.[63]

Ele não podia estar mais equivocado. Como reclamavam os franceses, o novo czar tinha não tanto uma ligação, mas uma "paixão inexpressível" por Frederico, que louvara numa carta pessoal como "um dos maiores heróis que o mundo já viu".⁶⁴ Ele frequentemente usava um uniforme de major-general prussiano, exibia em seus apartamentos todos os retratos de seu herói que conseguia achar e repetidamente beijava a imagem de Frederico num anel enviado de Potsdam como presente.⁶⁵ Era, em parte, idolatria a um herói e, em parte, algo motivado pela necessidade de Pedro de assistência prussiana para recuperar o ducado de Schleswig da Dinamarca para a Casa de Holstein, da qual ele descendia.⁶⁶ Não demorou muito para as ótimas notícias levarem alegria a Frederico. Num jantar na corte russa em 5 de fevereiro, Pedro tinha se expressado de modo tão intemperado sobre as falhas de sua aliada Áustria que o embaixador austríaco, o conde Mercy, não foi capaz de repetir as palavras exatas em seu despacho a Viena.⁶⁷ Foram enviadas ordens para que os generais russos cessassem qualquer ação hostil contra a Prússia. Os turcos e os tártaros foram encorajados a atacar a Áustria. Um tratado de aliança com a Prússia foi assinado em 5 de maio. A paz entre Prússia e Suécia foi intermediada por diplomatas russos e assinada em 22 de maio.⁶⁸ Frederico mal podia acreditar. Dentro de apenas algumas semanas, o norte e o leste tinham sido neutralizados, e a Rússia, transformada de inimiga em aliada. Não era de espantar que ele tivesse ficado exultado ao escrever sua história sobre o episódio:

> O resumo de eventos que relatamos apresentará a nós a Prússia à beira da ruína, no fim da última campanha; sem recuperação no julgamento de todos os políticos, mas uma mulher morre e a nação revive; mais ainda, é sustentada pelo poder que tinha sido o mais ansioso em buscar sua destruição. [...] Quanto se pode depender das questões humanas, se as ninharias mais naturais podem influenciar, podem mudar o destino de impérios? Essas são as diversões do destino, que, rindo da vã prudência dos mortais, excita as esperanças de alguns e puxa para baixo as altas expectativas de outros.⁶⁹

Se Frederico foi ou não salvo pela morte da czarina é um assunto tão polêmico que merece um tratamento em separado.* Aqui, só é preciso comentar que Frederico estava exagerando. Se soubesse como era desesperadora

---

*   Ver adiante, pp. 267-8.

a situação de seus inimigos, ele podia ter mudado de opinião. Quando ficou sabendo que 20 mil homens tinham sido dispensados do exército austríaco, supôs que era porque Maria Teresa estava muito confiante da vitória total.[70] Na verdade, era porque não havia dinheiro para pagá-los.[71] Tantos novos impostos tinham sido criados e tantos antigos, aumentados, tantos empréstimos tinham crescido, que o poço austríaco estava seco. Cerca de 40% da renda anual agora era necessária só para pagar a dívida acumulada. Quando a guerra acabou, no ano seguinte, a dívida tinha alcançado um total equivalente a sete ou oito anos de renda regular.[72] A situação não era melhor na França, onde uma falência estatal começou a parecer uma possibilidade real.[73] Quando o embaixador francês perguntou ao especialista em finanças austríaco conde Ludwig Zinzendorf sobre a estrutura fiscal da Monarquia Habsburgo, a resposta deste foi: "Poderá um cego guiar o outro?".[74]

Quando ficou claro quanto as coisas tinham mudado em São Petersburgo, Frederico ficou absolutamente exultante. Em 6 de março de 1762, escreveu a d'Argens que a paz com a Rússia era certa, que isso tinha causado grande alarme em Viena e que "as nuvens de tempestade estão se abrindo e podemos esperar um belo e calmo dia, brilhante com raios de sol".[75] Mas ainda havia trabalho a fazer. A Pomerânia estava sendo evacuada pelos russos. Isso deixava a Silésia e a Saxônia para serem reconquistadas. O alvo principal tinha de ser Schweidnitz, pois, se os austríacos mantivessem o controle da Baixa Silésia, teriam uma mão forte nas negociações de paz. Deixando o príncipe Henrique e 30 mil homens de olho na Saxônia, Frederico levou à Silésia um exército estimado entre 66 mil e 72 mil, onde encontrou Daun e cerca de 82 mil homens em posições defensivas em torno de Schweidnitz. Ali, juntaram-se a ele de 15 a 20 mil russos comandados por Chernyshev. Juntos, empurraram Daun de volta a Burkersdorf, a sudoeste de Schweidnitz.

Durante as duas primeiras semanas de julho, Frederico tentou induzir Daun a ir embora enviando o general Franz Karl Ludwig von Wied zu Neuwied (filho mais jovem de um príncipe alemão) e um corpo de 20 mil para causar caos no nordeste da Boêmia. Daun parecia não se mover, então, a maior parte dessa força foi convocada novamente. Na verdade, números substanciais tinham sido enviados para proteger as comunicações, com o resultado de que, quando se uniram à batalha em Burkersdorf, Frederico, para variar, tinha superioridade numérica. Ela teria sido ainda maior se os russos estivessem ativamente envolvidos. Em 18 de julho, porém, Chernyshev teve de dizer a Frederico que uma revolução palaciana em São Petersburgo tinha

A GUERRA DOS SETE ANOS: DESASTRE E SOBREVIVÊNCIA

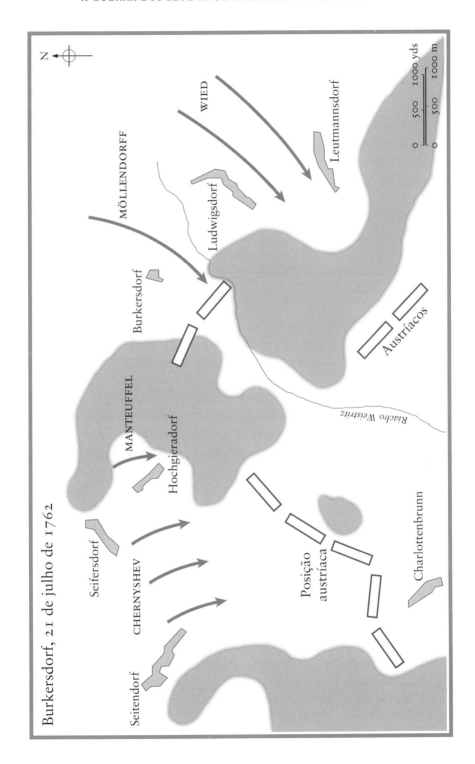

deposto e assassinado Pedro III e que ele e seu exército tinham sido chamados de volta. Com a ajuda de um grande suborno, Frederico o convenceu a ficar ali por três dias, ainda que numa atitude não combatente. Na prática, as tropas de Chernyshev tiveram um papel crucial quando a batalha começou em 21 de julho. Frederico as colocou, junto com onze batalhões seus, em frente ao exército austríaco, para fazer Daun pensar que era ali que o ataque principal seria lançado (ver mapa). Enquanto isso, as principais brigadas prussianas foram enviadas para tomar posições a nordeste e leste, locais mal protegidos. Foi seu ataque que ameaçou o flanco de Daun e o forçou a ordenar uma retirada geral. Em comparação a outras batalhas de guerra, esta teve relativamente pouco derramamento de sangue, com cada lado sofrendo cerca de 1.600 baixas, mas os efeitos eram de grande importância política e estratégica.[76] Burkersdorf também acabaria sendo a última batalha de Frederico. Daun foi forçado de volta às montanhas da Boêmia e isolado de Schweidnitz. O cerco durou 63 dias, enquanto uma guarnição austríaca comandada pelo general Peter Guasco, engenheiro experiente, defendia a fortaleza com ousadia e resolução. Ele só se rendeu após uma bomba prussiana fortuita explodir um paiol e abrir caminho para um ataque, em 9 de outubro.[77] Foi um momento crucial, pois, efetivamente, devolveu a Silésia ao controle da Prússia. Comentando a inércia de Daun enquanto o cerco progredia, Jomini escreveu: "A história moderna não oferece exemplo de covardia comparável".[78] No oeste, a campanha terminou com a capitulação da guarnição francesa em Kassel em 1º de novembro.

Nesse ponto, a grande coalizão de Kaunitz estava ruindo. Era claro que a Grã-Bretanha e a França logo negociariam uma paz (um tratado preliminar foi assinado em 3 de novembro de 1762) e também que a nova governante da Rússia, a viúva de Pedro, Catarina, não retomaria a hostilidade contra Frederico, pelo bom motivo de que a Rússia estava financeiramente exaurida.[79] A Áustria logo estaria sozinha. A gota-d'água foi a vitória decisiva do príncipe Henrique em 29 de outubro em Freiberg, a sudoeste de Dresden, que, na prática, restabeleceu o controle prussiano da Saxônia.[80] Um exultante Frederico escreveu a ele que a notícia o fazia sentir-se quarenta anos mais jovem: "Ontem, eu tinha sessenta anos, hoje, tenho dezoito de novo".[81] Ele disse à duquesa de Saxônia-Gotha que o Destino, tendo-o perseguido por sete campanhas, agora parecia ter decidido tratá-lo de modo mais leniente, e que a paz estava ao alcance.[82] Ele tinha razão. Em Viena, até o mais duro dos linhas-duras podia ver agora que Frederico não podia ser derrotado. De todos os combatentes, foi a Saxônia que sofreu mais, então, era apropriado que um saxão, Karl Thomas von Fritsch, fosse escolhido para informar a Frederico que a Áustria estava pronta para negociar. Isso aconteceu em 25 de novembro, em Meissen.[83]

1763 – A PAZ DE HUBERTUSBURG

As negociações formais começaram em 30 de dezembro de 1762 no palácio saxão de Hubertusburg, perto de Leipzig. Fritsch representou a Saxônia, Heinrich Gabriel von Collenbach a Áustria, e Ewald Count von Hertzberg, a Prússia. A posição de negociação da Áustria não era forte. Mesmo antes de chegarem as notícias de Freiberg, Daun tinha dito a Maria Teresa que "se não houver esperança de paz, então não posso ver como Vossa Majestade pode continuar a guerra, já que a situação atual é tal que se deve temer que o exército não fique inteiro durante o inverno". Os suprimentos eram tão escassos que os soldados tinham de se espalhar por uma área ampla, convidando, assim, a um irresistível ataque prussiano. O corpo de oficiais em especial estava "totalmente desmoralizado".[84] Em 1760, Kaunitz tinha escrito que o a pior paz possível seria uma que deixasse a Silésia nas mãos da Prússia. Agora, era isso que ele tinha. Nem mesmo a fortaleza e o condado de Glatz, pertencentes aos austríacos desde julho de 1760, puderam ser mantidos.[85] Porém, não foi a teimosia austríaca que adiou a assinatura do tratado até 15 de fevereiro de 1763, mas sim Frederico, que prolongou as coisas com vistas a extrair o último grama de recursos saxões em homens, dinheiro e suprimentos. E em mulheres também, pois grande quantidade de saxãs foi carregada à Prússia para ajudar a repovoar as zonas de guerra.[86]

Dos 21 artigos da Paz de Hubertusburg, o mais importante era o número 12, que confirmava os tratados de Breslau, Berlim e Dresden de 1742 e 1745, que tinham acabado com as duas primeiras Guerras Silesianas. Em outras palavras, a paz tinha sido concluída com base no *status quo ante bellum*. Parecia que seis anos e meio de lutas destrutivamente caras e assassinas tinham sido em vão. Não era como viam os contemporâneos mais perspicazes. O mais arguto era o ministro-chefe dinamarquês, conde Johann Hartwig Ernst von Bernstorff, que conseguira manter seu país fora da guerra. Em dezembro de 1759, quando o resultado ainda era incerto, ele ofereceu uma sagaz análise numa carta ao ministro de exterior francês, o duque de Choiseul. Discutindo as perspectivas de paz entre a França e a aliança anglo-prussiana, ele comentou: "Mas quais condições vão querer, o que conseguirão oferecer? Esse é o empecilho. O rei da Inglaterra quer vencer, o rei da Prússia não quer perder, porque, se ele não perder, terá ganhado tudo". Havia tanto território disponível na América do Norte que ali era possível chegar a um acordo, mas

> não era o caso do rei da Prússia, cuja grandeza ou humilhação era o único motivo da guerra alemã. Como sabes tão bem, é isso que torna essa guerra tão cruel, tão dinâmica e tão difícil de resolver. Ela não irrompeu por um interesse trivial ou passageiro, por esta ou aquela província ou cidade, mas pela própria existência da nova monarquia que o rei da Prússia levantou com habilidade e velocidade que surpreenderam uma parte da Europa e enganaram a outra.

Além disso, seguiu Bernstorff, tratava-se de um tipo diferente de Estado, "completamente militarista e ainda com todo o vigor, toda a agilidade e toda a ganância de um corpo jovem e esguio". O que estava em jogo era nada menos que o dualismo alemão, se o Sacro Império Romano no futuro teria, além de seu imperador oficial, um segundo governante no norte, que tinha transformado seus estados em uma guarnição e seu povo em um exército e era capaz de manter o equilíbrio entre as outras grandes potências da Europa.[87]

Se tivesse tido a chance de ler essa análise, Frederico poderia muito bem ter assentido em aprovação. Ele sabia o que estava em jogo, sabia quanto sua aposta tinha chegado perto do fracasso total e estava em um humor qualquer coisa, menos agressivo. Disse ao príncipe Henrique que agora começaria a pagar as dívidas de seu Estado "e, depois disso, poderei morrer, se assim quiser".[88] Embora ele acreditasse que Maria Teresa e Kaunitz tinham se cansado da guerra e genuinamente desejavam restaurar as boas relações, ele acrescentou que nunca se esqueceria da fábula do gato e do rato.[89] Apesar de ter estado longe durante a maior parte dos últimos sete anos, ele não estava ansioso para voltar para casa. Disse ao marquês d'Argens que seus súditos desfrutariam da paz, mas "quanto a mim, um pobre velho, estarei voltando a uma cidade onde apenas as paredes são familiares, onde não encontrarei ninguém que conheço e onde o trabalho colossal me espera e onde, em pouco tempo, deixarei meus velhos ossos num cemitério não perturbado pela guerra, pelos desastres ou pela vilania humana".[90]

10

A Guerra dos Sete Anos: por que Frederico venceu

Frederico pode não ter se sentido triunfante após o Tratado de Hubertusburg, mas todo mundo na Europa reconhecia que ele tinha todo o direito de estar. Como admitiu o Escritório do Exterior francês ao enviar um novo emissário à Prússia em 1772, para Frederico, a Paz de Hubertusburg tinha sido *"glorieuse"*. A Guerra dos Sete Anos foi muitas coisas para muitos países; para a Prússia,[1] significou a "Terceira Guerra Silesiana", uma batalha existencial sobre o *status* das grandes potências. Ranke resumiu bem:

> Se fosse possível estabelecer como definição de uma grande potência que ela deve ser capaz de se manter contra todos os outros, mesmo quando estes estão unidos, então Frederico tinha elevado a Prússia a tal posição. Pela primeira vez desde os dias dos imperadores saxões e Henrique, o Leão [1129-95], podia-se encontrar um poder autossuficiente no norte da Alemanha, sem necessidade de uma aliança, dependendo apenas de si mesmo.[2]

Além disso, essa terceira guerra silesiana também foi a guerra silesiana final, visto que a Áustria tinha fracassado em reconquistar a província e, apesar do apoio de França, Rússia, Suécia e Sacro Império Romano, não havia perspectiva de que isso acontecesse no futuro. O objetivo de Kaunitz de "reduzir a casa de Brandemburgo à sua hierarquia original como potência de segunda linha" tinha de ser abandonado.[3] Mesmo antes do fim da guerra, em março de 1762, Maria Teresa tinha dito a seu embaixador na França, o príncipe Starhemberg, que a reconquista era "uma quimera impossível de atingir".[4] Naquele ponto, o melhor que ela podia esperar eram o condado e a fortaleza de Glatz, e até isso se mostrou inatingível.

O relato das sete campanhas de 1756-62 indicou alguns dos motivos para esse resultado; agora, é hora de unir as tramas. A primeira diz respeito à Saxônia. O ataque preventivo de Frederico em agosto de 1756 pareceu muito uma aposta fracassada. Atrasado por um período maior que o esperado pela resistência local, ele não teve tempo suficiente de desferir um golpe mortal contra seu principal inimigo antes do fim da temporada de campanha. Além disso, ativou o que, até então, era uma aliança apenas defensiva entre França e Áustria, obrigando a primeira a vir ao auxílio da segunda. Mas será que foi algo tão "lunático", como tantas vezes se afirmou?[5] Claro está que os franceses teriam se juntado a uma guerra agressiva contra a Prússia de qualquer jeito.* Ainda mais óbvio é o fato de que os russos estavam determinados a atacar e só não tinham agido em 1756 pela insistência da Áustria em esperar.**

Houve três razões mais positivas para a decisão de Frederico. A primeira foi estratégica. Para os austríacos, a rota óbvia de invasão a Brandemburgo era pelo rio Elba passando pela Saxônia. Como Berlim não era fortificada e ficava a dois ou três dias de marcha desde a fronteira saxã, a ocupação prussiana do eleitorado se provou um amortecedor necessário.[6] Era ainda mais importante que Frederico entrasse lá primeiro, pois a hostilidade saxã era intensa. Augusto III, rei da Polônia e eleitor da Saxônia, era ligado à Casa dos Habsburgo por casamento (ele tinha se casado com uma filha do imperador José I); por religião (convertido ao catolicismo, ele mostrava todo o zelo de um neófito); e por ressentimento de ter sido traído e explorado durante as duas primeiras guerras silesianas. A ganância o tinha levado a se unir à Prússia e à Baviera na tentativa de divisão da herança de Maria Teresa em 1740, mas, em 1744, ele estava de volta ao campo austríaco – um homem mais triste, ainda que não mais sábio.[7] Augusto havia sido levado e mantido ali por seu ministro-chefe, o conde Heinrich von Brühl, que nutria um ódio pessoal por Frederico, inteiramente recíproco.[8] Os saxões esperavam que sua parte dos espólios após Frederico ser derrotado, como parecia inevitável em 1756, fosse uma ponte atravessando a Silésia que ligasse a Saxônia à Polônia.[9] Por sua vez, Frederico só tinha o mais profundo desprezo por seu vizinho, considerando Augusto "o sucessor de reis dos quais ele só herdou o orgulho" e comparando seu Estado "a um navio sem bússola, presa de ventos e ondas".[10]

Em segundo lugar, e consequência do primeiro, uma ocupação imediata da Saxônia era uma enorme vantagem logística, permitindo que o rio

---

* Ver anteriormente, pp. 195-6.
** Ver anteriormente, pp. 193-4.

Elba fosse monopolizado ao longo de quase toda a sua extensão navegável. Crucial, aqui, era a grande fortaleza prussiana de Magdeburgo, no Elba, logo ao norte da fronteira saxã, que os predecessores de Frederico tinham tornado a maior e mais forte do reino.[11] Não só ela dominava a travessia do Elba, mas também era o portão às terras da Baixa Saxônia, e permitia a dominação de Hanôver e Mecklemburgo, além da Saxônia.[12] Durante a Guerra dos Sete Anos, ela se provou "de valor incalculável" na visão de Jürgen Luh, enquanto Christopher Duffy declarou que, sem ela, a Prússia certamente teria afundado.[13] De Magdeburgo, subindo o Elba, eram enviados os carregamentos de comida, forragem e munição que mantinham os exércitos prussianos na zona de guerra. Se o rio acima estivesse nas mãos dos austríacos, esse grande ativo teria sido um risco de igual gravidade.

Por fim, e mais importante, a captura da Saxônia abria a província mais rica da Europa Central a exploradores prussianos. Durante os seis anos e meio seguintes, a região foi sangrada para sustentar o esforço de guerra de Frederico. Qualquer outro Estado, é claro, fazia o mesmo com os territórios que ocupava durante uma guerra. Mas o que destacava o tratamento de Frederico à Saxônia era sua intensidade, sua duração e seu sucesso. Foi tudo resultado de um planejamento cuidadoso. Mesmo antes de a invasão ser lançada, uma instrução detalhada tinha sido emitida a Friedrich Wilhelm von Borcke, o oficial do Diretório Geral nomeado para supervisionar a operação. Ele estava autorizado a controlar cada fonte de renda pública nos territórios conquistados, ao mesmo tempo reassegurando aos cidadãos saxões pagadores de impostos de que a intenção dos prussianos não era arruiná-los. Inclusive, prometeu-se que pagariam menos no novo regime, pois um imposto único que rendesse 5 milhões de táleres substituiria a grande diversidade que se estimava ter extraído muito mais do que isso no passado. Recibos seriam emitidos pelas comidas ou rações requisitadas e seriam levados em conta no cálculo dos impostos.[14] Borcke e sua pequena equipe de prussianos recrutaram os oficiais saxões para sua administração e começaram a trabalhar com motivação, embora nunca com eficiência suficiente para seu exigente mestre real. Estimou-se que ao menos um terço dos custos totais de Frederico durante a guerra tenham sido cobertos pelos sacrifícios involuntários dos saxões, em outras palavras, a maior fonte única de renda. Além disso, era significantemente maior do que qualquer coisa que a França ou a Rússia conseguissem extrair dos territórios prussianos no oeste (Cleves, Mark etc.) ou no leste (Prússia Oriental), respectivamente. Colocando burocratas experientes a cargo da operação, Frederico maximizou os retornos.[15] Nem é preciso dizer que seu compromisso declarado de não infligir a ruína a seus novos súditos não podia ser honrado em tempos de guerra. Ele próprio observou, notoriamente, que a Saxônia era como um saco de farinha, pois, não importava quantas vezes ele batesse, sempre saía uma névoa.[16] Quando o príncipe Henrique se mostrou preocupado demais com a população local, a tarefa de requisição foi transferida a três especialistas civis, levando o príncipe a reclamar que três vilões tinham sido autorizados a saquear e pilhar.[17]

O controle do Elba pela posse da Saxônia foi espelhado pelo controle do rio Oder pela posse da Silésia. Assim como o ataque preventivo de agosto de 1756 tinha trazido a ocupação da fortaleza saxã, o ataque preventivo de dezembro de 1740 tinha colocado as fortalezas silesianas nas mãos de Frederico. Na realidade, Peter-Michael Hahn argumentou convincentemente que o motivo fundamental para o sucesso militar de Frederico durante seu reinado foi aquela conquista inicial.[18] Assim, quando a Terceira Guerra Silesiana começou de fato, ele já estava numa posição forte.

Os austríacos, por outro lado, estavam prejudicados por sérios problemas estruturais. A Boêmia e a Morávia não eram tão férteis quanto a Silésia ou a Saxônia, e nem estavam tão bem equipadas com rios navegáveis. As rotas pelas montanhas da Boêmia a partir da base principal delas em Königgrätz eram relativamente diretas, mas sair do outro lado pelas ravinas que serviam como passagem era muito mais problemático e, no inverno, frequentemente impossível.[19] E, uma vez que qualquer exército austríaco chegasse às planícies silesianas, era confrontado pelas fortalezas prussianas, as mais formidáveis delas sendo Neisse, Glatz e Schweidnitz. Foi por isso que a perda de Glatz em 1757 e, novamente, em 1760, e de Schweidnitz, em 1761, foram consideradas por Frederico golpes tão sérios – e suas recapturas eram causas para comemoração.* Isso também explica por que ele insistiu tanto em recuperar Glatz quando a paz foi negociada. Foi a fortaleza, não as batalhas, que manteve a Silésia em mãos prussianas.[20] Outras fortalezas importantes eram Colberg, no Báltico, Küstrin, no Oder a leste de Berlim, Stettin, na foz do Oder, e Magdeburgo, no Elba.[21]** Juntas, formavam uma rede de "alvos poderosos", como Frederico as descreveu, que unia as províncias e lhe permitia explorar sua posição central e lutar nas "linhas inte-

---

*   Ver anteriormente, pp. 244-7.
** Ver anteriormente, p. 178.

riores".[22] Esse último conceito, muito favorecido por historiadores militares, é na verdade uma questão de senso comum: um defensor em uma posição central desfruta de uma vantagem natural sobre vários inimigos que convergem, porque suas linhas de suprimento e de comunicação ficam mais compridas, enquanto a dos outros fica mais curta. Frederico demonstrou isso em várias ocasiões durante a guerra, mais espetacularmente em 1757, com Rossbach e depois Leuthen. É ainda mais impressionante, portanto, que ele fosse tão indiferente ao tratamento destinado às fortalezas. Isso foi bem colocado por Carlyle: "Nada me surpreende tanto em Frederico quanto sua habitual desatenção ao estado de seus batalhões, ele tem os melhores e também os piores dos comandantes: Tauentzien em Breslau, Heyde em Colberg, insuperáveis no mundo; em Glatz, um d'O; em Schweidnitz, um Zastrow, ambos os quais lhe custam caro demais".[23]

Outra vantagem óbvia, mas importante, desfrutada por Frederico era a unidade de comando.[24] Como era tanto o chefe de Estado absolutista quanto o comandante em chefe do exército, ele concentrava toda a autoridade em sua pessoa. Sua presença significava não apenas que suas próprias ordens eram implementadas de imediato, mas também aquelas emitidas por subordinados em seu nome.[25] Consequentemente, ele se movia muito mais rápido do que seus oponentes em nível tanto estratégico como tático. Ele estava bastante ciente disso, enaltecendo os feitos de predecessores com vantagens similares – Carlos XII da Suécia, por exemplo, "aquele Alexandre do norte, que teria se assemelhado em todos os aspectos ao conquistador da Macedônia caso tivesse tido a mesma sorte que este".[26] E não havia necessidade de Frederico consultar ministros ou pedir fundos ao Parlamento. Para ele, a lacuna entre decisão, ordem e implementação era prolongada apenas pelas falhas de seus agentes (embora, dessas, houvesse muitas). Como era diferente a situação em Versalhes, São Petersburgo ou Viena! Até uma governante forte e inteligente como Maria Teresa se via tendo trabalho, precisando consultar seu marido Francisco I (que, afinal, era o sacro imperador romano), seu filho José, seu chanceler Kaunitz e todos os outros nobres que participavam de seu conselho.[27]

Nas outras duas cortes aliadas, a combinação viciosa de governantes fracos e facções fortes tornava a tomada de decisão incoerente. Luís XV era tão tímido, irresoluto e sigiloso que desenvolveu um serviço de exterior pessoal e clandestino, o *"secret du roi"*, que discordava com frequência da instituição oficial.[28] Então, um emissário francês podia se ver na difícil situação de receber duas instruções, ambas assinadas por seu mestre real, mas de conteúdos incompatíveis. Os generais franceses seniores na Alemanha – o duque de Broglie, o marquês de Contades, o príncipe de Soubise – parecem ter passado quase tanto tempo manobrando uns contra os outros quanto contra o príncipe Ferdinando.[29] Embora mais enérgica, a czarina Isabel era frequentemente imobilizada pela doença e estava de igual modo suscetível às intrigas da corte. Como resultado, houve um comandante em chefe diferente para cada uma das campanhas enfrentadas pelos russos.[30] O fato de o último deles, o conde Alexander Borisovich Buturlin, ter sido nomeado porque já havia sido amante da czarina resume graficamente o pobre desempenho militar russo. Não só ele não tinha experiência no campo de batalhas, como não sabia ler um mapa.[31]

A importância da unidade de comando parece autoevidente. Georg Friedrich von Tempelhoff, que serviu no exército prussiano durante a guerra, primeiro como homem de artilharia e depois como oficial, e escreveu uma história do conflito em seis volumes, afirmou com firmeza que "é o exército liderado pelo soberano que desfruta da vantagem decisiva. Até o melhor dos generais não pode e não deve arriscar o mesmo que um rei que está à frente de suas tropas pode".[32] Isso foi reconhecido a contragosto pelo marechal de campo Daun, que tinha motivos melhores que os da maioria para reclamar da falta de unidade de comando.[33] Seu principal objetivo era a defesa da Monarquia Habsburgo e isso significava, antes de mais nada, manter o exército intacto; como ele escreveu: "Um exército pode logo ser arruinado, mas não tão rapidamente recomposto e, sem força armada, a monarquia não tem como se apoiar".[34] Napoleão, estudante atento da Guerra dos Sete Anos, concordava. Desde cedo em sua carreira, após observar a desunião da coalizão aliada contra a França revolucionária, ele viu que "uma casa dividida contra si mesma não pode ficar de pé". Observando em retrospecto sua carreira militar, ele proclamou: "A unidade de comando é a coisa mais importante na guerra".[35] Porém, o fato de Napoleão estar sofrendo no exílio em Santa Helena ao dizer essas palavras deve ser motivo para que se pense melhor a respeito. A unidade de comando tinha permitido que ele conduzisse a campanha em Austerlitz, mas também lhe tinha possibilitado aplicar uma estratégia equivocada na Espanha em 1808, na Rússia em 1812, na Saxônia em 1813 e na Bélgica em 1815. De forma similar, para Frederico, a unidade de comando tornou possíveis Hohenfriedberg, Rossbach, Leuthen e Togau, mas também Kolin, Hochkirch, Kunersdorf e Maxen. A uni dade de comando acabou sendo uma faca de dois gumes. Quando funcionava, podia transformar oportunidade em triunfo. Mas também podia elevar um revés a um desastre. Era duplamente perigosa para Frederico porque, como vimos, ele estava sempre disposto a correr riscos, um apostador inveterado que gostava de gritar: *"Va banque!"*. Durante os sombrios dias do verão de 1760, ele escreveu ao marquês d'Argens: "Nossa situação está dando uma guinada terrível; querendo ou não, devo agora embarcar numa grande aventura e jogar pelo dobro ou nada".[36]

Para dar continuidade à metáfora de Frederico, é possível dizer que as cartas com as quais ele tinha jogado as duas primeiras guerras silesianas eram herdadas, como ele admitia abertamente.* Na época em que a terceira guerra terminou, ele estava no trono havia quase um quarto de século e deve-se admitir que estava lidando com uma mão de cartas tirada por ele mesmo. Não que fosse um grande inovador. Na verdade, ele pegou a "bateria caminhante" herdada de seu pai e do Velho Dessauer, poliu-a e refinou-a ainda mais, e aumentou muito seu tamanho. Da mesma forma que com a administração civil, ele imitou, mas também intensificou a atenção pessoal de seu pai a negócios. Treinamento, treinamento e mais treinamento; exercícios, exercícios e mais exercícios – era o destino do soldado prussiano de qualquer hierarquia. Especial atenção era dada ao treinamento de carregamento de armas – um ritual diário –, resultando em um mosqueteiro prussiano ser capaz de disparar em média mais de duas vezes por minuto, o que significava que um batalhão era capaz de atirar doze vezes por minuto, a média mais rápida, com alguma margem, da Europa.[37] O general austríaco Neipperg lamentou que a infantaria prussiana tivesse atirado cinco vezes antes de seus próprios homens conseguirem dar dois disparos.[38] As experiências de Frederico na Guerra dos Sete Anos não mudaram a opinião dele nesse ponto, independentemente de todas as provas da importância do aço frio. Em seu testamento político de 1768, ele enfatizou que as batalhas são vencidas pelo poder de fogo superior, portanto, a infantaria que carrega mais rápido sairá por cima e, assim, a prática diária era essencial.[39]

Para impor esse regime ferrenho, o olhar hipercrítico de Frederico nunca estava longe. Ninguém estava seguro, ninguém sabia quando ou onde ele ia aparecer. E, quando aparecia, ele participava ativamente, cavalgando com a cavalaria, por exemplo, enquanto ela atacava nas manobras, para garantir

---

* Ver anteriormente, p. 14.

que suas ordens fossem seguidas.[40] Até os cadetes da Academia Militar de Berlim podiam esperar encontrá-lo durante o exame para garantir o rigor e fazer suas próprias questões.[41] Nos tempos de paz, o ano militar começava em fevereiro com exercícios feitos simultaneamente em Brandemburgo, Magdeburgo e Pomerânia, seguidos por grandes revistas em Berlim e Potsdam em maio, Madgeburgo em junho, Stargard na Pomerânia em julho e Silésia em agosto ou setembro.[42] Durante uma campanha de verdade, a atenção pessoal de Frederico era lendária. Johann Wilhelm von Archenholz, que serviu no exército prussiano durante a guerra, recordou:

> O próprio rei deu um exemplo de vigilância incessante. Nunca se estava a salvo dele, nem nos lugares mais desolados, nem nos mais perigosos, nem em uma noite estrelada, nem durante a mais terrível tempestade, e ele tinha tido sucesso em fazer com que tanto oficiais seniores quanto juniores tivessem mais medo dele que das balas inimigas, de modo que a mera possibilidade de uma visita sua era suficiente para redobrar a vigilância. Muitas vezes, ele fazia suas inspeções sem revelar sua presença.[43]

Em três áreas, Frederico melhorou sua herança. Já vimos que logo no começo ele transformou a cavalaria regular de encouraçados e soldados. Em seguida, aumentou muito os números e a importância de tropas montadas leves na forma de hussardos, que só contavam cerca de mil em 1740. A eficiência mortal dos croatas operando com os exércitos austríacos exigia ser imitada. Em termos quantitativos, a reação foi por certo impressionante – no fim do reinado, cerca de 9% da força militar total era composta por hussardos –, mas, qualitativamente, nem tanto. A autonomia, independência e disciplina relaxada das tropas leves não caíam bem com o *ethos* prussiano. Assim, as novas unidades foram rapidamente contidas e transformadas em algo quase indistinguível da cavalaria regular.[44] Depois de 1756, porém, Frederico permitiu a formação dos chamados "batalhões livres", gangues meio particulares de quase criminosos, que causariam caos atrás das linhas inimigas, mas que também se tornaram notórios pelos saques e outras ofensas.[45] Em 1778, um observador britânico, Nathaniel Wraxall, relatou de Viena:

> É nas forças irregulares que consegue trazer ao campo que Maria Teresa possui maior superioridade sobre seu adversário. Os croatas e húngaros, ferozes, indisciplinados e sujeitos a quase nenhuma lei militar, são ligados à Casa

da Áustria por preconceitos e predileções de religião, modos e educação peculiares a si próprios. Frederico não tem tropas de descrição similar, igualmente fiéis e leais, para se opor a eles. Um croata raramente ou nunca deserta.[46]

Mais impressionantes eram as melhorias que ele fez à sua artilharia. Nesse quesito, Frederico Guilherme I tinha ficado muito atrás do resto da Europa, e Frederico teve de correr para se igualar. Técnicas de fundição melhores, barris e carruagens mais leves, mais mobilidade e padronização de calibres e partes tinham trazido um enorme aumento nos números de peças mobilizadas no campo de batalha. Na Guerra dos Trinta Anos, cada lado só tinha no máximo duas dúzias; em Malplaquet, em 1709, os aliados austro-britânicos colocaram mais de cem contra as sessenta peças dos franceses.[47] Em seu testamento político de 1768, Frederico reclamou de ter herdado apenas um batalhão de artilharia de campo, que ele imediatamente dobrou.[48] Essa primeira iniciativa, porém, não foi continuada. A expansão anunciada em 1744 não foi implementada após a paz, com o resultado de que, em 1756, o exército prussiano não tinha mais artilharia do que dez anos antes.[49] Além disso, a qualidade era pobre. Os fabricantes de armas de Berlim e Breslau ainda não tinham desenvolvido a técnica moderna de perfurar um centro sólido (em vez de fundir em torno do centro). Então, agora, Frederico se via numa curva de aprendizado íngreme, já que, batalha após batalha, era o canhão, não o mosquete, que infligia as piores baixas.[50] Mas ele aprendeu. No último ano da Guerra de Sete Anos, ele possuía 662 peças de artilharia disponíveis, sem contar as pesadas armas de cerco. Além disso, também tinha se provado um inovador ao introduzir uma unidade de artilharia a cavalo composta por seis canhões de seis libras, cada um puxado por quatro cavalos e manipulado por três oficiais não comissionados e 42 artilheiros. Essa artilharia foi perdida em Kunersdorf, imediatamente substituída, perdida outra vez em Maxen e substituída novamente. A partir de junho de 1759, o príncipe Henrique passou a ter sua unidade similar, que ele não perdeu. A eficácia dessa artilharia ultramóvel se confirmou quando ela foi imitada, primeiro pelos austríacos – até então líderes em desenvolvimento de artilharia – e depois por outros exércitos europeus.[51] Frederico agora acreditava piamente no potencial da artilharia para vencer batalhas, como disse, por exemplo, a seus generais em seu tratado sobre "fortificações e táticas" de 1771.[52] Ele o considerava tão importante, de fato, que mudou o centro de treinamento de artilheiros para Berlim, para poder ficar de olho.[53]

Na análise final, sucesso ou fracasso na guerra dependiam da infantaria. Segundo mostram os relatos das sete campanhas, os prussianos não eram, de forma alguma, invencíveis. Das dezesseis maiores batalhas, perderam oito.[54] Ainda assim, apesar de em geral estarem em menor número, muitas vezes por muito, eles ainda estavam de pé no fim da campanha de 1762, quando seus inimigos tinham desistido. As temidas baixas sofridas durante os massacres de 1757 e 1759 significavam que muitos, se não a maioria, dos veteranos mais treinados que tinham marchado em agosto de 1756 tinham sido mortos ou invalidados quando a quinta campanha começou. A cada ano que passava, ficava mais difícil preencher as lacunas durante o inverno, de modo que cada temporada de campanha começava com menos homens que no ano anterior. Com muito do Sacro Império Romano impedido de recrutar sargentos por exércitos inimigos, foi o sistema cantonal interno que começou a suportar o impacto. Cada vez mais, os recrutas enviados aos exércitos eram mais jovens e menos bem treinados. Isso não quer dizer que eram ineficientes. Como mostrou o acontecido em Domstadl em junho de 1758, recrutas crus podiam aguentar bem, mesmo na derrota.[55] Recursos como o recrutamento forçado de prisioneiros de guerra, por outro lado, se provaram autodestrutivos, pois eles eram notoriamente suspeitos e desertavam ou se rendiam à primeira oportunidade. No fim da guerra, "quase todos" os soldados ainda sob a bandeira eram prussianos nativos.[56] Frederico lembraria bem depois da guerra, com gratidão, que "esses cantões constituem a pura essência do Estado".[57] Ele havia tido a habilidade de levantar exércitos que o acompanharam até o fim.[58]

"Em terra de cegos, quem tem um olho é rei", escreveu Erasmo. Em nenhum lugar isso é mais verdadeiro que no campo da história militar, com seus limites nebulosos, onde toda generalização é qualificada e cada vantagem equilibra uma desvantagem. Os artilheiros prussianos saqueavam, desertavam, traíam, fugiam e até, às vezes, desobedeciam, mas há evidências contemporâneas demais para negar sua superioridade *relativa*. Ulrich Bräker, um suíço que tinha sido enganado para se juntar ao exército prussiano e tinha tudo, menos boas intenções para com este, lembrou que, quando ele e seus camaradas entraram em ação pela primeira vez em Lobositz, em outubro de 1756, "nossos prussianos nativos e homens de Brandemburgo atacaram os austríacos com fúria. Eu próprio fui tão violento e excitado que não senti nem medo, nem horror, mas atirei com toda a minha munição até meu mosquete estar quente e eu ter de segurá-lo pela alça, embora eu não ache que tenha atingido vivalma e todos os meus tiros tenham ido para o ar".[59] O major-general Henry Lloyd, que tinha servido o exército austríaco e experimentado em primeira mão a Guerra dos Sete Anos, descreveu o exército prussiano como "uma máquina vasta e regular [...] Eles têm facilidade em manobrar além de qualquer outra tropa [...] e suas vitórias devem ser creditadas a isso principalmente, pois toda a genialidade do líder não pode fazer nada sem, e quase tudo com isso".[60]

A imagem familiar do soldado raso prussiano é de um autômato sem consciência, programado pela disciplina brutal a avançar na boca da morte sem piscar. O próprio Frederico tinha responsabilidade nisso, emitindo sua famosa (e muitas vezes repetida) instrução de que os soldados deviam aprender a temer seus oficiais mais que ao inimigo.[61] Ao dedicar todo o primeiro capítulo de seu livro *General Principles of War* [Princípios gerais da guerra], de 1748, ao problema da deserção e ao identificar catorze maneiras nas quais ele podia ser reduzido, ele anunciou a natureza essencialmente coerciva de seu exército.[62] Mesmo um observador tão simpático a Frederico quanto o general francês Guibert acreditava que os não prussianos do exército, que ele achava serem 50% dos soldados rasos, desertariam imediatamente se não fossem impedidos pela quase certeza da captura e a horrenda punição que se seguia.[63] O exército de Frederico em marcha era "uma prisão móvel".[64]

Mais recentemente, porém, essa imagem implacável foi bastante modificada. A vida nas fileiras se provou não ser apenas terror, privação e violência. Há também evidências de lealdade e até devoção a Frederico e à Prússia, de modo mais geral. Muito disso vem de anedotas e, por isso, precisam ser considerados com reservas, mas nem tudo. Quando os austríacos tentaram recrutar dos 11 mil prisioneiros de guerra que mantinham em campos em Styria, só obtiveram uma adesão fraca, e não conseguiram reação alguma dos prussianos nativos, apesar das condições em que eles eram mantidos.[65] Há muito se sabe que os soldados prussianos eram melhor alimentados que seus inimigos, graças à sua habilidade de lutar em linhas interiores e à relativa eficiência de sua logística. O porta-bandeira von Barsewich, que serviu durante toda a guerra e viu ação em Rossbach, Leuthen e Torgau, alegou:

> Nunca nos faltava pão, e com frequência acontecia de termos excesso de carne. É verdade que café, açúcar e cerveja muitas vezes não havia, mesmo pagando-se preços altos, enquanto, na Morávia, às vezes, ficávamos sem vinho. Mas na Boêmia tínhamos bastante vinho local, especialmente no cam-

po em Melnik em 1757. Sabes como são as coisas em tempo de guerra: se quiseres ficar realmente confortável, deves ficar em casa."[66]

Johann Wilhelm von Archenholz, que também serviu durante a guerra, concordou: "O exército prussiano nunca ficava sem pagamento, sem pão ou forragem, muito raramente sem vegetais e ainda mais raramente sem carne".[67] Relata-se que os 300 gramas de carne concedidos semanalmente a cada soldado atraíram muitos desertores famintos de exércitos aliados aos campos prussianos.[68]

Quantos fizeram o caminho inverso? Certamente, houve episódios em que milhares fugiram, sendo o mais notório a retirada da Morávia em 1744.* Por outro lado, nem uma derrota catastrófica levou à dissolução permanente do exército. Depois de dois dias em Kunersdorf, por exemplo, a maioria dos sobreviventes tinha voltado à sua bandeira e se reformado como unidades disciplinadas prontas para lutar mais um dia.[69] Pesquisas recentes mostraram que a dureza da disciplina prussiana foi exagerada, e que os soldados eram motivados por honra, *esprit de corps*, profissionalismo, protestantismo e patriotismo, além do medo.[70]

A relativa qualidade dos soldados era repetida nos escalões acima. Embora seja impossível de se provar, é ao menos muito provável que uma importante vantagem de Frederico fosse o número e a qualidade de seus oficiais não comissionados. Havia catorze por companhia, mais do que o dobro da taxa do exército austríaco, a maioria filhos alfabetizados de plebeus livres. Eram encorajados pela possibilidade de ganhar posições comissionadas e até *status* de nobre caso se distinguissem durante a guerra.[71] Uma lenda durante seu tempo de vida foi o granadeiro de cinquenta anos David Krauel, primeiro na defesa das fortificações de Ziskaberg em Praga em 12 de agosto de 1744 e recompensado com uma comissão imediata e o enobrecimento como "Krauel von Ziskaberg".[72] A esses camponeses, uniam-se nobres, e todos tinham de começar como porta-bandeiras, fazendo os deveres e compartilhando os quartéis dos outros oficiais não comissionados e recebendo o pagamento de um sargento.[73] Um relatório inglês anônimo redigido após a Guerra dos Sete Anos afirmou que "o vigor do exército está nos subalternos e oficiais não comissionados, sem dúvida os melhores do mundo".[74]

---

*   Ver anteriormente, pp. 103-4.

O mesmo relatório seguia observando que "ele parece declinar conforme a hierarquia sobe, e conforme outras qualificações fora a mera execução se tornam obrigatórias". Esse veredito é aparentemente bem menos justificado. Em muitas ocasiões nas batalhas de Frederico, como ele próprio admitiu a contragosto, iniciativas lançadas por subordinados se provaram decisivas.[75] A maioria dos oficiais era nativa da Prússia, a maior parte era nobre da mesma origem, todos tinham tido a mesma educação e o mesmo treinamento, com exceção daqueles que tinham subido na hierarquia, e, consequentemente, desfrutavam de muito mais coesão que seus colegas em outros exércitos.[76] Convencido de que "o valor das tropas consiste apenas do valor dos oficiais",[77] Frederico usava tanto punições quanto incentivos para manter seus oficiais na linha. Nas revisões anuais, todos os considerados incompetentes, inadequados ou velhos demais eram cortados, enviados para guarnecer regimentos e substituídos pelos melhores porta-bandeiras.[78] Além disso, independentemente de hierarquia ou *status*, eles eram obrigados a servir com seus regimentos pela maior parte do ano, mesmo em épocas de paz. Era essa exigência que mais impressionava os observadores franceses, acostumados a um mundo no qual muitos oficiais passavam a maior parte de seu tempo em Versalhes ou em suas propriedades.[79] Não importava quão venerável seu histórico ou elevada sua posição, o oficial prussiano tinha de passar pelas mesmas provações de seus homens. Em julho de 1753, o conde Lehndorff visitou o irmão de Frederico, Augusto Guilherme, que estava com seu regimento de cavalaria em Kyritz, a oeste de Neuruppin. Ele registrou em seu diário:

> A cidade é terrível, realmente um lixo miserável, e a casa na qual o príncipe vive também. É cômico encontrá-lo num quarto cujos móveis consistem de uma mesa de madeira e três cadeiras. Não há cortinas! Seu criado em Berlim tem aposentos melhores. Mas o príncipe é devotado a seu regimento e está muito satisfeito. Ele é muito gentil com seus oficiais e, como resultado, é extraordinariamente amado por eles. E é isso que distingue nosso exército de todos os outros: nossos príncipes são, eles mesmos, soldados, e têm de lidar com exatamente as mesmas dificuldades que os soldados comuns.[80]

O exemplo vinha bem do topo. Como vimos, em casa em Sanssouci ou no Palácio Municipal de Potsdam, Frederico era absolutamente permissivo com seus desejos. Mas, quando estava em campanha, ou até para exercícios em tempos de paz, seguia um regime bem diferente. Antecipando Napoleão, ele fazia de tudo para convencer todas as hierarquias de que era igual a elas, de que todos estavam juntos, compartilhando os perigos, os desconfortos e os triunfos. Isso significava cavalgar com os homens, conversar com eles em dialeto, visitá-los enquanto estavam em volta da fogueira, rir de suas piadas, não importando quão vulgares fossem, dormir sob lonas no centro do campo, lembrar de seus nomes e assim por diante.[81] Embora possa-se supor que ele não chegava ao ponto de se unir aos homens no desfile da igreja, ele permitia que seus subordinados fiéis organizassem reuniões de oração e que as tropas cantassem hinos luteranos.[82] Segundo o soldado prussiano Johann Friedrich Dreyer, ele e seus camaradas cantavam "Nosso Deus é uma poderosa fortaleza" quando iam à batalha e "Agora todos agradecemos a nosso Deus" se sobreviviam.[83] Antes da batalha de Leuthen, Frederico chegou a participar, cantando:

> Não sejas covarde, ó, pequeno bando,
> Embora teus inimigos desejem
> Derrotar-te completamente,
> E busquem tua queda, pela qual
> Estás perturbado e perplexo:
> Não durará muito.[84]

Christian Tage, capelão do exército russo, relembrou após a batalha de Zorndorf "o momento apavorante e assustador" quando a linha prussiana entrou em ordem oblíqua ao som de tambores. Conforme avançavam, primeiro a banda de pífanos se tornou audível e depois milhares de vozes bradando o hino luterano "Ich bin ja, Herr, in Deiner Macht" (Senhor, estou em teu poder).[85] Os soldados prussianos eram famosos por sua cantoria. O poeta e oficial Ewald von Kleist escreveu a seu amigo Johann Wilhelm Ludwig Gleim em 1758 que, na marcha, gostavam de primeiro cantar hinos, antes de passar a canções em honra a Frederico.[86] Obviamente, é impossível quantificar o impacto dessa relação íntima entre o comandante e seus homens, que foi comparada àquela entre um chefe de tribo e seu clã, mas era provavelmente considerável. Visitando a Prússia no finzinho do reinado, o marquês de Toulongeon, um oficial francês, concluiu que "a base fundamental sobre a qual o grande edifício do poder militar na Prússia reside é o exemplo dado pelo rei e seus generais".[87] O cavaleiro austríaco Jacob de Cognazo ficou muito impressionado:

> O rei tratava seus soldados comuns com um grau de camaradagem que, em nosso exército, não teria sido demonstrado por um capitão nobre, quanto mais por um alto e poderoso general; então, eles sabiam que não havia sofrimento, fome, frio, vigília, carga diária, em resumo, não havia perigo ou desconforto da guerra, independentemente de quão grande, que não fosse compartilhado por seu "Grande Fritz", como o apelidavam com veneração e amor infantis.[88]

Por certo, havia muitas anedotas espalhadas para divulgá-lo. Por exemplo, o conde Lehndorff registrou em seu diário em novembro de 1759 que, quando Frederico caiu doente a caminho da Silésia para a Saxônia, foi colocado em uma liteira para ser carregado por trinta homens, para evitar os balanços de uma carruagem. Quando chegou a hora de o primeiro time ser substituído, todos se recusaram a sair, e insistiram em carregar seu rei por todo o caminho. "Essa é a veneração que ele recebe de seu exército", proclamou Lehndorff.[89]

Em resumo, apesar de toda a sua arrogância e desprezo pela humanidade,* Frederico demonstrava uma aguda consciência da necessidade de cultivar um laço íntimo com seu exército. Embora o medo reforçado pela punição fosse um ingrediente importante, ele também sabia recompensar. Como o ocorrido com Daniel Krauel von Ziskaberg, a bravura evidente no campo de batalha podia ser imediatamente reconhecida. Promoções, expressões de apreço públicas ou escritas, a medalha da Ordem *Pour le Mérite* (mais conhecida como o "Azul Máximo") e pagamentos diretos em dinheiro eram usados. Após a vitória em Liegnitz, por exemplo, cada regimento recebeu 137 táleres por canhões capturados e cinquenta táleres por estandartes e bandeiras apreendidos.[90] Foi um dos muitos aspectos da liderança de Frederico a chamar a atenção do conde de Guibert, com aprovação. Após Hohenfriedberg, registrou o conde, Frederico escreveu de próprio punho um diploma de agradecimento ao regimento de soldados de cavalaria de "Bayreuth", no qual cada oficial era mencionado nominalmente.[91] E o *Pour le Mérite* não era só uma condecoração de batalha. Foi também concedido, por exemplo, ao tenente von Freytag, inventor do buraco de pólvora em formato de funil que tornava mais fácil carregar os mosquetes.[92]

---

* Ver adiante, pp. 321-2.

O outro lado da moeda, é claro, era a punição igualmente instantânea pela covardia ou incompetência. A vítima mais proeminente foi o irmão de Frederico, Augusto Guilherme, cruelmente desgraçado em 1757 com as palavras: "Nunca será nada mais que um general desprezível. Comande um harém de damas de honra, se desejar; mas jamais lhe confiarei novamente o comando de dez homens".[93] Mais abaixo na hierarquia, a desgraça coletiva mais notória foi a infligida ao regimento de Anhalt-Bernburg depois deste sair de formação e fugir de um ataque austríaco nos arredores de Dresden em julho de 1760. A redenção foi conseguida no mês seguinte em Liegnitz, quando, aos gritos de "Honra ou morte!", os mesmos soldados lançaram um devastador contra-ataque com baionetas, "uma das poucas ocasiões na história militar em que a infantaria tomou a ofensiva contra a cavalaria".[94] Após a batalha, Frederico cavalgou até os sobreviventes do regimento:

> Os oficiais não disseram palavra, na silenciosa expectativa de que o rei lhes faria justiça. Mas quatro velhos soldados correram até seus estribos, agarraram seu joelho e imploraram que ele os salvasse em reconhecimento do quanto tinham feito bem seu dever naquele dia. Frederico ficou emocionado. Respondeu: "Sim, camaradas, tudo lhes será restaurado. Tudo está esquecido!".[95]

No exército austríaco, onde não havia uma corte marcial durante a guerra, as coisas eram diferentes.[96]

Um outro ingrediente da receita de sucesso de Frederico na Guerra dos Sete Anos precisa ser mencionado. Ele ao mesmo tempo resume e transcende os argumentos já apresentados. É o carisma, não menos importante por ser difícil de especificar. Foi notoriamente definido por Max Weber como

> certa qualidade de uma personalidade individual por meio da qual ele se destaca de homens comuns e é tratado como dotado de poderes ou qualidades sobrenaturais, sobre-humanas ou, pelo menos, especificamente excepcionais. São aquelas que não são acessíveis às pessoas comuns, mas consideradas de origem divina ou exemplares, e é com base nelas que o indivíduo em questão é tratado como líder.[97]

Weber estava pensando em líderes religiosos como Cristo ou Joana d'Arc e, em termos de políticos, tinha como exemplo – de forma bem surpreendente – o senhor Gladstone, mas Frederico certamente se encaixa bem na descrição. Foi um dos grandes temas de Theodor Schieder, que destacou que Maria Teresa era tão popular quanto seu rival e muito superior a ele no que diz respeito a humanidade e integridade, mas não tinha "o carisma de uma personalidade motivada por seu demônio interior".[98] Ele também chamou atenção ao exemplo fornecido pelo famoso discurso feito por Frederico a seus generais e oficiais em Parchwitz em 3 de dezembro de 1757, logo antes da batalha de Leuthen. Era curto, direto ao ponto, eloquente e revelador. Ele começava enfatizando o desesperado drama em que se encontravam: Schweidnitz e Breslau tinham caído; seus suprimentos tinham sido capturados; o duque de Bevern tinha sido derrotado e levado prisioneiro; a maior parte da Silésia estava sob ocupação austríaca. Ele estaria desesperado, declarou, se não soubesse que podia contar com a firmeza, a coragem e o patriotismo dos homens que tinha diante de si e daqueles que estes comandavam. Havia chegado a hora, era agora: matar ou morrer!:

> Contra todas as regras da guerra, atacarei o príncipe Carlos onde o encontrar, embora seu exército seja três vezes mais numeroso. Agora, é uma questão de quantos inimigos há ou da força da posição que eles tomaram; tudo isso pode ser superado pelo entusiasmo de minhas tropas e a execução precisa de minhas ordens. Tenho de arriscar esta operação, ou tudo estará perdido; devemos derrotar o inimigo ou todos pereceremos diante de suas baterias. É isso que penso, e é isso que farei. Comuniquem minha decisão a todos os seus oficiais e preparem os soldados para os eventos que se seguirão, e digam a eles que estou contando com sua obediência incondicional. Lembrem-se de que são prussianos e se provarão merecedores dessa distinção; mas, se houver alguém que tenha medo de partilhar comigo os perigos, que peça licença e não sofrerá de minha parte nem a mais leve censura.[99]

Ele terminou ameaçando a punição: um regimento de cavalaria que não atacasse ao receber a ordem perderia seus cavalos e seria enviado para uma guarnição; uma unidade de infantaria que vacilasse perderia sabres, bandeiras e insígnias regimentais (a desgraça infligida sobre o regimento de Anhalt-Bernburg após Dresden).

Autoridade ou legitimidade carismática é algo ao mesmo tempo imensamente potente e notoriamente frágil, pelo bom motivo de que conta com o desempenho individual. Se os milagres param de acontecer, as profecias não se materializam ou as vitórias não vêm, ela pode ruir com muita rapidez. Napoleão e Hitler são bons exemplos, embora mesmo eles tenham conseguido manter alguma medida de apoio até o fim (e ainda além). Mas Frederico era peculiar no fato de que suas derrotas não erodiam seu carisma, pelo contrário. Se ele tivesse morrido em Zorndorf ou se após Kunersdorf tivesse vindo o colapso total e o desmembramento de seu Estado, poderia ter sido diferente. Era só por ele prosseguir frente a obstáculos aparentemente insuperáveis que o ocasional fracasso podia ser absorvido pelo mito sempre em desenvolvimento. O capelão Küster, por exemplo, foi testemunha do desastre de Hochkirch, sobre o qual escreveu um vívido relato. Mas isso só aumentou a veneração ao rei, pois – perguntou ele, retoricamente – quando uma batalha perdida já tinha dado resultados tão maravilhosos? Os austríacos não seguiram; Neisse e Kosel foram recuperadas; os suecos saíram da Pomerânia; os russos foram para casa; e, no fim do ano, os austríacos tinham evacuado tanto a Silésia quanto a Saxônia.[100]

Isso leva, naturalmente, à consideração do que talvez fosse a principal razão para a sobrevivência de Frederico: o fracasso dos aliados em coordenar seus esforços de guerra. Todos os cinco aliados continentais tinham objetivos de guerra diferentes. Quatro buscavam ganhos territoriais, ou para manter, ou para trocar: Silésia para a Áustria, Bélgica e Hanôver para a França, Prússia Oriental para a Rússia e Pomerânia prussiana para a Suécia, enquanto o Sacro Império Romano buscava manter a constituição imperial violada pela invasão da Saxônia por Frederico. Ironicamente, foi só o último e mais fraco dos cinco que conseguiu seu objetivo, apesar de um desempenho militar intermitente. Todos podiam ter sido bem-sucedidos se Frederico tivesse sido derrotado rápida e completamente. Quanto mais a guerra durava, mais as rachaduras começavam a aparecer. Como depois observou sabiamente o reformador prussiano Scharnhorst, cada coalizão carregava em si o gérmen de uma traição secreta.[101] Havia um bicho no broto desde o início; *duas* revoluções diplomáticas tinham ocorrido no início da guerra – não só a aliança entre França e Áustria, mas também entre França e Rússia, concluída quando esta concordou com o Tratado de Versalhes da primeira, em 11 de janeiro de 1757. Mas, como vimos,* a política francesa tradicional era dedicada a construir uma "Barreira Oriental" contra qualquer forma de expansão russa.[102] A Suécia era o pomo da discórdia em especial, já que os franceses apoiavam a facção conhecida como "Hats", e os russos, os "Caps".

---

* Ver anteriormente, p. 79.

Os austríacos também tinham reservas à expansão russa. Ao fim de 1760, Kaunitz disse a Maria Teresa que a Rússia não deveria ter a permissão de se expandir para o oeste, de modo a virar uma ameaça maior do que a Prússia à Monarquia Habsburgo.[103] Além disso, o desempenho militar russo era esporádico. Em parte, era uma questão de distância. O *front* ficava tão longe que reforços se derretiam no meio do caminho. De um contingente de 20.799 que saiu em 1759, 5.539 (26%) adoeceram ou morreram e 849 desertaram.[104] Embora tenham sido feitas melhorias durante a guerra, o imenso potencial russo nunca se concretizou.[105] Parte do problema era político. Sempre havia um partido forte em São Petersburgo cujos membros não compartilhavam da antipatia pessoal da czarina em relação a Frederico. Eles argumentavam, de modo bastante razoável, que, em qualquer aliança com ele, a Rússia sempre seria o parceiro dominante e conseguiria colocá-lo contra a Áustria.[106]

O mesmo tipo de falha enfraquecia a aliança franco-austríaca. A mudança de direção imposta pelo Tratado de Versalhes era tão radical que era inevitável haver oposição à sua reversão de dois séculos e meio de hostilidade à Casa de Habsburgo. Como a política era intimamente ligada à amante real Madame de Pompadour, ela naturalmente atraía toda a malignidade da luta de facções em Versalhes. O ministro que ela colocara para negociar a revolução diplomática, o abade Bernis, lamentou em abril de 1758: "Nossa nação está mais do que nunca contra a guerra. O rei da Prússia é amado ao ponto da loucura, pois aqueles que cuidam de seus negócios com sucesso sempre são populares. A corte de Viena é odiada por ser vista como o sanguessuga de nosso Estado".[107] Assim como o interesse nacional russo tinha sido distorcido pelo feroz ódio da czarina Isabel a Frederico, o interesse nacional francês tinha sido distorcido pelo profundo afeto de Luís XV por Maria Teresa.[108] Quase todo mundo, com as importantes exceções do rei, sua amante e seus ministros escolhidos, via que uma Prússia forte era necessária no Sacro Império Romano para contrabalançar a Áustria. O conde de Vergennes, ministro do Exterior de Luís XVI, perguntou retoricamente onde a França estaria caso *"les efforts monstrueux"* da Guerra dos Sete Anos tivessem sido bem-sucedidos e a Prússia tivesse sido eliminada.[109]

Quatro dias depois de sua carta ao príncipe Henrique em 1º de setembro de 1759, anunciando "o milagre da Casa de Brandemburgo",* Frederico escreveu ao príncipe Ferdinando na mesma linha. A campanha só podia ter-

---

*   Ver anteriormente, p. 230.

minar bem, afirmou, caso houvesse um milagre ou se seus inimigos cometessem alguma "idiotice divina" (*divine ânerie*).¹¹⁰ A última tomou forma pela recusa, por parte dos russos e dos austríacos, em combinar o golpe final. Não foi a primeira nem seria a última vez. Napoleão observou: "Tudo tende a provar que ele [Frederico] não poderia resistir à França, Áustria e Rússia por uma campanha, se essas potências tivessem agido de verdade; e que não poderia ter sustentado duas campanhas contra Áustria e Rússia, se o Gabinete de São Petersburgo tivesse permitido que seu exército passasse o inverno no teatro de operações".¹¹¹ Isso não era contingente, considerando as personalidades de Isabel, Maria Teresa e Luís XV. Era uma parte inerente da guerra da coalizão. O mesmo tipo de falha estrutural salvou Luís XIV no fim da Guerra da Sucessão Espanhola e teria salvo Napoleão em 1814, se ele não tivesse sido tão estúpido. Como observou Clausewitz em *Da guerra*: "Um país pode apoiar a causa de outro, mas nunca a levará tão a sério quanto a sua própria. Uma força de tamanho moderado será enviada à sua ajuda; mas se as coisas derem errado, a operação está basicamente descartada, e o país tentará se retirar com o menor custo possível".¹¹²

Isso, por si só, deveria impedir a suposição medíocre de que Frederico tinha sido salvo da perdição apenas por um acaso feliz – a morte da czarina Isabel em 5 de janeiro de 1762.* Trata-se de um mito que, publicado pela primeira vez pelo próprio Frederico, continua a ser repetido.¹¹³ Como vimos, naquela época, *todos* os combatentes continentais estavam exauridos, tanto de dinheiro quanto de força de vontade. Era o Estado prussiano que ainda conseguia gerar os fundos e os homens necessários para vencer as últimas batalhas. Além disso, tratava-se de uma morte há muito antecipada. Mesmo antes do início da guerra, foi relatado de São Petersburgo que a saúde da czarina estava muito ruim, que ela tinha falta de ar com frequência, estava cuspindo sangue, tinha as pernas inchadas, água no pulmão e assim por diante.¹¹⁴ A possibilidade de que ela morresse em breve estava na mente de todos enquanto a guerra se desenrolava, em especial na dos comandantes russos que sabiam que seu herdeiro era apaixonadamente pró-Frederico.¹¹⁵

Frederico tinha vencido – por pouco – devido à força de sua herança, aos sacrifícios involuntários de seus súditos, à "*ânerie*" [estupidez] de seus inimigos e aos problemas iminentes da coalizão de guerra. A questão final, é, obviamente: qual foi a contribuição dele próprio? Sem dúvida, o exército que

---

* Ver anteriormente, pp. 243-4.

o levou até o amargo fim era, em boa medida, criação sua. Uma mão mais frouxa teria permitido que a herança de Frederico Guilherme I se deteriorasse – da mesma forma que fizeram seus sucessores. Frederico ampliou ainda mais a máquina militar, fez melhorias importantes e aumentou muito seu tamanho. O efeito do exemplo pessoal dado por ele ao estimular tanto a administração civil quanto a militar era "incalculável".[116] Era no campo de batalha que a coisa começava a esmaecer. Os erros horríveis cometidos por ele em Kolin, Hochkirch, Kunersdorf e Maxen (para mencionar só as mais óbvias) certamente nega qualquer alegação de genialidade feita por seus admiradores mais entusiasmados. Várias vezes ele só foi salvo da derrota pela iniciativa de seus subordinados e pelos sacrifícios dos soldados rasos. O tão louvado "ataque oblíquo" só funcionou de fato uma vez, em Leuthen. Todas as outras tentativas fracassaram porque as condições do campo de paradas não podiam ser replicadas no campo de batalha.[117] Durante a guerra, o príncipe Henrique se provou um comandante muito mais talentoso, tanto em manobras táticas quanto em batalha. O próprio Frederico reconheceu isso, brindando a seu irmão num banquete após a guerra, chamando-o de "o único general a nunca ter cometido um erro".[118] Era uma admiração definitivamente não recíproca. Henrique odiava seu irmão real com uma intensidade patológica provavelmente datada da época em que Frederico roubou seu amado catamito, o pajem von der Marwitz.[119]

O príncipe Henrique de fato era um general melhor, mas teria perdido a guerra. Se Frederico tivesse sido morto em Kunersdorf ou cometido suicídio depois (o que ele parece ter contemplado), Henrique teria feito uma paz que devolveria a Silésia à Áustria e colocaria a Prússia num *status* de segunda categoria.[120] E isso, em última análise, foi a maior contribuição de Frederico a seu sucesso: sua vontade indomável e determinação implacável de seguir em frente, independentemente do quanto a situação parecia desesperadora. Em resumo, ele era um general indiferente, mas um comandante militar de guerra brilhante.

11
Paz longa, guerra curta e diplomacia dupla

A PRIMEIRA PARTILHA DA POLÔNIA

O milagre de Brandemburgo também foi a tragédia da Polônia.[1]

Quando a Segunda Guerra Silesiana terminou, em 1745, Frederico tinha escrito a seu ministro do Exterior, Podewils: "Agora que escapamos da tempestade, fiquemos no porto para nunca sair".[2] No caso, ele foi levado novamente ao mar em 1756, quando as poderosas frotas de Áustria, França e Rússia apareceram no horizonte, para não mencionar os esquadrões menores da Suécia e dos príncipes alemães. Quando os navios sobreviventes voltaram aos trancos e barrancos para seus respectivos portos-seguros sete anos depois, Frederico estava tudo, menos confiante. Ele sabia bem demais o quanto tinha ficado perto de ser jogado para fora d'água. O milagre que o salvara não era a morte fortuita da czarina, embora isso certamente tenha ajudado, mas o fracasso dos exércitos russos e austríacos em combinar suas operações. Eles só tinham conseguido isso uma vez, em Kunersdorf, em 12 de agosto de 1759, o mais perto que Frederico chegou de afundar.* Assim, quando a paz retornou, ele estava ainda mais determinado a nunca mais levantar âncora.

A chave para um mar calmo e uma viagem próspera, acreditava, estava em encontrar abrigo do vento que soprava do leste. Em 1739, em *Anti-Maquiavel*, ele tinha ridicularizado a Rússia como um país que acabava de emergir do barbarismo, pouco maior que a República Holandesa em poder naval e militar e muito inferior em riqueza e recursos.[3] Trinta anos depois, um Frederico mais triste e mais sábio disse a seu irmão, príncipe Henrique, que a Rússia era "uma terrível potência". Claro, continuou, que era tudo culpa

---

*   Ver anteriormente, pp. 229-30.

dos austríacos, pois tinham sido eles os primeiros a chamar para dentro do sistema de Estados europeu uma potência do leste, para reparar o equilíbrio no oeste.[4] Ao contrário de Carlos XII (ou de Napoleão ou Hitler), Frederico conseguia compreender que o simples tamanho do Império Russo o tornava invulnerável na defesa, enquanto sua mão de obra inexaurível permitia que ele provocasse caos no ataque. Como tinham mostrado os acontecimentos de 1756, os austríacos jamais ousariam atacar a Prússia sem assistência russa.[5] Então, a principal prioridade de Frederico sempre tinha de ser manter Áustria e Rússia separadas.

Sua tarefa ficou ao mesmo tempo mais fácil e mais complexa com os acontecimentos na Polônia logo após o fim da Guerra dos Sete Anos. Em 5 de outubro de 1763, o amável, se não indolente, rei polonês Augusto III faleceu. Frederico disparou uma carta a São Petersburgo, dizendo à czarina Catarina que faria o que estivesse em seu poder para ajudá-la na campanha para a eleição de um novo monarca que estava começando.[6] Em cartas subsequentes, ele se desfez em garantias de assistência, incluindo uma ordem para que seu homem em Varsóvia seguisse a linha russa. "Nossa aliança ainda não foi concluída", disse ele a ela, "mas me considero teu aliado e estou me comportando de acordo".[7] Sempre alerta à ameaça de uma união pessoal entre Saxônia e Polônia,* ele estava particularmente ansioso para que esse vínculo agora fosse quebrado.

Com isso, ele não precisava ter se preocupado. Catarina tinha decidido mais de um ano antes que seu ex-amante, o príncipe Estanislau Poniatowski, seria o próximo rei da Polônia.[8] Ele foi selecionado não por sua força no quarto, mas por sua fraqueza de caráter. Dentre todos os candidatos possíveis, observou Catarina, era ele quem tinha menos chance de vencer sozinho, então lhe deveria mais. Para garantir, ele foi obrigado a prometer tratar os interesses da Rússia como sendo os seus próprios, a manter "devoção" constante à sua benfeitora e nunca recusar as "justas intenções" dela.[9] Mas, para se assegurar da eleição de seu sátrapa, ela precisava da ajuda de outra potência. Como tanto França quanto Áustria estavam ligadas demais à Saxônia por solidariedade dinástica e confessional, e a Grã-Bretanha não estava interessada, só sobrava Frederico. "Não rias de mim por ter pulado da cadeira ao ficar sabendo da morte do rei da Polônia", disse ela a seu ministro do Exterior, conde Nikita Panin, "o rei da Prússia pulou de sua mesa".[10]

---

*   Ver anteriormente, p. 83.

Levou alguns meses, porém, até que um acordo de verdade pudesse ser negociado. Frederico não estava interessado em um acordo *ad hoc*, mas em uma aliança de fato permanente, e foi isso que conseguiu, no fim. Em novembro de 1763, estava começando a parecer que Catarina pensava que poderia assegurar a eleição de Poniatowski sem comprar a ajuda prussiana, então, Frederico aplicou um pouco de pressão diplomática de forma bastante tosca, dando uma recepção luxuosa a um emissário turco.[11] Embora não tivesse intenção de concluir uma aliança com o Império Otomano, Frederico fez questão de mostrar que estava considerando isso seriamente, sabendo muito bem que tal conexão seria extremamente mal recebida em São Petersburgo. Catarina, então, apressou as coisas. Em 26 de janeiro de 1764, foi apresentado ao embaixador prussiano o esboço de uma aliança defensiva que Frederico poderia amplamente aceitar.[12] Após as letras miúdas serem resolvidas, o tratado definitivo foi assinado em 11 de abril, comprometendo os dois soberanos a apoiar Poniatowski na eleição iminente e também a garantir as posses europeias de cada um contra o ataque de qualquer terceiro. Em outras palavras, o compromisso russo anterior com a Áustria, de apoiar a reconquista da Silésia, tinha sido revertido.[13] Frederico podia muito bem comemorar. Enquanto essa aliança russa durasse, seu porto estava seguro.

No início, tudo foi bem. A eleição de Estanislau Poniatowski como rei da Polônia em 6 de setembro foi "a menos tumultuosa da história da república", como ele próprio alegou.[14] Mas os russos e seus aliados prussianos, então, exibiram seu poder de forma nua demais. Quando o *Sejm* polonês modernizou o sistema de alfândega do país, Frederico bloqueou sua carga no Vístula em Marienwerder com uma bateria de dez canhões pesados, até que aquilo fosse revogado.[15] Na maior parte, porém, Frederico estava satisfeito em deixar Catarina comandar. Ela o fez com vontade, tratando a Polônia não tanto como cliente, mas como fantoche. A tentativa do novo rei de reformar a estrutura política anárquica foi rapidamente sufocada. Sabendo que a nobreza católica nunca se submeteria ao controle russo, ela buscou usar seu papel autonomeado de protetora dos ortodoxos e protestantes para criar uma base de clientes alternativa. Em dezembro de 1767, um *Sejm* intimidado por soldados russos aprovou como lei "o mais completo decreto estatutário sobre tolerância religiosa na Europa".[16] O resultado foi a guerra civil, com os nobres poloneses, em sua maioria – e intensamente – católicos pegando em armas. Uma Confederação formada em Bar, em Podólia, no sudoeste, no início de 1768, começou um levante que os russos demoraram quatro anos para controlar. Ainda mais sério, o escândalo da intervenção russa na Polônia incitou os turcos a declararem guerra em outubro.[17]

Era a última coisa que Frederico queria, bem quando seu país estava lutando para se recuperar da Guerra dos Sete Anos. Ele disse a seu homem em Viena, o conde von Rohde, que a notícia era "infinitamente desagradável" porque havia um perigo real de que a guerra atraísse outras potências europeias, incluindo a Prússia.[18] E ele já estava envolvido diretamente, pois a declaração de guerra turca tinha ativado sua aliança defensiva com Catarina. Embora não fosse preciso enviar tropas prussianas, um subsídio anual importante de 400 mil rublos (ou 480 mil táleres), correspondente a cerca de 3% da renda bruta de seu Estado, tinha de ser pago durante toda a guerra.[19] Era um dinheiro que ele preferia gastar em projetos como o Novo Palácio, agora quase finalizado em Potsdam. Um cenário tão provável quanto de tirar o sono era que os exércitos russos atingissem a superioridade militar, Catarina exigisse grandes ganhos territoriais e os austríacos entrassem na guerra para impedi-la. Isso teria forçado Frederico a um conflito no qual ele não tinha nada a ganhar, mas tudo a perder.

A guerra seguiu como Frederico temia. No fim de 1769, os russos tinham controlado o mar de Azov, no sudeste, e ocupado Bucareste, no sudoeste. O ano seguinte se mostrou um *annus mirabilis*.* Em julho, o conde Peter Alexandrovich Rumyantsev conseguiu duas vitórias esmagadoras contra exércitos turcos muito maiores: na junção dos rios Larga e Pruth no dia 7 e, duas semanas depois, no rio Kagul. Essa operação impressionante abriu toda a vasta área entre o Dniestr e o Danúbio. No fim da campanha, os russos tinham conquistado todas as principais fortalezas turcas ali, mais notavelmente Bender, e chegado ao delta do Danúbio. Talvez ainda mais espetacular fosse a vitória naval em Chesme, perto da costa da Anatólia e da ilha de Chios, conquistada em 5 de julho por uma frota russa que tinha navegado desde o Báltico via Canal da Mancha e Estreito de Gibraltar. Esse feito impressionante se estabeleceu de imediato como o equivalente russo de Lepanto e causou ao mesmo tempo regozijo em casa e respeito em todos os outros lugares da Europa.[20]

Enquanto o rolo compressor passava pela Moldávia e Valáquia em direção a Danúbio, Frederico precisou satisfazer o apetite territorial de Catarina sem deixar os austríacos se sentindo ameaçados. Uma forma de fazer isso, que tinha o atrativo adicional de também dar algo à Prússia, era desviar a

---

* Em latim, "ano milagroso" ou "ano maravilhoso". [N.T.]

cobiça dela dos turcos para os poloneses. Afinal, raciocinou ele, eram os últimos que tinham provocado o ataque turco à Rússia, para começo de conversa.[21] A partilha, subsequentemente, provocou tanta revolta que é fácil esquecer há quanto tempo ela estava na mira de outras potências da Europa do leste central. Sugerida pela primeira vez durante o caótico reinado de John Casimir (1648-68), foi depois discutida por Rússia, Prússia, Suécia e Áustria.[22] Embora tirada de cena por uma geração ou duas em decorrência de um renascimento polonês de responsabilidade de John Sobieski (reinado 1674-96), cujos feitos incluíam acabar com o cerco turco a Viena em 1683, a partilha voltou ao topo da lista na Grande Guerra do Norte de 1700-1721. Foi durante aquele longo e devastador conflito, boa parte do qual aconteceu na Polônia, que a descida do país à dependência de potências estrangeiras se tornou irreversível.[23] Augusto II, rei saxão da Polônia, repetidamente *oferecia* partilhas a seus vizinhos em troca da garantia de sua posse hereditária do que sobrasse.[24] Mesmo antes de ele morrer, Rússia, Prússia e Áustria assinaram em 1732 o Tratado de Löwenwold para costurar a sucessão (embora, na ocasião, a Rússia tenha renegado o acordo de não eleger outro saxão).[25]

O próprio Frederico colocou os olhos no território polonês muito cedo. Em fevereiro de 1731, pouco após seu aniversário de 19 anos, ele escreveu uma carta impressionante a Dubislav Gneomar von Natzmer, na qual discutia a situação geopolítica da Prússia. Os territórios Hohenzollern eram tão vulneráveis, espalhados em pedacinhos pela Planície do Norte Europeu, que as boas relações deviam ser mantidas com vizinhos que também eram predadores em potencial. Por outro lado, "quando não se avança, retrai-se", então, era preciso aproveitar cada oportunidade de preencher as lacunas. A mais escancarada era aquela parte da Polônia que separava a Pomerânia da Prússia Oriental. Sua anexação criaria um bloco contínuo de território do Elba ao Niemen, e colocaria em mãos prussianas o controle do comércio polonês descendo o Vístula.[26] Ele voltou ao tema nos testamentos políticos de 1752 e 1768, prevendo, no último: "É claro para mim que, no longo prazo, nossos muito poderosos vizinhos chegarão a um acordo para a partilha dos espólios [a Polônia]. Talvez um reino radicalmente reduzido restrito a essas três potências, isto é, Rússia, Prússia e Áustria, continue a existir".[27]

Considerações sobre poder político eram reforçadas por simples preconceito: religioso, histórico, social, político e nacional. A opinião de Frederico sobre os poloneses era muito ruim, e ele a expressava com frequência, estando a afirmação mais definitiva em *The History of My Own Times*:

A Polônia vive num perpétuo estado de anarquia; todas as grandes famílias estão praticamente divididas por interesses; sua vantagem individual é preferida em relação ao bem-estar público; e são unânimes apenas na severidade com que oprimem seus súditos, que preferem tratar como burros de carga do que como homens. Os poloneses são vaidosos, arrogantes quando o destino lhes sorri e cruéis na adversidade; capazes de qualquer ato para juntar dinheiro, que, tendo obtido, desperdiçam sem cuidado; frívolos, deixando a desejar em julgamento, sempre prontos para mudar de lado sem motivo e, por sua conduta inconsistente, a mergulhar nas situações mais desagradáveis […] A mente humana neste reino tornou-se feminina, são as mulheres que apoiam todas as facções, e dispõem sobre tudo enquanto seus maridos estão embebedando-se.[28]

Os únicos poloneses bons para algo, opinou, eram os cavalos.[29] Sua correspondência com os filósofos é pontuada por comentários antipoloneses. Em janeiro de 1772, por exemplo, ele disse a Voltaire que Montesquieu teria dificuldade de encontrar princípios republicanos na "República da Polônia", pois a anarquia prevalente só permitia que florescessem egoísmo, orgulho, corrupção e frouxidão. Não havia filósofos ali, prosseguiu ele, apenas crápulas brutalizados pela superstição mais estúpida e capazes de todo crime que um covarde pode cometer.[30] Ele estava seguindo o famoso gracejo de seu amigo Voltaire: "Um polonês – um charme; dois poloneses – uma briga; três poloneses – ah, essa é a Questão Polonesa".[31] A oposição, na Polônia, às tentativas de Catarina de forçá-los a serem tolerantes inspirou um dos mais longos e tediosos poemas de Frederico – "Ode aos Confederados", que consome sessenta páginas de suas obras completas. Em uma cena, a Tolice volta para visitar a Polônia e fica deleitada de ver que seus habitantes não mudaram nada: "Brutos, estúpidos e mal-educados, / Notáveis, judeus, servos e magnatas bêbados, / São todos vegetais e sem vergonha".[32] Frederico o enviou ao conde Solms em São Petersburgo para circular entre a corte russa, mas voltou atrás quando seu embaixador lhe pediu para desistir.[33] Solms pode ter tido razão, embora os russos não detestassem menos os poloneses que os prussianos. Eles, porém, tinham mais opções para lidar com seu vizinho. Na verdade, tinham um dilema: deviam continuar a exercer o controle sozinhos, ainda que frouxo, sobre a Polônia? Ou deviam anexar diretamente uma parte de seu território, mesmo que isso significasse permitir que a Prússia, e talvez também a Áustria, ficassem com a outra porção?

O fim polonês começou isoladamente, mas quase de forma simultânea, em Viena e Potsdam. A guerra civil desencadeada na Polônia pela Confederação de Bar no verão de 1768 levou o conflito armado para perto da fronteira nordeste da Monarquia Habsburgo. Ela se tornou ainda mais perigosa por uma eclosão simultânea de peste que as companhias armadas ajudaram a espalhar. Em resposta, os austríacos organizaram um cordão militar protetor que se estendia por toda a fronteira com a Polônia. Isso isolou, de seu lado, uma série de enclaves que tinham sido hipotecados à Polônia pelo Reino da Hungria em 1412, mas nunca resgatados. O mais importante: unido à Polônia por uma faixa estreita de território, estava o condado de Zips. Depois de uma agitação dos confederados por ali, o rei Estanislau chegou a pedir que os austríacos interviessem. No fim, quando eles ordenaram a incorporação do território, justificaram sua ação fazendo referência a seus supostos direitos soberanos.[34] Mais ou menos na mesma época, Frederico escreveu ao conde Solms em São Petersburgo dizendo que o diplomata dinamarquês conde Lynar tinha visitado recentemente Berlim para ir ao casamento de sua filha e dado "uma ideia extraordinária" para resolver os problemas do leste europeu: a Áustria receberia o território polonês contíguo à sua fronteira existente, além de Zigs; a Prússia ficaria com a Prússia Polonesa, Ermland (também conhecido como "Vármia") e o porto de Danzig como "protetorado"; e a Rússia pegaria a parte da Polônia que desejasse. Era um plano espantoso, mas sedutor, acrescentou Frederico, talvez de modo mais brilhante do que consistente. Ele deixou Solms decidir se o transmitiria ao governo russo ou não.[35] Essa comunicação maravilhosamente engenhosa tinha as digitais de Frederico, nem é preciso dizer.[36]

O raciocínio de Frederico é fácil de seguir. A sede de Catarina por território não podia ser inteiramente saciada às custas dos turcos, pois isso levaria a Áustria – e a Prússia – à guerra. Então, seria preciso redirecionar a desafortunada e indefesa Polônia, cujo território também poderia ser usado para subornar a Áustria. Sua própria recompensa, ou o que ele preferia chamar de "compensação pelos custos incorridos pelo subsídio russo", seria o cobiçado prêmio da Prússia Ocidental. O elo frágil nessa corrente obviamente era a Áustria, que tinha mais a perder e menos a ganhar com uma enfraquecida Polônia e uma Prússia fortalecida. A cada sucesso russo, a ansiedade de Frederico crescia. Ele não estava sozinho. Em agosto de 1769, um igualmente preocupado imperador José foi ver Frederico em Neisse, na Silésia, para discutir seus interesses comuns face à expansão russa. Ambos foram impecavelmente educados, disputando entre si as manifestações de boa vontade e esperança pela paz perene. Frederico confessou a seu visitante que tinha sido levado pela ambição quando jovem, mas alegou ter deixado tudo isso para trás; "Acreditas que estou imbuído de má-fé", disse ele a José, "e sei que mereci tal acusação antes, mas foi quando a situação o exigiu, e agora tudo mudou".[37] Em particular, ele formou a opinião de que o jovem imperador (de 28 anos, mesma idade de Frederico quando subiu ao trono e invadiu a Silésia) estava "consumido pela ambição" e lançaria um grande projeto assim que se libertasse das barras da saia de sua mãe, Maria Teresa.[38] A garantia repetida de José de que os austríacos tinham desistido da Silésia de uma vez por todas foi recebida com ceticismo.

É preciso admitir que Frederico mostrou habilidade impressionante em navegar sua fragata pelos dois navios de batalha vizinhos sem ser esmagado ou afundado. Primeiro, ele usou sua aparente reaproximação com a Áustria para apressar as negociações com a Rússia para uma renovação proléptica da aliança que expiraria em 1772. Ele a obteve em 12 de outubro de 1769, com um tratado que não só prolongava sua sensação de segurança até 1780 como também lhe dava uma promessa de apoio russo para suas reivindicações sobre os principados de Ansbach e Bayreuth, no sul da Alemanha, atualmente governados pelas filiais mais jovens e por seus herdeiros da família Hohenzollern.[39] Depois, ele seguiu a ofensiva de sedução da Áustria com mais uma reunião com José, em Neustadt, na Morávia, em setembro de 1770. Desta vez, o ministro do Exterior austríaco, príncipe Kaunitz, também veio e foi quem mais falou, como era sua tendência. Mais uma vez, não resultou nenhum acordo claro além de um comprometimento geral de buscar mediação entre a Rússia e os turcos.[40]

Essa última iniciativa não deu em nada. Mais sucessos militares expandiram o apetite de Catarina em abraçar a independência da Crimeia, um território extenso em torno do mar de Azov, e dos dois principados da Moldávia e Valáquia. Embora o último só fosse "alugado" para a Rússia pelos turcos por 25 anos, o resultado óbvio seria a anexação.[41] Quando tudo parecia estar dando errado, Frederico valeu-se do que parecia um enorme golpe de sorte. Em 24 de dezembro de 1770, Luís XV demitiu seu ministro do Exterior, o duque de Choiseul, cuja política direta em apoio à Espanha contra a Grã-Bretanha parecia estar levando a França a uma guerra para a qual ela estava completamente despreparada.[42] Durante os seis meses seguintes, a política externa francesa ficou sob controle direto do rei, que é outra maneira de dizer que ela deixou de operar. Era um desenvolvimento crucial numa fase crítica, pois imobilizou a potência que sempre tinha sido o grande apoio tanto dos poloneses quanto dos turcos contra a Rússia. Foi Choiseul – "o grande incendiário da Europa", como Frederico o chamava – que incitou os turcos a atacarem a Rússia em 1768.[43] Em Viena, apenas Maria Teresa sentiu ao vê-lo partir. Ela conseguia notar que nada desviaria a Áustria da perigosa rota tomada pela "incontrolável ambição de José, a cega tolice de Kaunitz e a astúcia maquiavélica com a qual o rei da Prússia sabia explorar as paixões e as fraquezas dos homens".[44] Na verdade, o colapso da diplomacia francesa era menos fortuito do que parecia. Acontecimentos de longo prazo no sistema de Estados europeu tinham redirecionado os interesses franceses para longe do continente, na direção da luta fora da Europa com os britânicos. Tanto o sintoma quanto a causa dessa mudança era "a emergência das potências do leste", com a Prússia no centro.*

Com a mão atada dos franceses livre, o passo dos acontecimentos começou a acelerar em 1771. O principal agente prussiano era o irmão mais jovem do rei, príncipe Henrique, que tinha sido enviado por Frederico a Estocolmo no verão de 1770 para avisar a irmã deles, a rainha Ulrica, de que a Prússia agora estava comprometida a ocupar a Pomerânia sueca se a Suécia atacasse a Rússia ou mudasse sua constituição. Enquanto estava lá, Henrique assegurou um convite de São Petersburgo para ver em primeira mão como estava o estado das coisas.[45] Ele tinha sua própria pauta, que, à época, era bem mais aquisitiva que a de Frederico: "Quero ver-te senhor da costa báltica [...]. Se for apenas um sonho, ao menos é um sonho muito feliz, e podes acreditar que meu interesse em tua glória me faz desejar que fosse verdade". Frederico respondeu que o "vento do destino" ainda não estava soprando com força suficiente para superar as prováveis objeções das outras potências.[46] No que lhe dizia respeito, a principal tarefa de Henrique em São Petersburgo era promover o esquema para uma mediação entre Áustria e Prússia na guerra turca.

Não é possível determinar quanto o príncipe Henrique tinha encorajado os russos a dizer o que queria que dissessem. O que é certo é que, em 8 de janeiro de 1771, ele relatou a Frederico uma conversa com a czarina, da qual tinha gostado muito. Começou com Catarina comentando que os austríacos tinham ocupado território polonês e colocado sua insígnia para marcar a nova

---

* Esse é o tema central do livro homônimo de Scott.

fronteira. Ela seguiu: "Por que não devemos todos também tomar algo?". Henrique respondeu que Frederico tinha estabelecido um cordão militar igual aos austríacos, mas sem tomar nenhum território. "Mas", disse Catarina, sorrindo, "por que não o ocupam?". Um ou dois minutos depois, o conde Chernyshev se aproximou de Henrique, com o mesmo assunto: "Por que não tomam o bispado de Ermland? Afinal, é necessário que todos fiquem com algo". Tudo isso podia ter sido dito ironicamente, comentou Henrique, mas ele não duvidava de que Frederico pudesse usá-lo em sua vantagem.[47]

O príncipe Henrique chegou de volta a Potsdam em 18 de fevereiro de 1771 e logo conseguiu persuadir Frederico de que os "ventos do destino" agora sopravam tão forte a favor da partilha que a âncora podia ser levantada. "Tens em tua mão o equilíbrio entre Áustria e Rússia", disse ele, "e, no longo prazo, a Rússia terá de aceitar dar-te algo em troca do que fizestes por ela; quando os austríacos virem isso acontecer, buscarão também sua própria parte e, dessa forma, as três potências chegarão a um acordo recíproco baseado em suas verdadeiras vantagens".[48] Em 27 de fevereiro, Frederico disse a seu homem em São Petersburgo, conde Solms, que a Rússia podia muito bem procurar ganhos territoriais na Polônia, já que tinha sido ali que a guerra começara. Quanto à Prússia, seria necessário pegar "um pequeno pedaço" para manter o equilíbrio contra a Áustria e para cobrir os custos dos subsídios pagos à Rússia desde o início da guerra.[49] O "pequeno pedaço" acabou abrangendo 36 mil quilômetros quadrados.[50]

Galões de tinta tiveram de ser usados antes de o resultado ser conquistado, mais de um ano depois.[51] Na era do quadrúpede, as negociações só podiam proceder no ritmo dos mensageiros que seguiam com dificuldades por estradas que eram atoleiros viscosos quando chovia e vales de poeira quando o sol brilhava. O que ajudou Frederico a conquistar seu objetivo essencial foi ser o intermediário entre duas partes que guerreavam, ou *Der lachende Dritte* ("o terceiro que regozija"), para usar uma expressão alemã.* Ele teve a ajuda dos turcos, que adiaram o avanço russo em 1771, e dos austríacos, que fizeram questão de demonstrar o interesse em negociar uma aliança com os turcos, que concluíram em 25 de junho, mas nunca ratificaram. Especialmente útil foi a intervenção bem-intencionada, mas desastrosa, da imperadora Maria Teresa, em setembro de 1771, quando garantiu ao imperador prussiano em Viena, conde von Rohde, que nunca permitiria que a

---

* *Tertius gaudens*, em sua forma latina.

Áustria fosse à guerra. Furioso, seu filho e corregente José escreveu a seu irmão Leopoldo, grão-duque da Toscana, que "ela subverteu todo o nosso sistema – nós, que queríamos pressionar a Rússia, talvez nos aliar aos turcos, ameaçá-los com a guerra etc. Ela garantiu fortemente a ele que nunca desejaria ou permitiria a guerra, que a posse da Crimeia só lhe parecia um ponto pequeno, que não se importava nem um pouco se a Rússia a retivesse".[52] No fim, todas as três potências tiveram de abrir mão de alguma coisa: Frederico teve de abandonar sua reivindicação a Danzig; a Rússia teve de concordar em evacuar os principados do Danúbio; a Áustria teve de aceitar que os russos levariam algum território turco quando a paz fosse negociada.

A concordância, em princípio, sobre a partilha, foi alcançada entre Frederico e Catarina em julho de 1771, e uma convenção foi assinada em 17 de fevereiro de 1772. Logo antes da assinatura do último documento, chegou a notícia de que os austríacos agora concordavam com o princípio da partilha. Detalhar exatamente o que eles queriam dizer com a "igualdade completa" que exigiam levou mais tempo, e apenas em 5 de agosto os tratados de partilha tripartite foram assinados, em São Petersburgo.[53] Embora fossem os últimos a chegar à mesa, os austríacos levaram a maior parte, como demonstram as seguintes estatísticas:

	População	*Área (quilômetros quadrados)*
Prússia	580.000	36.000
Áustria	2.650.000	83.000
Rússia	1.300.000	92.000[54]

Mas foram os austríacos que ficaram menos felizes com o resultado. Maria Teresa lamentou a "cruel necessidade" que a forçara a aprovar ações que ela sabia serem "imorais" e "infelizes"; até Kaunitz, o membro mais entusiasmado do triunvirato austríaco, via a partilha como *"grosseira";* José tinha medo de que o resto do mundo concluísse que ele era "um homem de princípios fracos e incertos".[55] Frederico comentou com franco cinismo: "Catarina e eu somos simplesmente bandoleiros; mas me pergunto como a rainha-imperadora conseguiu conciliar-se com seu confessor! [...] Ela chorou enquanto tomava e, quanto mais chorava, mais tomava".[56] Uma vez superados seus vários escrúpulos, os austríacos espremeram até a última gota de sua parte. O rio Podgórze, até o qual eles tinham recebido territórios, aca-

Polônia, 1772

bou não existindo, então escolheram o rio Zbrucz em seu lugar, que ficava mais 30 quilômetros para dentro da Polônia.[57] Por sua vez, Frederico decidiu que "o rio Netze" significava "a planície aluvial do rio Netze" e, assim, estendeu sua fronteira em vários quilômetros para cobri-la.[58]

Mesmo antes de tomar posse formal, Frederico tinha inspecionado seu prêmio, que, claro, ele também já tinha visto inúmeras vezes a caminho da Prússia Oriental. Ele escreveu ao príncipe Henrique em junho de 1722 que estava tentando evitar o ciúme por parte das outras potências diminuindo o valor da Prússia Oriental, dizendo que tudo o que ele tinha encontrado lá era "areia, pinheiros, charnecas e judeus". Na realidade, adicionou, "é uma aquisição muito boa e vantajosa, tanto por sua posição estratégica quanto por seus recursos financeiros".[59] Em outra carta, ele refinou e expandiu essa avaliação:

Agora, vi uma grande parte do que vem a nós por meio da partilha; a maior vantagem de nossa porção é comercial. Tornamo-nos mestres de tudo o que a Polônia produz e importa; e a maior vantagem de todas é que, como viramos mestres do comércio de grãos, nunca mais seremos expostos à ameaça da fome. A população dessa aquisição conta 620 mil almas e pode ser rapidamente elevada a 700 mil, especialmente porque todos os dissidentes [religiosos] na Polônia buscarão refúgio ali.[60]

Expandir o poder, a prosperidade e a população da Prússia não era exatamente justificativa para sua cobiça contra um vizinho inócuo. Em vez disso, Frederico adotou uma defesa dual. A partilha era necessária para evitar uma guerra, disse ele a Voltaire, e a guerra era um flagelo que trazia infelicidade e todo tipo de crime.[61] Em outra carta, ele adiciona uma visão mais positiva, designando a si uma missão civilizatória. Ele tinha ido à Polônia "abolir a servidão, reformar leis bárbaras, introduzir legislação mais racional, abrir um canal para unir os rios Vístula, Netze, Warthe, Oder e Elba, reconstruir cidades decrépitas desde a peste de 1709, drenar 160 quilômetros de pântano e estabelecer alguma lei e ordem num país onde até o conceito era desconhecido.[62] No fim, a Prússia Oriental se mostrou muito resistente à assimilação, com as elites locais, de modo teimoso – e eficaz – defendendo suas instituições tradicionais e sua cultura contra a centralização prussiana.[63] Quando Frederico morreu, havia pouco ou nenhum sinal de que sua "missão civilizatória" tivesse dado em algo. Nem os plebeus, nem os numerosos judeus tinham experimentado qualquer melhora em sua terrível sorte.[64]

Talvez de forma surpreendente, a reação europeia foi atenuada, determinada mais pelo interesse nacional do que por princípios éticos. Assim, os franceses ficaram indignados, e justamente pelo motivo de os britânicos terem permanecido indiferentes.[65] David Hume lamentou que "as duas nações mais civilizadas, os ingleses e os franceses, estejam em declínio; e os bárbaros, os góticos e vândalos da Alemanha e da Rússia estejam crescendo em poder e influência", mas se consolou com o pensamento de que tinham sido os franceses a serem humilhados, vociferando sobre "as afrontas oferecidas à França, onde essa partilha nem foi notificada. Como aquela formidável monarquia está caída, humilhada".[66] William Pitt, o Velho, agora conde de Chatham, acrescentou: "Sou praticamente um russo. Confio que os otomanos acabarão com a Casa de Bourbon neste outono".[67] Na Alemanha, a condenação foi mais alta nas regiões católicas, embora mesmo nelas o envolvimento austríaco tenha atraído o fluxo de crítica. Os protestantes foram claros dizendo que os poloneses partilhados deviam se considerar sortudos por ter escapado de um inferno cheio de padres. O jornalista suábio Christian Friedrich Daniel Schubart escreveu em seu *German Chronicle*:

> Ajoelhe-se, Polônia, e permaneça em silêncio! A superstição irracional ainda não foi erradicada deste país. A razão não pode conquistar nada enquanto essa divindade hostil constrói seus templos [...] Com poucas exceções, os poloneses ainda acreditam em bruxas, espíritos e fantasmas, só conhecem o sentido exterior e não o interior da religião e nutrem um ódio mortal por qualquer um que não compartilhe de sua fé. Esse comportamento em relação aos judeus é nojento. Muitas centenas desses últimos foram executados da maneira mais cruel pela mera suspeita de que precisavam de sangue cristão para comemorar sua Páscoa; uma criança cristã só precisa sumir ou se afogar acidentalmente, e um judeu é agarrado pela barba, executado ou até queimado até a morte.[68]

Dentro da Prússia, o conde Lehndorff provavelmente falava por muitos quando se regozijou com a conquista de uma província sem que um tiro fosse disparado, e a considerava um triunfo pessoal para Frederico.[69]

A maioria dos veredictos subsequentes sobre a partilha foi crítica, embora nacionalistas alemães continuassem a comemorar durante todo o século seguinte e boa parte do próximo. Na opinião de Treitschke, 1772 assinalou que "a luta de quinhentos anos entre alemães e poloneses pela posse da costa do Báltico tinha sido decidida a favor da Alemanha".[70] Exemplar do campo oposto era a metáfora empregada pelo historiador inglês e fã da Polônia, Norman Davies, escrevendo em 1981: "A Polônia foi vítima de vivissecção política – por mutilação, amputação e, no fim, desmembramento total; e a única desculpa dada era que o paciente não estava se sentindo bem".[71] Mas Davies também citou a observação de Bismarck de que as partilhas da Polônia não eram diferentes das partilhas infligidas pelos poloneses a seus vizinhos no fim da Idade Média. O que levou a acusações de que esse episódio era "o horror de nossa era" (Jacques Mallet du Pan) ou "um crime vergonhoso" (Macaulay) foi que se seguiu a ela um período em que a integridade nacional se tornou o conceito-mestre do discurso político.[72] A natureza multiétnica, multilíngue e multiconfessional do Estado composto que deveria mais propriamente ser chamado de "Comunidade Polonesa-Lituana" foi convenientemente esquecida por esses críticos liberais. Como apontou Paul Schroeder, partilhas eram comuns na Europa do século XVIII. O que tornava esta especial era que a Polônia foi tratada como território colonial, a ser fatiado para ajudar a resolver um conflito – como a África no fim do século XIX. Mas, adicionou Schroeder, essencialmente, estava de acordo com o sistema que se desenvolveu durante o século anterior: "O 'crime' da primeira partilha polonesa surgiu diretamente das regras e necessidades da política padrão do século XVIII".[73]

O SACRO IMPÉRIO ROMANO

Com a poeira baixando sobre o imbróglio polonês, contemporâneos especulavam sobre a identidade da próxima vítima. "A Polônia foi apenas o café da manhã, e não há muitos poloneses. Onde jantarão?", perguntou Edmund Burke.[74] Ao fim, a refeição seguinte foi servida pelos turcos, cujo alívio, cortesia dos poloneses, mostrou ter vida curta. A Paz de Kuchuk-Kainarji que levou ao fim sua desastrosa guerra com os russos em julho de 1774 deu aos vitoriosos importantes ganhos em torno da costa norte do Mar Negro: ao leste, controle da entrada do Mar de Azov; ao oeste, controle dos estuários Bug-Dniester; e, no meio, "independência" dos turcos para o Canato da Crimeia. A liberdade de navegação e o direito de enviar navios de mercadoria para o Mediterrâneo significava que o Mar Negro não era mais um lago turco e que a Rússia agora podia se tornar uma força no Mediterrâneo Oriental. Como os sistemas fluviais drenavam o centro e o sul da Polônia central e o oeste da Rússia para o sul, o potencial comercial da nova aquisição era colossal. Ninguém supunha que isso marcasse o limite das ambições de Catarina. Como escreveu Lord Rosebery:

> Se há um ponto no qual a história se repete, é este: que, a certos intervalos fixos, o Império Russo sente a necessidade de expansão; que essa necessidade é em geral saciada às custas dos turcos; que as outras potências, ou algumas delas, se alarmam e tentam tomar medidas para restringir a operação, com mais ou menos o mesmo resultado do processo de podar frutas de uma árvore jovem e saudável.[75]

Como vimos, durante a mais recente guerra russo-turca, as tesouras de poda tinham sido operadas pelos austríacos. Foi graças a eles que os principados do Danúbio tiveram de ser evacuados pelos russos. Mas agora o imperador José e seu chanceler, o príncipe Kaunitz, estavam começando a considerar uma estratégia alternativa, qual fosse, *juntar-se* – não parar – ao espólio russo do Império Otomano. Em 1774, eles lançaram uma campanha de intimidação em Constantinopla para extrair a cessão de Bukovina, um pedaço substancial de território a sudeste de sua parte da recente partilha. Embora pouco populoso ("um verdadeiro deserto", na opinião de José), tinha considerável valor estratégico na formação de uma ligação entre posses austríacas existentes na Galícia e na Transilvânia. A reivindicação era baseada numa promessa feita no tratado de aliança esboçado em 1771, um pretexto tanto mais ousado porque tinham sido os austríacos a se recusar a ratificá-lo.* Como sabiam muito bem, os turcos não estavam em posição de oferecer resistência e assinaram o tratado necessário em abril de 1775.[76]

Depois desse turbilhão de atividades durante a primeira metade dos anos 1770, tudo ficou tranquilo na fronte leste. A atenção mudou para o mundo além-mar, onde a rebelião dos colonos americanos se transformou na Guerra da Independência Americana em fevereiro de 1778, quando a França entrou na luta, seguida depois por Espanha, em 1779, e República Holandesa, em 1780. Frederico, porém, continuava intranquilo, ciente de que a partilha polonesa e a guerra russo-turca tinham criado um perigo novo e mortal: a possibilidade de uma reaproximação entre as duas outras grandes potências do leste, às suas custas. Saciada como estava Catarina (por enquanto) com sua parte da Polônia, no oeste, seu olhar aquisitivo tinha ido para o sul, com a ajuda de seu novo amante, Gregório Aleksandrovich Potemkin, que ela tornou vice-rei do sul da Rússia em 1774-5.[77] Frederico escreveu ao príncipe Henrique em março de 1774 que essa mudança da guarda e no quarto imperial "me desagrada muito", adicionando em outubro o comentário caracteristicamente misógino: "Uma mulher é sempre uma mulher e, no governo feminino, a boceta tem mais influência que uma política firme guiada pela razão sã".[78]

Potemkin (a quem Frederico se referia pejorativamente como "Patukin" ou "Tapuquin") e Catarina passaram a ver que, em relação a seus avanços na fronteira da região do Danúbio e dos Bálcãs, pouco se podia esperar da Prússia, mas muito da Áustria, se a hostilidade atual pudesse ser revertida. Catarina sabia que seria impossível enquanto "Santa Teresa" (como ela apelidara Maria Teresa) estivesse viva, mas a última tinha envelhecido prema-

---

* Ver anteriormente, p. 279.

turamente pelas dezesseis gravidezes e agora era uma velha (nascida em 1717) pelos padrões da época. Receptivo aos avanços russos, havia seu filho José, sacro imperador romano ele mesmo desde 1765, mas apenas corregente da Áustria, buscando ansiosamente ser mestre indiscutível de ambas as casas. Seu entusiasmo pela ação conjunta contra os turcos vinha de muito tempo: em 1772, por exemplo, ele teria preferido a partilha do Império Otomano, em vez da Polônia.[79]

A atração de uma aliança russa foi, então, reforçada por eventos no Sacro Império Romano no fim dos anos de 1770. Não pela primeira vez, foi a sofrida Casa de Wittelsbach que se tornou o centro do conflito. Como o eleitor Maximiliano III, José da Baviera não tinha herdeiro homem e já estava com mais de cinquenta anos: uma crise de sucessão era inevitável, mais cedo ou mais tarde. Ela veio de modo bastante repentino, em 30 de dezembro de 1777, quando uma cepa particularmente virulenta de varíola o levou após uma doença bastante curta. Pode-se pensar que o herdeiro mais óbvio era o Eleitor do Palatinado, Carlos Teodoro da Baviera, chefe do braço sênior dos Wittelsbach. No mundo maravilhoso da lei imperial, porém, nada nunca era tão simples. Como as duas linhas Wittelsbach tinham se separado desde 1323, havia muito espaço para discordância sobre se ainda constituíam uma dinastia única.[80] Mais do que isso, as terras bávaras não formavam um bloco coerente, tendo sido acumuladas durante um longo período de tempo sob condições muito diversas. Em resumo, a herança Wittelsbach era o sonho de um advogado e o pesadelo de um governante.

Em Viena, o planejamento tinha começado em 1764, com um memorando longo de Kaunitz.[81] Frederico também estava alerta. No verão de 1777, ele disse a seu embaixador na corte francesa, barão Goltz, que José estava "cheio de ambições sem limites" e se mexeria para anexar a Baviera assim que o governante atual morresse.[82] Seria apenas a próxima rodada de uma luta existencial, escreveu ele a seu irmão príncipe Henrique: "Tenho certo conhecimento de que o príncipe Kaunitz disse: 'Nunca a corte imperial pode tolerar o poder prussiano; para dominá-lo, temos de eliminá-lo'". Frederico adicionou: "Essas palavras sacramentais devem ser preservadas no coração de cada prussiano, para nos impedir de dormir com uma falsa sensação de segurança".[83]

Nem Frederico, nem José se deixaram inibir por qualquer respeito pelo Sacro Império Romano, sua constituição e suas leis. Depois de uma tentativa bem-intencionada, mas infrutífera, de reformar as cortes imperiais no início dos anos 1770, José não fez segredo de seu desprezo. O escritório imperial, opinou, era "um fantasma de poder honorário", seus negócios eram "detestáveis", a constituição imperial era "odiosa", os príncipes eram ignóbeis sem personalidade, massinha de modelar nas mãos de seus ministros pedantes e venais.[84] Frederico não era menos negativo. Se José chamara o escritório imperial de "um fantasma de poder honorário", Frederico chamava o imperador de "um velho fantasma de um ídolo que teve poder, mas que agora não vale para nada".[85] Continuando a metáfora supernatural, ele adicionou que o Parlamento Imperial (*Reichstag*) "é apenas um tipo de fantasma [...] O emissário enviado por um soberano para lá lembra um cão de guarda que ladra para a lua".[86] No início de seu reinado, ele tinha usado a dominância influente sobre o imperador Wittelsbach, Carlos VII, para cortar o que sobrava dos laços cerimoniais que ligavam Brandemburgo à submissão feudal. De grande importância simbólica era a liberação da obrigação do representante prussiano de se ajoelhar em homenagem a um imperador recém-eleito.[87] O direito dos súditos prussianos de apelar às cortes de lei imperial foi pelo mesmo caminho.[88] Carlos VII também foi obrigado a reconhecer a validade, em todo o império, de todas as patentes de nobreza emitidas por Frederico.[89] Satisfazendo seus preconceitos tanto anti-imperialistas quanto anticristãos, Frederico também colocou um ponto-final nas orações pelo imperador em igrejas prussianas – que ele chamou de "um costume velho e bobo".[90] Sua rejeição simbólica do Sacro Império Romano mais celebrada foi executada por procuração por seu representante em Ratisbona, Erich Christoph von Plotho, em 14 de outubro de 1757, quando o tabelião imperial Georg Mathias Joseph Aprill chegou à residência de Brandemburgo para entregar a condenação, por parte do *Reichstag*, à invasão da Saxônia de Frederico.[91] Plotho apanhou o documento, enfiou no bolso da frente da camisa de Aprill "com toda a violência possível" e convocou seus servos para jogar o mensageiro pelas escadas até a rua. Isso, eles não conseguiram, embora os pró-prussianos escolham acreditar que sim. Segundo seu próprio relato, Aprill foi para a casa aos prantos.[92] Não é preciso dizer que esse episódio logo se espalhou e cresceu ao ser contado. Num trocadilho com o nome do infeliz tabelião, depois foi dito que ele ocorreu no dia 1º de abril.[93] Relatos fantasiosos na imprensa eram apoiados com ilustrações visuais. Segundo Goethe, quando Plotho viajou a Frankfurt am Main em 1764, foi tratado como celebridade pela população local como personificação da vitória de Frederico sobre a Áustria católica.[94]

Para um racionalista iluminado como Frederico, o Sacro Império Romano era "bizarro e envelhecido", "uma república de príncipes", "um caos de pequenos Estados".[95] Isso não significava que ele perdesse qualquer oportunidade de explorar suas complexidades para frustrar a política austríaca, o que ele fez efetivamente ao impedir os planos de José de reformar o Tribunal Cameral Imperial. A formação de um bloco católico de grandes potências pelo "compacto familiar" franco-espanhol e a aliança franco-austríaca de 1756 facilitavam o que se chamou de "reconfessionalização" da política imperial. A exigência da Paz de Vestfália de 1648, de que qualquer questão contenciosa com elemento confessional tinha de ser resolvida por meio de negociações, punha nas mãos de Frederico e dos príncipes protestantes uma poderosa arma obstrutiva constitucional.[96] A intensidade do medo e do ódio religiosos na Alemanha era tal que nem a invasão de Frederico da Saxônia em 1756 podia destruir completamente sua credibilidade como herói protestante.[97]

Levou bastante tempo até Frederico se tornar um político imperial de fato. Durante o breve reinado do imperador Wittelsbach Carlos VII (1742-5), ele conseguiu alienar quase todos com suas propostas desastradas de secularização dos principados-bispados.[98] Gradualmente, porém, ele aprendeu como usar os consideráveis ativos à sua disposição. Não apenas ele era um dos nove membros do Colégio Eleitoral do Parlamento Imperial, como ainda tinha vários votos no Colégio dos Príncipes (como do duque de Magdeburgo, do príncipe de Halberstadt, do duque da Pomerânia, do príncipe de Minden, do príncipe da Frísia Oriental etc.). Ele também exercia influência considerável, ainda que não dominante, sobre três dos Círculos Imperiais nos quais o Sacro Império Romano era dividido, nominalmente aqueles que cobriam o norte da Alemanha – os de Vestfália, Baixa Saxônia e Alta Saxônia.[99] Alianças matrimoniais forneciam outros meios de expandir a influência Hohenzollern, pois Frederico era tão cruel quanto seu pai na forma como dirigia os membros da família em combinações favoráveis.* Por mais que possa parecer surpreendente para uma era antimilitarista, o corpo de oficiais prussianos era também um ímã para os príncipes não prussianos, especialmente após as vitórias das duas primeiras guerras silesianas. Em 1756, o conde Lehndorff registrou em seu diário que o príncipe herdeiro de Hessen-Darmstadt estava fora de si de alegria por ter se tornado tenente-general, colocando em muito mais alta conta o prestígio de servir o rei da Prús-

---

* Ver adiante, pp. 423-4.

sia do que o de ser herdeiro de um belo principado próprio. Seu parente, o príncipe herdeiro de Hessen-Kassel, porém, ficou arrasado de ser passado para trás no comando do regimento de von Hacke. Esses homens eram tolos, comentou Lehndorff, clamando por postos na Prússia quando podiam estar fazendo muito melhor em casa, que era onde deviam ficar.[100] Nobres mais baixos também eram atraídos: dos 689 oficiais acima da hierarquia em 1786, 203 eram não prussianos, a maioria alemães de principados dos parceiros dinásticos de Frederico.[101]

A GUERRA DA SUCESSÃO BÁVARA

Antes da Guerra dos Sete Anos, a estratégia imperial de Frederico era, em grande parte, negativa. Mas, com o breve entusiasmo de José por seu escritório imperial diminuindo no início dos anos de 1770,[102] ele pôde ver as oportunidades de uma ação mais concreta. Com o guarda dos Habsburgo se tornando um caçador, o caçador Hohenzollern podia – e talvez até precisasse – se tornar guarda. O primeiro clímax nessa inversão de papéis veio com a morte do eleitor da Baviera. A reação imediata de Frederico foi a cautela. Como escreveu à rainha viúva da Dinamarca, ele seguiria o conselho do imperador Augusto: *festina lente* ("Apresse-se devagar").[103] Isso não significava que ele seria passivo. Segundo o enviado francês, o cavaleiro Gaussen, quando recebeu a notícia de que um exército austríaco tinha entrado na Baviera para apoiar as reivindicações de José, ele exclamou: "Essas pessoas devem pensar que estou morto, provarei o contrário".[104] Com os turcos prestes a declararem guerra à Rússia (ou assim ele acreditava), e a França e a Espanha na iminência de se unirem à guerra americana, o caldeirão estava derramando. Crucial para a questão bávara, percebeu, seria a atitude dos outros herdeiros Wittelsbach, liderados pelo eleitor do Palatinado, Carlos Teodoro da Baviera. Então, o conde Goertz foi enviado a Mannheim para descobrir se Teodoro já tinha feito um negócio com os austríacos.[105]

Ele tinha. Com medo de que pudesse perder a herança toda, o eleitor do Palatinado assinara uma convenção reconhecendo as reivindicações austríacas à maioria da Baixa Baviera, o ducado de Mindelheim na Suábia e os feudos boêmios no Alto Palatinado (norte da Baviera). Outras negociações foram contempladas para fechar as aquisições austríacas.[106] Houve muitos tapinhas nas costas em Viena, onde Maria Teresa conclamou Kaunitz como "o maior estadista da Europa" e José se parabenizou por ter conseguido dar um famoso golpe diplomático.[107] Eles também estavam ansiosos para adquirir, depois, *toda* a Baviera, em troca de territórios Habsburgo no sudoeste da Alemanha e dos Países Baixos. Dado tudo o que sabiam sobre Frederico, é de se inquirir como podiam ter calculado tão mal. Eles realmente imaginavam que ele permitiria tal mudança no equilíbrio de poder alemão sem reagir? Ele podia até ter se referido a si mesmo, numa carta ao príncipe Henrique, como um "velho cadáver", mas, simultaneamente, estava emitindo ordem para o exército se preparar. Ele disse para o escritório de exterior preparar um protesto contra a "injustiça e violência" da conduta austríaca com vistas a iniciar "uma espécie de negociação" para manter tudo caminhando até a primavera. Sob o pretexto das revistas militares de sempre, os regimentos siliesianos receberam ordens de estar em posição até 1º de abril. Como ele disse a um de seus generais em 26 de janeiro, parecia muito que a guerra era inevitável.[108]

Assim foi. Os austríacos podiam ter dominado Carlos Teodoro, mas, como ele também não tinha herdeiro próprio, o consentimento do próximo Wittelsbach na linha de sucessão, Carlos Augusto, duque de Zweibrücken, também era necessário. Por sorte de Frederico, ele era um perdulário incorrigível, financeiramente dependente de subsídios franceses para não afundar, e a última coisa que seus mestres queriam era a expansão austríaca na Alemanha. Em fevereiro de 1778, o ministro do Exterior francês, Vergennes, divulgou que os austríacos estavam sozinhos. Em 24 de março, eles foram informados de que a partilha proposta da Baviera não era coberta pelo tratado de 1756 e que não haveria nenhuma assistência diplomática ou militar francesa. Era uma notícia muito ruim para José e Kaunitz, sempre mais ousados em suas políticas do que Maria Teresa. Isso descartava a troca completa e tornava problemática até a retenção do que Carlos Teodoro já tinha concedido.[109] Ainda que não pudesse induzir seu aliado russo a fornecer apoio militar, Frederico achava que tinha boas chances numa disputa direta com a Áustria. Como observou a Finckenstein em abril, na guerra anterior, ele tinha segurado tantas potências de uma vez que apenas uma não devia ser um problema.[110] Então, sentiu-se capaz de fazer um movimento decisivo. Foi ordenada a mobilização em 18 de março, e em 6 de abril ele saiu de Potsdam para a Silésia. Seguiram-se três meses de manobras diplomáticas, mas, após receber uma resposta evasiva a seu mais recente ultimato, em 3 de julho, Frederico declarou guerra e, dois dias depois, cruzou a fronteira.[111]

O que se seguiu para a Prússia foi vergonhoso no curto, satisfatório no médio e alarmante no longo prazo. Frederico tinha 66 anos quando foi pela última vez à guerra e estava com a saúde particularmente debilitada. Ele estava tão fraco, relatou o general von Schmettau, que mal conseguia sentar em seu cavalo, mesmo em ritmo de caminhada.[112] Isso não o impediu de ir direto para a ofensiva (antecipando, assim, os exércitos prussianos em 1792, 1806, 1813, 1866, 1870, 1914, 1939 e 1941). Ele tinha toda razão para estar confiante. Ao contrário de 1756, os austríacos não tinham aliados para criar distrações no oeste, norte e leste, enquanto Frederico estava reforçado por 22 mil saxões apoiando a reivindicação de seu próprio governante à herança bávara. Assim, o impasse que se seguiu foi uma decepção terrível. O exército do príncipe Henrique no *front* oeste conseguiu um sucesso inicial, cruzando para a Boêmia por meio de desfiladeiros que se achava, equivocadamente, serem intransponíveis, surpreendendo o marechal Laudon e o forçando de volta a Münchengrätz.[113] Talvez por desaprovar a guerra em primeiro lugar, Henrique, então, tomou a defensiva. O exército do leste de Frederico, por sua vez, não estava fazendo progresso algum na Morávia. Os austríacos, comandados pelo marechal Lacy, tomaram uma posição defensiva forte no alto do Elba, a norte de Könniggrätz, e esperaram.[114] Pode-se lembrar do que Frederico tinha escrito sobre sua campanha desastrosa em 1744: "É preciso admitir que é mais difícil fazer guerra na Boêmia do que em qualquer outro país".* Trinta e quatro anos depois, era tão difícil quanto e pelos mesmos motivos, ou, na verdade, ainda mais difícil, porque a lacuna militar entre os dois combatentes tinha se estreitado consideravelmente naquele meio-tempo.

Com o outono se aproximando, os suprimentos estavam acabando, a taxa de deserção aumentava e o clima estava piorando. A neve no início de setembro anunciava um inverno precoce e duro. No meio do mês, o príncipe Henrique começou a se retirar de volta para a Saxônia, alegando uma falta aguda de provisões, e Frederico seguiu para a Silésia no início de outubro.[115] Não tinha havido batalha, apenas combates de baixo nível nos quais os prussianos em geral levaram a pior. Três meses de inação tinham proporcionado ao exército de Frederico apenas desmoralização, doença e deserção, que, combinados, reduziram seu exército em 40 mil homens.[116] Essa foi a parte vergonhosa. Mas Frederico tinha feito o suficiente para conquistar seu

---

* Ver anteriormente, p. 104.

objetivo político, que sempre tinha sido o principal propósito do exercício. Ele tinha tido a ajuda de divisões sérias dentro do campo oposto. Maria Teresa estava tão ansiosa para evitar a guerra que, mesmo depois da invasão de Frederico, ela lhe enviou um apelo pessoal de uma mãe cujo "coração maternal" estava devastado de ver seus dois filhos e um genro indo para a guerra.[117] Também mandou o barão Thugut como emissário especial ao campo prussiano para tentar encontrar uma solução de meio-termo.[118] Compreensivelmente, José ficou furioso com sua mãe fazendo coisas pelas suas costas: "Estamos dizendo a ele [Frederico] que todas as forças da monarquia não são nada e que, quando ele quiser algo, somos obrigados a consentir [...] Declaro que acho a ação o mais prejudicial possível".[119]

Dividido e incoerente, o triunvirato austríaco não era páreo para a voz solo de Frederico. A tentativa de fazer uma renúncia da reivindicação bávara sob a condição de abrir mão de seu interesse de reversão (com muito mais fundamento) em Ansbach e Bayreuth era especialmente desastrada, servindo apenas para divulgar a fraqueza da posição austríaca.[120] É inútil especular o que podia ter acontecido se a guerra tivesse sido retomada em 1779. Em novembro de 1778, Maria Teresa já tinha se cansado. Como disse ao conde Mercy, seu embaixador em Versalhes, a experiência da Guerra dos Sete Anos e os recursos financeiros muito mais fortes da Prússia desqualificavam qualquer pensamento sobre uma guerra de atrito.[121] A Áustria já tinha gasto 100 milhões de florins só para chegar a esse estágio, e o tesouro estava vazio.[122] Nesse ponto, duas outras grandes potências continentais ofereceram uma saída. Com a França agora completamente engajada na guerra com a Grã-Bretanha, foi a czarina quem controlou os acontecimentos. No começo da guerra, Frederico tinha ficado irritado com a recusa dela em enviar assistência militar, sob o argumento de que a Prússia não tinha sido atacada em seu próprio território, uma visão tecnicamente correta, mas que não mantinha exatamente o espírito da aliança.[123] Ela compensou em outubro enviando o príncipe Repnin em uma missão diplomática buscando a mediação, com a instrução de coordenar com Frederico a assistência militar caso os austríacos se mostrassem relutantes. O despacho simultâneo de 30 mil soldados ao oeste da Polônia adicionou a força necessária.[124]

As negociações conduzidas pelos mediadores franco-russos se arrastaram pelo inverno até a primavera, com os dois lados se atacando verbal e literalmente. "Nunca houve uma mistura tão estranha de Guerra e Negociação", comentou o embaixador britânico em Viena.[125] Só em 13 de maio de 1779 um tratado foi assinado em Teschen, na Saxônia, para encerrar formalmente a guerra. Em termos territoriais, o eleitor Carlos Teodoro, do Palatinado, ficou com a maior parte, nomeadamente tudo o que ele cedera em seu tratado de 3 de janeiro de 1778 com a Áustria, fora uma modesta faixa de território ao leste do rio Inn, com uma população de cerca de 120 mil habitantes. Ela foi chamada de "região Inn" pelo imperador José, e era tudo o que ele tinha para exibir por seus esforços. Como no caso da partilha polonesa, o verdadeiro vitorioso foi Frederico. Não apenas ele tinha evitado uma mudança radical no equilíbrio de poder alemão, mas agora também possuía a garantia de uma grande potência para sua própria sucessão a Ansbach e Bayreuth. Em 1772, a Prússia Ocidental valia muito mais que a Galícia e agora, em 1779, Ansbach e Bayreuth valiam muito mais que o Innviertel.[126] Também cheia de sucessos estava Catarina, recompensada por sua mediação com o *status* de fiadora do tratado. Como o Tratado de Teschen renovava a Paz de Vestfália de 1648, isso não só elevava a Rússia a um patamar igual ao da França, mas também abria caminho para mais intervenções em questões imperiais.[127]

Por enquanto, tudo bem, mas as perspectivas de longo prazo para a Prússia de Frederico eram alarmantes. O desempenho do exército tinha sido abismal, como registraram muitos dos participantes. "O exército prussiano não tem qualquer semelhança com o que foi antes. Não há vida nos generais e, quanto aos oficiais, estão todos desmoralizados e não se encontra a menor ordem em lugar algum", foi um dos vereditos.[128] O príncipe Henrique reclamou que vários de seus generais subordinados não estavam adequados ao serviço e eram simplesmente um peso: von Britzke tinha oitenta anos e era fisicamente incapaz de ir à guerra; Lossau tinha uma bala na cabeça desde a batalha de Torgau em 1760, e nenhuma memória; a velhice tornara Kleist imóvel; três dos majores-generais tinham bem mais de setenta anos; o general que devia estar comandando a retaguarda só podia viajar de carruagem; e assim por diante.[129] Pensava-se que também a qualidade dos soldados rasos estava se deteriorando, principalmente porque um número cada vez maior de súditos prussianos nativos era dispensado do serviço militar.[130] Apesar de toda a sua ênfase na necessidade de serviço e dever, Frederico não conseguiu se convencer a eliminar os pesos mortos – e seus sucessores também não, até serem forçados pela catástrofe de 1806. A rainha Luísa comentou, notoriamente, depois daquele acontecimento, que a Prússia "tinha dormido sobre os louros de Frederico, o Grande", mas, na realidade, tinha sido Frederico que cochilara após 1763.[131] Em 1767, ele escreveu ao príncipe Henrique que a Guerra dos Sete Anos tinha "arruinado as tropas e destruído a disciplina", mas que ele estava progredindo bem no conserto da situação e que, em três anos, tudo estaria de volta ao normal.[132] A campanha de 1778 negou essa previsão. Durante a segunda metade de seu reinado, o tamanho do exército aumentou, mas não houve melhora qualitativa equivalente.[133]

Em 4 de maio de 1779, o negociador de Frederico em Teschen, barão Johann Wilhelm von Riedesel, relatou que os mediadores franceses e russos tinham previsto que o tratado prestes a ser assinado garantiria uma paz "estável, segura e duradoura" na Alemanha. Também resumiram da seguinte forma o resultado do episódio: Frederico tinha demonstrado como podia responder rápida e resolutamente às usurpações austríacas; a França e a Rússia tinham mostrado como sua intervenção diplomática podia ser eficaz; os austríacos precisariam de pelo menos quinze anos para recuperar suas finanças arruinadas; e as indubitáveis ambições territoriais de José nos Bálcãs teriam de ser contidas pelo fato de que a Rússia interviria para impedir qualquer expansão.[134] Em sua resposta, Frederico concordou que a Alemanha permaneceria sem ser incomodada desde que França, Rússia e Prússia agissem juntas, mas não pôde resistir a adicionar que ele era cético por natureza e a citar o sábio conselho de Norman pai a seu filho: "Confie!" "Mas em quem devo confiar, pai?" "Em ninguém!".[135]

JOSÉ II

O ceticismo de Frederico acabou sendo inteiramente justificado. A previsão final dos mediadores logo se provou completamente equivocada. Longe de se opor aos projetos austríacos, Catarina agora estava buscando uma aliança para promover uma partilha conjunta do Império Otomano. Ela sabia que não seria possível enquanto Maria Teresa vivesse, mas mal podia esperar por sua morte. Esta veio em 29 de novembro de 1780. Menos de um mês depois, José disse a seu embaixador em São Petersburgo: "A Rússia e nós, juntos, poderemos conquistar tudo o que quisermos, mas achamos que um sem o outro será muito difícil conquistar qualquer coisa de importante e valioso".[136] Com ambos os parceiros tão ansiosos, a consumação não demorou: por uma troca de cartas em maio de 1781, a aliança foi selada.[137] A cláusula mais importante obrigava as duas potências a ajudarem uma à outra com forças iguais – mas só se o ataque viesse dos turcos. Qualquer outro agressor só exigia assistência modesta: 10 mil de infantaria, 2 mil de cavalaria, além da artilharia apropriada, ou um subsídio de 400 mil rublos se o teatro de operações fosse remoto demais para a intervenção direta. As posses italianas e asiáticas da Áustria e da Rússia foram respectiva e totalmente excluídas.[138] É muito provável que essa aliança fosse acontecer de qualquer forma, mas Frederico certamente tinha ajudado a alienar Catarina e a empurrá-la na direção de José com sua prática dura em relação às fronteiras polonesas após a partilha, sua subestimação constante, tanto da habilidade quanto da determinação da czarina, e seu incorrigível hábito de fazer comentários ofensivos sobre a vida sexual de soberanas.*[139]

Não demorou para Catarina tirar vantagem de sua aliança obviamente desigual com a Áustria. Com Grã-Bretanha, França, Espanha e República Holandesa completamente comprometidas com a guerra pela América, ela desfrutou de liberdade total de ação. Em abril de 1783, a anexação da Crimeia foi anunciada. Era o maior posto de concentração de tropas até então, no que estava parecendo cada vez mais um roteiro que terminava em Constantinopla. Ela anunciou sua intenção em 1779 quando seu neto mais jovem foi batizado "Constantino" e foi forjada uma medalha comemorativa mostrando a Santa Sofia de um lado e o Mar Negro, com uma estrela acima, do outro.[140] A Crimeia era uma aquisição de importância colossal, que, entre outras coisas, confirmava e acelerava o redirecionamento do comércio russo do norte para o sul. Mas os austríacos foram embora de mãos vazias, pois José rejeitou o conselho de Kaunitz de anexar os principados do Danúbio.[141]

O pobre Frederico foi deixado a ver navios. É claro que ele tinha previsto essa última revolução diplomática. Um sinal precoce de que o cata-vento russo estava girando para o sul foi uma visita feita por José a Catarina no verão de 1780, que acabou sendo "um triunfo público tanto quanto particular para ambos os governantes".[142] Frederico fez seu melhor para manter sua aliança intacta unindo-se à "Neutralidade Armada" de Catarina contra a Grã-Bretanha em maio de 1781, em outras palavras, exatamente no mesmo momento em que ela estava abrindo mão dele em favor de José.[143] Dois meses depois, ele disse a Finckenstein que as negociações austro-russas tinham sido quebradas sem resultado, e continuou acreditando nisso durante o ano seguinte.[144] Foi só em julho de 1783 que o príncipe Dolgoruki, embaixador russo, informou o ministro prussiano Hertzberg de que Rússia e Áustria tinham

---

*   Ver anteriormente, p. 182.

"renovado seus antigos tratados".[145] Naquele ponto, Frederico estava bastante ciente de ter sido rejeitado. O apoio diplomático de José à captura da Crimeia acabou com quaisquer ilusões que ainda houvesse.[146] Ele agora só podia esperar pela morte da czarina e, enquanto isso, cultivar o filho temperamental dela, para não dizer desequilibrado, o grão-duque Paulo, conhecido por sua prussofilia e veneração a Frederico.[147] Dado o estilo de vida indulgente de Catarina, não era uma esperança perdida, embora, por fim, sua constituição robusta a tenha mantido viva até 1796.

A partir de maio de 1781, Frederico estava por si. As paredes de proteção do porto-seguro que ele parecia ter alcançado com sua aliança russa de 1764 tinham rachado e sua embarcação modesta fora expulsa para enfrentar o perigo do alto-mar mais uma vez. A cura mais óbvia para esse vergonhoso isolamento era se aliar com a outra potência sem amigos, a Grã-Bretanha. Ele se recusou, por três motivos. Em primeiro lugar, há muito nutria uma aversão aos ingleses, muitas vezes referindo-se a eles como corruptos, decadentes, materialistas, perdulários, glutões e – acima de tudo – arrogantes.[148] Desde a época de Cromwell, disse ao príncipe Henrique, eles tinham sucumbido à "depravação e licenciosidade desenfreadas".[149] Em segundo lugar, ele nunca esqueceu a forma como eles o tinham traído em 1762 fazendo uma paz separada, sendo o infame lorde Bute seu pesadelo em particular. Muito depois de este ter deixado de exercer qualquer influência sobre George III, Frederico seguiu acreditando que ele era "o ministro por trás da cortina", controlando todos os títeres.[150] Finalmente, a guerra americana o convencera de que a Grã-Bretanha era uma força gasta no sistema de Estados europeu, exaurida, falida e cheia de facções.[151] Assim, rejeitou as abordagens periódicas feitas pelos britânicos para uma aliança, comparando os dois países a dois homens que estão se afogando: se segurassem um no outro, só afundariam mais rápido.[152] Essa concepção errônea era amplamente compartilhada na Europa após a guerra americana; por exemplo, por José II, que acreditava que a Grã-Bretanha agora era uma potência de segunda ou terceira linha.[153]

Paradoxalmente, a aliança austro-russa acabou sendo não a ameaça existencial que parecia, mas o trampolim para uma última vitória diplomática. Havia duas tábuas. A primeira foi a reação dos franceses. Por dois séculos e meio, eles tinham considerado os turcos otomanos seus aliados naturais na Europa oriental e ficaram horrorizados com a captura russa da Crimeia. Tendo acabado de concluir uma guerra horrivelmente cara contra os britânicos a favor dos rebeldes americanos, não estavam em posição de intervir militarmente, mas lançaram uma ofensiva diplomática. Nela, exigiram – e tinham todo o direito de esperar – a assistência de seus aliados austríacos, e, portanto, ficaram inevitavelmente irritados ao descobrir que não apenas José estava fazendo todo o possível para *apoiar* Catarina, mas tinha se aliado a ela em segredo durante os dois últimos anos. Não é de se surpreender que o impotente embaixador austríaco em Versalhes, conde Mercy, fosse sujeito a várias "trocas afetuosas" com o ministro de Exterior francês, Vergennes.[154] Assim, o mais seguro dos adesivos diplomáticos – "o inimigo de meu inimigo é meu amigo" – uniu França e Prússia numa cooperação informal.[155]

A outra tábua era o encorajamento dado pela aliança russa à ambição incansável de José. Ele era cheio de ideias brilhantes, algumas delas sensatas, outras, impraticáveis, em especial quando promovidas em simultaneidade. Tal era sua reputação pela expansão indiscriminada que, quando ele perguntou sobre o tamanho da população de Verona ao trocar de cavalos naquela cidade em 1784, imediatamente espalhou-se o boato de que ele tinha os olhos na República de Veneza.[156] Reais ou imaginados, seus planos geravam tanto medo e ira no Sacro Império Romano que Frederico podia se apresentar como um príncipe num cavalo branco. José era um homem com pressa, a definição exemplar de Lessing sobre o homem moderno: "Ele muitas vezes chega a epifanias muito precisas sobre o futuro, mas não consegue esperar o futuro chegar".[157] Por 39 frustrantes anos, ele tinha sido restringido por sua formidável mãe; agora, toda essa energia represada estava sendo liberada. Em meros dois ou três anos ele conseguira alienar praticamente todo mundo, exceto pelo pequeno número de pessoas que pensava como ele. Dentro da Monarquia Habsburgo, o clero, a nobreza e todos os numerosos plebeus que tinham interesses velados ou opiniões conservadoras a defender logo protestaram ruidosamente. No Sacro Império Romano, até os príncipes por tradição leais ao imperador ficaram contra ele por causa de suas iniciativas desastradas. Quando jovem, ele tinha pregado o evangelho do poder estatal: "Tudo existe para o Estado; esta palavra contém tudo, então todos que vivem nele devem se unir para promover seus interesses".[158] Esse objetivo inspirou um programa de centralização, padronização, secularização, germanização – e todas as outras "izações" associadas com a modernização. Dada a maravilhosa diversidade dos dois regimes que ele comandava, a Monarquia Habsburgo e o Sacro Império Romano, ele estava tentando o impossível.

Quando a *raison d'état* austríaca colidia com a lei imperial, todos aqueles cuja própria existência dependia da manutenção desta tinham de procurar proteção em outro lugar. Em primeiro na linha de fogo de José estavam os principados-bispados vizinhos cujas responsabilidades diocesanas se estendiam pelos territórios Habsburgo. José se mexeu rápido para excluir essa jurisdição "estrangeira" e fazer coincidirem as fronteiras territoriais e episcopais de seu Estado. Sua expropriação dos estados austríacos do bispado de Passau em 1783 foi uma quebra especialmente brutal da lei imperial.[159] Mais alarmante para todos os príncipes era sua vigorosa expansão do poder austríaco (em oposição à influência imperial) no império. Mesmo antes da morte de Maria Teresa, a eleição do irmão de José, Maximiliano Francisco, como "auxiliar" do arcebispo-eleitor de Colônia e príncipe-bispo de Münster tinha sido assegurada. Isso significava que, na morte do incumbente atual (os dois bispados eram governados pelo mesmo homem), um arquiduque Habsburgo automaticamente se tornaria sucessor de dois grandes, prósperos e estrategicamente importantes principados no noroeste da Alemanha. Pensava-se que muitos outros Estados eclesiásticos estavam na lista do pluralista arquiduque.[160]

Isso já era ruim o suficiente. Muito pior foi a notícia, em 1784, de que José estava ressuscitando seu plano de trocar suas posses nos Países Baixos pelo eleitorado da Baviera. Só é preciso olhar de relance o mapa para apreciar o benefício colossal que isso teria trazido: de uma faixa de território separando as posses Habsburgo na Boêmia e no Tirol, a Baviera teria se transformado em ligação entre essas duas. A dominação do sul da Alemanha, inevitavelmente, viria depois. Em todos os sentidos, a Baviera teria sido a substituta perfeita para a Silésia. Se José tivesse mantido as coisas simples, poderia ter conseguido, pois o atual eleitor da Baviera, Carlos Teodoro, queria se mudar: ele não gostava de Munique, para onde tinha precisado se transferir em 1778 (e o sentimento era recíproco); ele tinha nascido em Bruxelas e sua mãe era uma Arenberg, uma das grandes famílias da região; ele se considerava "rei da Bélgica"; e não queria voltar para Mannheim e a sua esposa distante.[161]

Frederico tinha permanecido num constante e ansioso estado de alerta desde o fim da Guerra da Sucessão Bávara. Em setembro de 1779, ele disse a seu embaixador em São Petersburgo que Carlos Teodoro era patologicamente tímido e completamente controlado pelos austríacos, que tinham subornado todos os conselheiros dele, incluindo seu padre confessor. Era só questão de tempo, previu, para José tentar de novo anexar o eleitorado. Apenas a garantia dada por França e Rússia no Tratado de Teschen o restringia.[162] Três anos depois, ele reclamou a seu sobrinho, o duque de Brunsvique, sobre o peso esmagador colocado em seus ombros septuagenários pela abundância de intrigas lançadas por José de todas as direções.[163] Além disso, a situação estava se deteriorando. A França estava enfraquecida pela guerra destrutivamente cara na América, e a Rússia tinha se tornado aliada austríaca. Como José tinha apoiado Catarina até o limite na anexação da Crimeia sem pedir nada para si, ele agora se sentia no direito da reciprocidade. Em maio de 1784, ele contou a ela sobre o projeto da troca da Baviera e pediu ajuda. Ela concordou imediatamente, prometendo "toda a ajuda possível".[164]

Por sorte de Frederico, o incorrigível José estava tropeçando de novo. Assim que fez a oferta, começou a questionar se queria abrir mão de suas posses nos Países Baixos. Seguiu-se uma afinação muito confusa, que só serviu para exasperar Carlos Teodoro. Mais prejudicial foi que ele decidiu também que seria um bom momento para pressionar a República Holandesa a abrir o rio Scheldt a remessas internacionais, para as quais ele estava fechado, na prática, desde que os holandeses capturaram a foz do rio em 1585 e formalmente desde a Paz de Vestfália em 1648. Isso significava que o antes grande porto da Antuérpia tinha se contraído e virado águas paradas. Havia, é claro, alguma conexão com a troca da Baviera, porque a liberação da Antuérpia tornaria os Países Baixos Austríacos muito mais atraentes a Carlos Teodoro.

Infelizmente para José, sua *démarche* coincidiu com uma tentativa determinada da França de assegurar uma aliança com os holandeses. Eles acreditavam que, se as bases navais holandesas no Cabo da Boa Esperança e no Ceilão pudessem ser adicionadas às ilhas francesas no oceano Índico, estariam numa posição de fazer com os britânicos na Índia o que tinham acabado de fazer com eles na América. Não é muito dizer que se pensava que o futuro do mundo além-mar dependia desse projeto. Então, quando foi forçada a escolher entre sua aliada existente, a Áustria, e sua aliada em potencial, a República Holandesa, a França não hesitou em optar pela última.[165]

José certamente tentou muito. Um navio austríaco foi enviado pelo Scheldt para forçar a situação (os holandeses não acreditaram no blefe e o forçaram a dar meia-volta); ele se ofereceu para abrir mão de suas demandas dos holandeses em troca do apoio francês na troca da Baviera (eles recusaram); e fez sua irmã Maria Antonieta pressionar Luís XVI (que, afinal, nunca pôde ser influenciado por ela em questões políticas).[166] Foi tudo em vão. Ele não foi capaz de superar a oposição dos franceses, que mostravam resolução e habilidades impressionantes. No crepúsculo do *ancien régime*, eles provocaram uma última explosão de ações decisivas. Numa reunião do Conselho de Estado em Versalhes em 2 de janeiro de 1785, cada um dos ministros votou contra a troca, com exceção do ministro de Exterior, Vergennes, e mesmo este estava só se protegendo da ira da rainha.[167] O ator decisivo acabou sendo o herdeiro de Carlos Teodoro, o duque de Zweibrücken, cuja francofilia tinha recentemente sido encorajada por um subsídio de 6 milhões de liras e a promessa de mais. Então, quando o emissário russo conde Nicolai Petrovich Rumyantsev buscou a aprovação da troca, foi sumariamente dispensado. Para piorar a situação, o duque então enviou uma carta "insolente e ridícula" a José, confirmando sua recusa.[168]

Ele também mandou uma carta a Potsdam, informando a Frederico o que tinha acontecido e pedindo seu apoio.[169] Conseguiu-o imediatamente, é claro. Com a França tecnicamente ainda aliada da Áustria, a Rússia promovendo ativamente a troca e a Grã-Bretanha aparentemente fora do jogo, Frederico teve de buscar uma liga de príncipes germânicos para frustrar José. Era um plano com um longo histórico. Frederico pode tê-lo considerado já em 1780, embora uma história contínua de interesse só exista a partir da primavera de 1783, quando ele o discutiu pela primeira vez com Hertzberg.[170] Sem que ele soubesse, uma confederação similar estava sendo planejada por vários príncipes menores buscando uma terceira via entre as duas superpotências germânicas.[171] Eles odiavam José, mas temiam Frederico – "uma esquife esmagada no meio de dois navios de guerra" foi a metáfora empregada por Goethe para descrever a situação desconfortável de seu empregador, o duque de Saxônia-Weimar, um dos príncipes envolvidos.[172] Essas pequenas embarcações não tinham chance de agir de modo independente uma vez que Frederico assumiu o comando, mas a maior parte o preferia à Áustria, e entrou na linha.[173] Frederico facilitou para eles, insistindo que só queria proteger a constituição tradicional do império contra a inovação violenta.[174] A composição final da liga, registrada por Hertzberg e datada de 15 de março de 1785, garantia proteção contra quaisquer "intrusões, secularizações ou trocas" a todos os membros do império, e não só àqueles que realmente se uniram a ela.[175]

O recrutamento para a liga começou imediatamente. De certo modo, era um exercício inútil, pois José tinha abandonado a troca, considerando-a perdida, logo que ficou sabendo da oposição francesa e da resistência de Zweibrücken.[176] Mais importante, a campanha atrapalhada de José – "tão desprezível em forma quanto em suas conquistas"[177] – tinha colocado nas mãos de Frederico uma oportunidade de ouro de se destacar como salvador do império. Um cardume de príncipes buscou sua sombra protetora: Saxônia-Weimar, Saxônia-Gota, Zweibrücken, Brunsvique, Baden, Hessen-Kassel, três príncipes de Anhalt, Ansbach, Pfalz-Birkenfeld, Mecklemburgo Schwerin, Mecklemburgo Strelitz e Hessen-Darmstadt. A esses peixes pequenos, é preciso adicionar três grandes presenças: o arcebispo-eleitor de Mainz, de pouco poder mas muito prestígio como arquichanceler do Império e Primado da Igreja na Alemanha; o eleitor da Saxônia; e o eleitor de Hanôver.[178] Especialmente gratificante era a participação entusiasmada de George III, que fazia "os maiores elogios possíveis ao zelo patriótico de Vossa Majestade", como relatou o embaixador prussiano em Londres, conde Lusi, a um grato, embora surpreso, Frederico.[179] Ignorando abertamente o embate resultante com seus ministros britânicos, que, nessa época, estavam movendo céu e terra para obter uma aliança austríaca, George teve um papel construtivo importante no desenvolvimento da liga.[180]

Quando a Liga dos Príncipes foi iniciada formalmente em 23 de julho de 1785, Frederico só tinha mais um ano de vida. Embora a Prússia ainda não possuísse uma grande potência aliada, já não era isolada, e a conexão hanoveriana fazia uma espécie de ponte com a Grã-Bretanha. Apenas um ano depois da morte de Frederico, isso levaria a um grande triunfo anglo-prussiano na República Holandesa. Igualmente gratificante era a derrota e humilhação infligidas à antiga inimiga, Áustria. Como Frederico teria se deleitado se tivesse vivido para ver José enrolado em uma guerra altamente cara e inútil nos Bálcãs depois de 1787, que levou a Monarquia Habsburgo à beira do colapso total. Em seu tempo de vida, ele pôde desfrutar do triunfo de relações públicas trazido pela liga. Com o fomento da equipe de publicitários de Hertzberg, houve uma infinidade de panfletos, poemas, peças e imagens para exaltar seu patriotismo. Frederico foi aclamado como um segundo Herman, defensor das liberdades germânicas.[181]* Todo o episódio inspirou uma onda de discursos patrióticos nos anos de 1780, antecipando os debates mais famosos ocasionados pela Revolução Francesa.[182] O real significado da Liga dos Príncipes foi seu papel no desenvolvimento da consciência nacional alemã.[183]

---

* Ver adiante, pp. 348-9.

Frederico sem dúvida conseguiu uma grande vitória diplomática. Além disso, ele podia apresentá-la como toda sua, embora os golpes mais duros a José tenham sido autoinfligidos. Ele também teve sorte de os franceses não poderem divulgar sua própria contribuição crítica sem que irritassem José ainda mais. Na verdade, ambos os poderes fiadores do Tratado de Teschen tinham sido marginalizados, para a fúria de Catarina, para quem a liga era um "golpe devastador" à política alemã.[184] A política de Frederico em relação ao Sacro Império Romano, e à Liga dos Príncipes em particular, foi talvez o único aspecto de seu reinado a receber elogios irrestritos de historiadores, com louvores indo de "uma conquista brilhante" (von Aretin) e "um político muito bem-sucedido do Reich" (Peter Baumgart) até "um dos mais bem-sucedidos de todos os políticos do Reich" (Volker Press) e "um brilhante *Reichspolitiker*" (Joachim Whaley).[185] Logo, tudo estaria borbulhando novamente, com a França entrando em falência, a Questão Oriental sendo reaberta com a guerra entre Rússia, Áustria e os turcos, e as Guerras da Revolução Francesa eclodindo, mas tudo isso ficaria para seu sucessor. Frederico tinha programado sua saída do mundo com perfeição.

PARTE III

Questões internas

12

Público e nação

CENSURA E OS LIMITES DA LIBERDADE

Como vimos, Frederico começou seu reinado com dois gestos ousados – o comprometimento público com o iluminismo e a divulgação particular de sua homossexualidade.* Um terceiro ato foi o reconhecimento da existência de um público que era necessário administrar. A esfera pública não era um fenômeno novo, claro. Especialmente nas regiões urbanizadas de Itália, Inglaterra e Países Baixos, um público autoconsciente existia havia séculos. Foi, porém, durante os séculos XVII e XVIII que ele se tornou uma força cultural e política estabelecida – e cada vez mais importante. No leste e centro europeu rural, era uma novidade. Por "esfera pública" queremos dizer um espaço virtual no qual indivíduos privados se unem para criar um todo maior que a soma de suas partes. Trocando informações, ideias e críticas, eles se agrupavam de maneira coerente para formar um ator cultural – o público – que, desde então, dominou a cultura europeia. Muitas, se não todas, as instituições culturais do mundo moderno derivam desse período – o periódico, o jornal, o romance, o jornalista, o crítico, a biblioteca pública, o concerto, a exibição de arte, o museu público, o teatro nacional, só para listar alguns. É claro que quase tudo isso pode ser encontrado em períodos anteriores, mas foi no século XVIII que chegou à maturidade e se fundiu para desencadear o que se pode, de modo aceitável, chamar de revolução cultural. Talvez o mais importante de tudo seja que a "opinião pública" passou a ser reconhecida como juiz final em questões de gosto e política.[1]

Frederico Guilherme I tinha mostrado uma atitude caracteristicamente brutal em relação ao público. Em sua ascensão ao trono, ele baniu todos os jornais porque os "malditos escribas" levavam seus leitores ao mau cami-

---

* Ver anteriormente, pp. 58-68 e adiante, pp. 351-4.

nho encorajando-os a formar suas próprias opiniões. Um ou dois periódicos depois foram permitidos, por causa das taxas que pagavam ao fundo de recrutamento, mas o menor sinal de dissidência levava ao fechamento imediato.[2] Então, seu filho deve ter sentido um prazer especial ao dar a Ambrosius Haude, em 1740, permissão de publicar jornais nas línguas alemã e francesa, pois foi Haude quem ajudou o jovem Frederico a formar sua coleção de livros clandestina, guardando-a em sua livraria.* Não só Haude teve permissão para quebrar o monopólio existente de Johann Andreas Rüdiger (que não ousava reclamar), como também ficou livre da censura. Essa ousada inovação causou alguma irritação entre oficiais prussianos mais velhos. O ministro do Exterior, Podewils, lembrou Frederico que cortes estrangeiras, e a corte russa em particular, eram muito sensíveis em relação a qualquer crítica publicada. A resposta de Frederico veio na forma de um comentário marginal tão memorável quanto aquele sobre tolerância: "Para os jornais serem interessantes, não se pode interferir neles".[3]

Frederico devia acreditar nisso quando escreveu, mas não demorou muito para começar a mudar de ideia. Não é que Haude tenha abusado de seu privilégio. Embora alegando ser objetiva, a linha editorial adotada por seu *Notícias de Questões Políticas e Culturais de Berlim* (*Berlinische Nachrichten von Staats- und gelehrten Sachen*) era de uma veneração acrítica. A primeira edição abriu com o verso:

Um sábio Frederico deseja proteger
Este jornal com sua costumeira graça,
E que o que sua ordem criou
Seja benéfico ao bem comum!

Cada edição vinha com a imagem de uma águia prussiana sustentando a palma da vitória e um pacote de livros enquanto voava por sobre o globo, acompanhada do *slogan* "Verdade e Liberdade".[4] O fato é que, entre todos os aspectos da relação com os súditos, o controle era considerado dominante para Frederico. No fim de 1740, Haude foi sujeito à mesma censura que todos os outros jornalistas, tendo seus relatos sobre a guerra sido considerados reveladores demais.[5] Seus apelos para que Frederico relaxasse e as reclamações de que até resenhas de livro agora estavam sendo censuradas não

---

* Ver anteriormente, pp. 32, 39.

deram em nada.[6] Em julho de 1743, Frederico finalmente admitiu que Podewils estava certo quando assentiu ao retorno da pré-censura com o argumento de que haviam sido publicadas "blasfêmias" ofensivas a cortes estrangeiras.[7] Em 1749, uma comissão de censura foi estabelecida, e a venda de todos os "livros escandalosos e ofensivos" publicados fora da Prússia foi proibida.[8] Após isso, ele intervinha de vez em quando para dizer que os censores estavam ficando preguiçosos; em agosto de 1750, por exemplo, disse a Podewils que muito material questionável estava sendo impresso.[9] Em fevereiro do ano seguinte, o escritor Gotthold Ephraim Lessing escreveu a seu pai, de Berlim, que não havia sentido em enviar cópias dos jornais locais porque a censura opressiva os tornava tão tediosos quanto impossíveis de ler.[10]

A atitude imperiosa de Frederico em relação aos jornalistas se estendia para além das fronteiras prussianas. O fato de ter-se dado ao trabalho de silenciar as vozes dissidentes é uma indicação de quanta importância ele dava à esfera pública. Uma vítima notória foi Johann Ignaz Roderique, que, desde 1734, publicava um jornal bissemanal muito bem-sucedido, a *Gazette de Cologne*, na Cidade Livre Imperial de Colônia. Saber que ele era distribuído em toda a Europa piorou a ira de Frederico quando o jornal se provou vigorosamente pró-Áustria após a eclosão da guerra em 1740. Quando os apelos para a Câmara Municipal de Colônia fechá-lo se mostraram infrutíferos, Frederico partiu para a ação direta. Ele autorizou seu agente na cidade, von Rohde, a gastar 100 ducados contratando um bandido local para dar "uma boa surra" em Roderique. O pão-duro von Rohde achou alguém disposto a fazê-lo pela metade do preço. Adequadamente punido – e roxo –, Roderique entrou na linha, publicando relatos prussianos sobre a guerra, bem como sobre o inimigo. Não demorou muito, porém, para julgarem que seu viés estava novamente pendendo para o lado austríaco; então, von Rohde avisou a ele que ainda tinha cinquenta ducados no banco para repetir a dose. Logo se seguiu um pedido de desculpas.[11] Essa intimidação rude continuou. Em 1749, o sucessor de von Rohde, von Diest, recebeu ordens de fazer mais uma visita a Roderique e perguntar se ele realmente gostava das surras periódicas.[12]

Essa abordagem enérgica à dissidência não era tão incomum na Europa do século XVIII. Frederico devia saber que a provocação verbal do jovem Voltaire ao cavaleiro de Rohan em 1725 tinha sido punida com chicotadas públicas pelos lacaios de seu alvo.[13] Apenas na Inglaterra, para onde Voltaire então se mudou, era possível jornalistas oferecerem críticas políticas radicais com imunidade (relativa). Mas o regime imposto por Frederico após seu flerte inicial com a liberdade de imprensa talvez não fosse, na prática, tão desolador quanto a draconiana linguagem da lei indica, embora se deva admitir que o comentário mais famoso sobre liberdade de expressão na Prússia, feito por Lessing em 1769, era inteiramente negativo. Para compreender por completo esse veredito, em geral citado apenas de modo parcial, é necessário conhecer o contexto: o poeta Friedrich Gottlieb Klopstock tinha criado um plano para uma academia em Viena, a fim de promover as artes e a ciência, e o submetido à corte austríaca. Se tivesse sido concretizado, Lessing teria ficado com a supervisão dos teatros vienenses. Em uma carta a Lessing, Friedrich Nicolai – livreiro e autor prolífico berlinense, admirador afetuoso de Frederico – tinha jogado água fria no plano, apontando que uma obra de Moses Mendelssohn, que como Nicolai era um proeminente membro do Iluminismo de Berlim, acabara de ser confiscada por censores austríacos. Lessing respondeu:

> Viena pode ser o que é, mas se pode esperar mais dali do que de sua Berlim afrancesada. Se o livro de Mendelssohn foi confiscado em Viena, foi só por ter sido publicado em Berlim, e não se pode imaginar que alguém em Berlim escreveria a favor da imortalidade da alma. E nem me fale sobre sua liberdade de pensar e escrever em Berlim. É só a liberdade de vender e escrever quantos insultos desejar à religião. Um homem honesto devia ter vergonha de se utilizar disso. Deixe só alguém em Berlim tentar escrever sobre outras questões tão livremente quanto [Joseph von] Sonnenfels fez em Viena. Deixe-o tentar dizer a verdade sobre a ralé de cortesões como fez Sonnenfels. Deixe-o tentar defender os direitos dos súditos contra a exploração e o despotismo, como está sendo feito na Dinamarca e na França – aí, logo verá qual é o país mais submisso da Europa.[14]

Contra esse veredito punitivo devem-se colocar outras avaliações mais amigáveis. O físico escocês John Moore, acompanhando o duque de Hamilton em seu *Grand Tour*, escreveu sobre Berlim em 1775:

> Nada me surpreendeu mais, quando cheguei pela primeira vez a Berlim, do que a liberdade com que muita gente fala sobre as medidas do governo e a conduta do rei. Ouvi assuntos políticos, e outros que eu pensaria serem ainda mais delicados, discutidos aqui com tão pouca cerimônia como num café de Londres. A mesma liberdade aparece nas livrarias, onde produções literá-

rias de todos os tipos são vendidas abertamente. O panfleto publicado recentemente sobre a partilha da Polônia, onde o rei é tratado de forma muito dura, se encontra sem dificuldade, bem como outras performances que atacam alguns dos personagens mais conspícuos com toda a amargura da sátira. Um governo apoiado por um exército de 180 mil homens pode com segurança desconsiderar as críticas de alguns políticos especulativos, bem como a caneta do satirista."[15]

É uma opinião que merece ser levada a sério, pois Moore era um observador culto, imparcial e sagaz. Ele e seu protegido passaram algum tempo em Berlim e Potsdam, recebendo até o incomum privilégio de uma entrevista pessoal com Frederico. O livro que ele escreveu registrando sua experiência na Prússia e em outros lugares – *A View of Society and Manners in France, Switzerland and Germany* [Uma visão sobre sociedade e costumes na França, Suíça e Alemanha] – foi um *best-seller*, passando por 21 edições enquanto ele viveu.[16] Deve-se também notar que a última frase antecipa de modo impressionante a observação de Immanuel Kant em seu ensaio "O que é Iluminismo?", de 1784, com o argumento de que "um grau menor de liberdade civil dá à liberdade intelectual espaço suficiente para se expandir à sua extensão mais completa", pois "apenas um governante que seja, ele próprio, iluminista e não tema fantasmas, mas que também tenha à mão um exército bem-disciplinado e numeroso para garantir a segurança pública, pode dizer o que república alguma ousaria dizer: *Discutam quanto e sobre o que quiserem, mas obedeçam!*".[17]

O abade Denina, que esteve na Prússia durante os quatro últimos anos do reinado, relatou que Frederico tratava as críticas a si com um desprezo divertido, chegando ao ponto de republicar por sua conta panfletos críticos e de ordenar que cartazes abusivos fossem pregados mais baixo nos portões de Sanssouci, para que todos pudessem lê-los.[18] Também característica foi sua advertência a um pastor luterano que tinha insistido em ataques vigorosos à descrença de Frederico, apesar de avisos de seus superiores para maneirar no tom: "Queres que eu te persiga, mas não tenho o menor desejo de dar-te a honra de tornar-te um mártir: teu comportamento não é apropriado para esta época, então, viva em paz e busque a felicidade contribuindo para o bem-estar de seu rebanho".[19] Outro beneficiário dessa atitude relaxada foi um professor que, bêbado, fez comentários ofensivos sobre seu rei. Quando lhe perguntaram qual seria a punição apropriada, Frederico respondeu que, como o álcool tinha nublado sua consciência, o infrator devia meramente ser desprezado – mas receber uma advertência sobre os perigos da bebida.[20] Essa indiferença às críticas se estendia às fofocas sobre sua orientação sexual. Em 1753, ele disse para seu representante em Londres tratar com o merecido desdém um panfleto vulgar que estava em circulação. Como escreveu a George Keith na mesma ocasião: "Sempre desprezei o veredito do público e, no julgamento de minha conduta, só respondo à minha consciência".[21] Esse descaso era bastante divulgado, por exemplo, por d'Alembert, que observou que Frederico tinha se colocado acima da sátira com seu talento e sua fama.[22]

Contra a grossa rejeição de Lessing também se devem apresentar opiniões menos lapidares, porém mais numerosas, como a do pastor de Berlim Daniel Jenisch:

> O que eleva principalmente o século XVIII acima de épocas anteriores é o grau e a difusão da empreitada intelectual: e foi o monarca prussiano que se esforçou para criá-la e revigorá-la, com poder incalculável; inclusive, é possível dizer sem exagero que ele fez mais, e de mais maneiras, do que qualquer outro dos mais notáveis homens do iluminismo.[23]

Provas de tipo diferente, mas convincentes, podem ser encontradas nos ensaios escritos por jovens estudantes prussianos fazendo o *Abitur* (prova de entrada na universidade) no início dos anos de 1790. Todos revelam a crença de que viviam em um país livre e que a Revolução Francesa tinha sido causada pelo despotismo do monarca daquele país.[24]

LA METTRIE

Não se tratava, claro, de liberdade como entendida por um liberal do século XXI, ou mesmo por um liberal do século XIX, na verdade, mas, na Europa continental do século XVIII, ela marcava um avanço significativo na prática da maioria dos Estados, especialmente aqueles em que a Igreja Católica ditava a política cultural. A liberdade de ser heterodoxo em questões religiosas (ou de "vender quantos insultos à religião se desejar", como colocou Lessing) também podia ser crucial para algumas pessoas. O beneficiário mais proeminente da atitude permissiva de Frederico foi Julien Jean Offray de La Mettrie (1709-51), cuja obra materialista *L'Homme machine* [Homem máquina] foi considerada tão ofensiva que ele foi expulso não apenas de seu país natal, a França, mas até da República Holandesa ("a grande arca dos refugiados", como a tinha chamado Pierre Bayle). Em ambos os países, seu livro foi cerimonialmente queimado pelo carrasco público, cujo machado teria caído sobre o pescoço de La Mettrie, caso ele tivesse sido pego.[25] Frederico lhe deu asilo, uma posição na Academia de Berlim, uma pensão e um lugar em sua mesa de jantar como membro de seu *cercle intime*.[26] O panegírico que ele escreveu sobre La Mettrie e leu em uma reunião da Academia causou *frisson*. Não foram só cristãos devotos que ficaram escandalizados pelo elogio a um materialista dentro do palácio real (onde a Academia se encontrava), perante uma plateia que incluía uma série de jovens príncipes.[27] Enquanto esteve na Prússia, La Mettrie colaborou com o marquês d'Argens em um dos mais notórios – e populares – livros pornográficos do século XVIII, *Thérèse philosophe*. Inclusive, as visões materialistas do libidinoso padre jesuíta Dirrag são as de La Mettrie.[28]

Como isso sugere, La Mettrie era, além de materialista, hedonista. Ambos os aspectos agradavam seu mecenas. A visão de Frederico sobre a natureza também era mecanicista, determinista e fatalista.[29] Ele provavelmente gostou do tratado *De la volupté* [Sobre a voluptuosidade] de La Mettrie, tendo escrito a Voltaire:

Ó, Deus dos deleites sensuais
Vós, minha única divindade,
Vinde, coroai minha fidelidade.[30]

Ele pode também ter aprovado a defesa da homossexualidade em *Discurso sobre a felicidade*, escrito por La Mettrie em 1748.[31] Quando La Mettrie morreu de forma repentina em 1751, depois de supostamente exagerar na torta de faisão, o panegírico de Frederico continha a memorável frase: "O título de filósofo e a reputação de ser azarado foram suficientes para garantir a La Mettrie um refúgio na Prússia, com uma pensão do rei". Ele também aproveitou a oportunidade de usar as perseguições a La Mettrie como vara para bater nos cristãos, por exemplo:

> Esta obra [*Homem máquina*], que estava fadada a desagradar homens cuja profissão os torna inimigos declarados do progresso da razão humana, colocou todos os padres de Leyden contra seu autor. Calvinistas, católicos e lute-

ranos esqueceram, por um momento, que transubstanciação, livre-arbítrio, missas para os mortos e infalibilidade do Papa os dividem: todos se uniram para perseguir um filósofo.

Frederico concluiu que "a natureza o tornou [La Mettrie] um orador e filósofo; mas um presente ainda mais precioso recebido dela foi uma alma pura e um coração prestativo".[32] Era demais até para os dóceis acadêmicos, que receberam o panegírico num silêncio de pedra.[33] Frederico foi bem menos generoso ao escrever à sua irmã Guilhermina: "Ele era alegre, um bom homem, um bom médico e um péssimo escritor".[34]

JEAN-JACQUES ROUSSEAU

Frederico deu a La Mettrie e outros radicais um refúgio, mas não liberdade ilimitada para escrever. O *Discurso sobre a felicidade* de La Mettrie foi queimado publicamente em Berlim, e a publicação de suas *Œuvres philosophiques* [Obras filosóficas] foi proibida.[35] A mesma política foi adotada em relação a alguém ainda mais subversivo que La Mettrie, a saber, Jean-Jacques Rousseau, talvez o pensador mais subversivo daquele século. Tendo publicado *Júlia ou a nova Heloísa* em 1761, *O contrato social* em 1762 e *Emílio, ou da educação*, no mesmo ano, Rousseau era o intelectual mais famoso e mais perseguido da Europa. Tanto em Paris quanto em Genebra, sua cidade natal, seus livros tinham sido queimados e pedidos de prisão haviam sido emitidos.[36] Sem saber mais o que fazer, Rousseau agora estava preparado até para considerar uma oferta de abrigo no principado suíço de Neuchâtel, posse prussiana por herança desde 1707. Em *Confissões*, Rousseau fez um elogio caracteristicamente irônico a Frederico:

> Essa oferta foi particularmente oportuna porque no território do rei da Prússia estarei naturalmente salvo das perseguições; pelo menos, a religião não pode servir de desculpa para eles. Mas uma objeção secreta, que eu não me importo de afirmar, foi mais do que suficiente para fazer-me hesitar. Esse amor inato pela justiça que sempre consumiu meu coração, junto com minha simpatia velada pela França, inspirou em mim uma aversão ao rei da Prússia. Ele me pareceu, tanto em princípio quanto em conduta, mostrar um desrespeito violento tanto pela lei natural quanto pela obrigação humana.[37]

Acima de sua mesa, ele tinha um retrato do rei da Prússia, mas adornado com uma inscrição que dizia "Glória e autoestima, esses são seu Deus, sua lei; ele pensa como filósofo, mas se comporta como um rei".[38] Na chegada a Neuchâtel, em julho de 1762, Rousseau escreveu para o governador da província, George Keith, amigo íntimo de Frederico, conde-marechal jacobita da Escócia, pedindo asilo e adicionando, pateticamente: "Determines meu destino: submeto-me a tuas ordens, embora, se me ordenares a ir embora, não saberei para onde ir".[39] Tão cético e anticlerical quanto seu rei, Keith encaminhou o pedido a Frederico, que estava em campanha na Silésia. Ele sabia muito sobre o refugiado: havia lido e não gostado de algumas de suas obras.[40] D'Argens lhe tinha avisado em 1760 que Rousseau era um lunático perigoso, cujas opiniões sobre igualdade social eram não só esquisitas, mas subversivas.[41]

Embora preocupado em arrumar as coisas após sua vitória em Burkersdorf* e organizar o cerco de Schweidnitz, Frederico encontrou tempo para mandar Keith conceder asilo "a esse infeliz homem", completando que tudo devia ser feito para impedi-lo de escrever, para que ele não chateasse as pessoas simples da província.[42] Um mês depois, ele escreveu de novo: "Devemos dar alívio a essa pobre, infeliz criatura, cujo único pecado é ter opiniões estranhas que acha serem boas". Ele também incluiu 100 coroas (écus) para as necessidades de Rousseau, adicionando, sabiamente, que o pretenso beneficiário estaria mais disposto a aceitar ajuda se fosse presenteado com bens, não com dinheiro. Se a Guerra não tivesse esgotado seus recursos, terminou, ironicamente, ele construiria para Rousseau um eremitério com um jardim onde ele pudesse imitar o estilo de vida de seus nobres selvagens. Quanto a si, escreveu, suas opiniões eram tão diferentes das de Rousseau quanto o finito do infinito, e ele não tinha nenhuma intenção de abrir mão das coisas boas da vida. Concluiu identificando Rousseau como um homem nascido fora de sua época: ele devia ter sido um ermitão do deserto, vivendo numa coluna, fazendo milagres, sendo proclamado santo – e adicionando seu nome à longa lista de mártires.[43] Era o tipo de carta, mesclando generosidade com ironia, que era especialidade de Frederico.

Tudo acabou em lágrimas, claro, como sempre ocorria com Rousseau. Keith não foi sábio em oferecer a ele uma anuidade, provocando a cortante resposta: "Tenho suficiente para viver pelos próximos dois ou três anos, e

---

* Ver anteriormente, pp. 244-5.

nunca previ nada em tão longo prazo. Mas, mesmo se estivesse morrendo de fome, dada a presente situação daquele bom príncipe e minha falta de valor para ele, eu preferiria comer grama e arrancar raízes a aceitar um pedaço de pão dele". Para o próprio Frederico, ele escreveu: "Desejas dar-me pão. Não há nenhum de seus súditos que não o tenha?".[44] No outono de 1765, após sua casa ser apedrejada pela população local, irada por sua alegada falta de religião, Rousseau se mudou novamente, desta vez para a Inglaterra, com a ajuda do filósofo David Hume. Lá, deu-se mal com todo o mundo, como sempre, inclusive com seu anfitrião. Em uma bizarra nota de rodapé, Horace Walpole foi responsável por uma carta traiçoeira supostamente escrita por Frederico a Rousseau:

> Desejo-te bem e te tratarei bem se desejares. Mas, se persistires em rejeitar minha ajuda, acredite, não direi a ninguém. Se te esforçares para encontrar novas desventuras, escolhas a que desejar. Sou um rei e posso supri-lo de tanto sofrimento quanto desejares e – algo que não obterás de teus inimigos – deixarei de perseguir-te quando deixares de buscar glória em ser perseguido.[45]

O verdadeiro Frederico nunca deu valor a Rousseau. Durante as negociações de paz do inverno de 1762-3, ele leu *Emílio*, mas achou sem valor, como disse à duquesa da Saxônia-Coburg.[46] Quando Dieudonné Thiébault foi à Prússia em 1765 para assumir seu cargo como professor da nova Academia Militar, Frederico lhe perguntou quais escritores de prosa admirava mais. Quando o nome de Rousseau foi mencionado, o rei o interrompeu com o grito: "Ah! Aquele homem é um lunático!".[47] Mas ele continuou tendo simpatia por seus infortúnios, dizendo com gravidade a Voltaire em 1766: "Minha opinião é que ele é um homem infeliz, por quem devemos sentir pena [...] Devemos respeitar os infelizes; apenas os depravados os condenam".[48] Como Voltaire habitual e veementemente condenava Rousseau, ele deve ter sentido a força daquele ímpeto em particular.

VOLTAIRE

O próprio Voltaire, é claro, era o mais famoso de todos os escritores subversivos a encontrar refúgio na Prússia. Uma das principais razões para os convites frequentes e urgentes de Frederico era o desejo de que sua própria prosa e poesia em francês fossem corrigidas e polidas.⁴⁹ Não é preciso ser falante nativo para ver como sua ortografia, gramática e sintaxe eram falhas. A relação entre os dois homens era difícil, mas frutífera, talvez a mais fascinante entre um intelectual e um soberano. Desde a primeira comunicação de Frederico, em 8 de agosto de 1736, até a última de Voltaire, em 1º de abril de 1778 (ele morreu dois meses depois), eles trocaram cartas suficientes para encher três gordos volumes das *Œuvres* de Frederico, tendo ele próprio escrito 654 – muitas delas longas.⁵⁰ Em certo nível, era uma sociedade de admiração mútua. Voltaire comparou Frederico, diversas vezes, a Júlio César, Augusto, Marco Aurélio, Trajano, Antonino Pio, Tito, Juliano, Virgílio, Plínio, Horácio, Mecenas, Cícero, Catulo, Homero, La Rochefoucauld, La Bruyère, Boileau, Salomão, Prometeu, Apolo, Pátroclo, Sócrates, Alcibíades, Alexandre, Henrique IV e Francisco I.⁵¹ "Ele pensa como Marco Aurélio e escreve como Cícero" era um elogio típico.⁵²

A admiração recíproca de Frederico era de longa data. A biblioteca clandestina que ele montou quando adolescente* incluía o primeiro volume das obras completas de Voltaire, duas edições da *Henríade* e a *Histoire de Charles XII* [História de Carlos XII].⁵³ No teto de seu escritório em Rheinsberg, fez Antoine Pesne pintar um livro aberto com os nomes dos dois escritores que ele mais venerava: Horácio e Voltaire.⁵⁴ Os dois homens se encontraram pela primeira vez em 11 de setembro de 1740 no Château de Meuse, perto do território prussiano de Cleves. Depois, Frederico escreveu a seu amigo próximo Jordan: "[Voltaire] tem a eloquência de Cícero, a suavidade de Plínio, a sabedoria de Agripa; ele combina, em resumo, o que se deve coletar das virtudes e dos talentos dos três maiores homens da Antiguidade".⁵⁵ Mas o elogio mais sincero que Frederico tinha a oferecer era pela imitação. Da adolescência à morte, Voltaire e suas obras foram objeto de sua mais intensa fascinação e admiração.⁵⁶

Ele também imitava os versos de Voltaire, inclusive em profusão. Ambos possuíam uma fluência extraordinária em produzir página após página de pequenas frases rimadas sobre qualquer assunto. Até sua correspondência em prosa repetidamente irrompe em versos. Para Frederico, mais do que mostrar domínio da língua francesa, tratava-se de uma forma de terapia. Por isso, ele foi especialmente prolífico durante os períodos críticos da Guerra dos Sete Anos.⁵⁷ No que dizia respeito à qualidade, porém, havia um abismo

---

*   Ver anteriormente, p. 32.

entre eles. As epístolas, os panegíricos, as odes e as sátiras aparentemente intermináveis de Frederico são ao mesmo tempo laboriosas e irritantes, desastradas e brincalhonas. É fácil imaginar Voltaire se exasperando ao ser obrigado a corrigir, polir e suplementá-las. O comentário contundente de Theodore Besterman sobre a *Art de la guerre* [Arte da guerra] de Frederico, de 1749, foi: "confuso em estrutura, fraco em execução, clichê em estilo poético". Depois da revisão de Voltaire, o autor estudou as emendas "com atitude de um aluno não inspirado", adotando-as todas, palavra por palavra. Ainda assim, essa obra foi a mais bem-sucedida dos longos poemas de Frederico, continuou Besterman, pelo bom motivo de que, das 1.600 frases, 300 eram inteiramente obra de Voltaire.[58] Ainda mais impiedoso foi Lytton Strachey:

> Ele encheu volumes, e o conteúdo daqueles volumes provavelmente dá a ilustração mais completa, em literatura, do provérbio muito banal – *Poeta nascitur, non fit*. A exibição daquela pesada Musa Alemã, com os pés apertados em sapatinhos pontudos, executando, com incrível diligência, a agora grandiosa medida de um minueto de Versalhes e os joviais passos de uma dança parisiense seria ou ridícula ou patética – é difícil saber – se não fosse tão certamente nem uma coisa, nem outra, mas simplesmente monótona, de uma monotonia tão indizível, da qual os olhos dos homens se desviam em um desânimo estremecido.[59]

Em certo sentido, era uma relação complementar: entre o poder político e o intelecto de Frederico, de um lado, e o talento literário e o intelecto de Voltaire, de outro. Funcionava bem quando só exigia uma troca de elogios. Como escreveu Voltaire: "Ele me chamava de 'ser divino', e eu o chamava de Salomão. Esses apelidos não nos custam nada".[60] Mas a admiração mútua também envolvia a exploração mútua. Para Voltaire, a veneração tão divulgada de um soberano tão reconhecido conferia um *status* de que nenhum outro filósofo podia se vangloriar. "Ordinariamente, nós, homens das letras, elogiamos reis", escreveu Voltaire, "e este me elogiou dos pés à cabeça".[61] Numa época em que ele não era popular em Versalhes, não estava na moda em Paris e corria o constante perigo de ser perseguido pela descrença, um asilo estrangeiro era muito bem-vindo.[62] Para Frederico, ser chamado de "o Grande" pelo mais famoso intelectual da época era ser elevado a uma solitária eminência como filósofo no trono. Como qualquer autor amador, ele desejava o reconhecimento dos profissionais. Então, quando Voltaire relatou a seus amigos em Paris que seu empregador era uma combinação de Apolo e Marco Aurélio e tinha transformado Berlim numa nova Atenas, ele pôde se envaidecer de ter sido admitido na elite da República das Letras.[63]

Dois homens tão espertos, voluntariosos e arrogantes não podiam coexistir com tranquilidade. Quando Voltaire chegou para sua estadia estendida em 1750, ambos sabiam o suficiente sobre o outro para estarem vigilantes. Tendo conhecimento que Voltaire estava mostrando a seus amigos parisienses uma versão distorcida de uma de suas cartas, Frederico tinha lamentado a Algarotti em setembro de 1749 que o escritor era traiçoeiro como um macaco, completando que admirava seu intelecto ao mesmo tempo em que desconfiava de seu caráter.[64] Como observou Strachey, "se algum homem já agiu com olhos bem abertos, foi Frederico ao convidar Voltaire a Berlim".[65] As próprias ilusões de Voltaire tinham sido destruídas pela invasão de Frederico à Silésia em 1740, bem quando seu *Anti-Maquiavel* estava sendo preparado para publicação. Ele também sabia que Frederico tinha atraído seu jovem pupilo Baculard d'Arnaud a Berlim com o comentário elogioso de que ele era o sol nascente da literatura – assim como Voltaire era o sol poente.[66] A perspectiva de se tornar tutor residente de Frederico em questões literárias não deve ter sido convidativa. Mas ainda assim ele foi, oferecendo a seguinte explicação, um ano depois, ao duque de Richelieu:

> Cheguei a Potsdam, os grandes olhos azuis do rei, seu adorável sorriso, sua sedutora voz, a aura de suas cinco vitórias, seu manifesto prazer com a reclusão, com o trabalho, com a escrita de verso e prosa e, por fim, também as marcas de sua amizade que fizeram minha cabeça girar, um dom encantador para a conversa, a mente ampla, uma falta total de majestade em seu discurso, milhares de atenções que encantariam até se concedidas por um cidadão privado – tudo isso me conquistou: rendi-me a ele por paixão e sem qualificação.[67]

Como suas cartas de Berlim e Potsdam deixam claro, no início Voltaire se divertiu por completo, aproveitando a adulação do rei, da corte e do público, desfrutando de suas acomodações confortáveis, adorando seu *status* de camareiro real e embolsando seus 4 mil táleres de despesas de mudança e o salário anual principesco de 5 mil.[68] Tendo entrado formalmente no serviço real em agosto de 1750, porém, seu *status* mudou de honorável convidado a servo.[69] Em 12 de setembro, ele contou à sua sobrinha (e amante) Madame Denis que não era camareiro do príncipe, mas seu gramático.[70] Com os dias cada vez mais curtos e a ameaça do gélido inverno prussiano, ele começou a ter dúvidas. Em outra carta, escrita dois meses depois, listou todos os motivos que tinha para ser feliz, mas adicionou, após cada um: "… mas… mas…", terminando com "o clima está começando a ficar muito frio".[71] Ele então fez algo extraordinariamente estúpido. Embora já fosse muito rico – sua renda anual com escritos e investimentos tinha chegado a 75 mil liras em 1749[72] –, algo que só pode ter sido a avareza o levou a uma transação fraudulenta e ilegal com um judeu de Berlim chamado Abraham Hirschel, envolvendo dívidas de guerra saxãs.[73] Com os dois protagonistas processando um ao outro, o resultado foi um escândalo público, que causou, na mesma medida, vergonha e irritação a Frederico. Ele disse a Guilhermina que era caso de um patife tentando enganar um vigarista.[74] Em fevereiro de 1751, escreveu a Voltaire uma carta dura, acusando-o de ter causado "uma perturbação horrenda" e advertindo-o quanto a seu comportamento futuro.[75]

A atmosfera foi ainda mais contaminada por duas pequenas fofocas maliciosas ansiosamente passadas a cada um por línguas soltas. Voltaire ouviu de La Mettrie que Frederico dissera a ele: "Devo precisar dele por mais um ano no máximo, não mais que isso. Depois de se apertar a laranja, joga-se fora o bagaço".[76] Por outro lado, Frederico ficou sabendo que Voltaire estava dizendo a quem quisesse ouvir que os versos do rei eram um lixo e que, ao receber mais uma parcela de escritos reais para corrigir, suspirara: "Será que ele nunca vai cansar de me mandar seus lençóis sujos para eu lavar?".[77] Voltaire acreditava que essa última maluquice tinha sido inventada e espalhada por Pierre Louis Maupertuis, diretor da Academia Real de Berlim. A princípio, os dois eram amigos, e de fato tinha sido Voltaire a indicar Maupertuis a Frederico. Berlim-Postdam, porém, se provou um espaço pequeno demais para os dois. Maupertuis tinha sido o principal intelectual francês na Prússia até a chegada do mais glamoroso Voltaire e se ressentia profundamente dessa destituição. Como Maupertuis tinha elevado a Academia de Berlim a uma alta posição no mundo intelectual europeu, ele tinha todo motivo para se sentir prejudicado.[78] Por sua vez, "Voltaire não suportava magnitude, a não ser que fosse a sua própria".[79] A furiosa rixa que daí resultou confirmou, mais uma vez, a validez do familiar ditado segundo o qual as disputas acadêmicas são tão sérias por haver tão pouco em jogo.

Após muita troca de farpas dos dois lados, o que se provou a desavença final irrompeu devido a uma disputa acadêmica entre Maupertuis e Samuel

König sobre "o princípio de mínima ação". Voltaire naturalmente ficou do lado deste. No verão de 1752, ele publicou, num periódico holandês, um ataque que também desprezava alguns dos projetos mais especulativos de Maupertuis. Eles incluíam perfurar um buraco no centro da Terra e dissecar os cérebros de gigantes que se acreditava viverem na Patagônia.[80] Infelizmente para Voltaire, Frederico se alinhou a Maupertuis, o que não era surpreendente, já que a reputação do diretor de sua Academia estava em risco. Então, ele entrou na esfera pública com *Uma carta de um membro da Academia de Berlim* (Frederico) *a um membro da Academia de Paris* (Voltaire). De modo imprudente, Voltaire respondeu com uma carta de apoio a König, que ele devia saber que se tornaria pública. Ele também publicou um de seus panfletos mais venenosos, *Diatribe du docteur Akakia* [A diatribe do doutor Akakia]. "Akakia" significa "sem malícia", tornando o título particularmente irônico. Nem é preciso dizer que tudo isso causou uma tremenda comoção pública, não só em Berlim, mas em toda a Alemanha e até na Europa.[81] O conde Lehndorff registrou em seu diário que os berlinenses tinham sido regiamente entretidos, adicionando, sabiamente, que "todas essas grandes mentes são maus caráteres".[82] Frederico tinha se cansado. No mínimo, o episódio agora demonstrava os limites de sua tolerância com os dissidentes. Em um gesto que poderia ocorrer até no menos iluminado dos Estados contemporâneos, ele fez os carrascos queimarem o panfleto de Voltaire em várias praças públicas em Berlim e enviou as cinzas a Maupertuis.[83] Em cartas à sua irmã Guilhermina, Frederico denunciou Voltaire com verdadeira paixão, estigmatizando-o como "desprezível", "falso", "vil", "nojento", "um vilão indecente".[84] Voltaire foi menos destemperado, mandando de volta seu distintivo acompanhado de um verso:

Recebi-os com calor;
Devolvo-os com tristeza;
É assim que um amante, em paixão extrema;
Devolve o retrato de seu amor.[85]

De forma talvez previsível, o caso de amor entre filósofo e filósofo-rei tinha acabado em lágrimas amargas. Mais delas foram derramadas durante o extenso e igualmente desagradável desfecho. Voltaire finalmente deu adeus à Prússia em 26 de março de 1753, mas, tendo chegado à segurança da Saxônia, imediatamente reacendeu a briga, republicando o panfleto *Aka-*

kia. Mas ele subestimou o alcance de Frederico. Em Frankfurt am Main, foi preso e colocado em prisão domiciliar; sua bagagem foi apreendida e revistada. A principal preocupação de Frederico era recuperar uma cópia da edição (muito) limitada de suas *Œuvres*, que incluía *Palladium*. Voltaire então passou cinco semanas muito desagradáveis em Frankfurt (de 29 de maio a 7 de julho) antes de ter permissão para seguir viagem.[86] Voltaire sem dúvida tinha se comportado de modo muito provocador, mas Frederico tinha reagido de maneira que só pode ser descrita como despótica e também ilegal (Frankfurt era uma Cidade Imperial Livre, não estando sujeita à jurisdição prussiana).

Um período prolongado de respiro foi necessário antes de os dois poderem retomar as relações. Embora nunca mais se tenham visto, começaram a se corresponder novamente na primavera de 1754.[87] Pelo menos Frederico conseguiu demonstrar-se capaz de distinguir entre o homem e o escritor, continuando a desprezar o primeiro enquanto admirava o segundo: "O mundo não produziu gênio maior que Voltaire, mas o desprezo completamente porque não é honesto".[88] Durante o resto de sua vida, Voltaire continuou sendo seu autor e dramaturgo favorito. Em 1770, subscrevendo generosamente a um apelo para erigir um monumento em homenagem a Voltaire, ele afirmou ao barão Grimm: "Nenhum escritor jamais possuiu um gosto tão perfeito quanto este grande homem; a Grécia Antiga o teria tornado um deus e erigido um templo em sua homenagem". A d'Alembert, na mesma ocasião, ele acrescentou que as obras de Voltaire eram seu maior memorial, pois durariam mais que a Basílica de São Pedro, o Louvre e todas as outras estruturas "dedicadas à eternidade pela vaidade dos seres humanos".[89] Quando o famoso ator francês Henri-Louis Cain, conhecido como "Le Kain", se apresentou em Potsdam no verão de 1775, Frederico relatou a Voltaire que ele próprio conhecia tão bem suas peças que podia tê-las ditado sem texto e que tinha chorado durante as apresentações de *Édipo* e *Zaire*.[90] A última leitura que ele ouviu antes de morrer foi *O século de Luís XIV*, de Voltaire.[91]

A ESFERA PÚBLICA PRUSSIANA

A generosidade limitada, mas muito divulgada, com as estrelas da *intelligentsia* europeia era maior que o patrocínio à cena literária doméstica. A esfera pública se expandiu muito, tanto em profundidade quanto em amplitude, durante o longo reinado de Frederico – mais *apesar* do que *por causa* de seu encorajamento. Sua atitude oficial certamente era de apoio. Em sua primeira grande publicação própria, *Anti-Maquiavel*, ele escreveu: "Sabe-se bem como o público é curioso; é uma criatura que vê e ouve tudo e passa para a frente tudo o que ouve e vê. Quando a curiosidade pública é aplicada ao comportamento dos cidadãos particulares, isso só se faz por entretenimento durante momentos de ócio, mas, quando julga o caráter dos governantes, está buscando seus próprios interesses". Portanto, convinha que o público fosse um "bom juiz" de reputações.[92] No prefácio da edição revisada de suas *Memoirs to Serve as a History of the House of Brandenburg* [Memórias para servirem como história da casa de Brandemburgo], publicada em 1751, ele afirmava ter feito correções "por consideração ao público, que todo autor deve respeitar" e, no parágrafo de abertura, anunciava que não repetiria contos de fadas sobre as origens da dinastia porque não eram dignos "do público criterioso e iluminado deste século".[93] Ele elogiou seu amigo Jordan por mostrar "o respeito e a deferência devidos ao público".[94]

O público podia ter "um olhar penetrante do qual nada escapa", como ele disse ao jovem duque Karl Eugen de Württemberg no manual de instrução (*Miroir des princes*) que compôs para ele, mas essa perspectiva vinha de cima para baixo. Era tarefa dos homens de letras instruir o público, e dos filósofos, disseminar a verdade.[95] Nada podia ser mais elitista que esse modelo de transmissão cultural, que via a forma correta de pensar se espalhando imperceptivelmente "daqueles que cultivam as artes e a ciência ao público e, dali, ao povo comum; ela passa da corte à cidade, e da cidade às províncias".[96] Quando o pensamento iluminista chegasse a seu destino final, porém, Frederico acreditava que ninguém estaria ouvindo. Em uma carta reveladora a d'Alembert de janeiro de 1770, ele estimou que, num estado com uma população de 10 milhões, os camponeses, trabalhadores, artesãos e soldados estariam fora do alcance do educador. Dos 50 mil que sobravam, também se podia excluir metade por serem mulheres. Sobrando nobres e burguesia culta, os preguiçosos, os imbecis, os covardes e os degenerados teriam de ser filtrados, deixando não mais que mil pessoas bem-educadas. Mesmo entre esses poucos, haveria talentos variados. Então, concluiu Frederico, cansado: "A cada era, o número de filósofos será sempre minúsculo, e o universo será dominado por alguma forma de superstição".[97]

Esse veredito arrasador sobre o público geral veio numa carta particular, e era só quando sabia que não seria ouvido por mais ninguém que Frederico expressava completamente sua visão preconceituosa sobre a humanidade, como revela a breve, mas representativa, seleção a seguir:

– Quantas vezes se viu charlatões espertos confirmarem os erros do estúpido público!
– Três quartos do mundo são ignorantes e estúpidos.
– O público é cego e nasceu para ser iludido.
– O público idiota será a vida toda escravo de seus preconceitos vazios.
– Ah! Só olhe bem para o público, ele é estúpido, ignorante, tolo, desprezível e bestial.
– O público, idiota, nasceu para vegetar.
– As aparências enganam, mas é só por elas que o público julga.
– Sempre desprezei os vereditos do público.
– Deve haver um rei para dirigir a massa estúpida, uma besta de língua longa, mas visão curta.[98]

O que deixava Frederico tão irritado quanto desiludido, porém, era saber que essas pessoas ignorantes e estúpidas acreditavam ter direito de criticar quem era melhor que eles. Numa epístola em verso intitulada "On Reputation" [Sobre a reputação], enviada ao general Asmus Ehrenreich von Bredow, um *Junker* da Prússia Oriental, ele foi fulminante:

Todo mundo, até as mulheres, pensam ter o direito de decidir
De sua própria cabeça sobre as grandes questões do dia;
Perante seu tribunal, ministros, generais,
Reis que são agressores, e reis que são seus inimigos,
Recebem seu veredito em menos de um minuto,
Reputações são criadas e destruídas;
Virtude, talento, coroa e cetro,
Nada se preserva neste bizarro nosso século.
....
Bredow, esse é o povo e o público idiota,
Nada pode escapar de suas línguas farpadas.
....
Então, o que pensas? É razoável que um homem
Dedique todos os seus esforços, trabalhos e indústria
A abrir mão de seus prazeres, seu tempo e seu lazer,

Só para sofrer com a atenção e a censura
Dessas pessoas ignorantes, desatenciosas e infiéis,
Imbuídas de preconceito, escravas do equívoco,
Os completamente equivocados juízes da reputação contemporânea?[99]

Várias vezes, Frederico revelou sua sensibilidade a críticas. Após a Paz de Breslau em junho de 1742, por exemplo, ele disse a Jordan que sabia que seria atacado pelos "tolos e ignorantes", mas não se importava nem um pouco com a "tagarelice absurda do público". Evidentemente, ele se *importava*. Uma semana depois, pediu para Jordan relatar tudo o que o público berlinense estava dizendo sobre a paz, sem deixar nada de fora.[100] Um mecanismo seu de defesa, ainda hoje popular, seguia a linha da alegação "nunca leio minhas críticas", como em sua carta a Voltaire numa época especialmente frágil, em 1759: "Tenho minhas próprias ideias; não faço nada contrário à minha voz interior e à minha consciência; e não presto atenção ao modo como minhas ações são registradas pelos desmiolados".[101] Outro era a afirmação de que ele não podia defender suas políticas em público sem comprometer a segurança do Estado, então, estava satisfeito em deixar o veredito para a posteridade.[102] No caso, esta acabou se mostrando um árbitro bastante duvidoso.

O mesmo se podia dizer de seus contemporâneos. Como a brevidade de sua lua de mel com a liberdade de expressão demonstrou, Frederico teria amado controlar a esfera pública prussiana, especialmente em sua capital. Entretanto, ele foi derrotado tanto pelo tamanho quanto pela qualidade desse público. Em 1648, a população de Berlim tinha apenas cerca de 10 mil pessoas.[103] Graças à maior taxa de natalidade da Alemanha, na segunda metade do século XVII, ela tinha mais do que quintuplicado em 1709, chegando a quase 55 mil, incluindo as guarnições.[104] A dissolução da corte por Frederico Guilherme I, bem como sua austeridade, tinha levado a um êxodo de cerca de 17 mil artesãos e dependentes, embora o rápido crescimento da guarnição compensasse um pouco.[105] Quando Frederico o sucedeu em 1740, tanto o crescimento natural quanto a imigração tinham elevado o total a 90 mil, incluindo 21 mil soldados e dependentes.[106] O número continuou crescendo, chegando a 132.365 em 1770 e de 145 a 148 mil no fim de seu reinado.[107] As taxas de alfabetização são difíceis de estimar, mas algumas agulhas no palheiro sugerem que eram altas: 94,1% de proprietários-ocupantes sabiam assinar seu nome em 1782 e "provavelmente" entre 60 e 70% das crianças de seis a catorze anos estavam indo à escola na região de Potsdam-Berlim.[108] O *Berlinische Monatsschrift* alegou em 1783 que, em geral, as escolas da cidade eram excelentes.[109] A alta porcentagem de berlinenses com origem huguenote (20% em 1720) também pode ser em parte responsável pela alta colocação no *ranking* de alfabetização europeu.[110]

Entre as muitas revoluções identificáveis no século XVIII, a "revolução da leitura" merece um lugar. Pela primeira vez em uma parte significativa do continente – embora num gradiente decrescente de oeste a leste e de norte a sul –, a capacidade de ler se tornou um fenômeno de massa. Além disso, era uma revolução visível, com contemporâneos notando, em geral com aprovação, que mais e mais pessoas estavam lendo. Numa revisão da feira do livro de Leipzig em 1780, o influente periódico *German Museum* escreveu: "Sessenta anos atrás, as pessoas que compravam livros eram apenas os acadêmicos, mas hoje quase não há uma mulher com alguma educação que não leia. Leitores são achados em todas as classes, tanto nas cidades quanto no interior, até soldados comuns nas cidades grandes pegam livros das bibliotecas".[111] O pintor e gravurista Daniel Chodowiecki, nascido em Danzig, e, na maior parte de sua vida adulta, residente de Berlim, expressou de maneira pictórica esse desenvolvimento em dois estudos contrastantes, mas eloquentes, que interpretam da mesma forma plebeus e classe média. Pessoas cultas criavam um mercado literário que empreendedores rapidamente supriam. Quando Lessing chegou a Berlim em 1748, havia treze livrarias, quatro delas igualmente editoras e cinco especializadas em literatura francesa.[112] O editor mais importante, Friedrich Nicolai, era responsável também por dois dos periódicos alemães mais bem-sucedidos – *Letters Concerning the Latest Literature* (1759-65) e *The General German Library* (1765-1806).[113] O primeiro imediatamente se estabeleceu como o órgão mais influente do Iluminismo Alemão, reunindo colaboradores de alta linha, como Lessing, Herder e Moses Mendelssohn.[114] Foi um *status* mantido por seu sucessor, que, durante sua longa carreira, resenhou cerca de 80 mil livros, dando a seu editor uma pequena fortuna em troca, já que a circulação mínima para dar lucro, mil exemplares, quase sempre era atingida, e frequentemente chegava a duas ou três vezes isso.[115] Nicolai também foi atacado pelo *Xenien* de Goethe e Schiller:

> Se mereces pouco crédito pela educação dos alemães,
> Fritz Nicolai, ganhaste muito dinheiro no processo.[116]

Se a circulação total parece modesta, deve-se lembrar que, para obter um número total de *leitores*, pode-se usar um multiplicador de ao menos dez, provavelmente vinte e talvez até de trinta a quarenta.[117] Nicolai e seus colegas editores foram capazes de tirar vantagem dos serviços postais, muito melhorados pelo Dirigente Imperial dos Correios (o príncipe de Thurn e Taxis) e pelos serviços rivais prussianos e saxões (com 760 e 140 agências de correio, respectivamente). Isso permitiu que a postagem de correspondências, incluindo periódicos, se movesse a velocidades de 130 a 150 quilômetros por dia.[118] No fim do século, nenhuma comunidade alemã estava a mais de um dia e meio de caminhada de uma estação postal.[119]

Ler podia ser uma atividade individual, coletiva ou até institucional, pois o século XVIII também foi o século dos clubes de leitura. Embora o aumento no número de cópias tenha diminuído o custo unitário dos livros, amarras tecnológicas – especialmente na produção do papel – impuseram limites às reduções de preço. Uma solução era que os leitores unissem seus fundos para formar um clube de leitura, passando entre si os volumes comprados. A maioria dessas associações era informal, mas, em cidades como Berlim, foram fundados clubes mais permanentes, com um comitê de administração e sede própria. O primeiro clube de leitura de Berlim foi fundado em 1764; no fim do reinado de Frederico, eles podiam ser achados em várias outras cidades.[120] Também quase sempre informais eram as sociedades culturais, que se encontravam regularmente para discutir livros e, o que era ainda mais ousado, as questões atuais. Em Berlim, eram conhecidas de acordo com os dias da semana em que se reuniam: o Clube de Segunda-Feira, fundado em 1749 por um pastor luterano, e a Sociedade dos Amigos do Iluminismo ou Sociedade da Quarta-Feira, fundada em 1783, que contava com os principais nomes do Iluminismo de Berlim – incluindo Nicolai, Mendelssohn, Christian Wilhelm von Dohm, Carl Gottlieb Suarez, Ernst Ferdinand Klein, Johann Joachim Spalding, Johann Friedrich Zöllner, Johann Erich Biester e Friedrich Gedike. Os dois últimos eram coeditores do outro grande periódico da cidade, o *Berlim Monthly*, que também tinha circulação por toda a Alemanha e foi considerado "o jornal mais importante do Iluminismo".[121] Era muito mais que uma coleção de resenhas de livros, abordava todos os assuntos, desde o balão dos irmãos Montgolfier à mais recente ópera, passando por questões políticas como o novo sistema judiciário da Prússia.[122]

Dado seu notório desprezo pela literatura escrita em língua alemã, pode-se duvidar se alguns desses periódicos podiam ser vistos na mesa de Frederico. Ele também não teve papel direto em nenhuma outra mídia que compunha a esfera pública. Isso, porém, não o impedia de exercer influência à distância. Como vimos, seu estabelecimento dedicado à música teve impacto considerável na vida musical de sua capital.* Em uma parte importante da esfera pública, porém, ele de fato deu um exemplo direto: a maçonaria, que, em sua forma moderna, é criação do século XVIII a partir da fundação da Grande Loja da Inglaterra, em Londres, em 1717. Admitido na ordem de Minden pelo conde Albert Wolfgang de Schaumburg-Lippe em 1738, quando ainda era príncipe herdeiro, Frederico fundou sua própria loja em Rheinsberg quando voltou para casa.[123] Seu entusiasmo pela maçonaria não foi diminuído pela intensa e pública hostilidade de seu pai a ela.[124] Frederico foi um pioneiro, pois a primeira loja maçônica na Alemanha tinha sido fundada recentemente, em dezembro de 1737, em Hamburgo.[125] Ao ascender ao trono, ele foi essencial para a fundação de uma loja em Berlim – "Nos Três Globos" – e pessoalmente nomeou dois de seus irmãos e outros membros da aristocracia prussiana.[126] Esse apoio real deu à maçonaria "um enorme impulso de expansão" por todo o Sacro Império Romano, sobretudo na Prússia, onde havia 28 lojas em 1764.[127] No fim de seu reinado, somente as lojas de Berlim contavam com mais de quatrocentos membros.[128]

Embora sua participação ativa tenha diminuído mais tarde, o apoio contínuo de Frederico ao movimento era muito divulgado. Em 1774, por exemplo, ele informou a uma loja de Berlim: "Sua Majestade sempre terá prazer especial no fato de desfrutar a oportunidade de dar seu forte apoio à promoção dos objetivos de toda a maçonaria verdadeira, nomeadamente a elevação intelectual dos homens como membros da sociedade e a possibilidade de torná-los mais virtuosos e caridosos".[129] Os maçons devolveram o elogio incluindo o nome de Frederico em uma dezena de suas lojas ("Frederico com o Cetro Dourado", por exemplo) e destacando o dever de seus membros de servir a ele e a seu Estado. No ano de sua morte, um discurso maçônico afirmou: "Quem falhar em servir ao rei e seu Estado leal e honestamente [...] não é digno de ser maçom".[130] Quando ele morreu, uma oração fúnebre maçônica o aclamou como "um homem de quem não apenas a ma-

---

* Ver anteriormente, pp. 146-9.

çonaria, mas toda a humanidade, terá orgulho eternamente; não somente o melhor governante, mas, mais importante, o melhor homem que a história já conheceu".[131]

FREDERICO SOBRE LÍNGUA E LITERATURA ALEMÃS

Essa esfera pública expandida e em rápido crescimento era ao mesmo tempo uma oportunidade e uma ameaça para todos os regimes. Mais escrutínio podia trazer críticas negativas ou engajamento positivo – ou ambos. Um motivo para o colapso da monarquia absolutista da França atrelado à sobrevivência da igualmente conturbada Monarquia Habsburgo em 1789-90 foi a relativa habilidade dos dois soberanos envolvidos em projetar uma imagem eficaz ao público.[132] Frederico se provou muito mais apto do que Luís XVI ou José II, embora ele certamente não se esforçasse para seduzir os líderes da república de letras alemã. Pelo contrário, sua atitude em relação à grande renascença literária de língua alemã que coincidiu com seu reinado foi ao mesmo tempo hostil e mal informada. Quando ainda era príncipe herdeiro, ele tinha escrito para Voltaire que a Alemanha nunca poderia esperar desenvolver uma cultura vernácula de qualquer valor. Admitiu que os alemães possuíam algumas virtudes, pois não lhes faltava intelecto, tinham amplo bom senso (sendo, nesse sentido, muito parecidos com os ingleses), eram esforçados e até mesmo profundos. Mas por outro lado, também eram ponderados, prolixos e tediosos. O principal problema – na verdade, insuperável – era linguístico: como a Alemanha era dividida em uma infinidade de territórios, ele afirmou, nunca seria possível chegar a um acordo sobre quais dialetos regionais se tornariam a forma padrão.[133] Essa aversão à língua alemã passou a ser tema recorrente tanto de suas obras públicas quanto de sua correspondência privada, como em: "se ainda conservamos algum vestígio de nossa liberdade republicana, ele consiste na inútil oportunidade de assassinar a nosso bel-prazer um idioma grosseiro e ainda praticamente bárbaro".[134] Ele confirmava seu próprio preconceito usando uma forma do alemão que, apesar de todo o seu vigor característico, era rude, mal grafado e de gramática incorreta.[135] A literatura criada nesse meio primitivo naturalmente atraía seu desprezo correspondente. Como ele escreveu a Voltaire em 1775 (ano seguinte à publicação do bem-sucedido romance de Goethe, *Os sofrimentos do jovem Werther*), a literatura alemã era apenas "uma mistureba de frases infladas", a história alemã era pedante e até a filosofia alemã tinha morrido desde os dias de Leibniz e Wolff. Em resumo, alegou, o atual nível cultural da Alemanha estava cerca de dois séculos e meio atrás do da França.[136]

Transmitir esse ódio em cartas particulares a Voltaire era uma coisa, mas divulgá-lo publicamente em forma de panfleto era outra bem diferente, e foi o que ele fez em *Concerning German Literature; the faults of which it can be accused; the causes of the same and the means of rectifying them* [No que diz respeito à literatura alemã; às falhas de que se pode acusá-la; às causas destas e aos meios de retificá-las], publicado em 1780. Como se para esfregar na cara das pessoas sua alienação da cultura alemã, ele o escreveu em francês, deixando que um de seus oficiais (Christian Wilhelm von Dohm) traduzisse para o alemão.[137] Ele negou expressamente que a literatura alemã estava fazendo progresso: "Não acredito que nenhum escritor consiga escrever bem numa língua que ainda não foi refinada". Desde aquele ponto, os insultos foram muitos e rápidos:

> A língua alemã ainda é semibárbara e dividida em tantos dialetos quanto há províncias [...] A língua alemã é confusa, difícil de usar, não soa agradável e não é rica em metáforas [...] Os fins soam duros demais em alemão e seriam muito melhorados pela adição de um "a", de modo que *"sagen"* se tornasse *"sagena"* e assim por diante [...][138]

Pelo menos, ele teve a elegância de admitir que essa última sugestão tola se mostraria inaceitável. Como se estivesse procurando ofender ao máximo, Frederico, então, destacou o menino de ouro das letras alemãs – Goethe – para um insulto especial:

> Para vermos quanto o gosto contemporâneo é ruim na Alemanha, basta visitar qualquer teatro. Lá, verá as abomináveis peças de Shakespeare sendo apresentadas em traduções alemãs e as audiências tirando grande prazer daquelas ridículas farsas que só merecem ser apresentadas em frente a selvagens no Canadá [...] Shakespeare pode ser perdoado, pois viveu durante uma época em que a cultura inglesa tinha se desenvolvido pouco. Não há, porém, desculpa para nossos contemporâneos cometerem os mesmos erros – como se fez, por exemplo, em *Götz von Berlichingen*, de Goethe, uma abominável imitação daquelas péssimas peças inglesas. Mas o público aplaude com afeto essa porcaria e exige que seja repetida. Sei que não se devem argumentar ques-

tões de gosto, mas tenho de dizer que alguém capaz de tirar prazer tanto de um *show* de marionetes quanto das tragédias de Racine está só buscando uma forma de matar o tempo.[139]

Previsivelmente, o panfleto foi recebido (sobretudo) com raiva.[140] Dentro de um ano, nove refutações tinham sido publicadas.[141] Mas não houve surpresa de fato, pois, durante seu reinado, Frederico vangloriou-se de sua opinião sobre a cultura alemã. Quando ressuscitou a Academia em 1743, deu a ela um título francês (*Académie Royale des Sciences et Belles-Lettres*), estatutos franceses, um presidente francês (Maupertuis), membros em sua maior parte franceses, e decretou que o francês devia ser o idioma das comunicações tanto orais quanto escritas.[142] Isso não se alterou: entre o fim da Guerra dos Sete Anos e sua morte, Frederico nomeou apenas dezoito membros de sua Academia, dos quais somente cinco eram alemães.[143] Não é de se surpreender que uma elite intelectual alemã que rapidamente crescia em números e autoconfiança se ofendesse, acreditando que ele tinha a nata de uma cultura nativa tanto rica quanto moderna à sua disposição, mas preferia os resíduos amargos e ralos da França. O fiasco da nomeação de Antoine Joseph Pernety como seu bibliotecário, confundindo-o com Jacques Pernety, exemplificou o problema.[144] De modo similar, o escultor François Gaspard Balthasar Adam foi levado a Berlim, num equívoco, no lugar de seu irmão mais velho e mais famoso Nicolas Sébastien.[145] Francês, claro, era o idioma preferido da maioria dos europeus aristocratas, ao menos no continente, mas, na Europa falante de alemão, a preferência intencional de Frederico estava começando a parecer cada vez mais anacrônica.

Como revelado por *Concerning German Literature*, Frederico era um fóssil vivo, relíquia da penúltima geração. O barão von Grimm encontrou uma boa comparação: Frederico escrevia sobre literatura alemã como um cego tentando descrever cores.[146] Seus gostos culturais tinham sido formados antes de ele subir ao trono e simplesmente não haviam se desenvolvido. Como apontou Werner Langer, no mais aprofundado dos estudos sobre a formação cultural de Frederico, era crucial que os amigos íntimos dele durante sua importantíssima estadia em Rheinsberg (1736-40) – Jordan, Keyserlingk, de la Motte Fouqué – fossem de doze a quinze anos mais velhos que ele. Em outras palavras, pertenciam a uma geração nascida em torno de 1700 e eram contemporâneos de Voltaire. Inclusive, havia sido uma decisão consciente de Frederico ter ao seu redor homens maduros, com os quais pudesse aprender, e ele tinha o objetivo manifesto de ser capaz de absorver as coisas rapidamente – mas, depois, nunca abria mão delas.[147] Como vimos, o próprio Voltaire exerceu influência profunda em seu desenvolvimento, fazendo, entre muitas outras coisas, uma importante contribuição para a primeira grande obra de Frederico, *Anti-Maquiavel*.[148] O resultado foi um conservadorismo cultural profundo.*

Em cada ramo das artes, Frederico tinha sido superado por seus súditos. Os berlinenses, em particular, abraçavam rapidamente a inovação, da ópera bufa na música ao *Sturm und Drang* na literatura. Em 1777, o famoso ator Johann Franz Brockmann ("O Garrick Alemão") visitou Berlim a caminho de um compromisso no Teatro Nacional de Viena. Ele foi, é claro, excluído de qualquer palco real, nos quais apenas se cantava italiano ou declamava francês, então atuou no teatro público na rua Behren, administrado pelo ator-gerente Carl Theophil Döbbelin. A aparição de Brockmann como Hamlet foi uma sensação. Todas as suas doze apresentações esgotaram. Quem quisesse um assento tinha de estar no teatro com horas de antecedência.[149] Ele foi tratado como celebridade pela alta sociedade, e sua visita foi registrada visualmente em uma série de gravuras pelo empreendedor Daniel Chodowiecki. Era um episódio revelador, e pelo menos alguns entre os frequentadores do teatro devem ter compreendido seu significado: o ator mais famoso de sua época fora confinado a uma breve temporada num teatro público em Berlim enquanto estava a caminho do Teatro *Nacional* de Viena, financiado pelo Estado. "Aquelas péssimas peças inglesas" eram ridicularizadas por Frederico, mas aclamadas pelos berlinenses, que também se entretinham com *Romeu e Julieta*, *Ricardo III*, *Otelo*, *Macbeth* e *Henrique IV*.[150]

Era um conservadorismo mesclado com pessimismo. Numa carta a Voltaire de 1771, ele fez pouco das modernas óperas cômicas, chamando-as de "platitudes com música de fundo, gritadas e cantadas fora de tom só para fazer a plateia rir". "A narrativa pessimista de Frederico sobre a cultura moderna traçava um declínio contínuo da era de ouro de Luís XIV em direção a uma decadência do gosto que inexoravelmente terminaria com uma volta ao barbarismo completo. O que a modernidade acreditava ser de qualidade era apenas besteira trivial, e a genialidade era tão rara quanto o bom senso".[151] Cada vez mais fora de compasso com os tempos, Frederico desde-

---

*   Ver o comentário dele sobre música moderna citado anteriormente, pp. 149-50.

nhava de formas novas como a *comédia larmoyante* e o *drame bourgeois*, e não considerava o romance um gênero literário, desprezando-o como simples "distração".[152] Um homem que ridicularizava o grande épico alemão – a *Canção dos Nibelungos* – como "não valendo um tiro de pólvora" e rebaixava a Idade Média a "doze séculos de estupidez" provavelmente não apreciaria Herder nem Goethe.[153] Sem ser mais ousado nas artes visuais, o gosto dele só mudou indo mais para trás – de quase contemporâneos como Watteau, Pater e Lancret para os velhos mestres holandeses, flamengos e italianos.[154]*

Para alguém que em geral mostrava ter aguda consciência da direção para onde sopravam os ventos do público, Frederico era impressionantemente obtuso com relação a questões teatrais. Ele perdeu um meio relativamente barato e fácil de mobilizar apoio na esfera falante de alemão ao se mostrar incapaz de notar a crescente popularidade dos "teatros nacionais". Um sinal claro foi dado quando uma trupe francesa após outra foi fechada – em Hanôver em 1757, Munique em 1758, Stuttgart em 1767, Dresden em 1769, Mannheim em 1770, Viena e Bayreuth em 1772 e assim por diante.[155] Uma iniciativa arrasadora foi tomada por José II em 1776, quando ele transformou o teatro de sua corte em um *Nationaltheater*, com um repertório dedicado a obras em língua alemã (uma delas seria *O rapto do Serralho*, de Mozart, ou *Die Entführung aus dem Serail*). Isso caiu bem junto à elite intelectual alemã. Tobias von Gebler escreveu a Friedrich Nicolai: "Todos os patriotas devem se regozijar de nosso José alemão ter designado o palco nacional como seu teatro da corte. Ele certamente não empregará franceses enquanto as peças alemãs forem apresentadas em Versalhes".[156] Um periódico dedicado ao teatro se alegrou: "Os alemães agora têm um teatro nacional, e foi seu Imperador que o fundou. Que deleite, que pensamento magnífico para todos os que são capazes de sentir que são alemães! Todos agradecem o Imperador com um sentimento da mais profunda reverência pelo grande exemplo que ele deu aos príncipes alemães".[157] Não era sempre que Viena podia celebrar o fato de estar à frente de Berlim na vanguarda cultural. Frederico tinha construído um novo teatro no Gendarmenmarkt em 1774, mas o designara a uma companhia francesa, que foi desmontada com a eclosão da guerra em 1778. O teatro era proibido a atores alemães e permaneceu na obscuridade até o fim do reinado de Frederico.[158]

---

*   Ver anteriormente, pp. 165-6.

FREDERICO COMO PROPAGANDISTA

Se Frederico achava primordial evitar que o tipo errado de informação chegasse ao público, estava igualmente preocupado em propagar a versão correta. Ele era seu próprio primeiro-ministro – e também seu próprio "primeiro-jornalista". O favor concedido a Ambrosius Haude* não foi apenas por serviços prestados, ele precisava que os jornais transmitissem sua mensagem. Em sua primeira investida em assuntos de exterior, a disputa com o príncipe-bispo de Liège, ele deu instruções para que o lado prussiano fosse apresentado na imprensa pública.[159] Ele sabia tudo sobre as crescentes editoras que se espalhavam desde os Países Baixos, em torno da Renânia, até a Suíça, com muitos periódicos e panfletos em língua francesa difundidos pela Europa, e estava determinado a colocar neles suas próprias palavras.[160] Desde o início, a caneta frenética de Frederico estava produzindo artigos e panfletos. Logo após a conquista da Silésia, ele criou o *Schlesische Zeitung* [Notícias Silesianas], que, entre outras coisas, publicava seus próprios relatos (não assinados) de vitórias sobre os austríacos e até vendia, como suplementos, gravuras com seu retrato. De modo impressionante, essa publicação desfrutaria de uma existência contínua até o fim da Segunda Guerra Mundial.[161] Em particular, Frederico estava ansioso para contrariar a imprensa holandesa – quase toda antiprussiana –, a mais sofisticada e amplamente distribuída na Europa. Quando começou a Segunda Guerra Silesiana, em 1744, ele encarregou o marquês d'Argens de criar *L'Observateur Holandois*, que – para ter mais autenticidade – alegava ser publicado em Leiden. Imediatamente banido da República Holandesa, ele faliu no ano seguinte.[162] Destemido, Frederico continuou usando a imprensa durante todo o seu reinado, sobretudo em tempos de guerra. Com o número de jornais no Sacro Império Romano tendo aumentado de sessenta para mais de duzentos durante seu reinado, tratava-se de um meio fervorosamente disputado, cuja temperatura subia conforme a esfera pública se expandia. A intensificação das controvérsias políticas e confessionais durante a Guerra dos Sete Anos se mostrou especialmente boa para os negócios.[163]

Em nenhum lugar da Europa havia uma esfera pública maior ou mais animada que na Inglaterra, cuja capital era a maior metrópole da Europa em meados do século e estava se expandindo rapidamente na direção dos

---

*   Ver anteriormente, p. 306.

sete dígitos. A esse aliado-chave, após 1756 Frederico tomou o cuidado de enviar relatos exultantes de vitórias e de menosprezar o registro de derrotas a serem transmitidas para o público britânico.[164] Num país onde o anticatolicismo era uma parte essencial da cultura política, ele podia ser apresentado como um segundo Gustavo Adolfo, um defensor protestante das liberdades europeias contra os desígnios cruéis do tirânico triunvirato católico de França, Áustria e Espanha. Os britânicos precisavam de um herói que lhes desse confiança nos perigosos tempos de guerra no exterior e de rebelião na extremidade celta, e Frederico era mais adequado para aquele papel do que seu próprio soberano idoso e nada carismático, George II. Assim, Frederico tornou-se beneficiário de uma onda de adulação pública expressa em incontáveis poemas, músicas, sermões, artefatos de cerâmica, medalhões e gravuras. Especialmente durável e onipresente foi a renomeação de centenas de pousadas para "The King of Prussia" [O Rei da Prússia] (algumas chegaram a sobreviver às ondas germanofóbicas de 1914 e 1939 e existem ainda hoje). O aniversário dele era celebrado por toda a extensão do território, incluindo até mesmo a Escócia.[165]

Não era diferente na Alemanha. Uma torrente de artefatos, de panos de mesa a caixas de rapé, de facas a braceletes, todos adornados com a imagem de Frederico, foi produzida para o mercado. Iserlohn, no ducado prussiano de Cleves, emergiu como principal centro para a produção em massa de itens tão diversos como caixas de latão e cobre mostrando planos de batalha, colheres decoradas, latas de tabaco envernizadas e cortadores de charuto com o formato de Frederico, a serem exportados para todo o império – na realidade, para "todas as partes do mundo". Especialmente popular, inclusive pelo baixo custo, eram as "faixas comemorativas" com a inscrição de motivos, imagens e versos patrióticos, usadas como broche em um colete ou na borda de um chapéu.[166] Ilustrações de cenas de batalha eram em geral acompanhadas por um poema e uma narrativa elogiosos, de modo que as gravuras eram mais como panfletos ilustrados.[167] Se Frederico estava ciente dessa dimensão, não comentou. Dado seu desprezo pelo público, notado anteriormente neste capítulo, é improvável que tenham obtido sua aprovação. Embora encomendasse retratos de si, sobretudo durante os primeiros anos de seu reinado, ele se recusava a posar para um pintor, ainda que provavelmente tenha feito uma exceção para o artista da corte de Brunsvique Johann Georg Ziesenis, quando visitou sua irmã Amália em 1769, e outra para Anna Dorothea Therbusch, em 1775.[168] Essas obras parecem mostrar dois homens diferentes. Contemporâneos costumam concordar que o retrato mais parecido era aquele pintado por Anton Graff em 1781 com base no estudo cuidadoso do modelo por parte do artista em muitos desfiles de Potsdam. Foi gravado muitas vezes e vendido em "incontáveis" cópias.[169] Também nesse sentido, Frederico sabia do que gostava e, especialmente, do que não gostava. Portanto, a representação pomposa dele como pacificador, em 1763, foi suprimida por suas ordens diretas: as placas foram compradas e quebradas, e quaisquer cópias encontradas foram queimadas.[170] A desaprovação real, porém, não era capaz de diminuir o apelo de Chodowiecki, cuja popularidade "não pode ser superestimada", na opinião autoritária de Eckhart Hellmuth.[171]

A atitude de Frederico em relação ao público era inconsistente. Quando voltou à sua capital em 30 de março de 1763, após sete anos fora, ele deliberadamente deixou as multidões esperando por várias horas, e então foi para o palácio real por uma rota diferente. Não é surpreendente que isso tenha causado ressentimento considerável em quem tinha dedicado bom tempo e dinheiro para preparar boas-vindas dignas de um herói. Até "a poeta do povo", Anna Louisa Karsch, cuja dedicação e popularidade chegavam a rivalizar com as de Gleim, ficou ofendida com a "indiferença", comentando: "Ele decepcionou a expectativa de 100 mil pessoas [...] Naquele momento, pareceu a mim algo menos que grande".[172] Em outras ocasiões, Frederico mostrou que podia convencer a multidão de modo tão eficaz quanto qualquer político moderno. Ele pode nunca ter beijado bebês, fingido gostar de *fast-food* ou usado um boné de beisebol, mas fazia questão de se mostrar em público. Numa época em que era inédito um homem tirar o chapéu para um inferior social, o hábito de Frederico de levantar o seu para qualquer um por quem passava impressionava profundamente. Friedrich August Ludwig von der Marwitz, mais tarde um proeminente conservador, só tinha oito anos em 1785 quando viu pela primeira vez o idoso Frederico fazendo o gesto enquanto cavalgava por Berlim, mas nunca esqueceu. Entre o portão Halle e a rua Koch, estimou, Frederico deve ter levantado o chapéu pelo menos duzentas vezes.[173] Observando o mesmo ritual dez anos antes, Anna Louisa Karsch comentou: "Era nessa situação que ele me parecia completamente o Grande Frederico".[174] Isso ajuda a explicar a imensa popularidade do retrato feito por Heinrich Franke de Frederico levantando seu chapéu, que o empreendedor artista repintou várias vezes e, é claro, mandou gravar.

O outro gesto característico de Frederico era uma disposição em aceitar petições, diretamente durante uma de suas muitas viagens ou em cartas quando estava de volta a Potsdam. Segundo Wraxall, qualquer um podia escrever, com a confiança de que uma resposta seria enviada. Ele citou o caso da reclamação de um alfaiate de Königsberg que não conseguia convencer o governador, o conde Dohna, a pagar sua conta. Frederico respondeu dizendo-lhe que tentasse novamente, pois, naquele ponto, o conde já teria recebido a reprimenda necessária.[175]

Tanto na Grã-Bretanha quanto na Alemanha, muito do apelo de Frederico se devia à sua identificação com o protestantismo. Se a tendência natural de compreender o século XVIII como uma era cada vez mais secular tem alguma validade, é só quando aplicada aos escalões mais altos da sociedade, e talvez nem assim. Cínicos ou agnósticos como Kaunitz, Catarina, a Grande, ou Frederico podem ter sido guiados simplesmente por *raison d'état*, mas a sociedade maior ainda vivia numa era confessional.[176] O apelido popular para descrever o século XVIII – "a idade da razão" – tem menos justificativa do que "a idade da religião" ou "o século cristão".[177] Além disso, pelo menos durante a primeira metade do século, foi a Igreja Católica que pareceu estar em ascendência e ganhando campo, o que se exemplifica pela construção dos grandes monastérios e igrejas barrocas na Áustria, Baviera e Suábia. No Sacro Império Romano, o equilíbrio político parecia ter-se afastado decisivamente dos protestantes. De seus principais baluartes, o eleitorado do Palatinado era governado por católicos desde 1685, o eleitorado da Saxônia, desde 1697, e o ducado de Württemberg, desde 1733. Entre o meio do século XVII e metade do XVIII, pelo menos 31 príncipes alemães se converteram ao catolicismo.[178] Quando a revelação, em 1754, de que o marquês de Hessen-Kassel tinha se convertido (supostamente para ter permissão de se reencontrar com uma amante no Paraíso) propagou-se pela aliança austro-francesa dois anos depois, protestantes em toda a Europa temeram o pior. Então, como era de se esperar, Frederico usou ao máximo a carta confessional, garantindo a quem quisesse ouvir que era o defensor do protestantismo contra o papado.[179] Embora fictícia, a declaração certamente causou impacto. O mestre padeiro hanoveriano Eberhard Jürgen Abelmann revelou em seu diário um forte elemento confessional, acreditando que a liberdade alemã e a fé protestante tinham estado em perigo.[180] Na Suíça, Frederico chegou a ser apresentado no improvável papel de um Guilherme Tell moderno, defendendo a liberdade contra os supostos tiranos da coalizão católica.[181]

Essa ressonância foi bem merecida. Não só ele era o "primeiro servo do Estado", como costumava alegar; era também o primeiro participante da esfera pública que ajudou a criar. Sua abordagem da cultura não era a do mecenas passivo da arte representacional, mas a do artista ativo. Como teórico político, historiador, poeta, dramaturgo, compositor e flautista, ele mereceria seu nicho em qualquer história cultural do século XVIII, mesmo se não tivesse sido também rei da Prússia. Independentemente do que se possa pensar sobre seu regime ou seu impacto no curso subsequente da história alemã, ninguém é capaz de ler suas obras ou ouvir sua música sem perceber que ele possuía dons extraordinários. Embora não chamasse assim, a importância que dava à *"Bildung"* – autoaperfeiçoamento individual – o colocou diretamente na cultura alemã predominante. Um homem que levou *De Rerum natura*, de Lucrécio, para a batalha, e se distraía nos intervalos das negociações que levaram à Paz de Hubertusburg lendo *Emílio*, de Rousseau, era alguém que colocava o intelecto em alta prioridade.[182] Além de compor músicas, ler era sua ocupação favorita: "Li muito hoje e estou feliz como um rei", disse ele a seu leitor, De Catt.[183] Em 1771, ele observou que, com sua idade, as únicas festividades que lhe caíam bem eram os bons livros.[184] Bibliotecas substanciais eram encontradas em todos os seis de seus grandes palácios (Berlim, Charlottenburg, Breslau, Palácio Municipal de Potsdam, Sanssouci, Novo Palácio); além disso, uma coleção portátil ia com ele em suas viagens e campanhas.[185]

Não há motivo para duvidar da sinceridade de suas numerosas declarações de fé, como: "Desde a infância amei as artes, a literatura e a ciência e, se puder contribuir para sua propagação, dedicar-me-ei com todo o zelo à minha disposição, pois não pode haver felicidade verdadeira neste mundo sem elas".[186] Para o cético e descrente Frederico, como para muitos outros membros da elite intelectual alemã, a arte, em seu sentido mais amplo, tomava o lugar da religião revelada à qual eles não podiam aderir. Ela preenchia um vácuo transcendental. Muitos daqueles que articulavam essa nova religião estética – Winckelmann, Lessing, Goethe, Schiller – tinham sérias discordâncias de Frederico e seu regime, mas uma coisa que todos tinham em comum era a crença na sacralização da arte. O credo de Frederico citado anteriormente antecipou muitas declarações parecidas do poeta romântico Novalis (pseudônimo de Georg Philipp Friedrich von Hardenberg), por exemplo: "Quem se sentir infeliz neste mundo, quem não conseguir encontrar o que busca – que entre no mundo dos livros, da arte e da natureza, esse eterno domínio que é simultaneamente antigo e moderno, e viva ali nessa igreja secreta de um mundo melhor. Ali certamente encontrará um amante e um amigo, uma pátria e um Deus".[187] Além disso, o intelectualismo de que Frederico se vangloriava o tornou um exemplo. Como escreveu o abade piemontês Carlo Giovanni Maria Denina, convocado por Frederico para se tornar membro da Academia: "O entusiasmo gerado por um rei que era autor, por um rei que era um acadêmico no sentido mais completo da palavra [...], por um rei que se acompanhava de homens de letras todo dia e em todo lugar, certamente deu grande impulso a todo tipo de empreitada intelectual".[188] Vale a pena elaborar bem esse ponto, porque ele fecha o abismo que frequentemente se supõe existir entre o monarca francófilo e a elite intelectual alemã.

Entretanto, em sua abordagem à cultura, Frederico era não apenas ativista, como também crítico. Desde sua primeira grande publicação – *Anti-Maquiavel* –, ele entrou repetidamente na arena pública para participar de debates. Como notou Goethe, apenas ao publicar um panfleto sobre literatura alemã, Frederico deu ao debate intelectual um impulso que nenhuma outra pessoa viva poderia ter conseguido. A aversão declarada à sua própria cultura era paradoxalmente "muitíssimo benéfica" para escritores alemães, porque os estimulava ao provocar uma reação. Goethe continuou: "Além disso, da mesma forma, a aversão de Frederico à língua alemã como meio para a literatura era uma coisa boa para escritores alemães. Eles fizeram todo o possível para o rei notá-los".[189] Que os comentários de Frederico sobre a literatura alemã fossem mal informados, parciais e, por vezes, até absurdos, não tinha importância. O que era, sim, importante, foi a entrada do rei da Prússia no domínio público, para enfrentar a todos. Além disso, seu tratado era dirigido ao público, já que ele buscava suscitar curiosidade antes da publicação, lançando trechos na imprensa de Berlim.[190] Essa não foi sua primeira aparição na esfera pública, é claro. Ele já tinha usado sua caneta para atacar *Ensaio sobre o preconceito* e *Sistema da natureza*, de Holbach, *Discurso sobre as ciências e as artes* e *Emílio*, de Rousseau, e os filósofos em geral.[191] Além disso, encorajava outros a entrarem na esfera pública com um espírito crítico, fazendo a Academia organizar competições anuais com prêmios para ensaios desde 1744, determinando temas como "Qual tem sido a influência de governos na cultura em nações em que ela floresceu?" (vencido por Herder) e "O que fez do francês a língua universal da Europa, e ele merece essa supremacia?".[192] O mais bem-sucedido foi "Pode ser vantajoso enganar o povo?", de 1777, que atraiu 42 submissões e foi muito discutido nos periódicos alemães.[193] Frederico continuou a se engajar criticamente com as últimas obras enviadas de Paris durante todo o seu reinado.[194]

Paradoxalmente, essa combinação de incitação e encorajamento parece de fato ter promovido a literatura alemã. Nem todo intelectual que recebia suas farpas achava que eram sem mérito. Ninguém menos que o próprio Goethe muitas vezes empregava linguagem similar. Em 1785, Goethe se viu respondendo negativamente ao *Rapto do Serralho*, de Mozart, só se reconciliando com a obra quando tirou da cabeça o fato de o libreto ter sido escrito em alemão. Mais ou menos na mesma época, ele abandonou o libreto alemão em que ele mesmo estava trabalhando, com a ideia de escrever um substituto em italiano, em vez de "nesta língua bárbara".[195] O escritor prussiano Leonard Meister defendia haver uma ampla concordância entre a elite intelectual alemã de que as críticas de Frederico eram justificadas, alegando terem recebido "o aplauso da maioria da nação".[196] Ele podia inclusive encontrar um lado benéfico na alegada francofilia de Frederico: "Até sua preferência pelo francês parece ter tido um efeito benéfico nos alemães. Não apenas eles aprenderam com isso, mas também desenvolveram um espírito nobre de competição, com intelectuais alemães buscando ser valorosos associados de seus talentosos colegas franceses".[197] O sempre leal Thomas Abbt, "prussiano por escolha", acreditava que, caso a literatura alemã tivesse chegado à atual excelência quando Frederico era jovem, ele também teria escrito no idioma alemão.[198]

Olhando em retrospecto a controvérsia no fim do século, o filósofo nascido na Silésia Christian Garve era mais comedido em seus comentários. Por um lado, ele acreditava que Frederico tinha exagerado a incompreensibilidade mútua das várias regiões da Alemanha, pois cada língua tinha sua forma escrita nacional "culta", que todos conseguiam entender, e o alemão não era exceção. Por outro lado, Garve estava preparado para admitir que o abismo na Alemanha era maior que em outros países, com o resultado de que ficava uma sensação de artificialidade quando havia uma mudança de comentário escrito para discurso reportado, de alemão culto para dialeto. Ele também não estava impressionado com o nível literário da época: "Como um honesto alemão, que ama a verdade mais do que a reputação de sua pátria, não posso evitar concordar com o rei quando este afirma que, no que diz respeito à literatura, estamos bem atrás dos estrangeiros". Por enquanto, a Alemanha não tinha produzido dramaturgos capazes de ganhar o mesmo nível de aceitação universal de Racine ou Molière na França ou Shakespeare na Inglaterra. Ele concluiu com a seguinte avaliação criteriosa: "As falhas que ele encontrou eram falhas reais. Mas ele também nos acusou de pecados que já não estávamos cometendo, e não tinha lido suficiente nossa literatura para ser capaz de encontrar as muitas coisas lindas que de fato havia ali".[199]

Se alguns intelectuais alemães estavam preparados para admitir que Frederico estava correto – pelo menos em parte –, também estavam convencidos de que o estabelecimento da Prússia como grande potência tinha dado um grande impulso à cultura alemã. A declaração clássica foi dada por Goethe em sua autobiografia: "O primeiro material verdadeiro e realmente vital da mais alta ordem entrou na literatura alemã por meio de Frederico, o Grande, e as proezas da Guerra dos Sete Anos".[200] Os feitos heroicos de Frederico, argumentou ainda, deram à Prússia e, assim, a toda a Alemanha protestante, uma vantagem cultural inestimável, que a Áustria e os católicos nunca conseguiram igualar.[201]

Se Goethe estava ou não correto, de qualquer jeito não há como provar. Seria possível apontar para a Veneza do *Quattrocento* e *Cinquecento*, para a Inglaterra elisabetana, para a "Era Dourada" da Espanha, para a França de Luís XIV, para a cultura barroca da Áustria do fim do século XVII ou para os Estados Unidos do século XX para defender a hipótese de que poder e cultura marcham juntos. Por outro lado, seria possível apontar para a Borgonha do século XV, para a Veneza do século XVIII, para a Viena *fin-de-siècle* ou para a Paris do início do século XX a fim de apoiar o aforismo de Hegel de que "apenas no crepúsculo da história a coruja de Minerva alça seu voo". O importante é o fato de que tantos contemporâneos de Frederico ecoassem a avaliação de Goethe sobre esta correlação. Como colocou o tradutor de seu panfleto *Concerning German Literature*, Christian Wilhelm von Dohm: "Os poderosos feitos de Frederico elevaram a nação e inspiraram um patriotismo do qual antes não havia traços; e isso teve um efeito benéfico também na literatura".[202] Achim von Arnim estava mais preocupado em destacar a natureza paradoxal desse processo:

> Frederico, o Grande, pertencia àquele grande número de príncipes alemães que só estavam preparados para apoiar com fundos e favores os dramas estrangeiros. Mas, como foi bem durante seu reinado que as vitórias sobre os franceses reacenderam nos alemães um sentido de valor próprio, foi sob seu nariz que uma poderosa reação deu início ao desenvolvimento de poderosos talentos dramáticos alemães que levaram à expulsão da influência estrangeira, sem que o próprio Frederico ou qualquer um daqueles a quem a implementação de suas políticas foi confiada sequer imaginassem.[203]

O próprio Frederico usou o mesmo argumento de modo mais sucinto ao dizer a Mirabeau: "Que maior serviço poderia eu ter feito à literatura alemã do que não me ocupar dela?".[204]

Frederico estava mais consciente da importância da esfera pública do que qualquer outro monarca europeu até então.[205] Tão consciente, aliás, que, perto do fim de seu reinado, ele deu permissão para que trechos de um esboço do Código Geral de Leis planejado fossem discutidos em público. Em uma proclamação impressa datada de 24 de março de 1784, o grande chanceler Johann Heinrich Casimir von Carmer anunciou que, como se tratava de uma questão de grande importância e que afetava toda a população, era simplesmente apropriado que a voz pública fosse ouvida. Especialistas internos e estrangeiros foram convidados a submeter opiniões. Num artigo publicado no *Berlinische Monatsschrift*, "Um Patriota" usou a ocasião para se vangloriar de que uma das grandes vantagens desfrutadas pelos prussianos era o fato de que tópicos importantes podiam ser discutidos em público "com bastante liberdade", mesmo que a linha adotada fosse contrária aos princípios do regime. Já demonstrada por inúmeras publicações, continuou ele, essa liberdade de opinião agora se confirmava pelo exercício de consulta liderado por Carmer, para o qual o rei tinha dado sua aprovação expressa. O autor adicionou: "contemporâneos e posteridade devem estimar essa conduta aberta, livre e nobre, segundo a qual as pessoas ficam cientes de seus interesses. Os Direitos do Homem e do Cidadão são honrados".[206] Assim, a linguagem da Revolução Francesa foi antecipada em cinco anos. Escrevendo em 1787, Leonard Meister usou essa iniciativa como evidência de que a Prússia era um *Rechtsstaat*, um Estado governado pela regra da lei:

> E esse rei, único entre reis, fez ainda mais. Não só promoveu a ordem e a segurança ao introduzir um sábio código de leis: quando o esboçou, ele buscou o conselho de todos os que tinham conselho a dar, tanto cidadãos prussianos quanto estrangeiros, e ele próprio se submeteu às leis. Proclamou em alto e bom som, e publicamente, que, em questões de justiça, um camponês contava tanto quanto um príncipe [...] Com opiniões como essas e um regime como esse, como o espírito nacional poderia não se elevar? E esse espírito nacional podia levantar voo de forma ainda mais ousada, porque nada o impressionava e nada o intimidava, nem a exibição libertina ao redor do trono, nem o anátema papal do altar. Dessa forma – e não podemos destacar

esse argumento o suficiente –, Frederico deu às artes e à ciência as melhores amas de leite possíveis: segurança, liberdade e tolerância!²⁰⁷

Tudo isso estava ótimo, desde que Frederico estivesse no trono, mas o que um sucessor menos iluminado poderia fazer? Em 1785, o *Berlinische Monatsschrift* deu um passo adiante em direção a um Estado constitucional, argumentando que quaisquer outras mudanças só deveriam ser feitas com o consentimento de toda a nação.²⁰⁸ Pode-se supor com segurança que o autocrático Frederico nunca teria cogitado ceder nem um mínimo de sua autoridade absoluta. Muitas águas conturbadas teriam de passar por baixo das pontes do Spree antes de os prussianos estarem prontos para tomar (em 1848) o que seus reis não concediam.

FREDERICO, O ALEMÃO

Com um pouco mais de conhecimento sobre Frederico, as perspectivas de mais liberalização teriam sido menos otimistas. O feitiço lançado por seu carisma era tanto que a ilusão não só sobreviveu a seu reinado, como seguiu crescendo, com a reputação virando mito. Só depois dos temíveis choques do século XX o desencanto começou. O que era verdade sobre o público se aplicava igualmente, se não mais, a outra poderosa abstração que adquiriu ainda mais impulso durante o século XVIII: a nação. É um erro comum, ainda que grave, supor que, por não gostar da cultura alemã e admirar Voltaire, Frederico fosse um francês por escolha. Pelo contrário, ele estava claramente ciente de sua nacionalidade alemã. Se estava dividido entre duas identidades nacionais, não era entre a francesa e a alemã, mas entre a alemã e a prussiana.²⁰⁹ Frederico disse ao embaixador francês, o marquês de Valori, em 1742: "Nascido príncipe alemão, tenho todos os sentimentos de um bom patriota e um bom cidadão em relação à minha pátria".²¹⁰ Em sua correspondência com Voltaire, na qual se esperava que ele fosse o mais cosmopolita possível, ele se refere repetidamente à sua nacionalidade, como em: "Sou apenas um bom alemão, e não me envergonho de expressar-me com a franqueza que é parte inseparável de nosso caráter nacional" ou:

> Imagino que penses, ao ler isto: "É bem alemão, ele mostra toda a fleuma de sua nação pálida". É verdade que parecemos vegetais em comparação

com os franceses; também não produzimos uma *Henríade* [poema épico de Voltaire]. Desde que o imperador Carlos Magno colocou na cabeça nos transformar em cristãos cortando nossas gargantas, sempre fomos os mesmos; e nossos céus nublados e invernos frios também fizeram sua parte.[211]

Como esse último comentário indica, Frederico não tinha sido um bom estudante de Montesquieu à toa. Em seu próprio tratado sobre o tema, ele argumentou que a cultura de cada país tem seu sabor especial, como resultado "do caráter indelével de cada nação". Era fácil distinguir entre livros publicados em Pádua, Londres ou Paris, por exemplo, mesmo se fossem escritos no mesmo idioma e sobre o mesmo assunto. A educação podia modificar, mas nunca mudar fundamentalmente um caráter nacional.[212]

Se Frederico era um crítico implacável e (alguns podem pensar) perceptivo das falhas alemãs – pedantismo, falta de humor, falta de elegância e *"le mal qu'on appelle logon diarrhœa"*[213] –, ele não era menos severo com os franceses. Repetidamente submetia seus supostos modelos a ataques contundentes, sobretudo por conta de seu gosto incorrigível por perseguir dissidentes. "Os ingleses podem pensar em voz alta", alegou, "mas um francês dificilmente ousa trair uma pista de suas ideias".[214] Era por esse motivo que a França tinha condições de produzir um Descartes ou um Malebranche, mas nunca um pensador realmente intrépido como um Leibniz, um Locke ou um Newton. Como isso sugere, Frederico conhecia muito bem os escritores ingleses, incluindo Francis Bacon, Alexander Pope e Jonathan Swift.[215] Além disso, a era da França tinha acabado. Durante alguns anos do ministério de Richelieu e do reinado de Luís XIV, a estrela daquele país havia brilhado, mas foram momentos breves de sabedoria em uma longa história de tolices.[216] Não era apenas a bajulação que o levava a dizer frequentemente a Voltaire que este era o último escritor francês de distinção.[217] A literatura francesa moderna, disse ele, era uma perda de tempo, adequada apenas para ser queimada.[218] Rousseau ele achava "louco"; de Diderot parecia não ter lido nada, decerto nenhuma de suas obras estava na biblioteca pessoal de Frederico.[219] Uma malignidade especial era reservada para a vanguarda francesa, para Holbach, contra quem ele escreveu dois contra-ataques, e para os "enciclopedistas", contra os quais lançou uma de suas sátiras, na qual os desprezava como superficiais e arrogantes.[220]

Durante a era de ouro de meados do século XVII, acreditava ele, os escritores franceses tinham produzido obras dramáticas de qualidade insuperável, mas ele não lhes concedia supremacia em nenhuma outra área das artes. Como vimos, ele não gostava de música francesa; em estilo arquitetônico (ou, na verdade, estilos, pois ele não era nada senão eclético), ele procurava não a França, mas a Itália e a Grã-Bretanha.[221] A influência cultural mais importante sobre ele não era francesa, mas clássica; aliás, ele só assimilava escritores franceses até onde permitiam os clássicos.[222] Além disso, conforme envelhecia, voltava as costas à decadente cultura da França contemporânea, uma mudança que se tornou especialmente clara após a Guerra dos Sete Anos.[223] Longe de defender a França como modelo, ele castigava quem a imitasse sem ao mesmo tempo criticá-la em termos tão fortes quanto aqueles que ele mesmo havia empregado para o *Sturm und Drang*:

> O gosto pelo drama francês foi importado para a Alemanha junto com modas francesas: entusiasmada pela magnificência que Luís XIV imprimia em todas as suas ações, pela sofisticação de sua corte e pelos grandes nomes que eram ornamentos de seu reinado, toda a Europa buscava imitar a França que admirava. Toda a Alemanha foi para lá: um jovem era tolo se não tivesse passado um tempo na corte de Versalhes. O gosto francês dominava nossas cozinhas, nosso mobiliário, nossas vestimentas e todas aquelas quinquilharias que estão tão à mercê da tirania da moda. Levada ao excesso, essa paixão se degenerava em frenesi; as mulheres, frequentes vítimas do exagero, a levaram ao ponto da extravagância.[224]

Além disso, Frederico tinha uma noção clara de que a cultura alemã estava começando, enfim, a se desenvolver na direção correta. Como ele apreciou devidamente e registrou em *Concerning German Literature*, as devastações causadas pela Guerra dos Trinta Anos, por conflitos religiosos e pelas guerras de Luís XIV tinham infligido feridas na Alemanha que levaram muito tempo para serem curadas. A recuperação só tinha começado de fato após a Guerra da Sucessão Espanhola e, inicialmente, todos os esforços tiveram de se concentrar na reconstrução material. Mas o processo tinha sido rápido, a Alemanha estava agora prosperando outra vez, todo mundo estava enriquecendo e, no fim, isso levaria à renovação cultural, acreditava ele. De fato, havia alguns acontecimentos promissores no horizonte, pois os intelectuais alemães já não tinham vergonha de escrever no vernáculo, o primeiro dicionário alemão tinha sido publicado e, de modo mais geral, havia uma sensação crescente de animação, refletida na discussão pública sobre a reputação nacional alemã. Se pudessem ser encontrados mecenas suficientes, a Alemanha também teria justa cota de gênios e criaria sua própria literatura clássica. Então, ele terminou seu panfleto com a seguinte nota melancólica, mas otimista: "Esses dias felizes de nossa literatura ainda não vieram, mas estão se aproximando, e sua chegada parece certa. Sirvo como seu arauto, embora minha idade avançada me roube a esperança de vê-los. Sou como Moisés; vejo a terra prometida de longe, mas não entrarei nela".[225]

Qualquer crença residual na francofilia de Frederico não pode sobreviver a uma leitura de sua epístola em verso intitulada "Ode ao príncipe Ferdinando de Brunsvique durante a retirada dos franceses em 1758", tão reveladora quanto negligenciada.[226] Ela desfila uma série de epítetos para caracterizar os franceses e seu rei que poderia ter vindo do mais francófobo dos panfletos: "insolência [...] pretensioso [...] orgulho [repetido quatro vezes] [...] arrogância [...] avidez [...] insolência [...] frivolidade [...] estupidez [...] debilidade [...] decadência [...] violência [...] criminalidade". Frederico relembra como um enorme exército francês tinha cruzado o Reno, esperando expulsar os alemães sem esforço, mas que só se tinham provado bons em saquear: "Saciados com a pilhagem, eles mediam sua coragem pelo tamanho de seu roubo".[227] Quando encontraram o heroico Ferdinando e seus bravos guerreiros, transformaram-se em tartarugas e atravessaram o Reno a nado. Para compor uma analogia, Frederico significativamente buscou o mito germânico da derrota das legiões romanas por Herman, o alemão ("Arminius", na versão latina), na Floresta de Teutoburg em 9 d.C.:

> Essa grande horda
> Que veio desde a França,
> Liderada por um segundo Varus,
> Enquanto fazia seu triunfante progresso,
> Encontrou, muito para sua surpresa,
> Um segundo Herman.[228]

Herman era um exemplo para Frederico. Quando estava escoriando a decadência da atual juventude em sua *Letter on Education*, ele perguntou, retoricamente, o que Herman – "aquele orgulhoso defensor da Alemanha" – acharia dela.[229] Intencionalmente ou não, Frederico estava outra vez atuando conforme a corrente principal da literatura alemã, pois uma grande renovação de interesse pelo episódio de Herman ao mesmo tempo coincidiu com e foi encorajada por seu reinado. Dramas e poemas épicos incluíam *Herman*, de Johann Elias Schlegel (1740), *Arminius*, de Justus Möser (1749), *Herman, or Germany Liberated* [Herman, ou a Alemanha libertada], de Christoph Otto Freiherr von Schönaich (1751), e *Herman's Battle* [A batalha de Herman], de Friedrich Gottlieb Klopstock (1768).[230] Entre as diversas representações pictóricas, destaca-se *Hermann with His Trophies Following His Victory over Varus* [Herman com seus troféus após a vitória sobre Varus], de Johann Heinrich Tischbein. Em sua ode a Ferdinando, Frederico dirigiu uma malignidade especial contra Luís XV, a personificação dos vícios de sua nação, desdenhando dele como um irritado, um voluptuário ocioso, uma marionete de sua amante, Madame de Pompadour, mas que pressupunha dar a lei à Europa. Era uma luta nacional, escreveu Frederico:

> Franceses, exibam suas riquezas,
> Seus luxos e sua languidez,
> E todos os presentes que Pluto lhes deu;
> Contra o comportamento de Sardanápalo,
> Minha nação mais frugal
> Só pode opor suas virtudes.[231]

A ferocidade da linguagem usada nesse poema mostra as profundezas dos sentimentos de Frederico pelos franceses. Numa veia mais informal, ele, numa carta em prosa, disse para Ferdinando imprimir a marca de sua bota nos traseiros dos franceses em fuga.[232] Ele se enraivecia especialmente com o escancarado abismo entre a presunçosa pretensão destes e suas fracas conquistas. Um poema escrito no fim do ano anterior e chamado sarcasticamente de "To the Crushers" [Aos esmagadores] foi prefaciado com a nota: "Quando ele marchou para Rossbach, o príncipe de Soubise escreveu de volta à França que estava indo colher um buquê de flores para a *dauphine*".[233]

A filha do príncipe nunca recebeu suas flores, claro, porque Rossbach acabou sendo a derrota militar mais catastrófica sofrida pela França no século XVIII – uma humilhação nacional maior que Crécy, Poitiers ou Agincort, segundo Voltaire.[234] Também era assim que outros contemporâneos viam. Eles não se importavam que uma parte significativa do exército derrotado tivesse sido composta por tropas imperiais germânicas. Foi algo visto, em primeiro lugar, como uma vitória nacional sobre o autoproclamado "gendarme do Sacro Império Romano", que repetidamente, durante o século passado, tinha cruzado o Reno, trazendo morte e destruição.[235] Seguiu-se uma enxurrada de panfletos, músicas, poemas e impressões triunfalistas. Entre os muitos compositores fazendo versos para melodias estava Carl Philipp Emanuel Bach, que compôs a "Song of Challenge before the Battle of Rossbach" (Wq 199/20) [Música de desafio antes da batalha de Rossbach], com melodia de Johann Wilhelm Ludwig Gleim.[236] Em dezembro de 1757, Gleim recebeu uma carta de seu amigo e poeta Karl Wilhelm Ramler, relatando uma missa de ação de graças na catedral de Berlim:

> Acabei de ouvir o sermão de vitória de nosso incomparável Sack [capelão da corte]. Quase todos os olhos choravam de amor, de gratidão [...] Nossos jovens não pararam de dar saraivadas de vitória e há tiros ao meu redor enquanto escrevo estas linhas. Nossos mercadores produziram todo tipo de fita de seda em homenagem a ambas as vitórias, e adornamos nossos coletes, chapéus e espadas com elas.[237]

Os sermões de Sack durante a Guerra dos Sete Anos eram especialmente populares; não apenas impressos e reimpressos, mas também declamados em voz alta para assembleias em toda a Prússia.[238] Numa era em que a maioria das pessoas de todas as idades ia à igreja regular e frequentemente, o sermão como meio público era tão importante quanto foi negligenciado pela maioria dos historiadores. Na Prússia, durante o reinado de Frederico, os pastores protestantes tiveram um papel central na formação de opinião. A linguagem e as imagens que usavam eram, é claro, bíblicas. Frederico era apresentado como o Rei Davi, instrumento de Deus para golpear com força os filisteus (católicos), e a nação prussiana como eleita de Deus, os filhos de Israel dos tempos modernos.[239] Enquanto isso, na Grã-Bretanha na mesma época, os pregadores estavam fazendo a mesma missa para a Casa de Hanôver, e Handel estava dando expressão majestosa à narrativa em seus oratórios israelitas.[240] Independentemente do que Frederico possa ter pensado sobre isso, a maioria de seus súditos gostava mais dele vestido na armadura de um defensor protestante. Inclusive, circulavam anedotas de que ele era mesmo um bom cristão, que insistia que seus soldados frequentassem desfiles da igreja e se juntava a eles para cantar hinos.*

---

* Ver anteriormente, p. 262.

As vitórias de Frederico inspiraram ou geraram, de acordo com o gosto de cada um, todo um subgênero da literatura: os versos de batalha. Mais populares eram as *Canções de guerra prussianas das campanhas de 1756 e 1757*, supostamente escritas por "um granadeiro", mas, na verdade, compostas por Gleim, que acreditava que Frederico estava lutando "a guerra mais justa já declarada".[241] A ficção foi repetida por Lessing em seu prefácio a uma coletânea que ele publicou em 1758, quando alegou que o autor era "um soldado comum abençoado tanto com heroísmo quanto com genialidade poética".[242] Ao menos, Gleim tinha experiência militar direta, tendo servido como secretário a um general prussiano, o marquês de Brandemburgo-Schwedt, acompanhando seu empregador na campanha até este ser morto em batalha no cerco de Praga de 1744.[243] Escrito em linguagem simples, direta e vívida, seus versos também se destinavam a ser cantados, já que eram baseados no metro da balada popular inglesa "Chevy Chase", transmitida a Gleim pelo *Spectator* de Addison, via Klopstock.[244] O tom era agressivo, violento, até sedento de sangue, desde as frases de abertura do primeiro poema, "On the Opening of the Campaign of 1756" [Sobre a abertura da campanha de 1756]:

> Guerra é minha canção! Pois todo o mundo
> Quer guerra, que haja guerra!
> Que Berlim seja Esparta! Que o herói da Prússia
> Seja coroado com glória e vitória![245]

No início da campanha do ano seguinte, o granadeiro anseia beber vinho húngaro em taças feitas com as caveiras de soldados húngaros.[246] Ao centro, está a invencível figura de Frederico, venerado como o herói destemido e sem igual, tão grande na derrota quanto na vitória. O tradicional grito de "Por Deus e pela pátria!" é estendido para virar "Por Deus, pátria e Frederico!".[247] Com a ajuda de Deus, com frequência invocado, ele triunfa sobre obstáculos aparentemente impossíveis, mas sempre cuida de seus soldados com o afeto de um pai. Apesar de seu militarismo, os poemas de Gleim conseguiram não apenas duradouro sucesso popular, mas também aplausos de seus colegas intelectuais – mesmo de Lessing, embora a atitude deste em relação a Frederico fosse assumidamente ambivalente, inclusive por causa de sua lealdade à Saxônia.[248] Genuinamente populares, no sentido social, eram os poemas de Anna Louisa Karsch, que se mudou de Magdeburgo para uma Breslau destruída pela guerra em 1761, e foi adotada como pupila por Gleim. Suas simples celebrações das vitórias de Frederico – Torgau era uma favorita em especial – foram publicadas como antologia com a ajuda de Gleim e conquistaram um sucesso notável tanto com o público quanto com a elite intelectual.[249]

O apelo de Frederico não era limitado à Prússia. Por toda a Alemanha protestante e a Suíça falante de alemão, havia evidências de apoio entusiástico.[250] A Guerra dos Sete Anos não criou o nacionalismo alemão, mas o ancorou num episódio heroico, deu a ele uma virada poderosa na direção da Prússia, aumentou seu vocabulário e o fincou mais fundo na sociedade e na literatura alemãs.[251] Uma enxurrada de literatura mostrava que quase nenhum dos poetas ativos conseguia se dissociar da guerra.[252] Há tanto tempo os alemães cultos sofriam com um sentimento de inferioridade cultural e fraqueza política, especialmente em relação aos franceses dominantes, que estavam prontos para reagir a quem quer que virasse o jogo. Entre os mais interessantes estava Christian Friedrich Daniel Schubart, nascido num minúsculo principado da Suábia (Obersontheim) e criado em uma minúscula Cidade Imperial Livre da mesma região (Aalen). Ele era um dos muitos protestantes no sul da Alemanha que apoiavam Frederico e a Prússia sem ter qualquer conhecimento direto de nenhum dos dois. Schubart escreveu em sua autobiografia que na escola em Nuremberg, durante a Guerra dos Sete Anos, "todo o meu entusiasmo era totalmente dedicado à Prússia". As músicas que ele escreveu lá para celebrar as vitórias de Frederico eram cantadas pelos locais, mas lhe renderam uma sova das tropas austríacas que ocupavam a cidade.[253] No periódico que fundou em 1774, *German Chronicle*, Schubart se regozijou com a mudança revolucionária do *status* da Alemanha no mundo: "Se já houve razão para ter orgulho de nossa pátria, o momento é agora. Estrangeiros olham com inveja uma nação que buscaram subjugar fomentando a discórdia e introduzindo suas modas" (por exemplo, a França). Em grande medida, afirmou, isso se devia a Frederico, "que, na mão direita, segura as balanças da Europa e, na esquerda, seu cetro – quem pode dizer seu nome sem entusiasmo? Ele é o centro de atenção do mundo, o grande modelo de heróis presentes e futuros, ele é alemão e ainda está na flor da idade".[254] Naquele artigo, Schubart fez Frederico dividir os louros com o imperador José II ("quem poderia ser mais ativo, sábio, corajoso ou sensível que nosso sublime José?"), mas o fato de as polícias deste terem se dirigido contra o Sacro Império Romano nos anos de 1780 mudou a opinião de Schubart. Em um poema que ele intitulou simplesmente "Frederico, o

Grande", ele saúda a fundação da Liga dos Príncipes por Frederico, que visava frustrar os planos de José:

> Príncipes germânicos correram
> Para a fortaleza de pedra de Frederico, onde o gigante
> Estava deitado, pensando, em sua cama de ferro.
> Esticaram as mãos a ele, aclamaram-no como
> O guardião de seus direitos fundamentais, e gritaram:
> "Seja nosso herói, Frederico Herman!"
> Ele deu seu consentimento e a Liga Germânica foi formada.[255]

Só para aumentar seu poder mítico, Frederico aparecia no poema não apenas como Herman, mas também como Odin.

É importante notar que Schubart era um radical pelos padrões de sua época, tendo pago por suas abertas críticas aos abusos no ducado de Württemberg com dez anos na prisão. Como afirma uma história geral padrão da literatura alemã no século XVIII: "Schubart deu expressão concreta à ideia de 'liberdade' com sua luta contra o despotismo e a opressão feudais, contra o obscurantismo do clero e contra a exploração dos camponeses".[256] Menos frequentemente enfatizadas são as credenciais de Schubart como nacionalista. Ele glorificava não apenas a superioridade da cultura alemã, mas também o poder alemão. Eram os alemães, alegava, que agora faziam a lei na Europa, e exaltava os 250 mil homens que Frederico tinha em seu exército.[257] Qualquer um que tivesse sorte o suficiente para presenciar suas manobras militares, adicionou mais tarde, só podia exclamar: "Há mais do que em Atenas e Esparta!".[258] Felizmente, ele continuou, onde Frederico liderava, outros seguiam, e agora (1774) até os menores principados tinham atingido a perfeição militar: a cavalaria alemã se igualava à inglesa, e a artilharia alemã era páreo para a de qualquer outro país no mundo. Ah, suspirou Schubart, se todo príncipe no Sacro Império Romano pudesse ser induzido a agir junto, uma potência alemã tão gigantesca seria invencível![259]

Também na Prússia, o militarismo era popular, apesar do enorme custo financeiro e social. Não só os oficiais *Junkers* eram seduzidos pelo canto da sereia da glória marcial. Um observador francês especialmente sagaz, o conde de Guibert, escreveu após uma visita à Prússia um ano depois da morte de Frederico que "as pessoas comuns da Prússia, mesmo entre as classes mais baixas, estão imbuídas do espírito militar, falam com respeito sobre seu exército, sabem os nomes dos generais, referem-se às proezas do exército e às vezes aos feitos em que se distinguiram".²⁶⁰ Lembrando sua infância em Berlim, o poeta romântico Ludwig Tieck escreveu em suas memórias:

> O rei apareceu em desfiles e avaliações militares como o grande senhor da guerra, que tinha desafiado com sucesso uma coalizão de todo o resto da Europa e, à frente de suas tropas, vencido muitas batalhas. Quando havia exercícios ou manobras militares do lado de fora de um dos portões da cidade de Berlim, talvez o Hallesche ou o Prenzlauer, os cidadãos saíam em hordas para assistir. Meu pai [um mestre carpinteiro] também costumava levar seus filhos para esses festivais populares. Entre as multidões, os trens de artilharia em desfile e os soldados em marcha, estávamos preparados para aguentar a poeira e o calor por horas a fio, só para conseguir ver de relance nosso velho Fritz cercado por sua brilhante comitiva de generais célebres.²⁶¹

Mais por sorte que por intenção, Frederico promoveu a esfera pública, o nacionalismo alemão e o militarismo popular. Quando as três coisas se fundiram durante a montanha-russa que seria a história prussiana entre 1806 e 1815, seu *status* mítico como "Frederico, o Único" (um apelido inventado pela primeira vez por Ramler, para quem "Frederico, o Grande" era inadequado²⁶²) ficou garantido. Como aconteceu com Napoleão, para cuja punição em Leipzig e Waterloo os prussianos tanto contribuíram, as verrugas de Frederico caíram como cascas de ferida com a passagem do tempo, deixando apenas um heroísmo imaculado numa névoa de nostalgia. A expressão visual veio com a estátua equestre encomendada em 1836 para marcar o quinquagésimo aniversário da morte de Frederico. Imposta a um relutante Frederico Guilherme III pelos Estados de Brandemburgo, a obra era de Christian Daniel Rauch. O desenho original para a base evocava atributos da paz na frente, das ciências e das artes a cada lado e da guerra atrás. O rei da época, porém, insistiu em três lados para o exército, com os três elementos pacíficos confinados à traseira.²⁶³ Ainda assim, encontrou-se espaço para os nomes de Pesne, Knobelsdorff, Wolff, Ramler, Gleim, Garve, Kleist (como poeta, não soldado), Maupertuis e Winckelmann (algo muito estranho, já que ele detestava Frederico). Havia representações tridimensionais de Graun, Lessing e Kant.²⁶⁴ Três imagens em baixo relevo demonstravam a devoção de Frederico à economia e às artes: na primeira, ele inspeciona tecidos; na segunda, toca flauta; na terceira, admira sua estátua de Antínoo.

13
Luz e escuridão nas questões internas

ILUMINISMO

Uma das metáforas favoritas de Frederico era "luz" (*lumière*). Ela é salpicada em sua correspondência, poemas e obras em prosa. É revelador que ele use a forma plural – *lumières* – duas vezes mais que a singular, pois ela também é a palavra francesa para Iluminismo, com *I* maiúsculo (em oposição a um sentido mais geral relacionado com a luz, para o qual se usariam *éclaircissement* ou *illumination*).* Também proeminente no vocabulário dele era o antônimo *superstition* e seus cognatos. Isso sugere que ele tinha uma imagem muito clara de si mesmo como um farol da razão, brilhando ainda mais por ser projetado num mundo obscuramente irracional. Como resumiu em seu prefácio ao verso épico de Voltaire, *Henríade*: "Quanto mais se é iluminado, menos se é supersticioso".[1] A luz era uma metáfora que dominava o discurso do século XVIII, como apontaram os detratores românticos. Escrevendo em 1799, Georg Philipp Friedrich von Hardenberg, mais conhecido por seu pseudônimo, Novalis, olhou com desprezo para os racionalistas iluministas: "A luz se tornou seu assunto favorito devido à sua obediência matemática e liberdade de movimento. Eles estavam mais interessados na refração de seus raios do que no jogo de cores e, assim, nomearam sua maior empreitada, Iluminismo".[2] Era só porque essa nova fé iluminista tinha sido reunida por "mero conhecimento", argumentou Novalis, que o Estado de Frederico – ou, na verdade, sua "fábrica" (*Fabrik*) – estava fadada ao colapso.[3]

Ainda em 1740, antes de os horrores da Revolução Francesa revelarem aos românticos os perigos de um regime fundado na razão, era mais fácil acreditar no progresso racional. Frederico começou seu reinado com um

---

* A busca on-line pela edição de *Œuvres* de Frederico fornece 160 resultados para *lumière* e 358 para *lumières*.

grande gesto, anunciando o começo de uma nova era. Essa era uma chamada para que o filósofo mais influente da época, Christian Wolff (1679-1754), se empregasse na Prússia. Sua expulsão da Universidade de Halle em 1723 tinha sido um grande escândalo acadêmico. Convencido de que Wolff estava ensinando ateísmo, Frederico Guilherme I tinha mostrado sua impetuosidade habitual ordenando que ele saísse da Prússia dentro de 24 horas, sob pena de execução.[4] Beneficiando-se do pluralismo real que era uma das muitas características atrativas do Sacro Império Romano, Wolff simplesmente se mudou para a Universidade de Marburg em Hessen-Kassel, cujo marquês ficou bastante satisfeito em dar refúgio e emprego a um acadêmico tão celebrado. Dali, sua filosofia e seus pupilos colonizaram o mundo alemão universitário. Frederico Guilherme acabou se arrependendo de sua pressa, fazendo três tentativas, nos anos de 1730, de seduzi-lo a voltar, e até lendo um pouco de sua obra em 1739.[5]

Naquela época, o príncipe herdeiro já tinha mergulhado na filosofia Wolffiana, apresentada a ele por seu mentor, conde Ernst Christoph von Manteuffel, fundador de uma sociedade em Berlim para sua promoção, com o mote *"sapere aude"* ("ouse saber" ou "ouse ser sábio").[6] Como Wolff escrevia apenas em latim ou alemão, Frederico tinha de mandar suas obras serem traduzidas ao francês. Em abril de 1736, Frederico escreveu ao tradutor, o acadêmico saxão Ulrich Friedrich von Suhm: "Estou estudando com muita assiduidade e me moldando cada vez mais de acordo com a forma de raciocínio dele, que é muito profunda e justa".[7] Em uma carta posterior, exclamou: "Que profundidade! Que consistência de raciocínio em desvendar todos os segredos da natureza e trazer clareza e precisão a lugares que, até agora, estavam mergulhados na sombra e na escuridão!".[8] Frederico tinha 24 anos em 1736, mas seu entusiasmo tinha uma intensidade totalmente adolescente. Em cartas a seu novo amigo, Voltaire, e seu antigo amor, sua irmã Guilhermina, ele exaltou a filosofia de Wolff como sendo superior a qualquer coisa que existisse até então: Descartes tinha aberto o caminho, Newton tinha aperfeiçoado a filosofia natural, mas apenas Wolff era convincente.[9] Em 23 de maio de 1740, Frederico escreveu para agradecer a Wolff sua última obra sobre lei natural. Como ele devia saber que sua carta logo seria amplamente transmitida, ela merece ser citada inteira:

> Todos os homens que pensam e amam a verdade devem se interessar por teu livro; todos os homens de integridade e todos os bons cidadãos devem

considerá-lo como uma arca de tesouros, que tua generosidade deu ao mundo e que tua perspicácia descobriu. Fico tanto mais comovido por ele ser dedicado a mim. Filósofos devem ser os professores do mundo e dos príncipes. Eles devem pensar logicamente, enquanto nós devemos agir logicamente. Eles devem ensinar o mundo segundo sua capacidade de julgamento, nós devemos ensinar o mundo com nosso exemplo. Eles devem descobrir e nós devemos traduzir suas descobertas para a prática. Estou lendo e estudando tuas obras já há muito tempo e estou convencido de que todos que as leem devem estimar seu autor. Ninguém pode negar isso a ti, e, nesse sentido, por favor, acredita em mim, manterei toda a estima que teus serviços merecem; teu muito querido Frederico, príncipe herdeiro.[10]

Como declaração da intenção de governar como *"roi philosophe"*, ela não pode ser superada. Oito dias depois, Frederico subiu ao trono e imediatamente transformou elogio verbal em ação. Em 6 de junho, ele escreveu a Johann Gustav Reinbeck, superintendente e pastor da Igreja de São Pedro, em Berlim, pedindo que negociasse o retorno de seu amigo Wolff à Prússia e autorizando "todas as condições razoáveis". Frederico adicionou um *post-scriptum* em sua própria caligrafia, em alemão: "Estou pedindo à ele que faça todo o esforço com Wolff. Todos os que buscam e amam a verdade são dignos de estima na sociedade humana; e acredito que quem convencer Wolff a retornar para cá terá feito uma conquista na terra da verdade".[11] Isso demonstra, mais uma vez, que Frederico tinha um olho de jornalista para fraseados marcantes, que foi recompensado pela constante repetição na esfera pública. Quarenta anos depois, o geógrafo Anton Friedrich Büsching ainda estava repetindo a frase, adicionando o comentário de que ela honrou Wolff mais que qualquer outro elogio escrito sobre ele, conferindo também "honra imortal" a seu autor.[12] E igualmente deve ter ajudado Frederico a conseguir o prêmio. Em 6 de dezembro de 1740, Wolff voltou à cena de sua antiga perseguição em Halle "quase como a triunfante Entrada em Jerusalém".[13] Em 1743, ele se tornou chanceler da universidade; no mesmo ano, comprou uma grande casa de campo e uma propriedade nobre perto de Leipzig; em 1745, ele recebeu um título de nobreza como *Freiherr* (barão). Ele morreu em 1754 com 75 anos, tendo mostrado que uma combinação de talento e trabalho duro podia levar o filho de um artesão de Breslau à fama e à fortuna. Ele também era um homem do futuro:

[Wolff] é o primeiro representante de uma espécie que, no século XX, ainda não está em ameaça de extinção: o professor, especialmente de filosofia, que estabelece, por meio de seus pupilos, um império que se expande por muitas universidades e que adquire, aos olhos do público, um papel como o de um pregador secular, um preceptor da nação. Após Wolff, o padrão é contínuo de Kant a Habermas, pois, de todas as instituições alemãs, a universidade foi a que menos mudou nos últimos 300 anos.[14]

Wolff não foi o único filho pródigo a voltar. A ele, juntou-se o Professor Fischer, expulso de Königsberg em 1725 por expressar dúvidas sobre a Santíssima Trindade, o Diabo e o pecado original.[15]

TOLERÂNCIA

"Uma conquista na terra da verdade" era memorável. Ainda mais memorável foi o comentário marginal de 22 de junho de 1740, em resposta a uma pergunta sobre discriminação protestante contra escolas católicas: "Todas as religiões devem ser toleradas, e a única tarefa do oficial é garantir que nenhuma interfira na outra, pois, aqui, todos devem ter a permissão de buscar a salvação da forma que escolherem".[16] Era uma máxima que, talvez, pudesse ser aceita até pelos luteranos ortodoxos que representavam a maior parte de seus súditos. Mais polêmico foi outro comentário marginal datado do mesmo mês, ocasionado por uma inquirição do Diretório Geral sobre a possibilidade de um católico receber direitos de cidadão: "Todas as religiões são iguais e boas, desde que as pessoas que as professam sejam honestas, e se turcos e pagãos quisessem vir para cá e popular a terra, construiríamos para eles mesquitas e locais de adoração".[17] Quase inquestionavelmente inaceitável para a maioria era a extensão da tolerância à conduta sexual: "Quero que todos em meu Estado possam orar a Deus e fazer amor como acharem melhor" ou, em outra versão relatada por Voltaire: "Em meus domínios, há liberdade do pensamento e do pau".[18] Esse sentimento libertário recebeu uma orientação mais precisa numa carta a d'Alembert de 1774: "Não sei se Paris pode ser comparada com Sodoma, ou Sodoma com Paris; em todo caso, é certo que eu não desejaria queimar nenhuma dessas duas cidades, e preferiria dizer ao arcanjo Ituriel: ainda que tudo não seja bom, tudo é aceitável".[19]

Nem todos os comentários de Frederico chegaram ao público em sua forma original. O comentário marginal que começava com "todas as religiões devem ser toleradas", por exemplo, só foi publicado após sua morte, embora sua ideia central "tenha voado para o exterior, por todo o mundo" (Carlyle).[20] O que chegou de fato à consciência pública foi o desprezo de Frederico por todas as formas de religião revelada – protestante ou católica, cristã ou muçulmana. Um diplomata dinamarquês relatou em 1740 que a flagrante indiferença do novo rei em relação à religião estava causando "assombro e desalento" entre as pessoas simples de Berlim.[21] Como em todas as outras cidades europeias, a maioria da população era crente devota e facilmente se irritava com acusações de impiedade. Em 1748, após ouvir um sermão pregado contra pensadores livres, uma multidão saiu às ruas e quebrou as janelas de um cidadão local que se sabia ser grande apoiador do Iluminismo.[22] Embora as janelas do palácio real nunca tenham corrido perigo, ninguém podia duvidar das opiniões do soberano. Ele simplesmente não conseguia resistir em transformar tolerância em escárnio. Por exemplo, um pedido de luteranos conservadores para seguir cantando seus velhos hinos, em vez dos novos impostos a eles pelas autoridades eclesiásticas, recebeu o comentário marginal: "Comigo, todos podem acreditar no que quiserem, desde que sejam honestos". Ninguém podia se opor a isso, mas ele também adicionou: "No que diz respeito ao livro de hinos, qualquer um pode cantar 'Agora, todas as florestas estão em paz' ou qualquer outra bobagem sem sentido".[23] Seus súditos devotos ficariam ainda mais irritados e chocados se tivessem lido, no testamento político de 1768, as opiniões de Frederico sobre o cristianismo: "Uma velha ficção metafísica, recheada de maravilhas, contradições e absurdos. Foi criada pela imaginação fértil dos orientais e depois se espalhou pela nossa Europa, onde alguns fanáticos a adotaram, onde alguns criadores de intrigas fingiram ter sido convencidos por ela e onde alguns imbecis de fato acreditaram nela".[24] Polêmicos demais até mesmo para a posteridade suportar, os testamentos políticos foram mantidos trancados nos arquivos Hohenzollern até o século XX.

Nenhum cristão podia se refugiar na confortável crença de que a hostilidade de Frederico vinha da ignorância ou da fé. Sua rigorosa educação lhe tinha deixado um conhecimento formidável da Bíblia (ele a conhecia "de cor", segundo o abade Denina), que ele gostava de usar da melhor forma voltairiana.[25] Por exemplo, na margem de uma carta de um jovem candidato a uma posição de pastor, numa competição acirrada com concorrentes mais velhos, o rei escreveu simplesmente "2 Samuel 10:5", um versículo que termina com as palavras: "Mandou o rei dizer-lhes: Deixai-vos estar em Jericó, até que vos torne a crescer a barba, e então voltai".[26] A outro suplicante do clero buscando uma paróquia mais bem dotada, Frederico escreveu que os primeiros apóstolos não desfrutaram de recompensa material por pregar o evangelho de Cristo e que ele devia fazer o mesmo.[27] Ele também gostava de lembrar a seus súditos que, constitucionalmente, era o chefe tanto da igreja luterana quanto da reformada (calvinista) em seus domínios. Adjudicando uma petição de um homem a quem as autoridades da igreja tinham negado permissão para se casar com a tia enviuvada, ele escreveu: "O Consistório é um babaca. Como vigário de Jesus Cristo e arcebispo de Magdeburgo, decreto que o casal deve se unir em sagrado matrimônio".[28] Os paroquianos de uma vila pomerana que pediram a demissão de um pastor que não acreditava na ressurreição do corpo ouviram que, no Dia do Julgamento, cabia a cada um decidir se desejava só ficar lá deitado, prostrado, enquanto todo mundo se levantava.[29] Ao ordenar a renomeação de um pastor demitido porque seus paroquianos não gostavam de suas pregações contra a eternidade do inferno, ele comentou que, se desejavam ser condenados por toda a eternidade, ele não tinha nada contra.[30] E assim por diante.

Frederico não deve ter sido o primeiro soberano europeu nominalmente cristão a não acreditar na doutrina cristã, mas certamente foi o primeiro a desfilar tão abertamente seu ceticismo. Após uma longa visita à Prússia em 1756, o duque de Nivernais escreveu um longo relato sobre a personalidade e as opiniões de Frederico.[31] Em primeiro lugar, estava sua falta de religião, que Frederico tinha "elevado a um sistema". Nivernais não ficou impressionado com a profundidade das visões de Frederico, descartando-as como uma mescla dos argumentos de Bayle com as zombarias de Voltaire, mas sem dúvida ficou abalado com o vigor e a frequência com que eram expressas. Uma conversa em particular sobre o assunto durou mais de três horas.[32] Seria possível dizer, segundo Nivernais, que Frederico tinha se transformado numa espécie de antilegislador de religião, ao desfilar publicamente seu desprezo. Dessa maneira, ele proclamou sua completa neutralidade entre todas as várias denominações encontradas em seu reino. Isso significava que "a Prússia é o único país na Europa onde a tolerância é absoluta, universal e ilimitada. Existe a permissão de se professar a religião que quiser; e existe a permissão de não professar nenhuma; existe até a permissão de professar a irreligião". Calvinistas, luteranos, anabatistas, católicos podiam oprimir uns aos outros o quanto quisessem, mas não tinham permissão de causar nenhum mal: "A Prússia é o único país no mundo conhecido onde várias religiões coexistem sem isso ser um problema, e também é o país no universo onde se encontra menos religião. Os princípios do protestantismo, a indiferença dos europeus do norte em relação a questões intelectuais e o exemplo real tornaram a irreligião muito comum em Berlim".[33]

"Sou neutro entre Roma e Genebra", afirmou Frederico em seu testamento político de 1752, citando de forma levemente errônea uma frase da *Henríade*, de Voltaire, em que ela era dita pelo herói homônimo, Henrique IV da França: "Não escolho lado entre Genebra e Roma".[34] Desde cedo em seu reinado, Frederico divulgou sua neutralidade destinando um lugar privilegiado no centro de Berlim para a construção de uma nova igreja católica, que seria tão grande quanto os fiéis da cidade precisassem ou quisessem, com uma ou mais torres, sinos grandes ou pequenos, sem restrições.[35] Localizada imediatamente ao lado do local de adoração preferido de Frederico – a Casa de Ópera –, ela fazia parte do planejado *Forum Fridericianum*.* Vale parar um momento para refletir sobre o radicalismo dessa decisão. Era um século em que a multidão anticatólica podia controlar Londres por uma semana e infligir dez vezes mais prejuízos a propriedades do que o sofrido em Paris durante toda a Revolução Francesa.[36] A igreja católica de Frederico, que não poderia ter sido construída em Londres nem na outra cidade europeia supostamente tolerante, Amsterdã,[37] seria chamada "Santa Edwiges", em homenagem à santa padroeira da Silésia, para garantir aos novos súditos católicos de Frederico que eles não tinham nada a temer com a mudança de regente.

Era um grande gesto, e foi feito de forma grandiosa. A pedra fundamental foi colocada em 13 de junho de 1747, com o acompanhamento de festividades no mínimo tão elaboradas quanto as que tinham marcado a celebração da vitória ao fim da Guerra Silesiana, dois anos antes. Tribunas foram erigidas para os espectadores, uma charanga e o coro da capela real forneceram a música, e a missa de dedicação foi conduzida pelo abade Turno, prelado da Abadia Cisterciense em Premet, em um altar construído sob um enorme baldaquino. Jean-Laurent Legeay, que tinha recentemente chegado à Prússia para trabalhar para Frederico, produziu um álbum de sete gravuras registrando a cerimônia e ilustrando como a igreja ficaria quando fina-

---

* Ver anteriormente, pp. 159-60.

lizada. Legeay incluiu na primeira gravura a declaração de que o desenho da igreja era trabalho do próprio rei. Como vimos, Frederico exercia um forte controle no que dizia respeito a prédios,* e é no mínimo muito provável que ele tenha fornecido a ideia básica, isto é, a forma circular e o domo reminiscentes do Panteão (Templo de Todos os Deuses), em Roma. Sua intenção original de criar um local de adoração para todas as fés teve de ser diminuída a apenas uma, embora isso já fosse controverso o suficiente numa cidade de esmagadora maioria protestante.[38] Também foi ele quem coreografou a cerimônia e mandou forjar uma medalha comemorativa.[39]

Frederico forneceu o terreno e ainda acesso aos armazéns de materiais de construção, mas não estava disposto a financiar o projeto. O dinheiro necessário teve de ser levantado por meio de um apelo à Europa católica. No início, tudo correu bem. Com a ajuda das encorajadoras ilustrações de Legeay, mais de 100 mil táleres tinham sido coletados antes que a Guerra dos Sete Anos colocasse um fim abrupto à obra.[40] Foi só em 1º de novembro de 1733, exatamente 233 anos desde o dia em que o catolicismo tinha sido formalmente abolido em Brandemburgo, que o prédio finalizado pôde ser consagrado pelo príncipe Ignacy Krasicki, bispo de Vármia, súdito prussiano desde a partilha da Polônia no ano anterior.[41] Mais uma vez, o barco cerimonial foi deslanchado. Embora não tenha ido pessoalmente, Frederico enviou seu herdeiro, seu sobrinho Frederico Guilherme, conhecido como "o príncipe da Prússia", junto com o duque de Brunsvique, o príncipe de Hessen-Darmstadt, generais e oficiais seniores. A orquestra real e o coro também estavam à disposição.[42] Para marcar o evento e ajudar o público europeu a aprender a lição certa, um relato de 74 páginas foi publicado, com o seguinte início: "Tolerância, liberdade de religião e o amor imparcial por todos os seus súditos são o que constituem o caráter de um governante filosófico; e é essa exata combinação em alto nível que nosso mais gracioso soberano, rei Frederico, o Grande, personifica".[43] Durante a cerimônia, o bispo fez de um espaço isolado no altar um memorial dedicado "a Frederico, o Grande, o Invencível, o Pai de Seu País, que não odeia as pessoas por servirem a Deus de forma diferente, mas fundou e construiu para elas sua igreja". É preciso se perguntar como Frederico reagiu ao saber que essa homenagem divideria espaço com uma caixa de relíquias sagradas, incluindo a caveira de Santa Edwiges.[44] O relato da consagração terminou com o retumbante tributo:

---

* Ver anteriormente, pp. 133, 156-7, 160.

Frederico, o Grande, deu um exemplo aos outros príncipes e governantes da Europa. Seu nome, já imortalizado por suas vitórias, sua legislação, sua promoção das artes e das ciências, as maravilhas que ele conquistou na paz e na guerra, será preservado por toda a eternidade devido à graciosa e solene sabedoria que o fizeram tolerante. Isso o tornou o pai e protetor inclusivo de seu povo, independentemente do histórico e das crenças deste.[45]

Nessa época, o belo exterior clássico da Igreja de Santa Edwiges já era bem conhecido pela Europa, pois as numerosas gravuras da nova casa de ópera em geral incluíam a impressão dos artistas sobre como a igreja católica seria quando estivesse completa. Um exemplo particularmente bom era a popular impressão datada de 1750, gravada por Georg Balthasar Probst de Augsburgo, um dos melhores ilustradores contemporâneos.[46]

As relíquias tinham sido fornecidas pelo convento cisterciense em Trebnitz, fundado em 1202 pelo marido de Santa Edwiges, duque Henrique. À comunicação oficial de gratidão, enviada primeiro ao abade Bastiani em Breslau, Frederico adicionou em francês, com sua própria letra:

> A igreja será inaugurada dentro de alguns dias e toda aquela superstição será celebrada. Se as pessoas agora não estão convencidas de minha tolerância, são difíceis de agradar; nenhuma igreja luterana ou calvinista jamais será construída em Bamberg, Würzburg ou Salzburgo, ou em ----- ou em ----- ou, para falar a verdade, em qualquer outro lugar. O resto do povo, independentemente do que digam, ainda é dirigido pelo ódio de um fanatismo que queima e, portanto, é apenas meio-humano.[47]

O apoio estatístico à política de Frederico foi fornecido pelo rápido crescimento no número de católicos em Berlim durante seu reinado. Em 1740, havia apenas cerca de cinquenta na cidade; em 1786, mais de 8 mil.[48] Na outra ponta do espectro confessional, ele readmitiu os menonitas, expulsos por seu pai em 1732, e até os isentou do serviço militar que sua fé proibia, embora em troca de um pagamento anual de 5 mil táleres à escola de cadetes em Kulm.[49] O *Berlinische Monatsschrift* orgulhosamente alegou em 1784 que aderentes de "todos os tipos" de religião podiam ser encontrados em Berlim, incluindo moravianos, menonitas, *Gichtelianer*, separatistas, arianos, unitaristas e socinianos, todos ejetados de outras partes da Europa.[50] Alguns mais podiam ser acrescentados, incluindo os *Schwenckfelder* e os hussitas. A

Prússia, sob Frederico, era "o grande arco de refugiados" da Europa, louvor originalmente conferido à República Holandesa por Pierre Bayle.

No início do século XXI, quando a crescente intolerância religiosa inflige a miséria a tanta gente, os benefícios da política de Frederico são mais evidentes do que, digamos, há cinquenta anos, quando o triunfo do secularismo tolerante parecia ser inevitável. Seus contemporâneos progressistas sabiam das bênçãos trazidas pela tolerância. O distinto físico Johann Friedrich Karl Grimm, de Gota, escreveu que, embora a Prússia tivesse a maior variedade de grupos religiosos, também era caracterizada pela "serena tranquilidade". Desde que a constituição política não fosse criticada, todos podiam expressar livremente sua opinião sobre religião. Ele afirmou: "A liberdade de pensamento é uma das muitas razões para o grande iluminismo que prevalece no Estado de Frederico. É realmente magnífico que em Berlim se possa falar segundo sua convicção, ver com seus próprios olhos e inquirir qualquer coisa que pareça incitar investigação". Grimm, porém, não foi o único visitante cristão a notar um efeito negativo dessa atmosfera relaxada. Ele tinha encontrado não só indiferença, mas também desprezo aberto pelas verdades da religião. Em algumas reuniões sociais, tinha ficado de cabelo em pé com o que ouvira. Nem artesãos mostravam vergonha ou inibição em desdenhar do Cristianismo.[51] Embora ele tenha tido o cuidado de completar que toda essa descrença era legado da estadia de Voltaire na cidade, o contexto deixava claro que ele responsabilizava Frederico.

Ninguém podia, na medida do possível, duvidar da intensidade do comprometimento de Frederico com a tolerância religiosa. Sua motivação é menos direta. Ele próprio pode ter achado difícil confiar em qualquer autodiagnóstico. Tantos anos engolindo à força as informações de seu pai e dos pastores deste, sobretudo na época de sua fuga e na consequente noite escura da alma, podem ter plantado nele uma aversão a todas as questões religiosas. Sendo este o caso, era algo que ele compartilhava com seus irmãos, que tinham sofrido um regime de doutrinação similar. Em janeiro de 1755, o devoto conde Lehndorff foi a um jantar no qual os três irmãos mais novos de Frederico – Augusto Guilherme, Henrique e Ferdinando – estavam presentes, e registrou em seu diário: "Houve conversas sobre religião, e algumas coisas muito fortes foram ditas sobre isso. A maioria dos convidados admitiu não praticar nenhuma".[52] A atitude de Frederico não era de indiferença. Como indicavam seus repetidos ataques, ele considerava a religião revelada não apenas inútil, mas perniciosa, por causa do sofrimento infligido pela intolerância mútua às seitas concorrentes. A perseguição, ele condenava por motivos ao mesmo tempo de prudência e de princípios. Em seu *Memoirs of the House of Brandenburg*, Frederico escreveu que a revogação do Édito de Nantes por Luís XIV em 1685, que removia a liberdade de adoração de que os protestantes desfrutavam, tinha levado à imigração de 400 mil dos súditos mais empreendedores e ricos da França. A maioria foi para a Grã-Bretanha e a República Holandesa, fortalecendo, assim, os que se provaram os dois maiores inimigos de Luís, e 20 mil foram para Brandemburgo, que ajudaram a repovoar.[53]

Em 1773, Frederico recebeu a oportunidade de praticar o que pregava quando o Papa Clemente XIV dissolveu a Sociedade de Jesus. Os jesuítas já tinham sido expulsos de Portugal em 1759, da França em 1764 e da Espanha, de Nápoles, Parma e Malta em 1767. A reação de Frederico a essas expulsões iniciais do grupo religioso mais intimamente ligado ao Papa tinha sido previsivelmente entusiasmada. Em 1761, ele disse a d'Argens: "Na verdade, meu caro marquês, quanto mais conheço o mundo, mais ele parece malicioso, imbecil e perverso. Nunca esperei ver os jesuítas sendo perseguidos. Seria bom que a ordem deles fosse totalmente abolida, como a dos templários, mas com menos motivos".[54] Mas, em relação a expulsá-los de seus próprios domínios, ele pensou melhor. Depois de não conseguir uma dispensa especial da bula papal de dissolução, ele proibiu que ela fosse publicada. Como explicou a seus amigos franceses, que expressavam desaprovação, a educação católica na Silésia dependia inteiramente dos jesuítas na Universidade de Breslau. Se eles fossem removidos, todos os seus candidatos ao sacerdócio seriam obrigados a ir para a Boêmia para seu treinamento. Além disso, acrescentou, com ironia, o Tratado de Breslau o obrigava a manter o *status quo* religioso na Silésia. Enquanto os soberanos católicos tinham o Papa para absolvê-los de suas falhas de fé, ele não tinha ninguém e, portanto, era obrigado a manter sua palavra.[55] Para d'Alembert, ele exclamou: "Absolutamente, acuse-me de ser tolerante demais, orgulhar-me-ei dessa falha; se ao menos fosse esse o único defeito a ser imputado aos soberanos!".[56] À parte dessas considerações de prudência, ele também acreditava que a perseguição era, por princípio, errada. A afirmação mais clara veio em seu *Essay on the forms of government and the duties of sovereigns* [Ensaio sobre as formas de governo e os deveres dos soberanos], de 1777:

> É possível compelir, à força, algum pobre coitado a declarar palavras de alguma forma, mas ele negará seu consentimento interior; assim, o persegui-

dor não ganha nada. Mas, voltando às origens da sociedade, fica completamente claro que o soberano não tem direito de ditar a forma como os cidadãos vão pensar. Uma pessoa teria de ser demente para supor que homens dizem a um dos seus: estamos elevando-lho acima de nós porque gostamos de ser escravos e, portanto, estamos lhe dando o poder de dirigir nossos pensamentos como quiser. Pelo contrário, o que eles dizem é: precisamos que mantenha as leis que desejamos obedecer, que nos governe de forma sábia, que nos defenda; quanto ao resto, exigimos que respeite nossa liberdade. Quando esse acordo é feito, ele não pode ser alterado.[57]

Não era comum na Europa do século XVIII que uma afirmação de princípios tão retumbante fosse traduzida para a prática de modo tão firme. À imperadora Maria Teresa, cuja intolerância resultou em uma perseguição vigorosa a seus súditos heterodoxos, Frederico escreveu: "De meus súditos, não exijo nada mais que obediência civil e lealdade. Desde que cumpram com seu dever nesse sentido, considero-me obrigado a conceder-lhes igual favor, proteção e justiça, independentemente de quão especulativas sejam as opiniões deles em questões religiosas".[58] Assim, os novos ministros protestantes enviados à Silésia foram instruídos a não usar igrejas reservadas para católicos, mas a pregar em prefeituras ou até celeiros.[59] As várias confissões de fé não podiam abusar uma da outra, mas, fora isso, tinham a permissão de cuidar de seus próprios assuntos. Ao contrário de seu pai, que desejava eliminar as diferenças entre a adoração luterana e a calvinista, ele não tinha interesse em interferir em questões internas da igreja e, assim, aceitou uma petição dos luteranos pedindo permissão para voltarem a usar sobrepeliz, carregarem crucifixos em enterros e coisas similares.[60] Embora ele tenha escrito em seu testamento político de 1752 que o catolicismo era "a mais ridícula" de todas as religiões,[61] teve o cuidado de não a discriminar. Mantendo à letra a Paz de Breslau, ele se recusou a permitir que os protestantes dominassem, ou até compartilhassem, as igrejas católicas, até nas comunidades em que formavam uma grande maioria.[62]

JUDEUS

Frederico não discriminava as numerosas variedades de Cristianismo encontradas na Prússia, mas discriminava os judeus.[63] Seu antissemitismo ficou bem explícito em várias declarações públicas e privadas, mais diretamente em seus testamentos políticos:

> De todos esses grupos [religiosos], os judeus são os mais perigosos, porque prejudicam o comércio dos cristãos e não têm utilidade para o Estado. É verdade que precisamos dos judeus para o comércio com a Polônia, mas devemos evitar qualquer aumento em seus números. Não só devemos restringir o número de famílias, mas também colocar um limite em seus números totais. Também devemos confinar sua atividade comercial, para que sejam mantidos longe do comércio de atacado e só pratiquem o varejo. [1752]

> Há judeus demais na cidade. Eles são necessários nas cidades perto da Polônia porque só os judeus estão envolvidos com o comércio ali, mas, quanto mais nos afastamos da fronteira, mais prejudiciais eles se tornam. Eles praticam a usura, o contrabando e mil tipos de maldades, para o detrimento dos cidadãos e dos mercadores cristãos. Nunca os persegui, aliás, nem nenhum outro grupo, mas precisamos ficar de olho neles e garantir que seus números não aumentem. [1768][64]

Esse preconceito em particular era compartilhado, é claro, com a maior parte de seus contemporâneos, mas, no caso de Frederico, ele pode ter sido fortalecido por sua admiração pelo notório antissemita Voltaire. Na *Henríade*, Voltaire tinha desdenhado da superstição, do barbarismo, da ignorância e dos preconceitos do povo judeu.[65] Para ambos os homens, a hostilidade aos judeus do Velho Testamento era só uma faceta de sua hostilidade aos cristãos do Novo.[66] Isso pode ser visto, por exemplo, na peça satírica de Frederico intitulada *Report of Phihihu, Envoy to Europe of the Emperor of China* [Relato de Phihihu, emissário na Europa do imperador da China], que ele completou em 1760. Ao estilo das *Cartas persas* de Montesquieu, o emissário relata os absurdos que encontra na Europa, sobretudo os relacionados à Igreja Católica. Em Roma, encontra um judeu português, que lhe diz: "Os cristãos baseiam seu próprio livro de leis no nosso; e admitem que sua religião vem da nossa; mas esses filhos ingratos atacam e ofendem sua mãe. Para evitar ser queimada até a morte em Lisboa, minha família teve de se submeter à prática dessa religião".[67] Para piorar, isso foi escrito para ser publicado, o que aconteceu rapidamente, junto a anúncios em jornais de Berlim.[68]

Pelo menos, Frederico não foi tão verbalmente abusivo quanto seu pai, que tinha escrito em seu próprio testamento político que "os judeus traíram Cristo, e até o judeu mais honesto é um bandido". Por outro lado, Frederico foi a princípio mais severo na prática que seu pai. Sua disposição declarada de construir mesquitas e templos para atrair imigrantes turcos e pagãos não se estendia às sinagogas.* Em 1671, seu tataravô mais esclarecido, Frederico Guilherme, o Grande Eleitor, tinha pedido para seu agente em Viena recrutar de quarenta a cinquenta famílias judias para povoar Berlim, tirando vantagem de um desses *pogroms* que eram uma característica deprimentemente tão regular da história austríaca. Embora, no fim, muitos menos tenham ido, aquilo marcou a volta dos judeus a Berlim, de onde tinham sido expulsos quase exatamente um século antes.[69] Em 1700, 117 famílias, totalizando seiscentos indivíduos, tinham se fixado ali.[70] Em 1714, uma bela sinagoga nova foi inaugurada e aclamada como uma das mais lindas da Europa. Embora Frederico Guilherme I e sua corte tenham ido à cerimônia, o resto de seu reinado foi marcado por ondas periódicas de perseguição. Um pacote de medidas aplicado em 1737 visava à diminuição progressiva e à extinção final da comunidade judaica na cidade.[71]

Frederico não interferia na liberdade de adoração dos judeus, mas apertou as restrições a seus números. Uma nova e ampla regulamentação imposta em 1750 confirmou e reforçou as várias categorias a que os judeus tinham sido designados.[72] No ápice, estava um punhado de famílias especialmente favorecidas por um "privilégio geral", que tinham o direito de residir em qualquer lugar do reino. Depois, vinham as 150 famílias classificadas como "regulares" e, portanto, aptas a transmitir seu direito de residência para um membro da família, mas para um segundo ou terceiro só se pudessem provar fortunas no valor de 1.000 e 2.000 táleres, respectivamente.[73] Judeus "extraordinários", em sua maioria profissionais, desfrutavam apenas de uma residência pessoal e não transmissível. E, assim, as concessões diminuíam conforme outras quatro categorias, até chegar, no fim da pilha, aos servos dos judeus, que não tinham direito algum. Em teoria, qualquer judeu em Berlim que excedesse a cota oficial devia ser deportado, junto com quaisquer mendigos pedintes, mas o cumprimento disso se mostrou difícil. Apesar de todos os lembretes periódicos, os números subiam inexoravelmente.[74] Dada a enorme população judaica da adjacente Polônia, era algo inevitável,

---

* Ver anteriormente, p. 354.

sobretudo após a primeira partilha de 1772. Entre 1750 e o fim do reinado, a comunidade judaica cresceu 54%, de 2.188 para 3.379, passando a representar 2,3% da população total da cidade.[75] Em Brandemburgo como um todo, a taxa de crescimento era ainda maior, 61,75%.[76]

A atitude real também suavizou em meados do reinado, embora apenas temporariamente e só porque Frederico achava que os judeus eram úteis em duas áreas principais. A primeira era a desvalorização da moeda, que ajudou a financiar a Guerra dos Sete Anos. Isso foi organizado por um consórcio liderado por Daniel Itzig, Veitel Heine Ephraim e Moses Isaac, que geraram um lucro de 29 milhões de táleres para Frederico, além de uma soma não divulgada para si mesmos.[77] Não surpreende que esta última tenha atraído a maior parte do insulto do público.[78] As moedas desvalorizadas eram apelidadas "Ephraims" e foram ridicularizadas no dístico:

Von aussen schön, von innen schlimm,
Von aussen Friedrich, von innen Ephraim.
(Belo por fora, ruim por dentro,
Frederico por fora, Ephraim por dentro.)[79]

A segunda área de cooperação mutuamente benéfica era a manufatura, financiada em parte pelos lucros da Guerra. Com a ajuda de subsídios e monopólios, um grupo de empreendedores judeus emergiu em Berlim e Potsdam, envolvidos principalmente com produção têxtil.[80] Ephraim assumiu a manufatura de ouro e prata em Berlim e a transformou num negócio próspero; Daniel Itzig continuou sendo primordialmente um financista, mas também administrava a fábrica real de couro em Potsdam, enquanto Moses Isaac se concentrava na manufatura de seda.[81]

Entre os empreendedores judeus estava um dos mais celebrados judeus de sua época, ou de qualquer outra, aliás: o filósofo Moses Mendelssohn. Ele chegou a Berlim vindo de Dessau em 1743, com catorze anos, e viveu ali até sua morte, em 1786. Sua carreira demonstra os altos e baixos da relação de Frederico com os judeus. Ele chegou sem um centavo, mas morreu rico, com propriedades e estimado por toda a Europa iluminista, deixando uma família bem-educada e integrada. Entre seus seis filhos que sobreviveram até a vida adulta, Dorothea se casou primeiro com Simon Veit e depois com Friedrich Schlegel. A primeira união produziu os distintos artistas Jonas e Philipp, fundadores do movimento nazareno. O filho de Moses, Joseph, fundou o Mendelssohn Bank, que prosperou até ser expropriado pelos nazistas em 1939. Outro filho, Abraham, foi pai dos músicos e compositores Felix e Fanny Mendelssohn. Autor prolífico em uma ampla gama de assuntos filosóficos e religiosos, Moses aproveitou ao máximo as facilidades culturais e intelectuais de Berlim. Sua generosa hospitalidade e incansável correspondência lhe ajudaram a fazer da cidade o centro do Iluminismo judeu na Europa ocidental.[82] Em poucas outras cidades europeias ele poderia ter conquistado ou contribuído tanto, como ele próprio reconheceu:

> Vivo num Estado no qual um dos mais sábios soberanos que já governaram a humanidade fez as artes e a ciência florescerem, e com uma liberdade de pensamento tão ampla que seus efeitos alcançam até o mais humilde habitante de seus domínios. Sob seu glorioso reinado, encontrei tanto oportunidade quanto inspiração para refletir sobre meu próprio destino e o de meus concidadãos, e para apresentar observações, da melhor maneira possível, sobre o destino da humanidade e a providência.[83]

Em sermões sobre as bem-vindas vitórias da Guerra dos Sete Anos, Mendelssohn conclamou Frederico como instrumento da divina providência.[84] Por outro lado, a distinção do escritor contrastava claramente com as várias formas de discriminação que ele sofreu. Como todos os seus colegas judeus, ele tinha de pagar impostos mais altos que os cristãos apenas pelo direito de residência; como eles, não podia se casar com e nem empregar alguém de fé cristã; como eles, era excluído dos empregos estatais, da educação superior, das associações e da compra de bens, imóveis e terrenos; como eles, teve de comprar um conjunto de jantar de porcelana caro de uma fábrica real quando se casou; como eles, esteve sujeito a uma série de regulamentações humilhantes, como só ser admitido em Berlim pelos portões de Prenzlau e Halle.[85] O casamento com Fromet Gugenheim, de Hamburgo, exigiu grande paciência devido à espera pela permissão real especial.[86] Havia também a constante percepção de que os judeus eram cidadãos de segunda classe, ou nem mesmo cidadãos, apenas forasteiros "tolerados". Mendelssohn expressou claramente esse sentimento numa carta ao filósofo suíço Isaak Iselin em 1762:

> Sob o governo de Frederico, a liberdade de pensamento de fato prospera num esplendor quase republicano; mas sabes como é pequena a parte das

liberdades deste país de que desfrutam meus correligionários. A opressão civil, à qual somos condenados por um preconceito geral demais, coloca-se como um peso morto sob a elevação do espírito, e impede que ele tente o voo dos que nasceram livres.[87]

Em ao menos duas ocasiões, Mendelssohn experimentou pessoalmente o desprezo de Frederico pelos judeus. Em 1771, o ministro saxão von Fritsch foi convidado por Frederico a Sanssouci. Quando estava prestes a ir para casa, mencionou que viajaria por Berlim para visitar "o famoso Moses Mendelssohn", sobre quem tinha uma opinião muito boa. Frederico respondeu que não seria necessário fazer um desvio, pois ele ordenaria que Mendelssohn fosse convocado a Potsdam. Embora precisasse de uma dispensa especial para viajar num feriado judeu, Mendelssohn obedeceu devidamente e, no dia seguinte, se apresentou no portão da cidade de Potsdam, onde foi interrogado por um jovem oficial. Quando viu a ordem real, este perguntou a Mendelssohn por que era chamado de "famoso". Sabendo que uma mente militar poderia achar difícil apreciar um "filósofo" judeu, Mendelssohn respondeu: "Sou um feiticeiro". Foi suficiente, e ele foi admitido. Esse episódio no portão formou, depois, uma das muitas anedotas que Friedrich Nicolai recontava tão frequente e lucrativamente, sobretudo em gravuras de Chodowiecki. O ponto verdadeiro da história, porém, é que Mendelssohn conseguiu ver Fritsch – duas vezes –, mas Frederico recusou-se a encontrá-lo.[88]

Mais sérios foram o insulto e a injúria infligidos a ele em 1771, quando a Academia de Berlim votou recomendar a Frederico que Mendelssohn fosse admitido em sua ordem. O pedido foi simplesmente ignorado e, por fim, deixado de lado. Todos sabiam que o tácito veto real fora imposto porque Mendelssohn era judeu.[89] Algumas emendas foram feitas em 1783, quando uma circular com a assinatura real foi enviada às cortes anunciando uma forma melhorada de juramento para judeus, com o reconhecimento expresso de que havia sido esboçada com a assistência de "um acadêmico judeu famoso por seu conhecimento e seu pensamento honrado". Embora não tenha sido nomeado, não pode haver dúvidas de que se tratava de Mendelssohn.[90] Mais impressionante foi a intervenção de Frederico em 1778, quando recebeu de seis alunos judeus da Universidade de Frankfurt an der Oder uma petição pelo fim da proibição de darem aulas. Quando as autoridades da universidade informaram a Frederico que, como em todas as outras universidades alemãs, judeus não podiam receber o necessário *status* de doutor, o rei respondeu a eles que isso era um mero preconceito e que todos os que fossem qualificados deviam ter permissão de dar aula, fossem batizados ou não.[91]

Informalmente, a situação dos judeus na Prússia melhorou durante o reinado de Frederico. Vale lembrar que, numa época em que eles não tinham permissão sequer de entrar na cidade saxã de Leipzig, exceto quando estavam acontecendo as feiras comerciais, em Berlim, judeus e cristãos podiam trabalhar juntos editando periódicos.[92] Em 1786, havia mais judeus na Prússia; muitos deles eram mais bem-sucedidos e bem-educados, embora nada disso se devesse à política real.[93] Pelo contrário, os anos finais do reinado de Frederico foram marcados por uma intensificação na exigência de comprar grandes quantidades de porcelana. Isso era imposto por ordens diretas do próprio rei, convencido de que seus oficiais estavam relaxando. A enorme soma de 200 mil táleres era extorquida, resultando na venda forçada de propriedades e na expulsão de famílias inteiras.[94] O progresso sem dúvida conquistado pelos judeus se devia à vigorosa ajuda organizada entre eles próprios, especialmente no campo da educação.[95] Um resultado disso foi um ambiente social mais diverso – e mais liberal – dentro da comunidade. Até meados do século, ela tinha sido muito conservadora, especialmente em relação a práticas sociais, como o uso de barbas. Nos anos de 1740, a aparição, na sinagoga, de um judeu barbeado usando uma peruca ainda era capaz de evocar uma chuva de desaprovação.[96] Pedro, o Grande, da Rússia, notoriamente fez da remoção de barbas por seus nobres um importante símbolo da modernização. Menos conhecido é o decreto de Frederico, de 1748, determinando que os judeus *não* raspassem inteiramente suas barbas, para não serem tomados por criminosos.[97] No que diz respeito a insultos, esse era grave, pois sublinhava a suposição de que qualquer judeu que escolhesse estar barbeado devia estar posando como cristão para propósitos nefastos.

Mas o decreto ofensivo também revelava que a situação judaica, ainda que de forma modesta, estava melhorando, pois evocou uma resposta do melhor dramaturgo de sua época, Gotthold Ephraim Lessing. Em sua comédia de um ato *The Jews* [Os judeus], escrita um ano depois e quase certamente em reação ao decreto de Frederico, dois empregados patifes de um barão se disfarçam de judeus usando barbas falsas, e tentam roubá-lo na estrada enquanto ele volta para casa em sua carruagem. São frustrados pela intervenção de um viajante anônimo. Supondo que seus assaltantes sejam judeus, o barão denuncia um povo cujo único objetivo é o lucro, que comete qualquer crime para alcançá-lo e que é "a mais vil e abominável" das criaturas.⁹⁸ Na cena final, ele é adequadamente compelido a descobrir que os bandidos eram seus próprios empregados cristãos e que seu salvador, nesse meio-tempo revelando ser culto, iluminado e, no geral, um modelo de perfeição, era judeu. "Ah, que estimáveis seriam os judeus", exclama, "se fossem todos como você!". Esse elogio dúbio é ecoado de modo mais rude por um servo cristão: "Que diabos! Então há mesmo judeus que não são judeus!".⁹⁹ Uma das muitas ironias na peça é a denúncia dos judeus pelo verdadeiro criminoso, apropriadamente chamado Martin Krumm ("escroque"), que também apela pelo extermínio deles.¹⁰⁰

The Jews só foi representada em 1766. Era uma dentre várias peças a apresentar judeus numa luz favorável, embora o antigo estereótipo negativo continuasse popular. Quando foi reavivada em 1806, o discurso de ódio de Martin Krumm foi aclamado pela plateia antissemita.¹⁰¹ Nessa época, Lessing era reconhecido como o mais eloquente defensor da emancipação dos judeus na Alemanha. Em 1753, ele encorajou seu amigo Aaron Salomon Gumpertz a escrever um panfleto exigindo que os judeus recebessem os mesmos direitos na Prússia que já tinham na Grã-Bretanha ou na República Holandesa. Ele também arranjou para que o material fosse publicado e escreveu uma resenha favorável.¹⁰² Seu serviço mais duradouro, claro, foi a peça *Natan, o sábio*, escrita trinta anos após *The Jews* com estreia em Berlim em 1783 (mais ou menos na mesma época em que foi banida em Viena).¹⁰³ Em uma de suas muitas camadas, ela pode ser lida como uma repreensão a Frederico e aos limites de seu Iluminismo. O herói era baseado no amigo de Lessing, Moses Mendelssohn, que muitos anos antes tinha feito um ataque muito mais direto aos preconceitos de sua época – ocasionado por uma resenha hostil a *The Jews* assinada pelo distinto pesquisador bíblico Johann David Michaelis. Como escreveu Mendelssohn a Gumpertz numa carta que Lessing, depois, publicou:

> O povo cristão comum sempre considerou os judeus como rejeitados da natureza, verrugas na sociedade humana. Mas eu esperaria um veredito mais justo de pessoas cultas [...] Seguimos sendo oprimidos, somos forçados a viver sob restrições entre cidadãos livres e sortudos, seguimos sendo expostos ao ridículo e desprezados; o que eles não podem nos tirar é a virtude, o único conforto que resta a almas torturadas, o único refúgio dos abandonados.¹⁰⁴

É triste que não houvesse perspectiva de essas palavras chegarem a Frederico. Como em tantas outras questões, ele não mudou. Em 1780, disse a seu ministro silesiano, Karl Georg Heinrich von Hoym, que sabia tudo sobre seu "pendor secreto" a favor dos judeus, completando: "mas, de minha parte, vejo as coisas de outra forma e acredito que seria melhor que os judeus fossem expulsos e os cristãos assumissem seus negócios".[105]

Se não havia perspectiva de qualquer mudança legislativa na direção da emancipação durante o reinado de Frederico, pelo menos alguns passos incertos foram dados na esfera pública. O mais explícito e influente foi um panfleto publicado em 1781 por Christian Wilhelm von Dohm, oficial no Escritório do Exterior prussiano, com o título *On The Civil Improvement of The Jews* [Sobre a melhoria civil dos judeus].[106] Foi um momento importante, pois "inaugurou a era da emancipação judaica na Alemanha. [...] O livro moldou tanto a opinião pública que estabeleceu os contornos de um debate de emancipação por todo um século".[107] Os argumentos de Lessing passaram do reino da ficção a propostas legais, econômicas e educacionais concretas. No centro da análise de ambos os homens sobre a aflição dos judeus estava a crença de que "tudo por que se culpa os judeus é causado pelas condições políticas sob as quais eles hoje vivem, e qualquer outro grupo de homens, sob tais condições, seria culpado de erros idênticos".[108] O fim da discriminação, bem como a integração, beneficiariam Estado e sociedade tanto quanto aos próprios judeus. O programa de nove propostas de Dohm recebeu peso adicional com a publicação quase simultânea do decreto de José II introduzindo um programa muito similar na Monarquia Habsburgo, onde os judeus agora podiam frequentar escolas e universidades judaicas, aprender e praticar uma profissão, participar de negócios de atacado e varejo, abrir fábricas, empregar servos cristãos, alugar casas, ficar onde desejassem, visitar teatros, sair de suas casas durante feriados cristãos e remover a estrela de Davi amarela de suas roupas.[109] Tendo começado num ponto pior, os judeus austríacos agora estavam em condição bem melhor que seus correligionários prussianos.

CRIME E CASTIGO

A volta de Christian Wolff à Prússia em 1740 tinha anunciado a inauguração de uma era da razão.* Quase simultaneamente, Frederico deu mais

---

*   Ver anteriormente, p. 352.

uma de suas razões honestas para abolir o uso da tortura. Como em algumas de suas outras inovações, é necessário algum conhecimento sobre a prática da época para apreciar seu impacto. O que parece crueldade extrema, para não dizer inimaginável, aos olhos do século XXI, era lugar-comum em toda a Europa do século XVIII. O terrível fim de Robert François Damiens, fracassado assassino de Luís XV, cujo corpo vivo foi estraçalhado por quatro cavalos depois de ser torturado com a aplicação de "chumbo queimado, óleo fervente, piche flamejante e enxofre e cera derretidos" a seus membros mutilados, resumia a abordagem do século à justiça criminal.[110] Apenas três dias depois de chegar ao trono, Frederico disse a seu ministro Samuel von Cocceji que, no futuro, a tortura só poderia ser aplicada em casos de lesa-majestade, alta traição ou assassinato em massa.[111] Ela foi abolida de vez em 1755.[112] Seus oficiais de justiça se opuseram veementemente a perder sua "Rainha das Provas", como ela era conhecida.[113] Por toda a Europa continental, a tortura ainda era amplamente empregada. Que seu uso tenha sido formalmente abolido em vários países durante a segunda metade do século XVIII é algo que se atribui ao exemplo dado por Frederico; a imperadora Maria Teresa aludiu especificamente a ele ao banir a prática na Monarquia Habsburgo em 1776.[114] Também durante o primeiro ano de seu reinado, um dos castigos tradicionais mais cruéis foi proibido. Era o "ensacamento", afogamento de uma mulher condenada por infanticídio dentro de um saco que ela mesma era obrigada a costurar.[115] A atitude de Frederico em relação ao infanticídio exemplificava uma combinação de iluminismo e praticidade que distinguia seu regime dos da maioria de seus contemporâneos. Tendo em vista a comum tendência historiográfica de exaltar as continuidades da história prussiana, vale apontar a mudança radical ocorrida em 1740. Frederico Guilherme I considerava o crime como um pecado – como um vingativo Deus do Velho Testamento cuja ira tinha de ser aplacada, para que ele não agisse contra toda a comunidade. Não só o castigo tinha de ser público, mas também extremo, para ter o maior impacto nos espectadores (e em Deus). Assim, o criminoso era arrastado ao local de execução e torturado com pinças em brasa antes de ser morto. Para Frederico, o crime era algo inteiramente secular, um ato antissocial cujo castigo sempre devia ser proporcional, pois todo o seu propósito era dar apoio à faculdade racional de controlar paixões humanas.[116] As execuções públicas não deviam ser horrendas a ponto de suscitar pena pelo criminoso nem curiosidade mórbida:

É inegável que, por meio de terríveis punições capitais públicas, muitos espíritos jovens e inocentes, que naturalmente querem saber o motivo para uma execução tão terrível, especialmente se tampouco cientes estiverem dos sentimentos mais puros (como o criminoso está), ficarão escandalizados em vez de melhorados, e é até possível que se acordem neles tendências malignas, tendências das quais, anteriormente, não havia indicação.[117]

Não surpreende que o elemento religioso no novo estilo de "rituais de punição" tenha sido reduzido. De agora em diante, mães solteiras não eram submetidas à penitência pública na igreja, um ritual degradante que Frederico acreditava ter sido responsável por abortos e infanticídios. Pais e empregadores não só receberam instruções para evitar punir as garotas grávidas, mas também foram demandados a ajudá-las, com aconselhamento e apoio material, na intenção de manter mãe e bebê juntos.[118] O motivo, aqui, era menos humanitário que prático, dada a preocupação, ou obsessão, de Frederico com o aumento da população da Prússia. Em seu testamento político de 1768, ele lamenta o número de abortos, "o crime mais comum" nas cidades. Ele expressa a esperança devota de que lares para crianças abandonadas pudessem ser criados em Berlim, Königsberg e Breslau, mas adiciona, com melancolia, que seria caro.[119]

Por outro lado, qualquer mulher que declinasse de seu dever demográfico e reduzisse a população prussiana, mesmo em uma pessoa, era executada para desencorajar as outras, mas por decapitação, e não afogamento.[120] Execuções por infanticídio formavam a categoria mais numerosa de punições capitais, como mostram os números relativos aos três anos entre 1775 e 1778:

Assassinato 12
Confecção de veneno 4
Roubo de estrada 2
Infanticídio 18
Incêndio culposo 8
Solicitação de deserção 2
Total 46[121]

Esses números revelam que a punição capital era usada com parcimônia. Na Inglaterra contemporânea, a média anual de execuções só em Londres foi de 48 nos anos de 1770.[122] Além disso, enquanto dois terços das condenações capitais na Inglaterra eram por crimes simples contra a propriedade, como roubo de uma ovelha (ou de um carneiro), na Prússia, apenas crimes sérios eram punidos com a morte.[123]

Em um oceano de crueldade irracional, um soberano que era meramente severo se destacava como uma ilha de humanidade: "justiça, regularidade, ordem eram os lemas da nova política. E humanidade, também. Uma sociedade civilizada significava, para um monarca do Iluminismo como o rei prussiano, uma sociedade na qual as pessoas não fossem rotineiramente submetidas a torturas bárbaras e dolorosas na forca ou na câmara de inquisições".[124] Isso não queria dizer que a Prússia de Frederico fosse uma democracia liberal do século XXI *avant la lettre*. A roda de despedaçamento continuou a ser empregada, embora a vítima fosse discretamente estrangulada primeiro.[125] De maneira característica, Frederico também insistiu em manter o controle sobre quais castigos eram infligidos a quem. Em 1743, Cocceji sugeriu que, no futuro, para economizar tempo, sentenças criminais envolvendo deportação, prisão, punição corporal ou capital não deviam mais ser enviadas para aprovação real. A resposta foi inequívoca: "Não! Todos os veredictos criminais devem ser encaminhados; senão, todos os tipos de problemas surgiriam, e o povo nas províncias tropeçaria por aí como quisesse".[126]

Embora pareça pouco crível que Frederico revisasse todas as sentenças criminais sérias executadas em seus domínios, há muitas evidências de que ele usou bastante sua prerrogativa.[127] Em 1753, por exemplo, ele interveio para reduzir uma sentença de seis anos de prisão por caça ilegal.[128] Por vezes, ele parece ter ficado horrorizado pelas constantes exigências de decidir pela vida ou morte de criminosos. Em 1748, ele confirmou a pena de morte para dois membros de uma gangue de ladrões silesiana, mas reclamou que eram a nona e a décima que ele já tinha despachado, e ainda se dizia haver mais umas cinquenta esperando seu veredicto. Será que não podiam simplesmente ser deportados ou enviados para trabalho forçado?![129] Mas, frequentemente, ele ia para o outro lado. Em 1750, quintuplicou a sentença de prisão de dois anos por tentativa de roubo na estrada, também usando a oportunidade de lembrar o chefe do departamento de justiça criminal, Levin Friedrich von Bismarck, de sua política de penas: aqueles que roubavam por tolice ou pobreza não deviam ser punidos com total rigor, em especial se houvesse esperança de reabilitação e não tivesse havido violência. O roubo com violência, porém, sobretudo se planejado com antecedência e cometido por uma gangue, devia ser penalizado com a morte ou a prisão perpétua.[130] Também contrastando com uma imagem benigna, havia a ocasional autorização do uso de tortura e a imposição de castigos cruéis e não naturais.[131] Em 1746, a cabeça decapitada do cônsul prussiano em Danzig, von Ferber, foi exibida numa lança em frente à prisão de Spandau, como um temível aviso a qualquer um que contemplasse a alta traição.[132] Segundo o piemontês abade Denina, que morava em Berlim na época, perto do fim do reinado, um incendiário foi queimado na fogueira, ali. Denina afirmou que, na velhice, Frederico concluíra que leniência demais tinha levado a uma onda de crimes e estava cada vez mais substituindo a pena de morte por períodos de prisão.[133] A morte podia muito bem ser preferível, dado o estado das prisões prussianas. Uma denúncia da época alegava que eram superlotadas, pestilentas, imundas, escuras, sem calefação, sem supervisão – academias violentas de crime.[134]

LEI E JUSTIÇA

A mesma mescla de luz e escuridão caracterizava a abordagem de Frederico à lei civil. Depois das questões militares, era a esfera de governo à qual ele dedicava mais tempo. Ele proclamou no primeiro capítulo de *Anti-Maquiavel*: "A justiça é a principal tarefa do soberano; ele deve colocar acima de qualquer interesse o bem-estar do povo que governa".[135] Essas palavras foram escritas quando ele ainda era príncipe herdeiro; quando subiu ao trono, levou um pouco de tempo para começar a mostrar que falava sério. Primeiro teve que cuidar da ópera e depois dos austríacos. O pequeno espaço de respiro representado pela Convenção de Klein-Schnellendorf em outubro de 1741 permitiu que ele começasse a pensar sobre os arranjos judiciais em sua nova província, mas foi só com a paz geral em 1745 que ele realmente pôde dedicar-se a isso. Teve a sorte de ter herdado de seu pai um reformador distinto, Samuel von Cocceji. Um homem categoricamente contrário ao Iluminismo, Cocceji era idoso (nascido em 1679), devoto (acreditava que toda lei era divina por origem) e conservador (opunha-se à abolição da tortura por parte de Frederico).[136] Mas ele considerava que a justiça devia ser administrada de modo justo, rápido e barato, e que as leis precisavam ser claras, concisas e uniformes. Mais importante, ele se provou um brilhante administrador, especialmente bom em colocar duas cabeças-duras juntas e fazer as coisas acontecerem.

Isso o tornava o colaborador ideal para Frederico. Havia bastante para os dois fazerem. Apesar de tentativas intermitentes e pouco entusiasmadas de reforma por parte de Frederico Guilherme I, segundo o relato do próprio Cocceji, a justiça na Prússia era uma desgraça: cara, muito lenta, corrupta e arbitrária. Antecipando "Jarndyce *versus* Jarndyce" do romance *A casa soturna*, de Dickens, um caso na Pomerânia entre as autoridades reais de taxação e o município de Kantereck tinha caminhado vagarosamente por dois séculos sem resolução.[137] Muitos milhões de palavras foram escritas durante as reformas que se seguiram, muitas delas encontradas nos volumes da *Acta Borussica*, mas os pontos salientes podem ser resumidos de forma bem rápida. Um primeiro sucesso foi a nacionalização do sistema, banindo o envio de casos para serem adjudicados em faculdades de direito em universidades não prussianas, e a exclusão da jurisdição imperial em 1746.[138] Tanto simbólica quanto substantivamente, tratou-se de um grande passo na estrada que levava à soberania total e à separação do Sacro Império Romano.

O principal problema eram as finanças. Dependentes de comissões para viver, poucos juízes resistiam à tentação de manipular casos ou até aceitar subornos. Crucial, portanto, para o sucesso de seu projeto, era a habilidade de Cocceji em convencer os estados provincianos a fornecerem os fundos necessários.[139] Ele próprio era um reformador bastante intervencionista, indo de uma província a outra, filtrando os corruptos e incompetentes e coagindo os sobreviventes a lidarem com os pedidos pendentes. Seu primeiro alvo foi a Pomerânia, onde, em oito meses entre 1746 e 1747, ele supervisionou o acordo de 2.400 casos antigos.[140] Dali, foi para Cleves e Frísia Oriental em 1749, para a Silésia em 1750 e para a Prússia Oriental em 1751.[141] Em todos os lugares, uma hierarquia transparente foi estabelecida, com as cortes superiores reorganizadas, a jurisdição eclesiástica abolida e um tribunal de apelações (*Regierung*) reconhecido como único da província. Acima de tudo isso, foi colocada uma Suprema Corte (*Obertribunal*) com jurisdição para o Estado todo.[142] Todos os juízes que buscavam ser nomeados ou renomeados estavam sujeitos a um exame organizado por um conselho central.[143] Nem é preciso dizer que uma reforma tão ampla encontrou dura oposição. Frederico merece crédito por dar apoio incondicional a Cocceji. Em 1748, ele disse de forma curta e grossa ao líder da velha guarda, Georg Dietloff von Arnim, para se submeter, acrescentando que não receberia mais protestos de alguém claramente motivado por "ciúme pessoal".[144] Sobre Cocceji, ele escreveu que sua sabedoria, integridade, iluminismo e diligência o teriam feito se destacar no auge das repúblicas grega e romana. Quando Cocceji morreu, em 1755, Frederico colocou um busto de mármore dele no pátio do Ministério da Justiça, para inspirar imitações.[145]

A morte de Cocceji e a eclosão da guerra em 1756 paralisaram o movimento de reforma. Ironicamente, ele foi reavivado por aquilo que um dos envolvidos chamou de "uma catástrofe judiciária".[146] Tratava-se do famoso caso do moleiro Arnold, que, de forma paradoxal, fez mais do que qualquer outro episódio durante seu reinado para, ao mesmo tempo, confirmar *e* negar o *status* de Frederico como governante justo. Levou quase uma década para chegar ao fim. Em 1770, um proprietário de terras nobre e juiz de paz (*Landrat*) chamado von Gersdorf (seu primeiro nome nunca é mencionado) escavou um lago de peixes em seu terreno em Kay, perto de Züllichau, no rio Oder, desviando o riacho de um moinho para enchê-lo. Em 1773, Christian Arnold alegou que isso tinha reduzido tanto o fluxo de água que seu moinho rio abaixo já não era viável e, assim, abriu um processo contra seu próprio senhor, o conde von Schmettau, pedindo uma redução nos impostos até que o lago causador do problema estivesse cheio. As cortes lhe disseram para processar Gersdorf. Em 1778, Schmettau perdeu a paciência com Arnold por não receber seus pagamentos, retomou a posse do moinho e o colocou para leilão. Ele foi comprado por Gersdorf, que o vendeu a um terceiro. Arnold, então, apelou diretamente a Frederico, que nomeou uma comissão de dois homens para investigar. Um de seus membros, o coronel von Heucking, escreveu um relatório a favor de Arnold; outro, um oficial da corte de Küstrin, teve a opinião de que o caso deveria, primeiro, passar pelos devidos processos nos tribunais.[147]

Provavelmente porque o relatório veio de um militar e não dos oficiais de justiça que ele desprezava, Frederico escolheu acreditar em Heucking. O assunto, agora, tinha se tornado uma luta entre o rei, convencido de que Arnold devia receber tudo o que pedia, e os juízes em Berlim e Küstrin, convictos de que a lei devia ser seguida. Mesmo depois de feitas todas as concessões por parcialidade nos relatos dos juízes, parece claro que Arnold estava errado (ou, na verdade, "os Arnolds", pois a principal força do caso era a senhora Rosine Arnold).[148] Como mostra um mapa da época, a água desviada para o lago de peixes fluía de volta para o riacho principal acima do moinho de Arnold. Consequentemente, a perda de água por infiltração e evaporação deve ter sido mínima. Os especialistas que inspecionaram o local descobriram que o fluxo de água era completamente adequado para girar a roda do moinho, uma descoberta confirmada pelo novo proprietário. Heucking, que tinha conhecido os Arnolds quando eles tentaram enviar uma petição a Frederico pela primeira vez, em 1778, também exagerou muito o mau tratamento recebido por eles, alegando que Schmettau tinha prendido o moleiro por sete semanas e dado uma surra na senhora Arnold.[149] Frederico estava, porém, totalmente persuadido. Os Arnolds pareciam conhecer o fato de que ele tinha suspeitas profundas e não gostava de advogados, e usaram isso de forma esperta.[150] Segundo Christian Wilhelm von Dohm, Frederico já conhecia Arnold, que tinha servido como patrulheiro durante a Guerra dos Sete Anos.[151]

Depois de muitas idas e vindas, Frederico tomou a lei em suas próprias mãos. Em 11 de dezembro de 1779, ele convocou o chanceler von Fürst e os três conselheiros que tinham confirmado o veredito da primeira instância a Potsdam. Seu temperamento, que já não estava bom, piorou com um de seus periódicos ataques de gota. Depois de gritar insultos aos convidados – "ralé, bandidos, patifes" –, ele disse a eles que mereciam ser todos enforcados. A tentativa de Fürst de se defender foi cortada pelo grito: "Saia daqui! Seu posto está vago!".[152] Os outros também foram demitidos, junto com seis juízes de Küstrin que tinham se oposto às conclusões de Heucking. Um dos últimos registrou que, quando chegaram a Berlim em prisão fechada, foram confinados numa cela escura, úmida, sem calefação, que não era grande o suficiente nem para um.[153] E ali ficaram até o outono seguinte. Só para piorar as coisas, eles também foram condenados a pagar aos Arnolds compensações e custos de seus próprios bolsos.[154]

Não é de surpreender que o caso tenha causado tamanha sensação. No mínimo, ele destruiu qualquer noção de que os oficiais do rei da Prússia eram autômatos insensíveis. Tanto no centro quanto nas províncias, eles agiam com coragem e integridade. Seu exemplo foi seguido pelo ministro da Justiça, Karl Abraham von Zedlitz, que recusou a ordem direta de Frederico para aplicar a vontade real, dizendo a ele que o relatório de Heucking era errôneo, que os Arnolds eram trapaceiros e que os juízes deviam ser imediatamente readmitidos. A resposta de Frederico foi reveladora: "Seu burocrata que não entende nada; quando soldados recebem uma ordem para investigar algo, tomam a rota direta e chegam ao fundo da questão, e realmente sabem como lidar com isso. E podes ter certeza de que confio mais em um oficial honesto, que age por honra, do que em todos os advogados e seus direitos". Ele adicionou que, se Zedlitz não fizesse o que ele queria, ele encontraria alguém disposto a fazê-lo. Foi sem nenhuma ironia óbvia que ele, então, assinou: "Fora isso, com muito afeto, teu rei". Zedlitz respondeu com dignidade que sempre considerara a estima do rei como a maior felicidade de sua vida e sempre fizera seu melhor para merecê-la, mas não agiria contra suas convicções.[155] Até o imperioso Frederico sabia que tinha encontrado alguém que lhe era páreo, e não forçou mais.[156]

Frederico pode ter perdido aquela briga, mas ganhou a batalha de relações públicas. Quando publicou seu relato do caso, mostrou que era, além de um soberano, um político. Após um resumo tão colorido quanto impreciso, esbravejou: "Todo mundo, seja alto ou baixo, rico ou pobre, receberá justiça imediata, e cada um de meus súditos sempre verá a lei ser administrada de forma imparcial, sem consideração pela pessoa ou pelo *status*". Ele prometeu que os oficiais que tinham conspirado contra Arnold seriam um exemplo, para que seus colegas tomassem nota, "pois devem compreender que o camponês mais humilde, sim, e ainda mais o mendigo, é tão humano quanto Sua Majestade, e todos devem receber justiça, pois, aos olhos da lei, todos são iguais, seja um príncipe processando um plebeu ou um plebeu processando um príncipe". Ele conclui: "Um tribunal de juízes que age de forma injusta é mais perigoso e pior que uma gangue de ladrões, pois é possível tomar medidas preventivas contra os últimos, enquanto vilões que se cobrem com o manto da lei para poderem agir segundo suas paixões malignas são invulneráveis, são os piores bandidos do mundo e merecem ser punidos com severidade dupla".[157] Essa afirmação retumbante de igualdade perante a lei foi publicada em todos os jornais de Berlim e logo rodou a Europa, se não o mundo, atraindo atenções admiradas até no sul, em Nápoles e no Marrocos.[158] Em 1780, um marinheiro prussiano visitando Lisboa testemunhou uma encenação dramática do caso em português. Quando a plateia descobriu a nacionalidade dele, se aglomerou ao seu redor, gritando "Glória ao rei da Prússia!" e "Vida longa aos reis justos!".[159] Ele também encontrou uma efígie de Frederico exibida numa galeria de trabalhos em cera local.[160]

Na Prússia, as opiniões eram mistas. Representativo da elite intelectual iluminista foi o veredito contundente de Christian Wilhelm von Dohm:

> Esse episódio causou uma impressão forte tanto na capital quanto no resto do país. Com horror, percebeu-se que estávamos vivendo sob um governante capaz de agir de forma arbitrária segundo seu capricho do momento, e que nada parecia restringi-lo, pois ele já não respeitava a dignidade da lei e não ouvia as representações e os argumentos de seus funcionários públicos.[161]

Mas, para a maior parte da população, Frederico era uma figura heroica que defendeu os fracos e oprimidos contra os ricos e poderosos. Como comentou o pastor luterano e escritor Daniel Jenisch, Frederico pode ter errado no caso do moleiro Arnold, mas sua intervenção o transfigurou aos olhos do homem comum.[162] Assim, enquanto oficiais visitavam as casas dos juízes demitidos para demonstrar sua solidariedade, fora do palácio real uma grande multidão aclamava o "Rei Plebeu" e muitas janelas foram iluminadas e decoradas com seu retrato.[163]

O caso também foi retratado em várias impressões. A mais elaborada, de Vincenzo Vangelisti, mostra Frederico segurando as balanças da justiça, enquanto a família Arnold, peticionária, ajoelha em gratidão à sua frente e um anjo vingador expulsa os juízes malvados da cena. Abaixo da imagem está o título "Balanças de Frederico", uma breve história do episódio tirada da *Gazette de France*, e o texto completo da proclamação real de 11 de dezembro. Uma versão em inglês – "The Justice of Frederick" [A justiça de Frederico] – foi publicada em Londres em 1782.[164]

Sem dúvida, Frederico tinha desejado ver a justiça sendo feita, mas é igualmente certo que ele agiu de forma injusta e até despótica.[165] Ele também contrariou seus próprios princípios firmemente declarados: "Resolvi nunca interferir no devido processo legal; nos tribunais, é a lei que deve falar e o soberano deve permanecer em silêncio" (testamento político de 1752) e "não é nem um pouco adequado que um soberano exerça sua autoridade para interferir em decisões em casos de tribunal; neles, apenas as leis devem governar e o dever do soberano está restrito a protegê-las" (testamento político de 1768).[166] Pelo menos, o episódio o fez focar novamente na necessidade de voltar à reforma da lei, que tinha ficado em suspenso com a morte de Cocceji em 1755 e a eclosão da Guerra dos Sete Anos no ano seguinte. A demissão do chanceler Fürst colocou em seu lugar Johann Heinrich Casimir von Carmer, um pupilo de Cocceji que tinha sido ministro silesiano da Justiça desde 1768. Adicionando um olhar iluminista à famosa capacidade de organização de seu mentor, Carmer supervisionou, durante os anos finais do reinado de Frederico, "a conquista mais significativa do absolutismo iluminista na Prússia".[167]

O programa foi detalhado num memorando real de 14 de abril de 1780. Ele tinha sido esboçado pelo associado mais importante de Carmer, Carl Gottlieb Suarez, mas foi o apoio real que o colocou em ação. Frederico disse aos reformistas: "Deixo-lhes para pensar melhor no que deve ser feito e para tomar os passos necessários para colocar tudo em ação; mas prometo minha enfática proteção contra todas as intrigas e resistências que encontrarão".[168] A parte mais fácil foi a processual. Os objetivos iniciais de uma justiça mais rápida, simples, barata e transparente foram retomados. O papel investigativo dos juízes aumentou, às custas de advogados; as Câmaras de Guerra e Domínios receberam departamentos judiciais com uma equipe de advogados treinados; e o sistema de apelações foi mais centralizado.[169]

A principal tarefa, porém, era a codificação, que Cocceji tinha começado, mas não levado muito longe. Em 1784, os reformadores tinham completado um esboço que dez anos depois se transformou no Código Geral de Leis, um dos documentos legais/constitucionais mais célebres de toda a Alemanha. Como frequentemente se destacou, o Código era em essência conservador, sobretudo em seus aspectos sociais: "Frederico e seus conselheiros legais enfrentaram a tarefa com intenções ambivalentes e motivos incompatíveis. Eles queriam criar ordem e coerência mecânicas, mas também preservar direitos especiais e privilégios sociais".[170] Suas visões iluministas, porém, também transpareciam.[171] Havia elementos progressistas suficientes para permitir que prussianos cultos acreditassem viver num Estado de direito e convencê-los a preferi-lo quando pressionados pela França revolucionária após 1789. Eles foram encorajados pela participação ativa do público no processo de reforma. Associações voluntárias como a Sociedade da Quarta-Feira serviam como interface para escritores, jornalistas e oficiais, cujas discussões preparavam "praticamente todos" os projetos de reforma.[172] Em particular, o exercício de consulta pública anunciado por Carmer em 1784, com a aprovação de Frederico, foi um passo revolucionário, considerado um sinal de que a Prússia estava avançando em direção a um Estado constitucional.*[173]

Se isso era possível ou não, nunca se poderá concluir. No fim, a Revolução Francesa e as guerras que se seguiram atrapalharam. Na época, havia pelo menos retórica suficiente para cercar a memória de Frederico de um afetuoso brilho de otimismo político. O mesmo Dohm que tinha sido tão mordaz quanto ao papel de Frederico no caso do moleiro Arnold também escreveu que, embora o rei não tenha vivido para ver o Código Geral de Leis completo, ele merecia crédito por promover uma empreitada baseada nos princípios da verdadeira filosofia e humanidade.[174] Jenisch adicionou à ho-

---

* Ver anteriormente, pp. 339-40.

menagem citada anteriormente* a observação mais geral de que "a severidade e a segurança da administração da justiça deram aos súditos prussianos certo desafio nobre e uma rara autoconfiança que só se encontram entre pessoas comuns na Inglaterra e na Holanda".[175] Mais preciso era o relato anônimo publicado no *Berlinische Monatsschrift* em 1784, que não só repetia a alegação de que Frederico sempre insistiu que plebeus e nobres fossem tratados igualmente, mas adicionava que os tribunais até decidiam contra o próprio rei. O jornal citava um caso aberto por uma proprietária por causa da extração de giz. Durante a disputa, Frederico tinha ordenado o fechamento das barragens no canal que ela usava para levar seu giz ao mercado. O Tribunal de Câmara em Berlim decidiu a favor dela e ordenou que os oficiais reais cumprissem a ordem a partir de então.[176]

A imagem de Frederico como "Rei Plebeu" se tornou tão bem-estabelecida que reapareceu na peça *Breme von Bremenfeld*, de Goethe, em 1792. O personagem principal relata como tinha conhecido Frederico num hospital de campo após a batalha de Leuthen. Oito anos depois, os dois homens se encontrariam de novo, permitindo que Frederico demonstrasse sua famosa memória para nomes e rostos. Breme von Bremenfeld disse então a Frederico que estava tendo de trabalhar tão duro nos tempos de paz quanto na guerra. Quando o companheiro com quem ele estava bebendo [e a quem relatava o encontro] expressou surpresa quanto à possibilidade de falar com o rei tão abertamente, ele respondeu: "Certamente, se pode. E para ele, uma pessoa é exatamente igual à outra, e é com os plebeus que ele mais se preocupa. 'Sei bem', disse ele a seus ministros, quando tentavam convencê-los disso ou daquilo, 'que os ricos têm muitos advogados, mas os pobres só têm um, e sou eu'".[177] Se nada mais, isso demonstra a habilidade de Frederico de projetar uma imagem pública favorável. Ele também se beneficiou de um trabalho autônomo por parte de seus admiradores. Em 1784, por exemplo, Gleim publicou um relato de seu sobrinho Johann Fromme, que era representante de distrito em Fehrbellin, sobre uma das famosas turnês de inspeção de Frederico. Como vimos,** Frederico se interessava profundamente por todos os aspectos do distrito, mostrando opiniões fortes, ainda que não especializadas. O episódio, então, entrou em uma das muitas coleções de anedotas que pro-

---

* Ver anteriormente, p. 310.
** Ver anteriormente, pp. 122-3.

vavelmente ajudaram mais a imagem de Frederico do que qualquer outro meio, sobretudo quando ilustradas por Daniel Chodowiecki.[178]

Isso continuou durante os dois séculos seguintes, com ele sendo frequentemente apresentado como exemplar de "absolutismo iluminista". Vinte ou trinta anos atrás, os historiadores prestaram muita atenção à validade desse conceito.[179] Em relação a Frederico, este capítulo mostrou que é impossível negar alguma influência das ideias iluministas em suas políticas, embora houvesse outros motivos por trás. As ações contrárias aos valores iluministas não negam esse fato mais do que a importância do Cristianismo para, digamos, Felipe II da Espanha seria negada por suas ocasionais contravenções aos Dez Mandamentos ou ao Sermão da Montanha. Frederico compartilhava da crença central dos filósofos de que a razão podia compreender, mudar e melhorar o mundo natural. Uma ilustração final se provará suficiente. Numa carta à herdeira e esposa do eleitor da Saxônia, Maria Antônia, em 1763, Frederico lamentou a tenacidade de "antigos preconceitos" nascidos da ignorância que tinha levado o Parlamento de Paris a proibir a vacinação contra a varíola. Dos milhares imunizados em Berlim, informou ele, nenhum tinha morrido.[180] Em sua resposta, a eleitora agradeceu Frederico por dar a ela a coragem de imunizar a si e sua família, adicionando que seus súditos agora seguiriam seu exemplo e, portanto, agradeceriam Frederico por salvar suas vidas.[181] Isso dá uma boa ilustração de como é possível buscar o contraste entre as culturas políticas da França e da Prússia em meados do século XVIII: na primeira, Luís XV continuou a tocar nos que sofriam com o "mal do rei" para curá-los (a não ser, claro, que ele não estivesse num estado de graça, o que era frequente);* na segunda, Frederico tomou uma ação direta e bem-sucedida contra o maior assassino do século.

---

* Como o rei era considerado representante de Deus, considerava-se que ele era capaz de curar os doentes da escrófula – que passou, assim, a ser conhecida pelo apelido "mal do rei". [N.T.]

14
Interior e cidade

NOBRES E PLEBEUS

Frederico se importava. Há exemplos demais de sua preocupação em conseguir justiça para os plebeus para que isso seja desprezado como mera encenação. Em 1777, por exemplo, ele enviou uma diretiva com palavras duras para os ministros da Justiça, dizendo que os pobres suplicantes deviam ser tratados de maneira adequada. Isso foi ocasionado por uma petição de Jacob Dreher, que tinha viajado desde Liebemühl, na Prússia Oriental, para buscar justiça em Berlim, mas fora ameaçado de prisão pela polícia. Frederico lembrou a seus oficiais: "A meus olhos, um plebeu pobre vale tanto quanto o conde mais bem-nascido ou o nobre mais rico, e a lei está aqui tanto para os altos quanto para os baixos". Os pobres, completou, tinham de receber uma audiência justa, não deviam ser maltratados e precisavam desfrutar da justiça ágil.[1] Entre os plebeus prussianos, ele encontrou uma plateia receptiva. A velha imagem das massas rurais desfavorecidas e oprimidas pelos onipotentes senhores de terra *Junker* tinha implodido havia muito tempo. A autoridade do rei *não* parava nos portões das propriedades nobres. O senhor não podia punir um servo por uma ofensa criminal, e um caso civil julgado em seu tribunal senhorial podia ser apelado na justiça real.[2] Os plebeus usavam tanto esse direito que, no ano seguinte à morte de Frederico, o novo rei reclamou dessa "paixão sem limites pelo litígio".[3] Um estudo detalhado da propriedade de Stavenow, a leste do rio Elba, cujo dono era membro do clã von Kleist, mostrou que os plebeus usavam plenamente seus direitos legais em disputas prolongadas com seu senhor, que por fim eram resolvidas num "acordo amargo". Foi o acesso melhorado às cortes reais, introduzido pelas reformas de Frederico, que permitiu que os aldeães de Stavenow montassem sua campanha jurídica. Eles confiavam que os tribunais lhes dariam um veredito justo e insistiam se não estavam satisfeitos.[4]

Entretanto, se Frederico tinha qualificação para ser aclamado como "Rei Plebeu", dava ainda mais razão para o apelido alternativo de "Rei *Junker*". Ele viveu e escreveu tanto que é possível minerar, em sua obra, tanto ouro quanto chumbo. Em seu testamento político de 1752, não escrito para o público, ele deixa bem claro qual grupo social coloca em primeiro lugar: "Um soberano deve considerar seu dever proteger a nobreza, que forma a joia mais bela de sua coroa e o resplendor de seu exército".[5] Seu pai tinha feito o máximo para expandir os domínios reais às custas dos nobres, comprando e retomando a posse de terras. Frederico colocou um fim imediato a isso, dizendo ao Diretório Geral:

> Os oficiais devem ser proibidos, sob pena de morte, de assediar a nobreza e ressuscitar velhas alegações contra ela. Um proprietário de terras nobre só precisa provar que de fato tem posse de um terreno desde antes de 1740. E, se surgirem quaisquer disputas entre proprietários de terra nobres e oficiais dos domínios reais, então, não apenas o Diretório Geral deve garantir que a justiça seja feita, mas também que seja eu, e não os nobres, o injustiçado. Pois o que para mim é uma pequena perda, pode ser um grande ganho para eles, cujos filhos defendem este país e cuja qualidade é tal que merecem ser protegidos de todas as formas.[6]

Quando o príncipe Leopoldo de Anhalt-Dessau se vangloriou da quantidade de terra que tinha adquirido dos nobres em seu próprio principado, Frederico respondeu, azedo, que era por isso que o lugar era lotado de judeus e mendigos.[7] Frederico poderia ter argumentado que ele próprio era capaz de distinguir entre as ações de nobres individuais e os interesses da nobreza como classe. Ele deu um bom exemplo disso em outubro de 1750, quando disse a Cocceji que a sentença de seis anos de prisão imposta à condessa Gessner por tratar cruelmente seus servos era inadequada, menor do que a que receberia um cidadão comum, então devia ser aumentada. Mas, dois meses depois, disse a seu chanceler que tinha notado, com desprazer, que propriedades pertencentes a famílias nobres estavam sendo compradas por plebeus e que era preciso tomar medidas para evitar que isso ocorresse no futuro.[8] Era uma aspiração frequentemente expressa, mas raramente cumprida, como demonstra sua repetição. Pouco antes de sua morte, ele ainda esbravejava contra a hemorragia de propriedades nobres.[9] Ele estava disposto a promover ordens de herança inalienável, para proteger imóveis nobres de serem vendidos por um herdeiro esbanjador de dinheiro. Era um dos poucos aspectos da Monarquia Habsburgo que ele acreditava valer a pena copiar.[10] Com o número de plebeus ricos aumentando rapidamente durante a segunda metade do século, as forças do mercado abriram a carapaça protetora de Frederico. Em 1800, plebeus tinham comprado 745 terrenos nobres, aos quais é preciso adicionar aqueles comprados por quem tinha recentemente recebido títulos de nobreza e pelos nobres que agiam como laranjas em nome de quem era inferior socialmente, mas superior em termos materiais. Naquela época, quase 20% das propriedades "nobres" estava em mãos não nobres.[11] Por outro lado, ele não era capaz de impedir nobres azarados ou sem talento de cair em ocupações plebeias, como administrador de correspondência ou boticário.[12]

Repelir a burguesia se mostrou algo além dos poderes de Frederico. Mais fácil de controlar era o acesso aos corpos de oficiais, a fundação do Estado, segundo ele. Em 1757, um oficial sênior pediu para Frederico dar um título de nobreza ao filho, que havia se alistado no regimento von Thadden, mostrando tanto potencial que tinha sido promovido a tenente, mas depois transferido para um regimento de guarnição de baixo *status* por ser plebeu. Frederico escreveu, à própria mão, na petição: "Não tolerarei gentalhas não nobres nos corpos de oficiais, e é suficiente que o filho dele possa ser oficial num regimento de guarnição".[13] As horrendas baixas da Guerra dos Sete Anos, depois, o forçaram a alistar as "gentalhas", mas ele logo as expulsou quando veio a paz, sob o argumento de que "quase todos são tacanhos e acabam sendo maus oficiais".[14] Embora todos os nobres tivessem de começar na base, quando não estavam servindo eram proibidos de conviver com plebeus.[15] Em 1786, dos 711 oficiais com patente de major ou acima, apenas 22 não eram nobres.[16] Essa predominância aparentemente total é, porém, um pouco enganosa. Embora seja impossível quantificar, um número significativo daqueles que tinham o prefixo "von" não era de origem nobre nenhuma, tendo adicionado a partícula clandestinamente a seus sobrenomes, na esperança de que isso acabasse por transmitir legitimidade. Muitas vezes, funcionava. Entre outros que manipularam sua trajetória de sucesso estavam alguns dos mais famosos nomes da história prussiana: Humboldt, Clausewitz, Yorck e Gneisenau.[17] Por outro lado, a distinção no serviço militar podia levar ao enobrecimento, bem como à promoção. Como vimos, o exemplo mais espetacular era David Krauel, que se tornou David Krauel von Ziskaberg depois de liderar o ataque a Praga em 1744, mas havia muitos outros. Vários generais nos regimentos menos badalados dos hussardos e da artilharia eram plebeus por nascimento.[18]

Isso sugere que o preconceito de Frederico fosse menos o do aristocrata contra os novos ricos e mais o do homem militar contra os burocratas. Na margem de um pedido vindo de um oficial civil, ele rabiscou: "Não se pode ganhar a nobreza pela caneta, apenas pela espada". Quando o autonomeado major von Holtzendorff pediu que seu *status* de nobre fosse "renovado", Frederico respondeu com irritação que ele nunca tinha sido nobre para começo de conversa, mas que, como seu pai era cirurgião regimental e um bom oficial, seu pedido seria concedido.[19] O serviço, não o nascimento, era a chave para acessar a generosidade de Frederico, como ele disse a seu ministro para a Silésia, Ernst von Schlabrendorff:

> Deixe-me esclarecer de uma vez por todas que não venderei títulos nem muito menos propriedades nobres por dinheiro, para a destruição da nobreza. O *status* de nobre só pode ser recebido pela espada, por coragem e por outros comportamentos e serviços de destaque. Como vassalos, só tolerarei aqueles que são capazes de sempre prestar-me bom serviço no exército, e aqueles que, por causa de sua conduta excepcionalmente boa e seu serviço excelente, escolhi elevar ao *status* da nobreza.[20]

Portanto, ele não tinha boa opinião sobre nobres que acreditavam que a extensão de seu *pedigree* os eximia de servir ao Estado. *Grafen* (condes) eram um pesadelo em especial, embora houvesse relativamente poucos na Prússia. A grande maioria de nobres prussianos não tinha título, ou seja, simplesmente adicionava "von" ("de") a seus sobrenomes, ainda que vários desfrutassem do título de *Freiherr* (barão). Na visão de Frederico, "os condes sem importância" só serviam tempo suficiente para adquirir um pouco de glamour marcial e depois pediam demissão.[21] Quando o conde von Schulenburg pediu uma promoção para seu filho simplesmente por ser conde, Frederico respondeu que havia uma ordem permanente de não mais se admitirem condes no corpo de oficiais.[22]

O que Frederico queria era uma nobreza que dependesse, para sobreviver, do serviço militar. Por sorte, muito poucos nobres em qualquer território prussiano tinham propriedades grandes o suficiente para desfrutarem de uma existência independente. A maioria tinha apenas de 400 a 600 hectares. Na Prússia Oriental, onde, de forma incomum, havia alguns magnatas ricos, o tamanho médio das 420 propriedades nobres era de 270 hectares.[23] Como todos os filhos herdavam *status* nobre, havia cerca de três vezes mais jovens nobres do que propriedades.[24] Na província de Kurmark, apenas 17% dos nobres eram direta e permanentemente associados com suas propriedades.[25] Portanto, a maioria deles ia para o exército, onde recebia uma boa educação nas escolas de cadetes, prestígio social e a perspectiva de uma boa renda, no futuro.* Em 1752, um nobre, von Bonin, disse a Frederico, com orgulho, que tinha sete filhos já servindo o exército, e mais um pronto para entrar assim que tivesse idade suficiente.[26] Todos começaram bem na base, com três meses de treinamento básico como soldado comum, que só aqueles com experiência militar prévia podiam pular. A isso, seguiram-se pelo menos três anos como oficiais não comissionados, com patente de cabo ou guarda-marinha. Assim, quando Charles von Lindenberg pediu para Frederico admitir seu filho no exército prussiano com a patente de tenente, ouviu: "Não funciona assim aqui. Todos devem começar embaixo, como cabos, antes de se tornarem cadetes".[27]

Como vimos, Frederico Guilherme I combinou recompensas e punições para estimular *Junkers* sem trabalho a entrarem no corpo de oficiais em constante expansão.** Com Frederico, isso se intensificou. Durante seu reinado, o número de oficiais aumentou em 77%, de 3.116 para 5.511.[28] Além disso, a insistência de Frederico de que oficiais de todas as patentes liderassem a frente, e sua abordagem desastrada em relação a táticas de batalha, significavam que havia muitas vagas durante os tempos de guerra. Entre 1740 e 1763, 1.550 nobres foram mortos, incluindo seis generais. Os von Kleists perderam 23 membros, os Münchows, catorze, os Seydlitzes, Frankenbergs e Schenkendorffs, oito cada, os Winterfelds, Krosigks, Arnims, Bredows, Schulenburgs, Sydows e Puttkamers, sete cada, e assim por diante.[29] Quando Frederico visitou a Pomerânia após a Guerra dos Sete Anos, expressou surpresa por nenhum membro da família Wedel estar esperando por ele, e foi informado: "Foram todos mortos nas guerras, Vossa Majestade".[30]

Pode-se especular com confiança que os tempos tórridos das três guerras silesianas criaram uma ligação próxima entre os sobreviventes e seu comandante de guerra. Todos tinham passado pelo inferno juntos, enfrenta-

---

*   Ver anteriormente, p. 8.
** Ver anteriormente, p. 8.

do probabilidades aparentemente impossíveis de superar, mas triunfado. Embora o tom da observação de Friedrich Meineck, em 1906, pareça datado, a essência é perspicaz:

> De todos os elementos da sociedade prussiana, a nobreza se tornou o primeiro a desenvolver uma verdadeira relação com o novo conceito do Estado, uma relação baseada em convicção, não em mera obediência passiva, e que forçosamente expressava crenças genuínas. De elite meramente egoísta social e politicamente, a nobreza se tornou algo similar a uma classe nacional. Para usar as palavras do próprio Frederico, ela estava sendo impregnada não só de *esprit de corps*, mas de *esprit de nation*. Seu restrito orgulho provincial se desfez nos campos de batalha das guerras de Frederico. O laço entre a nobreza e a coroa ficou tão forte que sobreviveu a todas as mudanças.[31]

A frase *"Esprit de Corps et de Nation"* apareceu no testamento político de Frederico de 1752, quando ele escreveu que tinha tentado encorajar seus nobres a pensarem em si mesmos como prussianos, independentemente de qual província viessem.[32] Foi a terceira e última guerra silesiana que transformou esse desejo em realidade. Era uma via de mão dupla. O apego emocional de Frederico a seus oficiais nobres aumentava a cada sacrifício que eles faziam. Era ao mesmo tempo instintivo e ponderado. Ele tinha lido *O espírito das leis*, de Montesquieu, e sabia que, no centro da monarquia, estava a honra, virtude que ele só encontrava na nobreza. Em *Memoirs from The Peace of Hubertursburg to The Partition of Poland* [Memórias da Paz de Hubertusburg à partilha da Polônia], ele explicou por que, depois de 1763, tinha expulsado plebeus dos corpos de oficiais:

> É mais necessário do que se imagina prestar tal atenção à escolha de oficiais; porque, em geral, a nobreza é possuidora de honra. Apesar disso, é preciso admitir que mérito e habilidade por vezes se encontram em pessoas humildes, mas esses acontecimentos são raros; e, quando homens dessa descrição são encontrados, devem ser valorizados. Em geral, porém, a nobreza não tem meios de obter distinção exceto pela espada; se perde sua honra, não encontra refúgio nem nas mansões paternas. Enquanto um homem de nascimento medíocre, depois de ser culpado por ações medíocres, volta à ocupação de seu pai sem se envergonhar, nem se supor desonrado.[33]

Honra, dever, serviço: essas eram as palavras de ordem do *ethos* que Frederico buscava inculcar. A vida resultante para um nobre prussiano era sombria: entrada precoce na escola de cadetes e sua disciplina feroz, um longo período de penúria e uma carreira na qual o perigo extremo se alternava com o tédio extremo; ele era proibido de alugar os vários numerosos imóveis pertencentes aos domínios reais.[34] Sua liberdade pessoal também era severamente restrita: ele não podia viajar para outro país sem autorização – raramente dada – e era impedido de ter uma carreira nos negócios ou no comércio.[35] Também precisava de permissão real para se casar, algo quase sempre retardado até que alcançasse a patente de capitão (dos 463 oficiais na guarnição de Berlim em 1752, apenas 64 eram casados).[36] Pelo lado positivo, Frederico interveio vigorosamente após a Guerra dos Sete Anos para resgatar os vários proprietários de terra nobres afligidos por uma combinação de forças de mercado de longo prazo com a interrupção de curto prazo causada pela guerra e a crise econômica que se seguiu. Doações em dinheiro, concessões de semente e gado; uma moratória sobre os pagamentos de juros a credores; e uma pausa em processos de falência foram algumas formas pelas quais ele tentou ajudá-los a se levantar.[37] Assistência de mais longo prazo veio na forma de instituições de hipoteca que deram aos nobres acesso facilitado a empréstimos ao tornar os proprietários de terra de toda uma província fiadores do crédito de um indivíduo. Previsivelmente, isso teve a consequência não calculada de tornar o mercado imobiliário ainda mais volátil, encorajando a especulação.[38] Deliberadamente causadora de débito após 1763, havia a centralização do recrutamento de soldados não prussianos, que reduzia de forma considerável o dinheiro à disposição dos comandantes de companhias.[39]

Mais importante de tudo, pelo menos aos olhos dos *Junkers*, era a relutância de Frederico em reformar as relações senhor-vassalo. Em princípio, Frederico, o filósofo, se opunha totalmente à servidão, mas Frederico, o soberano, sabia que essa abolição abalaria o sistema social até suas estruturas. Ele emitiu a seguinte afirmação pragmática em seu *Essay on The Forms of Government and The Duties of Sovereigns*, de 1777:

> Em partes da maioria dos países europeus, há plebeus que são servos de seus senhores, presos ao solo; de todas as condições, essa é a mais terrível, e considerada repulsiva pelo resto da humanidade. É certo que nenhum ho-

mem nasce para ser escravo de outro; tal abuso é, com razão, detestado, e acredita-se que para aboli-lo só seja necessário força de vontade; mas não é assim, pois ele vem de contratos antigos feitos entre os proprietários da terra e aqueles que a colonizaram. A agricultura foi organizada com base nos serviços de plebeus; ao buscar abolir de repente esse arranjo odioso, acabar-se-ia virando de ponta-cabeça a economia agrícola, e seria necessário indenizar a nobreza pela perda de renda que sofreria.[40]

Frederico estava argumentando com base em sua amarga experiência. Imediatamente após a Guerra dos Sete Anos, ele decretou que a servidão deveria ser abolida "absolutamente" na Pomerânia em todas as terras, fossem reais, nobres ou municipais. Se houvesse resistência dos senhores, a coerção seria usada.[41] Em resposta, os estados pomeranos negaram enfaticamente que a relação senhor-plebeu pudesse ser descrita como "servidão". Pelo contrário, era uma relação contratual benigna e mutuamente benéfica, segundo a qual os plebeus recebem propriedade e segurança em troca de serviços apropriados. A abolição só podia acontecer na base da compensação, que seria ruinosamente cara para os plebeus e causaria o colapso social. Provavelmente, o argumento mais convincente foi o de que eles e seus filhos já não poderiam servir no exército se os serviços dos plebeus fossem removidos.[42] Frederico recuou. Ele não viveu o suficiente para ver a Monarquia Habsburgo chegar muito perto da destruição com a tentativa de José II de impor a abolição, um episódio que ele teria observado com satisfação sombria.

Em nenhum outro setor a monarquia absoluta chegou aos limites de sua autoridade de modo tão óbvio quanto em suas tentativas de melhorar as condições sociais dos plebeus sem prejudicar os interesses da nobreza da qual ele se via dependente.[43] A necessidade de proteger a classe mais numerosa de seus súditos tanto contra seus senhores quanto contra os oficiais do próprio rei era constantemente repetida.[44] Mas a própria repetição revelava a impossibilidade de resolver o problema. Como vimos antes, os oficiais eram notórios por dizer ao rei o que ele queria ouvir,* então os aspectos mais duros da vida rural eram suavizados e retirados de seus relatórios. Na Silésia, onde as condições eram especialmente ruins, a determinação de Ernst Wilhelm von Schlabrendorff em concretizar o desejo de Frederico de ver os plebeus receberem posses hereditárias causou oposição feroz dos

---

*   Ver anteriormente, pp. 123-4.

proprietários de terra. A calma voltou quando Schlabrendorff morreu em 1769 e seu sucessor, Carl Georg Heinrich, conde von Hoym, relatou que agora todos os plebeus desfrutavam do desejado *status* de segurança. Foi só em 1785 que uma comissão especial pôde relatar que essa alegação era uma total ficção. Hoym fingiu estar chocado por ter sido enganado por tantos anos pelos juízes de paz.[45] Quando um viajante perguntou quem obedecia ao edito de proteção aos plebeus afixado numa pousada, o taberneiro respondeu: "Só os pregos que o seguram!".[46]

O destino do plebeu prussiano médio era infeliz em 1740 e continuava infeliz em 1786. Só nas províncias ocidentais e na Prússia Oriental um número significativo deles era livre. Nos outros lugares, tinha muitas obrigações com seu senhor e o Estado. A mais onerosa era a de impostos em dinheiro e mercadoria, além da obrigação de trabalhar na propriedade vários dias por semana. A permissão do senhor era exigida para casamento, educação, escolha de profissão e realocação. Todos os processos civis eram adjudicados na primeira instância nos tribunais senhoriais. Quantias fixas de grãos a preços fixos tinham de ser entregues anualmente aos silos reais. Por quatro meses do ano, cavalos da cavalaria pastavam nos campos abertos, ou era preciso pagar o "dinheiro da cavalaria". Animais de tração podiam ser requisitados para trabalhar em fortificações e transportar oficiais reais.[47] Mais afetados dentre todos, claro, foram os cerca de 250 mil soldados-plebeus que morreram durante as três guerras silesianas.[48] Para além do controle de Frederico estava a pressão do crescimento populacional, que aumentou demais o número de trabalhadores sem-terra na segunda metade do século.[49]

Formalmente, o mundo rural não mudou muito durante o reinado de Frederico. As revoltas trazidas pela Revolução Francesa, as derrotas de 1806 e os desenvolvimentos socioeconômicos de longo prazo precisariam vir antes que houvesse mudança. Seria equivocado, porém, pintar uma imagem sombria demais. Nos domínios reais, que cobriam cerca de um terço da massa total de terra, as posses plebeias ficaram mais seguras. Em todos os lugares, a expropriação sem rodeios dos plebeus foi restringida, se não eliminada.[50] Pode não parecer muito, mas foi bem mais do que conseguiram principados vizinhos, como Mecklemburgo, Holstein ou a Pomerânia Suíça, para não mencionar a Suíça, onde a servidão era quase escravidão.[51] Também se deve lembrar que condições legais desfavoráveis não se traduziam necessariamente em condições materiais inferiores, ou vice-versa – como teriam confirmado muitos plebeus irlandeses ou escoceses "livres".[52] Além disso, o sistema senhorial prussiano era "um sistema de direitos e responsabilidades mútuas" do qual os plebeus tiravam muitos benefícios: "A relação, em sua maior parte, funcionava bem, e era boa para as duas partes".[53]

EDUCAÇÃO

Culturalmente, a paisagem rural mudou pouco. Também aqui, o espaço entre política declarada e implementação de fato era um abismo. Um "regulamento geral de escolas" emitido em 1763 exigia que os pais mandassem seus filhos desde os cinco anos para a escola todos os dias no inverno e dois dias por semana no verão. Eles deviam permanecer até ter aprendido o básico do Cristianismo, a ler e escrever, ou pelo menos até terem treze ou catorze anos. Proprietários de terra que tinham direito ao serviço doméstico dos filhos de seus servos não podiam alistá-los até que sua educação básica estivesse completa. Os pobres deviam ter suas taxas escolares pagas pelos fundos paroquiais. Deveria haver um professor em cada paróquia, pago pela comunidade e supervisionado pelas autoridades eclesiásticas.[54] Dado que a legislação comparável no Reino Unido, por exemplo, só chegou em 1880, parece um projeto bem à frente de seu tempo. Na verdade, até em seus próprios termos ele era profundamente conservador, sendo baseado em grande parte na lei de Frederico Guilherme I de 1717, ela própria pouco mais que um código de práticas já existente.[55] De acordo com o desejo expresso de Frederico, o currículo era tradicional, dominado pelo Cristianismo pietista.[56] Como ele escreveu ao ministro responsável, Karl Abraham von Zedlitz, em 1779:

> É absolutamente certo que professores escolares no país devam ensinar religião e morais aos jovens, para que estes permaneçam leais à sua religião e não passem para o catolicismo, pois a religião protestante é muito melhor que a católica e, assim, os professores devem garantir que o povo continue devoto de sua religião e educá-lo até o ponto para que não saia roubando e assassinando.[57]

Um pouco de aprendizado era algo bom, porque ajudava o controle social, mas muito já seria perigoso. Como ele também disse a von Zedlitz na diretiva que acabamos de mencionar:

O interior do país será tranquilo o suficiente caso se ensine um pouco de leitura e escrita, porque, se ficarem sabendo muito, as pessoas fugirão para as cidades e tentarão tornar-se auxiliares e coisas assim; portanto, no interior, o currículo das crianças deve ser organizado de modo que elas aprendam o que é necessário para elas, não o que as faça ir embora das vilas, mas o que as torne felizes em ficar onde estão.[58]

Como se revelou, a vida rural seguiu sem ser perturbada pelo que as autoridades centrais pudessem estar pensando. Um dos mais enérgicos reformadores educacionais, Johann Ignaz Felbiger, escreveu logo antes de ir embora da Prússia para assumir um posto sênior na Monarquia Habsburgo: "É quase inconcebível que as ordens mais enfáticas de tão grande monarca, cuja implementação envolveu um ministro sênior e dois departamentos de Estado durante os últimos cinco anos, tenham tido o efeito desejado em tão poucos lugares".[59] O próprio Frederico reclamou no testamento político de 1768 que as escolas rurais ainda eram "muito defeituosas".[60] Em alguns lugares, simplesmente não existiam: em 337 das 1.997 vilas em Kurmark, por exemplo.[61] Uma testemunha bem-informada era o diretor da Escola de Gramática Greyfriars, em Berlim, o famoso geógrafo Anton Friedrich Büsching. Antecipando de forma crítica o comentário de Frederico que acabamos de citar, ele lamentou que a educação do povo comum tivesse sido ou inteiramente negligenciada ou organizada de forma bruta, porque se acreditava que suas ocupações não exigiam compreensão iluminista e que discernimento demais poderia fazê-los questionar a carga que suportavam.[62] Os professores, reclamou, sofriam com baixo *status*, salários ruins e acomodações inadequadas, então, não era de se impressionar que tantos deles fossem incompetentes:

> É com pena que penso sobre o grande número de crianças em idade escolar, entre as quais apenas algumas frequentam escolas estatais ou são ensinadas por tutores competentes. A maioria recebe sua instrução de clérigos ou candidatos ao sacerdócio degenerados, de soldados ou veteranos, de artesões e velhas, e não são educados, mas sim enganados e iludidos; ou não vão para a escola.[63]

As excelentes escolas que ele encontrou em Rekahn, perto de Brandemburgo, fundadas e financiadas pelo nobre proprietário de terras iluminista von Rochow, eram raios de luz que só serviam para tornar a escuridão geral ainda mais opaca. Suas estatísticas mostraram que, dos 1.760 professores em Kurmark, apenas 82 recebiam 100 táleres ou mais por ano, 1.031 recebiam menos de 40 táleres e 163 não recebiam nada.[64] Büsching terminou sua denúncia com o apelo sincero: "Se ao menos o grande Frederico dedicasse tempo e dinheiro às escolas".[65]

AGRICULTURA

Um aspecto da vida rural ao qual Frederico dedicava uma grande parcela de tempo e dinheiro era a agricultura. Em uma carta a Voltaire de dezembro de 1775, ele a conclamou como "a primeira das artes, sem a qual não haveria mercadores, nem cortesãos, nem reis, nem filósofos. A única riqueza verdadeira é a criada pelo solo. Melhorar a qualidade do solo, limpar a terra não cultivada, drenar os pântanos é conseguir uma vitória sobre o barbarismo".[66] Sua correspondência e seus decretos deixam claro que ele tinha um bom conhecimento das melhorias agrícolas introduzidas na Inglaterra e nos Países Baixos, e ele enviou diversos fazendeiros prussianos para estudá-las em primeira mão.[67] Ele recomendou todas as suas técnicas a seus oficiais e proprietários de terra: agricultura conversível, rotações que reduziam ou até eliminavam o pousio, engorda de gado em estábulo, pastos artificiais, cultivo de tubérculos no pousio, uso de semeadeiras, horticultura de mercado, reprodução seletiva e assim por diante.[68] A assistência prática foi dada com a distribuição de sementes, a importação de carneiros merinos da Espanha e de touros de Holstein, e a concessão de prêmios e subsídios aos mais empreendedores.[69]

Uma preocupação em especial, quase uma obsessão, era a promoção da batata como cultivo em larga escala, lembrada ainda hoje com tubérculos colocados por admiradores em seu túmulo em Sanssouci.[70] Era algo potencialmente sensato, pois a batata era a arma agrícola mais poderosa da Europa para quebrar a dependência de longa data dos grãos como cultivo característico. Estimou-se que, no século XVIII, a safra da batata por acre era 10,5 vezes maior que a do trigo e 9,6 vezes que a do centeio, o que mais do que compensava pelo valor calórico mais baixo deste. Para colocar de outra forma essa estatística, o valor calorífico líquido da batata é 3,6 maior que o do grão.[71] Estimou-se que dez metros quadrados de terra produziriam 500 quilocalorias de carne, 2 mil em cereais, 6.300 em repolho e 7.200 em batata.[72]

Saber o que fazer era uma coisa. Convencer os agricultores a fazê-lo era outra. Como escreveu Voltaire: "Muitas publicações úteis sobre agricultura são escritas, e todos as leem, com exceção dos camponeses".[73] Instintivamente hostis a qualquer mudança, especialmente resistentes a qualquer coisa que pudesse reduzir o tamanho da terra disponível para cereais e desestimulados pela aparência e a textura desagradáveis das únicas variedades de batata disponíveis, os camponeses só consideravam o novo cultivo adequado para seu gado. Frederico suspirava, exasperado: "O hábito, imperador da terra, reina com imperioso despotismo sobre os tacanhos".[74] Infelizmente para ele, a agricultura prussiana ainda era organizada em base comunitária. A comunidade da vila formava uma corporação legal, com poder de processar os inovadores.[75] Assim, o ingrediente essencial para qualquer crescimento na produtividade – individualismo – estava faltando, e o comboio só podia se mover no ritmo de seu membro mais lento.[76] Felizmente para Frederico, porém, seus domínios reais estavam sob seu controle direto, embora mesmo ali os colonos precisassem ser convencidos, em vez de coagidos. Nisso, ele sem dúvida teve algum sucesso. Em Kurmark, a produção de batatas aumentou de 5.200 toneladas (métricas) em 1765 para 19 mil em 1779 (e 103 mil até o fim do século).[77] Em 1776, o colono real da propriedade de Rügenwalde na Pomerânia escreveu que "o encorajamento para o cultivo de batatas é desnecessário, porque, nessa propriedade em particular, ele foi levado até onde é possível, não só no campo mas também nos jardins da vila, com a população local tendo sido convencida de suas vantagens pelos fracassos da colheita [de grãos de 1771-2]".[78] Se a batata ainda não era um cultivo comum quando Frederico morreu, estava a caminho de se tornar.[79]

Além de buscar aumentar a fertilidade da terra agrícola existente, Frederico empreendeu uma campanha prolongada e vigorosa para ampliar a terra disponível por meio de reclamação de terrenos. Era uma das facetas da fundação de sua política doméstica, qual seja, a expansão da população: "Novos súditos [são] a verdadeira riqueza dos príncipes" (testamento político de 1752) e "o primeiro princípio, o mais geral e o mais verdadeiro é que a verdadeira força de um Estado está em sua numerosa população" (testamento político de 1768).[80] Em especial nas terras pouco populosas da Europa Central e do Leste Europeu, devastadas repetidas vezes no século XVII pela guerra, pela peste e pela fome, a "política populacional" estava no topo da pauta de todos os regimes. Ela era apoiada pela crença de que a população do mundo estava declinando desde os tempos clássicos e continuaria declinando; então, atrair imigrantes era um jogo de soma zero. Isso foi personificado pelo conde Georg Friedrich von Castell, que ficava na estrada em frente a seu castelo em Rüdehausen, na Francônia, implorando para os passantes se fixarem em seu território desabitado.[81]

A reclamação de terras é um dos muito poucos aspectos da política doméstica de Frederico a ter atraído relatos uniformemente positivos dos historiadores. A drenagem de pântanos ao longo dos rios Oder, Warthe, Netze e depois Vístula, inicialmente supervisionada por um especialista holandês, começou em 1747.[82] Os pântanos do Oder incluíam uma enorme área de 50 quilômetros de comprimento e até 16 de largura, através da qual o rio homônimo corria por muitos canais diferentes, enchendo duas vezes por ano e alterando seu curso quase o mesmo número de vezes. Um paraíso para pássaros, peixes e mamíferos aquáticos, ele também era infestado de mosquitos que tornavam a malária endêmica. Domada e confinada em um único canal, sua planície aluvial poderia ser drenada e transformada na terra arável mais fértil da Prússia, "o jardim de mercado de Berlim", às custas de boa parte da flora e fauna e da maioria dos pescadores.[83] Embora as estimativas do tamanho de terra reclamada variem consideravelmente, até as mais baixas são substanciais.[84] Se o número fornecido por Günther Franz, de 400 mil hectares, estiver correto, Frederico tinha razão para alegar que havia "conquistado uma província em tempos de paz".[85] Além disso, a combinação de solo aluvial altamente fértil e proximidade imediata de transporte aquático encorajou o crescimento de cultivos comerciais de alto rendimento.

A fim de povoar esses e outros espaços vazios, Frederico fez todos os esforços para atrair imigrantes. Ele não era exigente quanto à sua origem: "[...] se turcos e pagãos quisessem vir para cá e popular a terra, construiríamos para eles mesquitas e locais de adoração".* No fim, a maioria veio de principados adjacentes – Boêmia, Saxônia, Mecklemburgo, Anhalt, Brunsvique – e de partes da Polônia falantes de alemão, embora a atração exercida por terras livres os tenha trazido de tão longe quanto a Suíça e o Palatinado. Os consulados prussianos se tornaram efetivamente escritórios de recrutamento, divulgando os tentadores manifestos de Frederico, adiantando dinheiro para a viagem e organizando itinerários. Campos de trânsito foram criados em Hamburgo e Frankfurt am Main.[86] Especialmente para os plebeus e artesãos que sofriam discriminação religiosa (um problema especial no Pala-

---

*   Ver anteriormente, p. 354.

tinado, onde o eleitor tinha se convertido ao catolicismo) ou falta de terras (um empecilho comum no oeste da Alemanha, superpopuloso), a perspectiva de terra, benefícios de assentamento, sementes, gado e equipamentos de graça, liberdade pessoal e isenção do serviço militar era suficientemente atraente para compensar a incerteza e o desconforto da viagem.[87] Eles levaram não só sua importantíssima mão de obra, mas também capital financeiro e cultural e quantidades significativas de animais de fazenda. Segundo um conjunto de estatísticas suspeitamente preciso, chegavam a 6.392 cavalos, 7.875 cabeças de gado, 20.548 ovelhas e 3.227 porcos.[88] Ao todo, cerca de 250 mil imigrantes entraram na Prússia durante o reinado de Frederico.[89] Nem todos fizeram uma contribuição positiva. Segundo von Dohm, alguns não estavam preparados para os rigores da vida no clima prussiano e viraram mendigos nas cidades.[90] Frederico alegou, pelo menos, não se importar: era só a segunda geração que traria retorno para seu investimento.[91]

COMÉRCIO E MANUFATURA

A agricultura era a fundação da economia prussiana, empregando cerca de 80% da população, mas Frederico sabia que, no que dizia respeito a dinheiro imediato, o comércio e a manufatura podiam ser explorados mais facilmente. Ele também compreendia que a geografia peculiar da Prússia era uma vantagem para as comunicações. Já vimos como os rios Elba e Oder ajudavam suas operações militares.* Eram igualmente importantes para a economia, mas precisavam de uma mãozinha que adicionasse conexões laterais a seus fluxos verticais de sudeste a noroeste. Antes de 1740, o comércio no Elba tinha sido dominado por Hamburgo, e o comércio no Oder, pela Saxônia e por Breslau.[92] Um dos benefícios mais importantes da conquista da Silésia era que todo o comprimento do Oder agora estava em mãos prussianas. Imediatamente, Frederico começou a criar uma rede de vias navegáveis que lhe dariam controle de toda a região Elba-Oder. Com velocidade incrível, entre 1734 e 1745, um novo canal foi aberto entre Parey, no Elba, e Plauen, no Havel. Com 32 quilômetros de distância e três eclusas para lidar com a queda de 5 metros no sentido oeste-leste, ele cortava pela metade a distância do percurso entre Berlim e Magdeburgo.[93] Ao mesmo tempo, o ca-

---

* Ver anteriormente, p. 251.

nal Finow, que tinha caído em desuso um século antes, foi reconstruído. Também com 32 quilômetros, ele precisou de dezessete eclusas para a queda mais alta. Juntos, esses dois canais permitiam que navios de Breslau viajassem ao mar do Norte e que embarcações vindas de Hamburgo chegassem ao Báltico pelo território prussiano. No centro da rede, estava Berlim, que se beneficiava disso.[94] Um terceiro grande projeto foi o canal Bromberg, construído após a aquisição da Prússia Ocidental em 1772 para ligar o Vístula ao Oder. Segundo qualquer padrão, o programa de construção de canais de Frederico era uma enorme conquista de engenharia civil e um sinal visível do que a ação determinada do governo podia conseguir.[95] Dos quase mil quilômetros de vias navegáveis artificiais na Alemanha em 1785, a maior parte (85%) estava na Prússia.[96] Seus contemporâneos também ficaram impressionados. A finalização do canal Bromberg, em 1774, foi recebida com um artigo comemorativo no *German Chronicle* de Christian Friedrich Daniel Schubart, publicado em Ausburgo:

> O canal recém-aberto na Prússia Ocidental que conecta, de Bromberg, o Vístula com o Netze, o Warthe, o Oder e o Spree, e, portanto, também com o Havel, o Elba e o mar do Norte, é uma das conquistas mais impressionantes da era. Em nenhum estado na Alemanha, a presciência de um governante trouxe tantas vantagens ao comércio interior e exterior por meio da navegação como em Brandemburgo.[97]

Schubart então completou que viajantes que só conheciam as estradas prussianas também julgavam de modo completamente equivocado a extensão do comércio da Prússia. Isso sugere que as estradas eram notoriamente primitivas.[98] Em 1786, não havia uma única rodovia construída de forma adequada, comparável com uma *route royale* na França ou com uma estrada pedagiada na Inglaterra.[99] Foi relatado que Frederico tinha a opinião de que quanto mais os viajantes permanecessem em seus domínios, mais dinheiro gastariam. Se era o caso, não lhe parece ter ocorrido que eles podiam escolher simplesmente não ir.[100] Um dos que perseveraram foi Voltaire, que relatou, em sua chegada, ter passado por um purgatório para estar ali.[101] Viajando para o norte desde Berlim em 1779, Anton Friedrich Büsching descobriu que, assim que passavam pelo portão de Oranienburg, chegavam a uma estrada tão cheia de areia que só se podia progredir lentamente. Ele também registrou um bom exemplo das consequências imprevistas: para melhorar as estradas em torno da capital, havia sido decretado que todos os plebeus viajando para lá tinham de trazer consigo dois paralelepípedos, a serem depositados no portão da cidade. Relutando em carregar o peso adicional durante a viagem, eles esperavam até estar imediatamente nos limites da cidade para pegar os paralelepípedos exigidos. O resultado foi previsível: as estradas ao redor de Berlim ficaram desnudadas de pedras.[102]

Uma vez que o viajante tivesse enfrentado a lama ou a areia e chegado a seu destino, seus problemas estavam só começando. As exigências da coleta de impostos ditavam uma separação absoluta entre cidade e interior, e havia uma inspeção rigorosa de qualquer um que viesse do último à primeira. As fronteiras da Prússia eram tão longas e porosas que o imposto só podia ser coletado nos portões da cidade. Em torno de Berlim, isso significava uma parede de 6 metros de altura.[103] Significava também ser interrogado tanto no portão quanto no hotel, como descobriu o russo Nikolai Karamzin: "Um sargento saiu da sentinela e perguntou: 'Quem é você? De onde veio? Por que veio a Berlim? Onde vai ficar? Vai permanecer por muito tempo? Para onde vai depois de Berlim?'".[104] As mesmas perguntas foram repetidas em um formulário apresentado pelo dono da hospedagem, mas, dessa vez, as respostas tiveram de ser registradas por escrito. Prussianos nativos eram tratados da mesma forma. Quando Büsching viajou a Rekahn, perto de Brandemburgo, ele e seu grupo preferiram dar uma longa volta em torno de Potsdam para evitar que seus pertences fossem revistados nos portões quando chegassem e saíssem.[105]

Esse tipo de tratamento dava ao regime uma imagem desagradável. A necessidade de controle vinha basicamente da determinação de Frederico em construir um fundo de guerra. Era mais um traço vindo de seu pai. Frederico tinha herdado 8 milhões de táleres em dinheiro vivo, que ele gastara principalmente na captura da Silésia. Cada músculo, então, foi usado para repor esse tesouro e aumentá-lo, pois Frederico concordava com Cícero que "os músculos da guerra são dinheiro infinito".[106] Suas ideias de como fazer isso eram conservadoras. Como visto, seu pai tinha dado o máximo para transformá-lo num homem militar e acabara tendo sucesso. Frederico tinha chegado a passar algum tempo no serviço ativo com o exército austríaco do príncipe Eugênio.* Mas não havia instrução comparável sobre como governar uma economia. O diretor da Câmara de Guerra e Domínios de Küstrin,

---

* Ver anteriormente, p. 76.

Hille, relatou que Frederico não tinha mostrado interesse em questões econômicas durante sua direção em 1731-2. Porém, ele pode ter tido mais sucesso do que imaginava, pois o rei acabou por compartilhar suas visões mercantilistas.[107]

Basicamente, os mercantilistas supunham que a economia europeia era um jogo de soma zero. Em outras palavras, acreditavam haver uma quantidade fixa de riqueza no mundo, e um Estado só podia aumentar sua porção às custas de seus rivais. Implementar uma política mercantilista era continuar a guerra por outros meios.[108] Uma balança comercial favorável era importantíssima: se fosse possível exportar mais do que importar, então se poderia ganhar uma parte maior do tesouro do mundo. Esta era a versão de Frederico do que tinha sido um clichê de economistas continentais por mais de um século:

> Quando um país tem poucos produtos para exportar, e é obrigado a recorrer à indústria de seus vizinhos, a balança comercial necessariamente lhe será desfavorável; ele deverá pagar a estrangeiros mais dinheiro do que recebe; e, se a prática continuar, necessariamente, após certo número de anos, ele se encontrará destituído de dinheiro em espécie. Se o dinheiro é diariamente tirado de uma bolsa à qual não é devolvido, ela logo ficará vazia.[109]

Ele criticava seus predecessores por não fazer o suficiente para evitar essa hemorragia de dinheiro. Quando chegou ao trono, reclamou que a Prússia tinha um déficit anual de 1,2 milhão de táleres na balança comercial, e tudo isso saía do país para os cofres dos rivais.[110] A solução era promover a manufatura:

> O êxodo de dinheiro pode ser prevenido produzindo, na Prússia, todos os tipos de mercadorias antes importados. [...] A manufatura resulta em grandes quantidades de dinheiro dentro do país. [...] O governante da Prússia deve encorajar a manufatura e o comércio, por subsídios diretos ou isenções fiscais, para que eles possam ocupar uma posição de produção e comércio de larga escala.[111]

Assim, menos de um mês após subir ao trono, Frederico estabeleceu um novo departamento do Diretório Geral, gerido por Samuel von Marschall, com instruções de melhorar a manufatura, introduzir setores atualmente em falta e atrair operários imigrantes capacitados. Para demonstrar a importância que dava a isso, ele tornou Marschall membro de sua recém-criada Ordem *"Pour le Mérite"*.[112]

Marschall foi o primeiro ministro de Comércio e Indústria e também o último. Quando morreu, em 1749, ele não foi substituído, e Frederico tornou-se seu próprio ministro. No comando de ambos, a ênfase principal estava na indústria doméstica. O livre comércio foi promovido dentro da Prússia pela abolição dos direitos de pedágio do qual desfrutavam Stettin, Frankfurt an der Oder e Breslau, mas esse era o limite da liberalização comercial. O direito de pedágio de Magdeburgo acabou sendo restaurado em 1747, como arma na contínua guerra comercial contra Saxônia e Hamburgo.[113] A única iniciativa de importância a promover o comércio exterior foi a fundação, em 1751, de uma Companhia Real Prussiana Asiática no recém-adquirido porto de Emdem, na Frísia Oriental, para comércio com a China. Quatro navios fizeram seis viagens altamente lucrativas ao Oriente antes de a eclosão da guerra marítima entre França e Grã-Bretanha, em 1755, dar fim a isso.[114] Não haveria retomada na volta da paz em 1763, e o Quinto Departamento continuou concentrado principalmente na indústria.

Frederico herdou dois grandes braços de manufatura e adicionou mais dois. O mais tradicional era o de roupas de lã, pelo bom motivo de que o exército prussiano, sempre em expansão, cuidava de seus afazeres usando uniformes de lã. No *Lagerhaus* (Armazém) estabelecido por Frederico Guilherme I em Berlim, 500 tecelãs usavam 240 teares para manufaturar tecido a partir de fios fiados por 5 mil trabalhadores externos.[115] Embora seu melhor cliente fosse, é claro, o exército prussiano, uma quantidade significativa de tecido era exportada: o suficiente para toda a infantaria russa em 1725, por exemplo.[116] Embora não fosse formalmente um monopólio, o Armazém era a instituição dominante, em virtude de seu tamanho e acesso ao capital estatal. Ele também desfrutava de vigorosa proteção. Em 1740, todas as exportações de lã não finalizada foram banidas. Evitar que o produto escapasse pelas porosas fronteiras prussianas se mostrou difícil, como prova a proibição renovada em 1766 e 1774. O fato de, na última ocasião, ter sido necessária a ameaça da pena de morte é prova do fracasso da política.[117] Mais recente, mas igualmente tradicional, era a indústria de linho, centrada principalmente na Silésia. A exportação de linho silesiano era tão lucrativa que Frederico a declarou tão valiosa para a Prússia quanto o Peru era para a Espanha.[118] Era competitiva porque as relações servo-senhor apoiadas pelo Estado mantinham baixos os custos de mão de obra, uma vantagem revelada por sérias revoltas trabalhistas nos anos de 1780.[119] Os senhores silesianos também detinham a inovação tecnológica, extraindo o máximo possível de sua força de trabalho ligada por contrato de relação, e nisso a intervenção de Frederico de prevenir a importação de máquinas de fiar os ajudou.[120] Esses dois braços têxteis se expandiram durante o reinado de Frederico, sobretudo após a recuperação da catástrofe econômica infligida pela Guerra dos Sete Anos. Dois anos após a morte de Frederico, Hertzberg alegou que a indústria de linho valia 9 milhões de táleres por ano e empregava 80 mil pessoas. Os números equivalentes para a lã eram 8 milhões e 58 mil.[121]

À lã e ao linho, Frederico adicionou a seda. Em termos estritos, era uma retomada, não uma inovação, pois o plantio de amoreiras, de cujas folhas se alimentavam os bichos-da-seda, tinha sido promovido pela primeira vez no século anterior por Frederico Guilherme, o Grande Eleitor. Em 1740, a produção tinha caído para 200 *Pfund* (cerca de 93 quilos). Como era muito mais cara que outros têxteis, a seda era em especial atraente para as ambições mercantilistas de Frederico. Ele rapidamente começou a promover o cultivo de amoras em cada pátio de igreja dentro de seus territórios, oferecendo ao clero mudas gratuitas, manuais de instrução e recompensas financeiras pelo sucesso. Felizmente, as amoreiras floresceram no solo arenoso de Brandemburgo.[122] Em seu testamento político de 1752, ele alegou que, em dez anos, tinha aumentado dez vezes a produção, com o resultado de que se estava produzindo seda no valor de 400 mil táleres.[123] Em 1775, ele se vangloriou a Voltaire de que o total agora tinha chegado a 10 mil *Pfund* (cerca de 4.650 quilos).[124] Era muita seda, e exigia uma expansão proporcional no número de teares para transformá-la em tecido. Mais uma vez, Frederico se apresentou, subsidiando empreendedores com doações ou com a nacionalização, se eles fracassassem.[125] Estima-se que ele tenha gasto mais de 2 milhões de táleres financiando a indústria de seda durante seu reinado.[126] Certamente, havia alguns sucessos a registrar. Em Berlim, o número de teares aumentou de 238 em 1748 para 802 em 1769.[127] Há muitas evidências visuais da promoção entusiástica de Frederico às amoreiras. A pintura de Johann Friedrich Meyer representando a Wilhelmsplatz em Potsdam em 1773, por exemplo, mostra a praça coberta de amoreiras, com mais delas sendo plantadas.[128]

Inteiramente novo na Prússia era o projeto de manufatura favorito de Frederico: porcelana. Era um entusiasmo comum a muitas coroas europeias, pois a porcelana tinha as vantagens de ser cara, bela e até prática. Hoje, a coleção de pinturas é o meio favorito de demonstrar grande fortuna e bom gosto, mas, no século XVIII, era a porcelana que tinha os maiores preços e prestígio.[129] Entre 1747 e 1761, nada menos que seis príncipes alemães fundaram fábricas de porcelana.[130] Eles estavam tentando repetir o sucesso de seu colega na Saxônia, onde a descoberta, em 1708, de como fazer porcelana, um segredo guardado até então pelos invejados chineses, tinha levado à rápida expansão da manufatura do produto em Meissen, perto de Dresden. Numa demonstração típica de suas prioridades, Frederico Guilherme I tinha dado 150 grandes peças de porcelana chinesa a Augusto, o Forte, em troca de 600 soldados de cavalaria saxões.[131] Após sua visita conturbada a Dresden em 1728,* Frederico adquiriu gosto pelo produto local e começou a formar uma coleção. Seus primeiros planos para sua própria fábrica datam de 1737, quando ele ainda era príncipe herdeiro.[132] A captura da capital saxã na Segunda Guerra Silesiana permitiu que Frederico aumentasse de forma espetacular sua coleção. A Berlim foram despachados 52 caixotes da melhor porcelana de Meissen.[133] As melhores peças ele manteve para si, e o resto foi dado para Fredersdorf vender por quanto conseguisse.[134] Apesar dessa herança inesperada, o segredo da fabricação não podia ser despachado junto com as peças. Então, Frederico reagiu com entusiasmo quando o mercador de lã Wilhelm Caspar Wegely alegou ser capaz de produzir uma porcelana igualmente boa, mas mais barata que as de Meissen. A produção regular começou em 1754, com artesãos recrutados principalmente da fábrica do eleitor de Mainz em Höchst.[135] A alta qualidade dos itens sobreviventes mostra que Wegely cumpriu sua palavra. Infelizmente, a eclosão da guerra em 1756 não só atrapalhou o mercado em geral, mas, ironicamente, causou problemas especiais para um fabricante prussiano. A captura de Dresden por parte de Frederico em agosto de 1756 deu a ele grandes estoques de porcelana de Meissen, além da oportunidade de alugar os direitos de manufatura por uma grande soma.[136] Embora ainda não arruinado, Wegely conseguia ver o que ia acontecer, e voltou a fazer lã. Seu negócio abandonado continuou em escala muito menor sob direção de seu modelador-chefe.

Frederico sabia que teria de ir embora da Saxônia mais cedo ou mais tarde, então buscou retomar seu próprio empreendimento de manufatura em larga escala para evitar ter de importar produtos caros de Meissen. Em 1761, ele persuadiu Johann Ernst Gotzkowsky, um rico mercador de seda de Ber-

---

* Ver anteriormente, p. 33.

lim, que também comercializava bens de luxo e pinturas, a assumi-lo. A produção começou no fim de 1762, rapidamente conquistando resultados excelentes, mas, em menos de um ano, ameaçou parar quando Gotzkowsky foi vítima da crise financeira que afligia muitas partes do norte da Europa, tornando-se insolvente.[137] Como a desvalorização e a manipulação da moeda tinham sido grandes contribuições de Frederico à crise, era mais do que adequado que ele próprio assumisse o negócio, pagando 225 mil táleres a Gotzkowsky.[138] Nessa nova aquisição, ele agora dedicava toda a atenção ao negócio, injetando uma soma capital de mais 140 mil táleres.[139] O mercado doméstico estava protegido por um monopólio de produção e uma proibição a produtos importados, não apenas porcelana, mas também qualquer outra cerâmica, como as louças Wedgwood, que podiam ser concorrentes.[140] Os depósitos de caulim descobertos perto de Halle e na Silésia foram prontamente reservados para uso exclusivo da fábrica de Berlim.[141] Apenas o corte de árvores e os custos de entrega eram cobrados em troca de outra matéria-prima vital, a lenha.[142] Dada sua preocupação em gerenciar cada aspecto de seu Estado, não surpreende saber que Frederico era um proprietário bastante ativo, combinando os papéis de diretor do conselho e presidente. Embora não pudesse estar sempre lá pessoalmente, insistia em receber relatos mensais e visitava com frequência a fábrica no que hoje é a Leipzigerstrasse.[143] Sua correspondência sugere que uma parte importante de seu entusiasmo fosse o desejo familiar de superar os detestados saxões. Um dos primeiros artefatos a ser feito nessa fábrica inspirou o comentário: "Minha fábrica de porcelana é muito melhor do que a de Meissen. Já estamos fazendo objetos muito mais belos do que Meissen jamais imaginou fazer".[144] No Neues Palais, ele exibiu lustres e espelhos de porcelana bem próximos aos produtos de Meissen, para demonstrar sua superioridade.

Embora Frederico sempre insistisse que o negócio fosse comercial, produzindo o que os consumidores queriam, rapidamente e a preços competitivos, na realidade, ele era seu próprio melhor cliente, respondendo por cerca de um quarto de todas as vendas durante a primeira década.[145] Em 1786, mais de vinte serviços de jantar de 72 peças tinham sido fabricados para seus vários palácios, a um custo de 5 a 7 mil táleres cada.[146] Conjuntos parecidos foram apresentados a estrangeiros poderosos como, por exemplo, ao emissário turco Ahmed Reis Effend em 1764.[147] O mais elaborado de todos foi criado para Catarina, a Grande, em 1770-2, com um esquema iconográfico idealizado pelo próprio Frederico. Sentada num trono sob um baldaquino, cercada por figuras alegóricas que personificavam suas numerosas virtudes, a czarina recebe a homenagem de vários grupos nacionais do Império Russo.[148] Antes de ser despachado a São Petersburgo, o conjunto criou uma sensação em Berlim ao ser posto para exibição pública.[149] Outro conjunto de homenagem, este para o filho de Catarina, o grão-duque Paulo, foi decorado com cenas de triunfos russos contra os turcos, incluindo a grande vitória naval em Chesme.[150] Diferentemente de alguns outros empreendedores que gostavam tanto do produto que compravam a empresa, Frederico tinha os recursos para mantê-la funcionando até nas turbulentas épocas que se seguiram à Guerra dos Sete Anos. Ele também tinha o poder de forçar potenciais clientes a comprar os produtos. Como vimos, judeus eram obrigados a adquirir uma quantia fixa de porcelana para exportação sempre que recebiam uma concessão ou se casavam.* Suas compras compulsórias chegaram a 25% das vendas em 1779.[151] Mais para o fim do reinado, os arrendatários da loteria foram obrigados a fazer o mesmo, num valor de 6 mil táleres por ano, subindo para 9.600 táleres em 1783.[152]

A porcelana de Berlim, com sua distinta marca do cetro eleitoral, era sem dúvida uma flor de estufa. Mas ela sobreviveu e, inclusive, perdura até o presente. Isso se devia não apenas às condições amigáveis criadas pelo proprietário, mas também à sua qualidade. Os ornamentos, vasos e louças rococó não são de gosto unânime, mas apenas o mais resoluto modernista poderia deixar de apreciar sua delicada sofisticação. Na visão autoritária de um especialista, a porcelana de Berlim logo superou a de Meissen, atraindo modeladores, pintores e artesãos superiores.[153] Os relatos certamente mostram uma história de sucesso, com vendas anuais aumentando de cerca de 12 mil táleres no primeiro ano, 1763-4, a 94.500 táleres em 1771-2, e a mão de obra se expandindo de 146 em 1763 a 354 no mesmo período. Após uma breve crise em 1778, resultante da Guerra da Sucessão Bávara, as vendas subiram a 124 mil em 1779-80.[154] Outros números dão um lucro total de 464.050 táleres para o período de 1763-86 e uma mão de obra de 500 em 1786.[155] Entre 1763 e o fim do reinado, Frederico gastou mais de 2 milhões de táleres em porcelana.[156]

A pergunta, claro, é: esse sucesso na manufatura era por causa ou apesar das políticas mercantilistas de Frederico? Não é possível dar uma respos-

---

* Ver anteriormente, pp. 366-8. Ironicamente, possuir um macaco de porcelana se tornou algo especialmente valorizado entre judeus norte-americanos, como prova de vir de uma velha linhagem berlinense – correspondência particular do professor Jonathan Steinberg.

ta conclusiva. Ele poderia argumentar que a Prússia não era a Inglaterra e que, onde faltam capital e empreendedores, o Estado tem de intervir. Sem seus esforços, não haveria indústria de porcelana, e a indústria de seda seria pelo menos muito menor. Mas, como vimos, um empreendedor particular como Johann Georg Wegely foi capaz de construir um negócio de manufatura de lã ainda maior que o *Lagerhaus* estatal sem qualquer ajuda.[157] Em Krefeld, no oeste, a firma têxtil administrada por dois irmãos menonitas, Friedrich e Heinrich von der Leyen, se transformou numa das maiores da Alemanha, empregando mais de 3 mil pessoas (sem contar as numerosas crianças que frequentemente trabalhavam nos teares em regime de meio período). Eles informaram a uma comissão governamental enviada de Berlim para promover a economia local que tinham aprendido tudo o que precisavam saber com os holandeses, que haviam primeiro imitado e, depois, superado.[158] De forma mais geral, o setor fabricante de algodão, que se expandiu rapidamente depois de 1763, não devia nada ao governo, que preferia a lã.[159] Nem uma única região industrial se desenvolveu nas províncias do centro e do leste da Prússia antes de 1800, e a única história de sucesso – algodão – era o único braço quase inteiramente negligenciado pelo Estado.[160] A tensão entre capitalismo de Estado e *laissez-faire* se revelou em 1779, quando uma delegação de empreendedores de Berlim foi ao Diretório Geral reclamar sobre recentes interferências do governo.[161]

Dentro da comunidade de negócios prussiana, havia uma discordância séria sobre protecionismo. A maioria dos fabricantes parece ter se sentido confortável em se esconder por trás da tabela de preços que mantinha longe os concorrentes predatórios ingleses ou holandeses. Eram os mercadores e aqueles envolvidos com setores mais novos, como o algodão, que queriam ver a liberalização.[162] Também havia uma divisão geográfica, sendo os empresários do extremo oeste, em Cleves, e do extremo leste, em Königsberg, os mais ansiosos para fazer negócios com os Países Baixos e a Polônia, respectivamente.[163] Só se pode concordar que as ações de Frederico no fim da Guerra dos Sete Anos tinham sido desastrosas: inevitavelmente, as consequências de todas as grandes guerras tinham sido difíceis tanto para vitoriosos quanto para derrotados. No caso da Prússia, foram piores, por causa da manipulação monetária implacável de Frederico para financiar seu esforço de guerra. A repentina revalorização da moeda, após a desvalorização nos anos de guerra, trouxe caos a todos e falência a muitos. Gotzkowsky era apenas um de uma série de vítimas: um padeiro de Berlim registrou que suas economias de 2.293 táleres tinham encolhido do dia para a noite para 908 táleres.[164] Também foi depois de 1763 que Frederico lançou um plano ambicioso para reformar a economia prussiana de cima para baixo. Esboçado por Antonio di Calzabigi, um financista originalmente trazido de Livorno para cuidar da loteria, o plano exigia um banco central operando em associação com uma rede de monopólios comerciais e uma companhia de seguros. Juntos, eles deviam formar um truste gigante para gerir a economia.[165]

Acabou sendo um fracasso. Apesar da forte pressão de cima, os empresários de Berlim se recusaram a investir no banco. Quando, por fim, ele foi fundado em 1765, dependia inteiramente de apoio estatal. Das empresas planejadas, apenas as de tabaco, madeira e lenha puderam ser abertas, junto com uma empresa de arenque em Emdem, na Frísia Oriental.[166] Um indicativo da falta de confiança era o fracasso em oferecer mais de 822 das 4 mil ações da Companhia do Levante em maio de 1765.[167] Foi nesse ponto que Frederico ordenou a inquirição que resultou no envio do oficial financeiro sênior Erhard Ursinus a Spandau para fazer relatórios críticos sobre as políticas do rei.* As coisas pioraram com a guerra comercial simultânea com a Saxônia e a Monarquia Habsburgo. Numa região em que cada Estado era tão protecionista quanto o outro, é impossível determinar quem começou, pois sempre tinha sido assim. Igualmente claro é que só podia haver perdedores: os mercadores que eram assediados por oficiais de alfândega a cada fronteira cruzada, os fabricantes que não conseguiam acesso a mercados internacionais, os consumidores que tinham de pagar preços inflados, e até os governos cujos ganhos em impostos eram mais que erodidos pelas perdas em volume. Mas é preciso dizer que Frederico levou o autoprejuízo a um novo nível ao impor taxas de importação sobre mercadorias que vinham de suas próprias províncias no oeste, pois suspeitava que, na realidade, eram originárias da França e dos Países Baixos.[168]

Se há uma coisa que Frederico realmente detestava era o que chamava de "o suposto comércio de trânsito". Ele adicionava "suposto" por acreditar que era uma fachada para contrabandear mercadorias para a Prússia e escapar da taxação.[169] Por isso, impôs taxas de trânsito tão altas que mercadorias estrangeiras tinham de ser levadas contornando o território prussiano, o que se provou especialmente pesado após a conquista da Silésia.[170] As tarifas impostas no Vístula após a partilha da Polônia em 1772 deram ganhos

---

*   Ver anteriormente, pp. 125-6.

modestos para o porto prussiano de Bromberg, mas ao custo de arruinar a economia da cidade polonesa de Danzig.[171] Escrevendo em 1792, o distinto economista e estatístico de Hamburgo Johann Georg Büsch conclamou Frederico como grande em tudo – exceto no que tivesse a ver com comércio entre os estados, completando: "Ele odiava o comércio de trânsito que passava por seus estados, e o impedia em cada rota sob seu controle. Infelizmente para seus contemporâneos, ele era, ou se tornou, mestre dos cinco grandes rios no centro da Europa e, portanto, dos principais meios de comunicação".[172]

Os anos que se seguiram a 1763 foram sombrios. Na Renânia, em junho de 1766, o conde Lehndorff registrou em seu diário que todos estavam revoltados com as novas taxas alfandegárias impostas por Frederico a seus territórios ocidentais, prevendo que levariam à cessação do comércio no rio.[173] De volta a Berlim no outono, ele descobriu haver uma falta grave de dinheiro disponível, e uma séria deflação. Até os que eram ricos em bens eram pobres em dinheiro, incapazes de levantar mesmo 1.000 táleres; então, objetos preciosos que podiam ter sido vendidos por 20 mil táleres num passado recente agora podiam ser comprados por 7 mil. Todas as classes reclamavam amargamente, culpando as novas regulamentações comerciais e o banco.[174] Lehndorff era admitidamente muito volátil, mas em geral era admirador ferrenho de Frederico. Sua acusação foi repetida em outra parte por outro entusiasta, Friedrich Nicolai.[175]

Um ponto de discórdia em especial era a *Régie* (ou Administração Geral de Impostos e Alfândega, para dar o título oficial), o novo corpo criado em 1766 para coletar a taxação indireta.[176] Como sempre, Frederico era um homem com pressa. Segundo seu próprio relato, ele sabia como tinha chegado perto do fundo do poço na Guerra dos Sete Anos e estava desesperado para reconstruir suas finanças para reparar e reforçar seu exército. Pelo menos, ele compreendia o suficiente sobre política fiscal para perceber que era a taxação indireta, e não os inelásticos impostos diretos sobre terra, que lhe ajudaria mais. Ele estava profundamente descontente com os funcionários atuais. Todos os oficiais competentes tinham morrido, reclamou, e os sobreviventes não conseguiam nem dizer quanto café era consumido na Prússia.[177] Para combater o desvio de dinheiro, o contrabando e a extorsão que eram tão comuns, era necessária uma nova vassoura. Para empunhá-la, ele recrutou um time de especialistas franceses sob direção de Marc Antoine de la Haye de Launay para supervisionar oficiais prussianos.[178] Tirando a coleta das mãos das autoridades locais existentes e centralizando e padronizando procedimentos, Frederico contava com um aumento significativo nos lucros.[179] Para dourar a pílula e fazê-la passar mais facilmente por gargantas acostumadas a comestíveis baratos, Frederico ordenou que o peso maior caísse sobre os ombros dos mais bem-sucedidos. Impostos sobre vinho, cerveja, destilados e carne bovina foram aumentados, mas o porco, preferido pelos mais pobres, ficou como era, e os grãos receberam isenção total. Essa última concessão, na prática, significava pouco, pois, ao mesmo tempo, aumentou-se o imposto sobre o pão.[180]

A *Régie* foi um fracasso.[181] A receita cresceu, mas os custos de coleta também, indo de 300 mil a 800 mil táleres por ano.[182] Além disso, simplesmente não é possível saber quanto do aumento se devia à maior eficiência e quanto à recuperação natural da atividade econômica com a recessão da crise dos anos de 1760. Em 1783, o ministro sênior Friedrich Anton von Heinitz denunciou a *Régie* num longo memorando apresentado ao rei, a despeito do apoio deste à organização. Mas Frederico sentia-se receptivo. Em 25 de maio de 1781, ele tinha escrito a de Launay, após a apreensão de um oficial francês chamado Rougemont por desvio de dinheiro: "Esse empregado deverá ser substituído por um alemão de confiança, e não por um desses franceses que são vagabundos profissionais e podem muito bem estar fugindo de seu próprio país". Um ano depois, ele completou: "Seus concidadãos não valem quatro ferraduras de cavalo; são patifes que roubam tudo em que podem botar as mãos, mas nunca fazem nada para evitar o contrabando". Ele voltou à acusação em várias ocasiões.[183] Heinitz acusou os oficiais da *Régie* de obstruírem o comércio, especialmente entre Silésia e Polônia, de pagarem demais a si mesmos e de assediarem mercadores e fabricantes. Cinco dias depois de receber esse memorando, Frederico disse para de Launay não empregar mais nenhum francês, pois todos eram "vilões" que só queriam extorquir o máximo possível de dinheiro antes de fugir com seus ganhos ilícitos.[184]

A *Régie* era ainda menos popular entre os súditos de Frederico. Achavam que ela era cara, chantagista, intrometida e estrangeira. O emprego, por parte dos diretores franceses, de grandes números de ex-oficiais subalternos como inspetores só servia para enfatizar seu caráter autoritário. Segundo Heinrich von Beguelin, todas as classes se uniam no ódio e na oposição ao novo corpo: "O cidadão suspira, o sábio ironiza, o soldado xinga". Os plebeus dividiam os oficiais em duas categorias: "grandes franceses", que tinham o direito de exigir seis cavalos para puxar suas carroças, e "pequenos franceses", que se restringiam a apenas dois ou quatro.[185] "'Talvez nenhuma ideia de Frederico tenha se mostrado mais prejudicial a este país [do que a *Régie*], e o período de sua introdução deve ser considerado o mais miserável de todo o reinado", escreveu Christian Wilhelm von Dohm.[186] Em 1773, o distinto oficial francês Jacques-Antoine-Hippolyte, conde de Guibert, visitou a Prússia e comentou: "Essa nova administração [a *Régie*] está fadada – o país está arruinado, revoltado –, o comércio, obstruído, minguando – essa finança francesa é a razão para a excessiva francofobia".[187] Dos críticos domésticos, o mais famoso era Johann Georg Hamann, "o Mago do Norte", que ganhava a vida como oficial de impostos em Königsberg. Sua crítica sobre a política econômica de Frederico foi tão extrema que, após 1772, seu editor se recusou a imprimir seus livros.[188] Alguma indicação da violenta resistência suscitada pelos homens da alfândega está no decreto de Frederico de 1784, dizendo que a punição obrigatória por matar um membro da *Régie* seria a roda.[189]

Assim que Frederico morreu, seu sucessor mandou embora todos os oficiais franceses e os substituiu por nativos, embora o sistema tenha permanecido o mesmo.[190] Em todas as outras áreas da economia, mudanças cosméticas eram a ordem do dia. A sombra do reinado anterior não poderia ser ignorada até o choque da derrota em 1806 destruir as fundações mercantilistas. "Provavelmente, no mundo, nunca houve alguém menos adepto do livre comércio", foi o veredito de Carlyle sobre o regime econômico de Frederico. É um pouco forte demais. Por vezes, Frederico demonstrou reconhecer as limitações de seu capitalismo de Estado dirigista de cima para baixo. Embora nunca tenha viajado à Inglaterra, ele conhecia muitas pessoas que haviam lá estado, e também era conhecedor em primeira mão da República Holandesa e de seu capitalismo comercial *laissez-faire*. Mas ele continuou a sustentar firmemente que a situação geopolítica da Prússia ditava que o acúmulo de receitas para o exército devia ter prioridade, e isso significava controle central estrito.[191] Ele provavelmente estava errado. Na Segunda Guerra dos Cem Anos de 1688-1815 entre Grã-Bretanha e França, foi o modelo econômico e fiscal inglês que se provou mais forte. Do ponto de vista de 1786, porém, Frederico podia se parabenizar por ter levantado recursos suficientes para levar seu Estado de terceiro escalão a primeiro escalão na Europa. Não só ele tinha conquistado a Silésia, mas também anexado a grande e potencialmente próspera província da Prússia Ocidental.

15

Na corte e em casa

AS MÚLTIPLAS CORTES DE FREDERICO

"Frederico não tem corte", anunciou um visitante francês à Prússia em 1786.[1] Isso resumia uma crença compartilhada por muitos de seus contemporâneos – Voltaire, por exemplo, que escreveu que Frederico vivia *"sans cour, sans conseil, sans culte"*.[2] Embora ele certamente dispensasse um conselho e uma confissão (religiosa), não podia ficar sem uma corte. Na verdade, tinha várias. Ainda que fossem diferentes em muitos aspectos daquelas de outros Estados europeus, elas exerciam as mesmas funções essenciais: mercado de casamento, "saguão de patrocínios", centro de recreação, interface social e troca diplomática.[3] O que era tão especial na corte prussiana era a ausência habitual do rei. Como vimos, apenas alguns anos após subir ao trono, Frederico tinha decidido se fixar em Potsdam, passando os invernos no Palácio Municipal e os verões em Sanssouci.* Berlim ele só visitava regularmente para as inspeções militares em maio e agosto, para grandes eventos de família e durante a temporada de carnaval em dezembro e janeiro. Além disso, mesmo a duração dessas estadias diminuiu, pois ele foi progressivamente chegando mais tarde e indo embora mais cedo. Como disse Reinhold Koser, Frederico era "um estranho em sua própria corte".[4]

A aversão de Frederico à etiqueta da corte era bem conhecida na época, e foi muito admirada por historiadores desde então. Sua denúncia pública sobre a extravagância de seu avô em *Memoirs of the House of Brandenburg* e o ataque particular aos rituais no testamento político de 1752 criaram uma imagem atraente de um governante iluminista demais para se importar com frivolidades. Ele escreveu que a maioria dos soberanos europeus tinha forjado correntes cerimoniais para si, e agora sofriam sob seu peso. Apenas seu

---

* Ver anteriormente, pp. 154-5.

pai mostrara a coragem de quebrá-las, dando um exemplo excelente que ele próprio tinha seguido e levado além. Frederico completou que mantinha os corpos diplomáticos o mais longe possível, com o feliz resultado de que a Prússia não sofria com as discussões irritantes sobre protocolo e precedência que frustravam tantos outros Estados.[5] De fato, ele mantinha essa distância, e os desafortunados diplomatas estrangeiros lamentavam. Eles recebiam uma breve audiência real ao chegar e outra ao ir embora. Entre elas, tinham muita sorte se vissem Frederico, quanto mais falar em particular com ele.[6] Em 1750, o novo emissário britânico, Sir Charles Hanbury Williams, ficou esperando por uma hora e depois recebeu uma audiência de cinco minutos e meio. O tempo de experiência só confirmou sua impressão inicial: "Um homem pode tanto fazer sua corte para um bando de porcos quanto para a corte de Berlim", foi seu veredito.[7] Por outro lado, Frederico reagia rapidamente se achava que as cortes estrangeiras não estavam tratando seu reino e ele próprio com o respeito que mereciam. Como observou outro emissário inglês, Sir Andrew Mitchell: "Embora, em algumas ocasiões, ele ria de todas as formalidades, não há homem que mais insista nelas quando acha que dizem respeito a seu *status*, dignidade e consideração".[8]

Infelizmente, a necessidade de dar atenção a pessoas que são consideradas cansativas é parte integral do ofício público em todos os níveis sociais. Para um soberano, é essencial. Se Frederico tivesse se forçado a ser agradável com os corpos diplomáticos estrangeiros, podia ter colhido benefícios políticos. Numa era com oportunidades de informação muito limitadas, eram os diplomatas os principais fios condutores até seus empregadores. Assim, quando Frederico fez de tudo para insultar o recém-chegado emissário russo, von Gross, perguntando-lhe se ele era parente de um jornalista de mesmo nome, também estava garantindo que cada uma das fofocas maliciosas fosse repetida em São Petersburgo.[9] E havia muitas. A língua de Frederico era tão solta quanto afiada. Especialmente entre as governantes europeias – as czarinas Ana, Isabel e Catarina, a imperadora Maria Teresa e as *maîtresses-en-titre* Madame de Pompadour e du Barry –, ele adquiriu uma merecida reputação de malicioso por seus dolorosos comentários.

Embora não evitasse por completo compromissos públicos, certamente os mantinha num nível mínimo. O fato de ele não gostar do Cristianismo excluía as missas que, na maioria das cortes, eram numerosas, regulares e compridas, e que também tinham papel central na representação de poder, *status* e benesses.[10] No caso de Frederico, ficavam em seu lugar inspeções e exercícios militares que preenchiam uma parte substancial de sua rotina diária em Potsdam. Suas aparições em funções da corte na capital chegaram a uma média de apenas 34 entre 1750 e 1767, caindo a apenas dezessete entre 1768 e 1785.[11] Em sua ausência, o peso dos deveres da corte caía sobre as duas rainhas: a rainha-mãe Sofia Doroteia (até sua morte, em 1757) e a rainha Isabel Cristina. Para ambas, essa função substituta era bem-vinda. Abaixo de seu filho, a esperta, culta e orgulhosa Sofia Doroteia podia agora mandar em Berlim da forma que seu tirano marido Frederico Guilherme jamais teria permitido. Já não mais condenada a passar boa parte do ano na soturna Wusterhausen, ela ficava durante os invernos no palácio real e, durante o verão, de maio a setembro, em seu próprio palácio em Monbijou. Um indulgente Frederico pediu para Knobelsdorff modernizar e expandir este último, e comprou uma propriedade vizinha para aumentar os jardins. Quando terminou, ele tinha transformado uma modesta residência de verão num magnífico palácio.[12] Era à rainha-mãe que dignitários e diplomatas estrangeiros iam antes de mais nada, a fim de prestar suas honras. E foram os seus *soirées*, concertos e bailes que deram o tom da capital durante a primeira metade do reinado.

A situação da verdadeira rainha era bem diferente. Deixada de lado como esposa assim que Frederico subiu ao trono,* ela também tinha de ficar em segundo lugar perante a rainha-mãe. Isso ficava dolorosamente claro até pelos a princípio inocentes anúncios de jornal, como no seguinte, de 1749:

> Na última sexta-feira, Sua Majestade a Rainha-Mãe foi a um concerto em Sanssouci, *maison de plaisance* do Rei e, depois de ir a outro grande banquete ali no sábado, Sua Majestade a Rainha-Mãe, acompanhada de Sua Alteza Real Princesa Amália, voltou a seu Palácio de Monbijou. No mesmo dia, Sua Majestade a Rainha, junto com Sua Alteza Real Princesa da Prússia, recebeu a Sagrada Comunhão das mãos do reverendo pastor Baumgarten, que, nessa ocasião, fez um ótimo sermão.[13]

Com a morte da rainha-mãe, ela passou a primeiro *status* da corte *faute de mieux*, executando os mesmos deveres indispensáveis. Embora tivesse um grande conjunto de cômodos representacionais à sua disposição no palácio principal de Berlim, não teve permissão de se mudar para Monbijou, que foi

---

* Ver anteriormente, pp. 55-8.

mantido vazio pelo resto do reinado, um monumento mudo de devoção filial à memória de uma mãe. A devoção de Isabel Cristina a Frederico em sua ausência não foi, infelizmente, recompensada por qualquer contato físico. Em 1764, o casal real se encontrou em apenas catorze ocasiões, embora tenha sido o ano em que Frederico visitou sua capital mais vezes (39). Só para piorar a humilhação, Frederico ocasionalmente convidava damas do séquito de sua esposa para eventos em Potsdam, um gesto que nunca se estendia à senhora delas.[14] A aversão dele, claro, era notada e reproduzida pela alta sociedade prussiana, tanto que Frederico se sentiu na obrigação de exigir respeito adequado para a rainha.[15] Não se deixando abalar, ela seguiu sua tarefa de forma diligente e sem reclamar, com a ajuda, sem dúvida, da ostensiva devoção que tornava sua corte um centro para o clero luterano e fornecia um contraste agudo com a libertinagem de Potsdam.[16]

A corte oficial presidida pela rainha não era animada, como deixam claro os diários de seu lorde camareiro, conde Lehndorff – e, quanto mais durava o reinado, mais tediosa ela se tornava.[17] Apenas em raras ocasiões Frederico decretava que todo o arsenal cerimonial da corte fosse utilizado. É significativo que isso tenha ocorrido principalmente durante a primeira metade do reinado. O maior exemplo foi o "Carrossel" montado em agosto de 1750 nos *Lustgarden* (jardins dos prazeres) em frente ao palácio real de Berlim.* Nominalmente um cumprimento à irmã de Frederico, Guilhermina, e seu marido, o marquês de Bayreuth, seu principal propósito foi celebrar a conclusão da Paz de Aachen em 1748, que tinha dado reconhecimento internacional à conquista da Silésia por Frederico.[18] Três semanas de apresentações de ópera e teatro, banquetes, bailes de máscaras e shows de fogos de artifício chegaram ao clímax com o Carrossel, uma imitação de torneio/balé equestre entre "romanos" liderados pelo príncipe Augusto Guilherme, "cartagineses" liderados pelo príncipe Henrique, "gregos" liderados pelo príncipe Ferdinando e "persas" liderados por seu parente, o marquês Karl de Brandemburgo-Schweldt, apresentado perante a corte, toda sentada em arquibancadas.[19] Como imitação deliberada do famoso "*Carrousel des cinq nations*" de 1662 de Luís XIV, ela anunciava ao mundo a chegada da Prússia como grande potência e de seu rei como poderoso monarca militar que po-

---

* Um "carrossel" é definido pelo *Oxford English Dictionary* como "um torneio no qual cavaleiros, divididos em companhias (quadrilhas) diferenciadas por suas vestimentas, participam de várias peças e exercícios; a isso, frequentemente se adicionavam corridas de carruagem e outros shows e entretenimentos".

dia ser emparelhado com *Louis le Grand*. A extravagância das fantasias tanto dos homens quanto dos cavalos proclamava que se tratava de uma corte de classe diferente das outras no Sacro Império Romano.[20] Realizado à noite e iluminado por 30 mil lanternas, era uma cultura de representação da corte da velha guarda.[21] Para os azarados que não estavam em Berlim na ocasião, o evento foi registrado em palavra e imagem.[22] Provavelmente mais eficaz em atingir a plateia favorita de Frederico – a elite intelectual europeia – foi o relato transmitido por Voltaire, que tinha acabado de chegar para o que acabou sendo uma estadia de três anos. Na verdade, o próprio Voltaire era uma das principais atrações do Carrossel, como registrou um visitante italiano, conde Alessandro Collini: "Pouco antes de o rei aparecer, surgiu um murmúrio de admiração e, ao meu redor, ouvi o nome: 'Voltaire!', 'Voltaire!'".[23] O grande homem reciprocou devidamente com um poema em elogio ao evento, imediatamente impresso no relato oficial e na imprensa. Ele também espalhou a palavra por Paris.

> Não há palavras para descrever adequadamente o Carrossel que acabo de testemunhar; combinou o *Carousel* de Luís XIV com um festival de lanternas chinesas. Não houve a menor desordem, nem barulho, todos se sentaram confortavelmente, silenciosamente e prestando atenção, como em Paris. [...] Tudo isso foi conquistado por um único homem. Suas cinco vitórias e a Paz de Dresden foram um belo enfeite para o espetáculo.[24]

Foi nesses exatos meses de verão em Berlim que Voltaire terminou seu *Século de Luís XIV*, publicado ali no ano seguinte, completando a associação com a frequentemente repetida alegação de que "Frederico é maior que Luís XIV".[25]

Muito do enorme custo do Carrossel foi passado a príncipes e nobres que participaram, independentemente de quão extravagante isso pudesse parecer.[26] Aquilo não se repetiu. Na verdade, ocasiões de gala desse tipo eram raras. Apenas mais uma vez a coisa chegou a tal extremo: em 1776, quando o filho e herdeiro de Catarina, a Grande, o grão-duque Paulo, ficou noivo de Sofia Doroteia de Württemberg, cuja mãe era uma Hohenzollern. Como Frederico estava sinceramente buscando uma extensão antecipada à sua aliança com a Rússia na época,[27] foi dinheiro bem-gasto.* Fora isso, a corte

---

* Ver anteriormente, p. 277.

de Berlim entrava em festa apenas para visitas de família e casamentos, ainda que houvesse bastantes deles. A tradicional imagem da Prússia de Frederico como a "Esparta do Norte", contrastando com as cortes hedonistas do mundo católico, é equivocada. Se a corte de Berlim não podia competir com Viena ou Versalhes em tamanho ou esplendor, ela estava perto das cortes medianas do Sacro Império Romano, especialmente após 1763, quando a maioria (a devastada Dresden, por exemplo) foi obrigada a apertar o cinto.[28]

BRIGAS E AMIZADES NA FAMÍLIA

Além disso, a capital desfrutava de uma "paisagem de corte pluralista", pois às cortes das duas rainhas devem-se adicionar os estabelecimentos separados criados por Frederico para seus vários irmãos. Seu apego à família Hohenzollern, já notado,* também se expressou numa generosa provisão de palácios para seus irmãos e irmãs. Seu irmão mais velho e herdeiro aparente, Augusto Guilherme, recebeu o Palácio de Oranienburg; seu irmão mais novo, Ferdinando, o Palácio da Ordem de São João na Wilhelmsplatz como sua residência principal e o Palácio Friedrichsfelde como retiro de verão; e a solteira princesa Amália ficou com o Palais Verzenobre. O mais bem tratado de todos era o irmão do meio de Frederico, Henrique, que recebeu o Rheinsberg em 1744, além de um enorme palácio municipal na Unter den Linden após a Guerra dos Sete Anos (que hoje é a Universidade de Humboldt).[29] Eles também dominavam o Novo Palácio, em Potsdam, para onde muitos se mudavam a cada ano entre abril e setembro. Como a esposa de Frederico era barrada em Potsdam, era Amália quem presidia como anfitriã, até ao ponto – ao menos é o que se relatou – de cuidar da roupa suja de seu irmão real.[30] Essas reuniões de família no Novo Palácio, muitas vezes frequentadas por parentes Brunsvique, Schwedt e Württemberg, eram provavelmente pensadas para mostrar ao mundo que a dinastia Hohenzollern estava segura. Na realidade, a verdade era tudo menos isso, pois, após a morte de Augusto Guilherme em 1758, o único homem sobrevivente da geração seguinte era seu filho, Frederico Guilherme (que acabou subindo ao trono após a morte de Frederico como Frederico Guilherme II). Entre 1761 e 1791,

---

*   Ver anteriormente, p. 114.

os três braços subsidiários Hohenzollern de Bayreuth, Ansbach e Schwedt morreriam.[31]

Os irmãos de Frederico*

Guilhermina (1709-58) c. Marquês Friedrich de Bayreuth 1731	Frederica Luísa (1714-84) c. Marquês Carl Wilhelm de Ansbach 1729	Filipina Carlota (1716-1801) c. Duque Carlos de Brunsvique-Wolfenbüttel 1733	Sofia (1719-65) c. Marquês Frederico Guilherme de Brandemburgo-Schwedt 1734	Ulrica (1720-82) c. Adolfo Frederico, rei da Suécia 1744	Augusto Guilherme (1722-58) c. Luísa Brunsvique-Bevern 1742	Ana Amália (1723-87), abadessa de Quedlimburgo, solteira	Henrique (1726-1802) c. Guilhermina de Hessen-Kassel 1752	Augusto Ferdinando (1730-1813) c. Ana Isabel de Brandemburgo-Schwedt 1755

* Três outros irmãos e uma irmã morreram na infância.

Como Frederico passava a maior parte de seu tempo em Potsdam, os Hohenzollern mais novos dominavam a cena social em Berlim. Os diários do conde Lehndorff revelam uma temporada tradicional de bailes, jantares, concertos e teatros amadores, junto com aventuras pueris típicas de jovens reais de todos os séculos. Em janeiro de 1754, por exemplo, a companhia montada foi à residência do príncipe Henrique, onde todos se disfarçaram de judeus. Enquanto isso, o príncipe Augusto Guilherme tinha sido vendado, sem saber para onde estava sendo levado, e a venda foi tirada num cômodo que parecia uma sinagoga. O marechal da corte von Reisewitz, então, chegou disfarçado de santo e os converteu todos de volta ao Cristianismo. Depois disso, todos usaram as máscaras que quiseram, e Augusto Guilherme vestiu-se de mulher. "Foi tudo muito engraçado", comentou Lehndorff.[32] Naquele mesmo mês, a condessa Bentinck também se travestiu, na vã esperança de que suas roupas masculinas atrairiam a atenção do exclusivamente homossexual príncipe Henrique.[33]

Em sua relação pessoal com seus irmãos e irmãs, Frederico não concedia benefícios. O marquês de Valori, emissário francês na Prússia durante os primeiros anos do reinado de Frederico, relatou: "Ele é duro e imperioso com seus irmãos, os príncipes, e os mantém num estado de dependência com o qual ele mesmo nunca se acostumou em relação a seu pai, que aterrorizava todo mundo".[34] Fazia sentido, talvez, o fato de Frederico manter todos eles bem longe de qualquer participação nas tomadas de decisão. Em seu testamento político de 1752, ele escreveu que príncipes de sangue real eram uma ameaça, julgando-se importantes demais para aceitar ordens. Eles deviam ter a honra do *status* adequado, completou, mas nada além.[35] Em todo caso, ele fez uma exceção ao príncipe Henrique, reconhecendo e usando rapidamente suas qualidades superiores como comandante militar e diplomata. Os outros dois irmãos também tiveram de servir no exército, mas foram descartados ao se mostrarem insatisfatórios.

Especialmente brutal era a forma como ele tratava o mais velho, Augusto Guilherme, apesar do *status* deste como herdeiro aparente. Era o caso clássico da vítima de *bullying* repetindo, ela própria, o comportamento de quem causa o *bullying*.[36] Assim que seu pai morreu, Frederico começou a tiranizar seus irmãos. Ainda que não houvesse violência física, havia bastante coerção. Talvez porque tinha sido o filho favorito de seu pai, Augusto Guilherme se viu como o primeiro a ser atormentado, recebendo do irmão mais velho ordens do que fazer e quando fazer, incluindo o que ler, e sendo torturado com críticas constantes à sua conduta como oficial.[37] Em 1754, ele ficou revoltado quando Frederico trouxe o major-general Driesen para ser comandante de seu regimento de couraceiros, sugerindo, assim, que Augusto Guilherme fosse incompetente. O pior ainda estava por vir: depois da retirada para a Silésia após a derrota em Kolin em 1757,* Frederico não só culpou seu irmão, mas de fato acusou-o de covardia, bem como de incompetência: "Não foram meus inimigos que me afundaram, mas as ações malditas que tomastes".[38] Foi muito injusto. Acumulando o peso de todos os canhões, tendas e pontões que o próprio Frederico não queria levar consigo em sua própria retirada, Augusto Guilherme tinha se saído tão bem quanto era possível esperar em circunstâncias tão difíceis – certamente muito melhor do que Frederico tinha conseguido durante sua própria retirada da Boêmia, ainda mais catastrófica, em 1744.[39]

Destruído em corpo e espírito, Augusto Guilherme deixou o exército e voltou a Oranienburg, onde faleceu no ano seguinte, aos 35 anos. Embora provavelmente tenha morrido de meningite, muitos de seus contemporâneos escolheram acreditar que ele morreu de um coração partido, atormentado até a morte por seu brutal irmão. Entre os que tinham essa opinião estava o príncipe Henrique, cuja relação com Frederico era especialmente tensa. Ao contrário de Augusto Guilherme, Henrique era muito inteligente, volátil e nervoso. Era também um homossexual promíscuo, constantemente se apaixonando e desapaixonando, e cercado por um séquito de jovens oficiais do exército competindo por sua atenção. Sua vida amorosa pode

---

* Ver anteriormente, p. 264.

ser acompanhada com certo detalhe por meio dos diários do conde Lehndorff, ele próprio inebriado pelo príncipe, como revela o seguinte trecho:

> 1º de maio de 1753, o dia mais infeliz da minha vida, pois o príncipe Henrique está indo embora; vou vê-lo, com o coração cheio de pesar. Corro até meu querido príncipe, que encontro triste! Deixo-o sem uma palavra, vejo lágrimas correndo por sua face, a mais querida do mundo, que homem a ser idolatrado, que perda para mim, juro devoção eterna. Volto à casa magoado e não consigo dormir, escrevo uma carta a meu príncipe.
>
> 2 de maio, recebo uma carta dele que me faz cair em lágrimas. Pulo em meu cavalo e corro para encontrá-lo, mas, quando vejo sua carruagem se aproximando, desço e me escondo, ou meu coração teria explodido. Não achei que uma pessoa pudesse ser tão devotada a outra; em tempos pagãos, tê-lo-iam transformado num Deus.[40]

A visão do príncipe Henrique de calças de cavalaria apertadas e parecendo "lindo como um anjo" era suficiente para deixar Lehndorff num êxtase erótico.[41] Como isso sugere, o duro mundo militar masculino da Prússia também tinha seu lado feminino. Infelizmente para a harmonia fraternal, em 1746, Frederico e Henrique se viram competindo pelo mesmo catamito, o belo pajem Johann Friedrich von der Marwitz. Frederico, na ocasião, impôs sua autoridade, embora tenha depois dito a Henrique que o objeto dos afetos deles tinha "um corpo flácido" e gonorreia, para piorar.[42] Mais ou menos nessa época, Frederico enviou a seu irmão uma série de cartas angustiadas, lamentando o colapso nas relações e professando seu carinho. No passado, escreveu, Henrique tinha demonstrado carinho a ele apenas quando buscava ajuda com seus casos amorosos. Em outras ocasiões, era de "extrema frieza".[43]

Como com Augusto Guilherme, Frederico também interveio para humilhar Henrique, mandando o coronel von Rohr para restaurar a ordem no regimento do irmão. Ele também aproveitou a oportunidade para dizer a Henrique que parecia que ele servia não por motivos militares, mas só "como desculpa para conseguir seus objetivos mesquinhos" – querendo dizer, provavelmente, as conquistas sexuais do irmão.[44] O ataque mais cruel veio em 1752, quando Frederico forçou Henrique a se casar com a bela e charmosa Guilhermina de Hessen-Kassel, sabendo muito bem que o casamento não seria consumado e que Henrique trataria sua esposa com tanto desdém quanto aquele empregado por ele mesmo à sua própria esposa. Como ele disse à irmã deles, Guilhermina, o mais importante era que Henrique se casasse, ainda que só nominalmente.[45] Era a repetição vingativa do tratamento abusivo de seu próprio pai.

O resultado foi que Henrique odiava Frederico com aquela intensidade especial aparentemente reservada a irmãos reais. Enquanto o resto do mundo aclamava a conquista da Silésia, Henrique publicou um panfleto sob o pseudônimo de "marechal Gessler" criticando a estratégia de Frederico e atribuindo o crédito pelas vitórias puramente à coragem dos soldados prussianos.[46] Sua própria proeza militar indubitável durante as campanhas de 1757 levou um impressionado Frederico a escrever que, se Henrique não fosse seu irmão, ele o elogiaria ainda mais.[47] Esse respeito foi enfaticamente não recíproco. Indicativo da amargura de Henrique foi a carta que ele escreveu à irmã Amália, na qual recebia as notícias da derrota de Frederico em Kolin com um grito de alegria: "Enfim, Faetonte caiu!", completando que Frederico tinha tomado cuidado de se salvar antes mesmo de a batalha ser decidida. Infelizmente, esse indiscreto documento foi capturado a caminho de Berlim por tropas leves austríacas, e devidamente divulgado.[48] O afastamento do príncipe Augusto Guilherme no mesmo ano, 1757, selou a rixa. Em dezembro, o emissário britânico Sir Andrew Mitchell, que tinha seguido pessoalmente os exércitos prussianos, escreveu: "O príncipe Henrique é muito vaidoso e odeia seu irmão, de cuja grandeza tem inveja".[49] Henrique seguiu lutando por Frederico, apesar de desaprovar tanto a maneira como a guerra tinha começado quanto a forma como estava sendo travada. Em dezembro de 1759, Frederico enviou a ele uma carta de uma Freiberg coberta de neve, aconselhando paciência. Um enraivecido Henrique escreveu embaixo:

> Não tenho absolutamente nenhuma confiança nessa informação, sempre é tão contraditória e imprecisa quanto o caráter dele. Foi ele quem nos jogou nesta terrível guerra, e só a coragem de seus generais e soldados pode nos tirar dela. Desde o dia em que ele entrou para meu exército, semeou desordem e azar; todos os meus esforços durante esta campanha e a boa sorte que me acompanhou foram colocados a perder por Frederico.[50]

Entre os epítetos abusivos dados a Frederico pelo príncipe Henrique nas cartas dirigidas a seu irmão mais jovem Ferdinando, estavam "cruel", "sem coração", "com sede de sangue", "difamador", "mentiroso", "mau", "vaidoso", "invejoso", "estúpido", "incompetente" e "fantasista". "Se ao menos nossa mãe tivesse tido um natimorto em 24 de janeiro de 1712!", exclamou. O tempo não o suavizou.[51] Em 1781, ele disse ao imperador José II, quando o encontrou em Spa, que não queria nada mais do que a morte de Frederico.[52] Quando *The History of The Seven Years War*, de Frederico, apareceu postumamente em 1788, Henrique rabiscou furiosamente nas margens comentários como "Falso!", "Uma mentira!", "Que ousadia!", "Fantasioso!" e, contra o relato de Rossbach, ele escreveu que Frederico queria que ele batesse em retirada e que seus generais lutaram a batalha sem ele.[53]

A irmã com quem Frederico tinha uma relação mais próxima era a mais velha, Guilhermina. Separados por menos de três anos e unidos por uma inteligência afiada e, especialmente, um amor pela música, os dois eram muito próximos quando crianças. A primeira carta de Frederico a sobreviver, datada de 26 de janeiro de 1728, é cheia de declarações de amor efusivas.[54] O sofrimento em comum nas mãos do pai estreitou ainda mais os laços.* Após Guilhermina ser enviada para casar com o marquês de Bayreuth em 1731, a ausência os tornou ainda mais próximos. Em sua própria noite de núpcias, foi a Guilhermina que Frederico escreveu: "Graças a Deus, acabou!", acrescentando esperar que ela soubesse que era nela que ele estava pensando.[55] Até para os padrões do discurso do século XVIII, as cartas de Frederico eram extravagantes. Quando o marquês visitou Ruppin em outubro de 1732, Frederico escreveu que os dois tinham se entretido por três horas elogiando "o mais incomparável ser de nosso século" e tinham quase saído aos tapas para disputar quem a amava mais.[56] A morte dela de câncer em 14 de outubro de 1758 (mesmo dia da derrota em Hochkirch) causou a Frederico um sofrimento intenso e prolongado, de cuja sinceridade não se pode duvidar.[57] Mas não se tratava de uma parceria igualitária. Guilhermina nunca teve permissão de esquecer seu *status* de subordinada como mulher e esposa de um príncipe menor. Ela registrou em suas memórias que, quando Frederico a visitou em Bayreuth em 1734, ele desdenhou do provincianismo das "pequenas cortes" de "principezinhos" e insistiu que até os oficiais mais jovens de seu séquito deviam ter precedência em relação aos dignitários locais, observando que o tenente de um rei tinha patente superior ao ministro de um marquês.[58]

---

* Ver anteriormente, pp. 38-9.

Afinal, essa imperiosidade levou a uma rixa entre irmão e irmã, num episódio pequeno em si, mas importante em sua revelação do quanto Frederico era igual ao pai. Quando Guilhermina se mudou para Bayreuth, levou com ela como dama de companhia Wilhelmine Dorothea von der Marwitz, filha de um general prussiano. Em abril de 1744, Frederico ficou sabendo que a dama se casaria com o conde Otto von Burghauss. Ele mandou Guilhermina parar o casamento imediatamente, sob o argumento de que, quando a senhora von der Marwitz deixara a Prússia em 1731, tinha sido estipulado que ela não teria permissão de se casar fora do país. Essa ordem foi reforçada com a ameaça de que nenhum centavo do dote seria pago. Em outra carta três dias depois, disse a Guilhermina que o general von der Marwitz queria sua filha de volta, porque tinha um noivo esperando e que "o primeiro e principal dever de uma filha é obedecer aos pais". Sem se intimidar, sua irmã respondeu com amargura que a promessa tinha morrido com Frederico Guilherme I; que era errado forçar uma mulher a se casar com um homem que ela não conhecia; e que, em todo caso, o casamento tinha acontecido no dia anterior à chegada do protesto de Frederico.[59] Nesse caso, como com o príncipe Henrique, quase parece que Frederico estava determinado a fazer todos os casais sofrerem. A aparente simpatia do marquês de Bayreuth à Áustria durante a guerra completou a alienação, que durou vários anos. O egoísmo de Frederico não permitia relações pessoais de amizade em pé de igualdade, nem mesmo com sua irmã mais amada.[60]

Mais sério no longo prazo era a forma como Frederico tratava seus herdeiros. Como vimos, ele destruiu impiedosamente seu irmão após a fracassada campanha da Boêmia de 1757. Depois da morte de Augusto Guilherme no ano seguinte, o filho deste, Frederico Guilherme, nascido em 1744, se tornou herdeiro aparente. Ele cresceu a uma altura gigantesca e com mais inteligência do que poderia sugerir a forma dura como os subsequentes historiadores prussianos o trataram. Embora compartilhasse o gosto pela música de seu tio real e também fosse um músico talentoso (de violoncelo), os dois tinham poucas outras coisas em comum. Calmo e relaxado, extravagante, hedonista e vigorosamente heterossexual, o "príncipe da Prússia", como era conhecido oficialmente, com frequência entrava em brigas por causa de dinheiro e mulheres. Seu primeiro e malfadado casamento, com sua prima Isabel Cristina de Brunsvique-Lüneburg, terminou em divórcio depois de apenas quatro anos, tendo produzido apenas uma filha. Pelo menos o segundo, com Frederica Luísa de Hessen-Darmstadt, produziu oito filhos, a uma taxa de mais de um por ano, incluindo quatro garotos e garantindo, assim, o futuro da dinastia.[61] Ele também mantinha uma *maîtresse-en-titre*, a atraente Wilhelmine Enke, filha de um dos músicos reais.[62]

Embora desfrutasse de muito sexo, a vida de Frederico Guilherme não era agradável. Seu tio estava determinado a torná-lo soldado, portanto, a presença em todos os desfiles e exercícios militares era obrigatória, bem como um estilo de vida espartano. Da mesma forma que o pai do próprio Frederico tinha desprezado seu gosto por modas francesas "afeminadas", Frederico agora impunha o mesmo regime austero a seu sobrinho. O conde Lehndorff registrou que, em uma ocasião em Potsdam, ao se levantar da mesa de jantar, Frederico Guilherme ficou surpreso em receber de seu pajem não o pequeno chapéu estiloso que tinha trazido consigo, mas uma alternativa maior selecionada por Frederico, que lhe disse, com dureza, que ele devia usar os mesmos adereços que os outros oficiais da guarda.[63] Sem se intimidar, o intrépido Frederico Guilherme continuou desfilando por Berlim vestido com "uma jaqueta vermelha brilhante de chenile, um sobretudo de cetim azul enfeitado com bordados gregos e o cabelo penteado num topete alto".[64] Mas acontece que o tio Frederico não o havia visto. Isso foi em 1764. Sua sorte não melhorou enquanto ele esperava o tio morrer. Depois de 21 anos, relatou o marquês de Bouillé:

> O herdeiro aparente do trono da Prússia vive na casa de um cervejeiro, uma das mais pobres de Potsdam, e não pode passar uma noite longe sem permissão real. Ele agora tem 41 anos e só chegou à patente de tenente-general. Seus cômodos são pequenos e pobres, decorados com móveis sujos e rasgados, faltando até a decência que se poderia esperar na casa de um simples coronel.[65]

No Novo Palácio, Frederico Guilherme recebeu um conjunto de três apartamentos muito menores do que aqueles usados por outros membros da família, uma humilhação espacial que não deve ter passado despercebida.[66]

Tudo era muito reminiscente do tratamento dispensado por Frederico Guilherme a seu filho nos anos anteriores ao casamento deste. Quando Frederico se posicionava acima de seu sobrinho, quase podia ser Frederico Guilherme I denunciando seu filho: "Ele é o animal mais bovino que se pode imaginar. [...] Desastrado em tudo o que faz, grosseiro, obstinado, mal-humorado, um devasso, degenerado, imoral, cabeça-dura e um trabalho e tanto [...] a escória da família".[67] Se Frederico era menos brutal em relação a seu próprio herdeiro no sentido físico (além de tudo, Frederico Guilherme era um gigante), era mais inflexível psicologicamente. Mais uma vez, vemos um paralelo peculiar entre o abuso sofrido por Frederico como príncipe herdeiro e o tratamento imposto por ele a seus próprios familiares. Frederico Guilherme devolveu o elogio dedicando-se a tudo de que seu tio não gostava – mulheres, literaturas alemã e inglesa, religião e misticismo.[68] Em 1780, ele escreveu à sua amante, Wilhelmine Enke: "Aquele animal [Frederico] é um verdadeiro flagelo de Deus, cuspido do Inferno na terra pela ira de Deus", completando, rapidamente, "cuide para que esta carta não caia nas mãos de mais ninguém".[69]

Outros membros da família Hohenzollern recebiam ordens sobre quando e com quem se casar. Não havia nada de incomum nisso entre as casas governantes da Europa, é claro. A recusa de Caroline de Ansbach de se converter ao catolicismo para poder casar-se com o arquiduque Carlos, dos Habsburgo (que se tornou o imperador Carlos VI), era a exceção que provava a regra. Já foi argumentado, porém, que Frederico deliberadamente escolhia para seus irmãos noivas da camada mais baixa da nobreza imperial, para se distanciar dos príncipes de sangue. Assim, em festividades da corte, suas cunhadas eram colocadas, de forma demonstrativa, em lugar mais baixo na hierarquia do que suas irmãs.[70] Suas sobrinhas e sobrinhos também eram alistados na política dinástica. O casamento da filha de Augusto Guilherme, Guilhermina, com o duque Stadholder William V em 1763 abriu caminho para uma extensão da influência prussiana nos Países Baixos, embora ele não tenha sido realizado até pouco depois da morte de Frederico.[71]

O *CERCLE INTIME* E A CULTURA "AFETADA"

Frederico não gostava de seu herdeiro e nunca permitia que ninguém chegasse perto de suas tomadas de decisão, e o resultado foi que Frederico Guilherme estava mal preparado quando acabou subindo ao trono, aos 41 anos.[72] Não fazer uma provisão adequada para o futuro governo de um sistema tão personalizado só pode ser descrito como uma negligência básica e séria em relação aos deveres monárquicos. O príncipe herdeiro também não era admitido no *cercle intime* em Potsdam. Enquanto Frederico deixava o peso dos negócios da corte para sua mãe, esposa e outros parentes, podia relaxar com um punhado de amigos que pensavam como ele. Quando Sanssouci foi finalizado, ele escreveu uma epístola em verso a d'Argens, anunciando que, em sua nova casa, em vez das tediosas e intermináveis refeições de uma corte convencional, haveria apenas uma refeição simples, animada por conversa inteligente e piadas às custas dos estúpidos. Seu modelo era o tipo de festa de casa romana do interior louvada por Horácio e, de fato, sua epístola em verso tinha como modelo seu autor latino favorito.[73] Estava excluído desse seleto grupo qualquer um com acesso a um centro alternativo de influência ou informação em Berlim. Frederico escolheu como seus companheiros apenas aqueles que dependiam dele.[74] Tinham de ser inteligentes, conhecer uma ampla gama de assuntos, ler muito e ser sagazes. Absolutamente essencial era a habilidade de falar francês. Quando o novo secretário de Frederico, Dieudonné Thiébault, chegou, perguntaram se ele falava alemão. Pedindo desculpas, ele prometeu reparar a deficiência o mais cedo possível. Não, não, respondeu Frederico, insisto que você *não* aprenda, pois, se aprender, os germanistas logo começarão a poluir a pureza de seu discurso.[75] Como relatou Voltaire logo após sua chegada em agosto de 1750, o idioma menos falado era o alemão, usado apenas por soldados e cavalos. Ele adicionou, com esnobismo, que a língua e a literatura francesas tinham feito mais conquistas que Carlos Magno.[76]

Mais tarde, naquele mesmo ano, Voltaire escreveu de Potsdam à Madame Denis: "Sei, cara criança, tudo o que está sendo dito pela Europa sobre Potsdam. As mulheres estão especialmente enraivecidas, como ficaram em Montpellier contra M. d'Assoucy;* mas nada disso é de minha conta". Ele adicionou quatro versos:

Passei daquela feliz idade de casos de amor honestos,
E não tenho a honra de ser um pajem:
O que se faz em Pafos e seus arredores
Sempre é indiferente para mim.

Então, concluiu: "Não me meto em nada aqui, exceto em continuar meu trabalho de consertar a prosa e os versos do senhor da casa".[77] Como isso sugere, a sociedade de Frederico em Potsdam era exclusivamente masculi-

---

*   Charles Coypeau d'Assoucy (1605-77), libertino pederasta e provável amante de Cyrano de Bergerac.

na. Membros femininos da família Hohenzollern podiam ser convidadas a grandes espetáculos e ter a permissão de ficar no Novo Palácio no verão, mas nem suas duas irmãs favoritas, Guilhermina e Amália, chegaram a fazer parte de seu séquito. Não era só um mundo sem mulheres, mas um mundo contra mulheres. Como descobriram vários de seus amigos íntimos – Fredersdorf, d'Argens, Darget, Catt, por exemplo –, o casamento não era bem-vindo. Qualquer servo encontrado com uma mulher sentia toda a força da ira real. Como observou um de seus primeiros e mais compreensivos biógrafos, Johann David Erdmann Preuss, Sanssouci era um monastério, e Frederico, seu abade.[78]

Era homossocial, mas seria também homossexual, como sugeriu Voltaire em sua carta a Madame Denis, citada anteriormente? Como vimos, Frederico de fato se revelou homossexual em 1740 como parte do processo de autoafirmação que lhe permitiu superar os abusos de seu pai.* Embora não possa haver prova conclusiva, parece muito provável que sua preferência fosse por membros de seu próprio sexo. Certamente, ele escolhia como companheiros íntimos homens que eram homossexuais ou bissexuais, e se esforçava com frequência para promover suas carreiras, como fez com o repugnante abade Bastiani ou o conde Philipp Gotthard von Schaffgotsch, que ele tornou coadjutor do príncipe-bispo de Breslau e que foi descrito como "bispo de Sodoma" pelo conde Lehndorff e como "o epítome da impiedade e da depravação, que ele leva a níveis nojentos" pelo emissário francês lorde Tyrconnell.[79] Também era sugestiva a onda de rumores que viviam aparecendo em panfletos e livros de memórias contemporâneos.[80] Num lado da balança, estava o obviamente imoral e politicamente motivado *Dictionary of all the indecency and boasting that is to be found in the so-called works of Frederick II* [Dicionário de todas as indecências e arrogâncias que se encontram nas chamadas obras de Frederico II], escrito pelo prolífico jornalista vienense Josef Richter, que acusava Frederico de passar o tempo entre operações militares praticando sodomia com seus lindos pajens, seus guardas e até seus cachorros.[81] Mais sério, por se basear, supostamente, em observação pessoal, era o relato que aparecia nas *Memórias* de Voltaire:

> Quando Sua Majestade está vestida e calçada, por alguns minutos, os estoicos encontram tempo para a seita de Epicuro: ele convoca dois ou três fa-

---

* Ver anteriormente, pp. 58-67.

voritos, sejam tenentes de seu regimento ou pajens, lacaios ou jovens cadetes. Bebe-se café. Quem recebe um lenço, então, passa um quarto de hora em uma conversa a dois. As coisas não podem ser levadas até o fim porque, quando ele era príncipe, seus casos amorosos foram punidos tão brutalmente por seu pai que ele sofreu danos irreparáveis. Assim, ele já não pode ter um papel ativo, tendo de se contentar com o passivo.[82]

Obviamente, Voltaire não pode ter estado presente durante esses encontros, mas viveu muito perto de Frederico por mais de dois anos entre 1750 e 1753 e, por algum tempo, residiu em Sanssouci. Por outro lado, esse livro de memórias data de 1757-9,[83] ou, em outras palavras, após os dois homens terem brigado terrivelmente e Voltaire ter ido embora de Potsdam em desgraça e jurando vingança.*

Na ausência de uma prova conclusiva que provavelmente jamais aparecerá, é impossível dizer se Frederico era um homossexual ativo – ou passivo. O que se pode estabelecer, porém, é que o ambiente de sua corte pessoal era muito distinto. Mais do que isso, não deixava nada a dever a modelos tradicionais e era uma criação inteiramente sua; é mais bem descrito pela palavra "afetado", que define tons homoeróticos ou, ao menos, sexualmente ambivalentes, mas denota muito além disso. A melhor expressão literária foi fornecida pela longa sátira em versos de Frederico, *Palladium*, composta em 1748-9 e inspirada em *A donzela de Orleans*, de Voltaire. Baseada muito vagamente em um episódio real da Segunda Guerra Silesiana quando Darget, secretário do embaixador francês Valori, se deixou ser confundido com seu mestre e preso por soldados austríacos, a narrativa permitiu que Frederico atacasse vários de seus alvos favoritos, entre eles, em especial, os saxões, o Cristianismo e a Igreja Católica. Ele adicionou mais alguns, incluindo os holandeses (de raciocínio tão lento que levam mais de uma hora para falar duas palavras), os ingleses (corruptos; suicidas; loucos por esporte; de milionários a mendigos; sifilíticos), os portugueses (cujo rei é tão devoto que toma uma freira por amante), os russos (que só passaram a andar com as duas pernas depois de Pedro, o Grande) e assim por diante.[84]

Divertido, irônico, anticlerical, muito arguto em alguns trechos e bastante longo, *Palladium* encapsula a atmosfera do *cercle intime* de Frederico em Sanssouci. É também malicioso, até cruel, em especial quando faz Dar-

---

*   Ver anteriormente, pp. 317-20.

get recontar sua vida. Mais ofensivas ao verdadeiro Darget eram suas supostas experiências num colégio jesuíta:

> Descobriram em mim uma belezinha
> E alguma vivacidade na mente.
> Um professor, babando de desejo,
> Acariciando-me com malícia,
> Levando-me, certo dia, a seu quarto em seus alojamentos,
> Fez-me uma proposta muito indecente.

Darget rejeita os avanços com indignação, mas não demora para que um outro padre tente o mesmo. Desta vez, Darget só resiste "um pouco" e finalmente sucumbe, depois de ser persuadido pela seguinte justificativa para a homossexualidade:

> Não conheces nossa história?
> Encontrarás nela gloriosos heróis
> Reagindo ativa e passivamente
> A seus amigos flexíveis e prestativos.
> É o que Sócrates recebeu de Alcibíades
> Que, em verdade, não era um grego soturno;
> E foi igual com Euríalo e Niso.*
> Quantos mais poderia nomear? Um grande número,
> Júlio César, de quem as línguas obscenas dizem
> Ter sido marido de todas as mulheres romanas
> Quando era esposa de todos os maridos.
> Mas basta folhear Suetônio
> E ver como ele lida com os Césares.
> Estão todos incluídos nesta lista;
> Todos serviam o bom deus de Lâmpsaco,**
> E se exemplos profanos não foram suficientes
> Para ti, permite-nos mudar nosso ataque para o sagrado:

---

*   Euríalo e Niso foram representados em um dos quatro medalhões mostrando amantes homossexuais nas colunas do Templo da Amizade em Sanssouci. Ver anteriormente, p. 171.
** Lâmpsaco, centro do culto de Príapo.

Esse bom Jesus, como achas
Que conseguiu fazer João dormir em sua cama?
Não consegues ver que ele era seu Ganímedes?[85]

Como vimos, é muito provável que Frederico tenha tido de fato uma relação homossexual com Darget, que ele com frequência chamava de "Lucine", mas, previsivelmente, este se ofendeu com a exposição pública. Os conteúdos do poema eram tão chocantes que, embora Frederico o tenha impresso em privado, apenas muito poucas cópias foram distribuídas, e só para amigos próximos. Mas, claro, o segredo não podia ser guardado, especialmente depois de Voltaire receber uma cópia à época de sua chegada, em 1750. Frederico tentou compensar com uma longa epístola em verso para Darget sobre os pesos de ser rei, mas a relação dos dois não pôde ser restaurada.[86]

Mas "afeminado" tem a ver com muito mais do que sexo ou impudência; é também um tipo especial de ambiente envolvendo decoração extravagante, consumo e autoindulgência. Um bom exemplo era o amor de Frederico por caixas de rapé ricamente decoradas, um gosto herdado de sua mãe.[87] Durante seu reinado, ele montou uma coleção estimada entre 300 (por Friedrich Nicolai) e 1.500 (por Dieudonné Thiébault), sendo o total mais provável entre 300 e 400 caixas.[88] Incrustada com pedras preciosas, uma caixa dessas podia custar mais que uma pintura de um velho mestre, e valor total da coleção era estimado em 1.750.000 táleres.[89] Claro, só era possível usar uma por vez, mas Frederico garantia que uma seleção das melhores peças estivesse sempre à mostra em seus aposentos e levava consigo sua coleção para Berlim durante a temporada de Carnaval.[90] Uma das muitas responsabilidades de Fredersdorf era a compra e manutenção dessa coleção. Ela era usada contínua e intensamente, como reportou o emissário britânico James Harris: "O atual rei é um grande usuário de rapé. Nem consegui dar uma olhada em suas caixas de rapé, das quais ele tem uma coleção das mais magníficas. Ele carrega uma de enorme tamanho e cheira não por pitadas, mas por punhados. É difícil aproximar-se dele sem espirrar".[91] A mesma opulência se estendia às joias. Quando conheceu José II na Morávia em 1770, por exemplo, Frederico usou, em sua mão esquerda, dois valiosos anéis com diamantes solitários e, na direita, um anel grande feito de crisoprásio, uma pedra verde muito rara e bela, cuja origem silesiana também conferia um aspecto político.[92]

Naquela ocasião, ele vestiu um terno de seda branco ricamente bordado com prata, uma visão que tem de ser imaginada, pois de fato não foi registrada graficamente. A imagem que os contemporâneos preferiam promover era do austero "Velho Fritz" (*Der alte Fritz*), sempre com um uniforme simples, enfeitado apenas com a estrela da Ordem da Águia Negra. Frederico se recusou a posar para retratos a partir de 1740, portanto, jamais saberemos quais roupas ele teria escolhido se o fizesse. Ele, porém, encorajava o mito do monarca vestido de forma simples, aparecendo assim nas ruas de Berlim, numa de suas famosas cavalgadas, tirando seu chapéu de três bicos para os passantes.* Longe do olhar público, ele gostava de voltar ao tipo de moda francesa elaborada que seu pai tanto detestava. Especialmente durante a primeira metade do reinado, ele aparecia em funções da corte num traje de gala luxuosamente decorado com bordados de prata e ouro, botões de diamante e fivelas de sapato, bem como meias de seda. Seus inúmeros servos pessoais também se vestiam com vivacidade esplendorosa.[93] Ele também gostava de viajar com estilo, num magnífico faetonte, decorado com pinturas e adornos folheados a ouro, puxado por cavalos com ricos arreios e acompanhado por lacaios.[94]

Não era incomum a um soberano viver no luxo. O impressionante em Frederico era a separação entre a imagem de austeridade espartana e a realidade de um estilo de vida mais babilônio. Em parte, isso vinha da rotina diária de Frederico.[95] Acordando às cinco da manhã no verão, ou às seis no inverno, ele cuidava das questões políticas primeiro, antes de seguir para as inspeções militares. Era ao retornar a Sanssouci ou ao Palácio Municipal de Potsdam que a transição para um regime mais autoindulgente podia começar. Um almoço frequentemente longo com seu *cercle intime* era seguido por um descanso, mais negócios, uma caminhada, um longo período lendo ou ouvindo alguém ler, um concerto e uma refeição final, também compartilhada com parceiros de conversa.[96] Nenhuma despesa era poupada no que dizia respeito a comestíveis.[97] Ele mantinha uma ótima cozinha, com diversos *chefs* de primeira linha na equipe. Num dia normal, havia oito pratos para a mesa real quando ele tinha companhia, mas bem menos quando jantava sozinho.[98] O menu proposto era apresentado a Frederico na noite anterior para aprovação, com o nome do *chef* responsável por cada prato, por exemplo:[99]

---

*   Ver anteriormente, p. 334.

MENU
23 de outubro de 1780

Henaut	*Soupe d'écrevisse*	Sopa de lagostim
Grebendinckel	*Des ailes des perdreaux glacez à l'oseil et laituës*	Asas de perdiz cobertas com azedinha e alface
O *chef* novo	*Tendron de mouton à l'Anglaise. Sauce verte*	Carré de cordeiro à moda inglesa. Molho verde
Schilger	*Marktsknedeln & gebratene Fasanen*	Bolinhos e faisão assado
Grebendinckel	*Cardon en petit pois avec cotellettes*	Alcachofra com ervilhas verdes e escalopes
Schilger	*Filets von Zander und Locken à la Palfie au blanc*	Filés de perca e cação
O *chef* novo	*Gratin des Grives à la Viennoise au parmesan, avec garniture gebratene Lerchen*	Tordo gratinado à moda vienense coberto por parmesão, com guarnição de cotovia assada

Neste caso, Frederico colocou uma linha por cima das sugestões e substituiu, em sua própria letra e com seu próprio francês idiossincrático:

Soupe aux Salssîfie	Sopa de cercefi
Ailes de perdos Glacées au Cardons en petit poix	Asas de perdiz com alcachofras e ervilhas
Petit patéz à la Romain des allouettes	Massa romana cotovias
des clops de Vau à l'anglaise	escalopes de vitela à moda inglesa

Para acompanhar, havia Moselle e Pontak, um vinho tinto leve, disponível sem limites para os convidados, embora ele próprio preferisse Bergerac misturado com um pouco de água.[100]

Bem à frente de sua época ao menos em questões de dieta, Frederico gostava muito de frutas e mandou construir grandes e caras estufas no parque de Sanssouci para satisfazer seu gosto. Durante seu reinado, provavelmente gastaram-se mais de meio milhão de táleres.[101] Laranjas, limões, melões, figos, damascos, bananas, pêssegos, cerejas, amoras, romãs, rainhas-cláudias, ameixas, morangos, abacaxis, uvas, papaias, nozes, amêndoas e muitas variedades de vegetais, sobretudo aspargos, eram cultivados por um exército de jardineiros, frequentemente em estufas quentes.[102] Horticultores de mercado empreendedores se mudaram para Potsdam para desfrutar da disposição de Frederico em pagar altos preços por frutas fora de época. Embora não muito críveis, os relatos reais mostram que cerejas estavam sendo compradas por mais de um táler *cada uma*.[103] Em 1761 – em outras palavras, no meio da Guerra de Sete Anos –, uma estufa especial foi construída para o cultivo de *"pisang"*, uma fruta parecida com a banana, vinda da Malásia, por um jardineiro especialmente treinado.[104]

As cozinhas reais também tinham a tarefa de preparar comida para os cães de Frederico, que viviam como verdadeiros reis, se não como galos de luta. Não era estranho que um rei tivesse cães, mas certamente era excêntrico valorizá-los como companhia, não como auxiliares de caça. Nesse sentido, Frederico diferia completamente de seu pai caçador.[105] Uma clara amostra de que Frederico Guilherme sabia que seu fim estava próximo veio em março de 1740, quando ele deu seus cães de caça ao príncipe Leopoldo de Dessau, suspirando que ele mesmo nunca mais seria capaz de caçar e confessando temer que Frederico nunca fosse gostar da atividade.[106] Sua suspeita teria se confirmado se ele tivesse vivido o suficiente para ler o tratado de seu filho, *Anti-Maquiavel*, pois parte dele era dedicada a uma apaixonada denúncia da caça. Era uma perda de tempo cruel e intelectual, escreveu Frederico, favorecida apenas pelos brutos e evitada por grandes heróis militares como Gustavo Adolfo, o duque de Marlborough, e o príncipe Eugênio.[107] Os cães favoritos de Frederico não eram robustos cães de caça criados para ter força e vigor, mas pequenos galgos italianos ou lebréus, combinando elegância, delicadeza e refinamento.[108] Três ou quatro deles eram suas companhias constantes, e podiam andar livres pelos apartamentos reais e acompanhar seu dono quando ele saía para cavalgadas ou caminhadas. Ele fez um esforço considerável para conseguir os melhores espécimes da Inglaterra. O diplomata Thomas Villiers escreveu a Algarotti em 1747:

> A encomenda de galgos italianos não é menos aceitável por ser difícil de executar. Esse tipo de cão é muito raro e bastante desejado. Não pouparei oportunidades de obter o que desejas, mas temo ter de esperar pela próxima geração. Poucos têm algum exceto Damas, & não se deve esperar que elas se separem do que é adequado para seus colos.[109]

Villiers insistiu e acabou tendo sucesso. O favorito da vez sentava-se com Frederico no sofá, deitava embaixo da mesa durante as refeições, compartilhava de sua cama à noite e era cuidado por um lacaio exclusivo, com ordens de usar o tratamento formal *Sie* (em vez do mais íntimo, *Du*) ao se dirigir a ele ou ela.[110] Segundo seu médico Dr. Zimmermann, enquanto conduzia uma revista militar na Silésia em 1785, Frederico mandava um mensageiro todos os dias a Sanssouci para obter relatos sobre a saúde de um cachorro doente. Zimmermann completou: "Ao voltar e descobrir que o animal estava morto e enterrado, ele o exumou, para ter o prazer de vê-lo uma vez mais; trancou-se o dia inteiro e chorou por ele como uma criança".[111] O maior elogio para um cão favorito era ser enterrado no terraço de Sanssouci, imediatamente ao lado do terreno reservado para a tumba do próprio Frederico (embora só em 1991 seu corpo tenha se reunido ao seu séquito canino). O único rival pela atenção de Frederico era o cavalo favorito, um capão cinza comprado da Inglaterra em 1777 e chamado Condé em homenagem ao marechal de Luís XIV, ao qual ele dedicava o mesmo amor e cuidado.[112]

VELHICE

Frederico esperava se reunir a seus cachorros no subsolo havia muitos anos – ou, pelo menos, é o que ele disse. Em 1745, à idade de 32 anos, ele escreveu que não esperava viver mais de doze anos, uma previsão que não pareceu tão tola quando ele sofreu, dois anos depois, o que seus contemporâneos pensaram ser um leve derrame.[113] Naquela ocasião, ele escreveu: "Mais uma vez, escapei do reino de Plutão, mas só estive a uma estação da Estige e ouvi o uivar de Cérbero".[114] Em 1758, ele disse a seu secretário, Henri de Catt, que ele só tinha mais cinco anos, dizendo: "Estou ficando velho. Estou ficando velho".[115] Com um prazer sombrio, ele gostava de escrever a seus amigos sobre o inexorável declínio físico que o tinha transformado em idoso antes do tempo. Os relatos mais deprimentes, não é surpresa, foram escritos em épocas de fracasso militar durante a Guerra dos Sete Anos. Em outubro de 1759, em outras palavras, pouco após o desastre de Kunersdorf, ele disse ao marquês d'Argens: "Se me vires novamente, perceberás que envelheci muito: meu cabelo está ficando grisalho, meus dentes estão caindo e sem dúvida logo estarei dizendo disparates".[116] À condessa Camas, velha amiga de sua mãe, ele adicionou que seu rosto tinha rugas tão profundas quanto as dobras de um vestido feminino, suas costas estavam encurvadas como um arco e ele estava triste e deprimido como um monge trapista.[117]

Afinal, Frederico ainda teve mais de um quarto de século para viver, morrendo aos 74 anos, uma idade impressionante para os padrões da época. Como muitos outros veteranos de vida longa, ele constantemente reclamava de sua saúde – em seu caso, não sem razão, pois sofria repetidamente de cólica, câimbras estomacais, enxaqueca, alergias de pele, erisipela, úlceras na perna, gota, câimbras, asma, ataques de engasgo, vômito, constipação, dores no peito, febre, hidropisia e hemorroidas, e muitas vezes tinha alterações simultâneas.[118] Isso sugere que ele provavelmente tinha herdado a porfiria que tornara a vida de seu pai tão infeliz.[119] A gota, com frequência acompanhada por febre alta, era uma visitante especialmente indesejada, porque a dor era tão severa que ele tinha de ficar de cama. A Voltaire, ele escreveu, no fim de 1775: "A gota me amarrou e prendeu por quatro semanas; gota nos dois pés, nos dois joelhos, nas duas mãos; e sua liberdade era tão extrema que também nos dois cotovelos. No momento, a febre e a dor diminuíram, e sofro apenas de uma enorme exaustão".[120] As hemorroidas eram outra doença regular, inspirando um verso divertido de Voltaire em 1751:

Desejo que a veia hemorroidal
Deixe de atrapalhar o descanso
De vossa grande alteza.
Quando poderei dizer,
De forma decente, que a bunda de meu herói
É tão boa quanto sua cabeça?[121]

Entrando em sua sétima década, a condição física de Frederico naturalmente se deteriorou. Isso não o impediu de fazer suas viagens de inspeção, nem de se divertir. Uma imagem popular, tanto na época quanto depois, era o "Velho Fritz", prematuramente envelhecido, amargo, solitário e misantropo.[122] Certamente era verdade que a maioria daqueles por quem ele mais tinha carinho (Keyserlingk, Rothenburg, Fredersdorf, Jordan, sua mãe, sua irmã Guilhermina) havia morrido. Ele também viveu mais que Johann Joachim Quantz (morto em 1773), Heinrich August de la Motte Fouqué (1774), Charles Théophile Guichard ou Quintus Icilius (1775) e Marshal Keith (1778). A perda deste último, conde-marechal jacobita, foi um golpe particularmente duro. Hospedado por Frederico em uma mansão nos limites do Parque

Sanssouci, o celibatário recebia os cuidados de um exótico séquito conhecido como "o zoológico", incluindo um tibetano, um calmuco e um mouro.[123] Ele visitava seu benfeitor diariamente, pelo menos até ficar enfermo demais, e depois disso Frederico passou a visitá-lo.[124] A essas perdas fortuitas, é preciso adicionar os amigos que Frederico afastou com seu comportamento exploratório: Algarotti, que foi embora em 1742, voltou em 1747 e partiu de novo em 1753; Darget, que foi embora em 1752; e d'Argens, que partiu em 1765, tinha voltado em 1766 para escapar da perseguição na França e foi embora em definitivo em 1768.[125] As perversas palavras de despedida de Frederico a d'Argens foram: "Reforçaste a opinião que sempre defendi, de que os príncipes só estão neste mundo para criar ingratos".[126] Até certo ponto, Voltaire tem de ser adicionado à lista. Assim, qualquer solidão que Frederico possa ter experimentado durante sua velhice era, em parte, criação sua. Mas, na verdade, o diário do marquês Girolamo Lucchesini mostra que as refeições em Sanssouci ainda eram momentos de convívio, e podiam durar cinco ou seis horas. Com 28 anos quando chegou, em 1779, Lucchesini tornou-se "cavalheiro de alcova" de Frederico,* e a pessoa com quem o rei mais conversava, segundo o abade Denina.[127]

Como a maioria dos idosos, Frederico podia ser exigente, ingrato e mal-humorado. Como ele também era o rei, essa irritabilidade naturalmente tornava a vida difícil para seu séquito imediato. Pelo menos, ele tinha autoconhecimento suficiente para compreender que não havia nada que pudesse ser feito pela diminuição de seus poderes. Dez anos antes de sua morte, aconselhou que d'Alembert tratasse seus próprios problemas de saúde de forma filosófica: "Nossos frágeis corpos declinam com a idade, e sua decadência gradualmente nos prepara para sua desaparição completa. Minha gota saúda seu reumatismo".[128] Mais para o fim de 1776, após reclamar de um abcesso na orelha, ele comentou: "A natureza nos dá doenças e mágoas para nos desencantar desta vida, que teremos, em algum momento, de deixar; estou bem ciente disso, e resignado com os desejos da natureza".[129] Portanto, ele estava determinado a fazer o melhor: "Como só tenho gota nos meus pés, e não na minha cabeça, meu caro d'Alembert, ela não me impede de manter alguns traços de minha velha alegria".[130] O melhor conselho sobre

---

* *Gentleman-of-the-bedchamber* era um cargo criado originalmente na Inglaterra, e refere-se a um cavalheiro ou lorde que auxilia o rei a se vestir, aguarda quando ele come sozinho, guarda o quarto de dormir e faz companhia. [N.T.]

envelhecimento foi dado pelo poeta libertino Guillaume Amfrye de Chaulieu (1639-1720), segundo o qual:

> E assim, sem mágoa e sem melancolia,
> Sinto o veneno lento e fatídico terminando meus dias.
> Mas, ainda assim, espalho algumas flores
> Pelo curto caminho que me resta.[131]

Desde que subira ao trono, Frederico tinha explorado ao máximo seus recursos físicos. Ele pregava a virtude do dever, e a praticava. Ainda que autoimpostos, os rigores das três guerras silesianas tinham exigido demais, tanto de sua mente quanto de seu corpo. Mas ele continuou levando-os ao limite até quase o fim de seus dias. Em 13 de junho de 1780, por exemplo, ele saiu de Küstrin, no rio Oder, às 3 da manhã, após uma jornada de inspeção onerosa de duas semanas nas províncias orientais. Depois de cobrir cerca de 100 quilômetros em seis horas, ele estava de volta à sua escrivaninha em Sanssouci às 9:30, e então passou ali três horas e meia "revigorado e bem-humorado como se não tivesse feito nada naquele dia".[132] Foi só em 1785 que seus ataques periódicos de doenças impuseram um declínio terminal. Ele foi à Silésia, como sempre, para os exercícios militares, mas, após passar seis horas em um cavalo debaixo de uma tempestade em 24 de agosto, ficou de cama com uma febre alta. Levantou-se no dia seguinte, mas sofreu um derrame um mês depois, e não conseguiu ir às manobras de outono. O inverno de 1785-6, passado no Palácio Municipal de Potsdam, foi difícil, com sintomas de edema (hidropisia) aparecendo.[133] Em 17 de abril, ele voltou a Sanssouci, ainda se levantando cedo e trabalhando duro, mas a falta de ar o impedia de se deitar, e tinha de passar suas noites em uma poltrona. Cavalgar seu cavalo cinza favorito, Condé, por 45 minutos em 4 de julho o deixou exausto. Foi mais ou menos nessa época que um brigadeiro francês, o marquês de Toulongeon, fez uma visita a Sanssouci. Quando ele viu seu *"héros extraordinaire"* no terraço, quase desmaiou de animação, de tão imbuído de *"respect saint"*.[134] A imagem de Daniel Chocowiecki do rei morrendo em sua poltrona, olhando para o parque, enquanto seus cachorros brincavam ao seu redor, alcançaria *status* icônico.

Conclusão: morte e transfiguração

Os últimos dias de Frederico no verão de 1786 foram descritos em detalhes em cartas enviadas pelo ministro do Exterior, conde Hertzberg, que chegou a Sanssouci em 8 de julho, a seu colega conde Finckenstein, que tinha permanecido em Berlim. Um claro sinal de que a esperança tinha sido abandonada veio quando a equipe médica foi reduzida. Em 11 de julho, Frederico enviou para casa o doutor Zimmermann, cujas convocações de Hanôver no mês anterior tinham implicado certa falta de confiança em seu médico regular, Christian Gottlieb Selle. Embora as trinta visitas de Zimmermann tenham custado 2 mil táleres, seu difícil paciente abriu mão da última chance de tratamento, dizendo ser "inútil".[1] No fim de julho, houve uma aguda deterioração na condição de Frederico, ocasionada por problemas digestivos. No último dia do mês, ele estava com dor demais para lidar com a sessão diária de leitura em voz alta feita por seu secretário particular, Dantal. Apropriadamente, o que se mostrou a última palavra lida para ele tinha sido escrita por Voltaire.[2] Dez dias de quase remissão se seguiram. Frederico recuperou o apetite, dormiu melhor, desfrutou da companhia de seu círculo íntimo duas vezes por dia e cuidou dos negócios. Mas, em 12 de agosto, após anunciar que se sentia "renascido", caiu num sono profundo. Embora Frederico tenha acabado acordando, Hertzberg relatou: "Ele está fazendo todas as transições de negócios, mas com relutância e pressa, e como está tendo de se forçar, sua mente não está concentrada totalmente no que ele está lendo".[3] Três dias depois, ele ainda estava trabalhando com seus secretários de manhã cedo, embora sua assinatura tremida traísse uma crescente fraqueza. Sua antiga promessa de trabalhar até cair duro quase se cumpriu. Em 16 de agosto, ele convocou o general Rohdich da antecâmara, mas não conseguiu articular o que queria dizer, e dormiu. Levantou-se de novo à tarde, e sua última ordem foi para que achassem uma almofada para seu cachorro. Suas últimas palavras, após um acesso de tosse ter dado algum alívio, foram: "Passamos pela montanha, agora, nosso caminho será mais fácil". Às 2:19 da manhã na quinta-feira, 17 de agosto, ele expirou.[4] Não é preciso dizer que nenhum clero estava presente.[5] Sua esposa também não. De forma incomum, e por motivos que nunca foram explicados de modo satisfatório, uma máscara mortuária foi tirada no mesmo dia.

Durante 46 anos, Frederico tinha tentado governar a Prússia sozinho. Se ele exigia demais de si mesmo, exigia tanto quanto de seus servos e súditos, altos e baixos. Como todos se sentiram quando o laço de ferro que os prendia a seus trabalhos finalmente se quebrou? Segundo Mirabeau, a reação geral foi de alívio completo.[6] Independentemente do que mais fosse, o próximo regime sem dúvida seria mais relaxado. O novo rei, que subiu ao trono como Frederico Guilherme II, pode muito bem ter sido o mais aliviado de todos. Por 41 anos, ele tinha sido mantido numa rédea muito curta por seu tio desaprovador, para não dizer desdenhoso. Já na meia-idade pelos padrões da época (ele tinha nascido em 1744), ele agora podia compensar o tempo perdido como quisesse.

Uma indicação inicial de que o novo rei seria independente veio quando ele revogou as ordens estritas de Frederico em relação a como seus restos mortais deveriam ser descartados. Em seu testamento final, datado de 8 de janeiro de 1769, Frederico tinha afirmado categoricamente:

> Feliz e sem reclamações, devolverei meu sopro de vida à benevolente natureza que teve a gentileza de me concedê-lo em primeiro lugar, e meu corpo aos elementos dos quais é composto. Vivi como filósofo e desejo ser enterrado como um, sem qualquer fausto, pompa ou circunstância. Não desejo ser nem dissecado, nem embalsamado. Devo ser enterrado no terraço superior de Sanssouci, no jazigo que construí ali.[7]

Embora Frederico Guilherme não tenha ordenado um embalsamento, ele organizou uma série grandiosa de cerimônias funerárias baseadas naquelas realizadas para Frederico Guilherme I em 1740. Na noite de sua morte, o cadáver de Frederico, vestido com o uniforme do Primeiro Batalhão de Guardas, foi levado para o Palácio Municipal de Potsdam em um ataúde carregado por oito cavalos.[8] Depois de ser colocado em exposição, ele foi removido no dia seguinte (18 de agosto) para o jazigo da Igreja de Guarnição, e colocado em um caixão simples de peltre ao lado do de seu pai.[9] Enquanto isso, um time de arquitetos e artistas reunido às pressas tinha criado um conjunto de cômodos para luto no Palácio Municipal, com as paredes cobertas de tecido roxo e preto. Na Câmara de Audiências, foi colocado um caixão cerimonial vazio, "ricamente enfeitado com tecido de prata rendado de ouro".[10] Nele, foram colocados a espada de Frederico, sua faixa da Ordem da Águia Negra, esporas douradas e o bastão de marechal. Durante os dias que se seguiram, cerca de 60 mil membros do público se enfileiraram para prestar suas últimas homenagens.[11]

Frederico teria detestado ainda mais o elemento religioso imposto por seu sucessor. Ao fim de agosto, foi anunciado que todas as missas funerárias em toda a Prússia deviam incluir um verso do Velho Testamento: "E estive contigo por toda a parte, por onde foste, e diante de ti exterminei todos os teus inimigos, e te fiz um nome como o nome dos grandes que *estão* na terra" (1 Crônicas 17:8).[12] Em 9 de setembro, o funeral estatal aconteceu na Igreja de Guarnição, em Potsdam, onde o corpo de Frederico ficaria até 1943, quando bombardeios intensos dos Aliados levaram à sua remoção para um lugar mais seguro. Descoberto por soldados norte-americanos numa mina de potassa na Baixa Saxônia, ele foi transferido primeiro para uma igreja em Magdeburgo e depois para o castelo Hohenzollern em Sigmaringen, no Alto Danúbio. Foi só em 17 de agosto de 1991 que o desejo de Frederico de ser enterrado em Sanssouci ao lado de seus cães finalmente se cumpriu. Aparentemente falando sério, o agente da família Hohenzollern, Job Ferdinand von Strantz, justificou esse capítulo final na longa odisseia dos restos mortais de Frederico com o argumento de que ele era "um ícone da unidade alemã".[13] No dia seguinte ao funeral de Frederico, foi feita uma missa na Catedral de Berlim, com a presença do novo rei e de toda a família real, incluindo a viúva de Frederico. O pregador da corte, Friedrich Samuel Gottfried Sack, fez um panegírico excessivo, mas não tentou fingir que o falecido tinha se distinguido por sua devoção. Enfatizou, em vez disso, que Deus tinha caminhado com Frederico como seu "protetor, ajudante, guia e salvador", sugerindo que isso estava acontecendo estivesse o beneficiário ciente ou não.[14]

Imediatamente, iniciou-se um culto a Frederico, com empreendedores se agilizando para satisfazer o que era claramente uma demanda grande e crescente de suvenires. A imagem dele foi reproduzida em taças, relógios, panfletos, periódicos e calendários.[15] Talvez os mais empreendedores de todos fossem os irmãos Pages, que compraram as roupas de Frederico do lorde camareiro da corte, vestiram um boneco de cera e o levaram pela Alemanha, França e a Monarquia Habsburgo, ganhando uma fortuna pelo caminho. O boneco era tão valioso que os irmãos recusaram uma oferta de 4 mil táleres por ele. Logo a ideia se espalhou, pois os imitadores correram para lucrar também: no início do século XIX, havia dezesseis bonecos de cera de Frederico exibidos em Berlim.[16] Em 1796, um importante periódico alemão, o *Journal of Luxury and Fashion*, reportou um espetáculo de lanternas mágicas montado no teatro da rua Behrens:

> À distância, aparece uma estrela brilhante; ela fica maior e, dela, emerge uma boa réplica de Frederico, o Grande, em seu uniforme e sua pose usuais [...] A impressão causada por essa visão na audiência foi fenomenal. Os aplausos e gritos não paravam. Quando Frederico começou a desvanecer de volta na estrela, muitos gritaram: "Ó, fique conosco!". E, quando ele desapareceu, os gritos de "Bis!" eram tantos que ele teve de aparecer mais duas vezes.[17]

O culto continuou a crescer. Em 1833, o diretor da coleção Hohenzollern de suvenires de Frederico se maravilhou com a "sede aparentemente insaciável das multidões que correm para saber mais sobre o grande homem [...] Diariamente, sou testemunha do efeito impressionante que as preciosas lembranças da Prússia de Frederico, mantidas aqui, causam em espectadores de todas as idades, todas as classes, todas as nações".[18] Felizmente, ele acabou se mostrando maravilhosamente versátil, um homem do Iluminismo a ser usado contra os reacionários, um defensor da igualdade contra os aristocratas, um herói militar contra os civis, um nacionalista contra os particularistas, um liberal contra os conservadores e assim por diante.

Frederico tinha sido um personagem tão forte que dividiu opiniões na morte tanto quanto em vida. Sua vida após a morte, cheia de acontecimentos, foi recontada diversas vezes, e não precisa ser repetida aqui.[19] Os exemplos contrastantes de dois membros da família podem servir, em vez disso, para ilustrar as reações extremas que ele suscitava. Nenhum parente se beneficiou mais da generosidade de Frederico do que seu irmão príncipe Henrique, que recebeu uma renda principesca, Rheinsberg, um enorme palácio em Berlim, um posto de alto comando no exército e várias importantes missões diplomáticas. Mas essas benesses foram retribuídas apenas com um intenso ódio, que não suavizou com o passar do tempo. Quatro anos após a morte de Frederico, Henrique mandou erigir um grande obelisco em Rheinsberg, tão proeminentemente posicionado que a atenção de todos os que olhavam do palácio para o lago se desviava para ele. Seu principal propósito era servir como homenagem ao príncipe Augusto Guilherme, o irmão que Frederico tinha desgraçado após a retirada da Boêmia em 1757.* Mas ele também tinha a intenção de ser uma condenação mais geral de Frederico como comandante militar. No total, 28 medalhões comemoravam os outros heróis cuja dedicação, habilidade e coragem tinham tornado o sucesso prussiano possível, mas cujos feitos tinham sido ignorados por Frederico em sua versão das campanhas ("sobre os quais suas porras de suas memórias não dizem nada", foi o que Henrique explicou numa carta ao general Henckel von Donnersmarck[20]). As inscrições que os acompanhavam transferiam o crédito do comandante-em-chefe para os subordinados. O tributo ao marechal Schwerin, por exemplo, dizia, em parte: "Em 10 de abril de 1741, ele venceu a Batalha de Mollwitz", e o ao general von Möllendorff: "Em Torgay em 1760, ele capturou os altos de Siptitz e, assim, tirou a vitória do inimigo. Em 1762, depois de ter tomado os morros acima de Burkersdorf da mesma maneira, forçou o marechal Daun a bater em retirada". O general Platen ficava com o crédito de ter restaurado a ordem após o desastre em Kunersdorf, e de ter coberto a retirada. Mais sutil era o elogio ao general von Zieten por "mostrar desprezo a todos aqueles que enriqueceram às custas dos civis conquistados". E assim por diante. Embora Frederico nunca tenha sido mencionado, ele obviamente era o alvo da raiva do príncipe Henrique.[21]

O total oposto do príncipe Henrique era a viúva de Frederico, Isabel Cristina. Se alguém tinha bons motivos para comemorar a morte dele, com certeza, era ela. Ironicamente, a última vez em que colocara os olhos em seu marido fora na festa de 59 anos do príncipe Henrique, em 18 de janeiro de 1785. Mas, ao ser informada de sua morte, ela ficou "profundamente perturbada", segundo a princesa Radziwill, que tinha levado a notícia: "Ela chorou pelo rei como se tivesse sido amada por ele!".[22] Durante sua década de viuvez (ela morreu em 13 de janeiro de 1797), ela nunca vacilou em sua devoção simplória à memória de Frederico, sempre desculpando o comportamento dele em relação a ela com referências à influência de "falsos amigos" e à saúde problemática dele, que tornava difícil viajar de Potsdam a Berlim. Ela também continuou aumentando sua coleção de retratos de Frederico. Em 1736, tinha escrito à sua avó que tinha muito orgulho de se casar com tão grande homem, o maior príncipe de sua época, graças à sua sabedoria, inteligência e senso de justiça. Essa continuou sendo sua atitude até o fim.[23]

---

*   Ver anteriormente, p. 264.

Sempre religiosa, ela se tornou ostensivamente devota na velhice, escrevendo e publicando tratados de melhoria para a época. Isso só teria atraído o desdém de seu falecido marido, mas lhe rendeu o respeito e carinho das pessoas simples de Berlim, a maioria das quais, provavelmente, via a libertina Potsdam com desdém, se não com nojo.

"Todas as vidas políticas, a não ser que sejam cortadas no meio de seu fluxo numa conjuntura feliz, terminam em fracasso, pois é essa a natureza da política e das questões humanas", escreveu Enoch Power em sua biografia de Joseph Chamberlain.[24] Ele tinha em mente políticos eleitos, que nunca sabem quando sair de cena e quase invariavelmente se apegam tempo demais antes de escorregar de volta por um poste gorduroso, mas a frase se aplica também a soberanos hereditários, embora de modo menos enfático. Se Luís XIV tivesse morrido em 1688 ou até 1697, ele podia agora ter o epíteto *"le Grand"*. Se Napoleão tivesse sido morto em Wagram em 1809, ele também se qualificaria como sobre-humano. Entre as poucas exceções que morreram no momento oportuno, destacam-se Isabel I da Inglaterra e Frederico, o Grande. Quase exatamente um ano após a morte deste, a declaração de guerra dos turcos contra a Rússia colocou a Questão Oriental no topo da pauta, e começou o que depois se tornariam a Guerra Revolucionária Francesa e as Guerras Napoleônicas. No curto prazo, isso trouxe a oportunidade de grande expansão territorial, às custas da Polônia. Aliás, mais territórios foram adicionados à Prússia durante o reinado de onze anos de Frederico II – em geral retratado como um devasso preguiçoso que desperdiçou sua herança – do que durante o reinado de 46 anos de seu predecessor. É claro, sabemos que tudo terminou em lágrimas em Jena e Auerstedt, em 1806. Debater quanto de responsabilidade deve ser colocada nas costas de Frederico não traz resultado. Independentemente de quantos problemas tenham sido deixados sem solução quando ele morreu – e, como vimos, havia bastantes –, seus dois sucessores tiveram vinte anos para lidar com eles. Ademais, junto com os problemas, eles também herdaram muitos ativos, incluindo a convicção da maioria dos prussianos de que, graças às conquistas de Frederico, viviam num Estado do qual podiam orgulhar-se.

Foi o próprio Napoleão que enfatizou a natureza ambivalente do legado de Frederico. Em 15 de outubro de 1806, o dia seguinte à sua vitória dupla sobre a Prússia, seu Boletim do Quinto Exército proclamou que, por fim, a mancha de cinquenta anos de Rossbach tinha sido limpa. Ao chegar em Berlim uma semana mais tarde, ele visitou tanto Sanssouci quanto a tumba de Frederico no jazigo da Igreja da Guarnição. Indicador da importância que ele dava à derrota da Prússia foi o fato de ele ter levado uma série de artefatos de Frederico, incluindo sua espada, estátuas e pinturas, colocados à mostra na rotunda do Louvre, renomeada "Saguão da Vitória".[25] A própria Prússia, então, foi ameaçada com severidade sem precedentes, perdeu metade de seu território na Paz de Tilsit em 1807, empobreceu com as enormes reparações e sangrou com um exército de ocupação.[26] A revitalização das instituições prussianas e, acima de tudo, das atitudes prussianas, que se seguiu, não teria sido possível sem a participação de inúmeros "prussianos por escolha", notadamente Gneisenau, Scharnhorst, Hardenberg e Blücher, atraídos de outros estados alemães pelo clima criado por Frederico. Foi essa transformação que permitiu que o que sobrava do Estado mobilizasse 279 mil soldados em 1813-15, uma proporção maior (11%) de homens adultos do que a conseguida por qualquer outro combatente.[27] Além disso, a maneira como lutaram mostrou que tinham adotado os métodos militares da Revolução Francesa, mas os levado mais longe, uma apropriação facilitada pelas "sementes de sua inovação já presentes no solo prussiano".[28] Para concluir com uma continuação dessa metáfora agrícola: se a folhagem da Prússia, em 1786, parecia seca como o corpo do velho rei, a raiz principal era profunda e, quando cultivada adequadamente, daria de novo os frutos de poder e cultura.

Notas

ABREVIAÇÕES

Œuvres: *Œuvres de Frédéric le Grand*, ed. J. D. E. Preuss, 30 vols. (Berlim, 1846-56) http://friedrich.unitrier.de/de/oeuvres/toc/
P.C.: *Politische Correspondenz Friedrich's des Grossen*, ed. Johann Gustav Droysen et al., 46 vols. (Berlim, 1879-1939) http://friedrich.uni-trier.de/de/politKorr/toc/
Carlyle: Thomas Carlyle, *History of Friedrich II of Prussia, Called Frederick the Great*, 6 vols. (Londres, 1858-65)
Dietrich: Richard Dietrich (ed.), *Die politischen Testamente der Hohenzollern* (Colônia, 1986)
Friederisiko, Ausstellung: Jürgen Luh e Ullrich Sachse (eds.), *Friederisiko. Friedrich der Grosse. Die Ausstellung* (Munique, 2012)
Friederisiko, Essays: Jürgen Luh e Ullrich Sachse (eds.), *Friederisiko. Friedrich der Grosse. Die Essays* (Munique, 2012)
Hintze: Otto Hintze, *Die Hohenzollern und ihr Werk*, 8 ed., (Berlim, 1916)
Koser: Reinhold Koser, *König Friedrich der Grosse*, 2 vols., 3 ed. (Stuttgart e Berlim, 1904)
Lehndorff: Karl Eduard Schmidt-Lötzen (ed.), *Dreissig Jahre am Hofe Friedrichs des Grossen: aus den Tagebüchern des Reichsgrafen Ernst Ahasverus Heinrich von Lehndorff, Kammerherrn der Königin Elisabeth Christine von Preussen*, 3 vols. (Gota, 1907-13)
Sösemann: Bernd Sösemann e Gregor Vogt-Spira (eds.), *Friedrich der Grosse in Europa*, 2 vols. (Stuttgart, 2012)

INTRODUÇÃO

1. Paul Hartig (ed.), *Henri de Catt, Vorleser Friedrichs des Grossen. Die Tagebücher 1758-60* (Munique e Berlim, 1986), p. 151.
2. Friedrich Nicolai, *Anekdoten von Friedrich dem Grossen und von einigen Personen, die um ihn waren* (Munique, s.d.), pp. 187-90. Nicolai ficou sabendo tudo isso por Quantz. Certamente soa autêntico.
3. Hartig (ed.), *Henri de Catt*, p. 163.

1. A HERANÇA

1. *Œuvres*, vol. 23, p. 412; vol. 9, p. 217.
2. Frederick a d'Alembert, 4 de outubro de 1768, *ibid.*, vol. 24, p. 491.
3. Hugo Rachel, "Der Merkantilismus in Brandenburg-Preussen", *in* Otto Büsch e Wolfgang Neugebauer (eds.), *Moderne Preussische Geschichte* (Berlim e Nova York, 1981), vol. 2, p. 954; Joachim Whaley, *Germany and the Holy Roman Empire*, vol. 1: *The Peace of Westphalia to the Dissolution of the Reich 1648-1806* (Oxford, 2011), p. 274.
4. Jürgen Luh, *Kriegskunst in Europa 1650-1800* (Colônia, Weimar e Vienna, 2004), p. 117.
5. Haug von Kuenheim (ed.), *Aus den Tagebüchern des Grafen Ernst Ahasverus Heinrich von Lehndorff* (Berlim, 1982), p. 145.
6. Dietrich, p. 229.
7. Hans Dollinger, *Preussen. Eine Kulturgeschichte in Bildern und Dokumenten* (Munique, 1980), p. 102; Mack Walker, *The Salzburg Transaction. Expulsion and Redemption in Eighteenth-century Germany* (Ítaca e Londres, 1993), p. 74.
8. Koser, vol. 1, p. 370.
9. Um relato excelente e conciso da história de Brandemburgo no início do período moderno pode ser encontrado no primeiro capítulo de *Brandenburg-Prussia 1466-1806. The Rise of a Composite State*, de Karin Friedrich (Basingstoke, 2012).
10. Koser, vol. 1, p. 364.
11. D. E. Preuss, *Friedrichs des Grossen Jugend und Thronbesteigung* (Berlim, 1840), p. 318; Gustavo Corni, *Stato assoluto e società agraria in Prussia nell'età di Federico II* (Bolonha, 1982), p. 79. Um número um pouco menor – 3,3 milhões – aparece em Werner Heegewaldt, "Friderizianische Domänenpolitik am Beispiel der Kurmark", *in* Frank Göse (ed.), *Friedrich der Grosse und die Mark Brandenburg. Herrschaftspraxis in der Provinz* (Berlim, 2012), p. 163.
12. Hintze, p. 295; Theodor Schieder, *Friedrich der Grosse. Ein Königtum der Widersprüche* (Frankfurt am Main, Berlim e Viena, 1983), p. 73.
13. Hans-Heinrich Müller, "Domänen und Domänenpächter in Brandenburg-Preussen im 18. Jahrhundert", *in* Büsch e Neugebauer (eds.), *Moderne Preussische Geschichte*, vol. 1, p. 316; Wilhelm Treue, "Staat, 'Untertan' und Gemeinde als Unternehmer in Preussen", *in Preussen – Versuch einer Bilanz* (Hamburgo, 1981), vol. 2: *Preussen – Beiträge zu einer politischen Kultur*, ed. Manfred Schlenke, p. 222.
14. Hintze, p. 287.
15. F. L. Carsten, "Die Entstehung des Junkertums", *in* Büsch e Neugebauer (eds.), *Moderne Preussische Geschichte*, vol. 1, p. 265.
16. Robert M. Berdahl, *The Politics of the Prussian Nobility. The Development of a Conservative Ideology 1770-1848* (Princeton, 1988), p. 15.
17. *Ibid.*, p. 16.
18. Otto Büsch, *Militärsystem und Sozialleben im alten Preussen* (Berlim, 1962), p. 77.
19. Christopher Clark, *Iron Kingdom. The Rise and Downfall of Prussia 1600-1947* (Londres, 2006), pp. 162-3.
20. Christof Dipper, *Deutsche Geschichte 1648-1789* (Frankfurt am Main, 1991), pp. 287-8.
21. Whaley, *Germany and the Holy Roman Empire*, vol. 2, p. 216.

22. Peter H. Wilson, "Prusso-German social militarisation reconsidered", *in* Jürgen Luh, Vinzenz Czech e Bert Becker (eds.), *Preussen, Deutschland und Europa, 1701-2001* (Groningen, 2003), p. 363.
23. Volker Press, *Kriege und Krisen. Deutschland 1600-1715* (Munique, 1991), p. 363.
24. Walker, *The Salzburg Transaction*, pp. 80-81; Carlyle, vol. 2, pp. 318-19. Alguns relatos referem-se a ele como "Schlabuth".
25. Dietrich, pp. 228-31.
26. Gustav Schmoller, "Die Entstehung des preussischen Heeres von 1640 bis 1740", *in* Büsch e Neugebauer (eds.), *Moderne Preussische Geschichte*, vol. 2, pp. 762-3.
27. Büsch, *Militärsystem und Sozialleben im alten Preussen*, p. 80, n. 8.
28. Schmoller, "Die Entstehung des preussischen Heeres", p. 763.
29. Edgar Melton, "The Prussian Junkers, 1600-1786", *in* H. M. Scott (ed.), *The European Nobilities in the Seventeenth and Eighteenth Centuries* (Londres, 1995), vol. 2, p. 95.
30. Helga Schultz, *Berlin 1650-1800. Sozialgeschichte einer Residenz* (Berlim, 1987), p. 153; Günter Vogler e Klaus Vetter, *Preussen von den Anfängen bis zur Reichsgründung* (Colônia, 1981), p. 35.
31. Melton, "The Prussian Junkers", p. 96.
32. Büsch, *Militärsystem und Sozialleben*, pp. 94-5; Christian Graf Krockow, *Warnung vor Preussen* (Berlim, 1982), p. 115.
33. C. B. A. Behrens, *Society, Government, and the Enlightenment: the Experiences of Eighteenth-century France and Prussia* (Londres, 1985), pp. 143-4.
34. Frank O'Gorman, *The Long Eighteenth Century. British Political and Social History 1688-1832* (Londres, 1997), p. 136.
35. Hintze, p. 281.
36. *Ibid.*, p. 294.
37. Günter Birtsch, "Friedrich Wilhelm I. und die Anfänge der Aufklärung in Brandenburg-Preussen", *in* Oswald Hauser (ed.), *Preussen, Europa und das Reich* (Colônia e Viena, 1987), p. 88; Gerhard Oestreich, *Friedrich Wilhelm I. Preussischer Absolutismus, Merkantilismus, Militarismus* (Göttingen, 1977), p. 111.
38. Hans Rosenberg, *Bureaucracy, Aristocracy and Autocracy. The Prussian Experience 1660-1815* (Boston, 1966), *passim*. O relato de Rosenberg sobre a burocracia prussiana é implacavelmente negativo.
39. Peter Paret, "Nationalism and the sense of military obligation", *Military Affairs*, 34, 1 (1970), p. 3.
40. Hintze, p. 171.
41. *Œuvres*, vol. 1, p. 46.
42. Ver índice em Günther Franz, *Der Dreissigjährige Krieg und das deutsche Volk*, 3 ed. (Stuttgart, 1961), p. 15.
43. Citado em Clark, *Iron Kingdom*, p. 66.
44. Schmoller, "Die Entstehung des preussischen Heeres von 1640 bis 1740", p. 749.
45. Whaley, *Germany and the Holy Roman Empire*, vol. 2, p. 627.
46. Press, *Kriege und Krisen*, p. 333.
47. Hans Meier-Welcker, *Deutsches Heerwesen im Wandel der Zeit* (Frankfurt am Main, 1956), p. 10.

48. Schmoller, "Die Entstehung des preussischen Heeres von 1640 bis 1740", p. 749.
49. Œuvres, vol. 1, p. 90.
50. Press, *Kriege und Krisen*, p. 360.
51. Dipper, *Deutsche Geschichte 1648-1789*, p. 302.
52. Carl Hinrichs, "Der grosse Kurfürst", *in* Gerhard Oestreich (ed.), *Preussen als historisches Problem* (Berlim, 1964), p. 234.
53. Werner Schmidt, *Friedrich I. Kurfürst von Brandenburg, König in Preussen*, 2 ed. (Munique, 1998), p. 181.
54. Heinz Kathe, *Der Soldatenkönig. Friedrich Wilhelm I. 1688-1740. König in Preussen* (Colônia, 1981), p. 23.
55. Schmoller, "Die Entstehung des preussischen Heeres von 1640 bis 1740", p. 756; Wolfgang Petter, "Zur Kriegskunst im Zeitalter Friedrichs des Grossen", *in* Bernhard R. Kroener (ed.), *Europa im Zeitalter Friedrichs des Grossen. Wirtschaft, Gesellschaft, Kriege* (Munique, 1989), p. 254.
56. Œuvres, vol. 1, p. 47.
57. Robert Ergang, *The Potsdam Führer: Frederick William I, Father of Prussian Militarism* (Nova York, 1941), p. 67.
58. Johann Christoph Allmayer-Beck, "Die friderizianische Armee im Spiegel ihrer österreichischen Gegner", *in Friedrich der Grosse und das Militärwesen seiner Zeit* (Herford e Bonn, 1987) [sem editor], p. 36.
59. Preuss, *Friedrichs des Grossen Jugend*, p. 348.
60. Gerd Heinrich, *Geschichte Preussens. Staat und Dynastie* (Frankfurt am Main, Berlim e Viena, 1981), p. 142.
61. Schmoller, "Die Entstehung des preussischen Heeres von 1640 bis 1740", p. 760; Walther Hubatsch, *Frederick the Great. Absolutism and Administration* (Londres, 1975), p. 132.
62. Wilson, "Prusso-German social militarisation reconsidered", p. 364; Clark, *Iron Kingdom*, p. 98.
63. Dietrich, p. 518.
64. Christopher Duffy, *The Army of Maria Theresa. The Armed Forces of Imperial Austria 1740-1780* (Londres, 1977), p. 52.
65. Dietrich, p. 184.
66. Klaus Deppermann, *Der hallesche Pietismus und der preussische Staat unter Friedrich III. (I.)* (Göttingen, 1961), p. 62.
67. Oestreich, *Friedrich Wilhelm I. Preussischer Absolutismus, Merkantilismus, Militarismus*, p. 84.
68. W. R. Ward, *Christianity under the Ancien Régime 1648-1789* (Cambridge, 1999), p. 80.
69. Deppermann, *Der hallesche Pietismus*, p. 166.
70. Carl Hinrichs, *Preussentum und Pietismus. Der Pietismus in Brandenburg-Preussen als religiös-soziale Reformbewegung* (Göttingen, 1971), p. 128.
71. *Ibid.*, pp. 146-51.
72. *Ibid.*, p. 175. Ver também Mary Fulbrook, *Piety and Politics. Religion and the Rise of Absolutism in England, Württemberg and Prussia* (Cambridge, 1983), pp. 165-77.
73. Peter H. Wilson, *The Holy Roman Empire 1495-1806*, 2 ed. (Basingstoke, 2011), p. 49.

74. *Mémoires de Charles-Louis Baron de Pöllnitz, contenant les observations qu'il a faites dans ses voyages et le caractère des personnes qui composent les principales cours de l'Europe* (Liège, 1734), vol. 1, p. 154.
75. As fortunas da família Wettin podem ser acompanhadas em palavras e imagens no luxuosamente ilustrado catálogo de exposição editado por Werner Schmidt e Dirk Syndram, *Unter einer Krone. Kunst und Kultur der sächsisch-polnischen Union* (Leipzig, 1997), que contém muitos artigos acadêmicos excelentes. Discuti a corte de Dresden em grande detalhe em meu livro *The Pursuit of Glory: Europe 1648-1815* (Londres, 2007), cap. 8.
76. Heinz Duchhardt, *Altes Reich und europäische Staatenwelt 1648-1806* (Munique, 1990), p. 27.
77. Ragnhild Hatton, *George I* (Londres, 1978), p. 46.
78. Discuti o assunto com mais detalhes em *The Pursuit of Glory*, pp. 275-85. O relato definitivo do Sacro Império Romano na época hoje em dia está em Whaley, *Germany and the Holy Roman Empire*, vol. 2.
79. Thomas Biskup, *Friedrichs Grösse. Inszenierungen des Preussenkönigs in Fest und Zeremoniell 1740-1815* (Frankfurt am Main e Nova York, 2012), p. 34.
80. Heinrich, *Geschichte Preussens*, p. 130.
81. Há um excelente relato da coroação e de seu contexto em Clark, *Iron Kingdom*, pp. 67-77. Ver também seu artigo "When culture meets power: the Prussian coronation of 1701", in Hamish Scott e Brendan Simms (eds.), *Cultures of Power in the Long Eighteenth Century* (Cambridge, 2007). Para relatos contemporâneos tanto da coroação quanto da criação da Ordem da Águia Negra, ver Karin Friedrich e Sara Smart (eds.), *The Cultivation of Monarchy and the Rise of Berlin* (Farnham, 2010), cap. 5 e 6.
82. Press, *Kriege und Krisen*, p. 362.
83. Schmidt, *Friedrich I.*, pp. 109-10.
84. *Œuvres*, vol. 1, pp. 112-44.
85. Wolfgang Neugebauer, *Die Hohenzollern* (Stuttgart, 1996), vol. 1, p. 188.
86. Peter Baumgart, "Der deutsche Hof der Barockzeit als politische Institution", in August Buck, Georg Kauffmann, Blake Lee Spahr e Conrad Wiedemann (eds.), *Europäische Hofkultur im 16. und 17. Jahrhundert. Vorträge und Referate gehalten anlässlich des Kongresses des Wolfenbütteler Arbeitskreises für Barockliteratur in der Herzog August Bibliothek Wolfenbüttel vom 4. bis 8. September 1979* (Hamburgo, 1981), p. 28. Uma ausência notável dessa lista de sobreviventes é o palácio urbano de Frederico I em Berlim, danificado por bombas em 1945 e demolido pelo regime da Alemanha Oriental em 1950.
87. Dietrich, p. 222; Baumgart, "Der deutsche Hof der Barockzeit als politische Institution", p. 29; Volker Bauer, *Die höfische Gesellschaft in Deutschland von der Mitte des 17. bis zum Ausgang des 18. Jahrhunderts. Versuch einer Typologie* (Tübingen, 1993), p. 68.
88. Gerd Bartoschek, "Die Malerei im friderizianischen Berlin", in Hans-Joachim Giersberg e Claudia Meckel (eds.), *Friedrich II. und die Kunst* (Potsdam, 1986), vol. 2, p. 169. Alguns dos músicos se empregaram com o sobrinho de Frederico Guilherme, Margrave Christian Ludwig de Brandenburgo-Schwedt, a quem Johann Sebastian Bach, em 1721, dedicou os "Seis concertos para vários instrumentos", que depois ficaram mais conhecidos como os "Concertos de Brandemburgo".

89. Dollinger, *Preussen*, p. 103.
90. Schultz, *Berlin 1650-1800*, p. 98.
91. Oestreich, *Friedrich Wilhelm I.*, p. 51; Carsten Kretschmann, "Präsentation und Repräsentation. Sammlungen und Kabinette als Schnittstellen einer république des lettres", in Sösemann, vol. 1, p. 309.
92. *Œuvres*, vol. 2, p. 1.
93. Thomas Biskup mostrou que a frugalidade de Frederico Guilherme I foi exagerada, apontando que durante a segunda metade do reinado, a corte se expandiu mais uma vez e grandes somas de dinheiro foram gastas na decoração interior do palácio real em Berlim – *Friedrichs Grösse*, p. 36 e idem, "Eines 'Grossen' würdig? Hof und Zeremoniell bei Friedrich II.", in Friederisiko, *Essays*, p. 101. Ele também iniciou um *boom* de construções em 1733 que levou à construção de 33 novas residências no fim da década – Melanie Mertens, *Berliner Barockpaläste. Die Entstehung eines Bautyps in der Zeit der ersten preussischen Könige* (Berlim, 2003), p. 10. A afirmação confiante de Gerhard Oestreich em *Friedrich Wilhelm I.*, p. 61, de que ele só gastou 1% de sua renda com a corte não é verificável, mas certamente é baixa demais.
94. *Œuvres*, vol. 2, p. 8. O original usa a excelente tradução para o inglês encontrada em *Posthumous Works* (Londres, 1789), vol. 1, p. 12.

2. A DESTRUIÇÃO DE FREDERICO

1. Ida Macalpine e Richard Hunter, *George III and the Mad-Business* (Londres, 1969), pp. 196, 214. Embora há muito aceitas, suas descobertas foram recentemente contestadas por Timothy J. Peters e D. Wilkinson, em "King George III and porphyria: a clinical re-examination of the historical evidence", *History of Psychiatry*, 21 (2010), pp. 3-19. Eles concluem que é "muito improvável" que o rei estivesse sofrendo de porfiria e que a causa de sua enfermidade jamais será conhecida.
2. Nick Lane, "Born to the Purple: the story of porphyria", *Scientific American*, 16 de dezembro de 2002, http://www.scientificamerican.com/article.cfm?id=born-to-the-purple-the-st, acesso em 20 de março de 2012.
3. Claus A. Pierach e Erich Jennewein, "Friedrich Wilhelm I. und Porphyrie", *Sudhoffs Archiv. Zeitschrift für Wissenschaftsgeschichte*, 83, 1 (1999), p. 52.
4. Ibid., pp. 53-61.
5. Gustav Berthold Volz (ed.), *Friedrich der Grosse und Wilhelmine von Bayreuth* (Leipzig, 1924), vol. 1: Jugendbriefe 1728-1740, p. 248.
6. Ibid., p. 54.
7. Príncipe herdeiro Frederico à sua irmã Guilhermina, Potsdam, 14 de outubro de 1734, in Otto Bardong (ed.), *Friedrich der Grosse, Ausgewählte Quellen zur deutschen Geschichte der Neuzeit. Freiherr vom Stein-Gedächtnisausgabe* (Darmstadt, 1982), vol. 22, p. 56.
8. Depois, foi exibida no Museu Hohenzollern - Eva Giloi, *Monarchy, Myth and Material Culture in Germany 1750-1950* (Cambridge, 2012), p. 3.
9. Carl Hinrichs, *Friedrich Wilhelm I. König in Preussen. Eine Biographie* (Hamburgo, 1941), pp. 19-20.

10. Ernest Lavisse, *The Youth of Frederick the Great*, trad. Mary Bushnell Coleman (Chicago, 1892), p. 34.
11. Robert Ergang, *The Potsdam Führer: Frederick William I, Father of Prussian Militarism* (Nova York, 1941), pp. 25, 44.
12. Christian Graf von Krockow, *Die preussischen Brüder. Prinz Heinrich und Friedrich der Grosse. Ein Doppelporträt* (Stuttgart, 1996), p. 16.
13. Theodor Schieder, *Friedrich der Grosse. Ein Königtum der Widersprüche* (Frankfurt am Main, Berlim e Viena, 1983), p. 19.
14. Gerhard Oestreich, *Friedrich Wilhelm I. Preussischer Absolutismus, Merkantilismus, Militarismus* (Göttingen, 1977), p. 50; Peter Baumgart, "Friedrich Wilhelm I.", in Frank-Lothar Kroll (ed.), *Preussens Herrscher. Von den ersten Hohenzollern bis Wilhelm II.* (Munique, 2000), p. 142.
15. Krockow, *Die preussischen Brüder*, p. 17.
16. Arnold Berney, *Friedrich der Grosse. Entwicklungsgeschichte eines Staatsmannes* (Tübingen, 1934), p. 3; Baumgart, "Friedrich Wilhelm I", p. 142.
17. Volker Hentschel, *Preussens streitbare Geschichte 1494-1945* (Düsseldorf, 1980), p. 54.
18. Peter-Michael Hahn, *Friedrich II. von Preussen* (Stuttgart, 2013), p. 21.
19. Wolfgang Neugebauer, *Die Hohenzollern* (Stuttgart, 1996), vol. 1, p. 198.
20. Krockow, *Die preussischen Brüder*, p. 27. Para uma ilustração e descrição completa, ver: http://de.wikipedia.org/wiki/Jagdschloss_Stern.
21. Marina thom Suden, *Schlösser in Berlin und Brandenburg und ihre bildliche Ausstattung im 18. Jahrhundert* (Petersberg, 2013), p. 12.
22. Ingeborg Weber-Kellermann (ed.), *Wilhelmine von Bayreuth. Eine preussische Königstochter* (Frankfurt am Main, 1990), p. 103.
23. Seckendorf a príncipe Eugênio, Altenburg, 22 de janeiro de 1727, in Friedrich Förster, *Friedrich Wilhelm I. König von Preussen* (Potsdam, 1835), vol. 3, p. 333.
24. Uma reprodução de boa qualidade pode ser vista em: http://de.wikipedia.org/w/index.php?title=Datei:Tabakskollegium-1.jpg&filetimestamp=20111030163456.
25. http://de.wikipedia.org/wiki/Tabakskollegium.
26. Ergang, *The Potsdam Führer*, p. 30.
27. Oestreich, *Friedrich Wilhelm I.*, p. 50.
28. Ergang, *The Potsdam Führer*, p. 28.
29. Hinrichs, *Friedrich Wilhelm I. König in Preussen*, pp. 36-7.
30. Dietrich, p. 243.
31. *Ibid.*, pp. 221-43.
32. Weber-Kellermann (ed.), *Wilhelmine von Bayreuth*, pp. 285-6.
33. Carlyle, vol. 2, p. 55.
34. Não consegui encontrar uma boa reprodução em cores. A melhor disponível está em: http://www.google.co.uk/imgres?q=friedrich+wilhelm+i&hl=en&biw=1366&bih=599&gbv=2&tbm=isch&tbnid=pKaQCELNYjIVUM:&imgrefurl=http://www.preussen.de/de/geschichte/1713_friedrich_wilhelm_i./friedrich_wilhelm_i._-_fortsetzung.html&docid=ks-E-FPGts3yPM&imgurl=http://www.preussen.de/Bilder/Geschichte/friedrich_wilhelm_I./friedrich_wilhelm_I_selbstportrait_LDM.jpg&w=210&h=267&ei=svFqT7HvLs7I8gOPl6HKBg&zoom=1&iact=hc&vpx=882&vpy=271&dur=3524&

NOTAS

hovh=213&hovw=168&tx=82&ty=173&sig=10375427 98964056350 68&page=1&tbnh=121&tbnw=87&start=0&ndsp=30&ved=1t:429,r:27,s:0. Há uma reprodução em branco e preto em Krockow, *Die preussischen Brüder*, p. 14.

35. Gerd Bartoschek, "Die Malerei im friderizianischen Berlin", *in* Hans-Joachim Giersberg e Claudia Meckel (eds.), *Friedrich II. und die Kunst* (Potsdam, 1986), vol. 2, p. 169; Martina Weinland, "Friedrich II. Der erste Kronprinz und seine Erziehung durch Friedrich Wilhelm I.", *in* Martina Weinland (ed.), *Im Dienste Preussens. Wer erzog Prinzen zu Königen?* (Berlim, 2001), p. 76.
36. Hinrichs, *Friedrich Wilhelm I. König in Preussen*, pp. 211-13.
37. Lehndorff, vol. 1, pp. 323-4.
38. Wolfgang Venohr, *Der Soldatenkönig. Revolutionär auf dem Thron* (Frankfurt am Main e Berlim, 1988), pp. 263-5.
39. Weber-Kellermann (ed.), *Wilhelmine von Bayreuth*, p. 63.
40. J. D. E. Preuss, *Friedrichs des Grossen Jugend und Thronbesteigung* (Berlim, 1840), p. 22.
41. *Ibid.*, p. 16.
42. Venohr, *Der Soldatenkönig*, p. 265.
43. Preuss, *Friedrichs des Grossen Jugend*, pp. 23-4.
44. Schieder, *Friedrich der Grosse*, p. 27.
45. Reinhold Koser, *Friedrich der Grosse als Kronprinz* (Stuttgart, 1886), p. 26.
46. *Ibid.*, pp. 10-11.
47. Lavisse, *The Youth of Frederick the Great*, p. 130.
48. Neugebauer, *Die Hohenzollern*, vol. 2, p. 10.
49. Berney, *Friedrich der Grosse*, p. 13.
50. *Ibid.*, p. 8; Preuss, *Friedrichs des Grossen Jugend*, p. 8.
51. Weber-Kellermann (ed.), *Wilhelmine von Bayreuth*, p. 102.
52. Koser, *Friedrich der Grosse als Kronprinz*, p. 8.
53. Schieder, *Friedrich der Grosse*, p. 30.
54. Eugen Paunel, *Die Staatsbibliothek zu Berlin. Ihre Geschichte und Organisation während der ersten zwei Jahrhunderten seit ihrer Eröffnung* (Berlim, 1965), p. 46. A Schlossfreiheit foi demolida em 1896 por ordem do Kaiser Wilhelm II para dar espaço a uma estátua de seu avô, Wilhelm I.
55. Preuss, *Friedrichs des Grossen Jugend*, p. 21; Lavisse, *The Youth of Frederick the Great*, p. 25.
56. Jürgen Luh, *Der Grosse. Friedrich II. von Preussen* (Berlim, 2012), p. 114.
57. Koser, *Friedrich der Grosse als Kronprinz*, p. 21.
58. Heinz Becker, "Friedrich II.", *in Die Musik in Geschichte und Gegenwart*, ed. Friedrich Blume (Kassel e Basle, 1955), vol. 4, p. 955; Eugene Helm e Derek McCulloch, "Frederick II, King of Prussia [Friedrich II; Frederick the Great]", http://www.oxfordmusiconline.com/subscriber/article/grove/music/10176?q=frederick+prussia&search=quick&pos=1&_start=1#firsthit. Acesso em 11 de abril de 2012. Há uma gravação excelente de *Cleofide* por William Christie e Cappella Coloniensis, recentemente republicada pela Capriccio.
59. Weber-Kellermann (ed.), *Wilhelmine von Bayreuth*, pp. 107-8. Carlyle, vol. 2, p. 27, escreveu que Frederico também tinha uma relação sexual com a condessa Orzelska, mas isso não fica claro nas memórias de Guilhermina, que parecem ser sua única fonte.

60. Weber-Kellermann (ed.), *Wilhelmine von Bayreuth*, p. 112.
61. *Ibid.*, p. 48.
62. Para uma discussão recente sobre sua confiabilidade, ver Ruth Müller-Lindenberg, *Wilhelmine von Bayreuth: die Hofoper als Bühne des Lebens* (Colônia, 2005), p. 12.
63. Förster, *Friedrich Wilhelm I. König von Preussen*, vol. 3, p. 261.
64. *Œuvres*, vol. 21, p. 96.
65. *Ibid.*, vol. 11, p. 44.
66. Preuss, *Friedrichs des Grossen Jugend*, p. 48, n. 1.
67. O glamour da corte saxã nessa época é relatado muito bem, em palavra e imagem, em Werner Schmidt e Dirk Syndram (eds.), *Unter einer Krone. Kunst und Kultur der sächsisch-polnischen Union* (Leipzig, 1997).
68. Koser, *Friedrich der Grosse als Kronprinz*, p. 10.
69. Por exemplo, Carlyle, vol. 2, p. 27; Berney, *Friedrich der Grosse*, p. 13; Johannes Kunisch, *Friedrich der Grosse. Der König und seine Zeit* (Munique, 2004), p. 23.
70. Weber-Kellermann (ed.), *Wilhelmine von Bayreuth*, p. 113.
71. Max Hein (ed.), *Briefe Friedrichs des Grossen* (Berlim, 1914), vol. 1, p. 16.
72. Carlyle, vol. 2, p. 110.
73. Preuss, *Friedrichs des Grossen Jugend*, p. 55.
74. Koser, *Friedrich der Grosse als Kronprinz*, p. 22.
75. *Ibid.*, p. 21.
76. Weber-Kellermann (ed.), *Wilhelmine von Bayreuth*, p. 46.
77. Carlyle, vol. 2, p. 51.
78. *Ibid.*
79. Andrew C. Thompson, *George II. King and Elector* (New Haven e London, 2011), pp. 82-3.
80. Koser, *Friedrich der Grosse als Kronprinz*, p. 17.
81. *Ibid.*, p. 33.
82. Carlyle, vol. 2, p. 89.
83. *Ibid.*, p. 113.
84. Koser, *Friedrich der Grosse als Kronprinz*, p. 29.
85. Carlyle, vol. 2, p. 114.
86. Koser, *Friedrich der Grosse als Kronprinz*, pp. 29-38.
87. Luh, *Der Grosse*, p. 18.
88. Seckendorf ao imperador Francisco I, Wesel, 14 de Agosto de 1730, *in* Förster, *Friedrich Wilhelm I. König von Preussen*, vol. 3, p. 4.
89. Koser, *Friedrich der Grosse als Kronprinz*, p. 51.
90. Weber-Kellermann (ed.), *Wilhelmine von Bayreuth*, pp. 206-7.
91. Hahn, *Friedrich II.*, p. 35.
92. Pierre Gaxotte, *Frederick the Great* (Londres, 1941), p. 60.
93. Weber-Kellermann (ed.), *Wilhelmine von Bayreuth*, pp. 214-15.
94. Volz (ed.), *Friedrich der Grosse und Wilhelmine von Bayreuth*, vol. 1, p. 68.
95. Paunel, *Die Staatsbibliothek zu Berlin*, p. 47.
96. Förster, *Friedrich Wilhelm I. König von Preussen*, vol. 3, p. 14.
97. Ursula Pia Jauch, "Annotationen zu den Asylanten, Querdenkern und Avantgardisten in der 'Tafelrunde'", *in* Sösemann, vol. 1, p. 203.

98. Wolfgang Burgdorf, *Friedrich der Grosse. Ein biografisches Porträt* (Freiburg, Basle e Viena, 2011), p. 83.
99. http://www.erwin-in-het-panhuis.de/online-bibliographie-zur-homosexualit%C3%A4t/bibliographie-1820-bis-heute/.
100. Thomas Stamm-Kuhlmann, "Vom rebellischen Sohn zum Landesvater. Der Herrscher zwischen Familie und Staat", *in* Sösemann, vol. 1, p. 14.
101. Burgdorf, *Friedrich der Grosse*, p. 82.
102. Schieder, *Friedrich der Grosse*, p. 40.
103. Förster, *Friedrich Wilhelm I. König von Preussen*, vol. 3, pp. 9, 15.
104. Carlyle, vol. 2, pp. 281, 298.
105. Koser, *Friedrich der Grosse als Kronprinz*, p. 71.
106. Förster, *Friedrich Wilhelm I. König von Preussen*, vol. 3, p. 47.
107. "Protokoll über die Zusammenkunft Sr. Majestät des Königs mit dem Kronprinzen K.H. in Cüstrin den 15. August 1731", *in ibid.*, p. 50.
108. Hein (ed.), *Briefe Friedrichs des Grossen*, vol. 1, p. 19.
109. Seckendorf ao príncipe Eugênio, 5 de setembro de 1730, *in ibid.*, p. 11.
110. Há uma excelente árvore genealógica em Thomas Biskup, "The hidden queen: Elizabeth Christine of Prussia and Hohenzollern queenship in the eighteenth century", *in* Clarissa Campbell Orr (ed.), *Queenship in Europe, 1660-1815. The Role of the Consort* (Cambridge, 2004), pp. 310-11.
111. Karin Feuerstein-Prasser, "Ich bleibe zurück wie eine Gefangene". *Elisabeth Christine und Friedrich der Grosse* (Ratisbona, 2011), p. 18.
112. Weber-Kellermann (ed.), *Wilhelmine von Bayreuth*, p. 311.
113. Förster, *Friedrich Wilhelm I. König von Preussen*, vol. 3, p. 77.
114. Weber-Kellermann (ed.), *Wilhelmine von Bayreuth*, p. 349.
115. Hein (ed.), *Briefe Friedrichs des Grossen*, vol. 1, p. 24.
116. Lavisse, *The Youth of Frederick the Great*, p. 388.
117. Krockow, *Die preussischen Brüder*, p. 74.

3. A CRIAÇÃO DE FREDERICO

1. Johannes Kunisch, *Friedrich der Grosse. Der König und seine Zeit* (Munique, 2004), pp. 54-5.
2. Reinhold Koser, *Friedrich der Grosse als Kronprinz* (Stuttgart, 1886), p. 81.
3. *Ibid.*, p. 197.
4. Peter Baumgart, "Kronprinzenopposition: Friedrich und Friedrich Wilhelm I.", *in* Oswald Hauser (ed.), *Friedrich der Grosse in seiner Zeit* (Colônia e Viena, 1987), p. 12. Baumgart segue G. B. Volz ao ver isso como uma crise psicológica ainda mais séria que os eventos em torno da briga de 1730.
5. J. D. E. Preuss, *Friedrichs des Grossen Jugend und Thronbesteigung* (Berlim, 1840), p. 34.
6. Koser, *Friedrich der Grosse als Kronprinz*, p. 82.
7. Peter Gay, *The Enlightenment: an Interpretation* (Londres, 1967), vol. 1: *The Rise of Modern Paganism*, pp. 290-95.

8. "Avertissement de l'Éditeur", *Œuvres*, vol. 7, p. vi; Pierre-Paul Sagave, "Preussen und Frankreich", *Jahrbücher für die Geschichte Mittel und Ostdeutschlands*, 31 (1982), pp. 67-8.
9. O último tributo está em uma carta a seu irmão, o príncipe Henrique, datada de 22 de abril de 1764 – *Œuvres*, vol. 26, p. 343.
10. Werner Langer, *Friedrich der Grosse und die geistige Welt Frankreichs, Hamburger Studien zu Volkstum und Kultur der Romanen* (Hamburgo, 1932), vol. II, p. 41.
11. *Œuvres*, vol. 19, p. 282.
12. Horst Steinmetz (ed.), *Friedrich II., König von Preussen und die deutsche Literatur des 18. Jahrhunderts. Texte und Dokumente* (Stuttgart, 1985), pp. 79-80.
13. Stefan Lorenz, "Friedrich der Grosse und der Bellerophon der Philosophie. Bemerkungen zum 'Roi philosophe' und Pierre Bayle", *in* Martin Fontius (ed.), *Friedrich II. und die europäische Aufklärung, Forschungen zur Brandenburgischen und Preussischen Geschichte, new series* (Berlim, 1999), vol. 4, p. 77.
14. Brunhilde Wehinger, "Introduction", *in* Brunhilde Wehinger e Günther Lottes (eds.), *Friedrich der Grosse als Leser* (Berlim, 2012), p. 14.
15. Sabine Henze-Döhring, *Friedrich der Grosse – Musiker und Monarch* (Munique, 2012), pp. 12-14. É um dos livros mais curtos publicados no tricentenário do nascimento de Frederico, mas também um dos mais importantes.
16. *Ibid.*, p. 11. A passagem completa em francês está na nota de rodapé da p. 202.
17. Christoph Henzel, "Johann Gottlieb Graun" e "Carl Heinrich Graun", http://www.oxfordmusiconline.com/subscriber/article/grove/music/11653pg2#S11653.2. Último acesso: 1º de maio de 2012.
18. http://www.oxfordmusiconline.com/subscriber/article/grove/music/43903pg2#S43903.2. Último acesso: 1º de maio de 2012.
19. Douglas A. Lee (ed.), *A Musician at Court: an Autobiography of Franz Benda* (Warren, MI, 1998), p. 40.
20. http://www.oxfordmusiconline.com/subscriber/article/grove/music/24744?q=Schaffrath&search=quick&pos=1&_start=1#firsthit; http://www.oxfordmusiconline.com/subscriber/article/grove/music/14134?q=Janitsch&search=quick&pos=1&_start=1#firsthit. Último acesso: 1º de maio de 2012.
21. Christoph Wolff, *Johann Sebastian Bach. The Learned Musician* (Oxford, 2002), p. 195; Daniel Heartz, *Music in European Capitals. The Galant Style, 1720-1780* (Nova York, 2003), p. 357.
22. Hans-Joachim Kadatz, *Georg Wenzeslaus von Knobelsdorff. Baumeister Friedrichs des Grossen*, 3 ed. (Leipzig, 1998), p. 38.
23. Claudia Sommer, Detlef Fuchs e Michael Rohde, *Schloss Rheinsberg* (Berlim e Munique, 2009).
24. Theodor Fontane, *Wanderungen durch die Mark Brandenburg*, ed. Helmuth Nürnberger (Munique, 2006), vol. 1, p. 274.
25. Kadatz, *Georg Wenzeslaus von Knobelsdorff*, p. 57.
26. *Ibid.*, pp. 60-62.
27. Ernst Posseck, *Die Kronprinzessin. Elisabeth Christine, Gemahlin Friedrichs des Grossen geborene Prinzessin von Braunschweig-Bevern* (Berlim, 1943), p. 355.
28. Peter-Michael Hahn, *Friedrich II. von Preussen* (Stuttgart, 2013), p. 43.

29. Karin Feuerstein-Prasser, "Ich bleibe zurück wie eine Gefangene". *Elisabeth Christine und Friedrich der Grosse* (Ratisbona, 2011), p. 39.
30. Hintze, p. 343.
31. Gerhard Ritter, *Frederick the Great. An Historical Profile*, trad. com introdução de Peter Paret (Londres, 1968), p. 26.
32. Theodor Schieder, *Friedrich der Grosse. Ein Königtum der Widersprüche* (Frankfurt am Main, Berlim e Viena, 1983), p. 56.
33. Kunisch, *Friedrich der Grosse*, p. 79.
34. *Ibid.* Kunisch cita um artigo de Ernst Lewy, "Die Verwandlung Friedrichs des Grossen", *Psyche. Zeitschrift für Psychoanalyse und ihre Anwendungen*, 49, 8 (1995), pp. 758ff. É uma tradução alemã de um artigo publicado pela primeira vez em inglês na *Psychoanalytic Study of Society*, 4 (1967), pp. 252-311. Naquele artigo, porém, Lewy simplesmente repete a história de Zimmermann como se fosse comprovada. Em uma discussão publicada em *Der Spiegel Geschichte* em 2011, Kunisch foi mais enfático em sua negação. Perguntado sobre a suposta homossexualidade de Frederico, Kunisch respondeu inequivocamente: "Frederico não era homossexual. Quando jovem, ele fez sexo com mulheres, especialmente camponesas, e no processo contraiu sífilis [*sic*]. Uma operação o deixou com uma deficiência sexual da qual ele claramente tinha vergonha. Ele já não era sexualmente ativo. O rei era intensamente tímido e até a velhice impediu seus valetes de trocar suas roupas íntimas". Em resposta a mais um questionamento sobre a estátua de Antínoo, Kunisch afirmou: "Frederico estava provocando com essa demonstração, estava na moda na época. Nenhuma indicação de que ele fosse homossexual pode ser levada a sério" – Uwe Klussmann e Norbert F. Pötzl, "Es gibt das Bedürfnis, ein Heldenbild zu pflegen: Spiegel Gespräch mit Johannes Kunisch", *Der Spiegel Geschichte*, 2 (2011), disponível on-line em: http://www.spiegel.de/spiegel/spiegelgeschichte/d-77506743.html. É particularmente infeliz que ele tenha dado essa opinião como se fosse um fato comprovado em uma entrevista que aparece como parte do documentário da Zweites Deutsches Fernsehen "Preussens Friedrich und die Kaiserin" na série "Die Deutschen", agora disponível em DVD. A repetição mais recente da história de Zimmermann é encontrada em H. D. Kittsteiner, *Das Komma von SANS, SOUCI. Ein Forschungsbericht mit Fussnoten* (Heidelberg, 2001).
35. Wolfgang Burgdorf, *Friedrich der Grosse. Ein biografisches Porträt* (Freiburgi, Basle e Vienna, 2011), p. 76; Reinhard Alings, "'Don't ask – don't tell' – war Friedrich schwul?", in Friederisiko, *Ausstellung*, p. 246.
36. Hahn, *Friedrich II.*, pp. 15, 36-7, 61, 157, 167.
37. [Johann Georg] Ritter von Zimmermann, *Fragmente über Friedrich den Grossen zur Geschichte seines Lebens, seiner Regierung und seines Charakters* (Leipzig, 1790), vol. 1, pp. 74-80, 93-4, 100.
38. Anton Friedrich Büsching, *Zuverlässige Beyträge zu der Regierungsgeschichte Königs Friedrich II.* (Hamburgo, 1790), pp. 20-21. A informação foi transmitida a Büsching em uma carta de Engel datada de Potsdam, 2 de abril de 1790. Zimmermann registrou em seu próprio livro na p. 99 que Engel tinha drenado fluido do estômago de Frederico como parte do processo.

39. Reimpresso por Gaston Vorberg em seu ensaio *Der Klatsch über das Geschlechtsleben Friedrichs II. Der Fall Jean-Jacques Rousseau* (Bonn, 1921), p. 14. Ele completa que o corpo nu de Frederico ficou ali por mais de uma hora e meia e foi visto por ao menos uma dúzia de pessoas, nenhuma das quais notou qualquer deformidade genital.
40. Thomas Lau, "Wie fälscht man einen König? Johann Georg Zimmermann und der Friedrichmythos", *in Friedrich 300 – Politik und Kulturtransfer im europäischen Kontext*, http://www.perspectivia.net/content/publikationen/friedrich300-colloquien/friedrich-kulturtransfer/lau_zimmermann. Último acesso: 15 de maio de 2012.
41. Na obra citada na nota n. 38, Büsching publicou um "Apêndice histórico" de paginação separada, no qual corrigiu os numerosos erros do livro de Zimmermann.
42. Zimmermann, *Fragmente über Friedrich den Grossen*, pp. 70, 72.
43. *Œuvres*, vol. 16, pp. 9-20.
44. *Ibid.*, p. 13.
45. Friedrich Förster, *Friedrich Wilhelm I. König von Preussen* (Potsdam, 1835), vol. 3, p. 112.
46. Seckendorf a príncipe Eugênio, Potsdam, 23 de fevereiro de 1732, *in ibid.*, p. 81.
47. Seckendorf a príncipe Eugênio, Berlim, 29 de março de 1732, *in ibid.*, p. 91.
48. Gustav Berthold Volz (ed.), *Friedrich der Grosse und Wilhelmine von Bayreuth* (Leipzig, 1924), vol. 1: Jugendbriefe 1728-1740, pp. 84, 89. Ver também Jürgen Luh, *Der Grosse. Friedrich II. von Preussen* (Berlim, 2012), pp. 123-4.
49. Seckendorf a príncipe Eugênio, Potsdam, 23 de fevereiro de 1732, *in* Föster, *Friedrich Wilhelm I.*, vol. 3, p. 80.
50. Volz (ed.), *Friedrich der Grosse und Wilhelmine von Bayreuth*, vol. 1, p. 102.
51. Seckendorf a príncipe Eugênio, Berlim, 29 de março de 1732, *in* Förster, *Friedrich Wilhelm I.*, vol. 3, p. 92.
52. Frederico a Grumbkow, Ruppin, 4 de setembro de 1732, *in ibid.*, p. 178.
53. Frederico a Grumbkow, Ruppin, 27 de janeiro de 1733, *Œuvres*, vol. 16, p. 86.
54. Volz (ed.), *Friedrich der Grosse und Wilhelmine von Bayreuth*, vol. 1, p. 140.
55. *Ibid.*, p. 142.
56. *Ibid.*, p. 143. A carta tem o cabeçalho "Salzdahlum, meia-noite, 12 de junho de 1733".
57. *Journal secret du Baron Christophe Louis de Seckendorff* (Tübingen, 1811), p. 11.
58. Frederico a príncipe Augusto Guilherme, Pogarell, 8 de abril de 1741, *Œuvres*, vol. 26, p. 99.
59. *Journal secret du Baron Christophe Louis de Seckendorff*, pp. 71-2.
60. *Ibid.*, p. 147.
61. *Œuvres*, vol. 25, p. 538.
62. *Ibid.*, p. 540.
63. *Ibid.*
64. Rudolf Endres afirmou isso na discussão que se seguiu aos artigos mostrados por Peter Baumgart e Volker Press em um simpósio em Bayreuth em 1986 – Manfred Agethen, "Diskussionsbericht", *in* Heinz Duchhardt (ed.), *Friedrich der Grosse, Franken und das Reich* (Colônia e Viena, 1986), p. 196.
65. Hahn, *Friedrich II.*, p. 47.
66. *Œuvres*, vol. 26, pp. 7, 10. Em todas as cartas escritas a Guilhermina de Rheinsberg, ele não menciona nenhuma vez a esposa, nem ao relatar as idas e vindas de convida-

dos e as festas de que desfrutavam – Volz (ed.), *Friedrich der Grosse und Wilhelmine von Bayreuth*, vol. 1, *passim*.
67. *Œuvres*, vol. 26, p. 14.
68. *Ibid.*
69. Volz (ed.), *Friedrich der Grosse und Wilhelmine von Bayreuth*, vol. 1, p. 80.
70. Carlyle, vol. 2, p. 44; vol. 3, p. 29.
71. "Gesandtschaftlicher Bericht aus Berlin, über den Regierungsantritt Friedrichs des Grossen", *Neue Berlinische Monatsschrift* (fevereiro de 1804), p. 99.
72. Thomas Biskup, "The hidden queen: Elizabeth Christine of Prussia and Hohenzollern queenship in the eighteenth century", *in* Clarissa Campbell Orr (ed.), *Queenship in Europe, 1660-1815. The Role of the Consort* (Cambridge, 2004), p. 305.
73. Sophie Marie Gräfin von Voss, *Neunundsechszig Jahre am preussischen Hofe* (Leipzig, 1887), p. 10.
74. Citado em Feuerstein-Prasser, "Ich bleibe zurück wie eine Gefangene", p. 53.
75. *Ibid.*, p. 62.
76. *Ibid.*, pp. 67-8.
77. Lehndorff, vol. 1, p. 359.
78. Alfred P. Hagemann, "Im Schatten des grossen Königs: Königin Elisabeth Christine und ihr Verhaltnis zu Friedrich II.", *Friedrich 300 – Friedrich und die historische Grösse*, p. 1, http://www.perspectivia.net/content/publikationen/friedrich300-colloquien/friedrich-groesse/hagemann_schatten. Último acesso: 24 de maio de 2012.
79. Ludwig Geiger, *Berlin 1688-1840. Geschichte des geistigen Lebens der preussischen Hauptstadt* (Berlim, 1893), vol. 1: 1688-1786, p. 318; Eva Giloi, *Monarchy, Myth and Material Culture in Germany 1750-1950* (Cambridge, 2011), p. 23.
80. Geiger, *Berlin 1688-1840*, vol. 1, p. 316.
81. Lehndorff, vol. 1, pp. 457-8.
82. J. D. E. Preuss, *Friedrich der Grosse – Eine Lebensgeschichte* (Berlim, 1832), vol. 1, p. 152; Hagemann, "Im Schatten des grossen Königs", p. 3.
83. Bernhard Mundt, "Fredersdorf, Michael Gabriel, Geheimer Camerier und Obertresorier, Vertrauter Friedrichs d. Gr.," http://www.ostdeutschebiographie.de/fredga08.htm. Último acesso: 24 de maio de 2012.
84. Johann Friedrich Borchmann, *Briefe zur Erinnerung an merkwürdige Zeiten und ruhmliche Personen, aus dem würdigen Zeitlaufe, von 1740 bis 1778* (Berlim, 1778), p. 29.
85. *Lettres familières et autres de Monsieur le Baron de Bielfeld*, 2 vols. (The Hague, 1763), vol. 1, p. 75.
86. Johannes Richter (ed.), *Briefe Friedrichs des Grossen an seinen vormaligen Kammerdiener Fredersdorf* (Mörs, 1979) (reimpressão integral da edição de 1926), p. 20.
87. Mundt, "Fredersdorf".
88. Richter (ed.), *Briefe Friedrichs des Grossen*, p. 21.
89. Koser, vol. 1, pp. 490-91. É impossível determinar da lista de fontes notoriamente imprecisa de Koser de onde vem tal observação. Ele não cita a fonte de fato, que é a vil *Idée de la personne, de la manière de vivre et de la cour du roi de Prusse par M. de ****** juin 1752*, p. 13. Segundo o emissário francês, o jacobita conde de Tyrconnell, Fredersdorf pegou dinheiro de requerentes que buscavam favores reais – Reinhold Koser, "Aus

der Korrespondenz der französischen Gesandtschaft zu Berlin 1746-1756", *Forschungen zur Brandenburgischen und Preussischen Geschichte*, 7 (1894), p. 84.
90. Lehndorff, vol. 1, pp. 359-60.
91. Richter (ed.), *Briefe Friedrichs des Grossen*, p. 150. Esse episódio levou Richter a passar as nove páginas seguintes explicando as relações de Frederico com Fredersdorf como apenas uma dessas "intensas amizades", tão comuns na época, e afirmando que a mudança de atitude de Frederico em relação à sua esposa quando subiu ao trono era motivada por sua determinação de não se desviar do caminho do dever pelo apetite sexual – *Ibid.*, pp. 151-9.
92. Lehndorff, vol. 1, p. 360.
93. Frederick a seu irmão Augusto Guilherme, Pogarell, 8 de abril de 1741, *Œuvres*, vol. 26, p. 99.
94. Hahn, *Friedrich II.*, p. 62.
95. Mundt, "Fredersdorf"; Richter (ed.), *Briefe Friedrichs des Grossen*, p. 20.
96. Ingrid Mittenzwei, *Friedrich II. von Preussen* (Colônia, 1980), pp. 103-4.
97. Richter (ed.), *Briefe Friedrichs des Grossen*, p. 98.
98. *Ibid.*, pp. 282, 315-16.
99. Mundt, "Fredersdorf".
100. Lehndorff, vol. 1, p. 360.
101. Preuss, *Friedrich der Grosse*, vol. 2, p. 34.
102. Lehndorff, vol. 1, p. 210.
103. J. W. von Archenholz, *The History of the Seven Years War in Germany* (Frankfurt am Main, 1843), pp. 32-3.
104. Büsching, *Zuverlässige Beyträge*, apêndice, pp. 35-6.
105. Preuss, *Friedrich der Grosse*, vol. 2, p. 402.
106. Walter Bussmann, "Algarotti, Graf Francesco v.", *in Neue Deutsche Biographie* (Berlim, 1953), vol. 1, pp. 199-200.
107. Reed Browning, "Hervey, John, second Baron Hervey of Ickworth (1696-1743)", *Oxford Dictionary of National Biography*, Oxford University Press, 2004; edição on-line, maio de 2008, http://www.oxforddnb.com/view/article/13116. Último acesso: 29 de maio de 2012.
108. Robert Halsband, *Lord Hervey. Eighteenth-century Courtier* (Oxford, 1973), pp. 200, 248.
109. Marc Fumaroli, "Francesco Algarotti et Frédéric II", *in idem*, *Quand l'Europe parlait français* (Paris, 2001), p. 150. Um estudo recente de Algarotti e Frederico por Norbert Schmitz ignora todas as evidências da bissexualidade de Algarotti, se referindo a Hervey apenas uma vez e só como "amigo" de Lady Mary Wortley Montagu. Schmitz também observa astutamente: "O olhar voyeurístico sob os lençóis de pessoas proeminentes pertence ao ramo da imprensa de fofocas" – Norbert Schmitz, *Der italienische Freund. Francesco Algarotti und Friedrich der Grosse* (Hanôver, 2012), pp. 121, 201.
110. Heinrich Menu von Minutoli (ed.), *Correspondance de Frédéric Second Roi de Prusse avec le comte Algarotti* (Berlim, 1837), pp. 5-8. Não há explicação do editor sobre por que as duas linhas de pontos foram inseridas.
111. *Œuvres*, vol. 21, p. 367.

112. Theodore Besterman (ed.), *Voltaire's Correspondence* (Genebra, 1954), vol. 9, p. 265. Como observou Roger Peyrefitte, a correspondência entre Voltaire e Frederico revela "une sorte d'accord pédérastique entre l'écrivain et le prince" – Roger Peyrefitte, *Voltaire et Frédéric II*. (Paris, 1992), vol. 1, p. 64.
113. Minutoli (ed.), *Correspondance de Frédéric*, p. 16.
114. Rita Unfer Lukoschik e Ivana Miatto (eds.), *Lettere prussiane di Francesco Algarotti (1712-1764)* (Pádua, 2011), p. 55.
115. Christopher Clark, *Iron Kingdom. The Rise and Downfall of Prussia 1600-1947* (Londres, 2006), pp. 67-8.
116. Koser, vol. 1, p. 30.
117. Fumaroli, "Francesco Algarotti et Frédéric II", p. 150.
118. Lukoschik e Miatto (eds.), *Lettere prussiane*, p. 56.
119. Domenico Michelessi, *Mémoires concernant la vie et les écrits du comte François Algarotti* (Berlim, 1772), p. 133.
120. John Murray Archive, 50 Albemarle Street, Londres, Algarotti Papers, caixa 2.
121. Peyrefitte, *Voltaire et Frédéric II*, vol. 1, p. 270.
122. John Murray Archive, caixa 2.
123. A Voltaire, Charlottenburg, 29 de julho de 1740, *Œuvres*, vol. 22, p. 21.
124. Vanessa de Senarclens, "Friedrichs Schossgebet", *Die Zeit*, 15 de setembro de 2011, p. 21. O poema é reimpresso no original francês e em tradução alemã. No comentário, Vanessa de Senarclens relata que Algarotti era um "homem das mulheres", mas aparentemente também era um "homem dos homens".
125. Minutoli (ed.), *Correspondance de Frédéric Second Roi de Prusse avec le comte Algarotti*, p. 26. O amor de Medoro e Angélica, episódio de *Orlando furioso*, de Ludovico Ariosto, foi retratado por muitos artistas. Há uma ilustração explícita que mostra o casal copulando, de Agostino Caracci: http://es.wikipedia.org/wiki/Archivo:Carracci_Angelique_et_Medor.jpg.
126. Minutoli (ed.), *Correspondance de Frédéric Second Roi de Prusse avec le comte Algarotti*, p. 18.
127. Christiane Mervaud, *Voltaire et Frédéric II: une dramaturgie des lumières* (Oxford, 1985), p. 121.
128. Minutoli (ed.), *Correspondance de Frédéric Second Roi de Prusse avec le comte Algarotti*, pp. 39-42.
129. *Ibid.*, p. 56.
130. John Murray Archive, caixa 1.
131. Maria Santifaller, "Christian Bernhard Rode's painting of Francesco Algarotti's tomb in the Camposanto of Pisa at the beginning of Neo-Classicism", *The Burlington Magazine* (fevereiro de 1978), vol. 120, n. 899, pp. i–vii.

4. A CRIAÇÃO DE FREDERICO (PARTE II)

1. P.C., vol. 1, p. 147.
2. *Journal secret du Baron Christophe Louis de Seckendorff* (Tübingen, 1811), p. 157.

3. *Œuvres*, vol. 25, p. 518.
4. Reinhold Koser, *Friedrich der Grosse als Kronprinz* (Stuttgart, 1886), p. 194.
5. P.C., vol. 1, p. 4.
6. Hintze, p. 322.
7. Peter H. Wilson, "Prussia's relations with the Holy Roman Empire, 1740-1786", *The Historical Journal*, 51, 2 (2008), p. 353.
8. P.C., vol. 1, pp. 9-10.
9. *Ibid.*, p. 7.
10. *Ibid.*, p. 45.
11. *Ibid.*, pp. 44-5, 57.
12. Koser, vol. 1, p. 36.
13. Hintze, p. 323.
14. Charles W. Ingrao, *The Habsburg Monarchy 1618-1815*, 2 ed. (Cambridge, 2000), p. 129.
15. J. D. E. Preuss, *Friedrichs des Grossen Jugend und Thronbesteigung* (Berlim, 1840), p. 66.
16. Joachim Whaley, *Germany and the Holy Roman Empire* (Oxford, 2012), vol. 2: *The Peace of Westphalia to the Dissolution of the Reich 1648-1806*, p. 160; Wolfgang Neugebauer, *Die Hohenzollern* (Stuttgart, 1996, 2003), vol. 2, p. 9.
17. *Œuvres*, vol. 2, p. 54; a edição original usa aqui (e subsequentemente) a excelente tradução encontrada em *Posthumous Works* (Londres, 1789); aqui, vol. 1, p. 83.
18. P.C., vol. 1, p. 50.
19. Gustav Schmoller, "Historische Betrachtungen über Staatenbildung und Finanzentwicklung", *Schmollers Jahrbuch*, 33 (1909), p. 23; Ingrao, *The Habsburg Monarchy*, p. 150.
20. Koser, vol. 1, p. 70.
21. *Ibid.*, p. 69.
22. Citado em Brendan Simms, *Europe. The Struggle for Supremacy 1453 to the Present* (Londres, 2013), p. 94.
23. Alfred Ritter von Arneth, *Geschichte Maria Theresias* (Viena, 1863-79), vol. 1, pp. 62-70.
24. Hanns Leo Mikoletzky, *Oesterreich – Das grosse Jahrhundert. Von Leopold I. bis Leopold II.* (Viena, 1967), p. 182.
25. P.C., vol. 1, p. 87.
26. Até pelos caóticos padrões da bibliografia do século XVIII, a publicação de *Anti-Maquiavel* é complicada. Para um relato completo, ver Charles Fleischauer (ed.), *L'Antimachiavel par Frédéric II, édition critique, Studies on Voltaire and the Eighteenth Century*, vol. 5 (Genebra, 1958), *passim*. Ao menos 50 edições foram publicadas durante a vida de Frederico, 34 em francês, 15 em alemão, quatro em inglês e uma em italiano, holandês, latim, russo e sueco – Gerhard Knoll, "Probleme eines Verzeichnisses der bis ca. 1800 erschienenen Drucke von Friedrichs II.", in Martin Fontius (ed.), *Friedrich II. und die europäische Aufklärung, Forschungen zur Brandenburgischen und Preussischen Geschichte*, nova série (Berlim, 1999), vol. 4, p. 91.
27. Frederico a Algarotti, 29 de outubro de 1739, *Œuvres*, vol. 18, p. 6.
28. Fleischauer (ed.), *L'Antimachiavel par Frédéric II*, pp. 352-3. A edição original usa a tradução presente em *Frederick the Great, The Refutation of Machiavelli's The Prince or Anti-Machiavel*, ed. Paul Sonnino (Athens, Ohio, 1981), aqui à p. 162.
29. *Ibid.*, pp. 159-60.

30. *Ibid.*, p. 163.
31. Arnold Berney, *Friedrich der Grosse. Entwicklungsgeschichte eines Staatsmannes* (Tübingen, 1934), p. 123. Isso não evitou que historiadores prussianos posteriores fornecessem justificativas retrospectivas a Frederico: ver, por exemplo, Leopold von Ranke, *Friedrich der Grosse* (Leipzig, 1878), pp. 9-10.
32. Fleischauer (ed.), *L'Antimachiavel*, p. 50.
33. Peter Gay, *The Enlightenment: an Interpretation* (Londres, 1967), vol. 1: *The Rise of Modern Paganism*, p. 286.
34. Friedrich Meinecke, *Machiavellism. The Doctrine of Raison d'État and Its Place in Modern History* (Londres, 1957), pp. 283, 307.
35. Theodor Schieder, *Friedrich der Grosse. Ein Königtum der Widersprüche* (Frankfurt am Main, Berlim e Viena, 1983), p. 104.
36. Foi inteiramente reimpresso, tanto no original francês quanto na tradução alemã, em Otto Bardong (ed.), *Friedrich der Grosse, Ausgewählte Quellen zur deutschen Geschichte der Neuzeit. Freiherr vom Stein- Gedächtnisausgabe* (Darmstadt, 1982), vol. 22, pp. 29-32.
37. *Ibid.*
38. Friedrich Förster, *Friedrich Wilhelm I. König von Preussen* (Potsdam, 1835), vol. 3, p. 28.
39. Derek McKay, *Prince Eugene* (Londres, 1977), pp. 238-9.
40. Förster, *Friedrich Wilhelm I. König von Preussen*, vol. 3, p. 230.
41. McKay, *Prince Eugene*, p. 239.
42. Frederico a Grumbkow, 16 de março de 1737, *Briefwechsel des Kronprinzen Friedrichs mit Friedrich Wilhelm von Grumbkow, Publicationen aus den k. preussischen Staatsarchiven* (Leipzig, 1898), vol. 72, p. 150.
43. Frederico a Grumbkow, 24 de março de 1737, *Ibid.*, p. 154.
44. Frederico a Grumbkow, 28 de janeiro de 1737, *Ibid.*, p. 147.
45. Isso pode ser seguido em Förster, *Friedrich Wilhelm I. König von Preussen*, vol. 3. Ver, por exemplo, pp. 95, 98, 113.
46. Berney, *Friedrich der Grosse*, p. 288, n. 20.
47. Whaley, *Germany and the Holy Roman Empire*, vol. 2, p. 156.
48. Reinhold Koser, *Friedrich der Grosse als Kronprinz* (Stuttgart, 1886), p. 168.
49. Frederico, o Grande, *The History of My Own Times*, p. 90.
50. Citado em Tim Blanning, *The Pursuit of Glory: Europe 1648-1815* (Londres, 2007), p. 543.
51. Michel Antoine, *Louis XV* (Paris, 1989), p. 242.
52. Citado em Colin Jones, *The Great Nation. France from Louis XV to Napoleon* (Londres, 2002), p. 52.
53. Pierre Goubert, "La force du nombre", in Fernand Braudel e Ernest Labrousse (eds.), *Histoire économique et sociale de la France* (Paris, 1970), vol. 2: *Des derniers temps de l'âge seigneurial aux préludes de l'âge industriel* (1660-1789), pp. 19-21.
54. Blanning, *The Pursuit of Glory*, pp. 207-17; T. C. W. Blanning, *The Culture of Power and the Power of Culture. Old Regime Europe 1660-1789* (Oxford, 2002), pp. 384-92.
55. M. S. Anderson, *Europe in the Eighteenth Century* (Londres, 1961), p. 173.
56. M. S. Anderson, *Peter the Great* (Londres, 1978), pp. 78-9.
57. Lucien Bély, *Les Relations internationales en Europe (XVIIe– XVIIIe siècles)*, 3 ed. (Paris, 2001), pp. 481-2.

58. Brendan Simms, *Three Victories and a Defeat. The Rise and Fall of the First British Empire, 1714-1783* (Londres, 2007), pp. 92-4, 244-6. Há um mapa excelente na p. xxv.
59. Norman Davies, *Vanished Kingdoms: The History of Half-forgotten Europe* (Londres, 2011), pp. 351-2.
60. Christopher Clark, *Iron Kingdom. The Rise and Downfall of Prussia 1600-1947* (Londres, 2006), p. 50.
61. Jochen Vötsch, *Kursachsen, das Reich und der mitteldeutsche Raum zu Beginn des 18. Jahrhunderts* (Frankfurt am Main, 2003), p. 399.
62. *Œuvres*, vol. 2, p. 58.
63. Karl Czok, *Am Hofe Augusts des Starken* (Leipzig, 1989), p. 94.
64. Peter H. Wilson, *German Armies. War and German Politics 1648-1806* (Londres, 1998), pp. 104, 252.
65. Johannes Ziekursch, *Sachsen und Preussen um die Mitte des achtzehnten Jahrhunderts. Ein Beitrag zur Geschichte des österreichischen Erbfolgekriegs* (Breslau, 1904), pp. 13-14.
66. *Ibid.*, pp. 35-6.
67. Georg Schmidt, *Wandel durch Vernunft. Deutsche Geschichte im 18. Jahrhundert* (Munique, 2009), p. 145.
68. *Ibid.*, p. 146.
69. Karl Otmar Freiherr von Aretin, *Das Alte Reich 1648-1806* (Stuttgart, 1997), vol. 2: *Kaisertradition und österreichische Grossmachtpolitik (1684-1745)*, p. 413.
70. Antoine, *Louis XV*, p. 301.
71. G. P. Gooch, *Frederick the Great* (Londres, 1947), p. 14.
72. Antoine, *Louis XV*, p. 303.
73. Como destacou Brendan Simms, o que ficou conhecido como a Guerra da Sucessão Austríaca na verdade foi a "Guerra da Sucessão Imperial" – *Europe*, p. 97.
74. Simms, *Three Victories and a Defeat*, pp. 278-9.
75. *Ibid.*
76. Paul Dukes, *The Making of Russian Absolutism 1613-1801* (Londres, 1982), p. 108.
77. Koser, vol. 1, p. 92.
78. P.C., vol. 1, p. 127, n. 189, Frederico a Mardefeld em São Petersburgo, Berlim, 6 de dezembro de 1740.
79. *Œuvres*, vol. 2, p. 62.
80. P.C., vol. 1, p. 84, n. 125, a Podewils em Berlim, Rheinsberg, 1º de novembro de 1740.
81. *Ibid.*, p. 74, n. 119, "Dressé et concerté avec son Excellence le Feld-Maréchal Général Comte de Schwerin, à Rheinsberg le 29 d'Octobre 1740, par ordre du roi".
82. *Ibid.*, p. 90, n. 140, "Idées sur les projets politiques à former au sujet de la mort de l'empereur".
83. Koser, vol. 1, p. 44.
84. P.C., vol. 1, pp. 92-3, n. 141, anotações de Frederico em margens datadas Rheinsberg, 7 de novembro de 1740.
85. A melhor narrativa disponível está em Koser, vol. 1, pp. 54-9. O melhor atlas é Holger Tümmler (ed.), *Heimatatlas für die Provinz Schlesien* (Wolfenbüttel, 2007), reimpressão da edição original de 1922.
86. M. S. Anderson, *The War of the Austrian Succession, 1740-1748* (Londres, 1995), p. 68.

87. *Œuvres*, vol. 18, p. 31.
88. P.C., vol. 1, p. 167.
89. *Ibid.*, p. 173.
90. Koser, vol. 1, p. 54.
91. *Ibid.*, p. 117.
92. *Œuvres*, vol. 22, p. 65.
93. *Ibid.*, vol. 17, p. 97.
94. *Ibid.*, vol. 2, pp. 57, 61.
95. Para um estudo recente que destaca de forma convincente a busca da glória por parte de Frederico, ver Jürgen Luh, *Der Grosse: Friedrich II. von Preussen* (Berlim, 2012), *passim*.
96. Reinhold Koser, "Aus der Korrespondenz der französischen Gesandtschaft zu Berlin 1746-1756", *Forschungen zur Brandenburgischen und Preussischen Geschichte*, 7 (1894), p. 88.
97. Dennis Showalter, *The Wars of Frederick the Great* (Londres, 1996), p. 45.
98. Carl von Clausewitz, *On War*, ed. e trad. Michael Howard e Peter Paret (Princeton, 1976), p. 140.
99. Gottlob Naumann (ed.), *Sammlung ungedruckter Nachrichten, so die Geschichte der Feldzüge der Preussen von 1740 bis 1779 erläutern* (Dresden, 1782), vol. 1, p. 38. O editor dessa coleção alegou que nem adicionou, nem substituiu dessa conta.
100. Jay Luvaas, "Student as teacher: Clausewitz on Frederick the Great and Napoleon", *The Journal of Strategic Studies*, 9, 2-3 (1986), pp. 150-51.
101. Koser, vol. 1, p. 112; Arneth, *Geschichte Maria Theresias*, vol. 1, p. 167, afirma que a retirada só começou às sete horas.
102. Showalter, *The Wars of Frederick the Great*, p. 50.
103. P.C., vol. 1, p. 221.
104. Luh, *Der Grosse*, p. 58.
105. Citado em Eva Ziebura, *August Wilhelm Prinz von Preussen* (Berlim, 2006), p. 54.
106. Camille Rousset, *Le comte de Gisors 1732-1758* (Paris, 1868), p. 106. Gisors era filho do marechal Belle-Isle. Ele foi morto na batalha de Krefeld em 1758.
107. *The History of My Own Times*, *Œuvres*, vol. 2, pp. 85-6. Para seu histórico de publicações, ver o *Avertissement de l'éditeur*, p. 1.
108. Carl von Clausewitz, "Die Feldzüge Friedrichs des Grossen", *Hinterlassene Werke des Generals Carl von Clausewitz über Krieg und Kriegführung*, 2 ed. (Berlim, 1862), vol. 10, p. 28.
109. Berney, *Friedrich der Grosse*, p. 135.
110. Christopher Duffy, *The Fortress in the Age of Vauban and Frederick the Great* (Londres, 1985), p. 113.
111. *Œuvres*, vol. 2, p. 85.
112. Carlyle, vol. 3, p. 331.
113. H. M. Scott, *The Birth of a Great Power System 1740-1815* (Londres, 2006), p. 8.
114. Hintze, p. 328.
115. Aretin, *Das Alte Reich 1648-1806*, vol. 2, p. 423.
116. *Œuvres*, vol. 2, p. 105.
117. Koser, vol. 1, p. 129.
118. P.C., vol. 1, p. 258.

119. Citado em Christopher Duffy, *The Army of Frederick the Great* (Newton Abbot, 1974), p. 161.
120. Koser, vol. 1, p. 139.
121. Duffy, *The Army of Frederick the Great*, p. 161.
122. Ziekursch, *Sachsen und Preussen*, p. 83.
123. Christopher Duffy, *Frederick the Great. A Military Life* (Londres, 1985), p. 36.
124. Minutas registradas pelo ministro britânico Lord Hyndford sobre o acordo alcançado em Klein-Schnellendorf em 9 de outubro de 1741, P.C., vol. 1, p. 371.
125. Anderson, *The War of the Austrian Succession*, p. 87.
126. Arneth, *Geschichte Maria Theresias*, vol. 1, pp. 344-5.
127. *Ibid.*, pp. 345-6.
128. Anderson, *The War of the Austrian Succession*, p. 86.
129. *Œuvres*, vol. 8, p. 281.
130. Arneth, *Geschichte Maria Theresias*, vol. 1, p. 415, n. 58. É quase bom demais para ser verdade, e é preciso imaginar se os austríacos o inventaram. Não é encontrado em *Politische Correspondenz*. Porém, von Arneth precisaria ter sido complacente, se fosse uma falsificação, o que parece improvável.
131. Carlyle, vol. 3, p. 490.
132. A campanha é contada melhor em Arneth, *Geschichte Maria Theresias*, vol. 2, cap. 1.
133. Carlyle, vol. 3, p. 519.
134. P.C., vol. 2, pp. 108-9.
135. *Ibid.*, p. 63.
136. Olaf Groehler, *Die Kriege Friedrichs II.* (Berlim, 1966), pp. 38-9.
137. *Œuvres*, vol. 2, p. 130. Tradução de *Posthumous Works*, vol. 1, pt 1, p. 196.
138. *Œuvres*, vol. 4, p. 8. Tradução de *Posthumous Works*, vol. 2, p. 12.
139. Duffy, *Frederick the Great*, pp. 40-45; Koser, vol. 1, pp. 168-71; Arneth, *Geschichte Maria Theresias*, vol. 2, pp. 51-4.
140. P.C., vol. 2, p. 165.
141. *Œuvres*, vol. 17, p. 231.
142. Duffy, *Frederick the Great*, p. 44.
143. Arneth, *Geschichte Maria Theresias*, vol. 2, p. 55.
144. Simms, *Three Victories and a Defeat*, pp. 308-10.
145. P. G. M. Dickson, *Finance and Government under Maria Theresa 1740-1780* (Oxford, 1987), vol. 2, p. 161.
146. Koser, vol. 1, p. 175.
147. P.C., vol. 2, p. 224.
148. As negociações podem ser vistas em *Ibid.*, pp. 225-7.
149. Hintze, p. 333.
150. René Hanke, *Brühl und das Renversement des alliances. Die antipreussische Aussenpolitik des Dresdener Hofes 1744-1756* (Berlim, 2006), p. 53. Sobre a "extrema hostilidade" dos saxões, ver Henri Zosime, comte de Valori (ed.), *Mémoires des négociations du marquis de Valori, ambassadeur de France à la Cour de Berlin. Accompagnés d'um recueil de lettres de Frédéric-le-Grand, des princes ses frères, de Voltaire, et des plus illustres personnages du XVIIIe siècle* (Paris, 1820), vol. 1, p. 149.

151. Ziekursch, *Sachsen und Preussen*, p. 82.
152. Whaley, *Germany and the Holy Roman Empire*, vol. 2, pp. 376-8.
153. Koser, vol. 1, p. 214.
154. J. D. E. Preuss, *Friedrich der Grosse – Eine Lebensgeschichte* (Berlim, 1832), vol. 1, p. 207.
155. Koser, vol. 1, p. 220.
156. *Ibid.*, p. 228.
157. *Œuvres*, vol. 3, p. 85. Tradução de *Posthumous Works*, vol. 1, pt 2, p. 128.
158. Arneth, *Geschichte Maria Theresias*, vol. 2, pp. 419-21, 434.
159. Duffy, *Frederick the Great*, pp. 53-4.
160. Johann Gustav Droysen, *Geschichte der preussischen Politik*, vols. 1-4 – *Friedrich der Grosse* (Leipzig, 1874-86), vol. 2, p. 366.
161. Groehler, *Die Kriege Friedrichs II.*, p. 26.
162. Ilya Berkovich, *Motivation in the Armies of Old Regime Europe* (dissertação de doutorado não publicada, Cambridge, 2012), p. 59. Agradeço ao doutor Berkovich por me permitir ler sua tese e também por fazer muitas sugestões bibliográficas úteis.
163. Droysen, *Geschichte der preussischen Politik*, vol. 2, p. 369.
164. Valori (ed.), *Mémoires des négociations du marquis de Valori*, vol. 1, p. 204.
165. *Œuvres*, vol. 3, pp. 67, 84. Tradução de *Posthumous Works*, vol. 1, pt 2, pp. 102, 128.
166. Valori (ed.), *Mémoires des négociations du marquis de Valori*, vol. 1, p. 201.
167. Groehler, *Die Kriege Friedrichs II.*, p. 55.
168. Anderson, *The War of the Austrian Succession*, pp. 142-3.
169. Simms, *Three Victories and a Defeat*, p. 337.
170. Citado em Duffy, *Frederick the Great*, p. 58.
171. Groehler, *Die Kriege Friedrichs II.*, p. 57; Koser, vol. 1, p. 249.
172. Carlyle, vol. 4, p. 128.
173. Johannes Kunisch, *Friedrich der Grosse. Der König und seine Zeit* (Munique, 2004), p. 210.
174. P.C., vol. 4, p. 134. Uma tradução alemã pode ser encontrada em Bardong (ed.), *Friedrich der Grosse*, pp. 124-5.
175. Arneth, *Geschichte Maria Theresias*, vol. 3, p. 72.
176. Carlyle, vol. 4, p. 131.
177. Koser, vol. 1, p. 257.
178. Citado em Duffy, *Frederick the Great*, p. 60.
179. *Ibid.*, p. 64. Contém o melhor relato da batalha, ilustrado por muitas citações de contemporâneos.
180. P.C., vol. 4, pp. 181-3.
181. Arneth, *Geschichte Maria Theresias*, vol. 3, pp. 78-80.
182. Andrew C. Thompson, *George II. King and Elector* (New Haven e Londres, 2011), p. 164.
183. Duffy, *Frederick the Great*, pp. 69-72.
184. P.C., vol. 4, pp. 290-94.
185. *Ibid.*, p. 296.
186. Alfred P. Hagemann, "Im Schatten des grossen Königs: Königin Elisabeth Christine und ihr Verhältnis zu Friedrich II.", *Friedrich 300 – Friedrich und die historische Grösse* http://www.perspectivia.net/content/publikationen/friedrich300-colloquien/friedrich-groesse/hagemann_schatten. Último acesso: 2 de agosto de 2012.

187. *Œuvres*, vol. 3, p. 143. Tradução de *Posthumous Works*, vol. 1, pt 2, p. 214.
188. Valori (ed.), *Mémoires des négociations du marquis de Valori*, vol. 1, p. 260.
189. Koser, vol. 1, pp. 285-8.
190. Anderson, *The War of the Austrian Succession*, p. 148.
191. *Œuvres*, vol. 3, p. 198.
192. Schieder, *Friedrich der Grosse*, p. 478.
193. Martin Engel, *Das Forum Fridericianum und die monumentalen Residenzplätze des 18. Jahrhunderts* (tese não publicada da Universidade Livre de Berlim, 2001), p. 115. Disponível em: http://www.diss.fu-berlin.de/diss/receive/FUDISS_thesis_000000001297. Engel adiciona que o arco foi na verdade erigido às custas de Frederico e que a inscrição foi composta por Johann Gottlieb Schmidt, que pode ser considerado propagandista da corte.
194. Thomas Biskup, *Friedrichs Gröss. Inszenierungen des Preussenkönigs in Fest und Zeremoniell 1740-1815* (Frankfurt am Main e Nova York, 2012), p. 74.
195. Schieder, *Friedrich der Grosse*, p. 478.
196. Luh, *Der Grosse*, p. 40. A carta em questão está em *Œuvres*, vol. 22, p. 114.
197. Luh, *Der Grosse*, p. 60. Para uma visão contrária, ver a afirmação de Johann Kunisch de que foram os súditos de Frederico que inventaram o apelido "o Grande" para ele, que era "muito cético" em relação a isso – Uwe Klussmann e Norbert F. Pötzl, "Es gibt das Bedürfnis, ein Heldenbild zu pflegen: Spiegel Gespräch mit Johannes Kunisch", *Der Spiegel Geschichte*, 2 (2011), disponível em: http://www.spiegel.de/spiegel/spiegelgeschichte/d-77506743.html.

5. O MAGISTRAL SERVO DO ESTADO

1. Dietrich, pp. 221-43; Volker Hentschel, *Preussens streitbare Geschichte 1494-1945* (Düsseldorf, 1980), p. 54; Gerhard Oestreich, *Friedrich Wilhelm I. Preussischer Absolutismus, Merkantilismus, Militarismus* (Göttingen, 1977), p. 49.
2. Hintze, p. 281.
3. Fritz Hartung, "Die politischen Testamente der Hohenzollern", in Otto Büsch e Wolfgang Neugebauer (eds.), *Moderne Preussische Geschichte* (Berlim e Nova York, 1981), vol. 3, p. 1505.
4. Dietrich, p. 240; Christopher Clark, *Iron Kingdom. The Rise and Downfall of Prussia 1600-1947* (Londres, 2006), p. 65.
5. Dietrich, p. 239.
6. *Œuvres*, vol. 26, p. 101.
7. Leopold von Ranke, *Memoirs of the House of Brandenburg and History of Prussia during the Seventeenth and Eighteenth Centuries* (Londres, 1849), vol. 2, p. 45.
8. Carsten Kretschmann, "Présentation und Représentation. Sammlungen und Kabinette als Schnittstellen einer *république des lettres*", in Sösemann, vol. 1, p. 322. O busto em Sanssouci na verdade era de Septímio Severo, mas Frederico não sabia. Sobre a admiração de Frederico a Marco Aurélio, ver também Ullrich Sachse, "Caesar und Cicero sind seine Lehrer", in Friederisiko, *Ausstellung*, pp. 162-4.

9. Peter Baumgart, "Kronprinzenopposition. Zum Verhältnis Friedrichs zu seinem Vater Friedrich Wilhelm I.", in Heinz Duchhardt (ed.), *Friedrich der Grosse, Franken und das Reich* (Colônia e Viena, 1986), p. 9.
10. Voltaire, *La Henriade*, ed. O. R. Taylor, *Studies on Voltaire and the Eighteenth Century* (Oxford, 1965), vol. 39, p. 338.
11. Charles Fleischauer (ed.), *L'Antimachiavel par Frédéric II, édition critique, Studies on Voltaire and the Eighteenth Century* (Genebra, 1958), vol. 5, p. 248.
12. *Œuvres*, vol. 9, p. 208.
13. *Ibid.*
14. Ewald Graf von Hertzberg, "Mémoire sur la troisième année du règne de Frédéric Guillaume II, et pour prouver que le gouvernement prussien n'est pas despotique", in *Mémoires de l'Académie Royale des Sciences et des Belles-Lettres. Cl. de belles-lettres. 1786/1787* (Berlim, 1792), pp. 645-6.
15. J. D. E. Preuss, *Friedrichs des Grossen Jugend und Thronbesteigung* (Berlim, 1840), pp. 377-8.
16. Erich Everth, *Die Öffentlichkeit in der Aussenpolitik von Karl V. bis Napoleon* (Jena, 1931), p. 319.
17. H. M. Scott, *The Emergence of the Eastern Powers, 1756-1775* (Cambridge, 2001), p. 149.
18. "Portrait du Roi de Prusse et réflexions sur le caractère de ce prince", in *Recueil des instructions données aux ambassadeurs et ministres de France depuis les traités de Westphalie jusqu'à la Révolution française* (Paris, 1901), vol. 16: *Prusse*, ed. Albert Waddington, p. lxxxi. Pode ser visto em tradução alemã em Gustav Berthold Volz (ed.), *Friedrich der Grosse im Spiegel seiner Zeit* (Berlim, 1901), vol. 1, p. 154.
19. Citado em Rolf Straubel, "'Bedienungen vergebe Ich nach Meinem Sinn'. Zur Personalpolitik Friedrichs II. im Zivilfach", in Frank Göse (ed.), *Friedrich der Grosse und die Mark Brandenburg. Herrschaftspraxis in der Provinz* (Berlim, 2012), p. 137.
20. Walter L. Dorn, "The Prussian bureaucracy in the eighteenth century", pt 1, *Political Science Quarterly*, 46 (1931), p. 411.
21. Wilhelm Naudé, "Denkwürdigkeiten des Ministers Grafen von der Schulenburg", *Forschungen zur Brandenburgischen und Preussischen Geschichte*, 15, 2 (1902), p. 83.
22. Georg Borchardt (ed.), *Die Randbemerkungen Friedrichs des Grossen* (Potsdam, s.d.), vol. 2, p. 78.
23. *Œuvres*, vol. 26, p. 101.
24. Dietrich, p. 326.
25. *Ibid.*, p. 610.
26. *Œuvres*, vol. 11, p. 254. Por outro lado, *Palladium* termina com um panegírico a Locke e os deístas ingleses, que ocupam seu lugar no Paraíso em vez dos santos católicos – Thomas Biskup e Peter H. Wilson, "Grossbritannien, Amerika und die atlantische Welt", in Friederisiko, Ausstellung, p. 147.
27. Friedrich Luckwaldt, "Friedrichs des Grossen Anschauungen von Staat und Fürstentum", *Historische Aufsätze Aloys Schulte zum 70. Geburtstag gewidmet* (Düsseldorf, 1927), p. 229.
28. Dietrich, pp. 608-12.
29. Peter-Michael Hahn, *Friedrich II. von Preussen* (Stuttgart, 2013), p. 116.

30. J. D. E. Preuss, *Friedrich der Grosse – Eine Lebensgeschichte* (Berlim, 1832), p. 344 e Dorn, "The Prussian bureaucracy in the eighteenth century", p. 411, que inclui um relato sobre o dia de trabalho de Frederico feito por Mencken, um de seus secretários particulares.
31. Jürgen Luh, *Der Grosse. Friedrich II. von Preussen* (Berlim, 2012), p. 53.
32. Wolfgang Neugebauer, *Die Hohenzollern* (Stuttgart, 1996, 2003), vol. 2, p. 20.
33. *Recueil des instructions données aux ambassadeurs*, p. 509.
34. Christian Wilhelm von Dohm, *Denkwürdigkeiten meiner Zeit oder Beiträge zur Geschichte vom letzten Viertel des achtzehnten und vom Anfang des neunzehnten Jahrhunderts 1778 bis 1806* (Lemgo e Hanôver, 1814-19), vol. 4, pp. 112-21. Von Dohm registrou a crença geral de que Cocceji nunca teria conseguido aprovação para suas reformas judiciais, dada a forte oposição que causaram, sem o apoio de Eichel no gabinete real.
35. Abbé Denina, *Essai sur le règne de Frédéric II, Roi de Prusse* (Berlim, 1788), p. 419.
36. Lehndorff, vol. 1, p. 242.
37. Von Dohm, *Denkwürdigkeiten*, vol. 4, pp. 115-16; Theodor Schieder, *Friedrich der Grosse. Ein Königtum der Widersprüche* (Frankfurt am Main, Berlim e Viena, 1983), p. 298.
38. Preuss, *Friedrich der Grosse*, p. 351.
39. *Ibid.*, p. 350; Lehndorff, vol. 2, p. 101. Lehndorff registrou rumores de que Eichel estava ganhando dinheiro com manipulação de moedas. A data da morte de Eichel frequentemente aparece como 1770, mas Frederico registrou a morte dele em uma carta ao príncipe Henrique datada de 5 de fevereiro de 1768, adicionando de modo indelicado que Eichel era "o homem que mantinha o escritório em ordem" – *Œuvres*, vol. 26, p. 354.
40. Wolfgang Neugebauer, "Zur neueren Deutung der preussischen Verwaltung im 17. und 18. Jahrhundert", in Büsch e Neugebauer (eds.), *Moderne Preussische Geschichte*, vol. 2, p. 555.
41. J. R. Seeley, *Life and Times of Stein, or Germany and Prussia in the Napoleonic Age* (Cambridge, 1878), vol. 1, p. 277.
42. Walter L. Dorn, "The Prussian bureaucracy in the eighteenth century", pt 2, *Political Science Quarterly*, 47 (1932), p. 82.
43. Koser, vol. 1, p. 419. Lenz tirou vantagem dessa liberdade de ação para brincar de dividir e conquistar na província, de modo a amansar os conselheiros municipais da cidade principal, Emden.
44. Günter Vogler e Klaus Vetter, *Preussen von den Anfängen bis zur Reichsgründung* (Colônia, 1981), p. 90.
45. Koser, vol. 1, p. 30; Vinzenz Czech, "Friedrich der Grosse auf Inspektionsreise", in Göse (ed.), *Friedrich der Grosse und die Mark Brandenburg*, p. 234.
46. J. W. L. Gleim (ed.), *Reisegespräch des Königs im Jahre 1779* (Halberstadt, 1784). Há uma excelente tradução em Peter Paret (ed.), *Frederick the Great: a Profile* (Nova York, 1972), pp. 79-98. O original pode ser visto on-line em http://books.google.co.uk/books?id=GeAAAAAcAAJ&pg=PA1&lpg=PA1&dq=Reisegespr.ch+des+K.nigs+im+Jahre+1779&source=bl&ots=HSOy91IGJO&sig=PmozgK032fo9H_x16r-6YLiHogs&hl=en&sa=X&ei=DGYSUeiKO4600AXKo4GwCg&ved=0CDUQ6AEwAA.
47. *Ibid.*

48. Ernst Pfeiffer, *Die Revuereisen Friedrichs des Grossen, besonders die schlesischen nach 1763 und der Zustand Schlesiens von 1763-1786* (Berlim, 1904), p. 69.
49. Wolfgang Neugebauer, "Friedrich als Risiko? Friedrich der Grosse in der Sicht von Untertanen und Geschichtsschreibern", *in Friedrich und die historische Grösse. Beiträge des dritten Colloquiums in der Reihe "Friedrich300" vom 25./26.* Setembro de 2009, Michael Kaiser e Jürgen Luh (eds.), (Friedrich300 – Colloquien, 3), http://www.perspectivia.net/content/publikationen/friedrich300-colloquien/friedrich-groesse/neugebauer_risiko, publicado em 21 de setembro em 2010. Acessado em 6 de fevereiro de 2013.
50. Norbert Conrads, "Politischer Mentalitätswandel von oben: Friedrichs II. Weg vom Gewinn Schlesiens zur Gewinnung der Schlesier", *in* Peter Baumgart (ed.), *Kontinuitäten und Wandel. Schlesien zwischen Österreich und Preussen* (Sigmaringa, 1990), pp. 231-2.
51. Dorn, "The Prussian bureaucracy in the eighteenth century", pt 1, p. 414.
52. Borchardt (ed.), *Die Randbemerkungen Friedrichs des Grossen*, vol. 1, pp. 36, 452.
53. Hubert C. Johnson, *Frederick the Great and his Officials* (New Haven e Londres, 1975), pp. 44, 48.
54. Citado em Gerhard Ritter, *Frederick the Great. An Historical Profile*, trad. e com introdução de Peter Paret (Londres, 1968), p. 157.
55. P.C., vol. 1, pp. 261-2.
56. *Ibid.*, p. 262, nn. 1-2.
57. Para uma excelente análise de Frederico como ministro do Exterior, ver H. M. Scott, "Prussia's royal foreign minister: Frederick the Great and the administration of Prussian diplomacy", *in* Robert Oresko e Graham Gibbs (eds.), *Royal and Republican Sovereignty: Essays in Memory of Ragnhild Hatton* (Cambridge, 1997), pp. 500-526.
58. Ingrid Mittenzwei, *Preussen nach dem Siebenjährigem Krieg. Auseinandersetzungen zwischen Bürgertum und Staat um die Wirtschaftspolitik* (Berlim, 1979), pp. 39-43. O episódio de Ursinus foi recontado muitas vezes. O relato detalhado de Mittenzwei baseia-se em um retrabalho dos arquivos prussianos.
59. *Ibid.*, p. 43.
60. Também foi alegado que Ursinus tinha aceitado subornos de mercadores com quem estava tramando, embora haja pouca evidência – Rolf Straubel, *Zwischen monarchischer Autokratie und bürgerlichem Emanzipationsstreben. Beamte und Kaufleute als Träger handels- und gewerbepolitischer Veränderungen im friderizianischen Preussen (1740-1806)* (Berlim, 2012), pp. 23-4. Depois disso, Ursinus se mudou para Magdeburgo, onde morreu em 1785. Seu pedido de pensão em 1776, sob a alegação de destituição, foi negado – Rolf Straubel, *Biographisches Handbuch der preussischen Verwaltungs- und Justizbeamten 1740-1806/15* (Munique, 2009), pp. 1039-40.
61. Reinhold Koser, *Friedrich der Grosse als Kronprinz* (Stuttgart, 1886), p. 95.
62. Lehndorff, vol. 1, pp. 46, 218.
63. *Ibid.*, p. 246.
64. *Ibid.*, pp. 249-52.
65. Dieudonné Thiébault, *Mes Souvenirs de vingt ans de séjour à Berlin; ou Frédéric le Grand, sa famille, sa cour, son gouvernement, son académie, ses écoles, et ses amis littérateurs et philosophes*, 4 ed. (Paris, 1813), vol. 2, p. 209.

66. Johann Friedrich Borchmann, *Briefe zur Erinnerung an merkwürdige Zeiten und rühmliche Personen, aus dem wichtigen Zeitlaufe, von 1740 bis 1778* (Berlim, 1778), p. 184.
67. Percy A. Scholes (ed.), *An Eighteenth-century Musical Tour in Central Europe and the Netherlands. Being Dr Charles Burney's Account of his Musical Experiences* (Oxford, 1959), vol. 2, pp. 164, 207.
68. Thomas Bauman, "Courts and municipalities in North Germany", *in* Neal Zaslaw (ed.), *The Classical Era. From the 1740s to the End of the Eighteenth Century* (Londres, 1989), p. 242.
69. Walter Salmen, *Johann Friedrich Reichardt. Komponist, Schriftsteller, Kapellmeister und Verwaltungsbeamter der Goethezeit* (Freiburg im Breisgau e Zurique, 1963), p. 42.
70. L. Schneider, *Geschichte der Oper und des Koeniglichen Opernhauses in Berlin* (Berlim, 1842), p. 17; Ludwig Geiger, *Berlin 1688-1840. Geschichte des geistigen Lebens der preussischen Hauptstadt* (Berlim, 1893), vol. 1: 1688-1786, p. 609.
71. *Ibid.*
72. Walter Rösler, "'Die Canaillen bezahlet man zum Pläsier'. Die königliche Schaubühne zu Berlin unter Friedrich II. und Friedrich Wilhelm II.", *in* Georg Quander (ed.), *Apollini et Musis. 250 Jahre Opernhaus Unter den Linden* (Frankfurt am Main e Berlim, 1992), p. 26.
73. Geiger, *Berlin 1688-1840*, vol. 1, p. 610.
74. O. von Riesemann, "Eine Selbstbiographie der Sängerin Gertrud Elizabeth Mara", *Allgemeine Musikalische Zeitung*, 10 (11 de agosto-29 de setembro de 1875), pp. 561, 564, 577.
75. Scholes, *An Eighteenth-century Musical Tour*, vol. 2, p. 167.
76. E. E. Helm, *Music at the Court of Frederick the Great* (Norman, 1960), p. 129.
77. Riesemann, "Eine Selbstbiographie", p. 533.
78. Sabine Henze-Döhring, *Friedrich der Grosse – Musiker und Monarch* (Munique, 2012), p. 53.
79. Brunhilde Wehinger, "Introduction", *in* Brunhilde Wehinger e Günther Lottes (eds.), *Friedrich der Grosse als Leser* (Berlim, 2012), p. 21.
80. http://www.potsdam-wiki.de/index.php/Heinrich_Ludwig_Manger. Último acesso: 13 de fevereiro de 2013.
81. Borchardt (ed.), *Die Randbemerkungen Friedrichs des Grossen*, vol. 1, pp. 94-5.
82. Conrads, "Politischer Mentalitätswandel von oben", p. 228. Por outro lado, havia uma anedota agradável ilustrando a clemência de Frederico ao fazer inspeções durante sua vida: "Por que aquele excelente soldado está preso?" "Ele foi encontrado cometendo bestialidades com seu cavalo." "Tolo, não o coloque na prisão, mas na infantaria." Ao soldado: "Sinto muito que vá perder seu cavalo." – Nancy Mitford, *Frederick the Great* (Londres, 1970), p. 112.
83. H. W. V. Temperley, *Frederick the Great and Kaiser Joseph. An Episode of War and Diplomacy in the Eighteenth Century* (Londres, 1915, reimpressão 1968), p. 21.
84. H. M. Scott, "Elliot, Hugh (1752-1830)", *Oxford Dictionary of National Biography* (Oxford, 2004); ed. on-line janeiro de 2008 (http://www.oxforddnb.com/view/article/8664). Acesso em 19 de fevereiro de 2013.

85. Heinz Duchhardt, *Freiherr vom Stein. Preussens Reformer und seine Zeit* (Munique, 2010), p. 18.
86. Oswald Hauser, "Preussen und die Preussenforschung heute", *Jahrbuch der Stiftung Preussischer Kulturbesitz*, 12 (1974), p. 57.
87. Ilsegret Dambacher, *Christian Wilhelm von Dohm. Ein Beitrag zur Geschichte des preussischen aufgeklärten Beamtentums und seiner Reformbestrebungen am Ausgang des 18. Jahrhunderts* (Bern e Frankfurt am Main, 1974), pp. 12-13.
88. Rudolf Zoeppritz (ed.), *Aus F. H. Jacobis Nachlass. Ungedruckte Briefe von und an Jacobi und Andere* (Leipzig, 1869), vol. 1, p. 49.
89. Horst Möller, "Wie aufgeklärt war Preussen?", in Hans-Jürgen Puhle e Hans-Ulrich Wehler (eds.), *Preussen im Rückblick* (Göttingen, 1980), p. 200.
90. Von Dohm, *Denkwürdigkeiten meiner Zeit*, vol. 4, p. 615.

6. CULTURA

1. J. D. E. Preuss, *Friedrichs des Grossen Jugend und Thronbesteigung* (Berlim, 1840), p. 348.
2. Christoph Henzel, "Graun", *Grove Music Online*. Oxford Music Online, Oxford University Press, Web, 19 de abril de 2013, http://www.oxfordmusiconline.com/subscriber/article/grove/music/11653pg3.
3. Carl Mennicke, *Hasse und die Brüder Graun als Symphoniker* (Leipzig, 1906), p. 458.
4. Hans-Joachim Kadatz, *Georg Wenzeslaus von Knobelsdorff. Baumeister Friedrichs des Grossen*, 3 ed. (Leipzig, 1998), p. 340. Thomas Carlyle escreveu, no vol. 3, p. 129, que Knobelsdorff foi para a Itália em 1740, mas pode ter confundido esta expedição com sua viagem italiana anterior.
5. Kadatz, *Georg Wenzeslaus von Knobelsdorff*, p. 129.
6. Norbert Schmitz, *Der italienische Freund. Francesco Algarotti und Friedrich der Grosse* (Hanôver, 2012), p. 193. Em 1751, Algarotti escreveu a Burlington para relatar que estava encorajando Frederico a adotar o estilo arquitetônico promovido por Burlington na Inglaterra, mas esse entusiasmo foi inapropriado, pois Frederico e Knobelsdorff já conheciam o estilo inglês neopalladiano antes de Algarotti aparecer no cenário – James Lees-Milne, *Earls of Creation. Five Great Patrons of Eighteenth-century Art* (Londres, 1962), p. 138. Ver também Thomas Biskup e Peter H. Wilson, "Grossbritannien, Amerika und die atlantische Welt", in *Friederisiko, Ausstellung*, p. 147.
7. David Watkin e Tilman Mellinghoff, *German Architecture and the Classical Ideal 1740-1840* (Londres, 1987), p. 18.
8. Hans-Joachim Giersberg, *Friedrich als Bauherr. Studien zur Architektur des 18. Jahrhunderts in Berlin und Potsdam* (Berlim, 1986), p. 30.
9. Reinhard Wegner, "Friedrich der Grosse und die englische Kunst", *Zeitschrift des Historischen Vereins für Kunstwissenschaft*, 42, 1 (1988), pp. 52-5.
10. Martin Engel, *Das Forum Fridericianum und die monumentalen Residenzplätze des 18. Jahrhunderts* (dissertação não publicada da Free University Berlin, 2001), http://www.diss.fuberlin.de/diss/receive/FUDISS_thesis_000000001297, p. 64.

11. L. Schneider, *Geschichte der Oper und des Koeniglichen Opernhauses in Berlin* (Berlim, 1842), p. 21.
12. Walter Rösler, "'Die Canaillen bezahlet man zum Pläsier'. Die königliche Schaubühne zu Berlin unter Friedrich II. und Friedrich Wilhelm II'" in Georg Quander (ed.), *Apollini et Musis. 250 Jahre Opernhaus Unter den Linden* (Frankfurt am Main e Berlim, 1992), p. 14.
13. Carlyle, vol. 3, p. 718.
14. Carl Martin Plümicke, *Entwurf einer Theatergeschichte von Berlin, nebst allgemeinen Bemerkungen über den Geschmack, hiesige Theaterschriftsteller und Behandlung der Kunst, in den verschiedenen Epochen* (Berlim e Stettin, 1781), p. 120, alega que, numa emergência, podiam caber entre 3.500 e 4 mil.
15. *Ibid.*, p. 119; J. D. E. Preuss, *Friedrich der Grosse – Eine Lebensgeschichte* (Berlim, 1832), vol. 1, p. 268; Martin Engel, "Architektur und Bauherrschaft', in Sösemann, vol. 1, pp. 280-81. A melhor planta da ópera é encontrada em Paul Seidel, *Friedrich der Grosse und die bildende Kunst* (Leipzig e Berlim, 1922), p. 63.
16. Jonas Hanway, *An Historical Account of the British Trade over the Caspian Sea. With a Journal of Travels from London through Russia into Persia and back through Russia, Germany, and Holland* (Londres, 1753), vol. 2, p. 187.
17. Carlyle, vol. 3, p. 599.
18. Michael Forsyth, *Buildings for Music. The Architect, the Musician, and the Listener from the Seventeenth Century to the Present Day* (Cambridge, MA, 1985), p. 104.
19. Suas chegadas à ópera, porém, eram completamente tradicionais, sendo anunciadas por trompetes e tambores. Nenhuma apresentação podia começar antes de ele dar o sinal – Johann Friedrich Karl Grimm, *Bemerkungen eines Reisenden durch die königlichen preussischen Staaten in Briefen* (Altenburg, 1779), vol. 2, p. 7.
20. Sibylle Badstuebner-Groeger, "Aufgeklärter Absolutismus in den Bildprogrammen friderizianischer Architektur?", in Martin Fontius (ed.), *Friedrich II. und die europäische Aufklärung, Forschungen zur Brandenburgischen und Preussischen Geschichte*, nova série (Berlim, 1999), vol. 4, pp. 45-7.
21. Citado em Hans Rosenberg, *Bureaucracy, Aristocracy and Autocracy. The Prussian Experience 1660-1815* (Boston, 1966), p. 42.
22. L. D. Ettlinger, "Winckelmann", in *The Age of Neo-classicism, the fourteenth exhibition of the Council of Europe* (Londres, 1972), p. xxxiii.
23. Heinrich Menu von Minutoli (ed.), *Correspondance de Frédéric Second Roi de Prusse avec le comte Algarotti* (Berlim, 1837), p. 39, Chrudim, Boêmia, 18 de abril de 1742.
24. E. E. Helm, *Music at the Court of Frederick the Great* (Norman, 1960), pp. 73-4.
25. Wilhelm Kothe, *Friedrich der Grosse als Musiker, sowie Freund und Förderer der musikalischen Kunst* (Braunsberg, 1869), p. 17: "Die Franzosen wissen nur Comödie zu spielen und die Italiener zu singen; aber Musik zu schreiben, das verstehen nur die Deutschen". Isso é mal traduzido por Helm como "Só os franceses sabem criar comédia, só os italianos sabem cantar e só os alemães sabem compor". O comentário original de Frederico, se existiu, teria sido dito em francês, é claro. Em sua nota de rodapé, n. 11, na p. 49, Kothe não fornece fonte.

26. Heinz Becker, "Friedrich II.", in *Die Musik in Geschichte und Gegenwart*, ed. Friedrich Blume (Kassel e Basileia, 1955), vol. 4, p. 955.
27. Percy A. Scholes (ed.), *An Eighteenth-century Musical Tour in Central Europe and the Netherlands. Being Dr Charles Burney's Account of his Musical Experiences* (Oxford, 1959), vol. 2, p. 207.
28. Christoph Wolff et al., "Bach", *Grove Music Online*. Oxford Music Online, Oxford University Press, Web, 22 de abril de 2013, http://www.oxfordmusiconline.com/subscriber/article/grove/music/40023pg12. Bach já tinha se apresentado para Frederico em Rheinsberg.
29. Sabine Henze-Döhring, *Friedrich der Grosse – Musiker und Monarch* (Munique, 2012), pp. 39-44; E. Eugene Helm e Derek McCulloch, "Frederick II, King of Prussia", *Grove Music Online*. Oxford Music Online, Oxford University Press, Web, 22 de abril de 2013, http://www.oxfordmusiconline.com/subscriber/article/grove/music/10176.
30. Gustav Berthold Volz (ed.), *Friedrich der Grosse und Wilhelmine von Bayreuth* (Leipzig, 1924), vol. 1: *Jugendbriefe 1728-1740*, p. 287.
31. "Épitre XIV. À Sweerts. Sur les plaisirs", *Œuvres*, vol. 10, pp. 195-201.
32. Werner Langer, *Friedrich der Grosse und die geistige Welt Frankreichs*, Hamburger Studien zu Volkstum und Kultur der Romanen (Hamburgo, 1932), vol. 11, p. vii.
33. Mark Berry, "The king in Prussia", *Opera*, Annual Festivals Issue (2012), p. 28.
34. Thomas Bauman, "Montezuma", *The New Grove Dictionary of Opera*, ed. Stanley Sadie, *Grove Music Online*. Oxford Music Online, Oxford University Press, Web, 23 de abril de 2013, http://www.oxfordmusiconline.com/subscriber/article/grove/music/O903255.
35. Albert Mayer-Reinach, "Introduction", in idem e Hans Joachim Mayer (eds.), *Carl Heinrich Graun: Montezuma. Oper in drei Akten* (Wiesbaden e Graz, 1958), p. viii.
36. Berry, "The king in Prussia", p. 29.
37. Frederico, o Grande, *Montezuma*. Texto acompanhando a gravação de Capriccio, maestro Johannes Goritzki, *Deutsche Kammerakademie* (Königsdorf, 1992), gravação n. 60 032-2, pp. 101-2.
38. "Feliz e sem reclamações, devolvo meu último suspiro mortal à beneficente natureza que me deu-o gentilmente e meu corpo aos elementos de que ele é feito" – último testamento, datado de 8 de janeiro de 1769, *Œuvres*, vol. 6, p. 243. Para a citação completa, ver adiante, p. 458.
39. Frederico, o Grande, *Montezuma*, pp. 111, 125, 129, 131, 133-4.
40. Henze-Döhring, *Friedrich der Grosse*, p. 91.
41. Citado em Daniel Heartz, *Music in European Capitals. The Galant Style, 1720-1780* (Nova York, 2003), p. 367. O original francês está em Minutoli (ed.), *Correspondance de Frédéric Second Roi de Prusse avec le comte Algarotti*, p. 98.
42. Henze-Döhring, *Friedrich der Grosse*, pp. 81-3. Há um relato completo da produção e da montagem de *Silla* em Franziska Windt, "Friedrichs Bühne", in *Friederisiko, Ausstellung*, pp. 344-59. Para uma lista completa dos libretos que Frederico escreveu ou com os quais contribuiu, ver Claudia Terne, "Friedrich II. von Preussen und die Hofoper", in *Friederisiko, Essays*, pp. 116-29.
43. Henze-Döhring, *Friedrich der Grosse*, p. 125.

44. *Ibid.*, pp. 133-4.
45. Sabine Henze-Döhring, "Die Musik", *in* Sösemann, vol. 1, p. 254.
46. Jürgen Luh, *Der Grosse. Friedrich II. von Preussen* (Berlim, 2012), p. 46.
47. Preuss, *Friedrich der Grosse*, vol. 1, p. 347.
48. *Ibid.*; Koser, vol. 1, p. 512.
49. Peter Schleuning, *Das 18. Jahrhundert. Der Bürger erhebt sich* (Hamburgo, 1984), p. 62. Outra versão dessa história coloca C. P. E. Bach dizendo que o cão da senhora Quantz era a criatura mais assustadora da Prússia, se não de toda a Europa, porque aterrorizava a senhora Quantz, que aterrorizava o senhor Quantz, que aterrorizava o rei. Tudo isso foi dito num discurso feito por Zelter em 1809, que foi reimpresso em Preuss, *Friedrich der Grosse*, vol. 3, pp. 480-83.
50. Henze-Döhring, *Friedrich der Grosse*, p. 121.
51. Scholes (ed.), *An Eighteenth-century Musical Tour*, vol. 2, p. 181. O veredito dele foi confirmado por outro visitante inglês, James Harris – Conde de Malmesbury (ed.), *Diaries and Correspondence of James Harris, First Earl of Malmesbury* (Londres, 1844), vol. 1, p. 3.
52. Schleuning, *Das 18. Jahrhundert*, p. 63.
53. Preuss, *Friedrich der Grosse*, vol. 3, p. 481.
54. Helm e McCulloch, "Frederick II, King of Prussia".
55. Henze-Döhring, "Die Musik", *in* Sösemann, vol. 1, p. 241.
56. Para um bom guia das músicas gravadas por Frederico, acesse: http://www.jpc.de/s/friedrich+ii.
57. Helmuth Osthoff, "Friedrich II. als Musikliebhaber und Komponist", *in* Erhard Bethke (ed.), *Friedrich der Grosse. Herrscher zwischen Tradition und Fortschritt* (Gütersloh, 1985), p. 179.
58. Um bom exemplo em todos os aspectos é o "Tribute to Frederick the Great (flute concertos at Sanssouci)" apresentado por Emmanuel Pahud, Trevor Pinnock e a Kammerakademie Potsdam, disponível em Blu-Ray e DVD. Apesar do subtítulo, o show na verdade aconteceu no teatro do Neues Palais.
59. Daniel Heartz e Bruce Alan Brown, "Galant", *Grove Music Online*. Oxford Music Online, Oxford University Press, Web, 24 de abril de 2013, http://www.oxfordmusiconline.com/subscriber/article/grove/music/10512.
60. *Ibid.*
61. Hans-Günter Ottenberg (ed.), *Der Critische Musicus an der Spree. Berliner Musikschrifttum von 1748 bis 1799* (Leipzig, 1984), pp. 15-16; Daniel Heartz e Bruce Alan Brown, "Empfindsamkeit", *Grove Online*. Oxford Music Online, Oxford University Press, Web, 24 de abril de 2013, http://www.oxfordmusiconline.com/subscriber/article/grove/music/08774.
62. Volz (ed.), *Friedrich der Grosse und Wilhelmine von Bayreuth*, vol. 1, p. 277.
63. Helm, *Music at the Court of Frederick the Great*, pp. 36-7.
64. Heartz, *Music in European Capitals*, p. 336.
65. Koser, vol. 2, p. 285.
66. Henze-Döhring, *Friedrich der Grosse*, p. 173.

67. Thomas Biskup, "Das Ceremoniel des grossen Königs: Völkerrecht, Reichsrecht und Friedrichs Rang in der Fürstengesellschaft" (artigo não publicado entregue à conferência *Repräsentation und Selbstinszenierung Friedrichs des Grossen*, Potsdam Museum, 28-29 de setembro de 2012).
68. Citado em Terne, "Friedrich II. von Preussen und die Hofoper", p. 4.
69. Schneider, *Geschichte der Oper*, p. 21.
70. Dieudonné Thiébault, *Mes Souvenirs de vingt ans de séjour à Berlin; ou Frédéric le Grand, sa famille, sa cour, son gouvernement, son académie, ses écoles, et ses amis littérateurs et philosophes*, 3 ed. (Paris, 1813), vol. 2, p. 310.
71. Terne, "Friedrich II. von Preussen und die Hofoper", p. 5.
72. Otto von Riesemann, "Eine Selbstbiographie der Sängerin Gertrud Elizabeth Mara", *Allgemeine Musikalische Zeitung*, 10 (11 de agosto-29 de setembro de 1875), p. 546.
73. Ludwig Geiger, *Berlin 1688-1840. Geschichte des geistigen Lebens der preussischen Hauptstadt* (Berlim, 1893), vol. 1: *1688-1786*, p. 603. Há uma discussão completa sobre as várias regras e regulamentos dessas sociedades em Heartz, *Music in European Capitals*, pp. 385ff.
74. Christoph Henzel, "'Die Zeit des Augustus in der Musik'. Berliner Klassik. Ein Versuch", in Ursula Goldenbaum e Alexander Košenina (eds.), *Berliner Aufklärung: kulturwissenschaftliche Studien* (Berlim, 2003), vol. 2, p. 25.
75. F. W. Marpurg, "Entwurf einer ausführlichen Nachricht von der Musikübenden Gesellschaft zu Berlin", in *Historisch-kritische Beyträge zur Aufnahme der Musik* (Berlim, 1754-78), vol. 1, 5 (1755), p. 385.
76. Walter Salmen, *Johann Friedrich Reichardt. Komponist, Schriftsteller, Kapellmeister und Verwaltungsbeamter der Goethezeit* (Freiburg im Breisgau e Zurique, 1963), pp. 48-9.
77. Giorgio Pestelli, *The Age of Mozart and Beethoven* (Cambridge, 1984), p. 37.
78. Thomas Bauman, *North German Opera in the Age of Goethe* (Cambridge, 1985), p. 137.
79. Ibid., p. 132.
80. Ibid., p. 174; John Warrack, *German Opera. From the Beginnings to Wagner* (Cambridge, 2001), p. 120.
81. Citado em Bauman, *North German Opera in the Age of Goethe*, p. 179.
82. Scholes (ed.), *An Eighteenth-century Musical Tour*, vol. 2, pp. 160-61.
83. Henze-Döhring, *Friedrich der Grosse*, pp. 18, 73, 143-4.
84. Friedrich Nicolai, *Beschreibung der Königlichen Residenzstädte Berlin und Potsdam* (Berlim, 1786), vol. 1, p. 210.
85. Thomas Biskup, "Eines 'Grossen' würdig? Hof und Zeremoniell bei Friedrich II.", in *Friederisiko, Essays*, p. 108.
86. Citado em Heartz, *Music in European Capitals*, p. 38.
87. *Œuvres*, vol. 23, p. 208.
88. Ibid., vol. 24, p. 324; Helm, *Music at the Court of Frederick the Great*, p. 73, oferece uma tradução diferente (e inexata).
89. Henze-Döhring, *Friedrich der Grosse*, pp. 52, 78; Helm, *Music at the Court of Frederick the Great*, p. 71; Luh, *Der Grosse. Friedrich II. von Preussen*, p. 46; Mennicke, *Hasse und die Brüder Graun als Symphoniker*, p. 480. Há vários outros exemplos do brutalmente desprezível comportamento de Frederico em relação a Reichardt no livro de Mennicke.

90. Friedrich von Oppeln-Bronikowski e Gustav Berthold Volz (eds.), *Das Tagebuch des Marchese Lucchesini (1780-1782). Gespräche mit Friedrich dem Grossen* (Munique, 1926), p. 13.
91. Preuss, *Friedrich der Grosse*, vol. 3, p. 481.
92. *Ibid.*
93. William S. Newman, "Emanuel Bach's autobiography", *The Musical Quarterly*, 51, 2 (1965), p. 363.
94. Henze-Döhring, "Die Musik", *in* Sösemann, vol. 1, p. 246; Wolff *et al.*, "Bach".
95. Hans-Günter Ottenberg, *C.P.E. Bach*, trad. Philip J. Whitmore (Oxford, 1987), p. 33.
96. *Ibid.*, p. 86.
97. *Ibid.*, p. 57.
98. Newman, "Emanuel Bach's autobiography", p. 367. Segundo uma anedota improvável, ele se arriscou em um concerto real no qual um membro da plateia elogiou: "Que ritmo!" depois de Frederico terminar um solo de flauta, ao qual Bach adicionou, num sussurro audível: "Que ritmos!".
99. Thomas Bauman, "Courts and municipalities in North Germany", *in* Neal Zaslaw (ed.), *The Classical Era. From the 1740s to the End of the Eighteenth Century* (Londres, 1989), p. 250.
100. Henze-Döhring, *Friedrich der Grosse*, p. 116.
101. Christoph Wolff, *Johann Sebastian Bach. The Learned Musician* (Oxford, 2002), p. 425. Ver também James Gaines, *Evening in the Palace of Reason* (Londres, 2005), pp. 223-9. Embora com o subtítulo *Bach Meets Frederick the Great in the Age of Enlightenment*, o livro contém muito pouco sobre o encontro em si, pelo bom motivo de que se sabe muito pouco a respeito. Contém, porém, um relato interessante e uma análise de "The Musical Offering".
102. Christoph Wolff (ed.), *The New Bach Reader. A Life of Johann Sebastian Bach in Letters and Documents* (Nova York e Londres, 1998), p. 367.
103. *Ibid.*, pp. 226-8.
104. Ver a planta do palácio em Hans-Joachim Giersberg, *Das Stadtschloss zu Potsdam* (Karwe, 2008), p. 28.
105. Carsten Kretschmann, "Präsentation und Repräsentation. Sammlungen und Kabinette als Schittstellen einer *république des lettres*", *in* Sösemann, vol. 1, p. 322. O original, intitulado "Consequences of War", está no Palácio Pitti, em Florença.
106. Claudia Sommer, Detlef Fuchs e Michael Rohde, *Schloss Rheinsberg* (Berlim e Munique, 2009), pp. 15-16.
107. Hans-Joachim Giersberg, *Schloss Sanssouci. Die Sommerresidenz Friedrichs des Grossen* (Berlim, 2005), p. 16.
108. *Ibid.*, p. 29.
109. Thomas Biskup, *Friedrichs Grösse. Inszenierungen des Preussenkönigs in Fest und Zeremoniell 1740-1815* (Frankfurt am Main e Nova York, 2012), p. 38.
110. Karl Heinrich Siegfried Rödenbeck, *Tagebuch oder Geschichtskalender aus Friedrichs des Grossen Regentenleben (1740-1786)* (Berlim, 1840), vol. 1, p. 10.
111. *Œuvres*, vol. 17, p. 188.
112. *Ibid.*, p. 219. Um "astrágalo" é definido pelo *Oxford English Dictionary* como "pequeno molde, de seção semicircular, às vezes liso, às vezes entalhado com folhas ou cor-

tado em contas, colocado ao redor do topo ou da base de colunas e usado para separar as diferentes partes da viga-mestra em entablamentos ornamentais".
113. *Ibid.*, p. 240.
114. Rödenbeck, *Tagebuch*, vol. 1, p. 71.
115. Kadatz, *Georg Wenzeslaus von Knobelsdorff*, pp. 122-3.
116. Giersberg, *Das Potsdamer Stadtschloss*, pp. 55-6.
117. Peter-Michael Hahn, *Friedrich II. von Preussen* (Stuttgart, 2013), p. 154.
118. Gert Streidt, *Potsdam. Die Schlösser und Gärten der Hohenzollern* (Colônia, 1996), p. 15.
119. Jörg Kirschstein, *Das Potsdamer Stadtschloss. Vom Fürstensitz zum Landtagschloss* (Berlim, 2014), pp. 37-9. É especialmente útil por conter muitas fotografias do interior destruído por bombas na Segunda Guerra Mundial.
120. Lehndorff, vol. 1, p. 129.
121. Kirschstein, *Das Potsdamer Stadtschloss*, pp. 56-7, 62-3.
122. Giersberg, *Schloss Sanssouci*, p. 34. É nesse relato detalhado e acadêmico que se baseia muito do que se segue.
123. *Ibid.*, p. 41.
124. *Ibid.*, pp. 38-9.
125. Para um exame de quanto Sanssouci foi definido por Frederico, junto com boas ilustrações dos esboços rudimentares dele, ver Seidel, *Friedrich der Grosse und die bildende Kunst*, pp. 96-101.
126. Hahn, *Friedrich II.*, p. 55.
127. Giersberg, *Schloss Sanssouci*, p. 45.
128. *Ibid.*, p. 69.
129. Hahn, *Friedrich II.*, p. 155.
130. Clemens Alexander Wimmer, 'Der Garten – ein Bild. Knobelsdorff und die Gartenkunst", *in* Ute G. Weickardt, Tilo Eggeling e Gerd Bartoschek (eds.), "Zum Maler und zum grossen Architekten geboren". *Georg Wenzeslaus von Knobelsdorff 1699-1753. Ausstellung zum 300. Geburtstag* (Berlim, 1999), p. 81.
131. Há uma descrição boa e bem ilustrada dos jardins de Sanssouci em sua forma inicial em Kadatz, *Georg Wenzeslaus Knobelsdorff*, pp. 207-14.
132. Michael Rohde, "Friedrich II. und die Gartenkunst in Sanssouci", *in* Friederisiko, *Ausstellung*, p. 52.
133. Alfred P. Hagemann, "Zitat und Kopie bei Friedrich II.", *in* Friederisiko, *Ausstellung*, p. 179.
134. Para os que não podem visitar Potsdam pessoalmente, o volume ricamente ilustrado de Giersberg, com 250 páginas de fotografias de Hillert Ibbeken, é um bom substituto. Há também excelentes ilustrações em Marina thom Suden, *Schlösser in Berlin und Brandenburg und ihre bildliche Ausstattung im 18. Jahrhundert* (Petersberg, 2013).
135. Martin Engel, *Das Forum Fridericianum und die monumentalen Residenzplätze des 18. Jahrhunderts* (dissertação não publicada da Free University Berlin, 2001), p. 12. Só foi latinizado como *"Forum Fridericianum"* no século XX. É estranho que o importante trabalho de Engel não tenha sido publicado, embora possa ser acessado on-line em http://www.diss.fuberlin.de/diss/receive/FUDISS_thesis_000000001297. Como demonstra Engel, relatos anteriores do fórum se concentraram nos prédios realmente

construídos, dando pouca ou nenhuma atenção ao que Frederico originalmente planejou.
136. Era a visão do embaixador saxão, escrevendo em 16 de julho de 1740. Parece improvável, pois Frederico reconstruiu o Palácio Municipal em Potsdam, onde tinha sofrido tanto quanto, se não mais. Mais influente pode ter sido sua adorada mãe, que pediu que ele não construísse um novo palácio – *Ibid.*, pp. 91, 94.
137. *Ibid.*, pp. 62, 82.
138. *Ibid.*, p. 84.
139. Klaus Dorst, "Das Neue Palais von Sanssouci. Architektonischer Schlussakkord des friderizianischen Zeitalters", *in* Friederisiko, *Ausstellung*, p. 280; Streidt, *Potsdam*, p. 88; Frank Göse (ed.), *Friedrich der Grosse und die Mark Brandenburg. Herrschaftspraxis in der Provinz* (Berlim, 2012), p. 31; Manuel Brug, "Warum Friedrich die Kaiserin im Schrank baden liess", *Die Welt*, 26 de abril de 2012, http://www.welt.de/kultur/history/article106217006/Warum-Friedrich-die-Kaiserin-im-Schrank-baden-liess.html.
140. James Lees-Milne, *Baroque in Italy* (Londres, 1959), p. 187.
141. Henriette Graf, "Das Neue Palais – Funktion und Disposition der Appartements", *in* Friederisiko, *Ausstellung*, p. 295.
142. Hans-Joachim Giersberg, "Architektur, Stadtgestaltung und Gartenkunst', *in* Gert Streidt e Peter Feierabend (eds.), *Preussen. Kunst und Architektur* (Colônia, 1999), p. 203.
143. Streidt, *Potsdam*, pp. 100-101, onde também se encontra uma fina ilustração.
144. Claudia Sommer, "Edle Gesteine in den Schlössern Friedrichs II. von Preussen", *in* Friederisiko, *Ausstellung*, p. 186. Deve-se adicionar aqui que Frederico também divulgou sua riqueza depois de 1763 encomendando um serviço de jantar dourado consistindo de 96 pratos e bandejas, sete dúzias de colheres, garfos e facas, e diversos outros objetos como tigelas, terrinas, aquecedores e castiçais – Claudia Meckel, "Gold und Silber", *in* Friederisiko, *Ausstellung*, p. 196. Tudo foi derretido em 1809 para ajudar a pagar pelas reparações extorquidas por Napoleão.
145. Watkin e Tilman Mellinghoff, *German Architecture and the Classical Ideal*, p. 22.
146. Luh, *Der Grosse. Friedrich II. von Preussen*, p. 107. Quando Frederico deixou a Saxônia em 1763, levou consigo 79 caixas de porcelana – Michaela Völkel, "Nicht alle Lust will Ewigkeit. Friedrich und das Porzellan", *in* Friederisiko, *Ausstellung*, p. 191.
147. Engel, "Architektur und Bauherrschaft", *in* Sösemann, vol. 1, p. 277.
148. Seidel, *Friedrich der Grosse und die bildende Kunst*, p. 121.
149. Volker Thiele, "Architectura fridericiana – Der König und das Bauwesen", *in* Friederisiko, *Essays*, pp. 187-8.
150. Watkin e Tilman Mellinghoff, *German Architecture and the Classical Ideal*, p. 22.
151. Luh, *Der Grosse. Friedrich II. von Preussen*, p. 162.
152. Ele tinha mais de quarenta obras arquitetônicas em sua biblioteca para consultar – Jutta Götzmann, "Veduta ideata. Der Alte Mark zu Potsdam als Auftakt und Hühepunkt friderizianischer Stadtgestaltung", *in* idem (ed.), *Friedrich und Potsdam. Die Erfindung seiner Stadt* (Munique, 2012), p. 23.
153. Alfred P. Hagemann, "Das Nauener Tor in Potsdam. Der 'Roi philosophe' und das Gothic Revival", *in* Friederisiko, *Essays*, pp. 157-8.
154. Kadatz, *Georg Wenzeslaus Knobelsdorff*, pp. 214-15.

155. Fritz-Eugen Keller, "Probleme der spätfriderizianischen Architektur", *Zeitschrift des Historischen Vereins für Kunstwissenschaft*, 42, 1 (1988), pp. 66-7.
156. Engel, *Das Forum Fridericianum*, pp. 32-3. Quando o obelisco foi restaurado pelo regime alemão oriental em 1981, os quatro governantes prussianos foram substituídos por imagens em pedra dos quatro arquitetos que tinham tido um papel importante no desenvolvimento de Potsdam.
157. Hagemann, "Zitat und Kopie bei Friedrich II.", p. 176.
158. Eugen Paunel, *Die Staatsbibliothek zu Berlin. Ihre Geschichte und Organisation während der ersten zwei Jahrhunderten seit ihrer Eröffnung* (Berlim, 1965), p. 50.
159. Wegner, "Friedrich der Grosse und die englische Kunst", pp. 56-7; Hans Kania, *Potsdamer Baukunst. Eine Darstellung ihrer geschichtlichen Entwicklung* (Berlim, 1926), p. 48.
160. *Ibid.*
161. Christoph Vogtherr, "An art collector on the European stage", artigo não publicado entregue a "Frederick the Great and the Republic of Letters", um simpósio organizado por Thomas Biskup e Katrin Kohl na Jesus College, Oxford, 13-14 de julho de 2012.
162. Ernst Curtius, "Friedrich II. und die bildenden Künste", *in idem, Alterthum und Gegenwart. Gesammelte Reden und Vorträge* (Berlim, 1882), vol. 2, p. 203.
163. Kretschmann, "Präsentation und Repräsentation", p. 311.
164. Gerd Bartoschek, "Friedrich II. als Sammler von Gemälden", *in* Hans-Joachim Giersberg e Claudia Meckel (eds.), *Friedrich II. und die Kunst* (Potsdam, 1986), vol. 1, p. 86.
165. Paul Seidel, "Friedrich der Grosse als Sammler von Gemälden und Skulpturen", *Jahrbuch der Königlich-Preussischen Kunstsammlungen*, 13 (1892), p. 192.
166. Helmut Börsch-Supan, "Friedrich der Grosse und Watteau", *in* Margaret Morgan Grasselli e Pierre Rosenberg (eds.), *Watteau 1684-1721* (Berlim, 1985), p. 553. É provável que falsificadores parisienses tenham produzido Watteaus falsos expressamente para serem vendidos a Frederico – Seidel, *Friedrich der Grosse und die bildende Kunst*, pp. 163-4. Na realidade, apenas onze dos "Watteaus" eram genuínos, embora ainda seja um total impressionante, dada a curta vida do artista, que morreu em 1721, aos 36 anos.
167. Essa, pelo menos, é a especulação de Helmut Börsch-Supan em Grasselli e Rosenberg (eds.), *Watteau*, p. 562.
168. Kretschmann, "Präsentation und Repräsentation", p. 319.
169. Adolf Rosenberg, "Friedrich der Grosse als Kunstsammler", *Zeitschrift für bildende Kunst*, nova série, 4 (1893), p. 210.
170. Helmut Börsch-Supan, "Brandenburg und Sachsen – die Spannungen im Kunstleben", *in* Göse (ed.), *Friedrich der Grosse und die Mark Brandenburg*, p. 29.
171. Nina Simone Schepkowski, *Johann Ernst Gotzkowsky. Kunstagent und Gemäldesammler im friderizianischen Berlin* (Berlim, 2009), pp. 77-8.
172. Seidel, "Friedrich der Grosse als Sammler von Gemälden und Skulpturen", p. 188.
173. *Ibid.*
174. Kretschmann, "Präsentation und Repräsentation", p. 317.
175. Tobias Locker, "Die Bildergalerie von Sanssouci bei Potsdam", *in* Bénédicte Savoy (ed.), *Tempel der Kunst. Die Geburt des öffentlichen Museums in Deutschland 1701-1815* (Mainz, 2006), p. 219.
176. Schepkowski, *Johann Ernst Gotzkowsky*, pp. 79-80.

177. Saskia Hünecke, "Introduction", *in* idem. (ed.), *Die Schönste der Welt. Eine Wiederbegegnung mit der Bildergalerie Friedrichs des Grossen* (Berlim e Munique, 2013), p. 9. Esse volume informativo e lindamente produzido contém uma descrição detalhada da coleção.
178. Börsch-Supan, "Brandenburg und Sachsen", p. 30.
179. Helmut Börsch-Supan, "Friedrichs des Grossen Umgang mit Bildern", *Zeitschrift des Historischen Vereins für Kunstwissenschaft*, 42, 1 (1988), p. 30.
180. James J. Sheehan, *Museums in the German Art World. From the End of the Old Regime to the Rise of Modernism* (Nova York, 2000), p. 32.
181. Engel, "Architektur und Bauherrschaft", p. 276.
182. Sheehan, *Museums*, p. 37.
183. Alexandra Nina Bauer, "Die Gemäldesammlung bis 1786", *in* Hünecke (ed.), *Die Schönste der Welt*, p. 41.
184. Hünecke, "Introduction", *in* ibid., p. 9.
185. Christoph Martin Vogtherr, "Friedrich II. von Preussen als Sammler von Gemälden und der Marquis d'Argens", *in* Hans Dickel e Christoph Martin Vogtherr (eds.), *Preussen. Die Kunst und das Individuum* (Berlim, 2003), p. 43.
186. Börsch-Supan, "Friedrichs des Grossen Umgang mit Bildern", p. 29; Reinhard Alings, "'Don't ask – don't tell' – war Friedrich schwul?", *in* Friederisiko, *Ausstellung*, p. 241.
187. Locker, "Die Bildergalerie von Sanssouci bei Potsdam", p. 225.
188. Vogtherr, "An art collector on the European stage".
189. *Ibid.*
190. Daniel Heartz, *Mozart's Operas* (Berkeley, 1990), p. 3.
191. *Description d'un tableau représentant le sacrifice d'Iphigénie peint par monsieur Carle Vanloo* (Paris, 1757), p. 25. Disponível on-line em http://gallica.bnf.fr/ark:/12148/btv1b84430070/f25.image.
192. *Extrait des Observations sur la physique et les arts. Lettre à l'auteur sur l'exposition de cette année* (Paris, 1757), pp. 2-8. Disponível on-line em http://gallica.bnf.fr/ark:/12148/btv1b8443009t/f3.image. Ver também Thomas E. Crow, *Painters and Public Life in Eighteenth-century Paris* (New Haven e Londres, 1985), pp. 104-5.
193. Friedrich Melchior Grimm, *Correspondance littéraire* (outubro de 1757), disponível on-line em http://artflsrv02.uchicago.edu/cgi-bin/philologic/getobject.pl?c.1:29.grimm.338962.
194. Curtius, 'Friedrich II. und die bildenden Künste', p. 204. O mesmo número é mencionado por Koser, vol. 1, p. 479.
195. Luh, *Der Grosse*, p. 29.
196. http://ub-dok.uni-trier.de/argens/pic/pers/Stosch.php.
197. Dorothy Mackay Quynn, "Philipp von Stosch: Collector, Bibliophile, Spy, Thief (1691-1757)", *The Catholic Historical Review* (1941), p. 339. Jonathan Israel se referiu a Stosch em *The Radical Enlightenment* (Oxford, 2002), p. 222, como "o lendário deísta, maçom e declarado homossexual".
198. Astrid Dostert, "Friedrich der Grosse als Sammler antiker Skulptur", *in* Friederisiko, *Essays*, pp. 230-45.
199. Giersberg, *Das Potsdamer Stadtschloss*, p. 29.

200. Dostert, "Friedrich der Grosse als Sammler antiker Skulptur", pp. 28-30.
201. Detlev Kreikenbom, "Die Aufstellung antiker Skulpturen in Potsdam-Sanssouci unter Friedrich II.", in Max Kunze (ed.), *Wilhelmine und Friedrich II. und die Antiken*, Schriften der Winckelmann-Gesellschaft (Stendal, 1998), vol. 15, p. 48. Também contém uma ilustração. Para uma boa ilustração de Marte, ver Giersberg, *Schloss Sanssouci*, p. 197.
202. Giersberg, *Schloss Sanssouci*, p. 49.
203. Thomas Blisniewski, "Mythologie", *in ibid.*, pp. 103-11. Ver também as ilustrações nas pp. 181-9.
204. Hahn, *Friedrich II.*, pp. 37-8. O principal biógrafo de Carlos XII, Ragnhild Hatton, dedica muito espaço a explicar por que ele nunca se casou, mas não discute sua sexualidade – *Charles XII of Sweden* (Londres, 1968), *passim*.
205. Hahn, *Friedrich II.*, p. 156.
206. Christoph Martin Vogtherr, "Absent love in pleasure houses. Frederick II of Prussia as art collector and patron", *Art History*, 24, 2 (2001), p. 237. Ver também Suden, *Schlösser in Berlin und Brandenburg*, p. 206.
207. Hahn, *Friedrich II.*, p. 167; Vogtherr, "Absent love in pleasure houses", p. 231.
208. Peter-Michael Hahn, *Friedrich der Grosse und die deutsche Nation: Geschichte als politisches Argument* (Stuttgart, 2007), p. 215.
209. *Œuvres*, vol. 2, p. 3. O mesmo escândalo também é abordado em "Ode to Slander", de Frederico, junto com alegações de homossexualidade de Júlio César – *Ibid.*, vol. 10, p. 5.
210. *Journal secret du Baron Christophe Louis de Seckendorff* (Tübingen, 1811), p. 12.
211. Thomas Fischbacher, *Des Königs Knabe. Friedrich der Grosse und Antinous* (Weimar, 2011), pp. 47-8.
212. *Ibid.*, p. 80; Emile Michel, "Frédéric II et les arts à la cour de Prusse", *Revue des deux mondes*, 56 (1883), p. 893.
213. P. C., vol. 5, p. 442.
214. Vogtherr, "Absent love in pleasure houses", p. 239.
215. Orestes e Pilates, Niso e Pirítoo aparecem no poema "Le temple de l'amitié" de Voltaire, escrito em 1732 e enviado ao príncipe herdeiro Frederico em 1738 com um verso adicional – Hagemann, "Zitat und Kopie bei Friedrich II.", p. 183.
216. Franziska Windt, "Künstlerische Inszenierung von Grösse. Friedrichs Selbstdarstellung im Neuen Palais", in Friederisiko, *Essays*, pp. 131-49. Para um reconhecimento contemporâneo da relação de Alexandre com Hefestião, ver Hannah Smith e Stephen Taylor, "Hephaestion and Alexander: Lord Hervey, Frederick, Prince of Wales, and the royal favourite in England in the 1730s", *English Historical Review*, 507 (2009), p. 13.
217. Vogtherr, "An art collector on the European stage".
218. Sommer, Fuchs e Rohde, *Schloss Rheinsberg*, p. 16; Gustav Berthold Volz (ed.), *Friedrich der Grosse im Spiegel seiner Zeit* (Berlim, 1901), vol. 1, p. 77.
219. Albert Salomon, "Der Freundschaftskult des 18. Jahrhunderts in Deutschland: Versuch zur Soziologie einer Lebensform", ed. Richard Grathoff, *Zeitschrift für Soziologie*, 8, 3 (1979), p. 290; Jost Hermand, *Freundschaft. Zur Geschichte einer sozialen Bindung*

(Colônia, Weimar e Viena, 2006), p. 11; Wolfdietrich Rasch, *Freundschaftskult und Freundschaftsdichtung im deutschen Schrifttum des 18. Jahrhunderts* (Halle-Saale, 1936), *Deutsche Vierteljahrsschrift für Literaturwissenschaft und Geistesgeschichte*, vol. 21, p. 83. Acadêmicos britânicos e norte-americanos, em particular, argumentaram que foi no início do século XVIII que a sexualidade masculina foi reconceituada de forma a excluir relações sexuais entre homens da experiência normativa. A heterossexualidade se tornou predominante, em vez de, como anteriormente, o paradigma sexual dominante e, consequentemente, a heterossexualidade desenfreada se tornou prova de masculinidade – Smith and Taylor, "Hephaestion and Alexander", p. 14.

220. Helmut Walser Smith, "The poetry of friendship and the prose of patriotic sacrifice in Prussia during the Seven Years War", *in* Ursula Goldenbaum e Alexander Košenina (eds.), *Berliner Aufklärung*, p. 10.

7. PAZ E GUERRA 1745-1756

1. Alfred Ritter von Arneth, *Geschichte Maria Theresias* (Viena, 1863- 79), vol. 3, pp. 160-66.
2. Jürgen Ziechmann (ed.), *Friedrich der Grosse. Das Palladion* (Bremen, 1985), vol. 2: Kommentarband, p. 55.
3. Henri Zosime, Comte de Valori (ed.), *Mémoires des négociations du marquis de Valori, ambassadeur de France à la Cour de Berlin. Accompagnés d'un recueil de lettres de Frédéric-le-Grand, des princes ses frères, de Voltaire, et des plus illustres personnages du XVIIIe siècle* (Paris, 1820), vol. 1, pp. 290-94. Foi reimpresso em tradução inglesa completa em Carlyle, vol. 4, pp. 222-7.
4. Edgar Zevort (ed.), *Le Marquis d'Argenson et le Ministère des Affaires Étrangères de 18 novembre 1744 au 10 janvier 1747* (Paris, 1879), p. 368.
5. *Ibid.*, p. 370.
6. Arneth, *Geschichte Maria Theresias*, vol. 3, pp. 164-8, 445.
7. Karl Heinrich Kaufhold, "Friderizianische Agrar-, Siedlungs- und Bauernpolitik", *in* Peter Baumgart (ed.), *Kontinuitäten und Wandel. Schlesien zwischen Österreich und Preussen* (Sigmaringen, 1990), p. 172.
8. Carlyle, vol. 3, p. 165.
9. Herman Freudenberger, "Industrialisation in Bohemia and Moravia in the 18th century", *Journal of Central European Affairs*, 19 (1960), p. 348.
10. *Ibid.*; Dietrich, p. 274; Peter-Michael Hahn, *Friedrich II. von Preussen* (Stuttgart, 2013), p. 90.
11. Carlyle, vol. 3, p. 182. Há um bom mapa das fortalezas na Silésia (e em outras partes da Prússia) no verso da capa de Bernhard R. Kroener (ed.), *Europa im Zeitalter Friedrichs des Grossen. Wirtschaft, Gesellschaft, Kriege* (Munique, 1989).
12. Johannes Kunisch, *Das Mirakel des Hauses Brandenburg: Studien zum Verhältnis von Kabinettspolitik und Kriegführung im Zeitalter des Siebenjährigen Krieges* (Munique, 1978), p. 95.
13. Wilhelm Treue, "Schlesiens Eingliederung in das preussische Wirtschaftssystem", *in* Baumgart (ed.), *Kontinuitäten und Wandel*, pp. 121-3.

14. James Van Horn Melton, *Absolutism and the Eighteenth-century Origins of Compulsory Schooling in Prussia and Austria* (Cambridge, 1988), p. 94.
15. Leopold von Ranke, *Friedrich der Grosse* (Leipzig, 1878), p. 34.
16. J. E. Biester, "Bemerkungen auf einer Reise in Schlesien; in Briefen", *in* F. Gedike e J. E. Biester (eds.), *Berlinische Monatsschrift* (Berlim, 1783) (1), p. 242.
17. Norbert Conrads, "Politischer Mentalitätswandel von oben: Friedrichs II. Weg vom Gewinn Schlesiens zur Gewinnung der Schlesier", *in* Baumgart (ed.), *Kontinuitäten und Wandel*, p. 222; Ingrid Mittenzwei, *Friedrich II. von Preussen* (Colônia, 1980), p. 51.
18. Kaufhold, "Friderizianische Agrar-, Siedlungs- und Bauernpolitik", p. 176.
19. Harm Klueting, "Die politisch-administrative Integration Preussisch- Schlesiens unter Friedrich II.", *in* Baumgart (ed.), *Kontinuitäten und Wandel*, p. 59.
20. Koser, vol. 1, pp. 392, 395.
21. Ute Frevert, *Gefühlspolitik. Friedrich II. als Herr über die Herzen?* (Göttingen, 2012), p. 61.
22. Ernst Pfeiffer, *Die Revuereisen Friedrichs des Grossen, besonders die schlesischen nach 1763 und der Zustand Schlesiens von 1763-1786* (Berlim, 1904), p. 21.
23. O melhor relato conciso sobre os anos finais da Guerra da Sucessão Austríaca e da paz está em H. M. Scott, *The Birth of a Great Power System 1740-1815* (Londres, 2006), pp. 59-67.
24. *Œuvres*, vol. 4, p. 18.
25. Arneth, *Geschichte Maria Theresias*, vol. 4, p. 266.
26. *Œuvres*, vol. 2, pp. 26-7. Tradução de Frederico, o Grande, *The History of My Own Times*, vol. 1, p. 40.
27. 1º de julho de 1743, P.C., vol. 2, p. 370.
28. *Œuvres*, vol. 3, p. 33. Tradução de Frederico, o Grande, *The History of My Own Times*, vol. 1, pp. 49 50.
29. P.C., vol. 2, p. 408.
30. *Ibid.*, vol. 3, p. 169.
31. Ver as úteis tabelas genealógicas em Simon Dixon, *Catherine the Great* (Londres, 2009), pp. vi-viii. Essa notável biografia também contém um excelente relato do noivado e casamento do grão-duque Pedro e de Catarina.
32. *Œuvres*, vol. 3, p. 32. Tradução de Frederico, o Grande, *The History of My Own Times*, vol. 1, p. 48. A czarina Isabel originalmente achou que a irmã de Frederico, Ulrica, era para seu filho, mas Frederico já tinha escolhido o príncipe sueco, acreditando que seria mais útil – Agnieszka Pufelska, "Vom zufälligen Feind zum umworbenen Freund: Friedrich II. und Russland", *in* Friederisiko, *Ausstellung*, pp. 122-3.
33. P.C., vol. 3, p. 237.
34. Walther Mediger, *Moskaus Weg nach Europa. Der Aufstieg Russlands zum europäischen Machtstaat im Zeitalter Friedrichs des Grossen* (Brunsvique, 1952), p. 249. Infelizmente, esse relato muito detalhado da política russa não vem com notas de rodapé.
35. Koser, vol. 1, pp. 466-7.
36. Gaston Zeller, *Histoire des relations internationales. Les temps modernes*, vol. 2: *De Louis XIV à 1789* (Paris, 1955), p. 223.
37. Koser, vol. 1, p. 467; Mediger, *Moskaus Weg nach Europa*, p. 276.

38. R. Nisbet Bain, "Russia under Anne and Elizabeth", *in* A. W. Ward, G. W. Prothero e Stanley Leathes (eds.), *The Eighteenth Century, The Cambridge Modern History* (Cambridge, 1909), vol. 6, p. 318.
39. Pufelska, "Vom zufälligen Feind zum umworbenen Freund", p. 124.
40. Klaus Zernack, "Preussen als Problem der osteuropäischen Geschichte", *in* Otto Büsch e Wolfgang Neugebauer (eds.), *Moderne Preussische Geschichte* (Berlin e Nova York, 1981), vol. 3, p. 1608; Klaus Zernack, "Preussen-Frankreich-Polen. Revolution und Teilung", *in* Otto Büsch e Monika Neugebauer-Wölk (eds.), *Preussen und die revolutionäre Herausforderung seit 1789. Ergebnisse einer Konferenz*, Veröffentlichungen der Historischen Kommission zu Berlin (Berlim e Nova York, 1991), vol. 78, p. 22.
41. Norman Davies, *God's Playground. A History of Poland* (Oxford, 1981), vol. 1, p. 500.
42. Robert Howard Lord, *The Second Partition of Poland. A Study in Diplomatic History*, Harvard Historical Studies (Cambridge, MA, 1915), vol. 23, pp. 21, 34.
43. Michael G. Müller, *Die Teilungen Polens 1772 1793 1795* (Munique, 1984), pp. 18-19.
44. F. C. Schlosser, *Geschichte des achtzehnten Jahrhunderts und des neunzehnten bis zum Sturz des französischen Kaiserreichs mit besonderer Rücksicht auf geistige Bildung*, vol. 1 (Heidelberg, 1836), pp. 346-7.
45. Müller, *Die Teilungen Polens*, p. 20.
46. Hintze, p. 314.
47. Michael G. Müller, "Russland und der Siebenjährige Krieg", *Jahrbücher für die Geschichte Osteuropas*, nova série 28 (1980), p. 205.
48. Nisbet Bain, "Russia under Anne and Elizabeth", p. 314.
49. O relato mais completo desse episódio está em Koser, vol. 1, pp. 465-76. A resposta de Frederico pode ser vista em detalhes em P.C., vols. 5-6.
50. William J. McGill, "The roots of policy: Kaunitz in Italy and the Netherlands 1742-1746", *Central European History*, 1 (1968), p. 137.
51. *Ibid.*, p. 145.
52. Arneth, *Geschichte Maria Theresias*, vol. 4, p. 271.
53. O memorando foi impresso por completo em Johannes Kunisch (ed.), *Expansion und Gleichgewicht: Studien zur europäischen Mächtepolitik des ancien régime, Zeitschrift für Historische Forschung*, vol. 2 (1986), pp. 168-239. Extratos substanciais, incluindo as passagens mais importantes, podem ser vistos on-line em http://germanhistorydocs.ghi-dc.org/pdf/deu/9_MilitaryAffairs_Doc.6_German.pdf.
54. O melhor resumo e discussão desse formidável documento ainda está em Arneth, *Geschichte Maria Theresias*, vol. 4, pp. 271-82.
55. Scott, *The Birth of a Great Power System 1740-1815*, p. 84.
56. Michel Antoine, *Louis XV* (Paris, 1989), p. 400.
57. Colin Jones, *The Great Nation. France from Louis XV to Napoleon* (Londres, 2002), p. 130.
58. Sven Externbrink, *Friedrich der Grosse, Maria Theresia und das alte Reich: Deutschlandbild und Diplomatie Frankreichs im Siebenjährigen Krieg* (Berlin, 2006), p. 44.
59. Richard Waddington, *Louis XV et le renversement des alliances. Préliminaires de la Guerre de Sept Ans 1754-1756* (Paris, 1896), p. 170.
60. J. D. E. Preuss, *Friedrich der Grosse – Eine Lebensgeschichte* (Berlim, 1832), p. 432.
61. Max Braubach, *Versailles und Wien von Louis XIV. bis Kaunitz* (Bonn, 1952), p. 430.

62. P.C., vol. 1, p. 43.
63. Erich Everth, *Die Öffentlichkeit in der Aussenpolitik von Karl V. bis Napoleon* (Jena, 1931), p. 330.
64. Dietrich, p. 344. A Lorena tinha sido cedida ao cunhado de Luís XV, Estanislau Leszczyński, pelo Tratado de Viena em 1738, com reversão à França na morte deste, que ocorreu em 1766.
65. T. R. Clayton, "The Duke of Newcastle, the Earl of Halifax, and the American origins of the Seven Years' War", *The Historical Journal*, 24, 3 (1981), p. 573.
66. H. M. Scott, "Hanover in mid-eighteenth-century Franco-British geopolitics", in Brendan Simms e Torsten Riotte (eds.), *The Hanoverian Dimension in British History 1714-1837* (Cambridge, 2007), p. 277.
67. O melhor relato conciso está em Andrew C. Thompson, *George II. King and Elector* (New Haven e Londres, 2011), pp. 192-7.
68. Reed Browning, "Holles, Thomas Pelham, duke of Newcastle upon Tyne and first duke of Newcastle under Lyme (1693-1768)", *Oxford Dictionary of National Biography*, Oxford University Press, 2004, on-line, maio de 2011, http://www.oxforddnb.com/view/article/21801. Acesso em 25 de junho de 2013.
69. Volker Press, "Friedrich der Grosse als Reichspolitiker", in Heinz Duchhardt (ed.), *Friedrich der Grosse, Franken und das Reich* (Colônia e Viena, 1986), p. 42.
70. Arneth, *Geschichte Maria Theresias*, vol. 4, p. 341.
71. *Ibid.*, pp. 343-6.
72. Waddington, *Louis XV et le renversement des alliances*, pp. 148-9. Waddington frequentemente grafa Starhemberg como "Stahremberg".
73. Esse memorando é citado e discutido por Johannes Kunisch, "Der Historikerstreit über den Ausbruch des Siebenjöhrigen Krieges (1756)", in idem, *Friedrich der Grosse in seiner Zeit. Essays* (Munique, 2008), p. 75.
74. Arneth, *Geschichte Maria Theresias*, vol. 4, p. 390.
75. *Ibid.*, pp. 395-6.
76. Theodor Schieder, *Friedrich der Grosse. Ein Königtum der Widersprüche* (Frankfurt am Main, Berlim e Viena, 1983), p. 175.
77. Frédéric Masson (ed.), *Mémoires et lettres de François-Joachim cardinal de Bernis* (Paris, 1878), vol. 1, p. 223.
78. D. B. Horn, "The Diplomatic Revolution", in *The New Cambridge Modern History*, vol. 7: *The Old Regime 1713-1763*, ed. J. O. Lindsay (Cambridge, 1970), p. 445. Bernis escreve em seu *Mémoires et lettres* que se opôs a uma mudança tão radical do sistema de aliados francês porque seria muito impopular dentro da França, enraiveceria os príncipes protestantes alemães e levaria a uma guerra para a qual a França não estava preparada. Ele, claro, escreveu após os acontecimentos, e é possível suspeitar que suas memórias teriam sido diferentes se a aliança austríaca tivesse se mostrado menos desastrosa.
79. Eckhard Buddruss, *Die französische Deutschlandpolitik 1756-1789* (Mainz, 1995), p. 42.
80. Antoine, *Louis XV*, p. 675.
81. Waddington, *Louis XV et le renversement des alliances*, p. 182.
82. Horn, "The Diplomatic Revolution", p. 453.

83. Citado em Manfred Schlenke, *England und das friderizianische Preussen 1740-1763. Ein Beitrag zum Verhältnis von Politik und öffentlicher Meinung im England des 18. Jahrhunderts* (Munique, 1963), p. 194. Essas palavras tinham sido escritas em 1753, mas se aplicavam dois anos depois.
84. Nisbet Bain, "Russia under Anne and Elizabeth", p. 319; Scott, *The Birth of a Great Power System 1740-1815*, p. 89.
85. P.C., vol. 11, pp. 439-41.
86. Reinhold Koser, "Aus der Korrespondenz der französischen Gesandtschaft zu Berlin 1746-1756", *Forschungen zur Brandenburgischen und Preussischen Geschichte*, 7 (1894), p. 85.
87. Waddington, *Louis XV et le renversement des alliances*, pp. 197-8; Karl Otmar Freiherr von Aretin, *Das Alte Reich 1648-1806* (Stuttgart, 1997), vol. 3: *Das Reich und der österreichisch-preussische Dualismus (1745-1806)*, pp. 79-80.
88. Waddington, *Louis XV et le renversement des alliances*, pp. 199-202.
89. Scott, *The Birth of a Great Power System 1740-1815*, pp. 90-91. Jürgen Luh argumentou em "Frederick the Great and the first 'world' war", in Mark H. Danley e Patrick J. Speelman (eds.), *The Seven Years War: Global Views* (Leiden, 2013), p. 13, que Frederico não era motivado por medo, mas pela crença de que os britânicos conseguiriam usar o sucesso além-mar para obter um acordo favorável a todos os seus aliados na Europa.
90. Waddington, *Louis XV et le renversement des alliances*, p. 234.
91. P.C., vol. 11, p. 436.
92. Arneth, *Geschichte Maria Theresias*, vol. 4, pp. 418-19.
93. Buddruss, *Die französische Deutschlandpolitik*, pp. 78-9.
94. *Ibid.*, p. 82.
95. *Ibid.*, p. 84.
96. P.C., vol. 12, pp. 322-3.
97. *Ibid.*, p. 327. Contém a reimpressão do despacho de Mitchell a Londres. Cf. Mediger, *Moskaus Weg nach Europa*, p. 628.
98. P.C., vol. 12, p. 336.
99. Mediger, *Moskaus Weg nach Europa*, p. 633.
100. Schieder, *Friedrich der Grosse*, p. 178.
101. *Ibid.*, p. 179; Hintze, p. 361; Koser, vol. 1, p. 601.
102. *Ibid.*, p. 602.
103. P.C., vol. 13, pp. 206, 280-81.
104. *Ibid.*, p. 309.
105. Esse parágrafo foi baseado no relato de Buddruss, *Die französische Deutschlandpolitik*, pp. 92-9, que é o mais definitivo e o mais criterioso.
106. P.C., vol. 2, p. 213.
107. Friedrich Meinecke, *Machiavellism. The Doctrine of raison d'état and its Place in Modern History* (Londres, 1957), p. 319. Meinecke adicionou em nota de rodapé que o mesmo se podia dizer do erro cometido por Holstein sobre a Grã-Bretanha e a Rússia antes de 1914.
108. P.C., vol. 12, p. 330.

109. Numa carta a Guilhermina datada de 21 de setembro de 1755: Gustav Berthold Volz (ed.), *Friedrich der Grosse und Wilhelmine von Bayreuth* (Leipzig, 1924), vol. 1: *Jugendbriefe 1728-1740*, p. 316.
110. Herbert Butterfield, "The reconstruction of an historical episode: the history of the enquiry into the origins of the Seven Years War", *in* idem, *Man on his Past* (Cambridge, 1969), pp. 147, 157, 164.
111. P.C., vol. 9, pp. 350-51.
112. Paul Langford, *The Eighteenth Century 1688-1815* (Londres, 1976), p. 140.
113. P.C., vol. 20, p. 508.
114. Há um relato completo e criterioso sobre a polêmica e uma análise das questões em Kunisch, "Der Historikerstreit über den Ausbruch des Siebenjährigen Krieges", pp. 48-106.
115. Schieder, *Friedrich der Grosse*, pp. 120, 170; Buddruss, *Die französische Deutschlandpolitik*, pp. 90-91 e n. 140.
116. Como observou Peter-Michael Hahn, a decisão de Frederico de tirar vantagem do sofrimento de Maria Teresa determinou todo o seu reinado. Ele foi prisioneiro de seu sucesso inicial – *Friedrich II. von Preussen* (Stuttgart, 2013), pp. 67, 85.

8. A GUERRA DE SETE ANOS: AS TRÊS PRIMEIRAS CAMPANHAS

1. Carl von Clausewitz, *On War*, ed. e trad. Michael Howard e Peter Paret (Princeton, 1976), p. 119.
2. P.C., vol. 13, pp. 296-8.
3. Christopher Duffy, *Frederick the Great. A Military Life* (Londres, 1985), p. 101. Sobre a falta de preparações militares e diplomáticas dos indolentes saxões, ver René Hanke, *Brühl und das Renversement des alliances. Die antipreussische Aussenpolitik des Dresdener Hofes 1744-1756* (Berlim, 2006), p. 320.
4. *Œuvres*, vol. 11, pp. 302-3.
5. Alfred Ritter von Arneth, *Geschichte Maria Theresias* (Viena, 1863-79), vol. 5, pp. 1ff. Continua sendo o mais completo e satisfatório relato do lado austríaco da Guerra dos Sete Anos, apesar de seu impertinente viés pró-Áustria (embora não seja mais imparcial do que os relatos prussianos do mesmo período). Para um relato excelente, mas, por necessidade, muito menos expansivo, ver Michael Hochedlinger, *Austria's Wars of Emergence. War, State and Society in the Habsburg Monarchy 1683-1797* (Londres, 2003), cap. 14.
6. Arneth, *Geschichte Maria Theresias*, vol. 5, p. 15.
7. Duffy, *Frederick the Great*, pp. 102-3. Como sempre, contém o relato mais detalhado da batalha, apoiado por um bom mapa na p. 345.
8. P.C., vol. 13, pp. 482, 487.
9. *Ibid.*, p. 482.
10. Citado em Christopher Duffy, *The Army of Maria Theresa. The Armed Forces of Imperial Austria 1740-1780* (Londres, 1977), p. 173.

11. Arneth, *Geschichte Maria Theresias*, vol. 5, p. 18.
12. Há um bom mapa em Duffy, *Frederick the Great*, p. 347.
13. Karl Zabeler (ed.), *Militärischer Nachlass des Königlich. Preussischen Generallieutenants, Gouverneurs von Königsberg und General-Inspekteurs der Ostpreussischen Infanterie Viktor Amadäus, Grafen Henckel von Donnersmarck* (Zerbst, 1846), vol. 1, p. 192. Frederico fez a mesma observação a Sir Andrew Mitchell, o diplomata britânico em exercício – Duffy, *Frederick the Great*, p. 115. As Montanhas Brancas foram uma referência irônica à grande vitória do imperador Ferdinando II, dos Habsburgo, em Praga em 1620.
14. O melhor relato está em Duffy, *Frederick the Great*, pp. 115-21. Há um mais conciso em Dennis Showalter, *The Wars of Frederick the Great* (Londres, 1996), pp. 152-6, embora não haja mapa e um estranho erro de impressão na p. 153 coloque a batalha em 6 de junho.
15. *Ibid.*, p. 155.
16. Wolfgang Petter, "Zur Kriegskunst im Zeitalter Friedrichs des Grossen", *in* Bernhard R. Kroener (ed.), *Europa im Zeitalter Friedrichs des Grossen. Wirtschaft, Gesellschaft, Kriege* (Munique, 1989), p. 253.
17. Koser, vol. 2, p. 86.
18. Franz A. J. Szabo, *The Seven Years War in Europe, 1756-1763* (Londres, 2008), p. 58.
19. Arneth, *Geschichte Maria Theresias*, vol. 5, p. 179.
20. Reinhold Koser, "Bemerkungen zur Schlacht von Kolin", *Forschungen zur Brandenburgischen und Preussischen Geschichte*, 11 (1898), p. 198.
21. *Ibid.*, p. 199.
22. Koser, vol. 2, p. 148.
23. Johannes Burkhardt, "Religious war or imperial war? Views of the Seven Years War from Germany and Rome", *in* Mark H. Danley e Patrick J. Speelman (eds.), *The Seven Years War: Global Views* (Leiden, 2013), p. 117.
24. Haug von Kuenheim (ed.), *Aus den Tagebüchern des Grafen Ernst Ahasverus Heinrich von Lehndorff* (Berlim, 1982), p. 81.
25. Johann Christoph Allmayer-Beck, "Die friderizianische Armee im Spiegel ihrer österreichischer Gegner", *in Friedrich der Grosse und das Militärwesen seiner Zeit* (Herford e Bonn, 1987) [sem editora], p. 43.
26. Por exemplo, *Œuvres*, vol. 4, pp. 146-8. Ver também Jürgen Luh, *Der Grosse: Friedrich II. von Preussen* (Berlim, 2012), p. 19, e os comentários ao seu assistente pessoal, de Catt, in Paul Hartig (ed.), *Henri de Catt, Vorleser Friedrichs des Grossen: Die Tagebücher 1758-60* (Munique e Berlim, 1986), p. 70.
27. Por exemplo, Koser, "Bemerkungen zur Schlacht von Kolin", pp. 174-200.
28. Duffy, *Frederick the Great*, pp. 126-30.
29. *Œuvres*, vol. 20, p. 298.
30. Christian Graf von Krockow, *Die preussischen Brüder. Prinz Heinrich und Friedrich der Grosse. Ein Doppelporträt* (Stuttgart, 1996), p. 79.
31. Karl Heinrich Siegfried Rödenbeck, *Lebensbeschreibungen Friedrich Wilhelms I. und Friedrichs des Grossen, Könige von Preussen, nebst einem Anhang, enthaltend ein Tagebuch aus Friedrichs des Grossen Regentenleben von 1740-1786* (Berlim, 1836), vol. 1, p. 309.

32. Matt Schumann e Karl Schweizer, *The Seven Years War: a Transatlantic History* (Londres e Nova York, 2008), p. 52.
33. Dietrich, p. 558.
34. Theodor Schieder, *Friedrich der Grosse. Ein Königtum der Widersprüche* (Frankfurt am Main, Berlim e Viena, 1983), p. 190.
35. Koser, vol. 2, p. 119. Exemplificando a confusão linguística da Monarquia Habsburgo, "Nádasti" é grafado de formas variadas: "Nadasty", "Nadasky" etc.
36. Os acontecimentos do verão e outono de 1757 são vistos melhor em Koser, vol. 2, pp. 106-27.
37. Olaf Groehler, *Die Kriege Friedrichs II.* (Berlim, 1966), p. 105.
38. Chester V. Easum, *Prince Henry of Prussia. Brother of Frederick the Great* (Westport, CT, 1942), p. 59.
39. Gustav Berthold Volz (ed.), *Friedrich der Grosse und Wilhelmine von Bayreuth* (Leipzig, 1924), vol. 1: *Jugendbriefe 1728-1740*, p. 399.
40. *Œuvres*, vol. 19, p. 51.
41. "Rossbach foi uma vitória quase sem excelência como exemplo de superioridade de generais, treinamento e moral em relação ao mero peso dos números": Christopher Duffy, "Rossbach", *in* Cyril Falls (ed.), *Great Military Battles* (Londres e Nova York, 1964), p. 65.
42. Koser, vol. 2, p. 96.
43. Claude Louis, *Comte de Saint-Germain, Correspondance particulière du comte de Saint-Germain, ministre d'état, avec M. Paris du Verney* (Paris, 1789), p. 157. A carta foi escrita em 11 de novembro de 1757.
44. Koser, vol. 2, p. 214.
45. Karl Otmar Freiherr von Aretin, *Das Alte Reich 1648-1806* (Stuttgart, 1997), vol. 3: *Das Reich und der österreichisch-preussische Dualismus (1745-1806)*, p. 97.
46. Koser, vol. 2, p. 87.
47. Citado em Michael Sikora, *Disziplin und Desertion. Strukturprobleme militärischer Organisation im 18. Jahrhundert* (Berlim, 1996), p. 284.
48. *Ibid.*, p. 219.
49. Aretin, *Das Alte Reich 1648-1806*, vol. 3, p. 97.
50. Volz (ed.), *Friedrich der Grosse und Wilhelmine von Bayreuth*, vol. 1, p. 399.
51. Christopher Duffy, *The Fortress in the Age of Vauban and Frederick the Great* (Londres, 1985), p. 117.
52. Gunnar Åselius, "Sweden and the Pomeranian War", *in* Danley e Speelman (eds.), *The Seven Years War*, pp. 149-52.
53. Arneth, *Geschichte Maria Theresias*, vol. 5, p. 256.
54. *Œuvres*, vol. 4, p. 183. Tradução de *The History of the Seven Years War*, in *Posthumous Works* (Londres, 1789), vol. 2, p. 196.
55. Arneth, *Geschichte Maria Theresias*, vol. 5, p. 263.
56. "Nunca foi seriamente contestado que Leuthen fosse a maior vitória da geração, e talvez do século, e que esse único dia teria estabelecido o lugar de Frederico entre os mais célebres comandantes", Duffy, *Frederick the Great*, p. 153.
57. Citado em Carlyle, vol. 5, p. 265.

58. Como sempre, Duffy, *Frederick the Great*, pp. 146-54, fornece o relato mais lúcido e convincente sobre a batalha.
59. *Ibid.*, pp. 146-8. Muitos historiadores alemães dão um total consideravelmente mais alto para os austríacos. Um relato recente afirma que havia 80 mil austríacos no campo de batalha – Schumann e Schweizer, *The Seven Years War*, p. 96.
60. Duffy, *Frederick the Great*, p. 153; Arneth, *Geschichte Maria Theresias*, vol. 5, p. 266. Em uma carta a d'Argens datada de 19 de dezembro de 1757, Frederico alegou que, no total, ele agora era anfitrião de 23 mil prisioneiros de guerra austríacos, incluindo quinze generais e 700 oficiais – *Œuvres*, vol. 19, p. 53.
61. Numa carta ao marquês d'Argens, 19 de dezembro de 1757 – *Œuvres*, vol. 19, p. 53.
62. Arneth, *Geschichte Maria Theresias*, vol. 5, p. 268.
63. Carlyle, vol. 5, pp. 259-60. Carlyle dá uma tradução mais literal, mas preferi, no inglês, a versão em geral cantada em igrejas inglesas.
64. Siegmar Keil, "Der 'Choral von Leuthen' – ein preussisch-deutscher Mythos", *Die Tonkunst*, 4 (2007), pp. 442-9.
65. Discuti isso em *The Triumph of Music: Composers, Musicians and Their Audiences 1700 to the Present* (Londres, 2008), pp. 231-3.
66. *Œuvres*, vol. 19, p. 53.
67. Lehndorff, vol. 1, p. 373.
68. Petter, "Zur Kriegskunst im Zeitalter Friedrichs des Grossen", *in* Kroener (ed.), *Europa im Zeitalter Friedrichs des Grossen*, p. 245.
69. Klaus-Richard Böhme, "Schwedens Teilnahme am Siebenjährigen Krieg: innen- und aussenpolitische Voraussetzungen und Rückwirkungen", *in ibid.*, pp. 208-9.
70. *Œuvres*, vol. 4, p. 200. Traduções tiradas de *Posthumous Works*, vol. 2, p. 221.
71. Sobre o cerco a Schweidnitz, que foi um processo lento, ver Duffy, *The Fortress in the Age of Vauban and Frederick the Great*, p. 122.
72. Duffy, *Frederick the Great*, p. 158.
73. Como sempre, o relato mais completo dos acontecimentos em Viena é encontrado em Arneth, *Geschichte Maria Theresias*, vol. 5, aqui às pp. 347-55.
74. Johann Wilhelm von Archenholz, *Geschichte des Siebenjährigen Krieges in Deutschland*, ed. August Potthast (Leipzig, 1866), pp. 112-16; Arneth, *Geschichte Maria Theresias*, vol. 5, pp. 371-6. Laudon frequentemente é grafado "Loudon", e Ziskowitz, de várias formas – "Siskovics", "Siskovich" etc.
75. P.C., vol. 17, p. 82.
76. *Ibid.*, p. 85.
77. N. William Wraxall, *Memoirs of the Courts of Berlin, Dresden, Warsaw and Vienna in the Years 1777, 1778 and 1779*, 3 ed. (Londres, 1806), vol. 1, p. 180. Isso também é citado em Duffy, *Frederick the Great*, p. 161.
78. Szabo, *The Seven Years War in Europe*, p. 154.
79. Sobre a carreira militar de Ligne, ver Philip Mansel, *Prince of Europe: the Life of Charles Joseph de Ligne (1735-1814)* (Londres, 2003), cap. 2.
80. Charles Joseph Prince de Ligne, "Mon journal de la Guerre de Sept Ans", *in Mélanges militaires, littéraires et sentimentaires* (Paris, 1796), vol. 14, p. 114.

81. Dieter Ernst Bangert, *Die russisch-österreichische militärische Zusammenarbeit im Siebenjährigen Krieg in den Jahren 1758-1759* (Boppard, 1971), pp. 46-7.
82. *Ibid.*, p. 42.
83. O melhor relato da batalha hoje é encontrado em Adam Storring, *The Battle of Zorndorf* (no prelo). Sou muito grato ao senhor Storring por me permitir ler e citar seu relato antes da publicação. Por enquanto, não há paginação disponível. Há bons relatos, apoiados por excelentes mapas, em Duffy, *Frederick the Great*, pp. 163-72, e também em seu *Russia's Military Way to the West. Origins and Nature of Russian Military Power 1700-1800* (Londres, 1981), pp. 83-90.
84. Arneth, *Geschichte Maria Theresias*, vol. 5, p. 409.
85. Citado em Duffy, *Russia's Military Way to the West*, p. 89.
86. Petter, "Zur Kriegskunst im Zeitalter Friedrichs des Grossen", p. 252.
87. "A truthful description of the bloody Battle of Zorndorf by an old Prussian soldier who served for thirty-four years and is still living now (1793)", publicado em alemão pela primeira vez em *Officier-Lesebuch*, ed. C. D. Kuster (Berlim, 1793), trad. Martin Lange of Toronto. Sou grato ao Dr. Ilya Berkovich por me fornecer uma cópia dessa peça.
88. Schumann e Schweizer, *The Seven Years War*, p. 97.
89. Storring, *The Battle of Zorndorf*.
90. *Œuvres*, vol. 4, pp. 230-31. Traduções tiradas de *Posthumous Works*, vol. 2, p. 265.
91. Bangert, *Die russisch-österreichische militärische Zusammenarbeit im Siebenjährigen Krieg*, p. 106.
92. Arneth, *Geschichte Maria Theresias*, vol. 5, pp. 411-12.
93. Duffy, *Frederick the Great*, p. 176.
94. Wolfgang Burgdorf, *Friedrich der Grosse. Ein biografisches Porträt* (Freiburg, Basileia e Viena, 2011), p. 161.
95. Koser, vol. 2, p. 204.
96. Showalter, *The Wars of Frederick the Great*, p. 233.
97. Easum, *Prince Henry of Prussia*, p. 80.
98. *Racine's Mid-career Tragedies*, trad. para o inglês em versos rimados com introdução de Lacy Lockert (Princeton, 1958); Jörg Ulbert, "Friedrichs Lektüren während des Siebenjährigen Krieges", in Brunhilde Wehinger e Günther Lottes (eds.), *Friedrich der Grosse als Leser* (Berlim, 2012), p. 76.
99. Willy Schüssler (ed.), *Friedrich der Grosse: Gespräche mit Henri de Catt* (Munique, 1981), pp. 277-8; *Œuvres*, vol. 15, p. ii.
100. *Ibid*.
101. Schüssler (ed.), *Friedrich der Grosse*, p. 280.
102. Arneth, *Geschichte Maria Theresias*, vol. 5, p. 423.
103. C. D. Küster, *Des Preussischen Staabsfeldpredigers Küster, Bruchstück seines Campagnelebens im Siebenjährigen Kriege*, 2 ed. expandida (Berlim, 1791), p. 93.
104. *Œuvres*, vol. 26, p. 221.
105. Arneth, *Geschichte Maria Theresias*, vol. 5, pp. 435-7.

9. A GUERRA DOS SETE ANOS: DESASTRE E SOBREVIVÊNCIA

1. Dennis Showalter, *The Wars of Frederick the Great* (Londres, 1996), p. 232.
2. *Œuvres*, vol. 19, p. 72.
3. Há um bom relato da campanha de 1759 no oeste em Franz A. J. Szabo, *The Seven Years War in Europe, 1756-1763* (Londres, 2008), pp. 213-20, 256-64.
4. *Ibid.*, p. 261.
5. *Ibid.*, p. 262.
6. P.C., vol. 18, p. 137.
7. Koser, vol. 2, p. 214.
8. Christopher Duffy, *Russia's Military Way to the West. Origins and Nature of Russian Military Power 1700-1800* (Londres, 1981), pp. 105-8. Há bons mapas da região e também da batalha em si nas pp. 106-7.
9. *Ibid.*, p. 111.
10. P.C., vol. 18, p. 481. Tradução do livro original como em Christopher Duffy, *Frederick the Great. A Military Life* (Londres, 1985), p. 189, mas preferi "pátria-mãe" a "país" como tradução de *"patrie"*.
11. *Œuvres*, vol. 5, p. 21. Tradução tirada de *Posthumous Works*, vol. 3, p. 31.
12. *Œuvres*, vol. 19, p. 88, em uma carta de Madlitz datada de 16 de agosto.
13. Szabo, *The Seven Years War in Europe*, p. 237.
14. P.C., vol. 18, p. 487.
15. Carlyle, vol. 5, p. 480.
16. Duffy, *Frederick the Great*, p. 189.
17. Showalter, *The Wars of Frederick the Great*, p. 249.
18. P.C., vol. 18, p. 510.
19. Ilya Berkovich, *Motivation in the Armies of Old Regime Europe* (dissertação de Ph.D em Cambridge não publicada, 2012), p. 15.
20. Duffy, *Russia's Military Way to the West*, p. 112.
21. As complexas idas e vindas do outono são relatadas melhor em Szabo, *The Seven Years War in Europe*, pp. 241-7.
22. *Ibid.*, p. 252.
23. *Ibid.*, p. 253.
24. *Œuvres*, vol. 5, p. 50. Tradução tirada de *Posthumous Works*, vol. 3, p. 71.
25. Koser, vol. 2, p. 233.
26. *Œuvres*, vol. 19, p. 133.
27. Duffy, *Frederick the Great*, p. 197.
28. Szabo, *The Seven Years War in Europe*, p. 279.
29. *Ibid.*, pp. 283-4.
30. Jürgen Luh, "'Der fehlerlose Feldherr' – Der Prinz und die Armee", *in* Burkhardt Göres (ed.), *Prinz Heinrich von Preussen: ein Europäer in Rheinsberg* (Berlim, 2002), p. 83.
31. Alfred Ritter von Arneth, *Geschichte Maria Theresias* (Viena, 1863-79), vol. 6, pp. 138-40.
32. O melhor relato da batalha está em Duffy, *Frederick the Great*, pp. 201-6.
33. Koser, vol. 2, p. 265.

34. Antoine Henri, Baron de Jomini, *Histoire critique et militaire des guerres de Frédéric II, comparées au système moderne,* nova edição (Bruxelas, 1842), p. 333.
35. Citado em Duffy, *Frederick the Great,* p. 206.
36. Carlyle, vol. 6, p. 79.
37. P.C., vol. 19, p. 605.
38. Duffy, *Russia's Military Way to the West,* pp. 114-15.
39. Showalter, *The Wars of Frederick the Great,* p. 283.
40. P.C., vol. 20, p. 5.
41. *Ibid.,* p. 14.
42. Arneth, *Geschichte Maria Theresias,* vol. 6, pp. 173-4.
43. *Ibid.,* p. 179.
44. P.C., vol. 20, p. 46.
45. Duffy, *Frederick the Great,* p. 217.
46. Daniel Hohrath, "Friedrich, die Armee und der Krieg", em Friederisiko, *Ausstellung,* pp. 272-3.
47. *Œuvres,* vol. 19, p. 230. A citação é de *Sémiramis* de Voltaire, Ato 1, cena 1.
48. Carl von Clausewitz, *On War,* ed. e trad. Michael Howard e Peter Paret (Princeton, 1976), p. 179.
49. Szabo, *The Seven Years War in Europe,* p. 305. Este capítulo contém o melhor relato da guerra no Ocidente em 1760.
50. Citado em T. C. W. Blanning, "'That horrid electorate' or 'Ma patrie germanique'? George III, Hanover and the *Fürstenbund* of 1785", *The Historical Journal,* 20, 2 (1977), p. 338.
51. Carl William Eldon, *England's Subsidy Policy Towards the Continent during the Seven Years War* (Filadélfia, 1938), p. 136. Os subsídios britânicos chegavam a 27 mil táleres ou cerca de 20% dos gastos de guerra totais de Frederico – Thomas Biskup e Peter H. Wilson, "Grossbritannien, Amerika und die atlantische Welt", *in* Friederisiko, *Ausstellung,* p. 154.
52. Duffy, *Frederick the Great,* p. 220.
53. P.C., vol. 20, p. 602.
54. Duffy, *Frederick the Great,* p. 221. Ver também o excelente mapa nas pp. 376-7.
55. P.C., vol. 20, p. 630.
56. Carlyle, vol. 6, pp. 194-5.
57. Para o príncipe Henrique em 3 de outubro, P.C., vol. 21, p. 6.
58. Hintze, p. 375.
59. Duffy, *Frederick the Great,* pp. 225-6.
60. Richard Waddington, *La guerre de sept ans: histoire diplomatique et militaire,* vol. 5: *Pondichéry. Villinghausen. Schweidnitz* (Paris, 1914), pp. 60-61.
61. Szabo, *The Seven Years War in Europe,* p. 353. Este capítulo – 6 – contém o relato mais completo da campanha no Ocidente em 1761.
62. P.C., vol. 21, pp. 165-6.
63. *Ibid.,* pp. 189-90.
64. *Recueil des instructions données aux ambassadeurs et ministres de France depuis les traités de Westphalie jusqu'à la Révolution française* (Paris, 1901), vol. 16: *Prusse,* ed. Albert Wad-

dington, p. 514. Pedro foi descrito por Colin Jones como "um Fredericófilo insano" – *The Great Nation. France from Louis XV to Napoleon* (Londres, 2002), p. 244.
65. Agnieszka Pufelska, "Vom zufälligen Feind zum umworbenen Freund: Friedrich II. und Russland", *in* Friederisiko, *Ausstellung*, p. 124.
66. Simon Dixon, *Catherine the Great* (Londres, 2009), pp. 177-80.
67. Johannes Kunisch, *Das Mirakel des Hauses Brandenburg: Studien zum Verhältnis von Kabinettspolitik und Kriegführung im Zeitalter des Siebenjährigen Krieges* (Munique, 1978), p. 56.
68. Koser, vol. 2, pp. 303-5.
69. *Œuvres*, vol. 5, pp. 185-6. Tradução tirada de *Posthumous Works*, vol. 3, pp. 268-9.
70. *Œuvres*, vol. 5, p. 183.
71. Arneth, *Geschichte Maria Theresias*, vol. 6, p. 253.
72. *Ibid.*, cap. 12, *passim*. Ver também P. G. M. Dickson, *Finance and Government under Maria Theresia 1740-1780* (Oxford, 1987), vol. 2, pp. 2-3, 37, 282.
73. Jones, *The Great Nation*, p. 241.
74. Dickson, *Finance and Government under Maria Theresia*, vol. 2, p. 186, n. 3.
75. *Œuvres*, vol. 19, p. 332.
76. Duffy, *Frederick the Great*, p. 240.
77. Há um bom relato do cerco em Christopher Duffy, *The Fortress in the Age of Vauban and Frederick the Great* (Londres, 1985), pp. 126-30, incluindo mapas úteis.
78. Jomini, *Histoire critique et militaire des guerres de Frédéric II*, p. 401.
79. Walther Mediger, "Friedrich der Grosse und Russland", *in* Oswald Hauser (ed.), *Friedrich der Grosse in seiner Zeit* (Colônia e Viena, 1987), p. 119.
80. Chester V. Easum, *Prince Henry of Prussia. Brother of Frederick the Great* (Westport, CT, 1942), pp. 210-15; Michael Kaiser, "Prinz Heinrich im Siebenjährigen Krieg – der Oberbefehl in Sachsen und die Schlacht bei Freiberg", *in* Göres (ed.), *Prinz Heinrich von Preussen*, pp. 99-100.
81. P.C., vol. 22, p. 303.
82. *Ibid.*, p. 306.
83. Carlyle, vol. 6, p. 325.
84. Arneth, *Geschichte Maria Theresias*, vol. 6, p. 372.
85. Koser, vol. 2, p. 278.
86. Szabo, *The Seven Years War in Europe*, p. 423. Em 1º de janeiro, Frederico havia dito ao príncipe Henrique que todos os principais pontos tinham sido acordados com antecedência e só faltava lidar com as letras miúdas – P.C., vol. 22, p. 429.
87. *Correspondance entre le comte Johan Hartvig Ernst Bernstorff et le duc de Choiseul, 1758-1766* (Copenhague, 1871), pp. 112-15.
88. P.C., vol. 22, p. 423.
89. *Ibid.*, pp. 534-5. Ele provavelmente se referia à fábula de Esopo. Havia, certa vez, uma casa infestada de ratos. Uma gata ouviu isso e disse a si mesma: "É o lugar para mim", e lá se foi, acomodando-se na casa, pegando os ratos um por um e comendo-os. Finalmente, os ratos não puderam mais aguentar e decidiram ir para seus buracos e ficar ali. "Que estranho", disse a gata a si mesma, "a única coisa a fazer é atraí-los com um truque". Assim, ela pensou por um tempo, e então subiu a parede e se pendurou pelas patas traseiras em um gancho, fingindo-se de morta. Em pouco tempo, um rato

espiou lá fora e viu a gata pendurada. "Ahá!", gritou. "És muito esperta, madame, sem dúvida: mas podes transformar-se numa sacola de alimentos pendurada aí, se quiser, e ainda assim não nos pegará passando perto de ti".
90. *Œuvres*, vol. 19, p. 425.

10. A GUERRA DOS SETE ANOS: POR QUE FREDERICO VENCEU

1. Para um relato conciso excelente sobre todos os aspectos da Guerra dos Sete Anos, tanto na Europa quanto fora dela, ver Marian Füssel, *Der Siebenjährige Krieg* (Munique, 2013).
2. Leopold von Ranke, "The great powers", *in* idem, *The Theory and Practice of History*, ed. Georg G. Iggers e Konrad von Moltke (Indianápolis e Nova York, 1973), p. 86.
3. Michael Hochedlinger, *Austria's Wars of Emergence. War, State and Society in the Habsburg Monarchy 1683-1797* (Londres, 2003), p. 349.
4. Alfred Ritter von Arneth, *Geschichte Maria Theresias* (Viena, 1863-79), vol. 6, pp. 300, 476.
5. Por exemplo, por Paul Langford em seu *The Eighteenth Century 1688-1815* (Londres, 1976), p. 140: "Foi também Frederico que, com sua invasão lunática da Saxônia no verão de 1756, devido à mais leve evidência de conspiração russa, e com escassa consideração às suscetibilidades de seus aliados ou da opinião pública, empurrou a França para o Segundo Tratado de Versalhes".
6. Jürgen Luh, "Frederick the Great and the first 'world' war", *in* Mark H. Danley e Patrick J. Speelman (eds.), *The Seven Years War: Global Views* (Leiden, 2013), p. 18; Gerd Heinrich, *Geschichte Preussens. Staat und Dynastie* (Frankfurt am Main, Berlim e Viena, 1981), p. 205.
7. Frank Göse, "Nachbarn, Partner und Rivalen: die kursächsische Sicht auf Preussen im ausgehenden 17. und 18. Jahrhundert", *in* Jürgen Luh, Vinzenz Czech e Bert Becker (eds.), *Preussen, Deutschland und Europa, 1701-2001* (Groninga, 2003), pp. 58-9.
8. Henri Zosime, Comte de Valori (ed.), *Mémoires des négociations du marquis de Valori, ambassadeur de France à la Cour de Berlin. Accompagnés d'un recueil de lettres de Frédéric-le-Grand, des princes ses frères, de Voltaire, et des plus illustres personnages du XVIIIe siècle* (Paris, 1820), vol. 1, p. 236.
9. Göse, "Nachbarn, Partner und Rivalen", p. 57.
10. Dietrich, p. 630.
11. Jürgen Luh, *Kriegskunst in Europa 1650-1800* (Colônia, Weimar e Viena, 2004), p. 117.
12. Koser, vol. 1, p. 3; Henry Lloyd, *The History of the Late War in Germany between the King of Prussia, and the Empress of Germany and her Allies* (Londres, 1781), vol. 1, p. xxxv.
13. Luh, *Kriegskunst in Europa 1650-1800*, p. 117; Christopher Duffy, *The Army of Frederick the Great* (Newton Abbot, 1974), p. 128.
14. P.C., vol. 13, pp. 303-4.
15. Hubert C. Johnson, *Frederick the Great and his Officials* (New Haven e Londres, 1975), p. 170.

16. Günter Vogler e Klaus Vetter, *Preussen von den Anfängen bis zur Reichsgründung* (Colônia, 1981), p. 82.
17. Werner Gembruch, "Prinz Heinrich von Preussen, Bruder Friedrichs des Grossen", in Johannes Kunisch (ed.), *Persönlichkeiten im Umkreis Friedrichs des Grossen* (Colônia e Viena, 1988), p. 100.
18. Peter-Michael Hahn, *Friedrich II. von Preussen* (Stuttgart, 2013), pp. 139-40.
19. Johannes Kunisch, "Die militärische Bedeutung Schlesiens und das Scheitern der österreichischen Rückeroberungspläne im Siebenjährigen Kriege", in Peter Baumgart (ed.), *Kontinuitäten und Wandel. Schlesien zwischen Österreich und Preussen* (Sigmaringen, 1990), p. 32.
20. Luh, *Kriegskunst in Europa*, p. 119.
21. Lloyd, *The History of the Late War in Germany*, vol. 1, pp. xxxii–iv.
22. Dietrich, p. 424.
23. Carlyle, vol. 6, p. 215.
24. Daniel Hohrath, "Friedrich, die Armee und der Krieg", in *Friederisiko, Ausstellung*, p. 272.
25. Hahn, *Friedrich II. von Preussen*, p. 141.
26. *Œuvres*, vol. 1, p. 125.
27. As negociações labirínticas da corte de Viena podem ser seguidas com considerável detalhamento em Arneth, *Geschichte Maria Theresias*, vols. 5 e 6, inclusive nas volumosas – e muitas vezes, esclarecedoras – notas de fim.
28. H. M. Scott, *The Birth of a Great Power System 1740-1815* (Londres, 2006), p. 82.
29. É um tema constante de Franz A. J. Szabo, *The Seven Years War in Europe, 1756-1763* (Londres, 2008).
30. Johannes Kunisch, "Die grosse Allianz der Gegner Preussens im Siebenjährigen Krieg", in Bernhard R. Kroener (ed.), *Europa im Zeitalter Friedrichs des Grossen. Wirtschaft, Gesellschaft, Kriege* (Munique, 1989), p. 95.
31. Sobre as falhas de Buturlin, ver John L. H. Keep, "Die russische Armee im Siebenjährigen Krieg", in ibid., p. 140, e H. M. Scott, *The Emergence of the Eastern Powers, 1756-1775* (Cambridge, 2001), p. 46.
32. Georg Friedrich von Tempelhoff, *Geschichte des Siebenjährigen Krieges in Deutschland zwischen dem Könige von Preussen und der Kaiserin Königin mit ihren Alliierten, als eine Fortsetzung der Geschichte des General Lloyd* (Berlim, 1783-1801), vol. 4, p. 168; Marian Füssel, "Friedrich der Grosse und die militärische Grösse", in *Friederisiko, Essays*, pp. 53-5.
33. Johannes Kunisch, *Das Mirakel des Hauses Brandenburg: Studien zum Verhältnis von Kabinettspolitik und Kriegführung im Zeitalter des Siebenjährigen Krieges* (Munique, 1978), p. 77.
34. Johann Christoph Allmayer-Beck, "Die friderizianische Armee im Spiegel ihrer österreichischen Gegner", in *Friedrich der Grosse und das Militärwesen seiner Zeit* (Herford e Bonn, 1987) [sem editora], p. 48.
35. David Chandler, *The Campaigns of Napoleon* (Londres, 1966), p. 84.
36. *Œuvres*, vol. 19, p. 198.
37. Luh, *Kriegskunst in Europa*, p. 143. Sobre a insistência de Frederico acerca da necessidade de prática diária em carregamento rápido, ver seu testamento político de 1768 – Dietrich, p. 532.

38. Allmayer-Beck, "Die friderizianische Armee im Spiegel ihrer österreichischer Gegner", p. 37.
39. Dietrich, p. 532. Na opinião de Jürgen Luh, batalhas se ganhavam menos com poder de fogo e mais com espada e baioneta – *Kriegskunst in Europa*, p. 151.
40. Koser, vol. 1, p. 548.
41. Edgar Melton, "The Prussian Junkers, 1600-1786", in H. M. Scott (ed.), *The European Nobilities in the Seventeenth and Eighteenth Centuries* (Londres, 1995), vol. 2, p. 96.
42. J. D. E. Preuss, *Friedrich der Grosse – Eine Lebensgeschichte* (Berlim, 1832), vol. 1, p. 378; Carlyle, vol. 5, p. 293.
43. Jörg Muth, *Flucht aus dem militärischen Alltag: Ursachen und individuelle Ausprägung der Desertion in der Armee Friedrichs des Grossen* (Freiburg, 2003), p. 179.
44. Peter Paret, *Yorck and the Era of Prussian Reform, 1807-1815* (Princeton, 1966), pp. 23, 26, 44.
45. Duffy, *The Army of Frederick the Great*, p. 76.
46. Citado em Frank Wernitz, *Die preussischen Freitruppen im Siebenjährigen Krieg 1756–63* (Wölfersheim-Berstadt, 1994), pp. 8–9.
47. David Parrott, "Armed forces", in William Doyle (ed.), *The Oxford Handbook of the Ancien Régime* (Oxford, 2012), p. 62.
48. Dietrich, p. 520.
49. Curt Jany, *Geschichte der preussischen Armee vom 15. Jahrhundert bis 1914*, 2 ed. rev. (Osnabrück, 1967), vol. 2: *Die Armee Friedrichs des Grossen 1750-1763*, p. 180.
50. Luh, *Kriegskunst in Europa*, pp. 165-73.
51. *Ibid.*, p. 165; Gunther Rothenberg, *The Art of Warfare in the Age of Napoleon* (Londres, 1977), p. 25.
52. *Œuvres*, vol. 29, p. 47. Ver também Marcus von Salisch, "Von Preussen lernen ...? Die friderizianische Armee nach dem Siebenjährigen Krieg und die Entwicklungen der Zeit", in Friederisiko, *Essays*, pp. 68-9.
53. Dietrich, p. 520.
54. Wolfgang Venohr, *Der grosse König. Friedrich II. im Siebenjährigen Krieg* (Bergisch Gladbach, 1995), p. 349.
55. Duffy, *The Army of Frederick the Great*, p. 56.
56. Otto Büsch, *Militärsystem und Sozialleben im alten Preussen* (Berlim, 1962), p. 31.
57. Dietrich, p. 518.
58. Hahn, *Friedrich II.*, p. 98.
59. Horst Steinmetz (ed.), *Friedrich II., König von Preussen und die deutsche Literatur des 18. Jahrhunderts. Texte und Dokumente* (Stuttgart, 1985), p. 214.
60. Citado em Jay Luvaas (ed.), *Frederick the Great on the Art of War* (Nova York e Londres, 1966), p. 12. Para mais comentários sobre a superioridade do exército prussiano, ver Jacques-Antoine-Hippolyte, Comte de Guibert, *Journal d'un voyage militaire fait en Prusse dans l'année 1787* (Paris, 1790), p. 135.
61. Dietrich, p. 532.
62. *Œuvres*, vol. 28, pp. 4-6.
63. Jacques-Antoine-Hippolyte, Comte de Guibert, *Observations sur la constitution militaire et politique des armées de S. M. prussienne, avec quelques anecdotes de la vie privée de ce monarque* (Paris, 1777), p. 135.

64. Duffy, *The Army of Frederick the Great*, p. 67.
65. Hans Bleckwenn, "Bauernfreiheit durch Wehrpflicht – ein neues Bild der altpreussischen Armee", in *Friedrich der Grosse und das Militärwesen seiner Zeit*, p. 66.
66. Ernst Friedrich Rudolf von Barsewisch, *Von Rossbach bis Freiberg 1757-1763. Tagebuchblätter eines friderizianischen Fahnenjunkers und Offiziers,* ed. Jürgen Olmes (Krefeld, 1959), p. 65; tradução de Duffy, *The Army of Frederick the Great*, p. 138.
67. Walther Hubatsch, *Frederick the Great. Absolutism and Administration* (Londres, 1975), p. 129.
68. Guntram Schulze-Wegener, "Leuthen 1757 – Genesis einer operative Doktrin", *Historische Mitteilungen*, 18 (2005), p. 11.
69. Ilya Berkovich, *Motivation in the Armies of Old Regime Europe* (dissertação de Ph.D em Cambridge não publicada, 2012), p. 15.
70. *Ibid.*, p. 85; Sascha Möbius, *Mehr Angst vor dem Offizier als vor dem Feind? Eine mentalitätsgeschichtliche Studie zur preussischen Taktik im Siebenjährigen Krieg* (Saarbrücken, 2007), pp. 103, 106, 137; Muth, *Flucht aus dem militärischen Alltag*, pp. 160-61; Peter H. Wilson, "Prusso-German social militarisation reconsidered", in Luh, Czech e Becker (eds.), *Preussen, Deutschland und Europa, 1701-2001*, p. 367.
71. Duffy, *The Army of Frederick the Great*, p. 64; Büsch, *Militärsystem und Sozialleben im alten Preussen*, p. 30.
72. Preuss, *Friedrich der Grosse – Eine Lebensgeschichte*, vol. 1, p. 208.
73. Hubatsch, *Frederick the Great. Absolutism and Administration*, p. 32; Jules Finot e Roger Galmiche-Bouvier (eds.), *Une mission militaire en Prusse en 1786. Récit d'un voyage en Allemagne et observations sur les manœuvres de Potsdam et de Magdebourg. Publiés après les papiers du marquis de Toulongeon* (Paris, 1881), pp. 285-6.
74. Citado em Manfred Schlenke, *England und das friderizianische Preussen 1740-1763. Ein Beitrag zum Verhältnis von Politik und öffentlicher Meinung im England des 18. Jahrhunderts* (Munique, 1963), p. 293. Schlenke republica "Observations and Reflections upon the Present Military State of Prussia, Austria and France" completo em seu apêndice, pp. 371-4.
75. Luvaas (ed.), *Frederick the Great on the Art of War*, p. 118.
76. Büsch, *Militärsystem und Sozialleben im alten Preussen*, p. 35.
77. Luvaas (ed.), *Frederick the Great on the Art of War*, p. 146.
78. Dietrich, p. 414.
79. Finot e Galmiche-Bouvier (eds.), *Une mission militaire en Prusse*, p. 286; Guibert, *Journal d'un voyage militaire fait en Prusse*, p. 130.
80. Haug von Kuenheim (ed.), *Aus den Tagebüchern des Grafen Ernst Ahasverus Heinrich von Lehndorff* (Berlim, 1982), p. 24.
81. Tempelhoff, *Geschichte des Siebenjährigen Krieges in Deutschland*, vol. 4, p. 169; Christian Wilhelm von Dohm, *Denkwürdigkeiten meiner Zeit, oder Beiträge zur Geschichte vom letzten Viertel des achtzehnten und vom Anfang des neunzehnten Jahrhunderts 1778 bis 1806* (Lemgo e Hanôver, 1814-19), vol. 4, p. 334.
82. Duffy, *The Army of Frederick the Great*, p. 47.
83. Möbius, *Mehr Angst vor dem Offizier als vor dem Feind?*, p. 107.

84. Ute Frevert, *Gefühlspolitik. Friedrich II. als Herr über die Herzen?* (Gotinga, 2012), p. 59. O texto aparece na cantata de J. S. Bach "Am Abend aber desselbigen Sabbats" (BWV 42). A tradução no original é de Alfred Dürr, *The Cantatas of J. S. Bach*, rev. e trad. por Richard D. P. Jones (Oxford, 2005), p. 295.
85. Berkovich, *Motivation in the Armies of Old Regime Europe*, p. 237.
86. Frevert, *Gefühlspolitik*, p. 80.
87. Finot e Galmiche-Bouvier (eds.), *Une mission militaire en Prusse en 1786*, p. 166.
88. Citado em Michael Sikora, *Disziplin und Desertion. Strukturprobleme militärischer Organisation im 18. Jahrhundert* (Berlim, 1996), p. 310.
89. Kuenheim (ed.), *Aus den Tagebüchern des Grafen Ernst Ahasverus Heinrich von Lehndorff*, p. 126.
90. Möbius, *Mehr Angst vor dem Offizier als vor dem Feind?*, pp. 118-19.
91. Jacques-Antoine-Hippolyte, Comte de Guibert, *Éloge du roi de Prusse* (Paris, 1787), p. 231.
92. Koser, vol. 2, p. 511.
93. P.C., vol. 15, p. 258.
94. Christopher Duffy, *Frederick the Great. A Military Life* (Londres, 1985), pp. 199, 204; Möbius, *Mehr Angst vor dem Offizier als vor dem Feind?*, p. 106.
95. Duffy, *Frederick the Great*, p. 205.
96. Allmayer-Beck, "Die friderizianische Armee im Spiegel ihrer österreichischen Gegner", p. 46.
97. Reinhard Bendix, "Reflections on charismatic leadership", *in* Dennis Wrong (ed.), *Max Weber* (Englewood Cliffs, 1970), p. 169.
98. Theodor Schieder, *Friedrich der Grosse. Ein Königtum der Widersprüche* (Frankfurt am Main, Berlim e Viena, 1983), p. 220. Para mais discussões sobre o carisma de Frederico nesta penetrante biografia, ver pp. 72, 193, 348, 482.
99. Há mais de uma versão desse discurso registrada por presentes. Preferi a de Friedrich August von Retzow, republicada em seu *Charakteristik der wichtigsten Ereignisse des Siebenjährigen Krieges in Rücksicht auf Ursachen und Wirkungen* (Berlim, 1802), vol. 1, pp. 240-42. Há uma tradução abreviada para o inglês em Carlyle, vol. 5, pp. 232-4.
100. C. D. Küster, *Des Preussischen Staabsfeldpredigers Küster, Bruchstück seines Campagnelebens im Siebenjährigen Kriege*, 2 ed. expandida (Berlim, 1791), p. 93. Para mais discussões sobre esse aspecto do apoio de Frederico entre os soldados comuns, ver Sikora, *Disziplin und Desertion*, p. 310.
101. Bernhard R. Kroener, "Die materiellen Grundlagen österreichischer und preussischer Kriegsanstrengungen 1756-1763", *in* idem (ed.), *Europa im Zeitalters Friedrichs des Grossen*, p. 47.
102. Sobre a fundamental desunião dos objetivos e programas de guerra franceses e russos, ver Lawrence Jay Oliva, *Misalliance: a Study of French Policy in Russia during the Seven Years War* (Nova York, 1964), pp. 195-6.
103. Kunisch, "Die grosse Allianz der Gegner Preussens im Siebenjährigen Krieg", p. 85.
104. John L. H. Keep, "Die russische Armee im Siebenjährigen Krieg", *in* Kroener (ed.), *Europa im Zeitalter Friedrichs des Grossen*, p. 136.

105. Christopher Duffy, *Russia's Military Way to the West. Origins and Nature of Russian Military Power 1700-1800* (Londres, 1981), pp. 118-22.
106. Gaston Zeller, *Histoire des relations internationales. Les temps modernes* (Paris, 1955), vol. 2: *De Louis XIV à 1789*, p. 244; Keep, "Die russische Armee im Siebenjährigen Krieg", p. 165.
107. Citado em Michel Antoine, Louis XV (Paris, 1989), p. 743.
108. Eckhard Buddruss, *Die französische Deutschlandpolitik 1756-1789* (Mainz, 1995), p. 289.
109. *Ibid.*, p. 126, n. 39.
110. *Œuvres*, vol. 26, pp. 620-21.
111. Citado em Luvaas (ed.), *Frederick the Great on the Art of War*, p. 11.
112. Carl von Clausewitz, *On War*, ed. e trad. Michael Howard e Peter Paret (Princeton, 1976), p. 603.
113. Por exemplo, de Matt Schumann e Karl Schweizer, *The Seven Years War: a Transatlantic History* (Londres e Nova York, 2008), p. 492 ou Dominic Lieven, *Russia against Napoleon. The Battle for Europe 1807 to 1814* (Londres, 2009), p. 19.
114. Carlyle, vol. 4, p. 521.
115. Kunisch, *Das Mirakel des Hauses Brandenburg*, p. 13.
116. Muth, *Flucht aus dem militärischen Alltag*, p. 178.
117. Luh, *Kriegskunst in Europa*, pp. 206-7.
118. Christian Graf von Krockow, *Die preussischen Brüder. Prinz Heinrich und Friedrich der Grosse. Ein Doppelporträt* (Stuttgart, 1996), p. 98.
119. Wolfgang Burgdorf, *Friedrich der Grosse. Ein biografisches Porträt* (Freiburg, Basileia e Viena, 2011), p. 30; Lehndorff, vol. 2, p. 77. Ver também Gerd Fesser, "Der König von Rheinsberg", *Die Zeit*, 32 (2002), http://www.zeit.de/2002/32/Der_Koenig_von_Rheinsberg?page=all.
120. Burgdorf, *Friedrich der Grosse*, p. 172; Krockow, *Die preussischen Brüder*, p. 97.

11. PAZ LONGA, GUERRA CURTA E DIPLOMACIA DUPLA

1. Klaus Zernack, "Negative Polenpolitik als Grundlage deutsch-russischer Diplomatie in der Mächtepolitik des 18. Jahrhunderts", *in idem, Preussen, Deutschland, Polen: Aufsätze zur Geschichte der deutsch-polnischen Beziehungen*, eds. Wolfram Fischer e Michael G. Müller (Berlin, 1991), p. 234.
2. P.C., vol. 4, p. 101.
3. *Œuvres*, vol. 8, p. 207. Ver também Wolfgang Stribrny, *Die Russlandpolitik Friedrichs des Grossen 1764-1786* (Würzburg, 1966), p. 9.
4. *Œuvres*, vol. 26, p. 358.
5. Koser, vol. 2, p. 425.
6. P.C., vol. 23, pp. 141-2.
7. *Ibid.*, p. 167.
8. Isabel de Madariaga, *Russia in the Age of Catherine the Great* (Londres, 1981), p. 188.

9. Robert Howard Lord, *The Second Partition of Poland. A Study in Diplomatic History*, Harvard Historical Studies (Cambridge, MA, 1915), vol. 23, p. 48. Continua sendo o melhor relato em língua inglesa da dimensão polonesa na época. *The First Partition of Poland*, de Herbert H. Kaplan (Nova York e Londres, 1962) é menos impressionante. Na visão de Michael G. Müller, *Die Teilungen Polens 1772 1793 1795* (Munique, 1984), p. 98, n. 43, não é tão tendencioso, como argumentavam seus críticos poloneses, mas sim inadequado e equivocado.
10. Citado em Simon Dixon, *Catherine the Great* (Londres, 2009), p. 186.
11. Franziska Mücke, "'Le mamamouchi est arrivé...' Friedrich II. und die erste Gesandtschaft des Osmanischen Reiches in Brandenburg-Preussen", *in* Friederisiko, *Ausstellung*, pp. 128-33.
12. P.C., vol. 23, p. 273. O episódio é relatado com detalhes no excelente artigo de H. M. Scott, "Frederick II, the Ottoman Empire and the origins of the Russo-Prussian alliance of April 1764", *European Studies Review*, 7 (1977), pp. 2-22.
13. Koser, vol. 2, p. 437.
14. Norman Davies, *God's Playground. A History of Poland* (Oxford, 1981), vol. 1, p. 517.
15. *Ibid.*, p. 513.
16. Jerzy Lukowski, *The Partitions of Poland 1772, 1793, 1795* (Londres, 1999), p. 40.
17. Simon Dixon, *Catherine the Great* (Londres, 2001), p. 162. Essa excelente análise do regime de Catarina não deve ser confundida com o estudo mais biográfico do mesmo autor listado na nota de fim 10 deste capítulo.
18. P.C., vol. 27, pp. 417-18.
19. Albert Sorel, *La Question d'Orient au XVIIIe siècle* (Paris, 1878), p. 15; Koser, vol. 2, p. 455.
20. O relato mais acessível da Guerra está em Madariaga, *Russia in the Age of Catherine the Great*, pp. 205-14, embora haja muitos erros nas datas.
21. Lukowski, *The Partitions of Poland*, p. 66.
22. Lord, *The Second Partition of Poland*, p. 31.
23. Müller, *Die Teilungen Polens*, p. 13.
24. Lord, *The Second Partition of Poland*, p. 35.
25. Müller, *Die Teilungen Polens*, p. 19.
26. *Œuvres*, vol. 16, p. 3; Hans-Jürgen Bömelburg, *Friedrich II. zwischen Deutschland und Polen. Ereignis- und Erinnerungsgeschichte* (Stuttgart, 2011), p. 16.
27. Dietrich, p. 670.
28. *Œuvres*, vol. 2, pp. 27-8. Tradução usada de *Posthumous Works* (Londres, 1789), vol. 1, pt 1, pp. 41-2. Ver também Bömelburg, *Friedrich II.*, pp. 84-8.
29. Agnieszka Pufelska, "Die verpasste Grösse: Friedrich II. und Polen", *in* Friederisiko, *Ausstellung*, p. 108.
30. *Œuvres*, vol. 23, pp. 235-6.
31. Davies, *God's Playground*, vol. 1, p. 511.
32. *Œuvres*, vol. 14, p. 219.
33. Abade Denina, *La Prusse littéraire sous Frédéric II, ou histoire abrégée de la plupart des auteurs, des académiciens et des artistes qui sont nés ou qui ont vécu dans les états prussiens depuis MDCCXL jusqu'à MDCCLXXXVI. Par ordre alphabétique. Précédée d'une introduction,*

ou d'un tableau général des progrès qu'ont faits les arts et les sciences dans les pays qui constituent la Monarchie prussienne (Berlim, 1790), vol. 2, p. 80.
34. O relato mais completo do lado austríaco é encontrado em Alfred Ritter von Arneth, *Geschichte Maria Theresias* (Viena, 1863-79), vol. 8, pp. 170ff. Ver também Derek Beales, *Joseph II* (Cambridge, 1987), vol. 1: *In the Shadow of Maria Theresa 1741-1780*, pp. 282-3.
35. P.C., vol. 28, p. 84.
36. H. M. Scott, *The Emergence of the Eastern Powers, 1756-1775* (Cambridge, 2001), p. 189.
37. P.C., vol. 29, p. 42, n. 1.
38. A Finckenstein, Breslau, 29 de Agosto de 1769, *Ibid.*, p. 53. Para a dimensão austríaca dessa visita, ver Beales, *Joseph II*, vol. 1, pp. 284-5.
39. Scott, *The Emergence of the Eastern Powers*, p. 194.
40. *Ibid.*, p. 207. Os acontecimentos desse episódio são seguidos melhor neste relato admiravelmente lúcido e penetrante.
41. *Ibid.*, p. 206.
42. Colin Jones, *The Great Nation. France from Louis XV to Napoleon* (Londres, 2002), p. 278.
43. Lukowski, *The Partitions of Poland*, p. 50.
44. Sorel, *La Question d'Orient au XVIIIe siècle*, pp. 144-5.
45. Kurd von Schlözer, *Friedrich der Grosse und Katharina II.* (Berlim, 1859), p. 230, defende que o convite veio de Catarina.
46. Citado em Chester V. Easum, *Prince Henry of Prussia. Brother of Frederick the Great* (Westport, CT, 1942), p. 263.
47. P.C., vol. 30, pp. 406-7; von Schlözer, *Friedrich der Grosse und Katharina II.*, pp. 249-50. Stribrny insiste que foi essa abordagem do príncipe Henrique que colocou as coisas em movimento para Frederico – *Die Russlandpolitik Friedrichs des Grossen*, p. 68.
48. Citado em Koser, vol. 2, p. 466. Ver também Frank Göse, "Prinz Heinrich und die erste Teilung Polens", in Burkhardt Göres (ed.), *Prinz Heinrich von Preussen: ein Europäer in Rheinsberg* (Berlim, 2002), p. 129.
49. P.C., vol. 30, p. 483.
50. Lukowski, *The Partitions of Poland*, p. 100.
51. As negociações podem ser vistas semanal, se não diariamente, em P.C., vols. 30-31, suplementado pelos documentos republicados em Adolf Beer, *Die erste Theilung Polens* (Viena, 1873), vol. 3. Os trechos da correspondência de Frederico com Finckenstein republicados no vol. 2 podem ser vistos em versões mais completas em P.C. A maioria dos documentos em Beer lida com a dimensão austríaca.
52. Citado em Beales, *Joseph II*, vol. 1, p. 295.
53. Lukowski, *The Partitions of Poland*, p. 81.
54. H. M. Scott, *The Birth of a Great Power System 1740-1815* (Londres, 2006), p. 166.
55. Beales, *Joseph II*, vol. 1, pp. 297-8.
56. Davies, *God's Playground*, vol. 1, p. 516. Como destacou Paul W. Schroeder em *The Transformation of European Politics 1763-1848* (Oxford, 1994), p. 16, esse desprezo foi melhor evidenciado no cinismo de Frederico que na hipocrisia de Maria Teresa, pois ela tinha escrúpulos morais genuínos e também podia ver que a partilha ia contra os interesses da Áustria.
57. Lukowski, *The Partitions of Poland*, p. 89.

58. *Ibid.*
59. P.C., vol. 32, p. 249. A maior parte dessa carta é publicada em tradução alemã em Otto Bardong (ed.), *Friedrich der Grosse, Ausgewählte Quellen zur deutschen Geschichte der Neuzeit*. Freiherr vom Stein-Gedächtnisausgabe (Darmstadt, 1982), vol. 22, p. 473.
60. P.C., vol. 32, p. 267. Foi publicado em tradução alemã em Bardong (ed.), *Friedrich der Grosse*, pp. 473-4.
61. *Œuvres*, vol. 23, p. 290.
62. *Ibid.*, p. 293. A distância indicada por Frederico era *"vingt milles"*. Uma milha alemã na Prússia, na época, correspondia a cerca de 7,5 quilômetros – Fritz Verdenhalven, *Alte Masse, Münzen und Gewichte aus dem deutschen Sprachgebiet* (Neustadt an der Aisch, 1968), p. 36. Nesse contexto, a melhor tradução da *"quelque police"* de Frederico provavelmente é "lei e ordem".
63. Wolfgang Neugebauer, *Die Hohenzollern* (Stuttgart, 1996, 2003), vol. 2, pp. 41-2.
64. Hans-Jürgen Bömelburg, *Zwischen polnischer Ständegesellschaft und preussischem Obrigkeitsstaat. Vom Königlichen Preussen zu Westpreussen 1756-1806* (Munique, 1995), p. 470.
65. Pierre Rain, *La Diplomatie française d'Henri IV à Vergennes* (Paris, 1945), p. 293; Scott, *The Emergence of the Eastern Powers*, p. 222.
66. *Ibid.*, p. 4.
67. D. B. Horn, *British Public Opinion and the First Partition of Poland* (Edimburgo e Londres, 1945), p. 11.
68. Christian Friedrich Daniel Schubart (ed.), *Deutsche Chronik auf das Jahr 1774* (republicado, Heidelberg, 1975), 74 (12 de dezembro de 1774), p. 586.
69. Lehndorff, vol. 3, p. 242.
70. Heinrich von Treitschke, *Deutsche Geschichte im 19. Jahrhundert* (Leipzig, 1927), vol. 1, p. 63.
71. Davies, *God's Playground*, vol. 1, p. 511.
72. *Ibid.*, p. 525.
73. Schroeder, *The Transformation of European Politics*, p. 19. Ver também Karl Otmar Freiherr von Aretin, "Tausch, Teilung und Länderschacher als Folgen des Gleichgewichtssystems der europäischen Grossmächte", *in* Klaus Zernack (ed.), *Polen und die polnische Frage in der Geschichte der Hohenzollernmonarchie 1701-1871* (Berlim, 1982), pp. 56-9.
74. Citado em Horn, *British Public Opinion and the First Partition of Poland*, p. 13.
75. Lord Rosebery, *Pitt* (Londres, 1892), p. 103. É apenas uma de várias metáforas convincentes neste livro brilhante, uma obra-prima de prosa em inglês.
76. Beales, *Joseph II*, vol. 1, pp. 301-2.
77. Madariaga, *Russia in the Age of Catherine the Great*, p. 359.
78. P.C., vol. 35, p. 215; vol. 36, pp. 96-7.
79. Beales, *Joseph II*, vol. 1, p. 432.
80. Karl Otmar Freiherr von Aretin, *Heiliges Römisches Reich* (Wiesbaden, 1967), vol. 1, p. 111; Georg Schmidt, *Wandel durch Vernunft. Deutsche Geschichte im 18. Jahrhundert* (Munique, 2009), p. 197.
81. Beales, *Joseph II*, vol. 1, pp. 389-90.
82. P.C., vol. 39, pp. 150-51.

83. *Ibid.*, p. 152.
84. Citado em T. C. W. Blanning, *Joseph II* (Londres, 1994), p. 148. A referência completa a esses comentários é dada ali na nota de fim 81, na p. 158.
85. P.C., vol. 1, p. 7.
86. *Œuvres*, vol. 2, p. 32. Tradução usada de *Posthumous Works*, vol. 1, pp. 46-7.
87. Barbara Stollberg-Rilinger, *Des Kaisers alte Kleider. Verfassungsgeschichte und Symbolsprache des Alten Reiches* (Munique, 2008), p. 293. Para um resumo em inglês dessa importante obra, ver, da autora, "On the function of rituals in the Holy Roman Empire", *in* R. J. W. Evans, Michael Schaich e Peter H. Wilson (eds.), *The Holy Roman Empire 1495-1806: New Perspectives* (Oxford, 2011), pp. 359-73.
88. Arnold Berney, *Friedrich der Grosse. Entwicklungsgeschichte eines Staatsmannes* (Tübingen, 1934), p. 170.
89. Peter H. Wilson, "Prussia's relations with the Holy Roman Empire, 1740-1786", *The Historical Journal*, 51, 2 (2008), p. 362.
90. Joachim Whaley, *Germany and the Holy Roman Empire* (Oxford, 2012), vol. 2: *The Peace of Westphalia to the Dissolution of the Reich 1648-1806*, p. 400.
91. Apesar do uso contemporâneo da palavra *Acht* ("não cumprimento da lei"), isso não foi o que se impôs à Prússia, apesar de todos os esforços dos austríacos. Se tivessem tido sucesso, teriam ganhado uma justificativa legal para desmembrar a Prússia, pois as terras de Frederico teriam sido cedidas – Wilson, "Prussia's relations with the Holy Roman Empire, 1740-1786", p. 350.
92. O relato de Aprill é republicado em Carlyle, vol. 5, pp. 184-5.
93. Manfred Schort, *Politik und Propaganda. Der Siebenjährige Krieg in den zeitgenössischen Flugschriften* (Frankfurt am Main, 2006), p. 143.
94. *Goethes Werke* (Weimar, 1890), vol. 26: *Dichtung und Wahrheit*, pp. 288-90.
95. Gustav Berthold Volz, 'Friedrichs des IIten Plan einer Losreissung Preussens von Deutschland', *Historische Zeitschrift*, 122 (1920), p. 276.
96. Gabriele Haug-Moritz, *Württembergischer Ständekonflikt und deutscher Dualismus. Ein Beitrag zur Geschichte des Reichsverbands in der Mitte des 18. Jahrhunderts*, Veröffentlichungen der Kommission für geschichtliche Landeskunde in Baden-Württemberg, série B (Stuttgart, 1992), p. 145; Barbara Stollberg-Rilinger, *Das Heilige Römische Reich Deutscher Nation vom Ende des Mittelalters bis 1806* (Munique, 2006), p. 104.
97. *Ibid.*, p. 169.
98. Peter Baumgart, "Säkularisierungspläne Friedrichs II.", *in* Joachim Köhler (ed.), *Säkularisationen in Ostmitteleuropa* (Colônia, 1984), p. 64.
99. Whaley, *Germany and the Holy Roman Empire*, vol. 2, p. 397.
100. Lehndorff, vol. 1, p. 276. Em 1757, o príncipe herdeiro Ludwig de Hessen-Darmstadt foi mandado para casa por seu pai.
101. Wilson, "Prussia's relations with the Holy Roman Empire, 1740-1786", p. 361. Wilson fornece uma lista de todos os príncipes e condes imperiais que serviram como comandantes de regimento prussianos de 1713 a 1786 nas pp. 366-71.
102. Beales, *Joseph II*, vol. 1, pp. 132-3.
103. P.C., vol. 40, p. 5.

104. *Recueil des instructions données aux ambassadeurs et ministres de France depuis les traités de Westphalie jusqu'à la Révolution française* (Paris, 1901), vol. 16: *Prusse*, ed. Albert Waddington, p. 532.
105. *Ibid.*, p. 9.
106. Koser, vol. 2, p. 523.
107. Beales, *Joseph II*, vol. 1, pp. 392-3.
108. P.C., vol. 40, pp. 55-9.
109. H. W. V. Temperley, *Frederic the Great and Kaiser Joseph. An Episode of War and Diplomacy in the Eighteenth Century* (Londres, 1915, reimpresso em 1968), pp. 91-5.
110. P.C., vol. 40, p. 356.
111. Koser, vol. 2, p. 530. Koser dá o melhor relato da guerra. Há um bom relato em inglês em David Fraser, *Frederick the Great* (Londres, 2000), cap. 22.
112. Kurd Wolfgang von Schöning, *Der Bayerische Erbfolge-Krieg* (Berlim e Potsdam, 1854), p. 1. Schmettau também observou, sobre a guerra, que "foi uma peça ruim apresentada por bons atores", *Ibid.*, p. 2.
113. Daniel Hohrath, "Die Rolle des Prinzen Heinrich im Bayerischen Erbfolgekrieg von 1778-1779", in Göres (ed.), *Prinz Heinrich von Preussen*, pp. 113-14.
114. Koser, vol. 2, pp. 531-4.
115. P.C., vol. 41, p. 473.
116. Christopher Duffy, *The Army of Frederick the Great* (Newton Abbot, 1974), pp. 204-5; Christopher Duffy, *The Army of Maria Theresa. The Armed Forces of Imperial Austria 1740-1780* (Londres, 1977), pp. 210-13.
117. A correspondência está publicada em *Œuvres*, vol. 6, pp. 205-33.
118. Arneth, *Geschichte Maria Theresias*, vol. 10, pp. 449-69.
119. Beales, *Joseph II*, vol. 1, p. 407.
120. Aretin, *Heiliges Römisches Reich*, vol. 1, p. 119.
121. Arneth, *Geschichte Maria Theresias*, vol. 10, p. 579.
122. Beales, *Joseph II*, vol. 1, pp. 421-2.
123. Theodor Schieder, *Friedrich der Grosse. Ein Königtum der Widersprüche* (Frankfurt am Main, Berlim e Viena, 1983), p. 257.
124. Alexander Brückner, *Katharina die Zweite* (Berlin, 1883), p. 314; Temperley, *Frederic the Great and Kaiser Joseph*, pp. 186-7.
125. *Ibid.*, p. 202.
126. Karl Otmar Freiherr von Aretin, *Das Alte Reich 1648-1806* (Stuttgart, 1997), vol. 3: *Das Reich und der österreichisch-preussische Dualismus (1745-1806)*, p. 203; Volker Press, "Friedrich der Grosse als Reichspolitiker", in Heinz Duchhardt (ed.), *Friedrich der Grosse, Franken und das Reich* (Colônia e Viena, 1986), p. 50.
127. Madariaga, *Russia in the Age of Catherine the Great*, p. 381; Karl Otmar Freiherr von Aretin, "Russia as a guarantor power of the imperial constitution under Catherine II", *Journal of Modern History*, 58: Supplement, Politics and Society in the Holy Roman Empire 1500-1806 (1986), pp. 141-60.
128. Koser, vol. 2, p. 534. Cf. Duffy, *The Army of Frederick the Great*, p. 205.
129. Schöning, *Der Bayerische Erbfolge-Krieg*, p. 23.

130. Hans Bleckwenn, "Bauernfreiheit durch Wehrpflicht – ein neues Bild der altpreussischen Armee", in *Friedrich der Grosse und das Militärwesen seiner Zeit* (Herford e Bonn, 1987) [sem editora], p. 59.
131. Sobre se Luísa escreveu mesmo essas palavras, ver Luise Schorn-Schütte, *Königin Luise. Leben und Legende* (Munique, 2003), p. 74.
132. *Œuvres*, vol. 26, p. 349.
133. Marcus von Salisch, "'Von Preussen lernen...?' Die friderizianische Armee nach dem Siebenjährigen Krieg und die Entwicklungen der Zeit", in Friederisiko, *Essays*, p. 72.
134. P.C., vol. 43, p. 70.
135. *Ibid.*, p. 71.
136. José ao conde Ludwig Cobenzl, 23 de dezembro de 1780 – Adolf Beer, *Joseph II., Leopold II. und Kaunitz. Ihr Briefwechsel* (Viena, 1873), p. 26.
137. O melhor relato da política austríaca em qualquer idioma está no segundo volume da biografia escrita por Derek Beales, *Joseph – Against the World, 1780-1790* (Cambridge, 2009), cap. 11.
138. Há um bom relato das negociações em Karl A. Roider, *Austria's Eastern Question* (Princeton, 1982), pp. 159-62. Ver também Isabel de Madariaga, "The secret Austro-Russian treaty of 1781", *The Slavonic and East European Review*, 38 (1959).
139. Stribrny, *Die Russlandpolitik Friedrichs des Grossen*, pp. 77-82, 107.
140. Brückner, *Katharina die Zweite*, p. 334.
141. Beales, *Against the World*, p. 383.
142. Beales, *In the Shadow of Maria Theresa*, p. 436.
143. Isabel de Madariaga, *Britain, Russia and the Armed Neutrality of 1780: Sir James Harris's Mission to St Petersburg during the American Revolution* (Londres, 1962), pp. 320-21.
144. P.C., vol. 46, p. 15. A *Politische Correspondenz* ainda não vai além de abril de 1782. Sobre a crença de Frederico na necessária hostilidade entre Áustria e Rússia, ver P. Bailleu, "Der Ursprung des deutschen Fürstenbundes", *Historische Zeitschrift*, 41 (1879), pp. 415, 425. Como observou Bailleu, Frederico era bastante "ignorante e mal informado" sobre as intenções de Catarina.
145. Bailleu, "Der Ursprung des deutschen Fürstenbundes", p. 425. Ver também Robert Salomon, *La Politique orientale de Vergennes (1780-1784)* (Paris, 1935), p. 73.
146. Koser, vol. 2, p. 610.
147. Simon Sebag Montefiore, *Prince of Princes: the life of Potemkin* (Londres, 2000), p. 158. Até o grão-duque e sua esposa nascida em Württemberg, Marie, foram para o lado austríaco no fim de 1781 – Stribrny, *Die Russlandpolitik Friedrichs des Grossen*, p. 154.
148. Koser, vol. 1, p. 498; Dietrich, p. 660.
149. *Œuvres*, vol. 26, p. 550.
150. Leopold von Ranke, *Die deutschen Mächte und der Fürstenbund*, (Leipzig, 1871-2), vol. 1, p. 149. Frederico ainda defendia isso em 1782 – P.C., vol. 46, p. 427.
151. Bailleu, "Der Ursprung des deutschen Fürstenbundes", p. 433.
152. Friedrich Karl Wittichen, *Preussen und England in der europäischen Politik 1785-1788* (Heidelberg, 1902), p. 31.
153. T. C. W. Blanning, "'That horrid electorate' or 'Ma patrie germanique'? George III, Hanover and the *Fürstenbund* of 1785", *The Historical Journal*, 20, 2 (1977), pp. 314-15.

154. A reação francesa é melhor acompanhada em Alfred Ritter von Arneth e Jules Flammermont (eds.), *Correspondance secrète du comte de Mercy-Argenteau avec l'empereur Joseph II et le prince de Kaunitz* (Paris, 1889-91), vol. 1, pp. 185, n. 2, 188-9.
155. John Hardman e Munro Price (eds.), *Louis XVI and the Comte de Vergennes: Correspondence 1774-1787, Studies on Voltaire and the Eighteenth Century* (Oxford, 1998), vol. 364, p. 134. A substancial introdução (154 pp.) é hoje o melhor relato da política externa francesa no período.
156. Karl Gödeke, "Hannovers Antheil an der Stiftung des deutschen Fürstenbundes", *Archiv des Historischen Vereins für Niedersachsen* (1847), p. 70. Frederico escreveu em *Mémoires depuis la paix de Hubertsbourg 1763, jusqu'à la fin du partage de la Pologne* que se sabia que José estava mirando Friuli, Baviera, Bósnia, Alsácia, Lorena e Silésia – *Œuvres*, vol. 6, p. 78.
157. Citado em Christof Dipper, *Deutsche Geschichte 1648-1789* (Frankfurt am Main, 1991), p. 225.
158. Citado em Blanning, *Joseph II*, p. 56.
159. *Ibid.*, pp. 94-5.
160. *Ibid.*, pp. 148-9. Ver também as obras listadas nas notas.
161. Blanning, *Joseph II*, p. 144. O melhor relato está em Beales, *Against the World*, pp. 393-8.
162. P.C., vol. 43, p. 261.
163. *Ibid.*, vol. 46, p. 427.
164. Alfred Ritter von Arneth (ed.), *Joseph II. und Katharina von Russland. Ihr Briefwechsel* (Viena, 1869), pp. 224-5, 231.
165. Esse episódio é melhor acompanhado em Beales, *Against the World*, cap. 11.
166. Ranke, *Die deutschen Mächte und der Fürstenbund*, vol. 1, p. 203.
167. Paul P. Bernard, *Joseph II and Bavaria: Two Eighteenth-century Attempts at German Unification* (Haia, 1965), p. 203.
168. Beales, *Against the World*, p. 396.
169. Schmidt, *Wandel durch Vernunft*, p. 221.
170. Bailleu, "Der Ursprung des deutschen Fürstenbundes", p. 411; Ludwig Häusser, *Deutsche Geschichte vom Tode Friedrichs des Grossen bis zur Gründung des deutschen Bundes* (Berlim, 1861), vol. 1, p. 165.
171. Sobre os primeiros estágios desse projeto, ver Maiken Umbach, "The politics of sentimentality and the German *Fürstenbund*", *The Historical Journal*, 41, 3 (1998), pp. 679-704.
172. Schmidt, *Wandel durch Vernunft*, p. 220.
173. Alfred Kohler, "Das Reich im Spannungsfeld des preussisch-österreichischen Gegensatzes. Die Fürstenbundbestrebungen 1783-1785", in Friedrich Engel-Janosi, Grete Klingenstein e Heinrich Lutz (eds.), *Fürst, Bürger, Mensch. Untersuchungen zu politischen und soziokulturellen Wandlungsprozessen im vorrevolutionären Europa* (Viena, 1975), pp. 76-92.
174. Horst Möller, *Fürstenstaat oder Bürgernation. Deutschland 1763-1815* (Berlim, 1989), p. 267.
175. Ranke, *Die deutschen Mächte und der Fürstenbund*, vol. 1, p. 223.
176. Beales, *Against the World*, p. 396.
177. *Ibid.*, p. 397.

178. Kohler, "Das Reich im Spannungsfeld des preussisch-österreichischen Gegensatzes", p. 92.
179. Wilhelm Adolf Schmidt, *Geschichte der preussisch-deutschen Unionsbestrebungen seit der Zeit Friedrichs des Grossen* (Berlim, 1851), vol. 1, p. 147.
180. Blanning, "'That horrid electorate' or 'Ma patrie germanique'?", *passim*.
181. Wolfgang Burgdorf, *Reichskonstitution und Nation. Verfassungsreformprojekte für das Heilige Römische Reich Deutscher Nation im politischen Schrifttum von 1648 bis 1806* (Mainz, 1998), p. 289.
182. *Ibid.*, pp. 347-51; Schmidt, *Wandel durch Vernunft*, pp. 221-5.
183. Schieder, *Friedrich der Grosse*, pp. 281-2.
184. Lord, *The Second Partition of Poland*, p. 71; Dietrich Gerhard, *England und der Aufstieg Russlands* (Munique e Berlim, 1933), p. 182.
185. Aretin, *Das Alte Reich 1648-1806*, vol. 3, p. 315; Peter Baumgart, "Schlesien im Kalkül Friedrichs II. von Preussen und die europäischen Implikationen der Eroberung des Landes", in idem (ed.), *Kontinuitäten und Wandel. Schlesien zwischen Österreich und Preussen* (Sigmaringen, 1990), p. 11; Press, "Friedrich der Grosse als Reichspolitiker", p. 26; Whaley, *Germany and the Holy Roman Empire*, vol. 2, p. 382. Essa continua sendo uma área na qual há espaço para mais pesquisas. Como escreveu Peter Wilson, "a história da *Reichspolitik* prussiana ou das relações políticas com o império continua em grande parte não escrita" – "Prussia and the Holy Roman Empire 1700-40", *Bulletin of the German Historical Institute*, 36, 1 (2014), p. 6.

12. PÚBLICO E NAÇÃO

1. Discuti isso em *The Culture of Power and the Power of Culture. Old Regime Europe 1660-1789* (Oxford, 2002), pt 2. Ver também James Van Horn Melton, *The Rise of the Public in Enlightenment Europe* (Cambridge, 2001).
2. Franz Etzin, "Die Freiheit der öffentlichen Meinung unter der Regierung Friedrichs des Grossen", *Forschungen zur Brandenburgischen und Preussischen Geschichte*, 33 (1921), p. 89.
3. Etzin, "Die Freiheit der öffentlichen Meinung", p. 96.
4. *Ibid.*, pp. 97-8. Isso é reminiscente da velha piada sobre os dois principais jornais da União Soviética, *Izvestia* (notícias) e *Pravda* (verdade): "Não há notícias na verdade e nem verdade nas notícias".
5. *Ibid.*, p. 99.
6. Ernst Consentius, "Friedrich der Grosse und die Zeitungs-Zensur", *Preussische Jahrbücher*, 115 (1904), p. 220.
7. *Ibid.*, p. 226.
8. *Acta Borussica. Denkmäler der preussischen Staatsverwaltung im 18. Jahrhundert, Behördenorganisation und allgemeine Staatsverwaltung*, vol. 8: *Akten vom 21. Mai 1748 bis 1. August 1750*, ed. G. Schmoller e O. Hintze (Berlim, 1906), p. 317.
9. *Ibid.*, pp. 32-3.
10. Etzin, "Die Freiheit der öffentlichen Meinung", p. 103.

11. Esse episódio foi registrado inúmeras vezes, de modo mais completo em Ludwig Salomon, *Geschichte des deutschen Zeitschriftenwesens von den ersten Anfängen bis zur Wiederaufrichtung des Deutschen Reiches*, 2 ed. (Oldenburg e Leipzig, 1906), vol. 1, pp. 149-50.
12. Etzin, "Die Freiheit der öffentlichen Meinung", p. 122.
13. Peter Gay, *Voltaire's Politics* (Nova York, s.d.), p. 35. Um relato do incidente diz que o cavaleiro, assistindo de uma carruagem, gritou que a cabeça de Voltaire deveria ser poupada, "pois algo de bom pode sair dela".
14. Citado em Horst Steinmetz (ed.), *Friedrich II., König von Preussen, und die deutsche Literatur des 18. Jahrhunderts. Texte und Dokumente* (Stuttgart, 1985), pp. 50, 290, n. 3.
15. John Moore, *A View of Society and Manners in France, Switzerland and Germany* (4 ed., Dublin, 1789), vol. 2, p. 130.
16. Sobre Moore, ver H. L. Fulton, "Moore, John (1729-1802)", *Oxford Dictionary of National Biography*, Oxford University Press, 2004; ed. on-line, janeiro de 2008, http://www.oxforddnb.com/view/article/19130. Acesso em: 11 de novembro de 2013.
17. Hans Reiss (ed.), *Kant's Political Writings* (Cambridge, 1970), p. 58.
18. Abade Denina, *Essai sur le règne de Frédéric II, Roi de Prusse* (Berlim, 1788), pp. 456-7.
19. Dieudonné Thiébault, *Mes Souvenirs de vingt ans de séjour à Berlin; ou Frédéric le Grand, sa famille, sa cour, son gouvernement, son académie, ses écoles, et ses amis littérateurs et philosophes*, 4 ed. (Paris, 1813), vol. 1, p. 60.
20. *Acta Borussica*, vol. 8, p. 785.
21. P.C., vol. 10, pp. 59, 135-6. O panfleto em questão era "Idée de la personne, de la manière de vivre et de la cour du roi de Prusse".
22. Charles Henry (ed.), *Œuvres et correspondance inédites de d'Alembert* (Paris, 1887), p. 89.
23. Daniel Jenisch, "Denkschrift auf Friedrich den Zweiten", *in* Steinmetz (ed.), *Friedrich II.*, pp. 234-5. Ver também a homenagem de Moses Mendelssohn citada abaixo, na p. 383.
24. C. B. A. Behrens, *Society, Government and the Enlightenment: The Experiences of Eighteenth-century France and Prussia* (Londres, 1985), p. 182.
25. Ann Thomson, *Materialism and Society in the Mid-eighteenth Century: La Mettrie's Discours préliminaire* (Genebra e Paris, 1981), p. 10.
26. H. B. Nisbet, *Gotthold Ephraim Lessing. His Life, Works, and Thought* (Oxford, 2008), p. 88.
27. Denina, *Essai sur le règne de Frédéric II, Roi de Prusse*, p. 98.
28. Robert Darnton, *The Forbidden Best-sellers of Pre-revolutionary France* (Londres, 1996), p. 95. Darnton inclui neste volume uma tradução completa de *Thérèse philosophe*.
29. Hans-Joachim Gehrke, "Klassische Studien. Paradoxien zwischen Antike und Aufklärung", *in* Sösemann, vol. 1, p. 112.
30. *Œuvres*, vol. 14, p. 28.
31. Ursula Pia Jauch, "Frederick's 'cercle intime': philosophy at court", *in* Thomas Biskup e Katrin Kohl, *Frederick the Great and the Republic of Letters: A Symposium*, Oxford 13-14 de julho de 2012, no prelo; Nisbet, *Lessing*, p. 88.
32. Éloge de M. de La Mettrie, *Œuvres*, vol. 7, pp. 26-32. Há uma tradução para o inglês em http://vserver1.cscs.lsa.umich.edu/~crshalizi/LaMettrie/.
33. Nisbet, *Lessing*, p. 126.

34. Gustav Berthold Volz (ed.), *Friedrich der Grosse und Wilhelmine von Bayreuth*, vol. I: *Jugendbriefe 1728-1740* (Leipzig, 1924), p. 210. Ver também Werner Langer, *Friedrich der Grosse und die geistige Welt Frankreichs*, Hamburger Studien zu Volkstum und Kultur der Romanen, vol. II (Hamburgo, 1932), pp. 177-8.
35. Thomson, *Materialism and Society in the Mid-eighteenth Century*, p. 14.
36. David Edmonds e John Eidinow, *Rousseau's Dog. Two Great Thinkers at War in the Age of Enlightenment* (Londres, 2006), p. 49.
37. Jean-Jacques Rousseau, *The Confessions*, ed. J. M. Cohen (Londres, 1953), p. 547.
38. Maurice Cranston, *The Solitary Self. Jean-Jacques Rousseau in Exile and Adversity* (Chicago, 1997), p. 15.
39. *Ibid.*, p. 17.
40. Avi Lifschitz, "Adrastus versus Diogenes: Frederick the Great and Jean-Jacques Rousseau on self-love", in Biskup e Kohl, *Frederick the Great and the Republic of Letters*.
41. *Œuvres*, vol. 19, p. 207.
42. *Ibid.*, vol. 20, p. 321.
43. *Ibid.*, p. 322.
44. Cranston, *The Solitary Self*, p. 38.
45. *Ibid.*, p. 158.
46. Winfried Böhm, "Bildungsideal, Bildungswesen, Wissenschaft und Akademien", in Erhard Bethke (ed.), *Friedrich der Grosse. Herrscher zwischen Tradition und Fortschritt* (Gütersloh, 1985), p. 186; *Œuvres*, vol. 18, p. 249.
47. Thiébault, *Mes Souvenirs*, vol. 1, p. 7.
48. *Œuvres*, vol. 23, p. 131.
49. Volker Wittenauer, *Im Dienste der Macht. Kultur und Sprache am Hofe der Hohenzollern. Vom Grossen Kurfürst bis zu Wilhelm II.* (Paderborn, Munique, Viena e Zurique, 2007), pp. 122-5.
50. Roland Vocke, "Friedrich II. Verhältnis zur Literatur und zur deutschen Sprache", in Bethke (ed.), *Friedrich der Grosse*, p. 175. *Œuvres*, vols. 21-3. Muitas outras cartas foram achadas depois e publicadas por Reinhold Koser e Hans Droysen (eds.), *Briefwechsel Friedrichs des Grossen mit Voltaire, Publikationen aus den K. Preussischen Staatsarchiven*, vols. 81, 82, 86 (Leipzig, 1908-9, 1911). A edição mais completa da correspondência de Voltaire é a publicada por Theodore Besterman em 107 volumes, *Voltaire's Correspondence* (Genebra, 1953-65). Os volumes que cobrem a estadia de Voltaire na Prússia entre 1750-53 são os 18-22.
51. Peter Gay, *The Enlightenment: an Interpretation* (Nova York, 1969), vol. 2: *The Science of Freedom*, pp. 483-4.
52. Uwe Steiner, "Die Sprache der Gefühle. Der Literaturbegriff Friedrichs des Grossen im historischen Kontext", in Brunhilde Wehinger (ed.), *Geist und Macht: Friedrich der Grosse im Kontext der europäischen Kulturgeschichte* (Berlim, 2005), p. 30.
53. Reinhold Koser, *Friedrich der Grosse als Kronprinz* (Stuttgart, 1886), p. 145.
54. Ullrich Sachse, "Gross im Tod sein. Friedrichs des Grossen erste Verfügung zur Inszenierung seines Nachlebens", in Michael Kaiser e Jürgen Luh (eds.), *Friedrich und die historische Grösse. Beiträge des dritten Colloquiums in der Reihe "Friedrich300"* vom 25./26. September 2009 (Friedrich300-Colloquien, 3), http://perspectivia.net/content/

publikationen/friedrich300-colloquien/friedrich-groesse/sachse_tod. Último acesso em 14 de maio de 2014.
55. Carlyle, vol. 3, pp. 90, 96.
56. Christopher Clark, "'Le roi historien' zu Füssen von Clio", *in* Sösemann, vol. 1, p. 162.
57. Koser, vol. 2, p. 120.
58. Theodore Besterman, "Voltaire's commentary on Frederick's *Art de la guerre*", *Studies on Voltaire and the Eighteenth Century*, 2 (1956), pp. 64-6.
59. Lytton Strachey, "Voltaire and Frederick the Great", *in* idem, *Books and Characters, French and English* (Londres, 1922), pp. 168-70.
60. Peter-Michael Hahn, *Friedrich II. von Preussen* (Stuttgart, 2013), p. 54.
61. Citado em Gay, *The Science of Freedom*, p. 484.
62. Roger Pearson, *Voltaire Almighty. A Life in the Pursuit of Freedom* (Londres, 2005), pp. 214-16.
63. Besterman (ed.), *Voltaire's Correspondence*, vol. 18, pp. 43, 104.
64. *Œuvres*, vol. 18, p. 74.
65. Strachey, "Voltaire and Frederick the Great", p. 168.
66. Besterman (ed.), *Voltaire's Correspondence*, vol. 18, p. 120.
67. *Ibid.*, vol. 20, pp. 38-9. O francês parece ter sido especialmente suscetível aos grandes olhos azuis de Frederico – "os mais lindos que já vi" foi o veredito do marquês de Lafayette, que tinha visto muitos olhos belos em seu tempo – citado em Bernd Klesmann, "Friedrich II. und Frankreich: Faszination und Skepsis", *in* Friederisiko, *Ausstellung*, p. 144.
68. Besterman (ed.), *Voltaire's Correspondence*, vol. 18, p. 515.
69. Pearson, *Voltaire Almighty*, pp. 217-18.
70. Besterman (ed.), *Voltaire's Correspondence*, vol. 18, p. 193.
71. *Ibid.*, p. 197.
72. *Ibid.*, p. 214.
73. Um relato conciso das questões em jogo pode ser visto no apêndice 56 de Besterman (ed.), *Voltaire's Correspondence*, vol. 18, p. 263. Embora Besterman tenha confessado em sua biografia *Voltaire* (Londres, 1969), p. 17, que "fui seu admirador de longa data, deste lado da idolatria", ele conclui, sobre o caso Hirschel: "sua conduta [de Voltaire] não pode e não deve ser defendida".
74. Besterman (ed.), *Voltaire's Correspondence*, vol. 19, p. 29.
75. Besterman, *Voltaire*, pp. 315-16.
76. Besterman (ed.), *Voltaire's Correspondence*, vol. 20, p. 43.
77. *Ibid.*, pp. 390-91.
78. Avi Lifschitz, *Language and Enlightenment. The Berlin Debates of the Eighteenth Century* (Oxford, 2012), p. 10; Iwan-Michelangelo D'Aprile, "Aufklärung, Toleranz und Wissenschaft in Preussen", *in* Friederisiko, *Ausstellung*, pp. 101-2.
79. Pearson, *Voltaire Almighty*, p. 226.
80. *Ibid.*, p. 227.
81. Ursula Goldenbaum (ed.), *Appell an das Publikum: die öffentliche Debatte in der deutschen Aufklärung 1687-1796* (Berlim, 2004), vol. 2, pp. 522-9.
82. Lehndorff, vol. 1, p. 62.

83. *Ibid.*, p. 229.
84. Volz (ed.), *Friedrich der Grosse und Wilhelmine von Bayreuth*, vol. 2, pp. 253-7.
85. J. D. E. Preuss, *Friedrich der Grosse – Eine Lebensgeschichte* (Berlim, 1832), vol. 1, p. 248.
86. Besterman, *Voltaire*, pp. 329-30.
87. *Œuvres*, vol. 23, p. 3.
88. Langer, *Friedrich der Grosse und die geistige Welt Frankreichs*, p. 180.
89. *Œuvres*, vol. 25, p. 369; vol. 24, p. 545.
90. Steiner, "Die Sprache der Gefühle", p. 29.
91. Brunhilde Wehinger, "Introduction", *in* Brunhilde Wehinger e Günther Lottes (eds.), *Friedrich der Grosse als Leser* (Berlim, 2012), p. 14.
92. *Œuvres*, vol. 8, pp. 133, 251.
93. *Ibid.*, vol. 1, pp. li, 1.
94. *Ibid.*, vol. 7, p. 9.
95. *Ibid.*, vol. 9, pp. 4, 276.
96. "Avant-propos sur la Henriade de M. de Voltaire", *Ibid.*, vol. 8, p. 62.
97. *Œuvres*, vol. 24, p. 522.
98. *Ibid.*, vol. 9, pp. 107, 161; vol. 12, p. 255; vol. 13, pp. 60, 116; vol. 19, p. 151; vol. 23, p. 290; P.C., vol. 10, p. 135; Jacques Droz, *L'Allemagne et la Révolution française* (Paris, 1949), p. 12.
99. *Œuvres*, vol. 10, p. 164.
100. *Ibid.*, vol. 17, p. 261.
101. *Ibid.*, vol. 23, p. 62.
102. *Ibid.*, vol. 2, p. xx.
103. Helga Schultz, *Berlin 1650-1800. Sozialgeschichte einer Residenz* (Berlim, 1987), p. 33.
104. *Ibid.*, p. 61; Rudolf von Thadden, *Fragen an Preussen. Zur Geschichte eines aufgehobenen Staates* (Munique, 1981), p. 279.
105. Schultz, *Berlin 1650-1800*, p. 66.
106. *Ibid.*, p. 122.
107. Reinhart Koselleck, *Preussen zwischen Reform und Revolution. Allgemeines Landrecht, Verwaltung und soziale Bewegung von 1791 bis 1848*, 3 ed. (Berlim, 1981), p. 125; Horst Möller, *Aufklärung in Preussen. Der Verleger, Publizist und Geschichtsschreiber Friedrich Nicolai* (Berlim, 1974), p. 265. O primeiro lista a guarnição com dependentes como 60677, o último, como 33400. Há números bem diferentes em Felix Escher, "Die brandenburgisch-preussische Residenz und Hauptstadt Berlin im 17. und 18. Jahrhundert", *in* Wolfgang Ribbe (ed.), *Geschichte Berlins*, 2 ed. (Munique, 1988), vol. 1: *Von der Frühgeschichte bis zur Industrialisierung*, p. 383.
108. Schultz, *Berlin 1650-1800*, p. 278.
109. "Ueber Berlin von einem Fremden", *in* F. Gedike e J. E. Biester (eds.), *Berlinische Monatsschrift* (Berlim, 1783), p. 337.
110. Iwan-Michelangelo D'Aprile, "Die königliche Toleranzpolitik in der Wahrnehmung der brandenburgischen Untertanen", *in* Frank Göse (ed.), *Friedrich der Grosse und die Mark Brandenburg. Herrschaftspraxis in der Provinz* (Berlim, 2012), p. 43. Ver também os números publicados e discutidos em meu *The Culture of Power and the Power of Culture*, pp. 111-15.

111. Citado em Lutz Winckler, *Kulturwarenproduktion. Aufsätze zur Literatur und Sprachsoziologie* (Frankfurt am Main, 1973), p. 24, n. 28. Para vários outros exemplos, ver meu *The Culture of Power and the Power of Culture*, pp. 133-5. O original pode ser encontrado on-line em http://www.ub.uni-bielefeld.de/diglib/aufkl/deutschesmuseum/deutschesmuseum.htm.
112. Nisbet, *Lessing*, p. 81.
113. Möller, *Aufklärung in Preussen*. Os dois periódicos podem, respectivamente, ser lidos on-line em: http://www.ub.uni-bielefeld.de/diglib/aufkl/brieneulit/index.htm e http://www.ub.uni-bielefeld.de/diglib/aufkl/adb/adb.htm.
114. Hans Dollinger, *Preussen. Eine Kulturgeschichte in Bildern und Dokumenten* (Munique, 1980), p. 125.
115. Möller, *Aufklärung in Preussen*, p. 198.
116. Citado em Horst Möller, "Wie aufgeklärt war die Aufklärungsforschung? Friedrich Nicolai in historiographischer Perspektive", *in* Rainer Falk e Alexander Košenina (eds.), *Friedrich Nicolai und die Berliner Aufklärung* (Hanôver, 2008), p. 7. O efeito é criado com um trocadilho intraduzível com a palavra *"verdient"*: Hast du auch wenig genug verdient um die Bildung der Deutschen,/ Fritz Nicolai, sehr viel hast du dabei doch verdient.
117. Andreas Gestrich, *Absolutismus und Öffentlichkeit. Politische Kommunikation in Deutschland zu Beginn des 18. Jahrhunderts* (Göttingen, 1994), p. 171; Ute Frevert, *Gefühlspolitik. Friedrich II. als Herr über die Herzen?* (Göttingen, 2012), p. 79.
118. Christof Dipper, *Deutsche Geschichte 1648-1789* (Frankfurt am Main, 1991), pp. 174-5.
119. Klaus Gerteis, "Das 'Postkutschenzeitalter'. Bedingungen der Kommunikation im 18. Jahrhundert", *in* Karl Eibl, *Entwicklungsschwellen im 18. Jahrhundert, Aufklärung*, 4, 1 (1989), p. 66; Michael Erbe, *Deutsche Geschichte 1713-1790. Dualismus und aufgeklärter Absolutismus* (Stuttgart, 1985), p. 58.
120. Wolfgang Neugebauer, "Brandenburg im absolutistischen Staat. Das 17. und 18. Jahrhundert", *in* Ingo Materna e Wolfgang Ribbe (eds.), *Brandenburgische Geschichte* (Berlim, 1995), p. 367.
121. Por Horst Möller, *in Aufklärung in Preussen*, p. 251.
122. Ver, por exemplo, o volume sobre a segunda metade de 1784 em http://www.ub.uni-bielefeld.de/diglib/aufkl/berlmon/berlmon.htm. Ele inclui o famoso ensaio de Kant, "O que é Iluminismo?".
123. Rüdiger Hachtmann, "Friedrich II. von Preussen und die Freimaurerei", *Historische Zeitschrift*, 264, 1 (1997), pp. 21-2.
124. J. D. E. Preuss, *Friedrich der Grosse mit seinen Verwandten und Freunden: Eine historische Skizze* (Berlim, 1868), p. 36.
125. Horst Möller, *Vernunft und Kritik. Deutsche Aufklärung im 17. Und 18. Jahrhundert* (Frankfurt am Main, 1986), p. 217.
126. Hachtmann, "Friedrich II. von Preussen und die Freimaurerei", p. 37. Ver também Karlheinz Gerlach, "Die Berliner Freimaurerei 1783. Eine sozialgeschichtliche Untersuchung", *in* Helmut Reinalter e Karlheinz Gerlach (eds.), *Staat und Bürgertum im 18. und frühen 19. Jahrhundert* (Frankfurt am Main, 1996), p. 192.
127. Manfred Agethen, "Diskussionsbericht", *in* Heinz Duchhardt (ed.), *Friedrich der Grosse, Franken und das Reich* (Colônia e Viena, 1986), p. 196.

128. Hachtmann, "Friedrich II. von Preussen und die Freimaurerei", pp. 46-7; Gerlach, "Die Berliner Freimaurerei 1783", p. 199.
129. Hachtmann, "Friedrich II. von Preussen und die Freimaurerei", p. 44.
130. *Ibid.*, p. 48.
131. "Maurerrede zum Andenken Friedrichs. Berlin den 14. Sept. 1786", in *Berlinische Monatsschrift*, 1786 (2), p. 338.
132. Discuti isso em *The Culture of Power and the Power of Culture*, pt 3.
133. Koser e Droysen (eds.), *Briefwechsel*, vol. 1, pp. 71-2.
134. *Œuvres*, vol. 1, p. 255.
135. K. Biedermann, *Friedrich der Grosse und sein Verhältniss zur Entwicklung des deutschen Geisteslebens* (Brunsvique, 1859), p. 5.
136. Koser e Droysen (eds.), *Briefwechsel*, vol. 3, pp. 347-8.
137. A edição francesa está em *Œuvres*, vol. 7. Há uma boa edição alemã em Steinmetz (ed.), *Friedrich II.*, que também inclui muitos outros materiais contemporâneos relevantes. Minhas referências são à última edição.
138. Steinmetz (ed.), *Friedrich II.*, pp. 61-2, 73, 77. Ver também Winfried Woesler, "Die Idee der deutschen Nationalliteratur in der zweiten Hälfte des 18. Jahrhunderts", *in* Klaus Garber (ed.), *Nation und Literatur im Europa der Frühen Neuzeit* (Tübingen, 1989), p. 722.
139. Steinmetz (ed.), *Friedrich II.*, pp. 81-2. Parece que Frederico leu Shakespeare em tradução alemã, o que só deve ter confirmado seu preconceito – Wehinger, "Introduction", *in* Wehinger e Lottes (eds.), *Friedrich der Grosse als Leser*, p. 12.
140. Vários exemplos podem ser vistos em Steinmetz (ed.), *Friedrich II.*
141. Daniel Fulda, "De la littérature allemande. Friedrich II. von Preussen, das deutsche Publikum und die Herausbildung des modernen Literaturbegriffs", *Germanisch-Romanische Monatsschrift*, 63, 2 (2013), p. 226.
142. Adolf von Harnack, *Geschichte der königlich preussischen Akademie der Wissenschaften zu Berlin* (Berlim, 1900), vol. 1, pt 1, pp. 266-7, 293-4.
143. *Ibid.*, p. 362.
144. Thiébault, *Mes Souvenirs*, vol. 4, pp. 76-8.
145. Eugen Paunel, *Die Staatsbibliothek zu Berlin. Ihre Geschichte und Organisation während der ersten zwei Jahrhunderten seit ihrer Eröffnung* (Berlim, 1965), p. 74.
146. Harnack, *Geschichte der königlich preussischen Akademie der Wissenschaften zu Berlin*, vol. 1, pt 1, p. 464.
147. Langer, *Friedrich der Grosse*, p. 11.
148. Sua relação é recontada em detalhes exaustivos por Christiane Mervaud em *Voltaire et Frédéric II: une dramaturgie des lumières 1736-1778, Studies on Voltaire and the Eighteenth Century* (Oxford, 1985), vol. 234.
149. Johann Friedrich Karl Grimm, *Bemerkungen eines Reisenden durch die königlichen preussischen Staaten in Briefen* (Altenburg, 1779), vol. 2, p. 2; Ruth Freydank, *Theater in Berlin von den Anfängen bis 1945* (Berlim, 1988), pp. 106-7.
150. *Ibid.*, pp. 106-8.
151. Koser e Droysen (eds.), *Briefwechsel*, vol. 3, p. 209. Ver também sua outra carta a Voltaire de 19 de setembro de 1774, *Ibid.*, p. 304.

152. Langer, *Friedrich der Grosse*, pp. 94-5, 185. Ver também Vocke, "Friedrich II. Verhältnis zur Literatur und zur deutschen Sprache", *in* Bethke (ed.), *Friedrich der Grosse*, p. 175.
153. Eckart Klessmann, *Die deutsche Romantik*, 2 ed. (Colônia, 1981), p. 27; Pierre-Paul Sagave, "Preussen und Frankreich", *Jahrbücher für die Geschichte Mittel und Ostdeutschlands*, 31 (1982), p. 69.
154. Gerd Bartoschek, "Friedrich II. als Sammler von Gemälden", *in* Hans-Joachim Giersberg e Claudia Meckel (eds.), *Friedrich II. und die Kunst* (Potsdam, 1986), vol. 2, pp. 86-8; Paul Seidel, "Friedrich der Grosse als Sammler von Gemälden und Skulpturen", *Jahrbuch der Königlich-Preussischen Kunstsammlungen*, 13 (1892), p. 188; Adolf Rosenberg, "Friedrich der Grosse als Kunstsammler", *Zeitschrift für bildende Kunst*, nova série, 4 (1893), p. 210.
155. Roland Krebs, *L'Idée de 'Théâtre national' dans l'Allemagne des lumières. Théorie et réalisations (Wolfenbütteler Forschungen)*, vol. 28 (Wiesbaden, 1985), p. 529.
156. Citado em Derek Beales, *Joseph II*, vol. 1: *In the Shadow of Maria Theresa 1741-1780* (Cambridge, 1987), p. 233.
157. Citado em H. Kiesel e P. Münch, *Gesellschaft und Literatur im 18. Jahrhundert* (Munique, 1977), p. 84.
158. Ruth Freydank, "Friedrich II. und das Theater", *in* Giersberg e Meckel (eds.), *Friedrich II. und die Kunst*, vol. 2, p. 149; Freydank, *Theater in Berlin*, pp. 112-13.
159. P.C., vol. 1, p. 58.
160. Margaret C. Jacob, *Radical Enlightenment* (Londres, 1981), *passim*.
161. Norbert Conrads, "Politischer Mentalitätswandel von oben: Friedrichs II. Weg vom Gewinn Schlesiens zur Gewinnung der Schlesier", *in* Peter Baumgart (ed.), *Kontinuitäten und Wandel. Schlesien zwischen Österreich und Preussen* (Sigmaringen, 1990), pp. 229-30.
162. Etzin, "Die Freiheit der öffentlichen Meinung", p. 111.
163. Andreas Gestrich, "Kriegsberichterstattung als Propaganda. Das Beispiel des 'Wienerischen Diarium' im Siebenjährigen Krieg 1756-1763", *in* Ute Daniel (ed.), *Augenzeugen. Kriegsberichterstattung vom 18. zum 21. Jahrhundert* (Göttingen, 2006), p. 24.
164. Manfred Schlenke, *England und das friderizianische Preussen 1740-1763. Ein Beitrag zum Verhältnis von Politik und öffentlicher Meinung im England des 18. Jahrhunderts* (Munique, 1963), p. 235.
165. *Ibid.*, pp. 237-46.
166. Eva Giloi, *Monarchy, Myth and Material Culture in Germany 1750-1950* (Cambridge, 2011), pp. 25-6; Christopher Clark, *Iron Kingdom. The Rise and Downfall of Prussia 1600-1947* (Londres, 2006), p. 224; Doris Schumacher, "Der Siebenjährige Krieg in der bildenden Kunst. Von den Anfängen durch Johann Wilhelm Ludwig Gleim und Friedrich II. bis zu den populären Illustrationsfolgen des späten 18. Jahrhunderts", *in* Wolfgang Adam, Holger Dainat e Ute Pott (eds.), *"Krieg ist mein Lied". Der Siebenjährige Krieg in den zeitgenössischen Medien* (Göttingen, 2007), p. 242.
167. Gerhild H. M. Komander, *Der Wandel des "Sehepuncktes": die Geschichte Brandenburg-Preussens in der Graphik von 1648-1810* (Münster, 1995), pp. 166-9.
168. Thomas Weissbrich, "Inszenierungen im Porträt", *in* Leonore Koschnick, Arnulf Scriba e Thomas Weissbrich (eds.), *Friedrich der Grosse. Verehrt. Verklärt. Verdammt* (Berlim, 2012), p. 19.

169. Weissbrich, "Inszenierungen im Porträt", p. 25.
170. Rainer Michaelis, "Friedrich der Grosse im Spiegel der Werke des Daniel Nikolaus Chodowiecki", in Friederisiko, Essays, p. 264.
171. Eckhart Hellmuth, "Die 'Wiedergeburt' Friedrichs des Grossen und der 'Tod fürs Vaterland'. Zum patriotischen Selbstverständnis in Preussen in der zweiten Hälfte des 18. Jahrhunderts", *Aufklärung*, 10, 2 (1998), p. 47.
172. Citado em Thomas Biskup, "Das Ceremoniel des grossen Königs: Völkerrecht, Reichsrecht und Friedrichs Rang in der Fürstengesellschaft" (artigo não publicado entregue à conferência Repräsentation und Selbstinszenierung Friedrichs des Grossen, Museu de Potsdam, 28-29 de setembro de 2012).
173. Frevert, *Gefühlspolitik. Friedrich II. als Herr über die Herzen?*, p. 70.
174. *Ibid.*, p. 72.
175. N. William Wraxall, *Memoirs of the Courts of Berlin, Dresden, Warsaw and Vienna in the Years 1777, 1778 and 1779*, 3 ed. (Londres, 1806), vol. 1, p. 119. Wraxall escrevia sobre 1777.
176. Esse argumento foi bem colocado por Peter-Michael Hahn em *Friedrich II. von Preussen* (Stuttgart, 2013), p. 126.
177. Derek Beales, "Religion and culture", in T. C. W. Blanning (ed.), *The Short Oxford History of Europe: The Eighteenth Century* (Oxford, 2000), pp. 131-3.
178. Clark, *Iron Kingdom*, p. 218.
179. Hahn, *Friedrich II.*, p. 194.
180. Antje Fuchs, "Der Siebenjährige Krieg als virtueller Religionskrieg an Beispielen aus Preussen, Österreich, Kurhannover und Grossbritannien", in Franz Brendle and Anton Schindling (eds.), *Religionskriege im Alten Reich und in Alteuropa* (Münster, 2006), pp. 320-21.
181. Ulrich im Hof, "Friedrich II. und die Schweiz", in Martin Fontius e Helmut Holzhey (eds.), *Schweizer im Berlin des 18. Jahrhunderts* (Berlin, 1996), p. 16.
182. Gay, *The Enlightenment, vol. 1: The Rise of Modern Paganism*, p. 100; Böhm, "Bildungsideal, Bildungswesen, Wissenschaft und Akademien", p. 186.
183. Citado em Wehinger, "Introduction", in Wehinger e Lottes (eds.), *Friedrich der Grosse als Leser*, p. 9.
184. *Ibid.*, p. 10.
185. Hannelore Röhm e Sabine Scheidler, "Die Bibliotheken Friedrichs des Grossen", Friederisiko, *Ausstellung*, p. 322.
186. Rosenberg, "Friedrich der Grosse als Kunstsammler", p. 209.
187. Citado em *Allgemeine Musikalische Zeitung*, 24, 1 (2 de janeiro de 1822), p. 1.
188. Abade Denina, *La Prusse littéraire sous Frédéric II, ou histoire abrégée de la plupart des auteurs, des académiciens et des artistes qui sont nés ou qui ont vécu dans les états prussiens depuis MDCCXL jusqu'à MDCCLXXXVI. Par ordre alphabétique. Précédée d'une introduction, ou d'un tableau général des progrès qu'ont faits les arts et les sciences dans les pays qui constituent la Monarchie prussienne* (Berlim, 1790-91), vol. 1, p. 43.
189. *Goethes Werke* (Weimar, 1887-1912), vol. 27, p. 106. Ver também a passagem similar em seu *Maximen und Reflexionen*: "O fato de que Frederico, o Grande, não queria ter nada a ver com eles irritava os escritores alemães, que, então, fizeram seu máximo para parecer algo a seus olhos" – *Ibid.*, vol. 42, pt 2, pp. 201-2. Essa passagem também é citada

em Theodor Schieder, "Friedrich der Grosse – eine Integrationsfigur des deutschen Nationalbewusstseins im 18. Jahrhundert?", *in* Otto Dann (ed.), *Nationalismus in vorindustrieller Zeit* (Munique, 1986), p. 127. Um argumento parecido foi defendido pelo príncipe Augusto de Gota numa carta a Herder de 25 de dezembro de 1780 – Bernhard Suphan, *Friedrichs des Grossen Schrift über die deutsche Literatur* (Berlim, 1888), p. 38.
190. Fulda, "De la littérature allemande", p. 227.
191. Langer, *Friedrich der Grosse*, pp. 190-93.
192. Harnack, *Geschichte der königlich preussischen Akademie der Wissenschaften zu Berlin*, vol. I, pt I, pp. 397-421. Sobre a importância do prêmio para Herder, ver Robert E. Norton, *Herder's Aesthetics and the European Enlightenment* (Ítaca e Londres, 1991), p. 105. Devo ao professor H. B. Nisbet esta referência.
193. D'Aprile, "Die königliche Toleranzpolitik in der Wahrnehmung der brandenburgischen Untertanen", pp. 44-5.
194. Lifschitz, "Adrastus versus Diogenes: Frederick the Great and Jean-Jacques Rousseau on self-love", *in* Biskup e Kohl (eds.), *Frederick the Great and the Republic of Letters*. Esse argumento foi defendido por Thomas Biskup na discussão que se seguiu ao artigo de Lifschitz.
195. Thomas Bauman, "Courts and municipalities in North Germany", *in* Neal Zaslaw (ed.), *The Classical Era. From the 1740s to the End of the Eighteenth Century* (Londres, 1989), p. 262.
196. Leonard Meister, *Friedrichs des Grossen wolthätige Rücksicht auch auf Verbesserung teutscher Sprache und Literatur* (Zurique, 1787), p. 21.
197. *Ibid.*, p. 152.
198. Thomas Abbt, "Einige allgemeine Anmerkungen über das Genie der Deutschen und den Zustand der deutschen Literatur", *Briefe, die Neueste Litteratur betreffend*, 15 (1762), pp. 55-7.
199. Christian Garve, *Fragmente zur Schilderung des Geistes, des Charakters, und der Regierung Friedrichs des Zweyten* (Breslau, 1798), vol. I, pp. 31, 33, 36, 57, 60, 122.
200. *Goethes Werke*, vol. 27, p. 104.
201. *Ibid.*, p. 105.
202. Christian Wilhelm von Dohm, *Denkwürdigkeiten meiner Zeit, oder Beiträge zur Geschichte vom letzten Viertel des achtzehnten und vom Anfang des neunzehnten Jahrhunderts 1778 bis 1806* (Lemgo e Hanôver, 1814-19), vol. 4, p. 615.
203. Rudolf Payer von Thurn (ed.), *Joseph II. als Theaterdirektor. Ungedruckte Briefe und Aktenstücke aus den Kinderjahren des Burgtheaters* (Viena e Leipzig, 1920), p. 4.
204. Biedermann, *Friedrich der Grosse*, p. 38.
205. Möller, *Vernunft und Kritik*, p. 203. Para um comentário similar, ver Günther Lottes, "Fürst und Text. Die Leserevolution der Aufklärung als Herausforderung der friderizianischen Selbststilisierung", *in* Wehinger e Lottes (eds.), *Friedrich der Grosse als Leser*, p. 35.
206. "Über die neue preussische Justizverfassung", *Berlinische Monatsschrift*, 1784 (I), pp. 521-2, http://www.ub.uni-bielefeld.de/diglib/aufkl/berlmon/berlmon.htm. Ver também Möller, *Vernunft und Kritik*, pp. 203-5.

207. Meister, *Friedrichs des Grossen wolthätige Rücksicht auch auf Verbesserung teutscher Sprache und Literatur*, pp. 154-5.
208. Horst Möller, "Wie aufgeklärt war Preussen?", *in* Hans-Jürgen Puhle e Hans-Ulrich Wehler (eds.), *Preussen im Rückblick* (Göttingen, 1980), p. 198.
209. Schieder, "Friedrich der Grosse – eine Integrationsfigur des deutschen Nationalbewusstseins im 18. Jahrhundert?", *in* Dann (ed.), *Nationalismus in vorindustrieller Zeit*, p. 115.
210. P.C., vol. 2, p. 280.
211. Cartas de 19 de abril de 1753 e 13 de agosto de 1766, *in* Koser e Droysen (eds.), *Briefwechsel*, vol. 3, pp. 3, 127.
212. *Œuvres*, vol. 1, pp. 214-15.
213. Harnack, *Geschichte der königlich preussischen Akademie der Wissenschaften zu Berlin*, vol. 1, pt 1, p. 388.
214. *Œuvres*, vol. 2, p. 41.
215. Thomas Biskup e Peter H. Wilson, "Grossbritannien, Amerika und die atlantische Welt", *in* Friederisiko, *Ausstellung*, p. 147.
216. Koser e Droysen (eds.), *Briefwechsel*, vol. 3, p. 105.
217. *Ibid.*, pp. 130, 135, 148.
218. *Ibid.*, p. 105.
219. Thiébault, *Mes Souvenirs*, vol. 1, p. 9; Langer, *Friedrich der Grosse*, p. 191.
220. *Œuvres*, vol. 14, pp. 290-91.
221. David Watkin e Tilman Mellinghoff, *German Architecture and the Classical Ideal 1740-1840* (Londres, 1987), pp. 17-18; Biskup e Wilson, "Grossbritannien, Amerika und die atlantische Welt", p.147. Como observaram corretamente, ser francófono não exigia necessariamente que se fosse francófilo.
222. Langer, *Friedrich der Grosse*, p. 44.
223. Wilhelm Dilthey, "Friedrich der Grosse und die deutsche Aufklärung", *in* idem, *Gesammelte Schriften* (Leipzig e Berlim, 1927), vol. 3, p. 130.
224. *Œuvres*, vol. 1, p. 265.
225. Steinmetz (ed.), *Friedrich II.*, pp. 65-7, 97-9. Ver também Fulda, "De la littérature allemande", p. 228. Era uma imagem popular entre soberanos germânicos: José II escreveu à sua mãe desde a fronteira silesiana em 1766: "Como Moisés, vimos a terra prometida sem conseguir entrar nela" – citado em Josef Karniel, *Die Toleranzpolitik Kaiser Josephs II., Schriftenreihe des Instituts für Deutsche Geschichte Universität Tel Aviv* (Gerlingen, 1986), vol. 9, p. 129.
226. *Œuvres*, vol. 12, pp. 9-16.
227. *Ibid.*, p. 12.
228. *Ibid.*, p. 14. "Varus" é o conde de Clermont derrotado pelo príncipe Ferdinando ("Herman" – ou "Armínio", como Frederico usa a forma latina em seu poema) em Krefeld em 23 de junho de 1758.
229. *Œuvres*, vol. 9, p. 141.
230. Gesa von Essen, *Hermannsschlachten. Germanen- und Römerbilder in der Literatur des 18. und 19. Jahrhunderts* (Göttingen, 1998), pp. 57-144; Hans Peter Herrmann, "Arminius und die Erfindung der Männlichkeit im 18. Jahrhundert", *in* Hans Peter Herrmann,

Hans-Martin Blitz e Susanna Mossmann (eds.), *Machtphantasie Deutschland. Nationalismus, Männlichkeit und Fremdenhass im Vaterlandsdiskurs deutscher Schriftsteller des 18. Jahrhunderts* (Frankfurt am Main, 1996), pp. 161-91.
231. *Œuvres*, vol. 12, p. 14. Plutão era o deus grego da riqueza; Sardanápalo era o notoriamente decadente e autoindulgente último rei da Assíria.
232. Bernhard R. Kroener, "Militärischer Professionalismus und soziale Karriere. Der französische Adel in den europäischen Kriegen 1740-1763", *in* idem (ed.), *Europa im Zeitalter Friedrichs des Grossen. Wirtschaft, Gesellschaft, Kriege* (Munique, 1989), p. 99.
233. *Œuvres*, vol. 12, pp. 84-5. O poema é datado "Breslau, 20 de dezembro de 1757". A crença de que Luís XV e seus ministros tinham decidido ajudar os austríacos a destruí-lo claramente o magoava. Tanto em *The History of the Seven Years War* quanto em *Memoirs from the Peace of Hubertusburg* até *Completion of the Partition of Poland*, ele afirma que tinha sido decidido em Versalhes "esmagá-lo". *Œuvres*, vol. 12, pp. 84-5.
234. Theodor Schieder, *Friedrich der Grosse. Ein Königtum der Widersprüche* (Frankfurt am Main, Berlim e Viena, 1983), p. 455.
235. *Ibid.*, p. 248; Ingrid Mittenzwei, *Friedrich II. von Preussen* (Colônia, 1980), pp. 113-14.
236. Peter Schleuning, *Das 18. Jahrhundert. Der Bürger erhebt sich* (Hamburgo, 1984), p. 553.
237. Clark, *Iron Kingdom*, p. 219.
238. *Ibid.*, p. 221.
239. *Ibid.*, p. 220; Thomas Nicklas, "Die Schlacht von Rossbach (1757) zwischen Wahrnehmung und Deutung", *Forschungen zur Brandenburgischen und Preussischen Geschichte*, nova série, 12 (2002), pp. 35-51. Ver também os poemas reimpressos em Franz Muncker (ed.), *Anakreontiker und preussisch-patriotische Lyriker* (Stuttgart, 1895), pp. 243-87, que davam uma tendência religiosa forte.
240. Ruth Smith, *Handel's Oratorios and Eighteenth-century Thought* (Cambridge, 1995), p. 220.
241. Ernst Rohmer, "'Der Vater seines Landes [...] ist nicht geringer als der Held'. Johann Peter Uz und die Haltung zum Krieg im Markgraftum Brandenburg-Ansbach", *in* Adam, Dainat e Pott (eds.), *Krieg ist mein Lied*, p. 177. Há uma boa seleção de poemas de Gleim e outros em Gustav Berthold Volz (ed.), *Friedrich der Grosse im Spiegel seiner Zeit* (Berlim, 1901), vol. 2.
242. J. W. L. Gleim, *Preussische Kriegslieder von einem Grenadier*, ed. August Sauer (Heilbronn, 1882), p. 3.
243. Muncker, *Anakreontiker*, p. 183.
244. Gleim, *Preussische Kriegslieder von einem Grenadier*, Introdução de Sauer, p. vii.
245. *Ibid.*, p. 7.
246. *Ibid.*, p. 12.
247. Hans Peter Herrmann, "Krieg, Medien und Nation. Zum Nationalismus in Kriegsliedern des 16. und 18. Jahrhunderts", *in* Adam, Dainat e Pott (eds.), *Krieg ist mein Lied*, p. 29.
248. Michael Rohrwasser, "Lessing, Gleim und der nationale Diskurs", *in* Lenz-Jahrbuch, *Sturm und Drang Studien*, 7 (1997), pp. 137-8; Nisbet, *Lessing*, pp. 232-6.
249. Guido Heinrich, "Leibhaftige Ästhetisierung und mediale Endverwertung. Die Rezeption der Kriegslyrik Anna Louisa Karschs in Berlin, Halberstadt und Magdeburg", *in* Adam, Dainat e Pott (eds.), *Krieg ist mein Lied*, pp. 137-40.

250. Volker Press, "Friedrich der Grosse als Reichspolitiker", *in* Duchhardt (ed.), *Friedrich der Grosse, Franken und das Reich*, p. 42.
251. Herrmann, "Krieg, Medien und Nation", p. 33; Gonthier-Louis Fink, "Der deutsche National- und Regionalcharakter in der Sicht der Aufklärung", *in* Ruth Florack (ed.), *Nation als Stereotyp: Fremdwahrnehmung und Identität in deutscher und französischer Literatur* (Tübingen, 2000), p. 75.
252. Klaus Bohnen, "Von den Anfängen des 'Nationalsinns'. Zur literarischen Patriotismus-Debatte im Umfeld des Siebenjährigen Krieges", *in* Helmut Scheuer (ed.), *Dichter und ihre Nation* (Frankfurt am Main, 1993), p. 123.
253. Christian Friedrich Daniel Schubart, *Leben und Gesinnungen von ihm selbst im Kerker aufgesetzt* (Stuttgart, 1791-3), vol. 1, pp. 33-4. Disponível on-line em http://www.zeno.org/Literatur/M/Schubart,+Christian+Friedrich+Daniel/Autobiographisches/Leben+und+Gesinnungen.
254. Christian Friedrich Daniel Schubart (ed.), *Deutsche Chronik auf das Jahr 1774* (reimpressão, Heidelberg, 1975), vol. 1, pp. 5-6.
255. Citado em Schieder, 'Friedrich der Grosse – eine Integrationsfigur des deutschen Nationalbewusstseins im 18 Jahrhundert?', p. 122. O poema completo pode ser lido on-line em http://www.zeno.org/nid/20005636779.
256. Hans-G. Winter, "Antiklassizismus: Sturm und Drang", *in* Viktor Žmegač (ed.), *Geschichte der deutschen Literatur vom 18. Jahrhundert bis zur Gegenwart*, 2 ed. (Königstein im Taunus, 1984), vol 1, pt 1, p. 213.
257. Schubart (ed.), *Deutsche Chronik auf das Jahr 1774*, p. 77.
258. *Ibid.*, p. 133.
259. *Ibid.*, p. 394.
260. Jacques-Antoine-Hippolyte, *Comte de Guibert, Journal d'un voyage militaire fait en Prusse dans l'année 1787* (Paris, 1790), p. 128.
261. R. Köpke, *Ludwig Tieck. Erinnerungen aus dem Leben des Dichters nach dessen mündlichen und schriftlichen Mittheilungen* (Leipzig, 1855), vol. 1, p. 27.
262. Thomas Biskup, *Friedrichs Grösse. Inszenierungen des Preussenkönigs in Fest und Zeremoniell 1740-1815* (Frankfurt am Main e Nova York, 2012), p. 136.
263. Brigitte Schmitz, "Christian Daniel Rauchs Denkmal im Berliner Lindenforum", *in* Giersberg e Meckel (eds.), *Friedrich II. und die Kunst*, vol. 1, p. 57. Uma lista completa dos nomes de todos os representados ou listados no monumento pode ser encontrada em Kurd Wolfgang von Schöning, *Der Siebenjährige Krieg unter allerhöchster königlicher Bewilligung nach der Original-Correspondenz Friedrich des Grossen mit dem Prinzen Heinrich und Seinen Generalen aus den Staats-Archiven bearbeitet* (Potsdam, 1851), vol. 1, pp. x-xiv.
264. Há uma boa coleção de ilustrações em http://commons.wikimedia.org/wiki/File:Reiterstandbild_-_Friedrich_der_Gro%C3%9Fe_-_Westansicht. Também há uma excelente coleção de fotografias detalhadas em http://www.baedicker.de/FriedrichII/index.php?directory=Der%20alte%20Fritz/&page=1.

13. LUZ E ESCURIDÃO NAS QUESTÕES INTERNAS

1. Voltaire, *La Henriade*, ed. O. R. Taylor, *Studies on Voltaire and the Eighteenth Century* (Oxford, 1965), vol. 39, p. 352.
2. Novalis, "Christendom or Europe", *in* H. S. Reiss (ed.), *The Political Thought of the German Romantics* (Oxford, 1955), p. 134.
3. Novalis, "Glauben und Liebe oder Der König und die Königin", *in* Gerhard Schulz (ed.), *Novalis Werke*, 2 ed. (Munique, 1969), p. 364.
4. Hanns Martin Bachmann, *Die naturrechtliche Staatslehre Christian Wolffs* (Berlim, 1977), p. 40.
5. *Ibid.*, p. 43.
6. *Ibid.*, p. 42.
7. *Œuvres*, vol. 16, p. 288.
8. *Ibid.*, pp. 294-5.
9. Gustav Berthold Volz (ed.), *Friedrich der Grosse und Wilhelmine von Bayreuth* (Leipzig, 1924), vol. 1: *Jugendbriefe 1728-1740*, pp. 314, 318-19, 326, 331-5; Reinhold Koser e Hans Droysen (eds.), *Briefwechsel Friedrichs des Grossen mit Voltaire, Publikationen aus den K. Preussischen Staatsarchiven* (Leipzig, 1908-9, 1911), vol. 81, pp. 1, 13-15, 25.
10. *Œuvres*, vol. 16, p. 195.
11. *Ibid.*, vol. 27, pt 3, p. 207. Como costumava fazer quando se dirigia a um inferior social, Frederico usa a terceira pessoa.
12. Anton Friedrich Büsching, *Beschreibung seiner Reise von Berlin nach Kyritz in der Prignitz welche er vom 26ten September bis zum 2ten Oktober 1779 verrichtet hat* (Leipzig, 1780), p. 57.
13. Carlyle, vol. 3, p. 203.
14. Nicholas Boyle, *Goethe. The Poet and the Age*, vol. 1: *The Poetry of Desire* (Oxford, 1991), p. 18.
15. J. D. E. Preuss, *Friedrich der Grosse – Eine Lebensgeschichte* (Berlim, 1832), vol. 1, p. 138.
16. Georg Borchardt (ed.), *Die Randbemerkungen Friedrichs des Grossen* (Potsdam, s.d.), vol. 1, p. 79.
17. *Ibid.*, pp. 79-80.
18. Dieudonné Thiébault, *Mes Souvenirs de vingt ans de séjour à Berlin; ou Frédéric le Grand, sa famille, sa cour, son gouvernement, son académie, ses écoles, et ses amis littérateurs et philosophes*, 4 ed. (Paris, 1813), vol. 1, p. 59; James Steakley, "Sodomy in Enlightenment Prussia: from execution to suicide", *Journal of Homosexuality*, 16, 1-2 (1989), p. 166.
19. *Œuvres*, vol. 24, p. 701.
20. Wolfgang Neugebauer, "Friedrich als Risiko? Friedrich der Grosse in der Sicht von Untertanen und Geschichtsschreibern", *in Friedrich und die historische Grösse. Beiträge des dritten Colloquiums in der Reihe 'Friedrich300' vom 25./26. September 2009*, ed. Michael Kaiser e Jürgen Luh (Friedrich300 – Colloquien, 3), http://www.perspectivia.net/content/publikationen/friedrich300-colloquien/friedrich-groesse/neugebauer_risiko. Último acesso: 3 de dezembro de 2013; Carlyle, vol. 3, p. 17.
21. "Auszüge gesandschaftlicher Berichte aus Berlin 1740", *Neue Berlinische Monatsschrift* (Julho 1804), p. 16. O relato é de 16 de Outubro de 1740.
22. Neugebauer, "Friedrich als Risiko?", p. 8.

23. Borchardt (ed.), *Die Randbemerkungen Friedrichs des Grossen*, vol. 1, p. 79. Sobre este episódio, ver Peter Weber, "Der Berliner Gesangbuchstreit 1781 – Aporiel der Aufklärung 'von oben'", *in* idem, *Literarische und politische Öffentlichkeit: Studien zur Berliner Aufklärung*, ed. Iwan Michelangelo D'Aprile e Winfried Siebers (Berlin, 2006).
24. Dietrich, p. 600.
25. Abade Denina, *Essai sur le règne de Fréderic II, Roi de Prusse* (Berlin, 1788), p. 404.
26. Borchardt (ed.), *Die Randbemerkungen Friedrichs des Grossen*, vol. 1, p. 84.
27. *Acta Borussica. Denkmäler der preussischen Staatsverwaltung im 18. Jahrhundert, Behördenorganisation und allgemeine Staatsverwaltung* (Berlin, 1907), vol. 9: *Akten von Anfang August 1750 bis Ende 1753*, ed. G. Schmoller e O. Hintze, p. 134.
28. Borchardt (ed.), *Die Randbemerkungen Friedrichs des Grossen*, vol. 1, p. 84.
29. *Ibid.*, p. 87.
30. *Ibid.*
31. "Portrait du roi de Prusse", *Œuvres*, vol. 6: *Mélanges de littérature, en vers et en prose* (Paris, 1796). Pode ser vista em tradução alemã em Otto Bardong (ed.), *Friedrich der Grosse, Ausgewählte Quellen zur deutschen Geschichte der Neuzeit*. Freiherr vom Stein-Gedächtnisausgabe (Darmstadt, 1982), vol. 22, pp. 555-62.
32. Nivernais, "Portrait du roi de Prusse", p. 316.
33. *Ibid.*, p. 322. Até Ursula Goldenbaum, que se esforça para negar quaisquer características iluministas em Frederico, admite que ele fez a Prússia se destacar como farol, ainda mais brilhante devido à opressão teológica dos territórios ao redor – Ursula Goldenbaum, "Friedrich II. und die Berliner Aufklärung", *in* Günther Lottes e Iwan D'Aprile (eds.), *Hofkultur und aufgeklärte Öffentlichkeit: Potsdam im 18. Jahrhundert im europäischen Kontext* (Berlim, 2006), pp. 127-8.
34. Dietrich, p. 316; Voltaire, *La Henriade*, p. 380.
35. Christine Goetz e Victor H. Elbern (eds.), *Die St Hedwigs-Kathedrale zu Berlin* (Ratisbona, 2000), p. 21.
36. R. R. Palmer, *The Age of the Democratic Revolution. A Political History of Europe and America, 1760-1800* (Princeton, 1959, 1964), vol. 1, p. 299.
37. Anton Schindling, "Friedrichs des Grossen Toleranz und seine katholischen Untertanen", *in* Peter Baumgart (ed.), *Kontinuitäten und Wandel. Schlesien zwischen Österreich und Preussen* (Sigmaringen, 1990), p. 270.
38. Hans-Joachim Giersberg, *Friedrich als Bauherr. Studien zur Architektur des 18. Jahrhunderts in Berlin und Potsdam* (Berlim, 1986), p. 235. Segundo o abade Carlo Denina, ele quis construir um templo dedicado a Júpiter, Apolo e outros deuses pagãos, mas havia sido dissuadido por seu amigo Jordan – Denina, *Essai sur le règne de Frédéric II, Roi de Prusse*, p. 450.
39. Martin Engel, "Architektur und Bauherrschaft", *in* Sösemann, vol. 1, pp. 281-2.
40. Ludwig Geiger, *Berlin 1688-1840. Geschichte des geistigen Lebens der preussischen Hauptstadt*, vol. 1: *1688-1786* (Berlim, 1893), p. 374.
41. Goetz e Elbern (eds.), *Die St Hedwigs-Kathedrale zu Berlin*, p. 15; Iwan-Michelangelo D'Aprile, "Aufklärung, Toleranz und Wissenschaft in Preussen", *in* Friederisiko, *Ausstellung*, p. 81.
42. Geiger, *Berlin 1688-1840*, vol. 1, p. 375.

43. *Geschichte und Beschreibung der neu erbauten catholischen Kirche zu St Hedwig in Berlin nebst einer ausführlichen Erzählung und Erklärung aller Ceremonien welche bey der feyerlichen Einweihung derselben am ersten November 1773 beobachtet worden sind* (Berlim, 1774), p. 3.
44. *Ibid.*, p. 37. Sobre a transferência de relíquias de Silésia a Berlim, ver a correspondência reimpressa em Max Lehmann, *Preussen und die katholische Kirche* (Leipzig, 1878), vol. 4, p. 554.
45. *Geschichte und Beschreibung der neu erbauten catholischen Kirche zu St Hedwig in Berlin*, p. 74.
46. Foi reproduzida muitas vezes. Para um exemplo de alta qualidade, ver Goetz e Elbern (eds.), *Die St Hedwigs-Kathedrale zu Berlin*, p. 23.
47. Lehmann, *Preussen und die katholische Kirche*, vol. 4, p. 555. Lehmann explica os dois "----" como indecifráveis, mas um deles provavelmente é Viena, onde José II construiu uma igreja protestante dez anos depois. Esse documento é republicado em uma tradução alemã imperfeita em Bardong (ed.), *Friedrich der Grosse*, p. 475.
48. Helga Schultz, *Berlin 1650-1800. Sozialgeschichte einer Residenz* (Berlim, 1987), p. 189.
49. J. D. E. Preuss, *Friedrichs des Grossen Jugend und Thronbesteigung* (Berlim, 1840), p. 337; Preuss, *Friedrich der Grosse*, vol. 1, p. 336.
50. "Ueber Berlin von einem Fremden", in F. Gedike e J. E. Biester (eds.), *Berlinische Monatsschrift* (Berlim, 1784) (1), pp. 269-70.
51. Johann Friedrich Karl Grimm, *Bemerkungen eines Reisenden durch die königlichen preussischen Staaten in Briefen* (Altemburgo, 1779), vol. 1, pp. 548-9, vol. 2, p. 86.
52. Lehndorff, vol. 1, p. 192. Em outros lugares de seu diário, Lehndorff deixa claro que é um fiel convicto, frequentando missas, ouvindo sermões e fazendo comunhão. Sobre o agnosticismo de Augusto Guilherme, ver Eva Ziebura, *August Wilhelm Prinz von Preussen* (Berlim, 2006), p. 25.
53. *Œuvres*, vol. 1, p. 102. O número de 400 mil é dado por Frederico, mas certamente é um exagero. O normalmente aceito é 250 mil.
54. *Ibid.*, vol. 19, p. 284. Quando conheceu José II em Neisse em agosto de 1769, ele os elogiou *"infiniment"*, segundo o último, mas provavelmente estava sendo falso – P.C., vol. 29, p. 43.
55. A Voltaire, 10 de dezembro de 1773 – *Œuvres*, vol. 23, p. 303.
56. *Ibid.*, vol. 24, p. 700.
57. *Ibid.*, vol. 9, p. 237.
58. Günter Birtsch, "Religions- und Gewissensfreiheit in Preussen von 1780 bis 1817", *Zeitschrift für historische Forschung*, II, 2 (1984), p. 184.
59. Carlyle, vol. 3, p. 274.
60. Koser, vol. 1, p. 14.
61. Dietrich, p. 454. Não consegui verificar o comentário atribuído a ele, que ele teria feito ao ouvir que um conhecido tinha se convertido ao catolicismo: "Aprovo: se é para ter uma religião, que seja uma bem estúpida".
62. J. E. Biester, "Bemerkungen auf einer Reise in Schlesien; in Briefen", *in* Gedike e Biester (eds.), *Berlinische Monatsschrift* (1), p. 248.
63. Tobias Schenk, *Wegbereiter der Emanzipation? Studien zur Judenpolitik des "Aufgeklärten Absolutismus" in Preussen (1763-1812)* (Berlim, 2010), pp. 78-80.

64. Dietrich, pp. 314, 506.
65. Selma Stern, *Der preussische Staat und die Juden: Die Zeit Friedrichs des Grossen* (Tübingen, 1971), vol. 1: *Darstellung*, p. 7.
66. Peter Gay, "Voltaire's anti-Semitism", in idem, *The Party of Humanity. Studies in the French Enlightenment* (Londres, 1964), pp. 97-108.
67. *Œuvres*, vol. 15, p. 165.
68. *Ibid.*, p. xv.
69. Joachim Whaley, *Germany and the Holy Roman Empire* (Oxford, 2012), vol. 2: *The Peace of Westphalia to the Dissolution of the Reich 1648-1806*, p. 263.
70. Schultz, *Berlin 1650-1800*, p. 57.
71. *Jewish Encyclopedia*, http://www.jewishencyclopedia.com/articles/3083-berlin.
72. Schenk, *Wegbereiter der Emanzipation?*, pp. 83-7.
73. Alexander Altmann, *Moses Mendelssohn: a Biographical Study* (Londres, 1973), p. 17.
74. Christopher M. Clark, *The Politics of Conversion. Missionary Protestantism and the Jews in Prussia 1728-1941* (Oxford, 1995), p. 44.
75. Britta L. Behm, *Moses Mendelssohn und die Transformation der jüdischen Erziehung in Berlin* (Nova York, Munique e Berlim, 2002), p. 54; Horst Möller, *Aufklärung in Preussen. Der Verleger, Publizist und Geschichtsschreiber Friedrich Nicolai* (Berlim, 1974), p. 265.
76. Gerd Heinrich, *Geschichte Preussens. Staat und Dynastie* (Frankfurt am Main, Berlim e Viena, 1981), p. 247.
77. Christopher Duffy, *The Army of Frederick the Great* (Newton Abbot, 1974), p. 131. Segundo Peter Baumgart, "Absoluter Staat und Judenemanzipation in Brandenburg-Preussen", *Jahrbuch für die Geschichte Mittel- und Ostdeutschlands*, 13/14 (1965), pp. 83-4, o consórcio judeu extraiu 50 mil táleres em ouro de Polônia, Hungria e Rússia.
78. Lehndorff, vol. 2, pp. 295, 354.
79. Koser, vol. 2, p. 311.
80. Anton Balthasar König, *Annalen der Juden in den preussischen Staaten besonders in der Mark Brandenburg* (Berlim, 1790), pp. 290-96.
81. Baumgart, "Absoluter Staat und Judenemanzipation", p. 84.
82. Altmann, *Moses Mendelssohn*, p. 346; para uma lista dos correspondentes de Mendelssohn, ver Michael Albrecht, *Moses Mendelssohn 1729-1786. Das Lebenswerk eines jüdischen Denkers der deutschen Aufklärung* (Weinheim, 1986), pp. 124-5.
83. Citado em Ludwig Geiger, *Die deutsche Literatur und die Juden* (Berlim, 1910), pp. 58-9.
84. David Sorkin, *Moses Mendelssohn and the Religious Enlightenment* (Londres, 1996), p. 96.
85. Koser, vol. 2, p. 397; H. B. Nisbet, *Gotthold Ephraim Lessing. His Life, Works, and Thought* (Oxford, 2008), p. 64.
86. Brigitte Meier, "Die königliche Toleranzpolitik in der Wahrnehmung der brandenburgischen Untertanen", in Frank Göse (ed.), *Friedrich der Grosse und die Mark Brandenburg. Herrschaftspraxis in der Provinz* (Berlim, 2012), pp. 52-3.
87. Citado em Günther Holzboog, "Mendelssohn – Autor und Verleger im 18. Jahrhundert", in Eva J. Engel e Norbert Hinske (eds.), *Moses Mendelssohn und die Kreise seiner Wirksamkeit* (Tübingen, 1994), p. 242.
88. Bruno Strauss, *Moses Mendelssohn in Potsdam am 30. September 1771* (Berlim, 1994), pp. 19-35.

89. Altmann, *Moses Mendelssohn*, pp. 264-5, 801-2. Também foi excluído da Academia o distinto médico judeu e zoologista de Berlim Marcus Elieser Bloch, membro de várias academias europeias e autor de *The Natural History of Fish* [História natural dos peixes]. O comentário marginal desdenhoso de Frederico sobre um pedido de ajuda para a publicação do que se mostrou um livro muito bem-sucedido foi: "Sabemos o que são peixes e, portanto, não é preciso escrever um livro sobre eles, que ninguém vai comprar" – D'Aprile, "Aufklärung, Toleranz und Wissenschaft in Preussen", p. 103.
90. "Tolerante Gesinnung der Regierung", Gedike e Biester (eds.), *Berlinische Monatsschrift*, pp. 159-60.
91. Meier, "Die königliche Toleranzpolitik in der Wahrnehmung der brandenburgischen Untertanen", pp. 54-5.
92. Goldenbaum, "Friedrich II. und die Berliner Aufklärung", p. 134.
93. Iwan-Michelangelo D'Aprile, *Friedrich und die Aufklärer* (Berlim, 2012), p. 49; Schenk, *Wegbereiter der Emanzipation?*, pp. 490-96.
94. Tobias Schenk, "Friedrich und die Juden", *in* Friederisiko, *Essays*, p. 171.
95. Behm, *Moses Mendelssohn und die Transformation der jüdischen Erziehung in Berlin*, passim.
96. Steven M. Lowenstein, "The social dynamics of Jewish responses to Moses Mendelssohn", *in* Engel e Hinske (eds.), *Moses Mendelssohn und die Kreise seiner Wirksamkeit*, p. 336.
97. Stern, *Der preussische Staat und die Juden*, vol. 2: *Akten*, p. 208. Infelizmente, Stern não publica o texto completo desse decreto.
98. Gotthold Ephraim Lessing, "Die Juden", *Lessing. Dramen*, ed. Kurt Wölfel (Frankfurt am Main, 1984), p. 122.
99. *Ibid.*, p. 148.
100. *Ibid.*, p. 114. O viajante não deve representar Moses Mendelssohn, como às vezes se defende, pois este só tinha dezenove anos quando a peça foi escrita. Spinoza é um candidato mais provável – Willi Goetschel, "Lessing and the Jews", *in* Barbara Fischer e Thomas C. Fox (eds.), *A Companion to the Works of Gotthold Ephraim Lessing* (Woodbridge, 2005), p. 193. Como apontou Ritchie Robertson, *The Jews* não era filossemita, mas antiantissemita – *The 'Jewish Question' in German Literature 1749-1939. Emancipation and its Discontents* (Oxford, 1999), p. 34.
101. Nisbet, *Lessing*, p. 69.
102. *Ibid.*, p. 65.
103. Goldenbaum, "Friedrich II. und die Berliner Aufklärung", p. 138.
104. Lessing, "Die Juden", p. 759. A carta de Mendelssohn e o comentário de Lessing são publicados na íntegra nessa excelente edição.
105. Stern, *Der preussische Staat und die Juden*, vol. 1: *Darstellung*, p. 7.
106. Über die bürgerliche Verbesserung der Juden (Berlim e Stettin, 1781). A publicação é de Friedrich Nicolai e foi reimpressa muitas vezes. A edição original pode ser lida on-line em http://books.google.co.uk/books?id=lY4vAAAAYAAJ&printsec=frontcover&source=gbs_ge_summary_r&cad=0#v=onepage&q&f=false.
107. David Sorkin, *The Transformation of German Jewry 1780-1840* (Oxford, 1987), p. 23. Sobre o debate público desencadeado pelo tratado de Dohm, ver Gerda Heinrich, "'...man sollte itzt betsändig das Publikum über diese Materie en haleine halten'. Die Debatte

um 'bürgerliche Verbesserung' der Juden 1781-1786", in Ursula Goldenbaum (ed.), Appell an das Publikum: die öffentliche Debatte in der deutschen Aufklärung 1687-1796 (Berlim, 2004), vol. 2, pp. 813-95. Mirabeau propagou as opiniões de Dohm na França por meio de "Sur Moses Mendelssohn et sur la réforme des juifs", publicado em 1787 – D'Aprile, "Aufklärung, Toleranz und Wissenschaft in Preussen", pp. 96-7.
108. Dohm, Über die bürgerliche Verbesserung der Juden. Tradução de Robert Liberles, "Dohm's treatise on the Jews: a defence of the Enlightenment", Leo Baeck Institute Yearbook (1988), vol. 33, pt 1, p. 34.
109. T. C. W. Blanning, Joseph II (Londres, 1994), p. 72.
110. Ver a gráfica descrição citada em Tim Blanning, The Pursuit of Glory: Europe 1648-1815 (Londres, 2007), pp. 202-5.
111. Acta Borussica, vol. 6, pt 2, p. 8.
112. Theodor Schieder, Friedrich der Grosse. Ein Königtum der Widersprüche (Frankfurt am Main, Berlim e Viena, 1983), p. 291.
113. Werner Ogris, "Friedrich der Grosse und das Recht", in Oswald Hauser (ed.), Friedrich der Grosse in seiner Zeit (Colônia e Viena, 1987), p. 67.
114. Monika Wienfort, "Gesetzbücher, Justizreformen und der Müller-Arnold-Fall", in Sösemann, vol. 2, pp. 40, 45.
115. Acta Borussica, vol. 6, pt 2, p. 77.
116. Eberhard Schmidt, Die Kriminalpolitik Preussens unter Friedrich Wilhelm I. und Friedrich II. Abhandlungen des kriminalistischen Instituts an der Universität Berlin, 3ª série (Berlim, 1914), vol. 1, pt 2, pp. 7, 12-14, 19-20.
117. Citado em Richard J. Evans, Rituals of Retribution. Capital Punishment in Germany 1600-1987 (Oxford, 1996), p. 122.
118. Oscar Helmuth Werner, The Unmarried Mother in German Literature with Special Reference to the Period 1770 to 1800 (Nova York, 1917), pp. 36-7.
119. Dietrich, p. 506.
120. Schmidt, Die Kriminalpolitik Preussens, pp. 64-5.
121. Ibid. Ver também a carta de Frederico ao príncipe Henrique de 7 de dezembro de 1781, na qual ele alega haver apenas cerca de doze execuções por ano, e nenhuma na Silésia – Œuvres, vol. 26, p. 550.
122. V. A. C. Gatrell, The Hanging Tree. Execution and the English People 1770-1868 (Oxford, 1994), p. 9.
123. Ibid., p. 7; Preuss, Friedrich der Grosse, vol. 1, p. 320.
124. Evans, Rituals of Retribution, p. 126.
125. Ibid., p. 122.
126. Acta Borussica, vol. 6, pt 2, pp. 611-12.
127. Janine Rischke, "'auss Höchster Landes-Herrlicher Macht und Gewalt'. Zum Einfluss von Naturrecht und politischem Wertehorizont auf die Rechtspflege Friedrichs II. in Kriminalsachen in den ersten Jahren seiner Regierung", in Göse (ed.), Friedrich der Grosse und die Mark Brandenburg, p. 255.
128. Preuss, Friedrich der Grosse, vol. 1, p. 321.
129. Acta Borussica, vol. 7, p. 441.

130. Albrecht Heinrich Arnim, *Bruchstücke über Verbrechen und Strafen, oder Gedanken über die in den Preussischen Staaten bemerkte Vermehrung der Verbrecher gegen die Sicherheit des Eigenthums: Nebst Vorschlägen, wie derselben durch zweckmässige Einrichtungen der Gefangenanstalten zu steuern seyn dürfte*, vol. 1 (Berlim, 1803), pp. 11-13.
131. Sobre a autorização de tortura, ver *Acta Borussica*, vol. 9, pp. 309-10.
132. Preuss, *Friedrich der Grosse*, vol. 1, p. 222. Os documentos em P.C., vol. 5, pp. 203, 205-6 e *Acta Borussica*, vol. 7, pp. 157, 166, indicam que Ferber compôs dois relatos imorais de Frederico para serem usados na corte russa por Bestushev a fim de plantar a discórdia entre o rei e a czarina Elizabeth. Infelizmente, eles não especificam a natureza dos insultos.
133. Denina, *Essai sur le règne de Frédéric II, Roi de Prusse*, p. 426.
134. Arnim, *Bruchstücke über Verbrechen und Strafen*, vol. 2, pp. 190ff.
135. *Œuvres*, vol. 8, p. 71.
136. Ingrid Mittenzwei, *Friedrich II. von Preussen* (Colônia, 1980), pp. 86-7.
137. Herman Weill, *Frederick the Great and Samuel von Cocceji: a Study in the Reform of the Prussian Judicial Administration 1740-1755* (Madison, 1961), p. 5. Sobre a deterioração do sistema judicial sob Frederico I, ver p. 21.
138. Christopher Clark, *Iron Kingdom. The Rise and Downfall of Prussia 1600-1947* (Londres, 2006), p. 243.
139. Peter Baumgart, "Zur Geschichte der kurmärkischen Stände im 17. und 18. Jahrhundert", in Dietrich Gerhard (ed.), *Ständische Vertretungen in Europa im 17. und 18. Jahrhundert* (Gotinga, 1969), p. 159.
140. Gustav Schmoller, *Preussische Verfassungs-, Verwaltungs- und Finanzgeschichte* (Berlim, 1921), p. 162.
141. Koser, vol. 1, p. 328.
142. Hintze, pp. 349-50.
143. Hubert C. Johnson, *Frederick the Great and his Officials* (New Haven e Londres, 1975), pp. 113-14.
144. *Acta Borussica*, vol. 7, pp. 449-50.
145. Christian Wilhelm von Dohm, *Denkwürdigkeiten meiner Zeit, oder Beiträge zur Geschichte vom letzten Viertel des achtzehnten und vom Anfang des neunzehnten Jahrhunderts 1778 bis 1806* (Lemgo e Hanôver, 1814-19), vol. 1, p. 350.
146. C. B. A. Behrens, *Society, Government and the Enlightenment: the Experiences of Eighteenth-century France and Prussia* (Londres, 1985), p. 108. O relato mais completo disponível em inglês é de David M. Luebke em seu artigo "Frederick the Great and the celebrated case of the Millers Arnold (1770-1779): A Reappraisal", *Central European History*, 32, 4 (1999), pp. 379-408.
147. Esse resumo é baseado em relatos de primeira pessoa dados por dois dos protagonistas, Friedrich Ludwig Carl Graf Finck von Finckenstein e Georg Karl Friedrich Bandel em, respectivamente, "Geschichte des vor der Neumärkischen Regierung geführten Arnold-Gersdorfischen Prozesses und der Folgen desselben", ed. J. D. E. Preuss, *Zeitschrift für preussische Geschichte und Landeskunde*, 1 (1894), e F. Graner, "Aus den hinterlassenen Papieren des im Müller Arnoldschen Prozess zur Festungsstrafe

verurteilten neumärkischen Regierungsrats Bandel", *Forschungen zur Brandenburgischen und Preussischen Geschichte*, 38 (1926).
148. Luebke, *in* "Frederick the Great and the celebrated case of the Millers Arnold", faz o melhor para reabilitar o caso dos Arnolds, mas não é inteiramente convincente. É preciso dizer, porém, que todos os aspectos do caso foram contestados. Para um relato completo e exaustivo de todas as reviravoltas dos procedimentos legais, ver Malte Diesselhorst, *Die Prozesse des Müllers Arnold und das Eingreifen Friedrichs des Grossen* (Göttingen, 1984), que também republica muitos dos documentos. Sobre a questão do fluxo de água, ver p. 41.
149. Finckenstein, "Geschichte des vor der Neumärkischen Regierung geführten Arnold-Gersdorfischen Prozesses", p. 138.
150. Luebke, "Frederick the Great and the celebrated case of the Millers Arnold", pp. 402-3.
151. Dohm, *Denkwürdigkeiten meiner Zeit*, vol. 1, p. 268.
152. Koser, vol. 1, p. 543.
153. Graner, "Aus den hinterlassenen Papieren des im Müller Arnoldschen Prozess zur Festungsstrafe verurteilten neumärkischen Regierungsrats Bandel", p. 94.
154. *Ibid.*, p. 99.
155. Finckenstein, "Geschichte des vor der Neumärkischen Regierung geführten Arnold-Gersdorfischen Prozesses", p. 150.
156. Peter Baumgart, "Wie absolut war der preussische Absolutismus?", *in* Preussen – *Versuch einer Bilanz* (Hamburgo, 1981), vol. 2: *Preussen – Beiträge zu einer politischen Kultur*, ed. Manfred Schlenke, p. 103.
157. Foi republicada muitas vezes. Um local conveniente é Dohm, *Denkwürdigkeiten meiner Zeit*, vol. 1, pp. 534-8, que pode ser encontrado on-line.
158. Sobre a resposta favorável no Sacro Império Romano fora da Prússia, ver Iwan-Michelangelo D'Aprile, "Friedrich und die Aufklärung in Brandenburg-Preussen", *in* Gäse (ed.), *Friedrich der Grosse und die Mark Brandenburg*, p. 41 e Peter Weber, "'Was jetzt eben zu sagen oder noch zu verschweigen sei, müsst ihr selbst überlegen'. Publizistische Strategien der preussischen Justizreformer 1780-1794", *in* Goldenbaum (ed.), *Appell an das Publikum*, vol. 2, p. 742.
159. Gustav Berthold Volz (ed.), *Friedrich der Grosse im Spiegel seiner Zeit* (Berlim, 1901), vol. 3, pp. 178-81.
160. Diesselhorst, *Die Prozesse des Müllers Arnold*, p. 67.
161. Dohm, *Denkwürdigkeiten meiner Zeit*, vol. 1, p. 274.
162. Daniel Jenisch, "Denkschrift auf Friedrich den Zweiten" (1801), *in* Horst Steinmetz (ed.), *Friedrich II., König von Preussen und die deutsche Literatur des 18. Jahrhunderts. Texte und Dokumente* (Stuttgart, 1985), p. 244.
163. Koser, vol. 2, pp. 543-4.
164. Hans Gerhard Hannesen, *Lovis Corinths "Fridericus Rex". Der Preussenkönig in Mythos und Geschichte* (Berlim, 1986), pp. 60-62.
165. Diesselhorst, *Die Prozesse des Mülers Arnold*, p. 69.
166. Dietrich, p. 464.
167. Schieder, *Friedrich der Grosse*, p. 292.

168. Peter Weber, "Das Allgemeine Gesetzbuch – ein Corpus Juris Fridericianum?", *in* Martin Fontius (ed.), *Friedrich II. und die europäische Aufklärung, Forschungen zur Brandenburgischen und Preussischen Geschichte*, nova série (Berlim, 1999), vol. 4, p. 106.
169. Hintze, pp. 396-7.
170. James J. Sheehan, *German History 1770-1866* (Oxford, 1989), p. 70. Ver também Reinhart Koselleck, "Staat und Gesellschaft im preussischen Vormärz", *in* Otto Büsch e Wolfgang Neugebauer (eds.), *Moderne Preussische Geschichte* (Berlim e Nova York, 1981), vol. 1, pp. 379-81.
171. Hermann Conrad, "Die geistigen Grundlagen des Allgemeinen Landrechts für die preussischen Staaten von 1794", *Wissenschaftliche Abhandlungen der Arbeitsgemeinschaft für Forschung des Landes Nordrhein-Westfalen*, 77 (1958), p. 17.
172. D'Aprile, "Friedrich und die Aufklärung in Brandenburg-Preussen", pp. 40-42.
173. Horst Möller, *Vernunft und Kritik. Deutsche Aufklärung im 17. und 18. Jahrhundert* (Frankfurt am Main, 1986), p. 303.
174. Dohm, *Denkwürdigkeiten meiner Zeit*, vol. 1, p. 290.
175. Jenisch, "Denkschrift auf Friedrich den Zweiten", p. 245.
176. "Ueber Berlin von einem Fremden", *in* Gedike e Biester (eds.), *Berlinische Monatsschrift* (1), p. 47.
177. Goethe, *Die Aufgeregten*, ato 1, cena 6. Várias edições podem ser acessadas on-line. Originalmente conhecida como *Breme von Bremenfeld or The Signs of the Times*, a peça ficou mais conhecida depois como *Die Aufgeregten* [Agitação]. Para um resumo e uma discussão sobre a trama, ver Nicholas Boyle, *Goethe. The Poet and the Age*, vol. 2: *Revolution and Renunciation 1790-1803* (Oxford, 2000), pp. 169-71.
178. Vinzenz Czech, "Friedrich der Grosse auf Inspektionsreise", *in* Göse (ed.), *Friedrich der Grosse und die Mark Brandenburg*, pp. 51-2.
179. Duas coleções úteis de ensaios são: Karl Otmar Freiherr von Aretin, *Der aufgeklärte Absolutismus* (Colônia, 1974) e H. M. Scott (ed.), *Enlightened Absolutism. Reform and Reformers in Later Eighteenth-century Europe* (Londres, 1990), que contém um artigo meu chamado "Frederick the Great and enlightened absolutism". Ver também Günter Birtsch, "Der Idealtyp des aufgeklärten Herrschers. Friedrich der Grosse, Karl Friedrich von Baden und Joseph II. im Vergleich", *Aufklärung*, 2, 1 (1987), pp. 9-47.
180. *Œuvres*, vol. 24, p. 46.
181. *Ibid.*, p. 47.

14. INTERIOR E CIDADE

1. Otto Bardong (ed.), *Friedrich der Grosse, Ausgewählte Quellen zur deutschen Geschichte der Neuzeit*. Freiherr vom Stein-Gedächtnisausgabe (Darmstadt, 1982), vol. 22, p. 496.
2. C. B. A. Behrens, *Society, Government and the Enlightenment: the Experiences of Eighteenth-century France and Prussia* (Londres, 1985), pp. 105-6.
3. William W. Hagen, *Ordinary Prussians: Brandenburg Junkers and Villagers, 1500-1840* (Cambridge, 2002), p. 574.
4. *Ibid.*, p. 590.

5. Dietrich, p. 310
6. Citado em Otto Büsch, *Militärsystem und Sozialleben im alten Preussen* (Berlim, 1962), p. 102.
7. Koser, vol. 1, p. 369.
8. Rudolph Stadelmann (ed.), *Preussens Könige in ihrer Thätigkeit für die Landescultur* (Leipzig, 1882), vol. 2, pt 1: *Friedrich der Grosse*, pp. 296-8. A segunda ordem a Cocceji foi republicada em Bardong (ed.), *Friedrich der Grosse*, p. 163.
9. Ernst Pfeiffer, *Die Revuereisen Friedrichs des Grossen, besonders die schlesischen nach 1763 und der Zustand Schlesiens von 1763-1786* (Berlim, 1904), p. 179. Sobre as tentativas de controlar a onda burguesa, ver Peter Baumgart, "Zur Geschichte der kurmärkischen Stände im 17. und 18. Jahrhundert", in Dietrich Gerhard (ed.), *Ständische Vertretungen in Europa im 17. und 18. Jahrhundert* (Göttingen, 1969), p. 148.
10. Hintze, p. 352; Dietrich, p. 594.
11. Reinhart Koselleck, *Preussen zwischen Reform und Revolution. Allgemeines Landrecht, Verwaltung und soziale Bewegung von 1791 bis 1848*, 3 ed. (Berlim, 1981), p. 83; Horst Möller, *Aufklärung in Preussen. Der Verleger, Publizist und Geschichtsschreiber Friedrich Nicolai* (Berlim, 1974), p. 295.
12. Frank Göse, "'...die Racce davon so guht ist, das sie auf alle art meritiret, conserviret zu werden'", in idem (ed.), *Friedrich der Grosse und die Mark Brandenburg. Herrschaftspraxis in der Provinz* (Berlim, 2012), p. 115.
13. Corina Petersilka, *Die Zweisprachigkeit Friedrichs des Grossen. Ein linguistisches Porträt* (Tübingen, 2005), p. 153.
14. Citado em Büsch, *Militärsystem und Sozialleben im alten Preussen*, p. 104.
15. Carmen Winkel, *Im Netz des Königs: Netzwerke und Patronage in der preussischen Armee, 1713-1786* (Paderborn, 2013), p. 41.
16. Ibid., p. 93.
17. Paul R. Sweet, *Wilhelm von Humboldt: a Biography* (Columbus, OH, 1978-80), vol. 1, p. 4; Peter Paret, *Yorck and the Era of Prussian Reform, 1807-1815* (Princeton, 1966), p. 8; Behrens, *Society, Government and the Enlightenment*, p. 64; Peter Paret, *Clausewitz and the State* (Oxford, 1976), p. 14.
18. Ver Büsch, *Militärsystem und Sozialleben im alten Preussen*, pp. 93-4; Koser, vol. 2, p. 507; e Carmen Winkel, "Ziele und Grenzen der königlichen Personalpolitik im Militär", in Göse (ed.), *Friedrich der Grosse und die Mark Brandenburg*, p. 151.
19. Georg Borchardt (ed.), *Die Randbemerkungen Friedrichs des Grossen* (Potsdam, s.d.), vol. 1, pp. 8, 10.
20. Citado em Behrens, *Society, Government and the Enlightenment*, p. 64.
21. Koser, vol. 2, p. 506.
22. Borchardt (ed.), *Die Randbemerkungen Friedrichs des Grossen*, vol. 1, pp. 14-16.
23. Robert M. Berdahl, *The Politics of the Prussian Nobility. The Development of a Conservative Ideology 1770-1848* (Princeton, 1988), p. 15.
24. Koselleck, *Preussen zwischen Reform und Revolution*, p. 80.
25. Gerd Heinrich, "Der Adel in Brandenburg-Preussen", in Hellmuth Rössler (ed.), *Deutscher Adel 1555-1740* (Darmstadt, 1965), p. 307.
26. Koser, vol. 1, p. 530.

27. Winkel, *Im Netz des Königs*, pp. 40-41.
28. Hubert C. Johnson, *Frederick the Great and his Officials* (New Haven e Londres, 1975), p. 245.
29. Theodor Schieder, *Friedrich der Grosse. Ein Königtum der Wildersprüche* (Frankfurt am Main, Berlim e Viena, 1983), p. 65.
30. Edgar Melton, "The Prussian Junkers, 1600-1786", *in* H. M. Scott (ed.), *The European Nobilities in the Seventeenth and Eighteenth Centuries* (Londres, 1995), vol. 2, p. 98. Melton dá números muito mais altos para baixas de nobres do que Schieder – 72 Wedels e 53 Kleists –, embora não pareçam muito críveis.
31. Friedrich Meinecke, *The Age of German Liberation, 1795-1815*, ed. Peter Paret (Berkeley, Los Angeles e Londres, 1977), pp. 12-13.
32. Dietrich, p. 310.
33. *Œuvres*, vol. 6, p. 106. A tradução usada é de *Posthumous Works* (Londres, 1789), vol. 4, p. 151.
34. Büsch, *Militärsystem und Sozialleben im alten Preussen*, p. 81.
35. *Ibid*.; Arnold Berney, *Friedrich der Grosse. Entwicklungsgeschichte eines Staatsmannes* (Tübingen, 1934), p. 241; Gustavo Corni, *Stato assoluto e società agraria in Prussia nell'età di Federico II* (Bolonha, 1982), p. 260.
36. Helga Schultz, *Berlin 1650-1800. Sozialgeschichte einer Residenz* (Berlim, 1987), p. 226.
37. Büsch, *Militärsystem und Sozialleben im alten Preussen*, pp. 105, 112; Ingrid Mittenzwei, *Friedrich II. von Preussen* (Colônia, 1980), p. 155; Karl Heinrich Kaufhold, "Friderizianische Agrar-, Siedlungs- und Bauernpolitik", *in* Peter Baumgart (ed.), *Kontinuitäten und Wandel. Schlesien zwischen Österreich und Preussen* (Sigmaringen, 1990), p. 182.
38. Kaufhold, "Friderizianische Agrar-, Siedlungs- und Bauernpolitik", p. 200; Hanna Schissler, "Die Junker. Zur Sozialgeschichte und historischen Bedeutung der agrarischen Elite in Preussen", *in Preussen in kritischer Perspektive*, ed. Hans-Jürgen Puhle, *Geschichte und Gesellschaft*, edição especial 6, 1980, p. 97.
39. Marcus von Salisch, "'Von Preussen lernen...?' Die friderizianische Armee nach dem Siebenjährigen Krieg und die Entwicklungen der Zeit", *in Friederisiko, Essays*, p. 65.
40. *Œuvres*, vol. 9, p. 235.
41. Klaus Epstein, *The Genesis of German Conservatism* (Princeton, 1966), pp. 212-13.
42. Büsch, *Militärsystem und Sozialleben im alten Preussen*, p. 136.
43. Schieder, *Friedrich der Grosse*, p. 83.
44. Ver, por exemplo, a instrução ao ministro Michaelis sobre assumir um departamento do Diretório Geral, datada de 8 de dezembro de 1779 e republicada em Bardong (ed.), *Friedrich der Grosse*, p. 506.
45. Walter L. Dorn, "The Prussian bureaucracy in the eighteenth century", pt 1, *Political Science Quarterly*, 46 (1931), p. 418.
46. Hans Thieme, "Die friderizianische Justizreform und Schlesien", *in* Baumgart (ed.), *Kontinuitäten und Wandel*, p. 20.
47. Büsch, *Militärsystem und Sozialleben im alten Preussen*, p. 22; Koser, vol. 1, pp. 370-72; J. D. E. Preuss, *Friedrich der Grosse – Eine Lebensgeschichte* (Berlim, 1832), pp. 304-5; Pfeiffer, *Die Revuereisen Friedrichs des Grossen*, pp. 121-3.

48. Patrick J. Speelman, "Conclusion: father of the modern age", *in* Mark H. Danley e Patrick J. Speelman (eds.), *The Seven Years War: Global Views* (Leiden, 2013), p. 524.
49. Koselleck, *Preussen zwischen Reform und Revolution*, p. 132.
50. Corni, *Stato assoluto e società agraria in Prussia*, p. 415.
51. *Ibid.*; Büsch, *Militärsystem und Sozialleben im alten Preussen*, pp. 159-60. Houve, porém, incidentes isolados de plebeus sendo vendidos da terra como se fossem servos verdadeiros – Schieder, *Friedrich der Grosse*, p. 79.
52. Behrens, *Society, Government and the Enlightenment*, p. 140.
53. S. A. Eddie, *Freedom's Price. Serfdom, Subjection and Reform in Prussia, 1648-1848* (Oxford, 2013), pp. 12, 29.
54. Está em Bardong (ed.), *Friedrich der Grosse*, pp. 426-41.
55. Koser, vol. 2, p. 590.
56. Wolfgang Neugebauer, *Absolutistischer Staat und Schulwirklichkeit in Brandenburg-Preussen* (Berlim e Nova York, 1985), p. 180.
57. *Œuvres*, vol. 27, pt 3, p. 281, também republicado em Bardong (ed.), *Friedrich der Grosse*, p. 505.
58. *Ibid.*
59. Citado em Neugebauer, *Absolutistischer Staat und Schulwirklichkeit*, pp. 184-5.
60. Dietrich, p. 504.
61. Koser, vol. 2, p. 591.
62. Anton Friedrich Büsching, *Beschreibung seiner Reise von Berlin über Potsdam nach Rekahn unweit Brandenburg welche er vom dritten bis achten Junius 1775 gethan hat* (Leipzig, 1775), pp. 230-31.
63. *Ibid.*, p. 38.
64. *Ibid.*, p. 322.
65. *Ibid.*, p. 295. Sobre Rochow, ver Iwan-Michelangelo D'Aprile, "Aufklärung, Toleranz und Wissenschaft in Preussen", *in* Friederisiko, *Ausstellung*, p. 100.
66. Reinhold Koser e Hans Droysen (eds.), *Briefwechsel Friedrichs des Grossen mit Voltaire, Publikationen aus den K. Preussischen Staatsarchiven* (Leipzig, 1908-9, 1911), vol. 86, p. 371. Também em *Œuvres*, vol. 23, p. 406.
67. Kaufhold, "Friderizianische Agrar-, Siedlungs- und Bauernpolitik", p. 190; Koser, vol. 2, p. 370.
68. Kaufhold, "Friderizianische Agrar-, Siedlungs- und Bauernpolitik", p. 188; Hans-Heinrich Müller, "Domänen und Domänenpächter in Brandenburg- Preussen im 18. Jahrhundert", *in* Otto Büsch e Wolfgang Neugebauer (eds.), *Moderne Preussische Geschichte* (Berlim e Nova York, 1981), vol. 1, pp. 318-20.
69. Ewald Graf von Hertzberg, "Sur la population des états en général et sur celle des états Prussiens en particulier", *in* Dissertations qui ont été lues dans l'assemblée publique de l'Académie des sciences et des belles-lettres à Berlin les années 1784, 1785, & 1786, pour le jour anniversaire du roi, p. 54; Joachim Whaley, *Germany and the Holy Roman Empire* (Oxford, 2012), vol. 2: *The Peace of Westphalia to the Dissolution of the Reich 1648-1806*, p. 498.
70. Para exemplos de Frederico pedindo o cultivo de batatas, ver Bardong (ed.), *Friedrich der Grosse*, pp. 381, 444, 453. Para um comentário mais cético sobre o efeito das políti-

cas de Frederico em relação a batatas, ver Jürgen Luh, *Der Grosse. Friedrich II. von Preussen* (Berlim, 2012), p. 48.
71. B. H. Slicher van Bath, "Agriculture in the vital revolution", *in* E. E. Rich e C. H. Wilson (eds.), *The Cambridge Economic History of Europe* (Cambridge, 1977), vol. 5: *The Economic Organization of Early Modern Europe*, p. 78.
72. Georg Schmidt, *Wandel durch Vernunft. Deutsche Geschichte im 18. Jahrhundert* (Munique, 2009), p. 274.
73. Citado em Tim Blanning, *The Pursuit of Glory: Europe 1648-1815* (Londres, 2007), p. 148.
74. *Œuvres*, vol. 6, p. 95. A tradução usada é de *Posthumous Works*, vol. 4, p. 136.
75. Behrens, *Society, Government and the Enlightenment*, p. 149; Werner Heegewaldt, "Friderizianische Domänenpolitik am Beispiel der Kurmark", *in* Göse (ed.), *Friedrich der Grosse und die Mark Brandenburg*, p. 173.
76. Para uma discussão dos obstáculos ao crescimento agrícola, baseada no artigo clássico de Bloch, "La lutte pour l'individualisme agraire dans la France du XVIIIᵉ siécle", *Annales Économies Sociétés Civilisations*, 2 (1930), ver Blanning, *The Pursuit of Glory*, pp. 148-53.
77. H. Kiesel e P. Münch, *Gesellschaft und Literatur im 18. Jahrhundert* (Munique, 1977), p. 34.
78. Müller, "Domänen und Domänenpächter", p. 320. Cf. Kaufhold, "Friderizianische Agrar-, Siedlungs- und Bauernpolitik", p. 190.
79. Antonia Humm, "Friedrich II. und der Kartoffelanbau in Brandenburg-Preussen", *in* Göse (ed.), *Friedrich der Grosse und die Mark Brandenburg*, pp. 200-202.
80. Dietrich, pp. 264, 494.
81. Hellmuth Rössler, "Der deutsche Hochadel und der Wiederaufbau nach dem Westfälischen Frieden", *Blätter für deutsche Landesgeschichte*, 101 (1965), p. 132. Os condes – agora príncipes – de Castell ainda vivem no Castelo de Rüdenhausen e são donos de grandes propriedades, florestas, vinícolas e até um banco.
82. Koser, vol. 1, p. 374.
83. Bernd Ingmar Gutberlet, *Friedrich der Grosse. Eine Reise zu den Orten seines Lebens* (Darmstadt, 2011), pp. 82-9.
84. Corni, *Stato assoluto e società agraria in Prussia*, p. 110; Gustav Schmoller, "Die ländliche Kolonisation des 17. und 18. Jahrhunderts", *in* Büsch e Neugebauer (eds.), *Moderne Preussische Geschichte*, vol. 2, p. 935.
85. Günther Franz, *Geschichte des deutschen Bauernstandes vom frühen Mittelalter bis zum 19. Jahrhundert* (Stuttgart, 1970), pp. 200-201.
86. Behrens, *Society, Government and the Enlightenment*, p. 124.
87. Schmoller, "Die ländliche Kolonisation", pp. 942-5.
88. *Ibid.*, p. 926. Os mesmos números são fornecidos por Franz, *Geschichte des deutschen Bauernstandes*, p. 200.
89. Walther Hubatsch, *Frederick the Great. Absolutism and Administration* (Londres, 1975), p. 110, que dá um detalhamento por província. Esses números são confirmados por Schieder, *Friedrich der Grosse*, p. 339. Um número bem mais alto – 284.487 – é dado por Horst Möller, *Fürstenstaat oder Bürgernation. Deutschland 1763-1815* (Berlim, 1989), p. 80.
90. Christian Wilhelm von Dohm, *Denkwürdigkeiten meiner Zeit oder Beiträge zur Geschichte vom letzten Viertel des achtzehnten und vom Anfang des neunzehnten Jahrhunderts 1778 bis 1806* (Lemgo e Hanôver, 1814-19), vol. 1, p. 391.

91. Schmoller, "Die ländliche Kolonisation", p. 925.
92. Johnson, *Frederick the Great and his Officials*, pp. 100-101.
93. Preuss, *Friedrich der Grosse*, vol. 1, p. 279.
94. Schultz, *Berlin 1650-1800*, p. 44.
95. Johnson, *Frederick the Great and his Officials*, p. 102.
96. Hans-Ulrich Wehler, *Deutsche Gesellschaftsgeschichte* (Munique, 1987), vol. 1: *Vom Feudalismus des Alten Reiches bis zur defensiven Modernisierung der Reformära 1700-1815*, p. 120.
97. "Aus dem Brandenburgischen", in Christian Friedrich Daniel Schubart (ed.), *Deutsche Chronik auf das Jahr 1774* (reimpressão, Heidelberg, 1975), 54 (3 de outubro de 1774), pp. 427-8.
98. Karl Biedermann, *Deutschland im 18. Jahrhundert,* ed. Wolfgang Emmerich (Frankfurt am Main, 1979), p. 252.
99. Wehler, *Deutsche Gesellschaftsgeschichte*, vol. 1, p. 121.
100. Biedermann, *Deutschland im 18. Jahrhundert*, p. 252.
101. Voltaire a conde e condessa d'Argental, Potsdam, 24 de julho de 1750, in Theodore Besterman (ed.), *Voltaire's Correspondence* (Genebra, 1956), vol. 18, n. 3604, p. 104.
102. Anton Friedrich Büsching, *Beschreibung seiner Reise von Berlin nach Kyritz in der Prignitz welche er vom 26ten September bis zum 2ten Oktober 1779 verrichtet hat* (Leipzig, 1780), pp. 5-7.
103. Felix Escher, "Die brandenburgisch-preussische Residenz und Hauptstadt Berlin im 17. und 18. Jahrhundert", in Wolfgang Ribbe (ed.), *Geschichte Berlins*, 2 ed. (Munique, 1988), vol. 1: *Von der Frühgeschichte bis zur Industrialisierung*, p. 386.
104. Nikolai Mikhailovich Karamzin, *Letters of a Russian Traveler 1789-1790. An Account of a Young Russian Gentleman's Tour through Germany, Switzerland, France, and England* (Nova York, 1957), p. 50.
105. Büsching, *Beschreibung seiner Reise von Berlin über Potsdam nach Rekahn*, p. 72.
106. É uma das epígrafes de John Brewer, *The Sinews of Power: War, Money and the English State 1688-1783* (Nova York, 1989), p. v.
107. Karl Erich Born, *Wirtschaft und Gesellschaft im Denken Friedrichs des Grossen* (Mainz e Wiesbaden, 1979), p. 13.
108. Volker Hentschel, "Der Merkantilismus und die wirtschaftlichen Anschauungen Friedrichs II.", in Erhard Bethke (ed.), *Friedrich der Grosse. Herrscher zwischen Tradition und Fortschritt* (Gütersloh, 1985), p. 139.
109. *Œuvres*, vol. 6, p. 86. A tradução usada é de *Posthumous Works*, vol. 4, pp. 119-20.
110. *Œuvres*, vol. 2, p. 1.
111. Citado em Charles Wilson, *Mercantilism* (Londres, 1958), p. 24.
112. J. D. E. Preuss, *Friedrichs des Grossen Jugend und Thronbesteigung* (Berlim, 1840), p. 360.
113. Hintze, p. 354; Volker Hentschel, "Manufaktur- und Handelspolitik des merkantilistischen Wirtschaftssystems", in Bethke (ed.), *Friedrich der Grosse*, p. 148.
114. Thomas Biskup e Peter H. Wilson, "Grossbritannien, Amerika und die atlantische Welt", in Friederisiko, Ausstellung, pp. 158-9.
115. Hubatsch, *Frederick the Great*, p. 61.
116. Hans Bleckwenn, "Bauernfreiheit durch Wehrpflicht – ein neues Bild der altpreussischen Armee", in *Friedrich der Grosse und das Militärwesen seiner Zeit* (Herford e Bonn, 1987), p. 56.

117. W. O. Henderson, *Studies in the Economic Policy of Frederick the Great* (Londres, 1963), p. 144.
118. Dietrich, p. 274.
119. Sheilagh C. Ogilvie, "The beginnings of industrialization", *in idem* (ed.), *Germany: a New Social and Economic History* (Londres, 1996), vol. 2: *1630-1800*, p. 616.
120. *Ibid.*, p. 597; Henderson, *Studies in the Economic Policy of Frederick the Great*, p. 145.
121. Henderson, *Studies in the Economic Policy of Frederick the Great*, pp. 143-6.
122. Büsching, *Beschreibung seiner Reise von Berlin über Potsdam nach Rekahn*, p. 192.
123. Dietrich, p. 286.
124. *Œuvres*, vol. 23, p. 407.
125. Peter Baumgart, "Absoluter Staat und Judenemanzipation in Brandenburg-Preussen", *Jahrbuch für die Geschichte Mittel- und Ostdeutschlands*, 13/14 (1965), p. 84.
126. Koser, vol. 2, p. 399.
127. Schultz, *Berlin 1650-1800*, p. 165.
128. Hans Dollinger, *Friedrich II. von Preussen. Sein Bild im Wandel von zwei Jahrhunderten* (Munique, 1986), ilustração 147. A bela imagem de Karl Christian Wilhelm Baron do Neues Palais e Potsdam em 1775 mostra Frederico em seu cavalo cinza cavalgando por uma avenida de amoreiras.
129. Peter-Michael Hahn, *Friedrich II. von Preussen* (Stuttgart, 2013), p. 160.
130. Michaela Völkel, "Meissen on my mind. Die Königliche Porzellanmanufaktur im internationalen Wettstreit", *in* Friederisiko, *Ausstellung*, p. 378.
131. Johanna Lessmann, "Die Berliner Porzellanmanufakturen im 18. Jahrhundert", *in* Johanna Lessmann, Michaela Braesel e Katharina Dück (eds.), *Berliner Porzellan des 18. Jahrhunderts* (Hamburgo, 1993), p. ix.
132. Nina Simone Schepkowski, *Johann Ernst Gotzkowsky. Kunstagent und Gemäldesammler im friderizianischen Berlin* (Berlim, 2009), p. 271.
133. Lessmann, "Die Berliner Porzellanmanufakturen im 18. Jahrhundert", p. x.
134. Michaela Völkel, "Nicht alle Lust will Ewigkeit. Friedrich und das Porzellan", *in* Friederisiko, *Ausstellung*, p. 191.
135. Angelika Lorenz, *Berliner Porzellan 1763-1850* (Münster, 2006), p. 8. É um catálogo de uma exibição montada no Westfälischen Landesmuseum für Kunst und Kulturgeschichte Münster em 2006-7 e contém muitas belas ilustrações de porcelanas do reinado de Frederico.
136. Günter Schade, *Berliner Porzellan. Zur Kunst- und Kulturgeschichte der Berliner Porzellanmanufaktur im 18. und 19. Jahrhundert* (Munique, 1987), p. 64.
137. Para um relato detalhado sobre a ascensão e queda da empreitada de Gotzkowsky, ver Schepkowski, *Johann Ernst Gotzkowsky*, pp. 274-301.
138. Schade, *Berliner Porzellan*, p. 85.
139. Arnulf Siebeneicker, *Offizianten und Ouvriers: Sozialgeschichte der Königlichen Porzellan-Manufaktur und der Königlichen Gesundheitsgeschirr-Manufaktur in Berlin 1763-1880* (Berlim e Nova York, 2002), p. 23.
140. *Ibid.*, p. 24.
141. Erich Köllmann, *Berliner Porzellan 1763-1963* (Brunsvique, 1966), vol. 1, pp. 35-6; Lessmann, "Die Berliner Porzellanmanufakturen im 18. Jahrhundert", p. xv.

142. Schade, *Berliner Porzellan*, p. 111.
143. Friedrich Hermann Hofmann, *Das Porzellan der europäischen Manufakturen im XVIII. Jahrhundert: eine Kunst- und Kulturgeschichte* (Berlim, 1932), p. 281.
144. Völkel, "Meissen on my mind", pp. 378-9. Ver também Schepkowski, *Johann Ernst Gotzkowsky*, p. 30.
145. Siebeneicker, *Offizianten und Ouvriers*, pp. 25-7.
146. Lorenz, *Berliner Porzellan*, pp. 12-13.
147. *Ibid.*, p. 14.
148. Hofmann, *Das Porzellan der europäischen Manufakturen*, p. 492. Para uma reprodução do ponto central dessa criação extraordinária, ver Schade, *Berliner Porzellan*, p. 88.
149. Schade, *Berliner Porzellan*, p. 141.
150. *Ibid.*, p. 139.
151. Siebeneicker, *Offizianten und Ouvriers*, p. 28.
152. Schade, *Berliner Porzellan*, p. 112.
153. Lessmann, "Die Berliner Porzellanmanufakturen im 18. Jahrhundert", p. ix.
154. Siebeneicker, *Offizianten und Ouvriers*, p. 26.
155. Schade, *Berliner Porzellan*, p. 122; Köllmann, *Berliner Porzellan*, p. 31.
156. Thomas Biskup, "Eines 'Grossen' würdig? Hof und Zeremoniell bei Friedrich II.", *in* Friederisiko, *Essays*, p. 106.
157. Günter Vogler e Klaus Vetter, *Preussen von den Anfängen bis zur Reichsgründung* (Colônia, 1981), p. 59.
158. Whaley, *Germany and the Holy Roman Empire*, vol. 2, p. 285.
159. Ingrid Mittenzwei, *Preussen nach dem Siebenjährigen Krieg. Auseinandersetzungen zwischen Bürgertum und Staat um die Wirtschaftspolitik* (Berlim, 1979), pp. 21-2.
160. Ogilvie, "The beginnings of industrialization", p. 614.
161. Christopher Clark, *Iron Kingdom. The Rise and Downfall of Prussia 1600-1947* (Londres, 2006), p. 181.
162. Mittenzwei, *Preussen nach dem Siebenjährigen Krieg*, pp. 144-5.
163. *Ibid.*, p. 90.
164. Hahn, *Friedrich II.*, p. 106.
165. Hintze, pp. 380-82.
166. *Ibid.*, p. 382; Mittenzwei, *Preussen nach dem Siebenjährigen Krieg*, p. 19.
167. *Ibid.*, p. 20
168. *Ibid.*, p. 69.
169. Dietrich, p. 468; Koser, vol. 2, p. 400.
170. Hintze, p. 381.
171. Agnieszka Pufelska, "Die verpasste Grösse: Friedrich II. und Polen", *in* Friederisiko, *Ausstellung*, p. 120.
172. Johann Georg Büsch, *Theoretisch-praktische Darstellung der Handlung in deren mannigfaltigen Geschäften* (Hamburgo, 1792), vol. 2, p. 258.
173. Lehndorff, vol. 3, p. 19.
174. *Ibid.*, p. 30.

175. Friedrich Nicolai, *Anecdoten von Friedrich dem Grossen und von einigen Personen die um ihn waren* (Berlim, 1788-92; reimpressão, Munique, s.d.), pp. 13-14. Ver também Klaus Schwieger, *Das Bürgertum in Preussen vor der Französischen Revolution* (Kiel, 1972), p. 421.
176. Florian Schui, *Rebellious Prussians. Urban Political Culture under Frederick the Great and his Successors* (Oxford, 2013), cap. 4.
177. Walter L. Dorn, "The Prussian bureaucracy in the eighteenth century", pt 2, *Political Science Quarterly*, 47 (1932), pp. 79-80.
178. *Œuvres*, vol. 6, p. 85.
179. Ver a proclamação pública de 14 de abril de 1766 e o decreto de 21 de maio de 1766, reimpresso em Heinrich von Beguelin, *Historisch-kritische Darstellungen der Akzise- und Zollverfassung in den preussischen Staaten* (Berlim, 1797), pp. 114-15 e 123-4.
180. Henderson, *Studies in the Economic Policy of Frederick the Great*, p. 69.
181. Markus A. Denzel, "Wirtschaftlicher Wandel und institutionelle Erneuerung. Eine merkantilistische Wirtschaftspolitik. Leitgedanken", *in* Sösemann, vol. 1, p. 375.
182. Henderson, *Studies in the Economic Policy of Frederick the Great*, p. 70.
183. W. Schultze, "Ein Angriff des Ministers von Heinitz gegen die französische Régie in Preussen", *Forschungen zur Brandenburgischen und Preussischen Geschichte*, 5 (1892), pp. 192-3.
184. *Ibid.*, p. 195.
185. Beguelin, *Historisch-kritische Darstellungen*, pp. 115-17.
186. Dohm, *Denkwürdigkeiten meiner Zeit*, vol. 4, p. 512.
187. Jacques-Antoine-Hippolyte, Comte de Guibert, *Journal d'un voyage en Allemagne, fait en 1773* (Paris, 1803), vol. 1, pp. 222-3.
188. Roy Pascal, *The German Sturm und Drang* (Manchester, 1953), pp. 46-7.
189. Florian Schui, "Learning from French experience? The Prussian *Régie* tax administration, 1766-86", *in* Holger Nehring e Florian Schui (eds.), *Global Debates about Taxation* (Basingstoke, 2007), p. 54.
190. *Ibid.*, p. 50.
191. Em 1780, ele disse a uma delegação liderada pelo pai de Ludwig Tieck, que lhe visitou em Sanssouci para protestar contra as tramoias das associações, que ele também se opunha a elas, e faria algo. Mas nunca fez – Horst Krüger, *Zur Geschichte der Manufakturen und der Manufakturarbeiter in Preussen. Die mittleren Provinzen in der zweiten Hälfte des 18. Jahrhunderts* (Berlim, 1958), p. 76.

15. NA CORTE E EM CASA

1. Jules Finot e Roger Galmiche-Bouvier (eds.), *Une mission militaire en Prusse en 1786. Récit d'un voyage en Allemagne et observations sur les manœuvres de Potsdam et de Magdebourg. Publiés après les papiers du marquis de Toulongeon* (Paris, 1881), p. 128
2. Theodor Schieder, *Friedrich der Grosse. Ein Königtum der Widersprüche* (Frankfurt am Main, Berlim e Viena, 1983), p. 50.
3. John Adamson, "The making of the ancien-régime court 1500-1700", *in* idem, *The Princely Courts of Europe. Ritual, Politics and Culture under the Ancien Régime 1500-1750*

(Londres, 1999), pp. 7-41. É revelador que o capítulo de Markus Völkel sobre a Prússia termine em 1740, embora haja, na verdade, duas páginas sobre Frederico – pp. 228-9 – intituladas "The military court" [A corte militar].
4. Koser, vol. 1, p. 527.
5. Dietrich, p. 330.
6. Barbara Stollberg-Rilinger, "Offensive Formlosigkeit? Der Stilwandel des diplomatischen Zeremoniells", *in* Sösemann, vol. 1, p. 354.
7. H. M. Scott, *The Emergence of the Eastern Powers, 1756-1775* (Cambridge, 2001), pp. 143-5.
8. Citado em Thomas Biskup, "Preussischer Pomp. Zeremoniellnutzung und Ruhmbegriff Friedrichs des Grossen im Berliner 'Carousel' von 1750", *in Friedrich der Grosse und der Hof. Beiträge des zweiten Colloquiums in der Reihe 'Friedrich300' vom 10./11. Oktober 2008*, ed. Michael Kaiser e Jürgen Luh (Friedrich300 – Colloquien, 2), http://www.perspectivia.net/content/publikationen/friedrich300-colloquien/friedrich-hof/Biskup_Pomp, p. 5.
9. Reinhold Koser, "Vom Berliner Hof um 1750", *Hohenzollern-Jahrbuch*, 7 (1903), p. 17.
10. Adamson, "The making of the Ancien Régime court 1500-1700", p. 24.
11. A. P. Hagemann, "Der König, die Königin und der preussische Hof", *in Friedrich der Grosse und der Hof*, http://www.perspectivia.net/content/publikationen/friedrich300-colloquien/friedrich-hof/Hagemann_Zeitung.
12. Martin Engel, *Das Forum Fridericianum und die monumentalen Residenzplätze des 18. Jahrhunderts* (dissertação não publicada da Universidade Livre de Berlin, 2001), p. 75. Disponível on-line em http://www.diss.fu-berlin.de/diss/receive/FUDISS_thesis_000000001297.
13. Hagemann, "Der König, die Königin und der preussische Hof", p. 31.
14. *Ibid.*, pp. 27, 32.
15. Thomas Biskup, "Eines 'Grossen' würdig? Hof und Zeremoniell bei Friedrich II.", *in* Friederisiko, *Essays*, p. 111.
16. Thomas Biskup, "The hidden queen: Elizabeth Christine of Prussia and Hohenzollern queenship in the eighteenth century", *in* Clarissa Campbell Orr (ed.), *Queenship in Europe, 1660-1815. The Role of the Consort* (Cambridge, 2004), pp. 307-8.
17. Lehndorff, *passim*. Há uma boa seleção em Haug von Kuenheim (ed.), *Aus den Tagebüchern des Grafen Ernst Ahasverus Heinrich von Lehndorff* (Berlim, 1982).
18. Biskup, "Eines 'Grossen' würdig? Hof und Zeremoniell bei Friedrich II.", p. 109.
19. J. D. E. Preuss, *Friedrich der Grosse – Eine Lebensgeschichte* (Berlim, 1832), vol. 1, p. 277.
20. Thomas Biskup, *Friedrichs Grösse. Inszenierungen des Preussenkönigs in Fest und Zeremoniell 1740-1815* (Frankfurt am Main e Nova York, 2012), p. 81.
21. Thomas Biskup, "Preussischer Pomp". Como observa Biskup, o esplendor da ocasião lembrava a "pompa asiática" de Frederico I, denunciada por seu neto de forma tão dura em *Memoirs of the House of Brandenburg*. Para um relato do carrossel de Luís XIV, ver Peter Burke, *The Fabrication of Louis XIV* (New Haven, 1992), pp. 66-7.
22. *Historische Nachricht von denen Lustbarkeiten, welche der König, bei Gelegenheit der Ankunft Sr. Königlichen Hoheit und des Durchlauchtigsten Markgrafens von Brandenburg-Bayreuth, im Monate August, 1750, zu Potsdam, zu Charlottenburg und zu Berlin angestellet hat* (Berlim, 1750). O evento também adquiriu *status* lendário, inspirando Adolph Menzel a

representar a entrega dos prêmios. O evento equestre *"Le Carrousel de Sanssouci"* foi montado em frente ao Neues Palais em 2012 como parte das comemorações do tricentenário.
23. Citado em Biskup, "Preussischer Pomp", p. 27.
24. *Ibid.*, p. 28.
25. *Ibid.*
26. Thomas Biskup, "Höfisches Retablissement: Der Hof Friedrichs des Grossen nach 1763", in *Friedrich der Grosse – eine perspektivische Bestandsaufnahme. Beiträge des ersten Colloquiums in der Reihe 'Friedrich300' vom 28./29. September 2007*, ed. Michael Kaiser e Jürgen Luh (Friedrich300 – Colloquien 1), http://www.perspectivia.net/content/pu blikationen/friedrich300-colloquien/friedrich-bestandsaufnahme/biskup_retablisse ment, p. 36.
27. Koser, vol. 2, p. 519. Sobre as luxuosas celebrações montadas na ocasião, ver relatos de James Harris em Earl of Malmesbury (ed.), *Diaries and Correspondence of James Harris, First Earl of Malmesbury*, vol. 1 (Londres, 1844), por exemplo, o de 27 de julho de 1776 na p. 150, e Henriette Graf, "Das Neue Palais – Funktion und Disposition der Appartements", in Friederisiko, *Ausstellung*, p. 295.
28. Biskup, "Höfisches Retablissement", especialmente pp. 12, 18, 22, 26.
29. Biskup, *Friedrichs Grösse*, p. 46.
30. Graf, "Das Neue Palais – Funktion und Disposition der Appartements", p. 294.
31. Biskup, *Friedrichs Grösse*, pp. 109-10.
32. Lehndorff, vol. 1, pp. 131-2.
33. *Ibid.*, p. 132.
34. Henri Zosime, Comte de Valori (ed.), Mémoires des négociations du marquis de Valori, ambassadeur de France à la Cour de Berlin. Accompagnés d'un recueil de lettres de Frédéric-le-Grand, des princes ses frères, de Voltaire, et des plus illustres personnages du XVIIIe siècle (Paris, 1820), vol. 1, p. 266.
35. Dietrich, p. 316.
36. Peter Loewenberg, "Psychohistorical perspectives on modern German history", *Journal of Modern History*, 47, 2 (Junho 1975), pp. 234-5.
37. Eva Ziebura, *August Wilhelm Prinz von Preussen* (Berlim, 2006), pp. 8-9.
38. *Œuvres*, vol. 26, p. 162.
39. Jürgen Luh, *Der Grosse. Friedrich II. von Preussen* (Berlim, 2012), p. 67.
40. Lehndorff, vol. 1, p. 70.
41. *Ibid.*, p. 128.
42. *Ibid.*, p. 77. Ver também Gerd Fesser, "Der König von Rheinsberg", *Die Zeit*, 32 (2002), http://www.zeit.de/2002/32/Der_Koenig_von_Rheinsberg?page=all.
43. *Œuvres*, vol. 26, pp. 175-9. Essas cartas estão datadas apenas como "1746".
44. *Ibid.*, p. 180.
45. Gustav Berthold Volz (ed.), *Friedrich der Grosse und Wilhelmine von Bayreuth* (Leipzig, 1924), vol. 1: *Jugendbriefe 1728-1740*, p. 209; Christian Graf von Krockow, *Die preussischen Brüder. Prinz Heinrich und Friedrich der Grosse. Ein Doppelporträt* (Stuttgart, 1996), pp. 73-4.
46. Lothar Schilling, *Kaunitz und das Renversement des alliances. Studien zur aussenpolitischen Konzeption Wenzel Antons von Kaunitz* (Berlim 1994), p. 96.

47. Koser, vol. 2, p. 100.
48. Alfred Ritter von Arneth, *Geschichte Maria Theresias* (Viena, 1863-79), vol. 5, pp. 198 e n. 264 na p. 502.
49. Andrew Bisset (ed.), *Memoirs and Papers of Sir Andrew Mitchell K.B.* (Londres, 1850), vol. 1, p. 110.
50. P.C., vol. 18, p. 696.
51. Otto Herrmann, "Friedrich der Grosse im Spiegel seines Bruders Heinrich", *Historische Vierteljahrschrift*, 26 (1931), pp. 365-76.
52. Gustav Berthold Volz, "Prinz Heinrich als Kritiker Friedrichs des Grossen", *Historische Vierteljahrschrift*, 27 (1932), p. 393.
53. Luh, *Der Grosse. Friedrich II. von Preussen*, p. 84.
54. Volz (ed.), *Friedrich der Grosse und Wilhelmine von Bayreuth*, vol. 1, pp. 63-5.
55. *Ibid.*, p. 143.
56. *Ibid.*, p. 105.
57. Ver o relato detalhado de uma testemunha, o assistente pessoal de Frederico, Henri de Catt – Willy Schüssler (ed.), *Friedrich der Grosse: Gespräche mit Henri de Catt* (Munique, 1981), pp. 285-91.
58. Ingeborg Weber-Kellermann (ed.), *Wilhelmine von Bayreuth. Eine preussische Königstochter* (Frankfurt am Main, 1990), p. 432.
59. Volz (ed.), *Friedrich der Grosse und Wilhelmine von Bayreuth*, vol. 2, pp. 74-7, 94.
60. Luh, *Der Grosse. Friedrich II. von Preussen*, pp. 169, 207.
61. Daniel Schönpflug, "Friedrich der Grosse als Ehestifter. Matrimoniale Strategien im Haus Hohenzollern 1740-1786", *in* Friederisiko, *Essays*, p. 81.
62. Karin Feuerstein-Prasser, *Die preussischen Königinnen* (Ratisbona, 2000), pp. 203-5.
63. Lehndorff, vol. 2, p. 395.
64. *Ibid.*, p. 399.
65. René de Bouillé, *Essai sur la vie du Marquis de Bouillé* (Paris, 1853), p. 138. Ver também o comentário de Hardenberg em Thomas Stamm-Kuhlmann, "Vom rebellischen Sohn zum Landesvater. Der Herrscher zwischen Familie und Staat", *in* Sösemann, vol. 1, p. 19.
66. Alfred P. Hagemann, "Friedrich und sein Nachfolger – déjá vu eines Traumas", *in* Friederisiko, *Ausstellung*, p. 230.
67. *Ibid.*, p. 232.
68. *Ibid.*, p. 230.
69. *Ibid.*, p. 232.
70. Karoline Zielosko, "Die Dynastie als Ressource. Friedrich als Oberhaupt der brandenburgischen Hohenzollern", *in* Friederisiko, *Ausstellung*, p. 80.
71. Discuti a bem-sucedida invasão prussiana à República Holandesa em 1787 e suas ramificações em *The Origins of the French Revolutionary Wars* (Londres, 1986), pp. 49-51.
72. Wilhelm Bringmann, *Preussen unter Friedrich Wilhelm II. (1786-1797)* (Frankfurt am Main, 2001), pp. 100-101.
73. Gregor Vogt-Spira, "Das antike Rom im geistigen Haushalt eines Königs", *in* Sösemann, vol. 1, pp. 128-9.
74. Biskup, "Eines 'Grossen' würdig? Hof und Zeremoniell bei Friedrich II.', p. 102.

75. Dieudonné Thiébault, *Mes Souvenirs de vingt ans de séjour à Berlin; ou Frédéric le Grand, sa famille, sa cour, son gouvernement, son académie, ses écoles, et ses amis littérateurs et philosophes*, 4 ed. (Paris, 1813), vol. 1, pp. 7-8.
76. Theodore Besterman (ed.), *Voltaire's Correspondence* (Genebra, 1956), vol. 18, pp. 131, 188.
77. *Ibid.*, p. 209.
78. Preuss, *Friedrich der Grosse*, vol. 1, p. 424.
79. Lehndorff, vol. 1, p. 129; *The Memoirs of Casanova*, vol. 5 – http://romance-books.classic-literature.co.uk/memoirs-of-jacques-casanova/volume-5e-russia-and-poland/ebook-page-48.asp; Gustav Berthold Volz (ed.), *Friedrich der Grosse im Spiegel seiner Zeit* (Berlim, 1901), vol. 1, p. 271.
80. Peter-Michael Hahn, *Friedrich II. von Preussen* (Stuttgart, 2013), p. 118.
81. Biskup, *Friedrichs Grösse*, p. 128. Há muita informação sobre Richter em Leslie Bodi, *Tauwetter in Wien. Zur Prosa der österreichischen Aufklärung 1781-1795* (Frankfurt am Main, 1977), embora, infelizmente, não sobre essa obra em particular.
82. Jacqueline Hellegouarc'h (ed.), *Mémoires pour servir à la vie de M. de Voltaire, écrits par lui-même* (Paris, 2011), p. 124. O editor insiste que a obra anteriormente contestada é autêntica.
83. *Ibid.*, p. 10.
84. O texto completo está em *Œuvres*, vol. 11. Há uma edição crítica moderna com comentários – Jürgen Ziechmann (ed.), *Friedrich der Grosse. Das Palladion* (Bremen, 1985). Há um resumo conveniente em alemão *in* E. Cauer, "Öber das Palladion, ein komisches Heldengedicht Friedrichs des Grossen", *Zeitschrift für preussische Geschichte und Landeskunde*, 3 (1866), pp. 484-99.
85. *Œuvres*, vol. 11, pp. 244-5. Talvez não seja surpreendente que nessa edição oficial, datada de 1849, as palavras "Jesus" e "João" foram substituídas por "…". Ver também Fritz J. Raddatz, "'…die Erde freimütig zu kritisieren'. Zum 200. Todestag Friedrichs II. erschien sein frivol-gottesläsferliches *Palladion*", *Die Zeit*, 34 (1986). Também profundamente ofensivo aos cristãos, especialmente os católicos, era o *Dialogue of the Dead between Mme de Pompadour and the Virgin Mary*, de Frederico, no qual a primeira desdenha da última como sendo uma prostituta promíscua cujo filho crucificado provinha ou de um carpinteiro ou de um soldado romano – Gerhard Knoll (ed.), *Friedrich II. König von Preussen. Totengespräch zwischen Madame de Pompadour und der Jungfrau Maria* (Berlim, 1999), p. 16. Ver também Jean Delinière, "Friedrich II. König von Preussen, Totengespräch zwischen Madame de Pompadour und der Jungfrau Maria", *Annales historiques de la Révolution française*, 323, janvier-mars 2001, on-line desde 6 de abril de 2004, acesso em 4 de novembro de 2014, http://ahrf.revues.org/1043.
86. Ziechmann (ed.), *Friedrich der Grosse. Das Palladion*, vol. 2, p. 67. A epístola em verso pode ser vista em *Œuvres*, vol. 10, pp. 238-49.
87. Winfried Baer, *Prunk-Tabatièren Friedrichs des Grossen* (Munique, 1993), p. 1. Sou grato ao Dr. Richard Edgcumbe do Victoria and Albert Museum por chamar minha atenção para essa importante obra.
88. Nina Simone Schepkowski, *Johann Ernst Gotzkowsky. Kunstagent und Gemäldesammler im friderizianischen Berlin* (Berlim, 2009), p. 22; Carsten Kretschmann, "Präsentation

und Repräsentation. Sammlungen und Kabinette als Schnittstellen einer *république des lettres*", *in* Sösemann, vol. 1, p. 311; Baer, *Prunk-Tabatièren Friedrichs des Grossen*, p. 2.
89. Hahn, *Friedrich II.*, p. 161. Baer, *Prunk-Tabatièren Friedrichs des Grossen*, p. 2.
90. Carlyle, vol. 4, p. 279; Baer, *Prunk-Tabatièren Friedrichs des Grossen*, p. 12.
91. Earl of Malmesbury (ed.), *Diaries and Correspondence of James Harris, First Earl of Malmesbury*, vol. 1, p. 6.
92. Baer, *Prunk-Tabatièren Friedrichs des Grossen*, p. 6.
93. Preuss, *Friedrich der Grosse*, vol. 1, p. 422.
94. *Ibid.*, p. 427.
95. Frank Althoff, "Die Arbeit im Kabinett", *in* Frank Althoff e Eef Overgaauw (eds.), *Homme de lettres. Frédéric. Der König am Schreibtisch* (Berlim, 2012), pp. 23-5.
96. Ver a descrição do emissário austríaco Joseph Heinrich von Ried resumida em Luh, *Der Grosse. Friedrich II. von Preussen*, p. 46. As variações são discutidas em Ute Christina Koch, Friederisiko, *Ausstellung*, pp. 312-21.
97. Para uma discussão completa da vida culinária de Frederico, ver Bernd Maether, "Kochen für den König. Der friderizianische Hof im Spiegel der Speisezettel und Hofrechnungen", *in Friedrich der Grosse und der Hof. Beiträge des zweiten Colloquiums in der Reihe 'Friedrich300' vom 10./11. Oktober 2008*, ed. Michael Kaiser e Jürgen Luh (Friedrich300 – Colloquien, 2), http://www.perspectivia.net/content/publikationen/friedrich300-colloquien/friedrich-hof/Maether_Kochen.
98. Abade Denina, *Essai sur le règne de Fréderic II, Roi de Prusse* (Berlim, 1788), p. 400.
99. Preuss, *Friedrich der Grosse*, vol. 1, pp. 356-7.
100. *Ibid*.
101. Gerd Schurig, "Die Blüte der Fruchtkultur im Sanssouci Friedrichs II.", *in* Friederisiko, *Ausstellung*, p. 60.
102. *Ibid.*, pp. 56-61. Detlef Karg, "Die Gärten Friedrichs II. Anmerkungen zur Gartenkunst in der Mark Brandenburg", *in* Erika Schmidt, Wilfried Hansmann e Jörg Gamer (eds.), *Garten. Kunstkammer. Geschichte. Festschrift für Dieter Hennebo zum 70. Geburtstag (Worms am Rhein, 1994)*, pp. 110-11.
103. Schurig, "Die Blüte der Fruchtkultur im Sanssouci Friedrichs II.", p. 61.
104. Preuss, *Friedrich der Grosse*, vol. 1, p. 355; Denina, *Essai sur le règne de Fréderic II*, p. 400.
105. Seu único comentário entusiasmado sobre caça vem de 1732-3, quando ele estava tentando voltar às graças de seu pai – Mario Huth, "' […] denn gegenwärtig siehet es in den hiesigen Heyden etwas lüderlich aus'. Forstliche Theorie und Praxis in Brandenburg-Preussen unter Friedrich II. – archivalische Stichproben", *in* Frank Göse (ed.), *Friedrich der Grosse und die Mark Brandenburg. Herrschaftspraxis in der Provinz* (Berlim, 2012), p. 267.
106. Reinhold Koser, *Friedrich der Grosse als Kronprinz* (Stuttgart, 1886), p. 214.
107. Charles Fleischauer (ed.), *L'Antimachiavel par Frédéric II, édition critique*, Studies on Voltaire and the Eighteenth Century, 5 (Genebra, 1958), pp. 254-9.
108. Ulrich Feldhahn, "Die stillen Teilhaber der Macht – Friedrich der Grosse und seine Hünde", *in* Althoff e Overgaauw (eds.), *Homme de lettres. Frédéric*, pp. 129-33. Como as raças não foram formalmente definidas até o século seguinte, não é possível categorizar com exatidão os cães de Frederico.

109. John Murray Archive, 50 Albemarle Street, Londres, caixa 1.
110. Preuss, *Friedrich der Grosse*, vol. 1, pp. 414-15.
111. *Doctor Zimmermann's Conversations with the Late King of Prussia, when he Attended Him in his Last Illness a Little before his Death* (Londres, 1791), p. 129.
112. Nadja Geissler, "Condé", Friederisiko, *Ausstellung*, p. 337. Frederico Guilherme II tratava bem Condé, permitindo que ele terminasse seus dias na Escola de Veterinária de Berlim, onde morreu em 1804, aos 38 anos. Seu esqueleto está à mostra no Instituto de Anatomia Veterinária na Universidade Livre de Berlim.
113. Ingrid Mittenzwei, *Friedrich II. von Preussen* (Colônia, 1980), p. 74. Na verdade, provavelmente não foi um derrame, mas neurite periférica ou neuropatia – Ida Macalpine e Richard Hunter, *George III and the Mad-Business* (Londres, 1969), p. 247.
114. Citado em *Ibid.*, p. 252.
115. Paul Hartig (ed.), *Henri de Catt, Vorleser Friedrichs des Grossen. Die Tagebücher 1758-60* (Munique e Berlim, 1986), p. 74.
116. *Œuvres*, vol. 19, p. 105.
117. Koser, vol. 2, p. 285.
118. Walther Hubatsch, *Frederick the Great. Absolutism and Administration* (Londres, 1975), p. 124; Eva Ziebura, *August Wilhelm Prinz von Preussen* (Berlim, 2006), p. 90; Hans-Uwe Lammel, "Philosophen, Leibärzte, Charlatane. Von königlichen Hämorrhoiden und anderen Malaisen", *in* Sösemann, vol. 1, pp. 52-67.
119. Macalpine e Hunter, *George III and the Mad-Business*, p. 253.
120. *Œuvres*, vol. 23, p. 401. Tradução para o inglês tirada de Macalpine e Hunter, *George III and the Mad-Business*, p. 253.
121. *Œuvres*, vol. 22, p. 322.
122. Schieder, *Friedrich der Grosse*, p. 221. Para um veredicto similar, ver Fritz Hartung, "Die politischen Testamente der Hohenzollern", *in* Otto Büsch e Wolfgang Neugebauer (eds.), *Moderne Preussische Geschichte* (Berlim e Nova York, 1981), vol. 3, p. 1513.
123. Thomas Biskup e Peter H. Wilson, "Grossbritannien, Amerika und die atlantische Welt", *in* Friederisiko, *Ausstellung*, p. 153. Um calmuco era "um membro do povo mongol vivendo nas praias do noroeste do már Cáspio".
124. Koser, vol. 2, p. 347. Ver também Edward M. Furgol, "Keith, George, styled tenth Earl Marischal (1692/3?-1778)", *Oxford Dictionary of National Biography*, Oxford University Press, 2004; ed. on-line, maio de 2006, http://www.oxforddnb.com/view/article/15265. Acesso em: 13 de outubro de 2014.
125. Jürgen Luh, "Freundschaften? – Verhältnisse. Friedrich und seine Vertrauten", *in* Friederisiko, *Ausstellung*, pp. 336-8.
126. Luh, *Der Grosse. Friedrich II. von Preussen*, pp. 212-16.
127. Denina, *Essai sur le règne de Fréderic II*, p. 354. Ver também os diários de conde Lehndorff para evidências contradizendo a noção de que Frederico era um misantropo depois de 1763.
128. *Œuvres*, vol. 25, p. 43.
129. *Ibid.*, p. 62.
130. *Ibid.*, p. 166. Essa carta data de 1º de maio de 1780.
131. *Ibid.*, p. 91. As duas últimas frases são citadas em Koser, vol. 2, p. 652.

132. Friedrich von Oppeln-Bronikowski e Gustav Berthold Volz (eds.), *Das Tagebuch des Marchese Lucchesini (1780-1782). Gespräche mit Friedrich dem Grossen* (Munique, 1926), p. 22.
133. Koser, vol. 2, p. 653.
134. Finot e Galmiche-Bouvier (eds.), *Une mission militaire en Prusse en 1786*, pp. 130-31.

CONCLUSÃO: MORTE E TRANSFIGURAÇÃO

1. Hans-Uwe Lammel, "Philosophen, Leibärzte, Charlatane. Von königlichen Hämorrhoiden und anderen Malaisen", *in* Sösemann, vol. 1, pp. 33, 54.
2. Koser, vol. 2, p. 654.
3. *Ibid.*
4. *Ibid.*, pp. 655-6.
5. Estavam presentes no fim o lacaio de alcova Strützky, que estava segurando Frederico ereto na cadeira, dois outros servos, o Dr. Selle, Hertzberg e o general von Görtz – Karl Heinrich Siegfried Rödenbeck, *Tagebuch oder Geschichtskalender aus Friedrichs des Grossen Regentenleben (1740-1786)* (Berlim, 1842), vol. 3, p. 365.
6. Koser, vol. 2, p. 657.
7. *Œuvres*, vol. 6, p. 243. Há uma tradução alemã em Otto Bardong (ed.), *Friedrich der Grosse, Ausgewählte Quellen zur deutschen Geschichte der Neuzeit. Freiherr vom Stein-Gedächtnisausgabe* (Darmstadt, 1982), vol. 22, p. 454.
8. Carlyle, vol. 6, p. 697.
9. Friedrich Laske, *Die Trauerfeierlichkeiten für Friedrich den Grossen, mit Rekonstruktionen des Castrum Doloris im Stadtschloss und der Auszierung der Hof- und Garnisonskirche zu Potsdam am 9. September 1786* (Berlim, 1912), pp. 7-9. Esse volume é ricamente ilustrado.
10. Comte de Mirabeau, *The Secret History of the Court of Berlin* (Londres, 1895), vol. 1, p. 146. Ver também o relato sobre o clima em Berlim citado em Johann-Wolfgang Schottländer (ed.), *Carl Friedrich Zelters Darstellungen seines Lebens* (Weimar, 1931), p. 176.
11. Johannes Kunisch, *Friedrich der Grosse. Der König und seine Zeit* (Munique, 2004), p. 537; Eckhart Hellmuth, "The funerals of the Prussian kings in the eighteenth century", in Michael Schaich (ed.), *Monarchy and Religion. The Transformation of Royal Culture in Eighteenth-century Europe* (Oxford, 2007), pp. 464-6.
12. Kunisch, *Friedrich der Grosse*, pp. 537-8. Pelo menos, a cantata funerária composta por Reichardt com texto de Lucchesini baseada em uma ode de Horácio (*Quem virum aut heroa*) não mencionava Deus, apenas o "Olimpo" – Laske, *Die Trauerfeierlichkeiten* imprime o original em latim e a tradução de Ramler para o alemão.
13. "Sarg und Asche", *Der Spiegel*, 33 (1991). Disponível on-line em http://www.spiegel.de/spiegel/print/d-13488171.html. Não é listado autor.
14. *Gedächtnispredigt auf den allerdurchlauchtigsten, grossmächtigsten König und Herrn. Herrn Friederich den Zweyten, König von Preussen etc. etc.* (Berlim, 1786), p. xiv.

15. Eckhart Hellmuth, "Die 'Wiedergeburt' Friedrichs des Grossen und der 'Tod fürs Vaterland'. Zum patriotischen Selbstverständnis in Preussen in der zweiten Hälfte des 18. Jahrhunderts", *Aufklärung*, 10, 2 (1998), p. 27.
16. Eva Giloi, *Monarchy, Myth and Material Culture in Germany 1750-1950* (Cambridge, 2011), p. 88. Essa obra muito interessante contém vários outros exemplos.
17. Hellmuth, "Die 'Wiedergeburt' Friedrichs des Grossen und der 'Tod fürs Vaterland'", p. 26.
18. Giloi, *Monarchy, Myth and Material Culture in Germany*, p. 109.
19. Para uma visão concisa, ver Karl Erich Born, "Die Wirkungsgeschichte Friedrichs des Grossen", publicado como epílogo a Hans Leuschner, *Friedrich der Grosse. Zeit – Person – Wirkung* (Gütersloh, 1986), pp. 205-32. Para uma abordagem mais completa, ver Peter-Michael Hahn, *Friedrich der Grosse und die deutsche Nation: Geschichte als politisches Argument* (Stuttgart, 2007).
20. Leo Amadeus Graf Henckel Donnersmarck (ed.), *Briefe der Brüder Friedrichs des Grossen an meine Grosseltern* (Berlim, 1877), p. 54. Também citado em Giles MacDonogh, *Frederick the Great. A Life in Deed and Letters* (Nova York, 1999), p. 385.
21. Uma tradução alemã das inscrições pode ser vista em Theodor Fontane, *Wanderungen durch die Mark Brandenburg*, ed. Helmuth Nürnberger (Munique, 2006), vol. 1, pp. 283-91. Ver também Christian Graf von Krockow, *Die preussischen Brüder. Prinz Heinrich und Friedrich der Grosse. Ein Doppelporträt* (Stuttgart, 1996), p. 173.
22. Karin Feuerstein-Prasser, *"Ich bleibe zurück wie eine Gefangene". Elisabeth Christine und Friedrich der Grosse* (Regensburgo, 2011), p. 106.
23. Alfred P. Hagemann, "Im Schatten des grossen Königs: Königin Elisabeth Christine und ihr Verhältnis zu Friedrich II.", in *Friedrich und die historische Grösse. Beiträge des dritten Colloquiums in der Reihe 'Friedrich300' vom 25./26. September 2009*, ed. Michael Kaiser e Jürgen Luh (Friedrich300 – Colloquien, 3), http://www.perspectivia.net/content/publikationen/friedrich300-colloquien/friedrich-groesse/hagemann_schatten. Último acesso: 6 de agosto de 2014.
24. Enoch Powell, *Joseph Chamberlain* (Londres, 1977), p. 151.
25. Thomas Biskup, "Das Schwert Friedrichs des Grossen: Universalhistorische 'Grösse' und monarchische Genealogie in der napoleonischen Symbolpolitik nach Iéna", in Andreas Klinger, Hans-Werner Hahn e Georg Schmidt (eds.), *Das Jahr 1806 im europäischen Kontext. Balance, Hegemonie und politische Kulturen* (Colônia e Weimar, 2008), pp. 185-204.
26. Rudolf Ibbeken, *Preussen 1807-1813. Staat und Volk als Idee und in Wirklichkeit* (Berlim, 1970), pp. 91-4.
27. *Ibid.*, p. 398.
28. Peter Paret, *Yorck and the Era of Prussian Reform, 1807-1815* (Princeton, 1966), p. 242.

Nota bibliográfica

Os últimos trinta anos, mais ou menos, testemunharam uma explosão em publicações sobre a história prussiana. A grande exibição sobre a Prússia no Museu de Artes Aplicadas (*Kunstgewerbemuseum*) de Berlim foi, ao mesmo tempo, a causa e o sintoma disso. Ela se provou um sucesso colossal: durante o verão e o outono de 1981, mais de meio milhão de visitantes passaram por suas 33 salas para admirar mais de 2 mil artefatos. Eram auxiliados, nessa perambulação, por um grosso catálogo com seiscentas páginas, apoiado por outros quatro volumes de ensaios sobre a história política, social, cultural e cinematográfica da Prússia.[1] Dado que Berlim Ocidental ainda era uma ilha na inóspita República Democrática Alemã, o interesse revelado pela história prussiana foi verdadeiramente espantoso. Além disso, a exibição era apenas uma manifestação de uma "onda prussiana" muito mais ampla que tinha recentemente engolfado a esfera pública na Alemanha. Para coincidir com a exibição, programou-se a publicação de uma gigante antologia de três volumes sobre a história prussiana editada por Otto Büsch e Wolfgang Neugebauer para a Comissão Histórica de Berlim, consistindo de cerca de sessenta artigos ou trechos de livros republicados.[2] Dois livros de história populares, *Prussia Without Legends* [A Prússia sem lendas], de Sebastian Haffner, e *Prussia – Land of Unlimited Opportunities* [Prússia – Terra de oportunidades ilimitadas], de Bernt Engelmann, também se mostraram *best-sellers*, vendendo rapidamente, só de capa dura, dezenas de milhares de exemplares.[3]

Ainda que esse tsunami logo tenha perdido a força, de vez em quando outra grande onda quebrava para anunciar a contínua popularidade da história prussiana. A mais dramática foi o livro *Iron Kingdom: The Rise and Downfall of Prussia 1600-1947* [Reino de ferro: a ascensão e a queda da Prússia de 1600 a 1947], de Christopher Clark, de 2006, que merecidamente alcançou o Santo Graal que todo historiador profissional busca, mas quase nunca encontra: reconhecimento público (prêmios a rodo), aplausos da crítica (resenhas elogiosas em todo o mundo) e sucesso comercial (meses nas listas de *best-sellers*). Ainda mais recente, em 2012, o tricentenário do nascimento do rei mais famoso da Prússia deslanchou uma nova enchente de publicações e eventos midiáticos. No Neues Palais, uma grande exibição foi montada, com o título-trocadilho *Friederisiko* (talvez a melhor tradução seja "Frederico, o Arriscado"), cobrindo cada aspecto de seus longos e turbulentos reinado e vida. Os dois volumes de grande formato e ricamente ilustrados publicados para comemorar o evento eram notadamente mais divertidos e menos didáticos que seus equivalentes de 1981.[4] Também mostravam que o horizonte tinha se ampliado: sexo mal aparecia na exibição anterior, exceto de forma tangencial, no volume de ensaios sobre a história cinematográfica da Prússia. *Friederisiko* incluía um ensaio intitulado "'Don't ask – don't tell' – Was Frederick gay?" [Não pergunte, não diga: Frederico era gay?].

Isso demonstra que a agenda austera criada por defensores da "história social crítica" e do suposto "caminho especial" da Alemanha (*Sonderweg*), que dominava os procedimentos em 1981, tinha sido ao mesmo tempo aliviada e fragmentada por novas perspectivas culturais. Assuntos antes ignorados ou marginalizados passaram a ocupar o centro do palco. Entre outros tópicos, a criação de si mesmo, representação, sexualidade, música, teatro, colecionismo e cultura da corte, em geral, foram arrancados da obscuridade. Nesse processo, a tecnologia teve papel importante. As oito conferências organizadas por Michael Kaiser, Jürgen Luh e outros entre 2007 e 2013 e publicadas on-line pelo site *perspectiva.net* foram uma enorme contribuição, tanto metodológica quanto substantivamente.[5] Nesse contexto, também se deve registrar que todos os historiadores do período têm uma dívida incalculável com todas aquelas várias agências que digitalizaram materiais primários e secundários. Um lugar de destaque deve ter a Universidade de Trier, que disponibilizou on-line os trinta volumes de *Œuvres*, de Frederico, e 46 volumes da ainda incompleta *Politische Correspondenz (1740-82)*, junto com outros materiais de apoio.[6] Graças à digitalização, é possível buscar palavras individuais em todos esses volumes.* A esse grande recurso, pode-se adicionar uma enorme quantidade de material impresso do século XVIII, que, no passado, tinha de ser buscado em bibliotecas distantes, mas agora pode ser acessado de qualquer dispositivo com conexão de internet. Embo-

---

* O mecanismo de busca, porém, pode ser um falso amigo, pois ele nem sempre traz de volta cada menção.

ra a consequente redução na necessidade de viajar – necessidade que também é uma oportunidade – seja, em muitos sentidos, lamentável, a quantidade de pesquisa certamente aumentou.

A facilidade de acesso foi uma vantagem desfrutada por grandes arquivistas-historiadores do século XIX; o principal entre eles foi Reinhold Koser, cuja maciça biografia de Frederico continua sendo o primeiro ponto de referência de qualquer aspirante a sucessor.[7] Chegar ao fim das enormes 1.200 páginas com letras pequenas nas quais se espremem suas cerca de 630 mil palavras é uma experiência nem sempre revigorante, para não falar na necessidade de lutar periodicamente com notas de rodapé apavorantes. Como compensação, há uma sensação constante de que se trata de um acadêmico com controle completo de seu trabalho. Além disso, esse material se estende muito além da vida de Frederico. Como um dos melhores biógrafos do século XX, Arnold Berney, observou, o que Koser oferece é, na verdade, "uma história da Prússia na era de Frederico, o Grande".[8] O mesmo se pode dizer sobre o equivalente austríaco de Koser, o ainda mais prolixo Alfred Ritter von Arneth, arquivista vienense que precisou de dez gordos volumes para recontar a vida da imperadora Maria Teresa.[9] Também merece ser mencionado nesta divisão de pesos-pesados Thomas Carlyle, cujos seis volumes são mais substanciais do que parecem, pois leva os primeiros cinco e meio apenas para cobrir a primeira metade do reinado, e depois atropela a última parte do percurso.[10] Seu estilo floreado e altamente idiossincrático não é um gosto unânime, e seu pendor pelo que ele próprio chamou de "idolatria a um herói", ainda menos, mas sua mente afiada e peculiar é capaz de ter com frequência lampejos que não ocorrem a seus colegas mais frios. E ele também é mais divertido.

Biografias dessa escala saíram de moda no menos ocioso século XX. Por sua vez, livros de volume único sobre Frederico, o Grande, proliferaram. O melhor deles, o de Arnold Berney, foi vítima de perseguição nazista. De origem judaica, Berney imigrou para a Palestina após a Noite dos Cristais,* e morreu em Jerusalém em 1943. Ainda que não seja exatamente uma raridade bibliográfica, seu livro é difícil de encontrar – só consta em seis bibliotecas britânicas, por exemplo. Muito mais onipresente, tanto na edição original alemã de 1936 quanto na bem tardia tradução inglesa de 1967, é o curto

---

* *Pogrom* promovido pelo regime nazista na Alemanha na noite de 9 para 10 de dezembro de 1938. [N.T.]

"perfil histórico" de Frederico escrito por Gerhard Ritter. Como se poderia esperar de um conservador nacionalista borussófilo,* o tom também é bem mais amigável em relação a seu biografado.[11] Quando as primeiras edições desses dois livros apareceram, em meados dos anos de 1930, Frederico e seu legado tinham sido capturados pelo que Ritter depois colocou como título de um livro: "O problema alemão".[12] Não surpreende que os Nacionais Socialistas tenham feito grandes esforços para destacar a continuidade da história prussiana-alemã. Em 31 de março de 1933, pouco após sua tomada de poder, eles fizeram uma montagem chamada "O Dia de Potsdam", na Igreja de Guarnição, onde o caixão de Frederico, o Grande, tinha sido depositado (contra seus desejos). O gesto cínico de reverência de Hitler a Hindeburg e a descida reverencial deste ao jazigo de Frederico tinham o objetivo de personificar a união da velha Prússia com o Terceiro Reich.

Os nazistas, claro, não foram os primeiros a politizar Frederico. Os nacionalistas alemães *kleindeutsch*, que buscavam um Estado unificado sem a Áustria, o aclamaram como o martelo que golpeou os Habsburgo e o supostamente moribundo Sacro Império Romano. Um dos mais prolíficos foi J. D. E. Preuss, cuja biografia de Frederico publicada em 1832 trazia como epígrafe uma citação de Jean Paul: "O brilho de um gênio como Frederico ilumina a terra ao redor de seu trono igual ao raio de luz emanando do Bebê Jesus de Correggio cai em todos ao Seu redor. Um verdadeiro príncipe confere imortalidade não apenas a si, mas a todos os que governa".[13] Na outra extremidade do espectro ideológico estava o marxista Franz Mehring, que condenou Frederico e seu regime em *The Lessing Legend* [A lenda Lessing], publicado pela primeira vez em 1891.[14] Equivalentes atuais são Walther Hubatsch ou Gerd Heinrich na categoria elogiosa e Rudolf Augstein ou Wilhelm Bringmann na denunciatória.[15] Em resumo, por ter dividido tanto as opiniões, Frederico pode alegar ter sido a figura mais controversa da história alemã, muito mais do que Adolf Hitler, sobre quem apenas um veredito é pronunciado (ao menos, em público). Uma perspectiva mais equilibrada, ainda que geralmente favorável, é encontrada em duas das mais completas biografias do passado recente, as de Theodor Schieder e Johannes Kunisch.[16]

A literatura sobre Frederico, hoje, supera a capacidade até dos pesquisadores mais longevos e laboriosos. Em 1988, Herzeleide e Eckart Henning

---

* A palavra é usada por historiadores para se referir a admiradores da Prússia – cuja antiga denominação era Borússia. [N.T.]

publicaram uma bibliografia de obras sobre Frederico que incluía apenas títulos em alemão, mas tinha mais de 500 páginas.[17] Dado o extraordinário tamanho e a produtividade da comunidade acadêmica alemã, uma versão atualizada provavelmente chegaria ao dobro disso. Como revelam as notas de fim, este presente volume confia em boa parte no trabalho de outros historiadores, incluindo, entre muitos outros, Jürgen Luh, Wolfgang Burgdorf, Thomas Biskup, Franziska Windt, Sabine Henze-Döhring, Christoph Vogtherr, Eckart Hellmuth, Frank Göse, Peter-Michael Hahn, Thomas Stamm-Kuhlmann, Ute Frevert, Ursula Pia Jauch, Andreas Pečar, Martin Engel, Tobias Schenk, Sven Externbrink, Marian Füssel, Bernd Sösemann – a lista poderia se estender quase sem fim. O que se segue, em "Outras leituras", é uma lista curta pensada para leitores anglófonos.

NOTAS

1. *Preussen – Versuch einer Bilanz*, 5 vols. (Hamburgo, 1981), 1: *Ausstellungsführer*, ed. Gottfried Korff, com texto de Winfried Ranke; 2: *Preussen – Beiträge zu einer politischen Kultur. Aufsätze zur Geschichte Preussens*, ed. Manfred Schlenke; 3: *Preussen – Zur Sozialgeschichte eines Staates. Eine Darstellung in Quellen*, ed. Peter Brandt; 4: *Preussen – Dein Spree-Athen. Beiträge zu Literatur, Theater und Musik in Berlin*, ed. Hellmut Kühn; 5: *Preussen im Film*, ed. Axel Marquardt e Heinz Rathsack. A estatística relacionada a visitantes vem do artigo muito interessante de Hagen Schulze, "Preussen – Bilanz eines Versuchs", *Geschichte in Wissenschaft und Unterricht*, 32, 11 (1981), p. 649.
2. Otto Büsch e Wolfgang Neugebauer (eds.), *Moderne Preussische Geschichte 1648-1947*, 3 vols. (Berlim e Nova York, 1981).
3. Sebastian Haffner, *Preussen ohne Legende* (Hamburgo, 1979); Bernt Engelmann, *Preussen. Land der unbegrenzten Möglichkeiten* (Munique, 1979).
4. Jürgen Luh e Ullrich Sachse (eds.), *Friederisiko. Friedrich der Grosse*, 2 vols. (Munique, 2012).
5. http://www.perspectivia.net/content/publikationen/friedrich300-colloquien. Muitas das contrbuições foram republicadas nos dois volumes de *Friederisiko*.
6. http://friedrich.uni-trier.de/de/static/projektbeschreibung/.
7. Reinhold Koser, *König Friedrich der Grosse*, 2 vols., 3 ed. (Stuttgart e Berlim, 1904). A primeira edição foi publicada em duas partes em 1902 e 1904. Como sugere a aparição de uma terceira edição no mesmo ano da primeira edição do 2º volume, foi um sucesso consideravelmente popular.
8. Arnold Berney, *Friedrich der Grosse. Entwicklungsgeschichte eines Staatsmannes* (Tübingen, 1934), p. iii.
9. Alfred Ritter von Arneth, *Geschichte Maria Theresias*, 10 vols. (Viena, 1863-79).

10. Thomas Carlyle, *History of Friedrich II. of Prussia, Called Frederick the Great*, 6 vols. (Londres, 1858-65).
11. Gerhard Ritter, *Friedrich der Grosse. Ein historisches Profil* (Leipzig, 1954); *Frederick the Great. A Historical Profile*, trad. Peter Paret (Londres, 1968).
12. Gerhard Ritter, *Das deutsche Problem; Grundfragen deutschen Staatslebens, gestern und heute* (Munique, 1962).
13. J. D. E. Preuss, *Friedrich der Grosse. Eine Lebensgeschichte* (Berlim, 1832), vol. 1, página de rosto. Como Frederico teria reagido a essa comparação é uma boa pergunta.
14. Há um trecho grande em Büsch e Neugebauer (eds.), *Moderne preussische Geschichte 1648-1947*, vol. 1, pp. 142-81.
15. Walther Hubatsch, *Frederick the Great of Prussia. Absolutism and Administration* (Londres, 1975); Gerd Heinrich, *Friedrich II. von Preussen: Leistung und Leben eines grossen Königs* (Berlim, 2009); Rudolf Augstein, *Preussens Friedrich und die Deutschen* (Nördlingen, 1986); Wilhelm Bringmann, *Friedrich der Grosse. Ein Porträt* (Munique, 2006).
16. Theodor Schieder, *Friedrich der Grosse. Ein Königtum der Widersprüche* (Frankfurt am Main, Berlim e Viena, 1983). Uma versão levemente abreviada foi publicada em excelente tradução de Sabine Berkeley e Hamish Scott em 2000. Johannes Kunisch, *Friedrich der Grosse. Der König und seine Zeit* (Munique, 2004).
17. *Bibliographie Friedrich der Grosse, 1786-1986: das Schrifttum des deutschen Sprachraums und der Übersetzungen aus Fremdsprachen* (Berlim, 1988). Pode ser suplementada pela seletiva bibliografia compilada por Bernd Sösemann *in* Sösemann, vol. 2, pp. 479-542.

Outras leituras

Adamson, John, "The making of the Ancien Régime court 1500-1700", *in idem* (ed.), *The Princely Courts of Europe. Ritual, Politics and Culture under the Ancien Régime 1500-1750* (Londres, 1999)

Altmann, Alexander, *Moses Mendelssohn: a Biographical Study* (Londres, 1973)

Anderson, M. S., *The War of the Austrian Succession 1740-1748* (Londres, 1995)

Bauman, Thomas, "Courts and municipalities in North Germany", *in* Neal Zaslaw (ed.), *The Classical Era. From the 1740s to the End of the Eighteenth Century* (Londres, 1989)

Beales, Derek, *Joseph II*, vol. 1: *In the Shadow of Maria Theresa 1741-1780* (Cambridge, 1987); vol. 2: *Against the World, 1780-1790* (Cambridge, 2009)

Behrens, C. B. A., *Society, Government and the Enlightenment: the Experiences of Eighteenth--century France and Prussia* (Londres, 1985)

Berdahl, Robert M., *The Politics of the Prussian Nobility. The Development of a Conservative Ideology 1770-1848* (Princeton, 1988)

Bernard, Paul P., *Joseph II and Bavaria: Two Eighteenth-century Attempts at German Unification* (Haia, 1965)

Besterman, Theodore, "Voltaire's commentary on Frederick's *Art de la guerre*", *Studies on Voltaire and the Eighteenth Century*, 2 (1956)

Biskup, Thomas, "The hidden queen: Elizabeth Christine of Prussia and Hohenzollern queenship in the eighteenth century", *in* Clarissa Campbell Orr (ed.), *Queenship in Europe, 1660-1815. The Role of the Consort* (Cambridge, 2004)

Bisset, Andrew (ed.), *Memoirs and Papers of Sir Andrew Mitchell K.B.*, 2 vols. (Londres, 1850)

Blanning, Tim, "'That horrid electorate' or 'Ma patrie germanique'? George III, Hanover and the *Fürstenbund* of 1785", *The Historical Journal*, 20, 2 (1977)

_____, *Joseph II* (Londres, 1994)

_____, *The Culture of Power and the Power of Culture. Old Regime Europe 1660-1789* (Oxford, 2002)

_____, *The Pursuit of Glory: Europe 1648-1815* (Londres, 2007)

Boyle, Nicholas, *Goethe. The Poet and the Age*, vol. 1: *The Poetry of Desire* (Oxford, 1991)

Butterfield, Herbert, "The reconstruction of an historical episode: the history of the enquiry into the origins of the Seven Years War", *in idem*, *Man on his Past* (Cambridge, 1969)

Carlyle, Thomas, *History of Friedrich II. of Prussia, Called Frederick the Great*, 6 vols. (Londres, 1858-65)

Clark, Christopher, *The Politics of Conversion. Missionary Protestantism and the Jews in Prussia 1728-1941* (Oxford, 1995)

_____, *Iron Kingdom. The Rise and Downfall of Prussia 1600-1947* (Londres, 2006)

Clausewitz, Carl von, *On War*, ed. e trad. Michael Howard e Peter Paret (Princeton, 1976)

Craig, Gordon A., *The Politics of the Prussian Army* (Oxford, 1955)

Danley, Mark H., e Patrick J. Speelman (eds.), *The Seven Years War: Global Views* (Leiden, 2013)

Davies, Norman, *God's Playground. A History of Poland*, 2 vols. (Oxford, 1981)

Dixon, Simon, *Catherine the Great* (Londres, 2001)

_____, *Catherine the Great* (Londres, 2009)

Dorn, Walter L., "The Prussian bureaucracy in the eighteenth century", *Political Science Quarterly*, 46-7 (1931-2)

Duffy, Christopher, *The Army of Frederick the Great* (Newton Abbot, 1974)

_____, *The Army of Maria Theresa* (Londres, 1977)

_____, *Russia's Military Way to the West. Origins and Nature of Russian Military Power 1700-1800* (Londres, 1981)

_____, *Frederick the Great. A Military Life* (Londres, 1985)

_____, *The Fortress in the Age of Vauban and Frederick the Great* (Londres, 1985)

Dwyer, Philip G. (ed.), *The Rise of Prussia 1700-1830* (Harlow, 2000)

Easum, Chester V., *Prince Henry of Prussia. Brother of Frederick the Great* (Westport, CT, 1942)

Eddie, S. A., *Freedom's Price. Serfdom, Subjection and Reform in Prussia, 1648-1848* (Oxford, 2013)

Eldon, Carl William, *England's Subsidy Policy towards the Continent during the Seven Years War* (Filadélfia, 1938)

Epstein, Klaus, *The Genesis of German Conservatism* (Princeton, 1966)

Ergang, Robert, *The Potsdam Führer: Frederick William I, Father of Prussian Militarism* (Nova York, 1941)

Evans, R. J. W., Michael Schaich e Peter H. Wilson (eds.), *The Holy Roman Empire 1495-1806: New Perspectives* (Oxford, 2011)

Evans, Richard J., *Rituals of Retribution. Capital Punishment in Germany 1600-1987* (Oxford, 1996)

Forsyth, Michael, *Buildings for Music. The Architect, the Musician, and the Listener from the Seventeenth Century to the Present Day* (Cambridge, MA, 1985)

Fraser, David, *Frederick the Great* (Londres, 2000)

Frederico, o Grande, *Posthumous Works*, 13 vols. (Londres, 1789)

_____, *The Refutation of Machiavelli's The Prince or Anti-Machiavel*, ed. Paul Sonnino (Athens, OH, 1981)

Friedrich, Karin, *Brandenburg-Prussia 1466-1806. The Rise of a Composite State* (Basingstoke, 2012)

Gay, Peter, "Voltaire's anti-Semitism", in idem, *The Party of Humanity. Studies in the French Enlightenment* (Londres, 1964)

_____, *Voltaire's Politics* (Nova York, s.d.)

Giloi, Eva, *Monarchy, Myth and Material Culture in Germany 1750-1950* (Cambridge, 2011)

Gooch, G. P., *Frederick the Great* (Londres, 1947)
Hagen, William W., *Ordinary Prussians: Brandenburg Junkers and Villagers, 1500-1840* (Cambridge, 2002)
Hardman, John e Munro Price (eds.), *Louis XVI and the Comte de Vergennes: Correspondence 1774-1787, Studies on Voltaire and the Eighteenth Century*, vol. 364 (Oxford, 1998)
Hellmuth, Eckhart, "The funerals of the Prussian kings in the eighteenth century", in Michael Schaich (ed.), *Monarchy and Religion. The Transformation of Royal Culture in Eighteenth-century Europe* (Oxford, 2007)
Helm, E. E., *Music at the Court of Frederick the Great* (Norman, 1960)
Henderson, W. O., *Studies in the Economic Policy of Frederick the Great* (Londres, 1963)
Hochedlinger, Michael, *Austria's Wars of Emergence. War, State and Society in the Habsburg Monarchy 1683-1797* (Londres, 2003)
Horn, D. B., *British Public Opinion and the First Partition of Poland* (Edimburgo e Londres, 1945)
_____, "The Diplomatic Revolution", in *The New Cambridge Modern History*, vol. 7: *The Old Regime 1713-63*, ed. J. O. Lindsay (Cambridge, 1970)
Hubatsch, Walther, *Frederick the Great. Absolutism and Administration* (Londres, 1975)
Ingrao, Charles W., *The Habsburg Monarchy 1618-1815*, 2 ed. (Cambridge, 2000)
Johnson, Hubert C., *Frederick the Great and his Officials* (New Haven e Londres, 1975)
Jones, Colin, *The Great Nation. France from Louis XV to Napoleon* (Londres, 2002)
Lavisse, Ernest, *The Youth of Frederick the Great*, trad. Mary Bushnell Coleman (Chicago, 1892)
Lloyd, Henry, *The History of the Late War in Germany between the King of Prussia and the Empress of Germany and her Allies*, 2 vols. (Londres, 1781)
Lord, Robert Howard, *The Second Partition of Poland. A Study in Diplomatic History*, Harvard Historical Studies, vol. 23 (Cambridge, MA, 1915)
Luebke, David M., "Frederick the Great and the celebrated case of the Millers Arnold (1770-1779): A Reappraisal", *Central European History*, 32, 4 (1999)
Lukowski, Jerzy, *The Partitions of Poland 1772, 1793, 1795* (Londres, 1999)
Luvaas, Jay, "Student as teacher: Clausewitz on Frederick the Great and Napoleon", *The Journal of Strategic Studies*, 9, 2-3 (1986)
_____ (ed.), *Frederick the Great on the Art of War* (Nova York e Londres, 1966)
MacDonogh, Giles, *Frederick the Great. A Life in Deed and Letters* (Nova York, 1999)
Madariaga, Isabel de, *Russia in the Age of Catherine the Great* (Londres, 1981)
Mansel, Philip, *Prince of Europe: the Life of Charles Joseph de Ligne (1735-1814)* (Londres, 2003)
Meinecke, Friedrich, *Machiavellism. The Doctrine of Raison d'État and Its Place in Modern History* (Londres, 1957)
Melton, Edgar, "The Prussian Junkers, 1600-1786", in H. M. Scott (ed.), *The European Nobilities in the Seventeenth and Eighteenth Centuries*, 2 vols. (Londres, 1995)
Melton, James Van Horn, *Absolutism and the Eighteenth-century Origins of Compulsory Schooling in Prussia and Austria* (Cambridge, 1988)
_____, *The Rise of the Public in Enlightenment Europe* (Cambridge, 2001)
Mirabeau, Comte de, *The Secret History of the Court of Berlin*, 2 vols. (Londres, 1895)
Mitford, Nancy, *Frederick the Great* (Londres, 1970)

Moore, John, *A View of Society and Manners in France, Switzerland and Germany*, 2 vols., 4 ed. (Dublin, 1789)
Newman, William S., "Emanuel Bach's autobiography", *The Musical Quarterly*, 51, 2 (1965)
Nisbet, H. B., *Gotthold Ephraim Lessing. His Life, Works, and Thought* (Oxford, 2008)
Ogilvie, Sheilagh C., "The beginnings of industrialisation", in idem (ed.), *Germany: a New Social and Economic History*, vol. 2: *1630-1800* (Londres, 1996)
Oliva, Lawrence Jay, *Misalliance: a Study of French Policy in Russia during the Seven Years War* (Nova York, 1964)
Paret, Peter, *Yorck and the Era of Prussian Reform, 1807-1815* (Princeton, 1966)
_____ (ed.), *Frederick the Great: a Profile* (Nova York, 1972)
Parrott, David, "Armed forces", in William Doyle (ed.), *The Oxford Handbook of the Ancien Régime* (Oxford, 2012)
Pearson, Roger, *Voltaire Almighty. A Life in the Pursuit of Freedom* (Londres, 2005)
Reiss, Hans (ed.), *Kant's Political Writings* (Cambridge, 1970)
Ritter, Gerhard, *Frederick the Great. An Historical Profile*, trad. e introdução de Peter Paret (Londres, 1968)
Rosenberg, Hans, *Bureaucracy, Aristocracy and Autocracy. The Prussian Experience 1660-1815* (Boston, 1966)
Rothenberg, Gunther, *The Art of Warfare in the Age of Napoleon* (Londres, 1977)
Schieder, Theodor, *Frederick the Great*, trad. Sabina Berkeley e H. M. Scott (Harlow, 2000)
Scholes, Percy A. (ed.), *An Eighteenth-century Musical Tour in Central Europe and the Netherlands. Being Dr Charles Burney's Account of his Musical Experiences* (Londres, 1959)
Schroeder, Paul W., *The Transformation of European Politics 1763-1848* (Oxford, 1994)
Schui, Florian, "Learning from French experience? The Prussian *Régie* tax administration, 1766-86", in Holger Nehring e Florian Schui (eds.), *Global Debates about Taxation* (Basingstoke, 2007)
_____, *Rebellious Prussians. Urban Political Culture under Frederick the Great and his Successors* (Oxford, 2013)
Schumann, Matt e Schweizer, Karl, *The Seven Years War: a Transatlantic History* (Londres e Nova York)
Scott, H. M., "Frederick II, the Ottoman Empire and the origins of the Russo-Prussian alliance of April 1764", *European Studies Review*, 7 (1977)
_____, "Prussia's royal foreign minister: Frederick the Great and the administration of Prussian diplomacy", in Robert Oresko e Graham Gibbs (eds.), *Royal and Republican Sovereignty: Essays in Memory of Ragnhild Hatton* (Cambridge, 1997)
_____, *The Emergence of the Eastern Powers, 1756-1775* (Cambridge, 2001)
_____, *The Birth of a Great Power System 1740-1815* (Londres, 2006)
_____, (ed.), *Enlightened Absolutism. Reform and Reformers in Later Eighteenth-century Europe* (Londres, 1990)
Sheehan, James J., *German History 1770-1866* (Oxford, 1989)
_____, *Museums in the German Art World. From the End of the Old Regime to the Rise of Modernism* (Nova York, 2000)
Showalter, Dennis, *The Wars of Frederick the Great* (Londres, 1996)

Simms, Brendan, *Three Victories and a Defeat. The Rise and Fall of the First British Empire, 1714-1783* (Londres, 2007)

_____, *Europe. The Struggle for supremacy 1453 to the Present* (Londres, 2013)

Smith, Hannah e Stephen Taylor, "Hephaestion and Alexander: Lord Hervey, Frederick, Prince of Wales, and the royal favourite in England in the 1730s", *English Historical Review*, 507 (2009)

Steakley, James, "Sodomy in Enlightenment Prussia: from execution to suicide", *Journal of Homosexuality*, 16, 1-2 (1989)

Strachey, Lytton, "Voltaire and Frederick the Great", *in idem, Books and Characters, French and English* (Londres, 1922)

Szabo, Franz A. J., *The Seven Years War in Europe, 1756-1763* (Londres, 2008)

Temperley, H. W. V., *Frederic the Great and Kaiser Joseph. An Episode of War and Diplomacy in the Eighteenth Century* (Londres, 1968)

Thompson, Andrew, *George II. King and Elector* (New Haven e Londres, 2011)

Umbach, Maiken, "The politics of sentimentality and the German *Fürstenbund*", *The Historical Journal*, 41, 3 (1998)

Vogtherr, Christoph Martin, "Absent love in pleasure houses. Frederick II of Prussia as art collector and patron", *Art History*, 24, 2 (2001)

Walser Smith, Helmut, "The poetry of friendship and the prose of patriotic sacrifice in Prussia during the Seven Years War", *Berliner Aufklärung: kulturwissenschaftliche Studien*, ed. Ursula Goldenbaum e Alexander Košenina (Hanôver, 2013)

Warrack, John, *German Opera. From the Beginnings to Wagner* (Cambridge, 2001)

Watkin, David e Tilman Mellinghoff, *German Architecture and the Classical Ideal 1740-1840* (Londres, 1987)

Whaley, Joachim, *Germany and the Holy Roman Empire*, 2 vols. (Oxford, 2012)

Wilson, Peter H., *German Armies. War and German Politics 1648-1806* (Londres, 1998)

_____, "Prussia's relations with the Holy Roman Empire, 1740-1786", *The Historical Journal*, 51, 2 (2008)

_____, *The Holy Roman Empire 1495-1806*, 2 ed. (Londres, 2011)

Wraxall, N. William, *Memoirs of the Courts of Berlin, Dresden, Warsaw and Vienna in the Years 1777, 1778 and 1779*, 2 vols., 3 ed. (Londres, 1806)

Agradecimentos

De uma forma ou de outra, tenho lido e escrito sobre Frederico, o Grande, desde que consigo me lembrar. A história alemã em geral e a história prussiana em particular certamente fizeram parte da pesquisa histórica em Cambridge desde meus anos de estudante, começando com aulas de Sir Herbert Butterfield e Betty Behrens. Nas décadas seguintes, acumulei muitas dívidas, especialmente com os numerosos colegas que colaboraram num curso de história alemã de 1740 a 1914, incluindo Jonathan Steinberg, Chris Clark, Brendan Simms, Jo Whaley, Niall Ferguson, Barry Nisbet, Nicholas Boyle, Maiken Umbach, Richard Evans e Bernhard Fulda. Os primeiros três dessa lista ainda leram meu texto completo, fazendo muitas sugestões úteis e críticas penetrantes. Beneficiei-me também imensuravelmente do ambiente amigável do Sidney Sussex College, que permitiu que muitas perguntas fossem feitas e respondidas durante almoços ou jantares. Em especial, Emma Gilby me ajudou a desvendar alguns problemas ardilosos do idioma francês. Como sempre, Derek Beales foi uma fonte constante de encorajamento e estímulo. Também registro minha gratidão a Richard Edgcumbe, Oliver Cox, Virginia Murray, o falecido (e muito pranteado) Hagen Schulze, Uwe Puschner, Hamish Scott, Peter Wilson, Heinz Duchhardt, Heinrich Meier, Katrin Kohl, Jürgen Luh, Andreas Pečar, Christoph Vogtherr, James Pullen e Jonathan Jao. Considero-me extremamente sortudo de ter tido a ajuda de um agente, Andrew Wylie, e de um editor, Simon Winder, que me deram apoio constante, críticas construtivas e paciência. Das inúmeras bibliotecas em que trabalhei nos últimos anos, devo muito em especial à Seeley Historical Library e à University Library em Cambridge, à British Library e a Athenaeum em Londres, à Nationalbibliothek em Viena, à Staatsbibliothek em Berlim, à Staatsbibliothek em Munique e à Bibliothèque de France em Paris. Embora nem sempre estivesse ciente disso, minha família me manteve no caminho fazendo tudo parecer valer a pena, e é a ela que dedico este livro.

Índice remissivo

Aachen 3
   Paz de 110-1, 186-7, 413-4
   Tratado de 178-80
Aalen 347-8
Abbt, Thomas 337-8
Abelmann, Eberhard Jürgen 335-6
Åbo, Paz de 183-4
absolutismo, iluminista 379-82
Acta Borussica 374-5
Adam, François Gaspard Balthasar 329-30
Adam, Nicolas Sébastien 329-30
Addison, Joseph 346-7
Adolfo Frederico, rei da Suécia 180-2, 184-5
Adriano, Imperador 167-71
África 187-8, 283-4
Agincourt, batalha de 345-6
Agricola, Johann Friedrich 136-7, 145-6, 151-2
agricultura 393-7
Agrippa 315-6
Águia Negra, Ordem da 21-22, 429-30, 438-9
Ahmed Reis Effendi 404-5
Alberto Casimiro da Saxônia, governador dos Países Baixos Austríacos 19-20
Alberto, duque da Prússia, grão-mestre dos Cavaleiros Teutônicos 82-83
Albrecht, duque de Brunsvique 108-10
Alcibíades 314-5, 427-8
Aleixo Petrovich, czarevich da Rússia 24
Alemanha, sudoeste 289-90
Alexandre, o Grande, imperador 70, 78-9, 171-2, 252-3, 314-5
alfabetização e leitura 323-6
Algarotti, Bonomo 64
Algarotti, Francesco 64-71, 73-74, 88-89, 92, 132-3, 135-6, 139-42, 162-3, 165, 168-9, 316-7, 432-5

e o projeto do "Forum Fredericianum" 159-61
Newtonianismo para senhoras 62-63
algodão, indústria 405-7
aliança franco-austríaca (1756) 288
Aliança Quádrupla 105-6
Alings, Reinhard 48-49
Allegheny, rio 187-8
Alta Áustria 93-94
Alta Saxônia 288
Alta Silésia 106-7
Altmark 8
Alto Elba, rio 290-1
Alto Palatinado 289-90
altos de Siptitz 440-1
Alvensleben, família 8
Amélia (Ana Amália), princesa da Prússia 35-37, 43, 58-59, 206-7, 333-4, 412-3, 415-7, 425-7
e príncipe Henrique 419-20
América 192-3, 294-7, 299-300
no século XX 338-9
América do Norte 45-46, 85-86, 187-8
Amsterdã 64, 356-7
anabatistas 356-7
Ana Leopoldovna, grã-duquesa da Rússia 85-86, 180-1
Ana Petrovna, grã-duquesa da Rússia 180-1
Ana, czarina da Rússia 89-90, 180-1, 411-2
Ana, rainha 19-20
André, Johann 147-8
Anhalt 396-7
Anhalt-Bernburg, regimento 263-6
Anhalt-Dessau 383-4
Anhalt, família 300-1
Ansbach 276-7, 291-3, 300-1
casa de 416-7

ÍNDICE REMISSIVO

anticatolicismo 333
Antínoo 167-71
antissemitismo 361-8
Anton Ulrich, príncipe de Brunsvique 89-90
Antonino Pio, imperador 314-5
Antuérpia 299-300
Apalaches 81-82, 187-8
Apolo Belvedere 135-6
Apraksin, marechal Stepan 207-8
Aprill, Georg Mathias Joseph 287
Archenholz, Johann Wilhelm von 61-62, 255-6, 259-60
Arenberg, família 298-9
Aretin, Karl Otmar, Freiherr von 301-2
Argenson, Marc-René de Voyer de Palmy, marquês d' 190-1
Arians 359-60
Ariosto, Ludovico, *Orlando Furioso* 458-9n
Arndt, Johann, *Verdadeiro Cristianismo* 44
Arneth, Alfred von 72-73
Arnim, Achim von 339-40
Arnim, família 386-7
Arnim, Georg Dietloff von 375-6
Arnold, Christian 375-8
Arnold, Rosine 375-7
Astrua, Giovanna 144
Augsburgo 37-38, 358-9, 397-8
Augusto II (o Forte), rei da Polônia (Frederico Augusto, eleitor da Saxônia) xviii, 18-20, 33-36, 81-82, 86-7, 96-97, 114, 133, 182-4, 273-4, 402-3
Augusto III, rei da Polônia (Frederico Augusto, eleitor da Saxônia) 18-19, 34-35, 46-47, 80-82, 93-94, 102-3, 166, 183-4, 250, 270-1
Augusto Ferdinando da Prússia, príncipe 24, 27-28, 146-7, 155-6, 360-1, 414-6, 420-1
Augusto Guilherme da Prússia, príncipe 24, 27-28, 35-36, 117-8, 260-2, 360-1, 414-6, 424-5
  cartas de Frederico a 57-58, 92, 114, 197-8
  morte 416-9, 422-3
  tratamento de Frederico a 216-7, 263-4, 415-20, 422-3, 440-1
Augusto, imperador 314-5
Austerlitz, batalha de 254-5
Áustria 11-12, 14-15, 17-18, 57-58, 67, 80-81, 83-89, 178-9, 187-91, 200-10, 273-4, 421-2

aliança austro-francesa 195-8, 250, 266-8, 334-5
catolicismo na 333-5, 338-9
cultura barroca 338-9
e Convenção de Westminster 192-4
e Império Otomano 284-6
e Partilha da Polônia 270-94
e Rússia 270-3, 293-8, 298-9
Guerra Austro-Turca 301-2
guerra contra os turcos 70, 72-73
judeus na 363-4-81, 370-1
planos de expansão 289-3
pogroms na 363-5
Sucessão Austríaca, Guerra da 93, 184-5, 192-3, 306-7; *ver também* Primeira Guerra Silesiana; Segunda Guerra Silesiana; Guerra dos Sete Anos
ver também Habsburgo, casa dos; Guerra dos Sete Anos
autocracia 9-10

Bach, Carl Philipp Emanuel 137-8, 144-6, 157-9, 345-6
Bach, Johann Sebastian 46-47, 148-52
  A oferenda musical 151-2
  "Concertos de Brandemburgo" 448-9n
Bacon, Francis 342-3
Baculard d'Arnaud, François Thomas Marie 316-7
Baden 300-1
Baffo, Giorgio 65
baía de Hudson 45-46, 187-8
Baixa Áustria 93-94
Baixa Baviera 289
Baixa Saxônia 250-1, 288, 438-9
Baixa Silésia 244, 246
Báltico
  estados bálticos 79-80, 182-3, 278-9, 283-4
  mar Báltico, 17-18, 272-3, 397-8
Baltimore, Lord 62-63, 65
Bamberg, palácio de 22-23
bancos 406-8
Bar, Confederação de 272-3
"barreira oriental" 78-79, 183-4
Barry, Jeanne, condessa de 411-2
Barsewisch, Ernst Friedrich Rudolf von 259-60
Bartenstein, Johann Christof 179-80, 188-9

Bastiani, abade Giovanni 358-9, 425-6
Batoni, Pompeo
   A família de Dário 170-2
   O casamento de Cupido e Psiquê 166-7
Batthyany, conde Karl Josef 103-4
Batzlow 220-1
Bauman, Thomas 147-8
Baumgart, Peter 302
Baumgarten, Pastor Nathanael 413-4
Bávara, Guerra da Sucessão 147-8, 289-94, 298-9, 405-6
Baviera 20-23, 87-8, 114, 195-6, 286-7
   eleitores da 84-85, 297-9
   ver também Primeira Guerra Silesiana; Segunda Guerra Silesiana
Bayle, Pierre 32-33, 44-46, 310-1, 356-7, 359-60
   Dicionário histórico e crítico 44-46
   Pensamentos diversos sobre o cometa 45-46
Bayreuth 156-7, 276-7, 291-3, 331
   casa de 416-7
Beauvau, marquês de 117-8
Bedeschi, Paolo ("Paulino") 144
Bedra 207-8
Beethoven, Ludwig van 147-8
Beguelin, Heinrich von 409-10
Belarus 82-83
Bélgica 79-80, 254-5, 265-6
Belgrado 72-73
Belle-Isle, Charles Louis Auguste Fouquet, duque de 84-86, 93-96, 190-1
Bellotto, Bernardo 18-19
Benda, Franz 46-47, 144-5
Benda, Johann 46-47
Bender 272-3
Bentinck, condessa 416-8
Bento XIV, Papa 206
Berenhorst, Georg Heinrich von 237-8
Berg, ducado de 36-37, 71-72, 76-77, 83-84, 87-88
Bergen, batalha de 226
Bergerac, Cyrano de 425-6n
Berlim 3, 176-7, 218, 220, 226-9, 250, 256-7, 372-3
   Academia de Artes 21-22, 155-6
   Academia de Ciências (Academia de Berlim) 21-22, 159-60, 310-1, 318-9, 329-30, 336-8, 366-7
   Academia Militar 255-6, 314-5
   Antiga Sinagoga 364-5
   Behrenstrasse, teatro 147-8, 331, 439-40
   Biblioteca Real 162-4
   "Carrossel" 413-6
   Catedral de 148-9, 438-9
   Charlottenburg xx, 21-22, 59-60, 65, 114, 160-62, 236-7, 335-6
   clubes de leitura 325-6
   como centro musical 147-8
   comunidades religiosas em 359-60
   Dorotheenstadt 111-2
   escola de cadetes 178-9
   Escola de Gramática Greyfriars 392-3
   Escola de Veterinária 542-3n
   fábrica de porcelana 404-6
   Forum Fredericianum (projeto) 159-60, 356-7
   Frederico em 349-50, 411
   Friedrichsfelde, palácio 415-6
   Friedrichstrasse 159-60
   Gendarmenmarkt, teatro 331
   Igreja de Santa Edwiges 356-60
   Igreja de São Pedro 353
   judeus em 363-5
   Lagerhaus 400-2, 405-6
   Leipzigerstrasse 404-5
   Lessing em 307-9
   "Liberdade" 32-33
   loja de maçons 326-7
   Lustgarten 413-4
   Monbijou, palácio 28-29, 56-57, 412-4
   número de católicos em 359-60
   ocupação de 235-7
   Ópera 139-41, 156-7
   Palais Verzenobre 415-6
   Pankow, distrito 56-57
   população 323-4
   Portão de Brandemburgo 61-62
   Portão Halle 366-7
   Portão Oranienburg 398-9
   Portão Prenzlau 366-7
   povo de 354-5
   revolução de leitura em 324-6
   Schönhausen, palácio 236-7
   tratado de (1742) 101-2, 247-8
   Tribunal de Câmara 380-1
   Universidade Humboldt 415-6
   Unter den Linden 159-60, 415-6
Berlin Journal 146-7

ÍNDICE REMISSIVO

Berlin News of Political and Cultural Matters 305-7
Berlinische Monatsschrift 323-6, 339-41, 359-60, 380-1
Bernini, Gian Lorenzo 159-60
Bernis, François-Joachim de Pierre, abade de 189-94, 226-7, 267-8
Bernstorff, conde Johann Hartwig Ernst von 247-8
Bertoldo (ópera) 142-3
Besterman, Theodore 315-6
Bestuzhev, conde Alexey Petrovich 179-85, 197-8, 526-7n
Bestuzhev, Andrey 181-2
Bevern *ver* Brunsvique-Bevern
Bíblia 355-6
Bielfeld, Jakob Friedrich, barão 58-59
Biester, Johann Erich 325-6
Bismarck, família 8
Bismarck, Levin Friedrich von 373-91
Bismarck, Otto, príncipe von 283-4
Blenheim, batalha de 12-13, 84-85, 92
Blücher, Gebhard von 130-1, 442-3
Boêmia 155-6
  Carlos Alberto como rei da 95-97
  e Monarquia Habsburgo 93-94, 298-9
  feudos da 289-90
  Frederico na 67, 108-10, 135-6
  imigrantes da 396-7
  na Guerra dos Sete Anos 20-21, 199-200, 214-5, 225, 251-2
  nas Guerras Silesianas 97-98, 100-4, 106-7, 181-2, 215-7
  retirada da (1744) 217-8, 418-9
Boileau, Nicolas 314-5
Bolonha 62-63
Bonin, Christian Friedrich von 154-5, 386-7
Borcke, Caspar Wilhelm von 72-73
Borcke, Friedrich Wilhelm von 250-1
Bossuet, Jacques-Bénigne, *Orações Fúnebres* 223, 225
Bouchardon, Jacques-Philippe 169-70
Bouillé, François Claude Amour, marquês de 422-4
Boumann, Johann 158-9
Boumann, Michael Philipp 163-4
Bräker, Ulrich 258-9
Bramante, Donato 162-3

Brand, Fräulein von 115-6
Brandemburgo 3-6, 10-11, 15-16, 20-23, 26-27, 74-75, 114, 155-6, 255-6, 287
  casa de 249
  população judaica de 364-5
Brandenburgo-Schwedt, Christian Ludwig, marquês de (primo de Frederico) 49-50, 133, 414-5, 448-9n
Brandenburgo-Schwedt, Friedrich Wilhelm, marquês de (cunhado de Frederico) 49-50, 159-60, 416-7
Brandenburgo-Schwedt, Karl, marquês de, general 346-7
Breda 178-9
Bredow, general Asmus Ehrenreich von 322-3
Bredow, família 386-7
Breslau 104-5, 177-8, 233-6, 252-3, 256-7, 347-8, 353-4, 358-9, 372-3
  batalha de 222-3
  catedral de 105-6
  comércio em 397-8, 400-1
  Frederico em 45-46, 88-89, 106-7
  Palácio Real de 178-9, 335-6
  Paz de 100-1, 175-6, 322-3
  príncipe-bispo de 155-6, 426-7
  rendição de 211-2, 214-6, 264-5
  Tratado de 94-95, 154-5, 187-8, 247-8, 361-2
  Universidade de 361-2
Bretzner, Christoph Friedrich 147-8
Brieg, Silésia 61-62, 88-89, 93, 177-8
Brissac (Cossé-Brissac), Jean Paul Timoléon de, duque de 226-7
Bristol, John Hervey, primeiro conde de 62-63
Britzke, general von 292-3
Brockmann, Johann Franz 330-1
Broglie, Victor-François, duque de 226, 241-2, 253-4
Bromberg 407-8
  Canal 397-8
Browne, marechal de campo Maximilian Ulysses von 200-4
Bruchsal (Speyer), palácio de 22-23
Brühl (Colônia), palácio de 22-23, 83-84
Brühl, conde Heinrich von 102-3, 110-1, 161-2, 250
Brünn (Brno) 102-3
Brunsvique 49-50, 396-7

Brunsvique-Bevern, Augusto Guilherme 204, 206, 264-5
Brunsvique-Lüneburg, casa de 19-20
Brunsvique, Carlos Guilherme Ferdinando, príncipe herdeiro de 226-7, 298-301, 358-9
Brunsvique, casa de 416-7
Brunsvique, Ferdinando, duque de 194-5, 210-2, 215-6, 226-7, 238-42, 253-4, 343-5
Brunsvique, Friedrich Franz, duque de 204, 206, 222-3, 264-5
Bruxelas 298-9
Buddenbrock, Johann Wilhelm Dietrich von 98-99
Budin 200
Budweis 102-3
Bug-Dniester, estuários de 284-5
Bukovina 284-5
Bunzelwitz 240-1
Burgdorf, Wolfgang 48-49
Burghauss, conde Otto von 421-2
Büring, Johann Gottfried 158-9, 165
Burkc, Edmund 284-5
Burkersdorf, batalha de 244, 246-7, 312-3, 440-1
Burlington, Richard Boyle, terceiro conde de, (ed.) *Fabbriche Antiche disegnate da Andrea Palladio* 133
Burney, Charles 132-3, 136-7, 143-4, 148-9
Büsch, Johann Georg 407-9
Büsching, Anton Friedrich 61-62, 353, 392-4, 398-9
Bute, John Stuart, terceiro conde de 295-6
Buturlin, conde Alexander Borisovich 239-41, 253-4

Cabo da Boa Esperança 299-300
Cain, Henri-Louis 320-1
Calvinismo 14-15, 21-23, 25-26, 311-2, 347-8, 355-7, 359-60, 362-3
Calzabigi, Antonio da 406-7
Camas, condessa 172, 433-4
Camerata, Giuseppe 170-1
Campbell, Colin, *Vitruvius Britannicus* 133
Canadá 178-9, 187-8
canais e vias navegáveis 397-8
Canal da Mancha 272-3
Canal Elba-Havel 397-8
Canal Finow 397-8

Canal Müllrose 3, 229-30
Carélia 79-80
Carestini, Giovanni 144
Caribe 187-8
Carlisle, conde de 161-2
Carlos, príncipe de Astúrias 52-53
Carlos II, rei da Inglaterra 80-81, 187-8
Carlos III, rei da Espanha 18-19, 242-3
Carlos IV, rei de Nápoles 134-5
Carlos VI, sacro imperador romano 23, 41, 76-77, 114, 423-4
  morte 74-6, 84-88
  Sanção Pragmática 74-7
Carlos VII, sacro imperador romano (antigo eleitor da Baviera, rei da Boêmia) 83-85, 93-98, 105-6, 287, 288
Carlos XII, rei da Suécia 79-80, 169-70, 182-3, 252-3, 270-1
Carlos Alberto, eleitor da Baviera, rei da Boêmia *ver* Carlos VII, sacro imperador romano
Carlos Alexandre de Lorena, príncipe 103-4, 108-11, 201-2, 204, 211-2, 214-7, 264-5
Carlos Augusto, duque de Zweibrücken 289-90, 299-301
Carlos Augusto, duque da Saxônia-Weimar 300-1
Carlos Guilherme Frederico, marquês de Brandemburgo-Ansbach 37-38
Carlos Magno, imperador 161-2, 341-2
Carlos Teodoro, eleitor do Palatinado, eleitor da Baviera 226-7, 286-7, 289-90, 292-3, 298-300
Carlyle, Thomas 56-57, 93, 105-8, 214-5, 252-3, 353-5, 410
Carmer, Johann Heinrich von 339-40, 379-81
Carolina de Ansbach, rainha 28-29, 423-4
Carolina, princesa 36-37
Carracci, Agostino 458-9n
Carteret, Lord (John, depois segundo conde de Granville) 100-1
Caserta, palácio de 160-1
caso "moleiro Arnold" 375-9, 380-1
Castell, conde Georg Friedrich 395-6
Castelo Howard, Yorkshire 160-2
Catarina I, imperatriz da Rússia 180-1
Catarina II (a Grande), imperatriz da Rússia 142-3, 334-5

ÍNDICE REMISSIVO

ambições territoriais 270-8, 284-6
casamento 181-2
e Frederico 246-7, 271-4, 279-82, 291-3, 411-2
e José II 293-7
e Maria Teresa 285-6
e Potemkin 285-6
e o rei da Polônia 270-2
política alemã 301-2
príncipe Henrique e 278-9
serviço de jantar 404-5
catolicismo 10-11, 17-18, 102-3, 141-2, 177-8, 189-93, 250, 271-3, 288, 310-2, 333, 334-6, 353-64, 423-4, 427-8
abolido em Brandemburgo 357-8
nas escolas 353-4
Catt, Henri de xvii, xix, 222-3, 225, 335-6, 425-6, 433-4
Catulo 314-5
Cavaleiros Imperiais 130-1
Cavaleiros Teutônicos 82-83
Caylus, Anne Claude, conde de 166-7
censura 305-7
Ceylon 299-300
Chamberlain, Joseph 441-2
Chambers, Sir William
  Designs of Chinese Buildings 158-9, 163-4
  Plans, Elevations, Sections and Perspective Views of the Gardens and Buildings at Kew 163-4
Charlotte da Prússia, duquesa de Brunsvique-Wolfenbüttel 191-2
Chasot, Egmont, conde von 107-8
Château Bellevue 188-91
Château de Meuse 315-6
Chaulieu, Guillaume Amfrye de 435-6
Chauvelin, Bernard-François, marquês de 75-76
Chernyshev, general conde Zakhar 233-6, 244, 246, 278-9
Chesme, batalha de 272-4
"Chevy Chase" 346-7
China 400-1
Chios 272-3
Chodowiecki, Daniel 324-5, 330-1, 333-4, 367-8, 381-2, 436
Choiseul, Étienne-François, duque de 226-7, 247-8, 277-8
Chotusitz, batalha de 103-5, 216-7

Christian August, príncipe de Anhalt-Zerbst 181-2
Chrudim 98-99
Cícero 314-6, 399-400
Cidades Imperiais Livres 20-21
Cirey 62-63
cistercienses 358-9
Clarendon, Thomas Villers, conde de 67
Clausewitz, Carl von 89-90, 92, 199, 238-9, 384-5
  Da guerra 267-9
Clemens Wenzeslaus da Saxônia, arcebispo-eleitor de Trier 19-20
Clemente Augusto da Baviera, arcebispo-eleitor de Colônia 83-84
Clemente XIV, Papa 360-1
Cleves 315-6, 374-5, 406-7
Cleves, ducado de 4, 8, 251-2
clubes de leitura 325-6
Cocceji, Samuel von 371-6, 379-80, 383-4
Código Geral de Leis 339-40
Cognazo, Jacob de 204, 206, 262-3
Colberg (Kolberg) 240-1, 252-3
coleção Ludovisi 168-9
Collenbach, Heinrich Gabriel von 246-7
Collini, conde Alessandro 414-5
Colônia 20-21, 114
  Conselho Municipal 306-7
  Eleitorado de 83-84, 297-8
comércio de trânsito 407-9
comércio e manufatura 397-410
"compacto familiar" franco-espanhol 288
Companhia do Levante 124-5, 406-8
Companhia Real Prussiana Asiática 400-1
Concerts Spirituels 147-8
Conselho Privado 6
Constantino, imperador 161-2
Constantinopla 80-81, 284-5, 294-5
Contades, Louis Georges, marquês de 226, 253-4
Conti, Louis François de Bourbon, príncipe de 189-90
Corneille, Pierre 136-7
Correggio, Antonio da
  Leda e o cisne 165
  Madalena arrependida 166-7
Cortés, Hernán 147-8
Cosel 177-8

Cracóvia 82-83
Crécy, batalha de 345-6
crime e castigo 370-4
Crimeia 277-80
   anexação pela Rússia 294-9
   canato da 284-5
Cristianismo 33-34, 44-45, 310-1, 354-5, 427-8
Cristofori, Bartolomeo 151-2
croatas 221-2, 255-7
Cromwell, Oliver 17-18, 214-5, 295-6
cultivo de batata 393-5
Cumberland, príncipe William Augustus, duque de 207-8, 211-2
Cunegunda da Saxônia, abadessa 19-20
Curlândia 211-2, 215-6
Curlândia, Biron, duque de 85-86

d'Alembert, Jean-Baptiste le Rond 3, 149-50, 309-10, 320-2, 354-5, 361-2, 435-6
d'Argens, Jean-Baptiste de Boyer, marquês 165-6
   amizade com Frederico 425-6, 434-6
   cartas de Frederico a 45-46, 209-10, 215-6, 226, 232-3, 237-9, 243-4, 246, 248, 254-5, 361-2, 424-5, 433-4
   e La Mettrie 310-1
   e *L'Observateur Holandois* 332
   e Rousseau 312-3
d'Assoucy, Charles Coypeau 425-6
d'Enghien, Louis Antoine, duque 198
d'Estrées, marechal Louis Charles 207-8
d'Holbach, barão Paul Henri 342-3
   Ensaio sobre o preconceito 336-7
   Sistema da natureza 337-8
Damiens, Robert-François 371-2
Dantal, Charles (secretário) 128-9, 437
Danúbio, principados *ver* Moldávia; Valáquia
Danúbio, rio 95-96, 272-3
Danzig 279-80, 374, 407-8
Darget, Claude Etienne 175, 425-6, 427-9, 434-5
Daun, marechal de campo Leopold Joseph von xx, 177-8, 202, 204, 206, 216-8, 221-3, 225-38, 244, 246-8, 253-4, 440-1
Davi, rei 346-7
Davies, Norman 283-4
deístas 458-9n
Denina, abade Carlo Giovanni Maria 120-1, 309-10, 336-7, 355-6, 435-6

Denis, Madame (Marie Louise Mignot) 317-8, 425-6
Derfflinger, general Georg von 11-12
Descartes, René 342-3
Dessau 365-6
Dettingen, batalha de 101-3
Dickens, Charles, *A casa soturna* 374-5
Dickens, Guy 41, 70
Diderot, Denis 48-49, 342-3
Dieta Imperial 18-19
Dinamarca 19-20, 184-5, 242-3, 247-8
Dnieper, rio 83-84
Dniestr, rio 272-3
Doebbelin, Carl Theophil 154-5, 330-1
Dohm, Christian Wilhelm von 136-7, 325-6, 328-9, 339-40, 376-81, 396-7, 409-10
   On the civil improvement of the Jews 370-1
Dohna, conde 334-5
Dohna, família 6
Dolgoruki, príncipe Yury Vladimirovich 295-6
Domstadl 217-8
Dreher, Jacob 383
Dresden
   Algarotti em 67
   Augusto, o Forte, e xviii, 18-19, 35-7, 81-82, 166
   austríacos em 238-9, 263-4
   cerco de 232-4, 415-6
   coleções de arte 164-6
   como a Veneza do Norte 18-19, 81-82
   Frauenkirche 18-19
   Frederico entra em 145-6, 200-2, 221-2
   Knobelsdorff em 133
   ópera e música em 136-8, 142-3, 145-6
   palácio de 22-23
   Paz de 116-17, 175, 185-6, 247-8
   recaptura de 232-3
   rendição de 230-1, 265-6
   teatros em 331
   visita de Frederico, com seu pai, a 35-7, 50-51
   Zwinger 18-19
Dreyer, Johann Friedrich 261-2
Driesen, general Georg Wilhelm von 212, 214, 417-8
Dubourgay, Charles 35-8
Duffy, Christopher 250-1

Duhan de Jandun, Jacques 29-33, 40-41
Duquesne, Michel-Ange, marquês de 187-8

educação 391-4
Edwiges, Santa 357-8
Eichel, August Friedrich 119-21, 124-7, 231-2
Elba, rio 3-4, 6, 177-8, 199-202, 230-1, 250-3, 273-4, 282-3, 396-8
Elizabeth Stuart (Isabel da Boêmia), eleitora do Palatinado e rainha da Boêmia 25
Elliot, Hugh 129-30
Emden 105-6, 400-1, 406-7
enciclopedistas 342-3
Encke, Wilhelmine 422-4
Engel, Gottlieb 50-51
"ensacamento" (punição) 371-2
Ephraim, Veitel Heine 364-6
Erasmo de Roterdã 9-10, 257-8
Erizzo (embaixador veneziano) 176-7
Ernst August, duque de Brunsvique--Lüneburg, eleitor de Hanôver 19-20
Escócia 333
    plebeus na 391-2
Espanha 14-15, 73-74, 78-79, 81-82, 85-86, 178-9, 185-6, 242-3, 254-5, 277-8
    catolicismo na 333
    e América 285-6, 289, 294-5
    "Era Dourada" 338-9
    jesuítas na 360-1
Estados 7, 11-12, 16-17, 115-6, 350, 374-5, 390
Estanislau I Leszczyński, rei da Polônia, duque de Lorena 80-81, 98n, 163-4, 183-4, 275-6
Esterházy, príncipe 146-7
Estíria 259-60
Estocolmo 123-4, 278-9
Estônia 79-80
Estrasburgo xix
Eugênio, príncipe de Saboia 12-13, 51-52, 75-76, 79-80, 170-1, 399-400, 432-3
Euríalo 428-9
execuções 372-3
exército franco-bávaro 96-97
"Exército Pragmático" 101-2

Fabris, Giacomo 133-4
Falkener, Sir Everard 74-75
Fasch, Karl Friedrich Christian 144-6, 150-1
Faustina (cantora) 145-6
Fechheim, Carl Friedrich 139-40
Fehrbellin 121-2, 215-6, 381-2
    batalha de 11-12
Felbiger, Johann Ignaz 392-3
Fénelon, François, *Telêmaco* 119-20
Ferber, Geheimrat von 374
Ferdinando da Prússia, príncipe *ver* Augusto Ferdinando da Prússia, príncipe
Fermor, conde William Villimovich 217-21
Ferrandini, Maddalena 127-8
fête galante, pinturas 157-8, 164-5
Fichte, Johann Gottlieb 130-1
Filipe II, duque de Orléans 83-4
Filipe II, rei da Espanha 52-53, 381-2
Filipe, infante da Espanha, duque de Parma (Don Filipe) 179-80, 185-6, 189-90, 195-6
Finck von Finckenstein, Albrecht Konrad, conde von 29-32, 118-9, 228-30, 242-3, 289-90, 295-6, 437
Finck, general Friedrich August von 231-2
Finckenstein, família 6
Finlândia 183-4
Fischer, Professor 353-4
Fischer von Erlach, Johann Bernhard 163-4
Flanders 76-77
Fleury, cardeal André-Hercule de 75-76, 88-9, 186-8
Florença 62-63, 133
Flórida 45-46, 187-8
Fontenoy, batalha de 107-8
Forkel, Johann Nikolaus 151-2
França 80-81, 84-6, 93-94, 175, 178-80, 183-8, 201-2, 225
    aliança com a Áustria 195-8, 250, 266-8, 334-5
    aliança com a Rússia 266-7
    batalha naval com a Grã-Bretanha (1755) 400-1
    e América 285-6, 289, 294-5
    e a partilha da Polônia 277-8, 282-3
    jesuítas em 360-1
    literatura 342-3
    Revolução Francesa 253-4
franceses na América 187-8
Francisco Estevão, duque de Lorena, depois Francisco I, sacro imperador romano 70-71, 85-86, 93-94, 108-11, 176-7, 210-1, 216-7, 252-4, 314-5

Francke, August Hermann 16-17, 31-32
Francofobia 409-10
Franke, Heinrich 334-5
Frankenburg, família 386-7
Frankenstein 106-7
Frankfurt am Main 85-86, 97-98, 319-20, 396-7
   Tratado de 1741 93-94
Frankfurt an der Oder 58-59, 228-31, 400-1
   Universidade de 9-10, 367-8
Frascati, Villa Mondragone 168-9
Frederica Luísa da Prússia, condessa de Brandemburgo-Ansbach 37-38
Frederico I, rei na Prússia 12-13, 21-23, 25-26, 28-29, 64, 118-9, 155-6, 411-2
Frederico I, rei da Suécia 184-5
Frederico II, marquês de Hessen-Kassel 70, 184-5, 191-2, 334-5, 352
Frederico II (o Grande), rei da Prússia
   CARÁTER E PERSONALIDADE
   Achim von Arnim sobre 339-40
   amor a caixas de rapé 428-30
   amor a frutas 431-2
   amor à música 45-47, 124-54, 325-6, 342-3
   antissemitismo 362-4, 366-8
   artefatos com a imagem de 333
   atitude em relação a jornalismo, críticas e censura 305-11
   bibliotecas e leitura 32-33, 40-41, 44-46, 223, 225, 305-6, 314-6, 335-6, 342-3, 424-5
   brigas e amizades de família 415-25
   cachorros de estimação 431-3, 437-8
   capacidade de trabalhar duro 119-20
   carisma 264-6
   cavalo favorito, Condé 432-4, 436
   cercle intime 424-31
   Clausewitz sobre 238-9
   Cocceji 374-6
   como alemão 340-50
   como colecionador de arte 164-8
   como compositor 151-2
   como flautista 142-5
   como libretista 146-7
   como líder militar 105-10, 228-9, 255-66, 440-1
   como personagem cultural 335-6
   como poeta 33-35, 53-4, 66-9, 135-7, 139-40, 232-3, 315-7, 318-9, 322-3

   como propagandista 332-41
   como "Rei Plebeu" 378-81, 383-4, 390-1
   como *"roi philosophe"* 353, 381-2, 389
   como "Velho Fritz" 350, 429-30, 434-5
   comparado com seu pai 69
   conhecimento bíblico 355-6
   culto póstumo de 439-41
   deformação genital, suposta 52-3
   Dohm sobre 378-9
   e agricultura 393-7
   e comércio de trânsito 407-9
   e esfera pública 305, 320-7, 335-40
   e Forum Fredericianum 159-60, 356-7
   e Igreja Santa Edwiges, Berlim 356-60
   e Iluminismo 351-4, 371-3, 439-40
   e imigração 122-4, 133, 323-4, 363-4, 395-7, 400-1
   e judeus 362-71, 383-4
   e língua e literatura alemãs 327-31, 336-9, 341-2
   e maçonaria 325-7
   e Maria Teresa 361-3
   e nobreza 383-9
   e oficiais do exército 384-9
   e ópera 132-43
   e protestantismo 288, 334-5, 346-7
   e reapropriação de terras 394-7
   e servidão 389-8
   e tolerância 353-63
   e Wolff 352-4
   educação religiosa 31-33
   erros políticos 196-8
   estilo de vida luxuoso 429-32, 435-6
   Goethe sobre 337-40
   gostos em comida 430-2
   joias 429-30
   microgerenciamento 118-28, 403-5
   misoginia 98-99, 425-6
   Moses Mendelssohn sobre 366-7
   Napoleão sobre 267-8
   opiniões religiosas 42, 114-5, 334-6, 346-7, 354-63, 392-3, 412-3, 438-9
   oposição à caça 432-3
   palácios de 155-64
   panegírico de La Mettrie 311-2
   política econômica 124-6
   política populacional 395-7

popularidade 378-9; na Grã-Bretanha e na Alemanha 333
problemas de saúde 231-3, 433-5
relacionamento com cônjuge *ver* Isabel Cristina de Brunsvique-Wolfenbüttel-Bevern, rainha da Prússia
relacionamento com Voltaire *ver* Voltaire
retratos de 333-5, 429-30, 441-2
Rousseau sobre 312-3
Schubart sobre 347-50
sexualidade e sociedade homoerótica xix-xx, 32-36, 50-54, 64-71, 167-72, 305, 309-10, 418-20, 425-9
sobre a Grã-Bretanha 295-7
sobre a nobreza 385-9
sobre a Polônia e os poloneses 274-5, 282-3
sobre artes visuais 331
sobre Carlyle 56-57, 105-8, 252-3, 354-5, 410
sobre conduta sexual 353-5
sobre contrato social e soberania 120-22
sobre Cristianismo 354-6
sobre educação 392-4
sobre escritores ingleses 342-3
sobre filósofos 353
sobre Frederico Guilherme II 423-4
sobre Goethe 327-9
sobre imunização contra varíola 381-2
sobre jesuítas 361-2
sobre justiça 374, 377-80, 383-4
sobre Luís XIV 342-4
sobre Luís XV 344-5
sobre Maria Teresa 110-1
sobre o público geral 321-4
sobre o Sacro Império Romano 288
sobre os franceses e a suposta francofilia 337-8, 341-6, 424-5
sobre príncipe Henrique 206-7
sobre Prússia Ocidental 281-2
sobre Rousseau 312-4
sobre saxões 199-200
sobre Shakespeare 86-87, 328-9
sobre teatro e ópera 144-6, 330-1
sobre Voltaire 45-46, 315-21
Strachey sobre 315-7
Tieck sobre 349-50
tolerância religiosa 45-46, 114-5, 271-3, 353-63
uso de "luz" como metáfora 351
vestimentas 429-30
vida na corte 411-6
visões mercantilistas 399-401, 405-6
visões sobre crime e castigo 370-4
Voltaire sobre 74-75, 314-9, 354-5, 411, 414-5, 426-7
ver também Frederico Guilherme I, rei na Prússia, relacionamento com Frederico

VIDA E CARREIRA
batalha de Kolin 202, 204-08
casamento e relações com a esposa 47-59
conclamado como "o Grande" 111-2, 316-7, 350
contrai gonorreia (supostamente) 49-50
coroação 21-22, 64
e Algarotti 61-68
e Fredersdorf 58-62
e Guerra da Sucessão Bávara 289-94
em Dresden 32-35
em exercícios militares 194-5, 254-6, 261-2, 349-50, 412-3, 436
estátua equestre de 350
fortuna herdada do pai 132
hemorroidas 60-61
invasão da Saxônia 194-6, 288
invasão da Silésia xix, 69, 73-77, 84-87, 132-3, 175-6, 180-1, 196-8, 276-7, 316-7
missa funerária 438-9
morte e funeral 437-9
na Primeira e Segunda Guerras Silesianas 86-112, 312-3; *ver também* Guerras Silesianas
negociações com a França 186-8; *ver também* França
negociações com a Áustria 187-91; *ver também* Áustria
pesadelo xvii, xix
política econômica 406-10
prisão em Küstrin 40-41, 58-59
programa de construção de canais 397-8
projeto de produção de porcelana 402-6
reabilitação 44-48
rotina diária imposta pelo pai 30-33
tentativa de fuga perto de Mannheim 37-41
túmulo em Sanssouci 432-3, 438-9
turnês de inspeção 127-9
velhice e doença 433-6
volta ao exército 44

OBRAS

A Letter from a Fellow of the Academy of Berlin to a Fellow of the Academy of Paris 318-9
"A presente situação política da Prússia" 74-75
Account of the Prussian Government 3
Anti-Maquiavel 73-75, 96-97, 114-5, 270, 316-7, 320-1, 330-1, 336-7, 374, 432-3
Art de la guerre 315-6
Concerning German literature 328-9, 329-30, 339-40, 343-4
Essay on the forms of government and the duties of sovereigns 114-5, 361-2, 389-8
General Principles of War 258-9
History of the Seven Years War 211-2, 215-6, 420-1
Letter on education 344-5
Memoirs from the Peace of Hubertusburg to the Partition of Poland 387-9
Memoirs of the House of Brandenburg 10-13, 21-22, 320-2, 360-1, 411
Miroir des princes 321-2
Montezuma 146-8
"O Orgasmo" 65-66
"Ode ao príncipe Ferdinando de Brunsvique durante a retirada dos franceses em 1758" 343-6
"Ode aos Confederados" 274-6
Œuvres du philosophe de Sanssouci 139-40, 314-5, 319-20
"On Pleasures" 145-6
"On Reputation" 322-3
Palladium 118-9, 175, 199-200, 319-20, 427-9
poema sobre as artes 142-3
Politische Correspondenz 194-5
Report of Phihihu, Envoy to Europe of the Emperor of China 363-4
Silla 141-2
testamento político (1752) 176-7, 187-8, 198, 356-7, 362-4, 372-3, 378-9, 383-4, 387-8, 395-6, 401-2, 411, 417-8
testamento político (1768) 13-14, 206-7, 255-6, 256-7, 354-5, 372-3, 378-9, 392-3, 395-6
The History of My Own Times 13-14, 86-87, 94-95, 98-99, 103-5, 115-16, 170-1, 274-5
"To the Crushers" 345-6

Frederico III, eleitor de Brandemburgo *ver* Frederico I, rei na Prússia
Frederico, marquês de Brandemburgo-Bayreuth 43, 413-4, 420-2
Frederico, príncipe de Gales 35-36, 132
Frederico Augusto *ver* Augusto II (o Forte); Augusto III
Frederico Guilherme, eleitor de Brandemburgo (o Grande Eleitor) 3-4, 7, 11-16, 77-78, 80-81, 111-2, 118-9, 363-5, 401-2
  testamento político 8, 15-16
Frederico Guilherme I, rei na Prússia xvii-xii, 5, 6-10, 11n, 12-18, 21-25, 82-84, 87-88, 114, 118-20, 132, 137-8, 256-7, 268-9, 323-4, 421-2
  casamento 30-31
  caráter e personalidade 25-29, 69, 114-7, 123-4, 164-5, 168-9, 412-3; amor pela caça 26-28, 431-3; antissemitismo e perseguição a judeus 363-5; atitude em relação ao crime 371-2; atitude em relação ao público 305-6; desprezo às modas francesas 429-30; e etiqueta na corte 411-2; opiniões religiosas 8, 15-18, 25-26, 27-32, 114, 360-3, 371-2; opinião sobre cultura 22-23, 137-8, 323-4; parcimônia 132; violência física 37-41;
  como proprietário de terras 5-6
  e educação 391-2
  e exército 12-15, 82-84, 87-88, 256-7, 268-9
  e Francke 15-18
  e hanoverianos 24
  e *Junkers* 7-9, 386-7
  e *Lagerhaus* 400-2
  e maçonaria 326-7
  e menonitas 359-60
  e o casamento de Frederico 47-48, 51-52
  e o Império Habsburgo 71-72, 76-77
  e Polônia 182-4
  e porcelana 402-3
  e Rheinsberg 46-47
  e Wolff 352
  em Potsdam 156-7
  Frederico sobre 114, 118-9
  funeral 138-9, 437-8
"Guarda de Gigantes" 13-14, 70
morte 27-28, 55-56, 64, 421-2

porfiria 25-26, 44-45
reforma judiciária 374-5
relacionamento com Frederico 29-45, 54-55, 67-68, 76-77, 144-5, 162-3, 167-9, 171-2, 198, 360-1, 422-3, 426-7
testamento político (1722) 8, 15-16, 27-28, 363-4
Frederico Guilherme II, rei da Prússia 358-9, 416-7, 422-5, 437-8, 441-2
Frederico Guilherme III, rei da Prússia 350
Frederico Guilherme IV, rei da Prússia 25
Frederikshamn 183-4
Fredersdorf, Michael Gabriel 58-62, 67-68, 137-8, 145-6, 150-1, 168-9, 402-3, 425-6, 429-30, 434-5
Freiberg, Saxônia xvii
batalha de (1762) 246-8
Freytag, tenente von 263-4
Friedland 241-2
Frísia Oriental 105-6, 121-4, 374-5, 400-1
Fritsch, Karl Thomas von 246-7, 366-8
Fromme, Johann 127-8, 381-2
Fuga, Ferdinando 162-3
Fumaroli, Marc 62-63
Fürst, barão von 376-7, 379-80
Fürth 210-1
Füssen, Paz de 105-6

"galante", estilo de música 151-2
Galícia 285-6, 292-3
Garve, Christian 338-9, 350
Garz 58-59
Gaussen, Jean-Pierre-Francois de 289
Gazette de Cologne 306-7
Gazette de France 378-9
Gebler, Tobias von 331
Gedike, Friedrich 325-6
Gegel, Georg Jakob 210-1
Geist, general Karl Ferdinand 222-3
Genebra 312-3
Georg Wilhelm, eleitor 10-11
George I, rei da Inglaterra 19-20, 24, 35-36, 207-8
George II, rei da Inglaterra 25-26, 28-29, 35-37, 43, 101-2, 108-10, 185-6, 188-9, 191-2, 333
morte 239-40
George III, rei da Inglaterra 25, 295-6, 300-2
German Museum 324-5

Germanofobia (na Grã-Bretanha) 333
Gersdorf, Landrat von 375-7
Gessner, condessa 383-4
Gibraltar, Estreito de 272-3
Gichtelianer 359-60
Gisors, Louis-Marie Foucquet de Belle-Isle, conde de 92
Gladstone, William Ewart 264-5
Glanz-Berg 212, 214
Glasow, Christian Friedrich 61-62
Glatz 88-89, 97-98, 101-4, 110-1, 177-8, 233-4, 238-9, 241-2, 247-9, 251-3
Glaucha 15-16
Gleim, Johann Wilhelm Ludwig 130-1, 171-2, 262-3, 333-4, 350, 381-2
Canções de guerra prussianas das campanhas de 1756 e 1757 346-8
"On the opening of the campaign of 1756" 346-8
"Song of challenge before the Battle of Rossbach" 345-6
Glogau 88-90, 177-8
Gloucester, William, príncipe, duque de 19-20
Gluck, Christoph Willibald 150-1
Gneisenau, August von 130-1, 384-5, 442-3
Goertz, conde 289
Goethe, Johann Wolfgang von 287, 300-1, 329-30, 336-7
Breme von Bremenfeld 380-2
Die Xenien (com Schiller) 324-5
Götz von Berlichingen 328-9
Os sofrimentos do jovem Werther 327-8
sobre Frederico 336-40
Goldoni, Carlo 142-3
Goltz, Bernhard Wilhelm, barão von der 286-7
Gontard, Carl von 161-2
Görlitz 207-8
Gostyn 240-1
Göttingen 239-40, 369-70
Gotzkowsky, Johann Ernst 403-4, 406-7
Grã-Bretanha 80-81, 100-3, 105-6, 118-9, 124-5, 175, 178-80, 184-6, 187-90, 300-1, 410
acordo com a Prússia 191-4, 196-7, 247-8
agricultura na 393-4
arquitetura 342-3
crime e castigo na 373
e a partilha da Polônia 282-3

e América 294-7, 299-300
e França 246-7, 291-2, 400-1, 410
e Índia 299-300
e Rússia 295-6
educação na 391-2
era elisabetana 338-9
esfera pública 305, 332-8
Frederico na 295-7, 427-8
Germanofobia na 333
Grande Loja (Maçonaria) 326-7
guerra com a Espanha 73-74, 81-82, 85-86, 277-8
judeus na 369-70
Marinha Real 85-86
na Guerra dos Sete Anos 226, 239-40
pousadas com nome em homenagem a Frederico 333
sistema econômico e fiscal 410
Graff, Anton 333-4
Grande Guerra do Norte 4, 12-13, 78-80, 182-3
Grandes Lagos 80-81, 187-8
Graun, Carl Heinrich 45-47, 132-3, 136-7, 139-40, 144-5, 150-1, 350
A morte de Jesus 148-9
Alessandro in Poro 126-7
Cesare e Cleopatra 133-4
Demofoonte 150-1
Montezuma 146-8
Silla 141-2
Graun, Johann Gottlieb 45-47, 126-7
Grienerick, lago 46-47
Grimm, Friedrich Melchior, barão von 320-1, 329-30
Correspondance littéraire 166-7
Grimm, Johann Friedrich Karl 359-61
Groeben, tenente von der 55-56
Gross-Jägerndorf, batalha de 207-8, 215-6
Gross-Kammin 220-1
Grottkau 93-95
Grumbkow, Friedrich Wilhelm von 36-37, 40-43, 51-53
Grunewald, floresta 26-27
Guardas, Primeiro Batalhão de 437-8
Guasco, general Peter 246-7
Guastalla, ducado de 179-80, 185-6
Guelph, casa de 28-29, 84-85
Guerra da Sucessão Espanhola 13-14, 76-77, 79-81, 84-85, 114, 267-8, 343-4

Guerra da Sucessão Polonesa 72-73, 98n
Guerra dos Nove Anos 12-13
Guerra dos Sete Anos
consequências da 124-5, 134-5, 140-1, 158-9, 165, 270-1, 329-30, 342-3, 389-90, 404-9, 415-6
desvalorização da moeda e 364-6, 403-4, 406-7
e nacionalismo alemão 347-8
e perda da Silésia 177-8
e reforma da lei 379-80
eclosão da 144-5, 379-80
fim da 159-60
Frederico na 45-46, 315-6, 384-5, 433-4
Frederico sobre 293-4
Goethe sobre 338-9
interrupção de trabalhos de construção durante a 357-8
Maria Teresa e 291-2
sermões na 369-70
uso da imprensa por Frederico durante a 332
volta de Frederico da 58-59, 120-1
Guerra dos Trinta Anos 11-12, 15-16, 256-7, 343-4
Guerra Russo-Turca 272-4, 284-6, 289, 404-5, 441-2
Guerras Napoleônicas 441-2
Guerras Silesianas 390-1, 436
Primeira 90-106, 133-4, 183-4, 196-7, 247-8, 250, 288, 386-8
Segunda 101-12, 175-7, 181-4, 196-7, 209-10, 247-8, 250, 270, 288, 332, 357-8, 386-8, 402-3, 427-8
Terceira 197-8, 249, 251-2, 386-8
ver também Guerra dos Sete Anos
Gugenheim, Fromet 366-7
Guiana Holandesa 60-61
Guibert, Jacques-Antoine-Hippolyte, conde de 258-9, 263-4, 349-50, 409-10
Guichard, Charles Théophile (Karl Gottlieb; Quintus Icilius) 162-3, 434-5
Guilherme I, imperador 451
Guilherme II, imperador 207-8, 451n
Guilherme III, rei da Inglaterra 187-8
Guilherme V, príncipe de Orange 424-5
Guilhermina da Prússia, marquesa de Brandemburgo-Bayreuth

cartas de Frederico a 25, 34-35, 40-41, 52-54, 92, 137-8, 145-6, 164-5, 200-1, 209-11, 311-2, 317-20, 352, 419-20
casamento 43, 420-1
e família Marwitz 421-2
e Frederico, príncipe de Gales 35-36
e tentativa de fuga de Frederico 40-41
e torneio "Carrossel" 413-4
herança de Frederico 167-9
homenagem em Sanssouci a 170-1
infância 31-32
matrimônio 44, 55-57
memórias 33-34, 421-2
morte 223, 225, 421-2, 433-4
relacionamento de Frederico com 172, 420-2, 425-6, 434-5
rixa com Frederico 421-2
sobre Frederico Guilherme I 26-29
sobre os tutores da infância de Frederico 29-30
sobre visita de Frederico Guilherme I e Frederico a Dresden 33-34
Guilhermina da Prússia, princesa de Orange 424-5
Guilhermina de Hessen-Kassel, princesa 58-59, 419-20
Guînes, Adrien-Louis, duque de 116-7
Gumpertz, Aaron Salomon 369-70
Gustavo Adolfo, rei da Suécia 10-11, 78-79, 333, 432-3

Habermas, Jürgen 353-4
Hacke, Hans Christoph Friedrich, conde von 289
Hadick, general Andreas 207-8
Hahn, Peter Michael 48-49, 251-2
Haia 194-5
Halbendorf 107-8
Halberstadt 4, 8, 11-12
Halle 403-4
  Universidade de 9-10, 16-18, 21-22, 352-3
Hamann, Johann Georg 409-10
Hamburgo 148-9, 151-2, 326-7, 396-8, 400-1
Hamilton, Douglas Hamilton, oitavo duque de 308-9
Hamm 241-2
Hanbury Williams, Sir Charles 411-2
Handel, George Frideric 149-50, 346-7

Hannibal 12-13
Hanôver 20-23, 42, 84-85, 102-3, 130-1, 185-6, 190-3, 226, 250-1, 265-6, 331
  casa de 24, 35-37, 56-57, 346-7
  Convenção de 108-10, 175-6
  eleitorado de 188-9, 300-1
Hanway, Jonas 133-4
Hardenberg, Karl August von 130-1, 442-3
Harris, James 429-30
Hasse, Johann Adolf 136-7, 149-51
  Arminio 145-6
  Cleofide 32-33, 136-7, 149-50
Hastenbeck, batalha de 207-8
Haude, Ambrosius 32-33, 305-7, 332
Havel, rio 3, 156-7, 397-8
Havenbroek (plebeu prussiano) 129-30
Hawksmoor, Nicholas 160-1
Haydn, Joseph 147-8, 150-1
Heartz, Daniel 144-5
Hefestião 171-2
Hegel, Georg Wilhelm Friedrich 130-1, 339-41
Heinitz, Friedrich Anton von 121-2, 409-10
Hellmuth, Eckhart 333-4
Henckel von Donnersmarck, general 440-1
Henrique I, duque da Polônia 358-9
Henrique IV, rei da França 314-5, 356-7
Henrique da Prússia, príncipe 27-28, 146-7, 360-1, 416-7
  cartas de Frederico a 202, 204, 223, 225, 229-31, 235-40, 248, 267-8, 270-3, 281-2, 285-7, 289-90, 293-6
  casamento 419-22
  como líder militar 206-7, 209-10, 221-2, 226-7, 231-3, 235-6, 244, 246-7, 251-2, 257-8, 269, 290-4, 419-21
  e a ópera de Berlim 133
  Frederico dá Rheinsberg a 155-6, 159-60, 415-6, 440-1
  homossexualidade 417-9
  nascimento 24
  no "Carrossel" 413-4
  no Palácio Municipal 155-6
  relacionamento com Frederico 419-22, 440-1
Henrique, o Leão, duque da Saxônia 249, 278-9
Henze-Döhring, Sabine 142-3
Herder, Johann Gottfried 324-5, 337-8

Héré de Corny, Emmanuel 163-4
Herman, o Alemão (Armínio) 344-5
Herrenhausen, palácio de 22-23, 191-2
Herstal 70
Hertzberg, Ewald Friedrich, conde von 115-9, 246-7, 295-6, 300-2, 437
Hervey, John Hervey, segundo barão 62-63, 65
Hessen 239-40
Hessen-Darmstadt, Frederica Luísa de 422-3
Hessen-Darmstadt, *landgrave* de 175-6
Hessen-Darmstadt, marechal de campo Georg Wilhelm de 210-1
Hessen-Darmstadt, príncipe herdeiro de 288-9, 300-1, 358-9
Hessen-Darmstadt, princesa de 125-6
Hessen-Kassel 22-23, 184-5, 352
   landgrave de 70, 184-5, 191-2, 334-5, 352
   príncipe herdeiro de 289, 300-1
Heucking, coronel von 375-8
Heyde, Heinrich Sigismund von der 252-3
Hildebrand, barão 100-1
Hildesheim 83-84
Hille, Christoph Werner 399-400
Hintze, Otto 48-49
Hipócrates 25
Hirschel, Abraham 317-8
Hitler, Adolf 207-8, 265-6, 270-1
Hochkirch 241-2
   batalha de 221-5, 235-6, 254-5, 265-6, 268-9, 421-2
Höchst, fábrica de porcelana 403-4
Hohenfriedberg, batalha de 107-10, 209-10, 216-7, 227-8, 254-5, 263-4
Hohenzollern, casa de xix, 4-6, 12-13, 24-25, 28-29, 37-38, 48-49, 84-85, 113, 166, 273-4, 276-7, 415-7, 425-6, 438-9
   arquivos 355-6
   coleção de suvenires de Frederico 439-40
holandeses 427-8
Holdernesse, Robert Darcy, quarto conde de 235-6
Holitsch 200
Holstein 19-20, 391-2
   casa de 180-2, 242-3
Holstein, Karl Friedrich, duque de 180-1
Holtzendorff, major Georg Ernst von 385-6
Homero 314-5
Hoppenhaupt, Johann Michael 154-5

Horácio 34-35, 47-48, 314-6, 424-5, 544-5n
Hotham, Sir Charles 131-2
Hoym, Carl Georg Heinrich, conde von 128-9, 369-70, 390-1
Hubertusburg, Paz de 246-9, 335-6
Huguenotes 17-18, 29-30, 323-4
Humboldt, Wilhelm von 384-5
Hume, David 282-3, 313-4
Hungria 17-18, 93-94, 96-97, 200, 216-7, 256-7, 275-6, 347-8
hussitas 359-60
Hyndford, John Carmichael, terceiro conde de 100-1

Iglau (Jihlava) 97-98
Igreja Luterana 14-17, 21-22, 261-3, 309-12, 325-6, 354-7, 359-60, 362-3
igreja reformada 355-6
Iluminismo 44-45, 305, 351-4, 371-4, 439-40
   em Berlim 307-8, 325-6, 365-6
   judeus 365-6
imigração 395-7
   e religião 15-16
   e serviço militar 14-15
   encorajamento de Frederico à 122-4, 133, 323-4, 363-4, 395-7, 400-1
   na Prússia Oriental 4
Império Otomano 78-81, 115-6, 179-80, 271-2, 284-7, 294-7
impostos 407-10
Independência Americana, Guerra da 285-6, 295-7
Índia 178-9, 186-8, 299-300
Índias Ocidentais 85-86
indústria têxtil 4, 176-7, 365-6, 400-3, 405-7
infanticídio 372-3
Inglaterrra *ver* Grã-Bretanha
Íngria 79-80
Inn, rio 292-3
instituições culturais 305
Irlanda, plebeus na 391-2
Isaac, Moses 364-6
Isabel I, rainha da Inglaterra 441-2
Isabel Augusta, condessa de Sulzbach (esposa do eleitor Carlos Teodoro) 298-9
Isabel Cristina de Brunsvique-Lüneburg 422-3
Isabel Cristina de Brunsvique-Wolfenbüttel--Bevern, rainha da Prússia 42-43,

47-48, 59-60, 67-68, 76-77, 108-10, 147-8, 154-5, 415-6
aparência e personalidade 42-43, 51-53
ausência no funeral de Frederico 437-8
casamento com Frederico 52-61, 412-4
e morte de Frederico 440-2
noivado com Frederico 44
Isabel Cristina de Brunsvique-Wolfenbüttel, sacra imperatriz romana 76-77
Isabel Cristina, princesa-herdeira 57-58
Isabel, imperatriz da Rússia 180-5, 190-4, 196-7, 204, 206, 242-4, 253-4, 267-70, 411-2, 526-7n
Iselin, Isaak 366-7
Iserlohn 333
Islã 354-5
Itália 79-80, 133, 178-9, 305
  arquitetura 342-3
Itzig, Daniel 364-6
Ivan V, imperador da Rússia 180-1
Ivan VI, imperador da Rússia 180-1

Jacobi, Friedrich Heinrich 130-1
Jägerndorf, ducado de 101-2, 226-7
Jaime I, rei da Inglaterra 19-20, 25
Janitsch, Johann Gottlieb 46-47
Jariges, Philipp Joseph von 120-1
Jena-Auerstedt, batalha de 441-2
Jenisch, Daniel 309-10, 378-81
jesuítas 360-2, 427-9
João II Casimiro Vasa, rei da Polônia 273-4
João III Sobieski, rei da Polônia 78-79, 273-4
João, São 428-9
Johann Sigismund, eleitor 10-11
Jomini, Antoine Henri, barão de 235-6, 246-7
Jones, Inigo 163-4
Jordan, Charles-Étienne 89-90, 92, 100-1, 128-9, 154-5, 315-6, 321-3, 329-30, 434-5, 521-2n
jornais e periódicos 305-6, 332
José I, sacro imperador romano 18-19, 71-72, 250
José II, sacro imperador romano 293-302
  como rei dos romanos 188-9
  decreto sobre judeus 370-1
  e a Liga dos Príncipes 300-2
  e Baviera 297-9
  e Catarina, a Grande 295-9

e Cunegunda da Saxônia 19-20
e Grã-Bretanha 296-7
e Império Otomano 284-7, 294-5
e Países Baixos 298-300
e região do Inn 292-3
e Sanção Pragmática 71-72
e servidão 390
financia teatro da corte 331
Frederico conhece 152-3, 276-8, 429-30
Frederico sobre 287
imagem pública 327-8
Maria Teresa e 252-4, 277-80, 285-7, 291-2, 294-5, 297-8
príncipe Henrique e 420-1
Schubart sobre 348-9
sobre o Sacro Império Romano 286-7, 289
Joseph Friedrich, príncipe da Saxônia-Hildburghausen 207-9
Journal of Luxury and Fashion 439-40
Judenberg 212, 214
judeus 131, 281-4, 362-71, 383-4, 416-7
  compra obrigatória de porcelana 366-9, 404-6
  e antissemitismo 362-8
  uso de barbas 368-9
Juliana Maria de Brunsvique-Wolfenbüttel-Bevern, rainha herdeira da Dinamarca 289
Juliano, imperador 314-5
Jülich, ducado de 36-37, 71-72, 76-77, 83-84, 87-88
Júlio César 86-87, 92, 161-2, 202, 204, 314-5, 428-9
Junkers 6-9, 386-7, 389

Kagul, rio 272-3
Kalckstein, Christian Ludwig von 6, 29-32
Kamenz 106-7
Kammin 11-12
Kant, Immanuel 187-8, 353-4
  O que é o Iluminismo? 308-9
Kantereck 374-5
Karamzin, Nikolai 398-9
Karl Philipp, eleitor do Palatinado 36-37
Karsch, Anna Louise 333-5, 347-8
Kassel 130-1, 226, 246-7
Katholisch-Hennersdorf 110-1
Katte, Hans Hermann von xviii, 38-42, 76-77, 170-1
Katzbach 234-5

Kaunitz, conde Wenzel Anton von 184-94,
   196-7, 225-7, 233-4, 246-9, 253-4, 266-7,
   277-8, 281-2, 284-7, 289-90, 294-5, 334-5
Kay (Paltig), batalha de 227-31, 375-6
Keith, conde marechal George 191-2, 206-7,
   217-8, 309-10, 312-4, 434-5
Keith, James 222-3, 225
Keith, Peter von 38-41
Keith, Sir Robert 242-3
Kemmeter, Johann Gottfried 46-47
Kent, William 163-4
Kesselsdorf, batalha de 110-1, 145-6
Keyserlingk, Diedrich barão von 329-30, 434-5
Khevenhüller, marechal de campo conde
   Ludwig Andreas 97-98
Kingston, Evelyn Pierrepont, primeiro duque
   de 62-63
Kinsky, conde 100-1
Kirnberger, Johann Philipp 145-6
Kittlitz 221-2
Klein-Schnellendorf, acordo de 95-97, 100-1, 374
Klein, Ernst Ferdinand 325-6
Kleist, Ewald von 171-2, 229-30, 262-3, 292-3,
   350
Kleist, família 122-3, 383, 386-7
Kleist, regimento 88-89
Klopstock, Friedrich Gottlieb 307-8, 346-7
   Herman's Battle 344-5
Kloster Zeven, Convenção de 207-8
Knobelsdorff, Georg Wenzeslaus barão von
   49-50, 133, 142-3, 153-9, 164-5, 350, 412-3
Knyphausen, Dodo Heinrich von 192-4,
   239-40
Koch, Heinrich Gottfried 147-8
Kolin, batalha de 202, 204-6, 209-10, 217-8,
   222-3, 254-5, 268-9, 417-20
König, Samuel 318-9
Königgrätz 103-4, 241-2, 251-2, 290-1
Königsberg 6, 21-22, 64, 121-2, 217-8, 334-5,
   372-3, 406-7, 410
   Universidade de 17-18, 353-4
Konstantin Pavlovich, grão-duque da Rússia
   294-5
Köpenick 26-27, 60-61
Kosel 265-6
Koser, Reinhold 411
Krasicki, príncipe Ignacy, bispo de Vármia
   357-8

Krauel von Ziskaberg, David 260-4, 385-6
Krefeld 4, 215-6, 405-6
Krnov 101-2
Krosigk, família 386-7
Krossen 88-89
Kuchuk-Kainarji, Paz de 284-5
Kulm, escola de cadetes 359-60
Kunersdorf, batalha de xvii, 228-32, 235-6,
   254-7, 259-60, 265-6, 268-70, 433-4, 440-1
Kunisch, Johannes 48-49
Kurmark 386-7, 392-5
Küster, C. D. 223, 225, 265-6
Küstrin 40-42, 44, 50-51, 58-59, 74-75, 218, 220-1,
   228-9, 252-3, 375-7, 435-6
   Câmara de Guerra e Domínios 399-400
Kymmene, rio 183-4
Kyritz 260-1

La Bruyére, Jean de 314-5
La Chétardie, Jacques-Joachim Trotti,
   marquês de 76-77
La Formera 33-34
lã, indústria de 400-7
La Mettrie, Julien Jean de 318-9
   De la volupté 310-1
   Discurso sobre a felicidade 311-2
   L'homme machine 310-2
   Œuvres philosophiques 311-2
   Thérèse philosophe (com marquês d'Argens)
      310-1
La Rochefoucauld, François de 314-5
Lacy, conde Franz Moritz 216-7, 221-2, 232-6,
   290-1
Lahn, rio 105-6, 215-6, 226-7
Lancret, Nicolas 164-5
   Dançando ao lado de uma fonte 152-3
   O balanço 152-3
Landeshut 106-7
   batalha de 232-3
Landräte 9-10
Landsberg 220-1
Langer, Werner 329-30
Larga, rio 272-3
Laudon, general barão Ernst Gideon von
   217-8, 228-9, 232-5, 239-42, 290-1
Launay, Marc Antoine de la Haye de 408-10
Le Sueur, Blaise Nicolas 165
Lees-Milne, James 160-1

Legeay, Jean Laurent 357-8
Legeay, Nicolas 161-2
Lehndorff, Heinrich, conde von 4, 29-30, 57-62, 125-6, 131-2, 155-6, 204, 206, 215-6, 260-3, 283-4, 288-9, 319-20, 360-1, 407-9, 413-4, 416-9, 422-3, 426-7
Lehwaldt, Hans von 218, 220
lei e justiça 374-84
Leibniz, Gottfried Wilhelm 21-22, 327-8, 342-3
Leiden 332
Leipzig 152-3, 211-2, 236-7, 353-4, 367-8
   batalha de 350
   feira do livro (1780) 324-5
   Universidade de 15-16
Lenz, David 121-2
Leopoldo I, sacro imperador romano 19-20
Leopoldo II, sacro imperador romano (antes, grão-duque da Toscana) 279-80
Leopoldo de Anhalt-Cöthen, príncipe 46-47
Leopoldo de Anhalt-Dessau, príncipe ("o Velho Dessauer") xx, 13-14, 17-18, 55-56, 87-90, 99-100, 104-5, 107-11, 170-1, 254-5, 383-4, 431-3
Lepanto, batalha de 273-4
Lepsch, Andreas 40-41
Lessing, Gotthold Ephraim 296-7, 306-11, 324-5, 336-7, 346-8, 350, 368-71
   Letters concerning the latest literature 324-5
   Nathan the Wise 369-70
   The Jews 368-70
Letônia 82-83
Leuthen, batalha de xix, 177-8, 211-8, 222-3, 227-8, 252-5, 259-62, 264-5, 268-9, 380-1
Leyen, Friedrich e Heinrich van der 405-6
Liebemühl, Prússia Oriental 383
Lieberose 229-30
Liechtenstein, príncipe Joseph Wenzel von 170-1, 201-2, 206-7
Liège, príncipe-bispo de 70-74, 332
Liegnitz 214-5
   batalha de 233-7, 239-40, 263-4
Liga dos Príncipes 301-2, 348-9
Ligne, príncipe Carlos José de 217-8
Linde, Detlof Gustav Friedrich von der 124-5
Lindenberg, Charles von 386-7
Lingen 4
linho, indústria 401-2
Linz 95-98

Lippe, conde von 130-1
Lippe, rio 241-2
Lisboa 363-4, 377-8
Lisiewski, Georg 27-28
Lissa 214-5
Lituânia 81-83
Livônia 79-80, 211-2, 215-6
Lloyd, major-general Henry 258-9
L'Observateur Holandois 332
Lobkowitz, príncipe 146-7
Lobositz 200-2
   batalha de 222-3, 258-9
Locke, John 32-33, 342-3, 458-9n
Londres 356-7
   esfera pública em 332-3
   Palácio Whitehall 163-4
Lorena 98n, 187-8
Lossau, general 279-82
Louisiana 80-81, 187-8
Löwenwold, Tratado de 273-4
Löwenwolde, conde 183-4
Lübben 229-30
Lucchesini, marquês Girolamo 150-1, 435-6, 544-5n
Lucrécio, *De Rerum natura* 335-6
Ludwig II, rei da Baviera 25
Ludwigsburg, palácio de 22-23
Luh, Jürgen 111-2, 250-1
Luís IV, sacro imperador romano (Ludwig da Baviera) 84-85
Luís XIV, rei da França
   Carousel des cinq nations 414-5
   cultura da corte 21-22, 34-35, 78-79, 133-4, 149-50, 161-2, 330-1, 343-4
   duração do reinado 77-78, 441-2
   e a Guerra da Sucessão Espanhola 267-8
   e Carlos II 187-8
   e Édito de Nantes 360-1
   e Huguenotes 17-18
   e Mazarin 120-1
   e palácio Marly 156-7
   e príncipe Eugênio 170-1
   e Rússia 79-80
   e Suécia 11-12, 80-81
   estilo triunfalista 133-4, 161-2, 166
   Frederico Guilherme I sobre 114
   Frederico sobre 118-9, 342-4
   personalidade volátil 70-71, 77-78

Luís XV, rei da França
  casamento 80-81
  como mecenas da arte 168-9
  demissão de Choiseul 277-8
  e Convenção de Westminster 196-7
  e Fleury 84-86
  e Frederico 107-8, 175-6, 186-7
  e invasão da Silésia 93-95
  e Madame de Pompadour 188-9
  e o "mal do rei" 382
  e Maria Teresa 175, 267-8
  e o Tratado de Versalhes 192-4
  e *secret du roi* 253-4
  Frederico sobre 75-76, 118-9, 344-5
  Kaunitz sobre 185-6
  sexualidade 168-9
  sobre a morte de Carlos VI 84-85
  tentativa de assassinato de 371-2
Luís XVI, rei da França 19-20, 267-8, 299-300, 327-8, 338-9
Luís, príncipe herdeiro da França 19-20, 80-81
Luísa de Brunsvique-Wolfenbüttel, princesa da Prússia 125-6
Luísa, rainha da Suécia *ver* Ulrica (Luísa Ulrica)
Lujac, Charles Antoine de Guérin, marquês de 67
Lusácia 229-30
Lusi, Spiridion conde 301-2
Luxemburgo, ducado de 185-6
Lynar, conde Rochus Frederic 275-6

Macaulay, Thomas Babington 283-4
Macguire, major-general John Sigismund 233-4
maçonaria 325-7
Madlitz 230-1
mães solteiras 372-3
Magdeburgo xvii, 4-5, 8, 11-12, 16-17, 57-58, 195-6, 250-3, 255-6, 347-8, 355-6, 397-8, 400-1
Main, rio 105-6
Mainz 20-21
  arcebispo-eleitor de 70, 300-1, 403-4
  palácio de 22-23
Maison du Trèfle 163-4
Malebranche, Nicolas 342-3
Mallet du Pan, Jacques 283-4

Malplaquet, batalha de 13-14, 26-27, 256-7
Malta 360-1
Manger, Heinrich Ludwig 134-5
Mann, Thomas, *Doutor Fausto* 14-15
Mannheim 37-38, 147-8, 289, 298-9, 331
  Ópera 134-5
  palácio de 22-23, 83-84, 156-7
Manstein, general Christian Hermann von 204, 206
Manteuffel, Ernst Christoph, conde 44-45, 54-56, 69, 352
mar de Azov 272-3, 277-8, 284-5
mar do Norte 4, 397-8
mar Negro 17-18, 80-81, 284-5
Mara, Gertrude Elizabeth 133-4, 146-7
Maratta, Carlo, *Madonna* 166-7
Marburg 438-9
  Universidade de 352
Marcial 64
Marco Aurélio, imperador 167-8, 314-7
  Meditações 114
Mardefeld, Axel von 86-87, 179-82
Maria Amália, eleitora da Baviera 71-72, 83-84
Maria Amália da Saxônia, rainha da Espanha 18-19
Maria Ana da Saxônia, eleitora da Baviera 18-19
Maria Antônia, eleitora herdeira da Saxônia 149-50, 172, 381-2
Maria Antonieta, rainha da França 299-300
Maria Cristina, arquiduquesa, duquesa de Teschen 19-20
Maria Cunegunda da Saxônia, princesa-abadessa de Thorn e Essen 19-20
Maria Josefa, arquiduquesa da Áustria, rainha da Polônia 18-19, 71-72, 80-82
Maria Josefa da Saxônia, princesa herdeira da França 19-20, 345-6
Maria Leszczyńska, rainha da França 80-81
Maria Teresa, sacra imperadora romana
  ascensão ao trono 23, 70-73, 85-86
  caráter e personalidade 103-4, 264-5, 267-8, 361-2
  como rainha da Hungria 93-94, 96-97
  e Augusto III 102-3
  e batalha de Hochkirch 223, 225
  e Catarina, a Grande 285-6, 293-5
  e Choiseul 277-8

ÍNDICE REMISSIVO

e coalizão austro-britânica 100-3
e conselheiros 253-4
e Daun 221-2, 225, 236-7, 247-8
e expansão russa 266-7, 279-80
e Frederico 133-4, 175, 186-7, 209-10, 248
e "forças irregulares" 256-7
e José II 276-7
e Luís XV 189-90, 267-8
e Madame de Pompadour 186-7
e partilha da Polônia 279-82
e partilha proposta da Monarquia Habsburgo 98-9, 250
e Paz de Füssen 103-4
e reivindicações austríacas de território 289-92
e Sacro Império Romano 176-7
e Schönbrunn 156-7
e Silésia 88-90, 95-97, 101-2, 176-7, 195-6, 249
e Tratado de Versalhes (1757) 195-6
Frederico sobre 98-99, 110-1, 281-2, 411-2
herança 23, 83-84, 132
hostilidade à Prússia 103-4, 108-10, 175-7
José sobre 279-80
morte 294-5, 297-8
na Guerra dos Sete Anos 216-7, 223, 225, 236-7, 243-4, 249
Ordem de 204, 206
proibição à tortura 371-2
relatório de Kaunitz a 184-6
últimos anos 285-6
Marienwerder 271-2
Mark, condado de 4, 8, 251-2
Marlborough, John, duque de 12-13, 432-3
Marne, primeira batalha de 207-8
Marpurg, Friedrich Wilhelm 145-8
Marrocos 377-8
Marschall, general Ernst Dietrich 216-7
Marschall, Samuel von 400-1
Marschowirz 103-4
Marwitz, general Friedrich August Ludwig von der 333-4, 421-2
Marwitz, Johann Friedrich Adolf von der 269, 418-20
Marwitz, Wilhelmine Dorothea von der 421-2
Marx, Karl xx
Marzahn 122-3
Maupertuis, Pierre-Louis 133-4, 155-6, 318-20, 329-30, 350

Max Emmanuel, eleitor da Baviera 84-85
Maxen, batalha de xvii, 231-2, 236-7, 254-5, 257-8, 268-9
Maximiliano Franz, arquiduque da Áustria 297-8
Maximiliano III José, eleitor da Baviera 19-20, 105-6, 286-7, 289
Mazarin, cardeal Jules 118-21
Mecenas 314-5
Mecklemburgo 74-75, 178-9, 198, 250-1, 391-2, 396-7
Mecklemburgo, princesa de 52-53
Mecklemburgo-Schwerin 300-1
Mecklemburgo-Strelitz 300-1
Meinecke, Friedrich 74-75, 196-7, 387-8
Meissen 161-2, 231-2, 241-2, 246-7, 402-6
Meister, Leonard 337-8, 340-1
Memel 40-41
Mendelssohn, Abraham 365-6
Mendelssohn, banco 365-6
Mendelssohn, Dorothea (mais tarde, Veit; Schlegel) 365-6
Mendelssohn, Fanny 365-6
Mendelssohn, Felix 144-5, 365-6
Mendelssohn, Joseph 365-6
Mendelssohn, Moses 307-8, 324-6, 365-70
menonitas 4, 359-60, 405-6
Menzel, Adolph 539n
mercantilismo 399-401, 405-6
Mercy-Argenteau, Florimond Claude, conde de 242-3, 291-2, 296-7
Metastasio, Pietro 139-40, 204, 206
Meyer, Johann Friedrich, pintura de Wilhelmsplatz, Potsdam 402-3
Michaelis, Johann David 369-70
Miguel I, imperador da Rússia 79-80
Milão, ducado de 185-6
Mindelheim, ducado de 289
Minden 4, 11-12, 326-7
batalha de 226-7
Mirabeau, Honoré Gabriel, conde de 339-40, 437-8
Mississippi, rio 80-82, 187-8
Mitchell, Sir Andrew 193-4, 196-7, 200, 222-3, 411-2, 419-20
Mittelmark 8
Mittenwalde 40-41
moeda, desvalorização da 364-6, 403-4

Moldávia 273-4, 277-80, 284-5, 295-6
Molière (Jean-Baptiste Poquelin) 338-9
Möllendorf, general Wichard Joachim
    Heinrich von 440-1
Mollwitz, batalha de 89-95, 99-100, 440-1
Molteni, Benedetta 144
Monarquia Habsburgo
    Baviera e 84-88, 101-2
    Daun e 253-4
    e Cavaleiros Imperiais 130-1
    e Guerra Austro-Turca 301-2
    e Império Otomano 179-80
    e Rússia 266-7
    e Sacro Império Romano 176-7, 297-8
    e Sanção Pragmática 70-72, 84-86
    e Saxônia 250
    e Schönbrunn 156-7
    e servidão 390
    e Silésia 185-6, 195-6
    fraqueza da 71-73, 86-87, 186-90
    Frederico e 179-80, 217-8, 384-5
    Frederico sobre 72-73
    guerra comercial com a 407-8
    Hohenzollerns e xix
    hostilidade francesa à 78-79, 179-80, 185-6
    impostos na 72-73
    José II e 297-9, 327-8, 370-1
    judeus na 370-1
    Kaunitz sobre 189-90
    lealdade à 102-5, 177-9
    partilha proposta da 93-94
    sucessos militares 78-80
    tradição da 23
    Zinzendorf sobre 243-4
monastérios e igrejas 20-21, 334-5
Monongahela, rio 187-8
Montagu, Lady Mary Wortley 62-63, 65
Montanha Branca, batalha 177-8, 202, 204
Montanhas Gigantes 106-7
Montesquieu, Charles-Louis, barão de 274-5, 341-2
    Cartas persas 363-4
    O espírito das leis 116-7, 387-8
Montezuma, imperador 147-8
Montgolfier, balão 325-6
Moore, John 308-9
    A View of Society and Manners in France, Switzerland and Germany 308-9

Moras, François Marie Peyrenc de 195-6
Morávia 89-90, 93-99, 102-3, 177-8, 200, 215-6, 251-2, 290-1
    retirada da 259-60
moravianos 359-60
Moritz, príncipe de Anhalt-Dessau 200-1, 204, 206-7, 222-3
Moritzburg, palácio de 22-23
Morris, Robert, *The Architectural Remembrancer* 163-4
Mörs, condado de 4
Moscou, batalha de 207-8
Möser, Justus, *Arminius* 344-5
Motte-Fouqué, Heinrich August de la, general 226-7, 232-3, 329-30, 434-5
movimento nazareno 365-6
Moys 207-8
    batalha de 222-3
Mozart, Wolfgang Amadeus 140-1, 147-8, 150-1
    O rapto do Serralho 331, 337-8
Mücheln 207-8
Mühl-Berge 228-9
Münchengrätz 290-1
Münchow, conde Ludwig Wilhelm von 104-5
Münchow, família 386-7
Munique 97-98, 298-9, 331
    Ópera 134-5, 156-7
Münnich, marechal de campo Burkhard Christoph von 89-90
Münster 83-84, 297-8
Mustafá III, sultão do Império Otomano 182-3

Nádasti, general Ferenc Lípot 207-8
Nahl, Johann August 152-5
Nantes, Édito de 360-1
    Real Teatro di San Carlo 134-5
Napoleão I, imperador 21-22, 93-94, 198, 201-2, 212, 214, 235-6, 253-5, 261-2, 265-8, 270-1, 349-50, 441-3, 478n
    Boletim do Quinto Exército 442-3
Nápoles 72-73, 133, 141-2, 360-1, 377-8
Natzmer, Dubislav Gneomar von 17-18, 273-4
Nauen 44
Neipperg, general conde Wilhelm von 89-92, 96-97, 201-2, 254-5
Neisse 88-89, 91-92, 95-96, 106-7, 145-6, 241-2, 251-2, 265-6, 276-7
    cerco de 89-90, 225

Neisse, rio 177-8
neo-palladianismo 133
Netze, rio 281-3, 395-8
Neuchâtel 312-3
Neumark 8
Neuruppin 260-1
Neustadt, Morávia 146-7, 277-8, 429-30
New Orleans 80-81
Newcastle, Thomas Pelham-Holles, primeiro duque de 85-86, 188-91, 195-6
Newton, Sir Isaac 342-3
Nichelmann, Christoph 151-2
Nicolai, Friedrich 148-9, 307-8, 324-6, 331, 367-8, 408-9, 428-9
Niemen, rio 273-4
Nieuport 189-90
Niklas, Marie Sophie 147-8
Niso 428-9
Nivernais, Louis Jules Mancini Mazarini, duque de 189-93, 355-7
nobreza 383-9
Noltenius, Johann Arnold 30-31
Norte da África 166
Notnagel, Frau 60-61
Novalis (Friedrich von Hardenberg) 336-7, 351
Nuremberg 210-1
Nymphenburg, palácio de 22-23, 83-84
Nysa, ducado de 101-2
Nystadt, Tratado de 79-80

O, Bartolomei d', tenente-coronel 233-4, 252-3
"O coral de Leuthen" 214-5
Obersontheim 347-8
oceano Índico 299-300
Oder, rio 3, 11-12, 40-41, 58-59, 88-89, 93, 176-8, 188-9, 211-2, 218, 220, 227-31, 233-4, 251-3, 375-6, 396-8, 435-6
  pântanos 395-6
Oesterreich, Mathias, *Description of the Royal Picture Gallery and Private Collection [Kabinett] at Sanssouci* 166
Ohio, rio 81-82, 187-8
Oliva, Paz de 82-83
Olmütz (Olomouc) 101-2, 215-8
Opava, rio 101-2
Oranienburg, Palácio 415-6, 418-9
Ordem da Águia Negra 21-22, 429-30, 438-9
ortodoxia 271-2

Orzelska, condessa Anna Karolina 33-35
Osnabrück 83-84
Ostende 189-90
Ostermann, almirante Johann Heinrich 85-86
Otto, rei da Baviera 25
Ovído, *Metamorfoses* 169-70

Paderborn 83-84
Pages, irmãos 439-40
Países Baixos 14-15, 21-22, 78-80, 105-6, 175, 178-9, 186-7, 190-1, 289-90, 297-300, 332, 424-5
  agricultura nos 393-4
  austríacos nos 178-9, 184-5, 189-90, 192-3, 197-8
  indústria têxtil nos 405-6
  ver também República Holandesa
Palatinado 20-23, 83-84, 185-6, 189-90, 195-6, 334-5, 396-7
palladianismo 133
Palladio, Andrea, *Quattro libri dell'architettura* 133
Panin, conde Nikita 271-2
Pannewitz, Sophia Maria von 28-29
Parchwitz 211-2, 264-5
Pardubitz 103-4
Parey 397-8
Paris 133, 147-8, 312-3, 338-9, 354-5
  Louvre 442-3
  Salão de (1757) 166-7
Parlamento Imperial, Colégio Eleitoral 288
Parma 360-1
  ducado de 179-80, 185-6
Passau, bispo de 297-8
Pater, Jean-Baptiste 164-5
Pátroclo 314-5
Paulo I, imperador da Rússia (antes, grão-duque) 142-3, 295-6, 404-5, 415-6
Pedro I (o Grande), czar da Rússia 24, 79-81, 180-4, 368-9, 427-8
Pedro II, czar da Rússia 180-1
Pedro III, czar da Rússia 180-2, 242-4, 246
pena de morte 372-3
Pernety, Antoine Joseph 329-30
Pernety, Jacques 329-30
Pesne, Antoine 22-23, 156-7, 164-5, 169-72, 182-3, 315-6, 350
  Tranquilidade no escritório 47-48

Pfalz-Birkenfeld 300-1
Philippsburg 75-76
Piacenza, ducado de 179-80, 185-6
Piemonte 14-15, 67, 135-6
pietismo 15-18, 31-32, 135-6, 391-2
Pilzen 240-1
Pirch, Carl Friedrich von 60-62
Pirna 199-202
Pisa 67
Pitt, William, o Velho (depois, conde de Chatham) 197-8, 282-3
Platen, general Dubislav Friedrich von 240-1, 440-1
Plauen 397-8
plebeus 383-4, 389-10
  e cultivo de batata 393-5
Pliny 314-6
Plotho, Erich Christoph von 287
Podewils, conde Heinrich von 69, 87-89, 96-97, 101-2, 106-9, 116-7, 129-30, 191-2, 196-7, 270, 305-7
Podólia 272-3
Poitiers, batalha de 345-6
Polignac, cardeal Melchior de 167-8
Pöllnitz, barão Karl Ludwig von 18-19
Polônia 81-83, 102-3, 441-2
  Augusto III e 102-3, 183-4, 250
  comércio com 74-75, 362-3, 406-7, 409-10
  como "Comunidade Polonesa-Lituana" 17-18, 81-82, 283-4
  e Prússia Oriental 4, 74-75
  França e 78-79, 189-90
  Frederico sobre 281-3
  imigrantes 396-7
  Pedro, o Grande e 182-4
  população judaica 364-5
  primeira partilha 270-85, 292-3, 308-9, 357-8, 407-8; tratados sobre 279-81
  Sejm (parlamento) 182-4, 271-2
Poltava, batalha de 79-81
Pomerânia 4, 6, 9-13, 19-20, 74-75, 193-6, 211-2, 215-6, 218, 220, 241-2, 244, 246, 255-6, 265-6, 273-4, 278-9, 355-6, 374-5, 386-7, 390, 394-5
  Sueca 391-2
Pommersfelden 163-5
Pompadour, Jeanne, marquesa de 118-9, 186-91, 266-7, 344-5, 411-2

Pompeia 202, 204
Pomsdorf 106-7
Poniatowski, príncipe Estanislau (depois rei Estanislau II Augusto da Polônia) 270-1
Pope, Alexander 342-3
Poppelsdorf, palácio de 83-84
porcelana, produção de xix, 65, 161-2, 200, 366-9, 402-6
porfíria 25-26, 44-45, 433-4
Porpora, Nicola, *Ezio* 144-5
Porter, James 100-1
Portugal 360-1, 427-8
Posen 218, 220, 227-8
Potemkin, Grigory Aleksandrovich 285-6
Potsdam 31-32, 34-35, 57-58, 103-4, 116-9, 142-4, 150-2, 255-6
  alojamento de caça 26-27
  Casa Hiller-Brandtsche 163-4
  fábrica de couro 365-6
  Igreja da Guarnição 438-9, 442-3
  Igreja Francesa 163-4
  Neues Palais (Novo Palácio) 134-5, 156-63, 166-7, 170-1, 272-3, 335-6, 404-5, 415-6, 423-6
  Nikolaikirche 162-3
  Palácio Municipal 142-3, 151-3, 155-8, 161-9, 261-2, 335-6, 411, 430-1, 436-9, 477-8n
  Palácio Sanssouci 23, 25, 57-58, 114, 153-4, 162-71, 261-2, 309-10, 335-6, 366-8, 394-5, 411-3, 424-34, 437; cozinhas 430-3; enterro de cães em 432-3; estufas 431-2; parque 434-5; pinturas e esculturas em 167-71; visita de Napoleão a 442-3
  Portão Nauener 163-4
  Wilhelmsplatz 402-3; Palácio da Ordem de São João 415-6
Powell, Enoch 441-2
Praga 96-97, 108-9, 177-8, 199-200, 206-7, 260-1
  arcebispo de 96-97
  batalha de 201-7, 214-5, 222-3
Praxiteles 66
Premet, Abadia Cisterciense 357-8
Press, Volker 302
Preuss, J. D. E. 34-35, 425-6
princesa de Anhalt-Zerbst, Joana Isabel 181-2
prisões prussianas 374
Probst, Georg Balthasar 358-9

ÍNDICE REMISSIVO

Prometeu 314-5
protecionismo 406-7
protestantismo 4, 8, 10-11, 17-18, 35-36, 89-90, 104-5, 130-1, 177-8, 191-2, 210-1, 271-2, 333-6, 353-7, 360-1
Prússia xix, 21-22, 121-2
   Academia 115-6
   acusada de despotismo 115-6
   agricultura na 393-7
   alfabetização e leitura na 323-6
   bancos na 406-8
   Câmaras de Guerra e Domínios 9-10, 123-4, 379-80, 399-400
   canais e vias navegáveis 396-8
   Código Geral de Leis 379-81
   comércio e manufatura na 397-410
   como *Rechtsstaat* 340-1
   crime e castigo na 370-4
   déficit comercial 399-401
   Diretório Geral 9-10, 178-9, 383-4, 406-7
   educação na 391-4
   exército 11-15, 384-9, 408-10
   imigração à 395-7
   impostos 9-10, 23, 124-5, 250-1, 374-5, 407-10
   indústria da seda 401-3, 405-6
   indústria de algodão 405-7
   indústria de lã 400-7
   indústrias têxteis 400-3
   lei e justiça na 374-84
   linho, indústria 401-2
   maçonaria na 326-7
   produção de porcelana 402-6
   Suprema Corte estabelecida na 374-5
   tolerância religiosa na 356-7
   vida na corte em 411-4
Prússia Ocidental 74-75, 198, 276-7, 281-3, 292-3, 397-8, 410
Prússia Oriental 4, 8-10, 21-22, 55-56, 74-75, 251-2, 265-6, 273-4, 281-2, 374-5, 385-7
Pruth, rio 272-3
Pulteney, William 62-63
Puttkamer, família 386-7
Puysieux, marquês de 185-6

Quantz, Johann Joachim xviii, 32-33, 46-47, 149-52, 434-5
Querelle des Bouffons 148-9
Questão Oriental 302

Racine, Jean 136-7, 328-9, 338-9
   Mithridate 222-5
Radewitz 37-38
Radziwill, princesa 440-2
Rafael (Raffaello Santi) 162-3
Ramler, Karl Wilhelm 148-9, 345-6, 350
Ranke, Leopold von 177-8, 249
Ratisbona, *Reichstag* 20-21, 287
Rauch, Christian Daniel, estátua equestre de Frederico 350
Ravensberg 4
Razumovsky, conde Aleksey 181-2
Razumovsky, condessa Avdotya 181-2
reapropriação de terra 121-2, 394-7
Rebelião Jacobita 175
Reforma 5
região Inn 292-3
Régie (Administração Geral de Impostos e Alfândega) 408-10
Regimento do Rei 31-32
Reichardt, Johann Friedrich 127-9, 143-5, 148-51, 544-5n
Reichstag 20-21, 287
Reinbeck, Johann Gustav 353
Reisewitz, marechal de corte von 416-7
Rekahn, perto de Brandemburgo 393-4, 398-9
Rembrandt van Rijn, *Moisés quebrando as tábuas da lei* 165
Renânia 170-1, 332, 407-8
Reni, Guido, *Banheiro de Vênus* 166-7
Reno, rio 4, 95-96, 103-4, 110-1, 215-6, 226, 344-5
Repnin, príncipe Nicholas 291-3
República Holandesa 61-62, 105-6, 178-80, 185-6, 195-6, 270, 285-6, 294-5, 299-302, 310-1, 332, 359-60, 369-70, 410 *ver também* Países Baixos
Retzow, Friedrich August 201-2
Reuss, casa de 111
revolução cultural 305-6
"revolução de leitura" 323-6
Revolução Francesa 115-6, 301-2, 310-1, 340-1, 352, 356-7, 379-81, 390-1, 441-3
Revolução Gloriosa 80-81, 187-8
Rezess 6
Rheinsberg, palácio 29n, 49-51, 53-54, 57-8, 62-63, 88-89, 132-3, 153-5, 157-60, 164-5, 168-9, 171-2, 315-6, 326-7, 329-30

conferência 87-88
dado a príncipe Henrique 155-6, 159-60, 415-6, 440-1
e Sanssouci 161-2
obelisco 440-1
Rhin, rio 46-48
Richardson, Samuel 145-6
Richelieu, Armand Jean du Plessis, cardeal-duque de 85-86, 118-9, 317-8, 342-3
Richer d'Aubé, François-René 77-78
Richter, Josef, *Dictionary of all the indecency and boasting that is to be found in the so-called works of Frederick II* 426-7
Riedesel, Johann, barão 293-4
Rijswijk 20-21
Ritter, Gerhard 48-49
Rocoulle, Marthe de 29-30
Roderique, Johann Ignaz 306-8
Rodolfo II, sacro imperador romano 161-2
Rohan, cavaleiro Guy Auguste de 307-8
Rohde, Jakob Friedrich, conde von 272-3, 279-80, 306-8
Rohdich, general Friedrich Wilhelm von 437
Rohr, coronel von 419-20
Roma 133, 135-6, 168-9
  Palazzo Caprini 162-3
  Palazzo della Sagra Consulta sul Quirinale 162-3
  Palazzo Vidoni 162-3
  Panteão 357-8
  praça São Pedro 159-60
Romanov, casa dos 180-2
Rossbach, batalha de xix, 207-12, 214, 225, 252-5, 259-60, 345-6, 420-1, 442-3
Rothenburg, Friedrich Rudolph 434-5
Rougemont (oficial francês) 409-10
Rouillé, Antoine-Louis, Conde de Jouy 189-91, 193-4
Rousseau, Jean-Jacques 48-49, 311-5, 342-3
  Confissões 312-3
  Discurso sobre a ciência e as artes 337-8
  Emílio 311-2, 313-5, 335-8
  Júlia ou a nova Heloísa 311-2
  O contrato social 311-2
Rubens, Peter Paul 152-3
  Santa Cecília 165
Rüdenhausen, Francônia 395-6
Rüdiger, Johann Andreas 305-6

Rügenwalde, propriedade, Pomerânia 394-5
Ruhr, distrito 4
Ruhr, rio 4
Rumpenheim 70
Rumyantsev, conde Nicolai Petrovich 217-8, 299-300
Rumyantsev, conde Peter Alexandrovich 272-3
Ruppin 44-47, 54-55, 125-6, 132, 421-2
Ruprecht do Palatinado 84-85
Rússia
  acusada de despotismo 115-6
  aliança austro-russa 293-9
  ataque planejado à Prússia 193-5
  ataque turco à 273-4
  como maior Estado da Europa 81-82
  e batalha de Zorndorf 218, 220-1, 223, 225
  e jornalismo 305-6
  e partilha da Polônia 270-3, 278-9, 282-3
  e Polônia 102-3
  e Suécia 183-5
  França e 79-80, 225
  Frederico e 102-3, 180-1
  Frederico sobre 73-74, 179-82, 270-3, 427-8
  Grã-Bretanha e 190-1, 193-4, 196-7
  instabilidade, período de 89-90, 180-1, 183-4
  Napoleão e 254-5
  Prússia e 179-81, 190-7, 201-2, 415-6
  ver também Guerra dos Sete Anos
Ruzzini, Giovanni Antonio 214-5

Saboia 185-6
Sack, Friedrich Samuel Gottfried 345-7, 438-9
Sack, Johann Philipp 147-8
sacralização da cultura 141-3
Sacro Império Romano
  Catolicismo no 333
  Círculos Imperiais 288
  como Estado composto 20-21
  constituição do 266-7
  cortes do 415-6
  e dualismo alemão 248
  e força da Prússia 267-8
  e impostos 11-12
  e Monarquia Habsburgo 176-7, 189-90, 296-8
  e Prússia Oriental 4-5
  eleitor da Saxônia e 82-83
  exército 201-2, 257-8

ÍNDICE REMISSIVO

França e 78-79, 189-91
Frederico e 70, 102-3, 286-8
Frederico Guilherme I e 114
Grã-Bretanha e 188-9
Hohenzollerns e 5
maçonaria no 326-7
"onda de reificações no" 19-20
palácios do 161-2
pluralismo no 352
protestantismo no 191-2
separação do 374-5
ver também José II, sacro imperador romano
Saint André, general Friedrich Daniel 220-1
Saint Lawrence, rio 187-8
Saint Pölten 96-97
Saint-Germain, Claude Louis, conde de 209-11
Saint-Germain, Paz de 77-78
Salimbeni, Felice 144
Salomão, rei 314-7
Salomon, Johann Peter 147-8
Saltykov, príncipe Peter Semenovich 211-2, 227-9, 230-1, 235-6
Salzburgo, arcebispo de 4
Salzdahlum 163-4
Sanção Pragmática 70-72, 85-87
Santa Helena 254-5
São Petersburgo 62-63, 85-86, 179-82, 192-5, 218, 220, 242-3, 252-3, 266-7, 278-80, 404-5
  acordo de (1755) 190-2
Sardenha 102-3, 178-9, 185-6
Saxe, Maurice, marechal de 96-97
Saxônia
  catolicismo na 334-5
  comércio na 82-83, 124-5, 397-8
  como Estado avançado 17-18, 82-83
  e França 188-90
  e Sacro Império Romano 20-21, 82-83
  e Silésia 8, 178-9
  e Suécia 175
  eleitores da 82-85, 300-1
  evacuação da 265-6
  força militar 14-15, 83-84
  Frederico e 87-88, 94-95, 225
  Frederico sobre 87-88, 199-200, 427-8
  guerra comercial com a 400-1, 407-8
  imigrantes da 396-7
  invasão da 194-202, 266-7
  luteranismo na 15-18
  Napoleão e 254-5
  ocupação da 249-63
  palácios na 22-23, 82-83
  *ver també*m Augusto II (o Forte); Dresden; Primeira Guerra Silesiana; Baixa Saxônia; Segunda Guerra Silesiana; Guerra dos Sete Anos; Alta Saxônia
Saxônia-Eisenach, princesa de 52-53
Saxônia-Gotha 300-1
Saxônia-Gotha, duquesa de 246-7, 314-5
Saxônia-Hildburghausen, José Frederico, príncipe de 207-9
Saxônia-Polônia 18-20, 81-82, 182-3
Saxônia-Weimar 300-1
Schaffgotsch, conde Philipp Gotthard, príncipe-bispo de Breslau 155-6, 425-7
Schaffrath, Christoph 46-47
Schandau 200-2
Schärding 97-98
Scharnhorst, Gerhard von 130-1, 266-7, 442-3
Schaumburg-Lippe, conde Albert Wolfgang von 326-7
Schaumburg-Lippe, conde Wilhelm von 45-46
Scheldt, rio 299-300
Schenkendorff 386-7
Schieder, Theodor 48-49, 74-75, 111-2, 207-8, 264-5
Schiller, Friedrich 336-7
  Die Xenien (com Goethe) 324-5
Schlabrendorff, Ernst von 385-6, 390-1
Schlegel, Johann Elias, *Herman* 344-5
Schleissheim, palácio de 22-23, 83-84
Schleswig 242-3
Schlieben, família 6
Schlubhut, Albrecht von 6-7
Schmettau, Friedrich Wilhelm Karl, conde von 290-1, 375-7
Schönaich, Christoph Otto Freiherr von, *Herman, or Germany Liberated* 344-5
Schönborn, família 164-5
Schönborn, Friedrich Karl von 55-56
Schönhausen 56-57
Schroeder, Paul 283-4
Schubart, Christian Friedrich Daniel 347-50

"Frederico, o Grande" 348-9
German Chronicle 282-4, 348-9, 397-8
Schulenburg, família 8, 386-7
Schulenburg, Friedrich Wilhelm, conde von der 53-54, 117-8, 121-2, 125-6, 385-6
Schwedt, casa 416-7
Schweidnitz 107-8, 177-8, 211-2, 215-6, 235-6, 240-2, 244, 246-7, 251-3, 264-5
   cerco de 312-3
Schwenckfelder 359-60
Schwerin, Kurt Christoph, conde 58-59, 87-88, 94-6, 200-2, 204, 440-1
Scott, H. M. 277-8n
Seckendorf, Christoph Ludwig von 53-54, 69, 170-1
Seckendorf, conde Friedrich Heinrich von 27-28, 33-34, 36-41, 43, 51-55, 76-77
secularização 135-6
seda, indústria da 401-3, 405-6
"Segunda Guerra dos Cem Anos" 80-81, 410
Segunda Guerra Mundial 158-9
Ségur, Henri François, conde de 97-98
"*Sejm* Silencioso" 182-3
Selle, Christian Georg 437
separatistas 359-60
sermões 345-7
serviços postais 324-6
servidão 389-8
Seydlitz, família 386-7
Seydlitz, Friedrich Wilhelm von 208-9, 218, 220, 222-3
Shakespeare, William 328-9, 338-9
   Hamlet 330-1
   Henrique IV 330-1
   Júlio César 86-87
   Macbeth 330-1
   Otelo 330-1
   Ricardo III 330-1
   Romeu e Julieta 330-1
Showalter, Dennis 236-7
Sicília 72-73
Siena 166
Sigmaringen, castelo 438-9
Silbermann, Gottfried 151-2
Silésia
   Alta Silésia 106-7
   Baixa Silésia 244, 246
   catolicismo em 361-3
   comércio com a 409-10
   como fonte de matérias-primas 83-84, 176-7
   conquista da 67, 75-76, 155-6, 176-8, 225, 397-400, 407-8, 410, 413-4
   depósitos de caulim na 403-4
   evacuação da 265-6
   exercícios militares na 255-6, 433-4, 436
   Frederico na 154-5, 215-6, 291-2, 312-3, 433-4, 436
   Frederico sobre 187-8
   Grã-Bretanha e 188-9
   importância da Monarquia Habsburgo 185-6, 195-6, 211-2, 269
   importância estratégica 176-8
   indústria do linho 401-2
   indústria têxtil 176-7
   invasão da xix, 69, 77-8, 84-87, 116-7, 230-1, 251-3, 276-7
   Kaunitz sobre 185-6, 247-8
   ocupação da 264-5
   plebeus na 390-9
   reforma judiciária na 374-5
   retirada para a 217-8, 417-8
   sob governo prussiano 177-9
   ver também Guerra dos Sete Anos; Guerras Silesianas
Silesian News (Schlesische Zeitung) 332
Sinzendorff, cardeal-arcebispo conde Philipp Ludwig von 105-6
sistema cantonal 14-15
Sociedade da Quarta-Feira 379-81
Sociedade de Apresentação de Músicas 147-8
Sociedade de Jesus 360-2, 427-9
Sociedade dos Amigos do Iluminismo 325-6
socinianos 359-60
Sócrates 314-5, 427-8
Sofia Charlotte de Hanôver, duquesa 24-26
Sofia Doroteia de Hanôver, rainha na Prússia xviii, 24, 30-31, 35-38, 40-41, 43, 55-58, 147-8, 297-8, 412-3, 415-6, 434-5, 478n
Sofia Doroteia de Württemberg (depois czarina da Rússia) 415-6
Sofia, eleitora de Hanôver 19-20
Solms, conde Victor von 275-6, 279-80
Sonnenfels, Joseph von 307-9
Sonnenstein 221-2
Sonsfeld, Fräulein von 40-41
Soor, batalha de 108-10, 216-7

ÍNDICE REMISSIVO

Soubise, Charles, príncipe de 207-9, 241-2, 253-4, 345-6
Spa 420-1
Spalding, Johann Joachim 325-6
Spandau
   cervejarias 60-61
   prisão 40-41, 61-62, 117-8, 125-6, 374, 407-8
Spree, rio 3, 6, 397-8
Stargard 255-6
Starhemberg, príncipe Georg Adam 95-96, 100-1, 189-94, 249
Staudenz 108-10
Stavenow, propriedade 383-4
Stein, Heinrich Friedrich Karl vom und zum 120-1, 130-1
Stettin 4, 252-3, 400-1
Steuerräte 9-10
Stolpen 221-2
Stosch, Philipp, barão von 167-8
Stourhead, Wiltshire 133
Stowe House, Buckinghamshire 163-4
Strachey, Lytton 315-7
Strantz, Job Ferdinand von 438-9
Strehlen 95-96
Stuart, casa dos 5, 19-20
Sturm und Drang 330-1, 342-3
Stuttgart 210-1, 331
Suábia 334-5, 347-8
Suarez, Carl Gottlieb 325-6, 379-80
Suécia 10-15, 19-20, 73-74, 78-82, 93, 129-30, 183-5, 189-90, 195-6, 201-2, 207-8, 211-2, 215-6, 218, 220, 226-7, 265-7, 273-4
   "Hats" e "Caps" 80-81, 266-7
   paz com a Prússia 242-4
Suetônio 428-9
Suhm, Ulrich Friedrich von 35-36, 352
Suíça 332, 347-8, 396-7
   catolicismo na 335-6
Sulzbach, família 71-72
Sulzer, Johann Georg 145-6
Sweerts, Ernst Maximilian, barão von Reist 138-9
Swieten, Gottfried van 152-3
Swift, Jonathan 342-3
Sydow, família 386-7
Sydow, regimento 88-89

Tabor 102-3

Tage, Christian 261-3
Tagliazucchi, Giampietro 139-42
Talleyrand, Charles Maurice de 198
tártaros 242-3
Tauentzien, general Bogislav Friedrich von 128-9, 233-4, 252-3
Tecklenburg 4
Telemann, Georg Philipp 151-2
   A morte de Jesus 148-9
Tell, Guilherme 335-6
Tempelhoff, Georg Friedrich von 253-4
templários 361-2
Teplitz 200
Teschen, ducado de 101-2, 298-9
   Tratado de 292-3, 301-2
Tessé, conde René de Froulay de 79-80
Teutoburg, floresta 344-5
Thadden, Georg Reinold von, regimento 384-5
The General German Library 324-5
Thiébault, Dieudonné 314-5, 424-5, 428-9
Thierbusch, Ana Doroteia 333-4
Thomaswaldau 107-8
Thurn e Taxis, Karl Anselm, príncipe de 324-5
Tieck, Ludwig 349-50, 537-8n
Tielke, Johann Gottlieb 218, 220, 240-1
Tiepolo, Giovanni Battista 156-7
Tilsit 217-8
   Paz de 442-3
Tischbein, Johann Heinrich, *Hermann with His Trophies Following His Victory over Varus* 344-5
Tito, imperador 314-5
tolerância 353-63
Torgau 230-1
   batalha de 202, 204, 236-7, 239-40, 254-5, 259-60, 292-3, 440-1
tortura 374
   abolida na Prússia 370-2, 374-5
Toulongeon, Théodore Chevignard de Chavigny, marquês de 262-3, 436
Trajano, imperador 314-5
Transilvânia 285-6
Traun, Otto Ferdinand, conde von 103-4
Trebatsch 229-30
Trebnitz, convento cisterciense 358-9
Treitschke, Heinrich von 283-4
Tribunal Imperial de Câmara 288

Trier 20-21
Troppau (Opava) 96-97, 101-2, 216-8, 226-7
Tudor, casa dos 5, 25
Turin 67
    Ópera 134-5
Turíngia 111n
Turno, Abbot 357-8
Turquia 70, 72-74, 79-81, 84-87, 183-4, 242-3, 273-4, 278-9
    aliança com a Áustria 279-80
    cerco de Viena 17-18, 78-79, 273-4
    ver também Império Otomano; Guerra Turco-Russa
Tyrconnell, Richard Talbot, primeiro conde (depois duque) de 89-90, 119-20, 426-7
Tyrol 298-9

Uberi, Antonio ("Porporino") 144
Uckermark 8
Ucrânia 82-83
Ulfeld, Anton Corfiz von 188-9
Ulrica (Luísa Ulrica), rainha da Suécia 181-5, 278-9, 293-4
Unger, Georg Christian 163-4
unitarianos 359-60
Ursinus, Erhard 124-5, 407-8
Utrecht, Tratado de 80-81

Valáquia 273-4, 277-80, 284-5, 295-6
vale Kuh-Grund 229-30
Valois-Bourbon, casa de 95-96
Valori, Louis Guy Henri marquês de 66, 95-96, 109-11, 175, 341-2, 417-8, 427-8
Van Loo, Charles-Amédée-Philippe (Carle Vanloo) 165
    Ganímedes é apresentado a Olimpo 171-2
    O sacrifício de Efigênia 166-8
Vanbrugh, Sir John 160-1
Vangelisti, Vincenzo 378-9
Vármia 275-6, 278-9
Varsóvia 6, 17-18, 242-3, 270-1
Varta, rio 282-3, 395-6, 397-8
Veit, Jonas e Philipp 365-6
Veit, Simon 365-6
"Velho Dessauer" *ver* Leopoldo de Anhalt--Dessau, príncipe
Vellinghausen, batalha de 242-3
Veneza 133, 296-7, 338-9

Santa Maria della Salute 18-19
Santa Maria Maggiore 162-3
Villa Montana Barbaro 162-3
Vergennes, Charles Gravier, conde de 267-8, 289-90, 296-7, 299-300
Verona 296-7
Versalhes 78-79, 108-10, 134-5, 186-93, 252-3, 260-1, 291-2, 331
    Conselho de Estado 299-300
    L'Opéra 134-5
    Tratado de (1756) 193-6, 266-7
    Tratado de (1757) 195-6, 266-7
    vida na corte em 415-6
Versalhes, Palácio de 21-22, 34-35, 84-85, 161-2
    Château de Marly 156-7
    Grand Trianon 168-9
Vicenza
    Palazzo Angarano 162-3
    Palazzo Giulio Capra 162-3
    Palazzo Valmarano 162-3
Viena
    academia projetada 307-8
    cerco turco de 17-18, 78-79, 273-4
    fin-de-siècle 338-9
    Hofburg 163-4
    Lessing sobre 307-9
    marcha a 100-101, 215-6
    música em 147-8
    ópera 134-5
    Palácio Schönbrunn 156-7, 223, 225
    proximidade da Silésia 177-8
    Teatro da Corte 163-4, 331
    Teatro Nacional 330-1
    Tratado de 98n
    vida na corte em 18-19, 415-6
Villiers, Thomas 105-6, 432-3
Vilmanstrand 183-4
Vinci, Leonardo (compositor) 150-1
Virgílio 314-5
    Eneida 12-13
Vístula, rio 74-75, 218, 220, 223, 225, 230-1, 271-2, 274-5, 282-3, 395-8, 407-8
Voltaire (François-Marie Arouet) 314-21
    açoitado em público 307-8
    Algarotti e 89-90
    antissemitismo de 363-4
    cartas de Frederico a 3, 33-35, 63, 88-89, 115-6, 149-50, 274-5, 281-3, 310-2, 314-5,

317-20, 323-4, 327-9, 330-1, 341-3, 352,
    393-4, 401-2, 434-5
chama Frederico de *"le Grand"* 111-2, 316-7
e Madame de Pompadour 186-7
e Maupertuis 318-20
e *Palladium* de Frederico 428-9
e Rousseau 314-5
em Sanssouci 156-7
Frederico sobre 45-46, 315-21
influência sobre Frederico 119-20, 125-6,
    139-40, 165, 329-30, 355-6
na Inglaterra 307-8
obras de, na biblioteca de Frederico 32-33,
    47-48, 314-6, 437
    A donzela de Orleans 427-8
    Alzire, ou les Américains 139-40
    Diatribe du Docteur Akakia 318-20
    Édipo 320-1
    Henríade 114-5, 314-5, 341-2, 351, 356-7, 363-4
    Histoire de Charles XII 315-6
    Louis XIV 320-1
    Mémoires 426-7
    Século de Luís XIV 414-5
    Zaire 320-1
opiniões sobre religião 356-7, 360-1
preso por ordens de Frederico 319-20
quebra no relacionamento com Frederico
    318-21, 426-7, 435-6
sobre a batalha de Rossbach 345-6
sobre a Ópera de Berlim 133-4
sobre agricultura 394-5
sobre Carlos XII 169-70
sobre Frederico 74-75, 314-9, 354-5, 411, 414-5,
    426-7
sobre Fredersdorf 59-60
sobre música "galante" 144-5
sobre o Carrossel de Berlim 414-5
verso de 315-6; sobre Algarotti 66-7, 69-70;
    sobre a doença de Frederico 434-5
visita à Prússia 398-9, 414-5, 424-6

Wagram, batalha de 441-2
Waldeck, Carlos Augusto, príncipe de 45-46
Waldow 229-31
Walpole, Horace 313-4
Walpole, Sir Robert 167-8
Wanstead House, Essex 133
Warburg, batalha de 239-40

Wartensleben, marechal de campo Leopold
    Alexander von 40-41
Wartensleben, Friedrich, conde von 53-54
Waterloo, batalha de 80-81, 350
Watteau, Antoine
    Peregrinação à ilha de Citera 164-7
    L'Enseigne de Gersaint 164-5
Weber, Max 264-5
Wedel, general Carl Heinrich von 227-8
Wedel, família 386-7
Wedgwood, cerâmica 403-4
Wegely, Wilhelm Caspar 403-6
Weistritz, rio 177-8
Weser, rio 83-84, 207-8, 226
Westfália 4, 239-40, 288
    Paz de 288, 292-3, 299-300
Westminster, Convenção de 191-4, 196-8
Wettin, casa de xix, 83-85
Whaley, Joachim 302
Wied zu Neuwied, general Franz Karl
    Ludwig von 244, 246
Wilhelmshöhe, palácio de 22-23
Winckelmann, Johann Joachim 129-30, 135-6,
    336-7, 350
Windt, Franziska 171-2n
Winterfeld, família 386-7
Winterfeldt, general Hans Karl von 202, 204,
    207-8
Wittelsbach, casa de xix, 71-72, 83-85, 286-7,
    289-90
Wittenberg, universidade de 15-16
Wolden, coronel von 42
Wolff, Christian 116-7, 327-8, 350, 352-4, 370-1
Worms, Tratado de 102-3
Wraxall, Nathaniel 217-8, 256-7, 334-5
Wreech, Eléonore-Louise von 34-35, 50-52
Württemberg 22-23, 37-38, 195-6, 210-1, 334-5,
    348-9, 416-7
Württemberg, Karl Eugen, duque de 321-2
Würzburg
    palácio de 22-23
    Residência 156-7, 159-60
Wusterhausen 26-31, 41, 412-3

Yorck von Wartenburg, Ludwig 384-5
Young, Edward, *Night Thoughts* 223, 225

Zastrow, coronel Wilhelm Ernst von 252-3

Zbrucz, rio 281-2
Zedlitz, Karl Abraham von 376-8, 391-3
Zelter, Karl Friedrich 144-5
Zernickow 58-59
Zierotin-Lilgenau, Graf von 127-8
Ziesenis, Johann Georg 333-9
Zieten (Ziethen), Hans Joachim von 107-8, 110-1, 222-3, 236-7, 440-1
Zimmermann, Johann Georg von 48-49, 49-51, 54-55, 432-3, 437
Zinzendorf, conde Ludwig 243-4
Zips, condado de 275-6
Ziskaberg 260-1
Zittau, Saxônia 207-8
Zöllner, Johann Friedrich 325-6
Zorndorf, batalha de 218, 220-3, 228-30, 261-3, 265-6
Zuckmantel 226
Zweibrücken, ducado de 83-84
Zweibrücken, Gustav, duque de 20